Excel 高效办公

会计与财务管理

AI 版

蒋迪 著

内 容 简 介

本书以最新Excel 2021版为操作平台，从财务工作中的实际工作需求出发，系统、全面地讲解了Excel 的相关基础知识和实战操作技能。同时，本书通过结合最新人工智能技术，为读者提供更加智能化的回答和解决问题的思路，对于财务人员来说具有重要的参考价值。

全书共12章，划分为三大部分。第1部分：Excel财务应用基础，结合财务日常工作，讲解Excel的基本技能和使用经验，避免新手走弯路。第2部分：财务表单的设计与制作，结合会计与财务日常工作典型实例，深入讲解如何综合运用Excel设计制作财务工作中各大版块的管理表单。第3部分：财务数据分析，主要讲解运用Excel对各种财务数据进行多维度分析的思路和具体操作方法。

本书通过结合最新的人工智能技术，提供循序渐进的章节内容安排，以及翔实的案例操作演示，既适合基础薄弱又想快速掌握Excel技能的财务会计人员学习，也可作为期望精进Excel高效办公的技能水平、积累和丰富实操经验的财会从业人员的案头参考书，还可作为相关院校、财会培训机构及计算机培训班相关专业的教学参考用书。

图书在版编目(CIP)数据

Excel高效办公：会计与财务管理：AI版 / 蒋迪著. — 北京：北京大学出版社，2024.3
ISBN 978-7-301-34838-3

Ⅰ.①E… Ⅱ.①蒋… Ⅲ.①表处理软件－应用－会计②表处理软件－应用－财务管理 Ⅳ.①F27-39

中国国家版本馆CIP数据核字（2024）第017731号

书　　名 Excel高效办公：会计与财务管理（AI版）
EXCEL GAOXIAO BANGONG：KUAIJI YU CAIWU GUANLI（AI BAN）
著作责任者 蒋　迪　著
责 任 编 辑 王继伟　杨　爽
标 准 书 号 ISBN 978-7-301-34838-3
出 版 发 行 北京大学出版社
地　　址 北京市海淀区成府路205 号　100871
网　　址 http://www.pup.cn　　新浪微博：@北京大学出版社
电 子 邮 箱 编辑部 pup7@pup.cn　总编室 zpup@pup.cn
电　　话 邮购部 010-62752015　发行部 010-62750672　编辑部 010-62570390
印 刷 者 天津中印联印务有限公司
经 销 者 新华书店
720毫米×1020毫米　16开本　23.5印张　428千字
2024年3月第1版　2024年12月第2次印刷
印　　数 3001–5000册
定　　价 89.00元

从事财会工作的读者朋友都深知，身处这个数据为王、效率至上的时代，要干好本职工作，不仅要具备过硬的专业知识，还必须掌握并熟练运用相关数据处理办公软件。在众多办公软件当中，最好用、最实用，也最适合财务数据处理和分析的工具当属Excel。事实上，Excel拥有强大的计算、统计和分析数据的功能，是绝大部分财会人员日常工作中的首选办公软件。

其实，实际工作中很多财会人员是“会用”Excel的，但是由于没有扎实的基础，没有系统的学习经历，同时又缺乏实战经验，所以始终无法“用好”Excel，也就无法真正提高工作效率。

为此，我们编写了这本图书，系统、全面且循序渐进地介绍Excel的相关知识和实战应用。同时，本书还开创性地添加了ChatGPT等人工智能为读者答疑解惑，旨在帮助财会人员快速掌握Excel应用技能，做到不仅“会用”，而且“用得好”，从而能够游刃有余地处理工作中的各种数据问题，真正实现“高效办公”。

此外，本书还具有以下特色。

本书特色

◆ 案例翔实，精而不滥

本书列举大量财会日常工作实例来系统讲解Excel在财务与会计管理中的应用。书中全部示例都是编者多年实际工作的经验积累，再进一步调研后精心提炼而出，不仅真实“接地气”，而且极具代表性、实用性和参考价值，能够引导读者置身于真实的工作场景中学习并上手操作，从而达到最佳学习效果。同时，本书还将财务工作思路和经验融入Excel实战当中，帮助广大财会人员在学会操作技法的同时，掌握规范管理财务数据的“心法”，从各个层面提高数据处理能力和工作效率。

◆ 内容详尽，图文并茂

本书内容丰富详尽，从操作习惯的养成、原始数据的获取与整理、多种实用工具运用、财务人员必知必会的常用函数的基本语法，到财会日常工作中6大类管理表单的设计与制作，再到财务数据的分析、图表及动态图表的制作方法等，都有详细的步骤讲解。同时，每个操作步骤讲解后面都配备了同步操作示意图，以图文并茂的方式，帮助财会人员更轻松、更快速地掌握Excel知识点和实操技能。

◆ **AI 智能答疑与技巧点拨，查漏补缺**

本书在每章末尾都设置了“AI智能答疑与技巧点拨”专栏，充分利用AI工具来高效学习和针对相关问题进行答疑解惑，并介绍2～3个操作技巧，紧密围绕每章内容主题进行查漏补缺，帮助读者朋友巩固学习成果，进一步提高实操技能，从而真正做到“高效办公”。

◆ **双栏排版，信息量充足**

本书采用双栏式排版，其信息容量比传统单栏式图书更大，力求在有限的篇幅内将Excel相关知识讲全、讲透，让您阅读一本书，收获更多的知识和技能！

◆ **配套资源，轻松学习**

❶提供与书中知识讲解同步的学习文件（包括素材文件与结果文件）；❷提供与书同步的多媒体教学视频；❸提供制作精美的PPT课件。

◆ **额外赠送，超值实用**

除了提供书中配套的学习资源，还赠送额外学习资料：❶赠送500个精选的Office职场办公模板，包括200个Word办公模板、200个Excel办公模板、100个PPT商务办公模板；❷赠送《10招精通超级时间整理术》和《5分钟学会番茄工作法》视频教程，专家教你如何整理时间、管理时间，如何有效利用时间。

温馨提示●

以上资源，请用微信扫一扫右方二维码关注公众号，然后输入96131，获取下载地址及密码。

创作者说

本书由凤凰高新教育策划并组织老师编写，他们具有丰富的Excel应用实战经验，对他们的辛苦付出在此表示衷心的感谢！

在本书的编写过程中，我们竭尽所能地为您呈现最好、最全的实用功能，但仍难免有疏漏和不妥之处，敬请广大读者不吝指正。若您在学习过程中产生疑问或有任何建议，可以通过E-mail与我们联系。读者邮箱：2751801073@qq.com。

目录

Excel

CONTENTS

第4章 财务数据计算分析：财务人员必知必会的函数与公式

第5章 实战：制作财务凭证表单

第10章 实战：制作税金管理表单

第11章 实战：成本和利润数据分析

第12章 实战：财务报表和财务指标分析

Excel

第 1 章

好习惯即高效：如何用 Excel 管理财务表格

本章导读

财务日常工作是与各种表格、各类数据打交道。那么，面对海量的数据表格，财务人员如何才能利用Excel更高效地完成繁重的工作任务，成为优秀的财务人？最重要的就是要有意识地培养良好的操作习惯，运用Excel对财务表格进行有效的管理，才能在后续工作中从容不迫地应付各种困难。本章将先通过讯飞星火、ChatGPT、文心一言等AI工具让财务人员充分了解培养良好的Excel操作习惯的重要性，再介绍具体的应用与操作方法，帮助财务人员用习惯塑造高效，用高效成就优秀。

1.1 让AI告诉我们良好的Excel操作习惯的重要性

马克思曾说过："良好的习惯是一辆舒适的四架马车，坐上它，你就跑得更快。"所以，对于财务人员而言，在使用Excel处理数据之前要先养成良好的操作习惯，才能更高效地完成工作。下面借助AI工具"讯飞星火"来具体学习养成良好的Excel操作习惯的重要性。

提问： 财务人员养成良好的Excel操作习惯的重要性是什么？

讯飞星火

财务人员养成Excel良好操作习惯的重要性主要体现在以下几个方面。

首先，Excel是财务人员日常工作中不可或缺的工具。制作工资表和报表、报税、核账时，都会高频率应用到。掌握Excel的基本功能，如数据录入、数据筛选、查找替换、排序功能等，可以帮助财务人员提升工作效率。

其次，熟练使用Excel可以减轻财务人员的工作负担，使其从烦琐的数据核算中解脱出来。例如，通过Excel的数据筛选和分类汇总功能，可以快速处理大量数据，提高工作效率。

再次，对于财务人员来说，掌握Excel的高级功能，如高级筛选、数据透视表及图表的高级运用，以及对函数功能的理解和运用，可以帮助其进行深入的数据分析，为决策提供依据。

最后，良好的Excel操作习惯可以帮助财务人员更好地完成工作，提高工作效率，同时也能让他们的工作成果体现得更加出色。因此，对于财务人员来说，养成Excel良好操作习惯的重要性不言而喻。

从以上回复可知，财务人员希望通过Excel提高工作效率，最基础、最重要的一步就是要养成良好的Excel操作习惯。

1.2 将同类型财务表格保存在同一个工作簿中

在财务数据管理工作中，财务人员要善于对海量数据、表格进行分类，比如采购数据、销售数据、存货数据、工资数据、税金数据等。同时，运用Excel管理这些数据，应当养成将同类数据存储在同一个工作簿内多个工作表中的习惯，以便在后续工作中快速查阅数据、设置公式或使用数据透视表汇总、统计、分析这些数据。下面就让AI工具"讯飞星火"来告诉大家将同类型财务表格保存在同一个工作簿中具体有哪些好处。

提问： 将同类型财务表格保存在同一个工作簿中有什么好处？

讯飞星火

将同类型财务表格保存在同一个工作簿

中的好处主要有以下几点。

首先，它可以方便地进行数据对比和核对。当所有的财务数据都在同一个工作簿中时，可以很容易地通过排列和对比各个表格中的数据，来检查数据的一致性和完整性。

其次，整合在一个工作簿中有助于提高工作效率。如果需要对多个表格中的数据进行操作，使用同一个工作簿可以避免频繁打开和关闭不同的文件，从而大大提高工作效率。此外，工作簿之间的数据交互也会更加方便。若数据分散在多个工作簿中，则需要通过链接或复制粘贴的方式进行数据交换，这可能增加出错的概率。而在一个工作簿中，可以通过公式或引用的方式快速实现数据的交互。

再次，使用模板创建工作簿可以帮助财务人员更好地管理和组织数据。Excel提供了许多预设的模板，可以根据需要选择合适的模板来创建工作簿，使得数据录入和展示更加规范统一。

最后，需要注意的是，要养成良好的保存习惯以防止数据丢失。在没有保存之前操作的数据都存于内存中，一旦系统崩溃、停电等故障发生，数据有可能永久丢失，故用户需要间隔几分钟就保存文档，不能只在工作完成时进行一次保存。

从以上回复可知，财务人员养成将同类型财务表格保存在同一个工作簿中的习惯，能够帮助自己大幅度提高工作效率。下面介绍几个在Excel工作簿中快速创建多个工作表的实用方法。

1.2.1 手动快速创建多个工作表

开启Excel程序后即可创建一个新的空白工作簿，默认设置下，Excel会同步创建一个工作表。如果需要多个工作表，可以手动快速创建。操作方法如下。

第1步 启动Excel程序，单击【开始】选项【新建】列表下的【空白工作簿】命令。如下图所示。

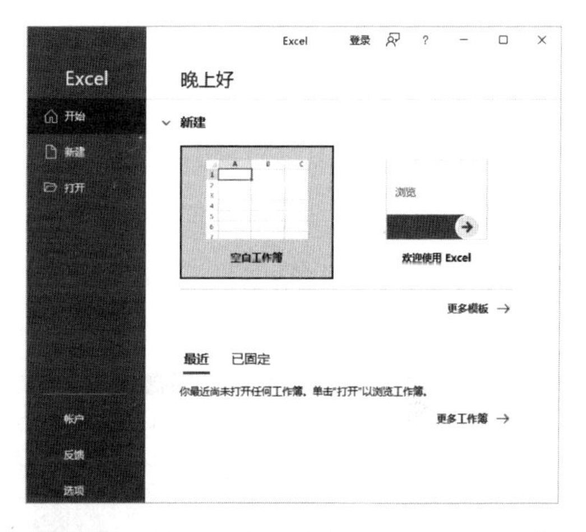

第2步 单击空白工作簿中“Sheet1”工作表右侧的“新工作表”按钮“⊕”即可新建一个工作表，如下图所示。

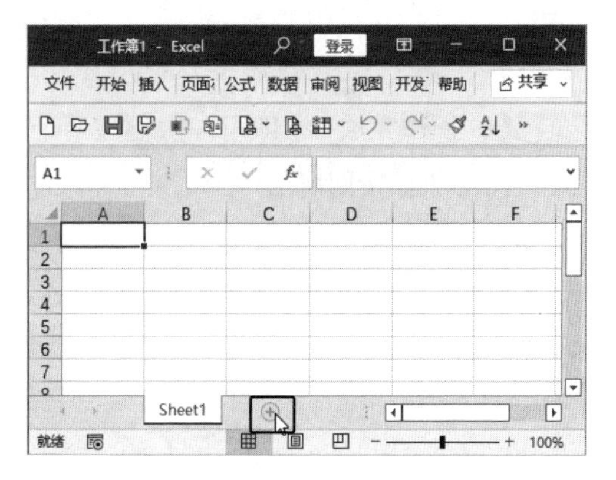

第3步 按住【Ctrl】键后，依次单击“Sheet1”和“Sheet2”工作表标签同时选中两个工作表，右击后在弹出的快捷菜单中

单击【插入】命令，如下图所示。

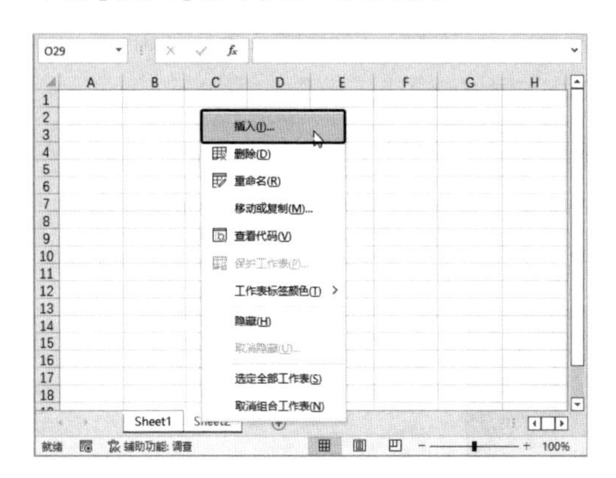

第4步 弹出【插入】对话框，系统默认选中【工作表】选项，此时直接单击【确定】按钮即可，如下图所示。

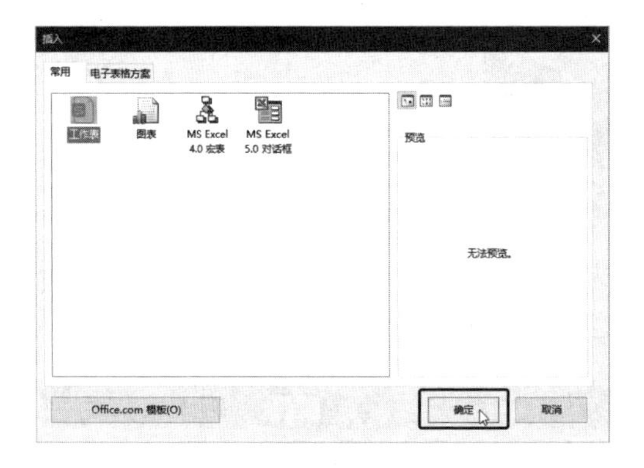

第5步 操作完成后，即可一次创建两个工作表，效果如下图所示。

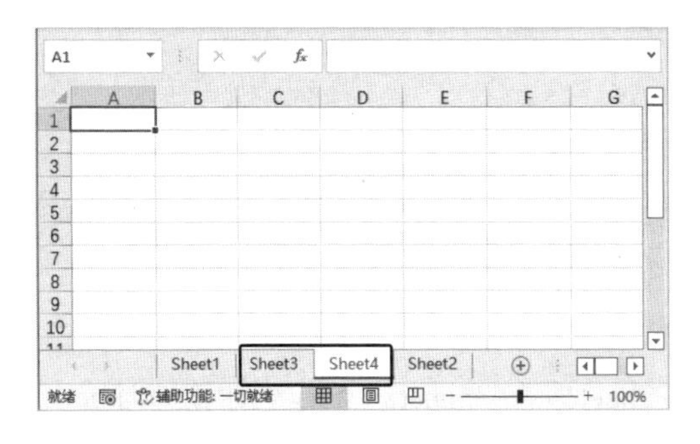

温馨提示

按照上述方法选中n个工作表标签后，即可插入n个工作表。

1.2.2 新建工作簿自动创建多个工作表

如果每次需要创建的工作表数量相对固定，可以通过设置Excel默认工作表个数，实现新建工作簿后自动创建指定数量的工作表。例如，在一个工作簿中创建12个工作表，以便以“月”为周期统计分析全年数据，操作方法如下。

第1步 启动Excel，单击窗口左侧列表下方的【选项】按钮。如下图所示。

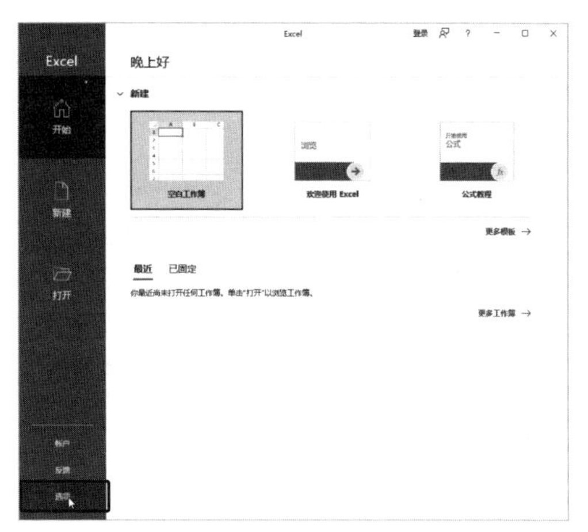

第2步 弹出【Excel选项】对话框，❶在【常规】选项【新建工作簿时】组中的【包含的工作表数】文本框中输入“12”，❷单击【确定】按钮关闭对话框。如下图所示。

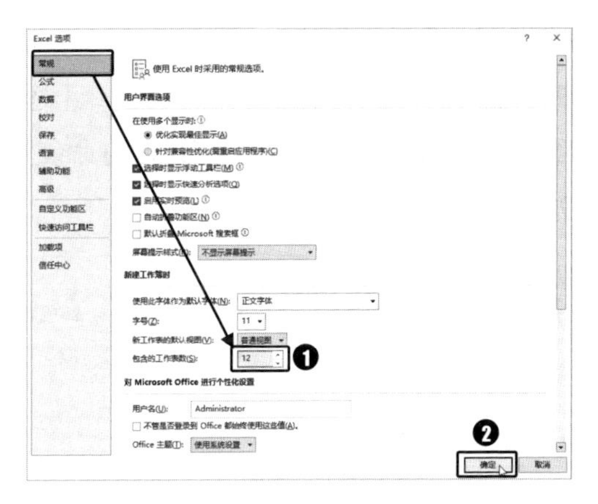

操作完成后，重新启动Excel程序并创建空白工作簿，即可看到其中已包含了12个工作表。效果如下图所示。

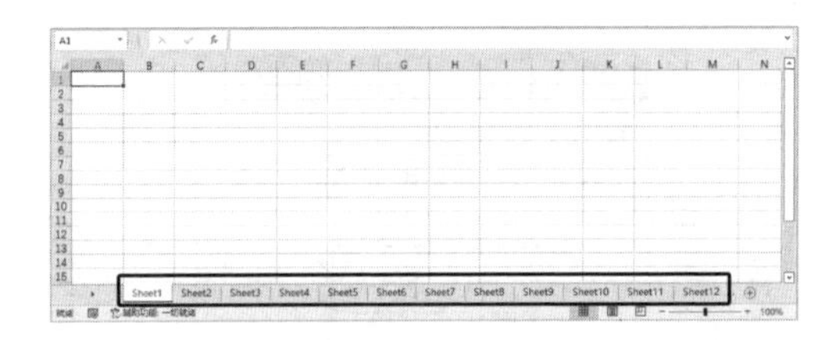

1.2.3 批量创建工作表并同步为其重命名

Excel的工作表命名规则默认为“Sheet+顺序号”，如“Sheet1”“Sheet2”……实际工作中，尤其是在工作表数量较多的情况下，应当对工作表重新命名，方便区分识别，同时也便于后续在设置公式时引用数据。那么，当工作表的名称具有一定的规律时（如2023年1月利润表、2023年2月利润表……2023年12月利润表），财务人员完全可以巧妙利用数据透视表中的【显示报表筛选】功能批量创建工作表同时重命名每个工作表，以提高工作效率。操作方法如下。

第1步 创建一个空白工作簿，分别在A1和A2单元格中输入标题“工作表名称”与第1个工作表名称“2023年1月利润表”。如下图所示。

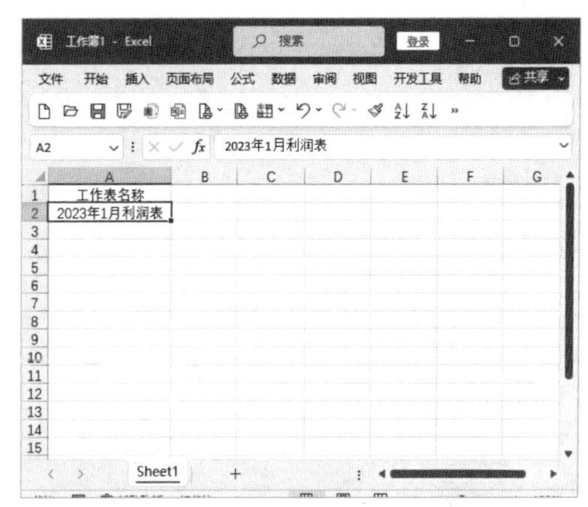

第2步 选中A2单元格，将指针移至右下角使其变化为“+”字形状后按住鼠标左键向下拖动至A13单元格，然后释放鼠标左键，即可填充完成全部工作表名称。如下图所示。

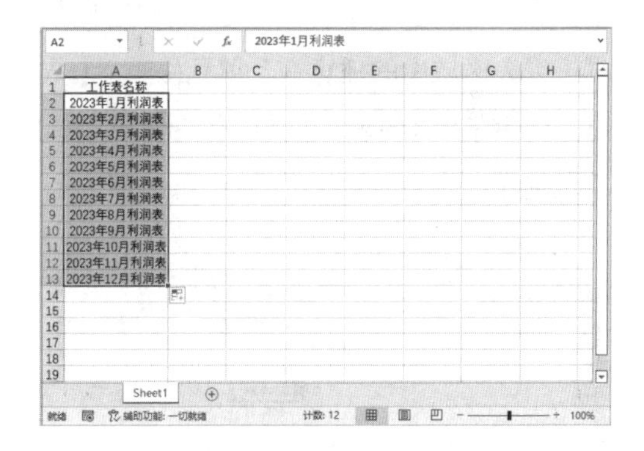

第3步 ❶选中A1:A13单元格区域，❷单击【插入】选项卡，❸单击【表格】组中的【数据透视表】按钮。如下图所示。

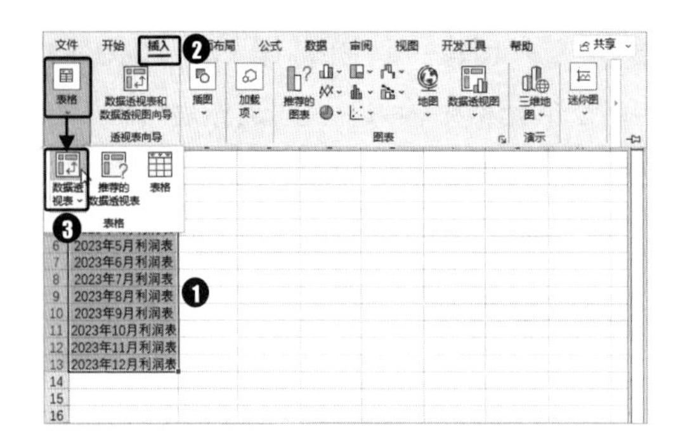

第4步 弹出【来自表格或区域的数据透视表】对话框，直接单击【确定】按钮，如下图所示，即可创建一个新工作表及空白数据透视表。

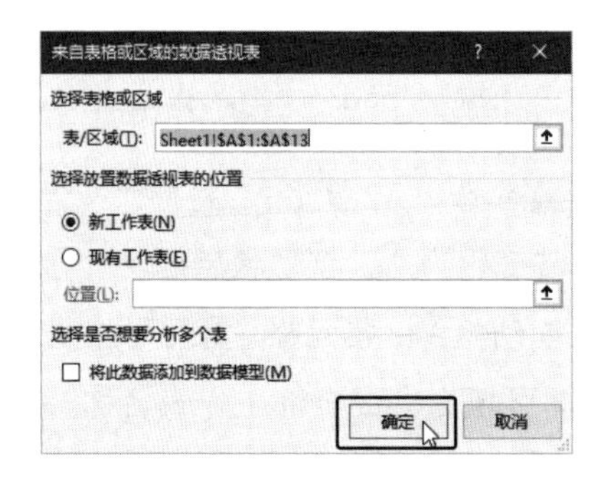

第5步 在“Sheet2”工作表中选中空白数据透视表区域中的任意一个单元格激活【数据透视表字段】列表，将其中【工作表名称】字段拖至【筛选】窗格，如下图所示。

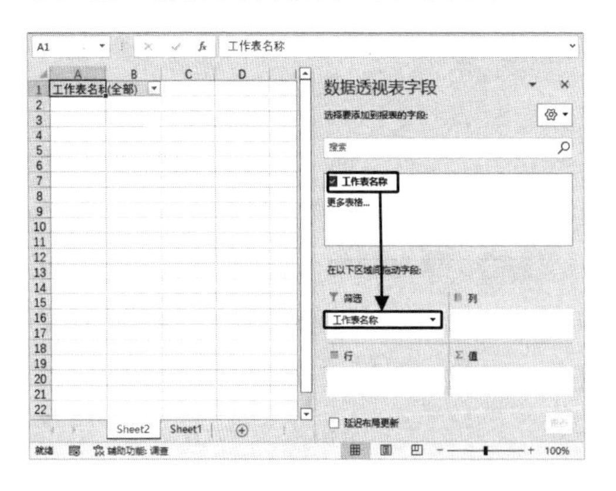

第6步 ❶单击激活后的【数据透视表分析】选项卡，❷单击【数据透视表】组【选项】下拉列表中的【显示报表筛选页】命令。如下图所示。

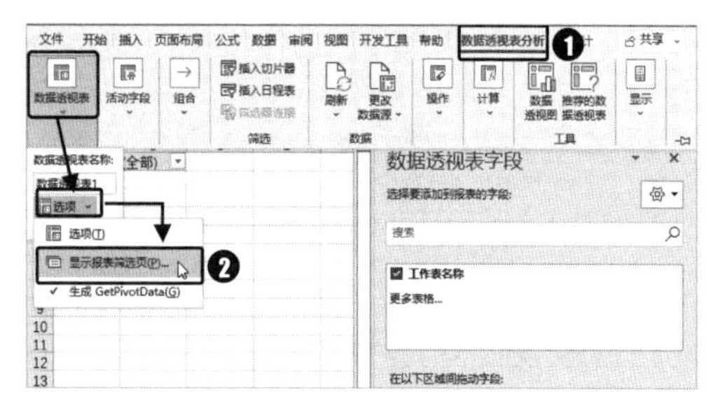

第7步 弹出【显示报表筛选页】对话框，直接单击【确定】按钮。如下图所示。

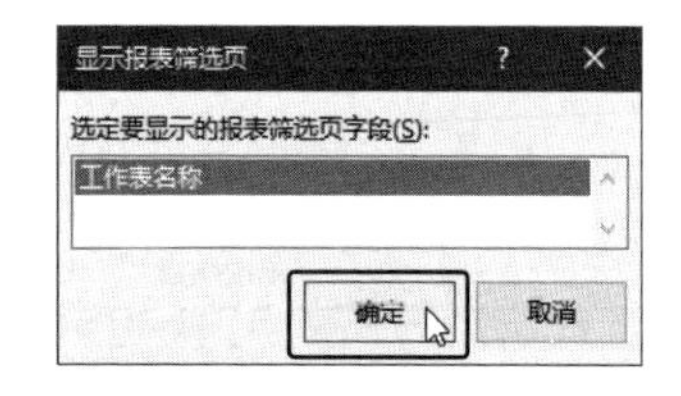

操作完成后，Excel即可瞬间创建12个已经重命名的工作表。效果如下图所示。

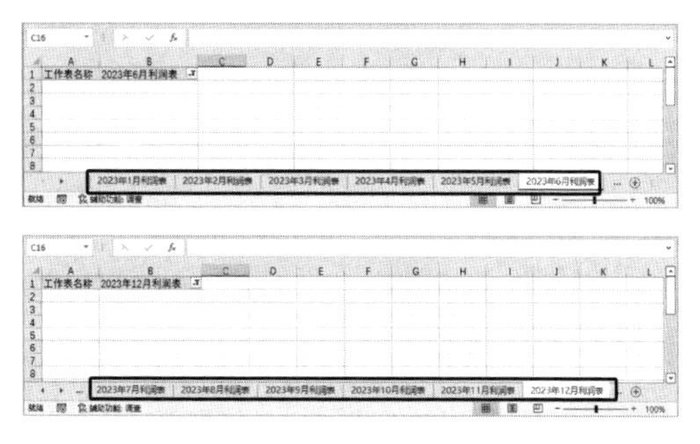

温馨提示

本例12个带名称的工作表创建完成后，之前在“Sheet1”工作表中输入的内容、生成的“Sheet2”工作表及数据透视表，以及创建的12个工作表中的数据透视表均可删除。

1.3 三招创建目录一键切换，工作表再多也能轻松找到

实际工作中，财务人员在一个Excel工作簿中创建多个工作表来存储和统计分析同类数据，可在很大程度上提高工作效率。但是，很多财务人员又会因工作表太多而导致查找困难，或被切换速度缓慢的问题困扰。实际上，要解决这个“困扰”非常简单，只需养成制作目录的好习惯，在每个工作簿中为每个工作表创建一个链接，单击即可一键切换。下面先让AI工具“ChatGPT”来介绍一下在Excel工作簿中创建工作表目录的好处。

提问： 在Excel工作簿中创建工作表目录有哪些好处？

ChatGPT

在Excel中创建工作表目录的好处有以下几点。

（1）方便查找和导航：工作表目录可以列出所有工作表的名称和位置，方便用户快速定位需要查找的工作表，提高工作效率。

（2）组织结构清晰：通过工作表目录，可以将相关的工作表分组，按照一定的逻辑顺序排列，使整个工作簿的组织结构更加清晰明了。

（3）快速跳转：通过工作表目录中的超链接，可以快速跳转到指定的工作表，避免了在工作簿中进行翻页查找的麻烦。

（4）提高可读性和可维护性：工作表目录可以提供工作表的简要描述或说明，使用户对各个工作表的内容有一个整体的了解，同时也方便后续的维护和修改。

（5）方便共享和交流：工作表目录可以作为工作簿的导航页，方便共享给他人查看和使用，同时也便于与他人进行沟通和交流，提高团队协作效率。

从以上回复可知，财务人员在Excel工作簿中创建工作表目录不仅能够提高自身的工作效率，还能极大地方便团队共享财务数据，方便沟通和交流工作，从而提高整个团队的工作效率。工作表目录的创建也十分便捷，本节即为读者介绍三种快速创建工作表目录的操作方法。

1.3.1 使用HYPERLINK函数批量创建工作表目录

HYPERLINK就是专门用于创建链接的函数，可以在Excel工作簿中为各个工作表、各类文件、网页等创建链接。

打开“素材文件\第1章\使用HYPERLINK函数创建链接.xlsx”文件，右击窗口左下角的工作表导航按钮▸打开【激活】对话框，可看到其中列出了工作簿内全部12个工作表，如下图所示。下面使用HYPERLINK函数为每个工作表创建链接。

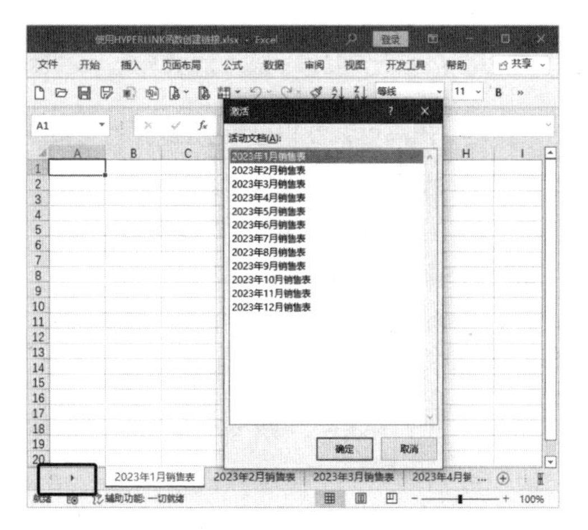

第1步 ❶在“2023年1月销售表”工作表前面插入一个新的工作表，将其重命名为“目录”，❷在“目录”工作表的A1:B13单元格区域绘制一个简单的表格，在A1:B1单元格区域中输入列标题，在A2:A13单元格区域中输入工作表名称。如下图所示。

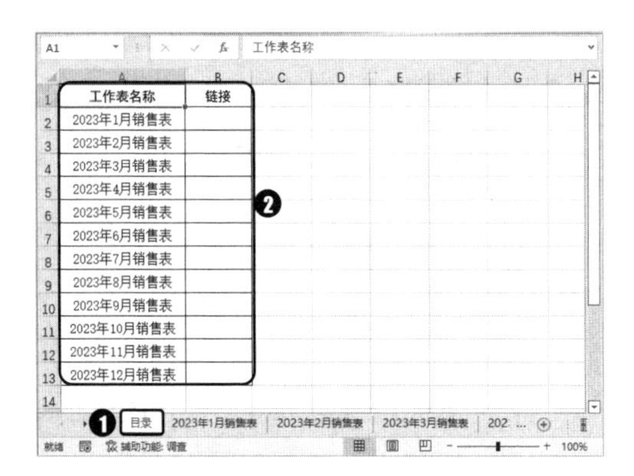

第2步 ❶在B2单元格中输入计算公式“=HYPERLINK("#"&A2&"!A1","★")”，为A2单元格中的工作表创建链接，并使其显示为符号“★”，❷复制B2单元格公式并将其粘贴至B3:B13单元格区域，即可批量创建其他工作表的链接。如下图所示。

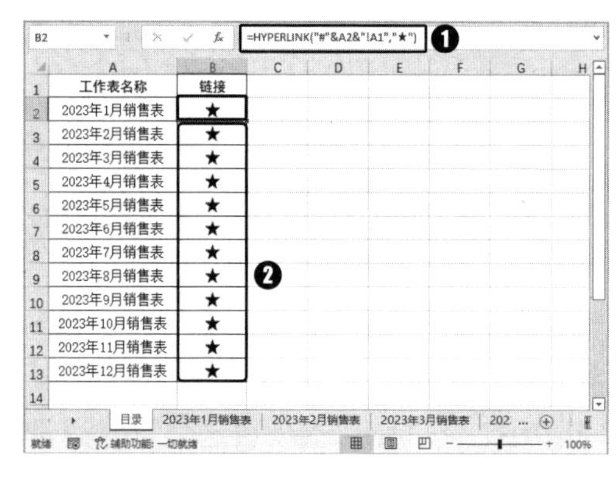

温馨提示

HYPERLINK函数包含两个参数，其中第1个参数为指定位置。本例公式设定的指定位置为当前工作簿（用符号“#”代表）“2023年1月销售表”工作表（公式引用A2单元格中的工作表名称）中的A1单元格（"!A1"），第2个参数为链接的名称，可以设置为任意字符，也可以缺省。本例设置为符号“★”。

操作完成后，单击任意一个链接（符号“★”），即可立即切换至对应的工作表中。例如，单击B12单元格中的符号“★”，即可看到当前光标位置已经瞬间切换至“2023年11月销售表”工作表的A1单元格中。效果如下图所示。

1.3.2 巧用“兼容性检查器”创建工作表目录

本节第1.3.1小节介绍的函数法创建工

作表链接，需要预先输入工作表名称，再将其所在单元格地址引用至HYPERLINK函数公式中，才能创建成功。如果不想如此操作，可以巧妙利用Excel中的【兼容性检查器】工具，直接并且迅速地为每个工作表创建一个链接。具体操作方法如下。

第1步 打开“素材文件\第1章\巧用兼容性检查器创建工作表链接.xlsx”文件，右击任意一个工作表标签，在弹出的快捷菜单中单击“选定全部工作表”命令。如下图所示。

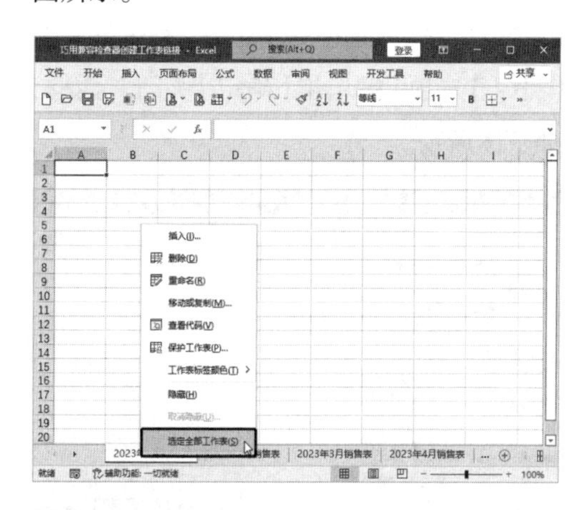

第2步 在A1单元格中输入公式“=ZA1”，如下图所示。

第3步 ❶展开【文件】菜单，单击【信息】选项卡，❷单击【检查问题】下拉列表中的【检查兼容性】命令。如下图所示。

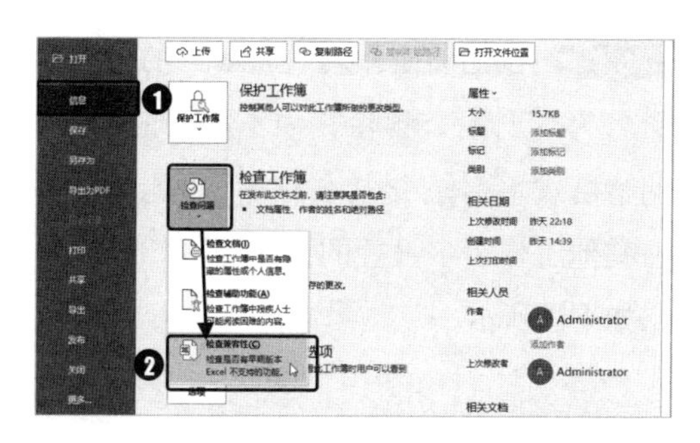

第4步 弹出【Microsoft Excel-兼容性检查器】对话框，单击【复制到新表】按钮。如下图所示。

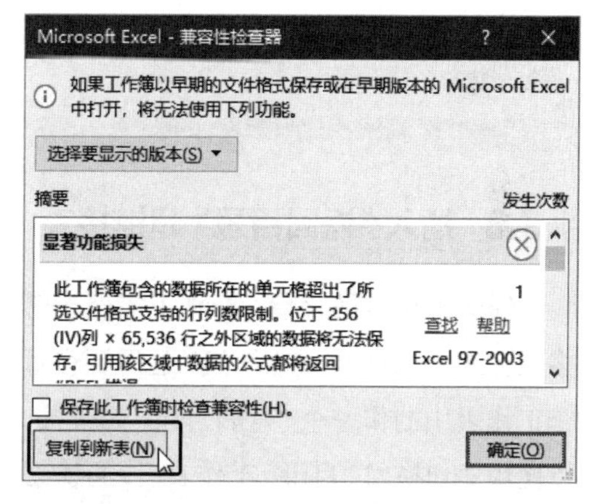

第5步 操作完成后，即可看到系统自动创建一个新的工作表，并在其中创建了其他全部工作表中A1单元格的链接。如下图所示。

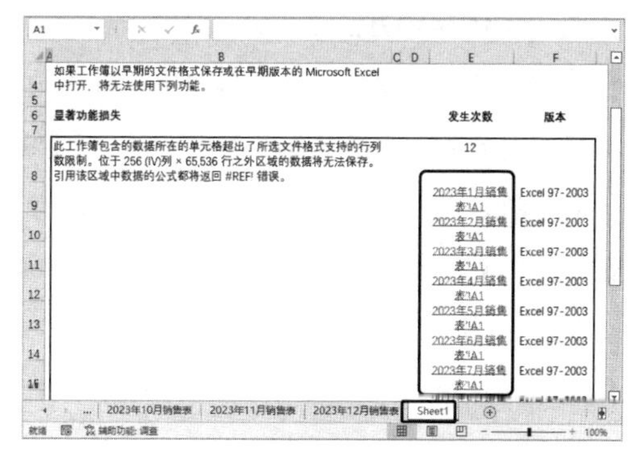

第6步 最后将工作表“Sheet1”的名称重命名为“目录”，删除其中不需要的内容，调整格式、字体、链接名称等，再删除之前在其他工作表中设置的公式即可。最终效果如下图所示。

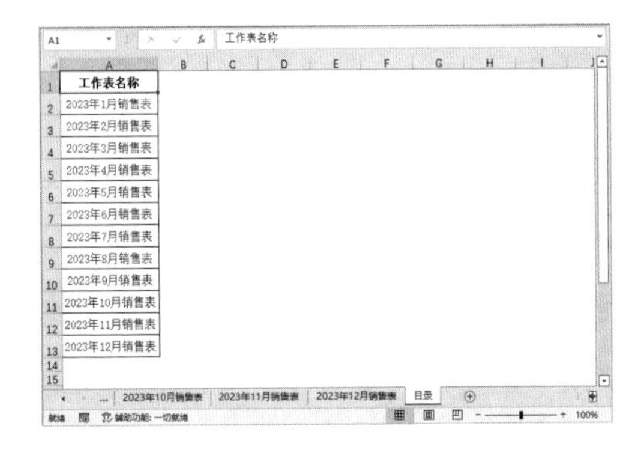

1.3.3 插入“返回目录”超链接

创建工作表链接后，要真正实现在众多工作表中来回自如地切换，还需要在每个工作表中制作一个“返回目录”超链接，以便快速切换回“目录”工作表后，再次切换至其他工作表中。由于每个工作表中的“返回目录”链接完全相同，所以制作方法更为简便，只需采用“插入法”插入一个链接，再批量复制粘贴至其他工作表中即可完成。具体操作方法如下。

第1步 打开“素材文件\第1章\插入返回目录超链接.xlsx”文件，❶切换至“2023年1月销售表”工作表A1单元格中，❷单击【插入】选项卡，❸单击【链接】组中的【链接】按钮。如下图所示。

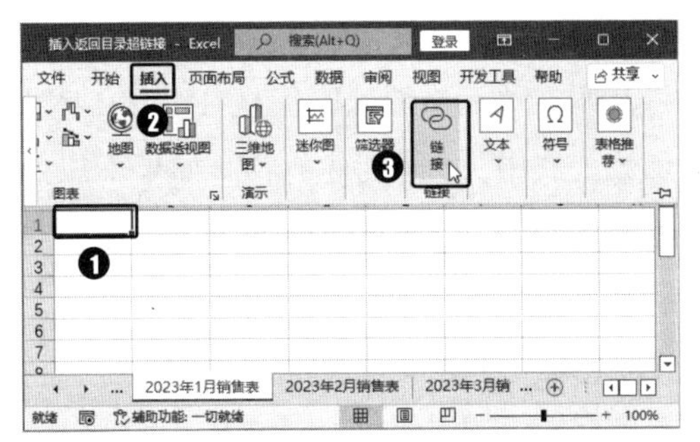

第2步 弹出【插入超链接】对话框，❶单击【链接到:】列表框中的【本文档中的位置】选项，❷在【要显示的文字】文本框中输入链接的名称，如“返回目录”，❸单击【或在此文档中选择一个位置】列表框中的【目录】选项，❹单击【确定】关闭对话框，如下图所示。

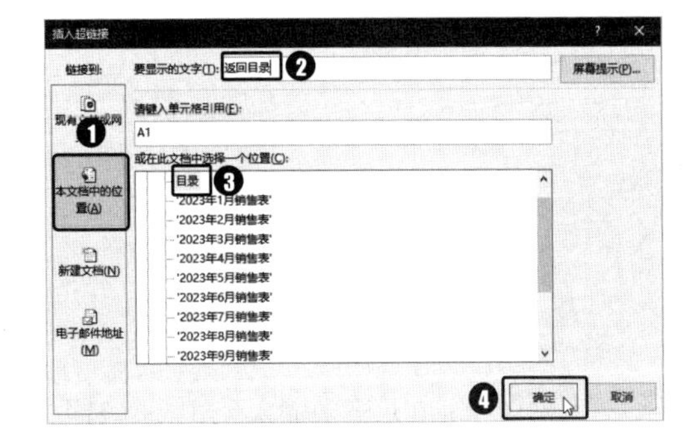

第3步 返回工作表，复制A1单元格中的链接并粘贴至其他工作表（“目录”工作表除外）的A1单元格中即可，效果如下图所示。

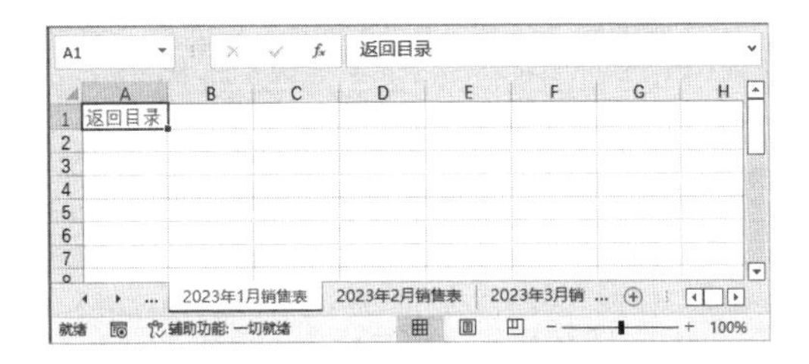

1.4 财务数据至关重要，文件安全不容忽视

众所周知，财务数据在任何一家企业内部都是重要的核心商业机密，需要严格保密。下面通过ChatGPT来告诉财务人员，如果财务文件泄露，会带来哪些危害。

提问：财务文件的泄露或遭到未经授权的访问有什么危害？

ChatGPT

财务文件的泄露或遭到未经授权的访问可能会带来以下危害。

（1）金融欺诈：黑客或内部人员可能利用泄露的财务文件进行欺诈行为，如盗取公司资金、篡改账户余额或虚构交易等。

（2）资料篡改：未经授权的访问可能导致财务文件被篡改，从而导致公司财务数据的准确性和完整性受到威胁，进而导致误导投资者、错误的决策和财务报告的不准确性。

（3）商业竞争：竞争对手可能会获取公司的财务数据，从而获得对公司业务和财务状况的深入了解。这可能使竞争对手获得竞争优势。

（4）法律和合规风险：泄露或未经授权访问的财务文件可能违反相关法律和法规，如隐私法、数据保护法和金融合规要求。这可能导致公司被罚款、法律诉讼或声誉受损。

（5）员工信任度下降和公司声誉受损：财务文件的泄露可能导致员工对公司的信任度下降，尤其是对于涉及个人信息和薪酬的文件。此外，泄露信息可能会对公司的声誉产生负面影响，导致投资者、客户和合作伙伴的不信任。

（6）个人隐私泄露：财务文件中可能包含员工、客户和供应商的个人身份信息。如果这些信息被泄露或未经授权访问，可能导致个人隐私受到侵犯，并可能被用于身份盗窃、欺诈和其他非法活动。

为了防止这些危害，公司应该采取适当的安全措施，如加密财务文件、限制访问权限、定期审查和更新安全策略，并提供员工培训以提高员工安全意识。

从以上回复可知，财务数据的安全无论对企业还是相关个人来说，都是至关重要的。因此，作为一名财务人员，更应高度重视财务数据的安全，在工作中养成良好习惯，及时对存储财务数据的重要文件进行加密保护，以免被无关人员随意查看。同时也要善于保存好自己的工作成果，防止计算机软硬件出现故障而造成文件丢失。本节介绍运用Excel保护财务数据文件安全的四种操作方法。

1.4.1 设置工作簿打开密码

设置工作簿的打开密码后可以防止财务文件被随意打开查看。操作方法如下。

第1步 打开“素材文件\第1章\设置工作簿打开密码.xlsx”文件，❶展开【文件】列表，单击【信息】选项卡，❷单击【保护工作簿】下拉列表中的【用密码进行加密】命令。如下图所示。

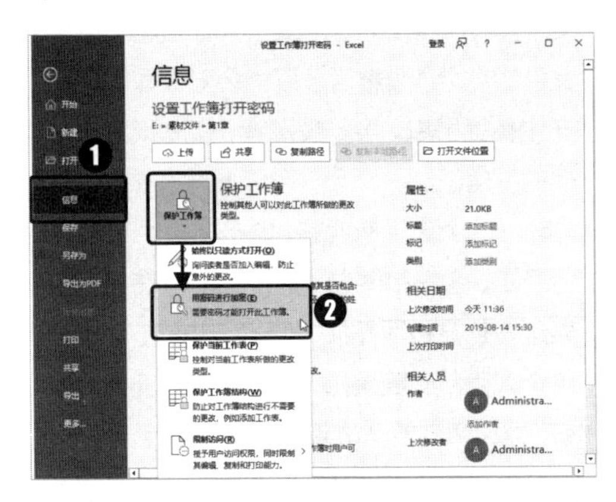

第2步 弹出【加密文档】对话框，❶在【密码】文本框中输入密码（如“123”），❷单击【确定】按钮。如下图所示。

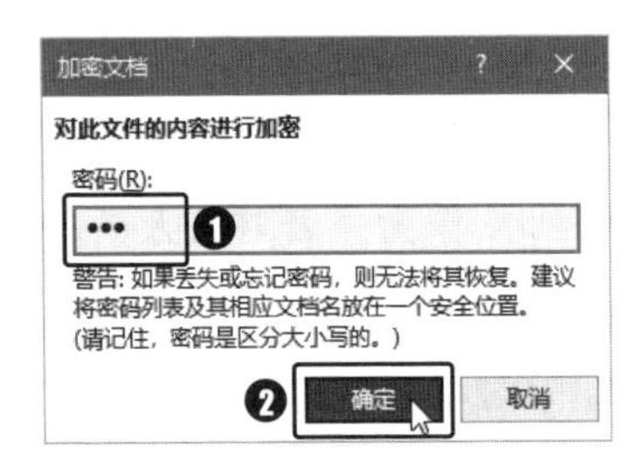

第3步 弹出【确认密码】对话框，❶在【重新输入密码】文本框中再次输入相同的密码，❷单击【确定】按钮关闭对话框。如下图所示。

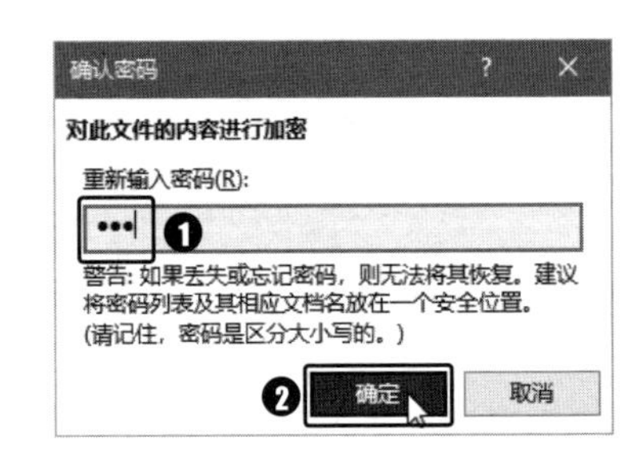

密码设置成功后，关闭并保存工作簿，再次打开时必须输入正确密码。

1.4.2 设置工作簿编辑密码

Excel不仅可以设定工作簿的打开密码，还能进一步设定编辑工作簿的密码，以防止财务文件被随意修改，为财务数据的安全再添加一道“防护符”。操作方法如下。

第1步 打开“素材文件\第1章\设置工作簿编辑密码.xlsx”文件，❶展开【文件】列表，单击【另存为】选项，❷单击【浏览】命令。如下图所示。

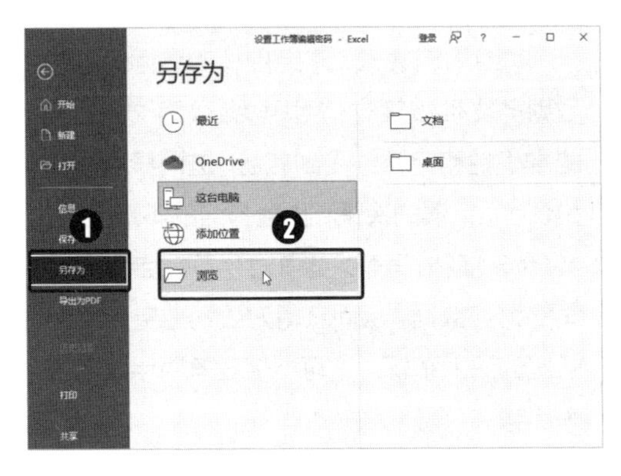

第2步 弹出【另存为】对话框，选择要存储文件的文件夹，单击【工具】下拉列表中的【常规选项】命令。如下图所示。

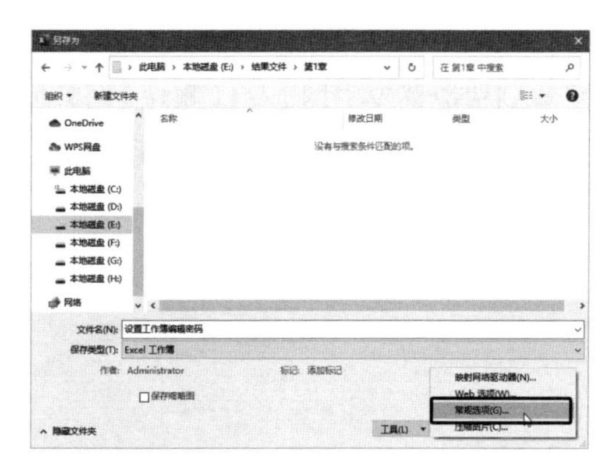

第3步 弹出【常规选项】对话框，❶分别在【打开权限密码】和【修改权限密码】文本框中输入不同的密码(如“123”和“456”)，❷单击【确定】按钮。如下图所示。

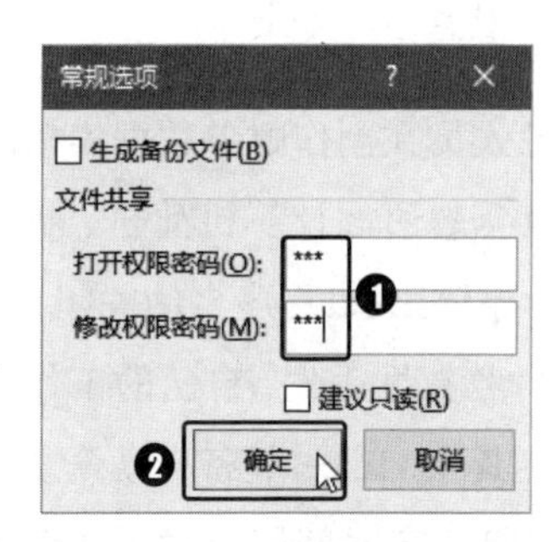

第4步 弹出【确认密码】对话框，❶在【重新输入密码】文本框中输入打开权限密码(“123”)，❷单击【确定】按钮。如下图所示。

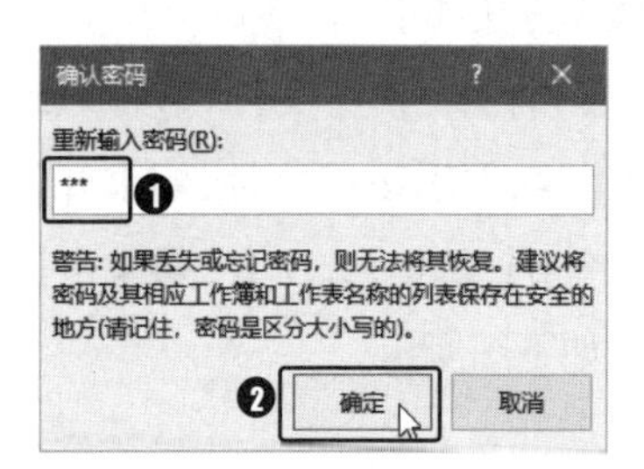

第5步 再次弹出【确认密码】对话框，❶在【重新输入修改权限密码】文本框中输入修改权限的密码(“456”)，❷单击【确定】按钮。如下图所示。

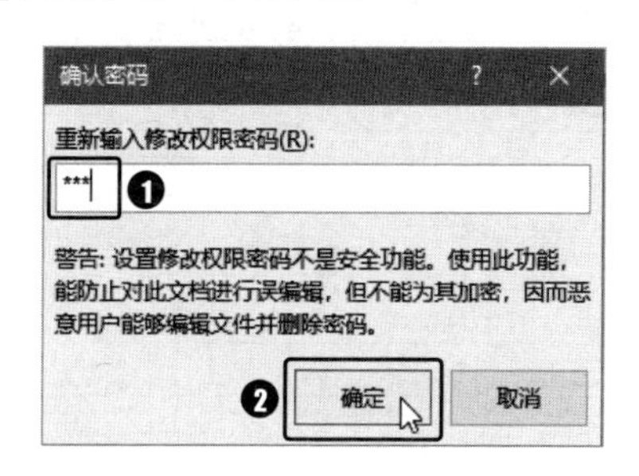

第6步 返回【另存为】对话框后，单击【保存】按钮即可。如下图所示。

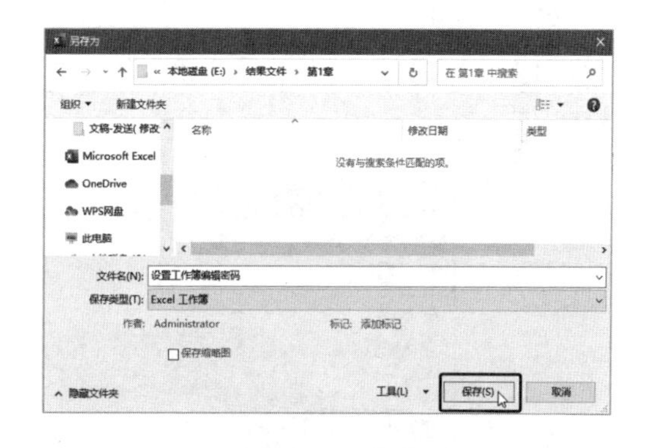

1.4.3 设置密码保护工作簿结构

工作中，如果财务人员时常需要与他人共同编辑财务数据文件中的部分数据内容，但是又不希望他人擅自改变工作簿的结构，如进行增加、删除、复制、移动、隐藏或显示工作表等操作，可以在Excel中设置密码单独保护工作簿结构。设置方法如下。

第1步 打开“素材文件\第1章\设置密码保护工作簿结构.xlsx”文件，❶单击【审阅】选项卡，❷单击【保护】组中的【保护工作簿】按钮。如下图所示。

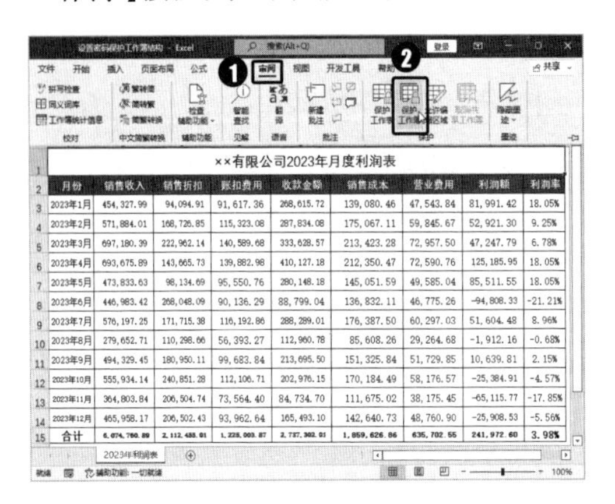

月份	销售收入	销售折扣	账扣费用	收款金额	销售成本	营业费用	利润额	利润率
2023年1月	454,327.99	94,094.91	91,617.36	268,615.72	139,080.46	47,543.84	81,991.42	18.05%
2023年2月	571,884.01	168,726.85	115,323.08	287,834.08	175,067.11	59,845.67	52,921.30	9.25%
2023年3月	697,180.39	222,962.14	140,589.68	333,628.57	213,423.28	72,957.50	47,247.79	6.78%
2023年4月	693,675.89	143,665.73	139,882.98	410,127.18	212,350.47	72,590.76	125,185.95	18.05%
2023年5月	473,833.63	98,134.69	95,550.76	280,148.18	145,051.59	49,585.04	85,511.55	18.05%
2023年6月	446,983.42	268,048.09	90,136.29	88,799.04	136,832.11	46,775.26	-94,808.33	-21.21%
2023年7月	576,197.25	171,715.38	116,192.86	288,289.01	176,387.50	60,297.03	51,604.48	8.96%
2023年8月	279,652.71	110,298.66	56,393.27	112,960.78	85,608.26	29,264.68	-1,912.16	-0.68%
2023年9月	494,329.45	180,950.11	99,683.84	213,695.50	151,325.84	51,729.85	10,639.81	2.15%
2023年10月	555,934.14	240,851.28	112,106.71	202,976.15	170,184.49	58,176.57	-25,384.91	-4.57%
2023年11月	364,803.84	206,504.74	73,564.40	84,734.70	111,675.02	38,175.45	-65,115.77	-17.85%
2023年12月	465,958.17	206,502.43	93,962.64	165,493.10	142,640.73	48,760.90	-25,908.53	-5.56%
合计	6,074,760.89	2,112,455.01	1,225,003.87	2,737,302.01	1,859,626.86	635,702.55	241,972.60	3.98%

第2步 弹出【保护结构和窗口】对话框，❶在【密码(可选)】文本框中输入密码（如“123”），❷单击【确定】按钮。如下图所示。

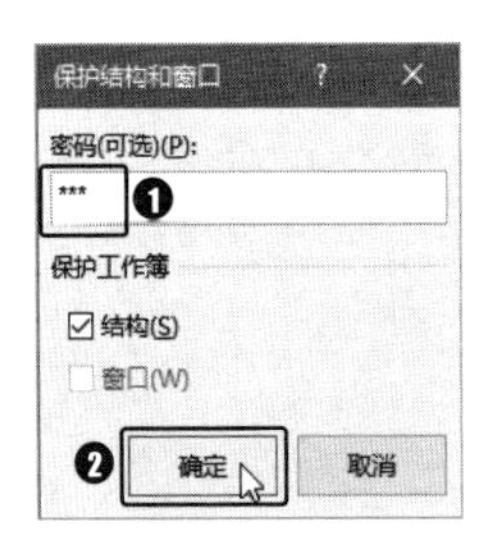

第3步 弹出【确认密码】对话框，❶再次输入相同密码，❷单击【确定】按钮关闭对话框。如下图所示。

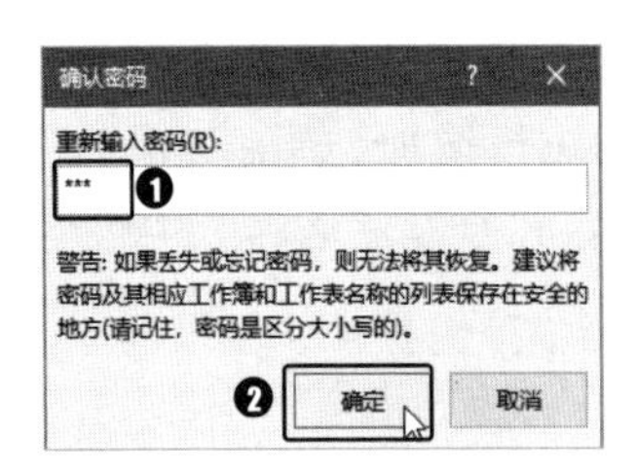

第4步 返回工作表，右击工作表标签，可看到快捷菜单中【插入】【删除】【移动或复制】等命令全部变为灰色，无法选中和执行命令，如下图所示。

1.4.4 缩短文件自动恢复时间，降低意外损失

财务人员在制作财务数据表格的过程中，难免会遭遇如计算机死机、断电等意外情况，导致Excel程序自动关闭，从而造成重要财务数据丢失，自己的工作成果功亏一篑。其实，Excel具备自动恢复文件的功能，间隔一定时间即会对正在编辑的工作簿文件内容进行自动保存。

为了最大限度降低意外损失，财务人员可以将文件自动恢复间隔调整至最短时间。操作方法如下。

第1步 打开“素材文件\第1章\缩短文件自动恢复时间.xlsx”文件，❶展开【文件】列表，单击【更多】选项卡，❷单击【选项】命令。如下图所示。

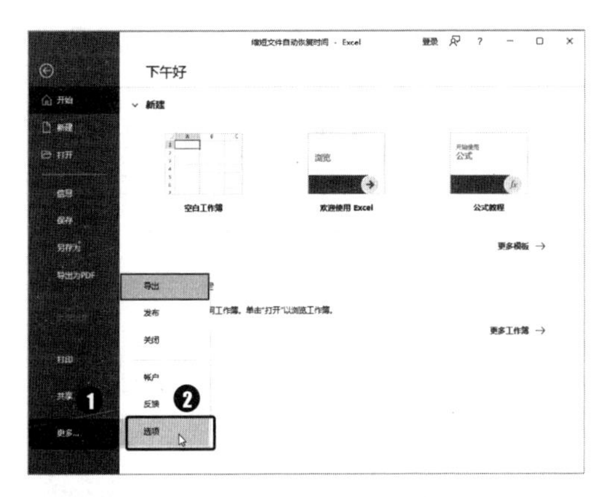

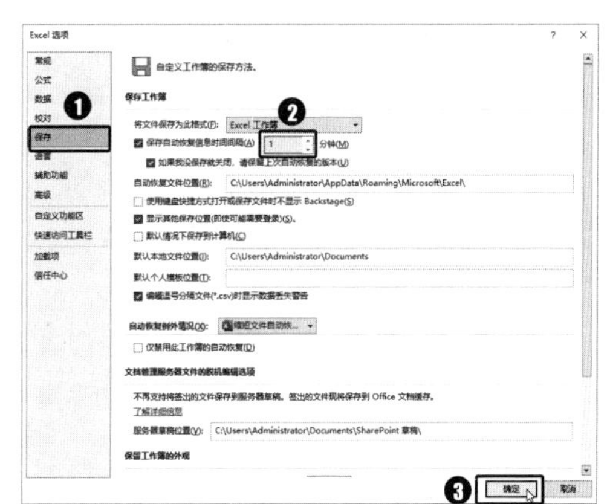

第2步 弹出【Excel选项】对话框，❶单击【保存】选项卡，❷将【保存工作簿】选项组中的【保存自动恢复信息时间间隔】文本框中的默认数字“10”修改为“1”（间隔1分钟），❸单击【确定】按钮关闭对话框即完成设置。如下图所示。

温馨提示

【Excel选项】对话框中的设置均为通用设置。因此本例操作完成后，计算机内所有Excel工作簿文件的自动恢复时间间隔均已被调整为1分钟。

AI智能答疑与技巧点拨

本章主要提示财务人员应养成良好的Excel操作习惯来高效管理财务表格，并介绍了几种养成好习惯的具体方法。下面结合本章内容，利用AI工具“文心一言”的学习引导，补充介绍几个实用的小技巧，帮助财务人员提高工作效率。

01 Excel 工具按钮、命令一秒搜索

Excel功能强大，其中包含了几百个工具按钮、命令等。很多新手在使用过程中，通常需要花费一点时间才能找到需要的工具按钮或命令。不过，细心的读者应该已经发现，Excel 2021窗口界面较以往版本有一个显著的变化，那就是窗口顶部添加了一个搜索框，可以快速找到Excel中的工具按钮、命令，以及工作表中的任何财务数据，如下图所示。

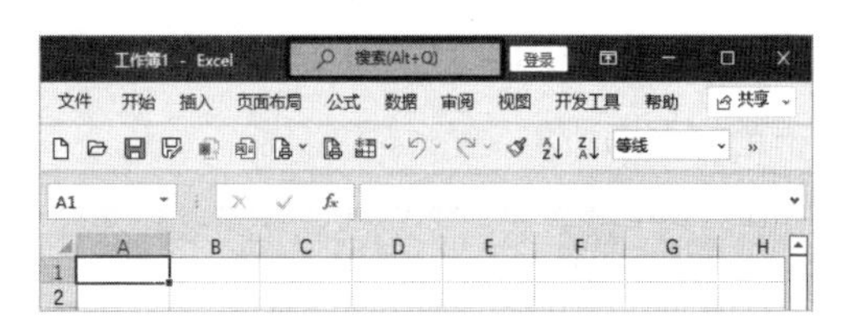

那么，具体如何搜索目标，先看看AI工具“文心一言”是如何操作的。

提问：如何在Excel中使用搜索框查找工具、命令？

文心一言

在Excel 2021中，使用搜索框查找工具、命令的方法如下。

在Excel界面上方，可以找到一个搜索框。在这个搜索框中输入你想要查找的工具或命令的关键词。

Excel会在搜索框下方显示与关键词相关的工具和命令的列表，你可以在这个列表中查找你需要的工具或命令。

如果你找到了你需要的工具或命令，只需要单击它们，就可以在Excel中使用了。

另外，也可以使用快捷键【Ctrl+F】打开【查找和替换】窗口，或者单击编辑栏左侧的查找和选择按钮，在弹出的菜单中选择【查找】选项。在弹出的窗口中填入需要查找的内容，Excel会显示出所有包含该内容的单元格。

从以上回复可知，运用Excel 2021新增的“搜索框”能够迅速找到需要的工具按钮或命令，操作也十分简便。

例如，要打开【数据验证】对话框，就在搜索框中输入“验证”，即可看到列表框中已列示出包含“验证”的工具按钮，按下【Enter】键即可立即打开【数据验证】对话框。如下图所示。

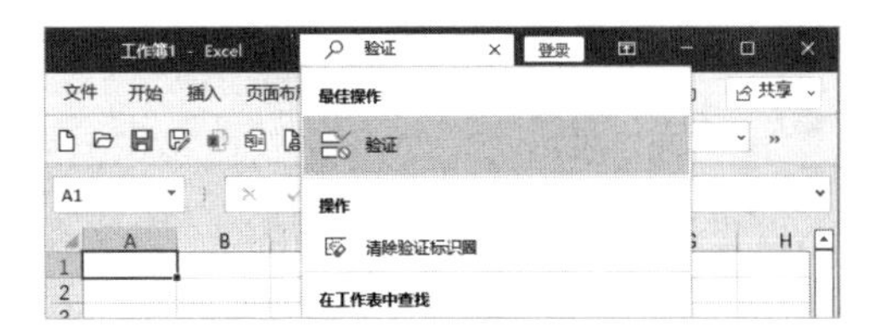

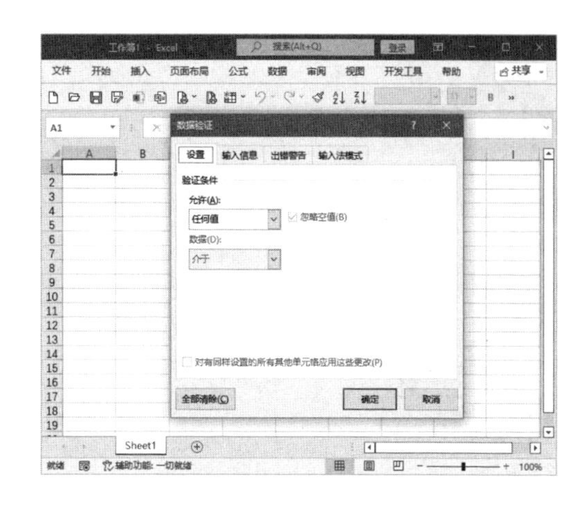

教你一招：使用快捷键快速定位指针

按下快捷组合键【Alt+Q】可快速将指针定位至搜索框中。

02 DIY 快速访问工具栏

Excel是一款十分人性化的智能办公软件，除了能够快速找到工具按钮、命令的搜索框外，还提供了充分彰显个性的【自定义快速访问工具栏】工具，用户可完全根据自身操作习惯和喜好，将工作中频繁使用的工具按钮、命令等按顺序放置其中，DIY专属自己的工具栏。下面先跟着AI工具“文心一言”预习一下DIY快速访问工具栏的操作方法。

提问：如何自定义Excel快速访问工具栏？

文心一言

自定义Excel快速访问工具栏的方法有多种，以下列举几种常见的方式。

方式一：

单击快速访问工具栏右侧的下拉按钮，会展开一个菜单，里面有一些备选功能可供选择。这时单击需要的功能，就会出现在工具栏了。要想添加其他功能，可以单击该下拉列表中的【其他命令】按钮，然后在Excel选项窗口中，选择需要的功能并添加即可。

方式二：

在功能区找到需要添加到快速访问工具栏的命令，然后右击，在菜单里面选择【添加到快速访问工具栏】即可。

方式三：

单击【文件】选项卡，选择【选项】，弹出【Excel选项】对话框，单击【快速访问工具栏】。在左侧文本框中选择相关命令后单击【添加】，相关命令会显示在右侧文本框中，同时也添加在快速访问工具栏。

在右侧文本框中选择相关命令后单击【删除】，则可将其从右侧文本框中删除，同时也从快速访问工具栏中删除。

以上就是自定义Excel快速访问工具栏的几种方式，您可以根据需求选择适合自己的方法。

从以上回复可知，自定义快速访问工具栏的操作非常简单。下面参考上述提示，跟着以下具体步骤和图例DIY您自己的快速访问工具栏。

第1步 创建一个空白工作簿。初始设置下，【自定义快速访问工具栏】位于功能区左上方，而且默认只有3个工具按钮，如下图所示。

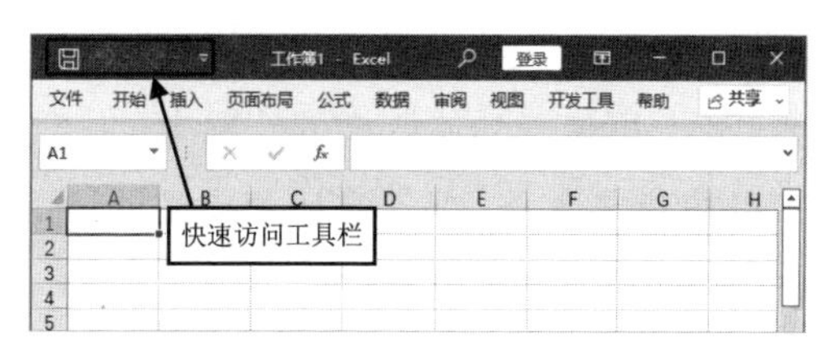

第2步 单击【快速访问工具栏】右侧的下拉按钮展开下拉列表，单击【在功能区下方显示】命令，如下图所示，将其放置在功能区下方，更方便使用。

第3步 在下拉列表中勾选需要的命令，即可将其添加至【快速访问工具栏】中。如下图所示。

第4步 如果列表中没有需要的工具按钮或命令，可展开功能区中的选项卡，右击工具按钮或命令，单击快捷菜单中的【添加到快速访问工具栏】命令即可。

如下图所示的操作，即添加了【开始】选项卡【字体】组中的【等线】工具按钮至【快速访问工具栏】中。

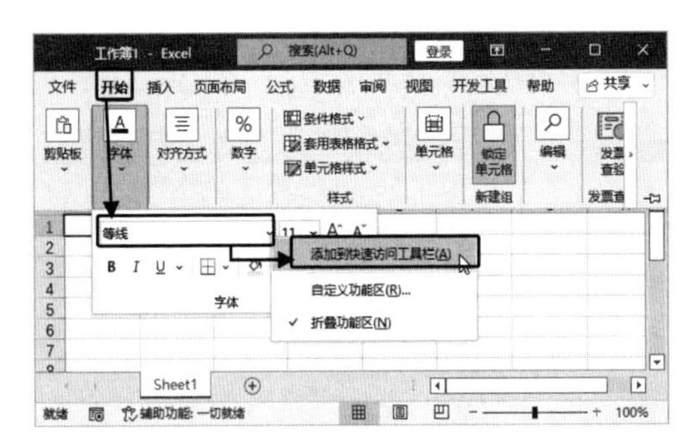

第5步 如果【快速访问工具栏】下拉列表和功能区中均没有需要的工具按钮或命令，还可以打开【Excel选项】对话框，❶切换至【快速访问工具栏】选项，❷在【从下列位置选择命令】下拉列表中选择【不在功能区中的命令】或【所有命令】选项，在下方列表框中选中需要的命令，❸单击【添加】按钮将其添加至【自定义快速访问工具栏】列表框中，❹单击右侧的上下箭头按钮调整命令的排列顺序，❺调整完毕后，单击【确定】按钮关闭对话框即可。如下图所示。

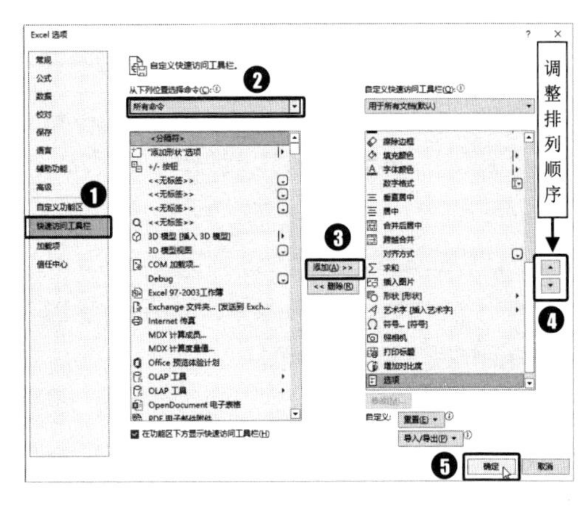

第6步 返回工作表，可看到【快速访问工具栏】中已列出各项工具按钮、命令。效果如下图所示。

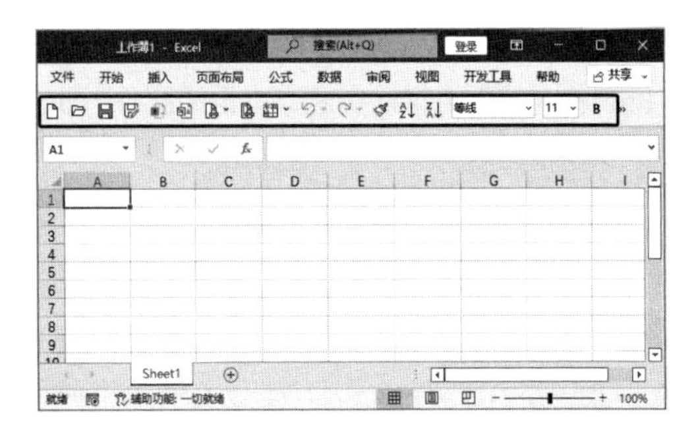

Excel

第2章

财务数据很重要：Excel 批量获取和整理原始数据

本章导读

原始数据是核算财务数据的基础，对于财务工作至关重要。数据是否完整、格式是否规范，都会直接影响财务人员后续的工作效率和质量。所以，财务人员在学习Excel时，必须掌握运用Excel高效获取并整理不规范的原始数据的技能。本章将通过讯飞星火、ChatGPT、文心一言等AI工具让财务人员了解在Excel中可以通过哪些方法批量获取和整理原始数据，并介绍Excel的具体操作方法，帮助财务人员打好Excel技术基础和财务核算基础。

2.1 批量导入技巧："分分钟"获取原始数据

实际工作中，财务人员很多时候需要从其他Excel工作簿、办公软件中获取原始数据，如财务软件、ERP系统、B2B电子商务平台等。这些办公系统、网站中的数据通常可以导出Excel表格。下面让AI工具"ChatGPT"为我们推荐几种Excel批量导入原始数据的技巧。

提问： 请推荐几种Excel快速批量导入外部原始数据的技巧。

ChatGPT

以下是几种Excel快速批量导入外部原始数据的技巧。

（1）使用【数据】选项卡中的【从文本】功能：选择【从文本】选项，然后选择要导入的文本文件，按照向导的指示进行操作。可以选择分隔符、数据格式等选项，以确保正确导入数据。

（2）使用【数据】选项卡中的【从网页】功能：选择【从网页】选项，然后输入要导入数据的网页地址，按照向导的指示进行操作。Excel会尝试从网页中提取数据，并将其导入工作表中。

（3）使用【数据】选项卡中的【从其他来源】功能：选择【从其他来源】选项，然后选择适合的数据源，如数据库、XML文件等。按照向导的指示进行操作，以导入外部数据。

（4）使用Power Query：Power Query是Excel中的一种数据获取和转换工具。它可以帮助您从各种来源导入和整理数据。通过Power Query，您可以连接各种数据源，如数据库、Web服务、文件夹等，并对数据进行转换和清洗。

（5）使用宏：如果您需要经常导入相同格式的外部数据，可以考虑使用宏来自动化导入。您可以录制一个宏来执行导入操作，并将其保存为一个按钮，以便将来使用。

ChatGPT为我们推荐的快速批量导入原始数据的5种操作技巧都非常实用，操作也十分简便。本节结合日常工作中常见的不同来源的原始数据，从上述技巧中挑选出3种方法，略作调整后进行介绍。

2.1.1 导入网站数据，在Excel中获取实时信息

日常工作中，财务人员时常要从网站获取相关信息。例如，外贸企业需要从汇率网查询外币汇率，运用Excel提供的【获取和转换数据】工具可将网站数据导入Excel中。您只需打开Excel文件并刷新数据，即可获得最新数据，而且还可设置刷新频率，定时自动刷新数据。

1. 创建连接

在Excel中创建与网站的连接，操作方法如下。

第1步 创建一个空白工作簿，❶单击【数据】选项卡，❷单击【获取和转换数据】组中的【自网站】按钮。如下图所示。

第2步 弹出【从Web】对话框，❶复制常用网站的网址并粘贴至【URL】文本框中，❷单击【确定】按钮。如下图所示。

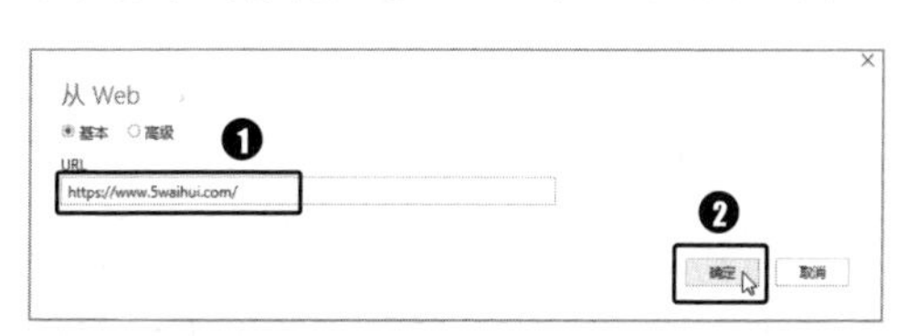

第3步 弹出【导航器】对话框，❶单击【显示选项】列表中的【Table 0】选项，同时可在右侧预览框中查看预览界面，❷单击【加载】按钮。如下图所示。

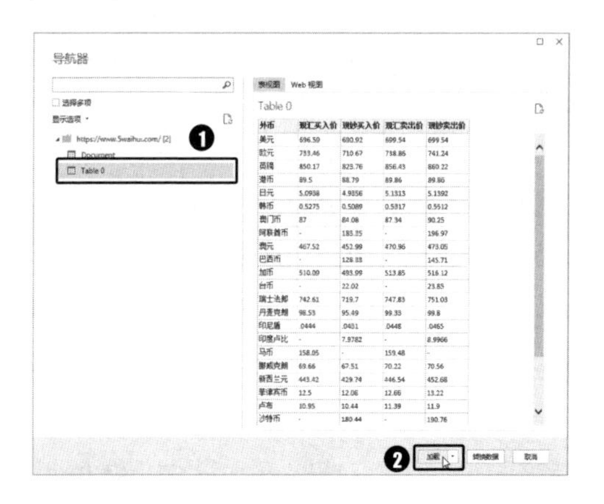

第4步 以上操作完成后，Excel将自动创建一个新的工作表，同时将网站数据导入同步生成的表格中。效果如下图所示。

	A	B	C	D	E
1	外币	现汇买入价	现钞买入价	现汇卖出价	现钞卖出价
2	美元	696.19	690.53	699.14	699.14
3	欧元	730.46	707.76	735.84	738.21
4	英镑	847.53	821.2	853.77	857.55
5	港币	89.36	88.65	89.72	89.72
6	日元	5.0824	4.9245	5.1198	5.1277
7	韩币	0.5263	0.5078	0.5305	0.550
8	澳门币	86.86	83.95	87.2	90.11
9	阿联酋币	-	183.24	-	196.86
10	澳元	466.76	452.26	470.2	472.28
11	巴西币	-	128.64	-	146.06
12	加币	508.53	492.47	512.28	514.54
13	台币	-	21.94	-	23.77
14	瑞士法郎	738.17	715.39	743.35	746.54
15	丹麦克朗	98.13	95.1	98.91	99.39
16	印尼盾	.0445	.0431	.0449	.0466
17	印度卢比	-	7.9747	-	8.9927
18	马币	157.97	-	159.39	-
19	挪威克朗	69.3	67.16	69.86	70.19
20	新西兰元	441.43	427.81	444.53	450.64
21	菲律宾币	12.53	12.11	12.69	13.25
22	卢布	10.94	10.43	11.38	11.89
23	沙特币	-	180.33	-	190.65
24	瑞典克朗	66.77	64.71	67.31	67.63
25	新加坡币	512.24	496.43	515.84	518.41
26	泰铢	19.94	19.32	20.1	20.74
27	土耳其币	37.27	35.44	37.57	43.14
28	南非兰特	40.42	37.32	40.7	43.87

2. 手动刷新数据

刷新数据操作非常简单，❶选中表格区域中任意一个单元格激活表格工具，❷单击【表设计】选项卡，❸单击【外部表数据】组中的【刷新】按钮即可。如下图所示。

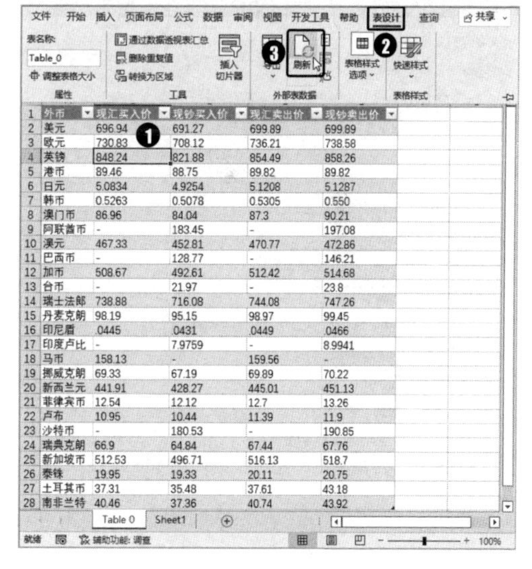

	A	B	C	D	E
1	外币	现汇买入价	现钞买入价	现汇卖出价	现钞卖出价
2	美元	696.94	691.27	699.89	699.89
3	欧元	730.83	708.12	736.21	738.58
4	英镑	848.24	821.88	854.49	858.26
5	港币	89.46	88.75	89.82	89.82
6	日元	5.0834	4.9254	5.1208	5.1287
7	韩币	0.5263	0.5078	0.5305	0.550
8	澳门币	86.96	84.04	87.3	90.21
9	阿联酋币	-	183.45	-	197.08
10	澳元	467.33	452.81	470.77	472.86
11	巴西币	-	128.77	-	146.21
12	加币	508.67	492.61	512.42	514.68
13	台币	-	21.97	-	23.8
14	瑞士法郎	738.88	716.08	744.08	747.26
15	丹麦克朗	98.19	95.15	98.97	99.45
16	印尼盾	.0445	.0431	.0449	.0466
17	印度卢比	-	7.9759	-	8.9941
18	马币	158.13	-	159.56	-
19	挪威克朗	69.33	67.19	69.89	70.22
20	新西兰元	441.91	428.27	445.01	451.13
21	菲律宾币	12.54	12.12	12.7	13.26
22	卢布	10.95	10.44	11.39	11.9
23	沙特币	-	180.53	-	190.85
24	瑞典克朗	66.9	64.84	67.44	67.76
25	新加坡币	512.53	496.71	516.13	518.7
26	泰铢	19.95	19.33	20.11	20.75
27	土耳其币	37.31	35.48	37.61	43.18
28	南非兰特	40.46	37.36	40.74	43.92

3. 设置自动刷新频率

除了手动刷新，还可以通过设置属性让数据按照指定的频率自动刷新。操作方法如下。

第1步 ❶选中表格区域中任意一个单元格，激活表格工具，❷单击【查询】选项卡，❸单击【编辑】组中的【属性】按钮。如下图所示。

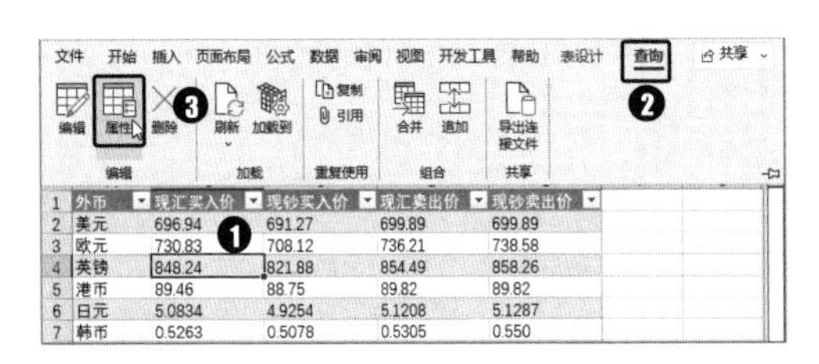

第2步 弹出【查询属性】对话框，❶勾选【刷新控件】组中的【刷新频率】复选框，在【分钟】文本框中输入分钟数，如“30”（默认频率为120分钟），❷单击【确定】按钮关闭对话框。如下图所示。

操作完成后，将工作簿命名为“汇率表”保存即可。

2.1.2 导入文本文件，同步分列原始数据

实际工作中，财务人员在导入文本文件数据时，通常会直接将其中的数据直接复制粘贴至Excel工作表中。但如此操作的结果是全部数据均列示在同一列中，给后续的操作带来不便。而使用Excel的【获取和转换数据】工具导入，则可启动Excel中的插件——Power Query编辑器，按照设定的规则将原始数据拆分列示。

打开“素材文件\第2章\客户信息表.txt”文件，如下图所示，其中存储着客户信息数据。下面将其导入Excel工作表中，并同步分列。

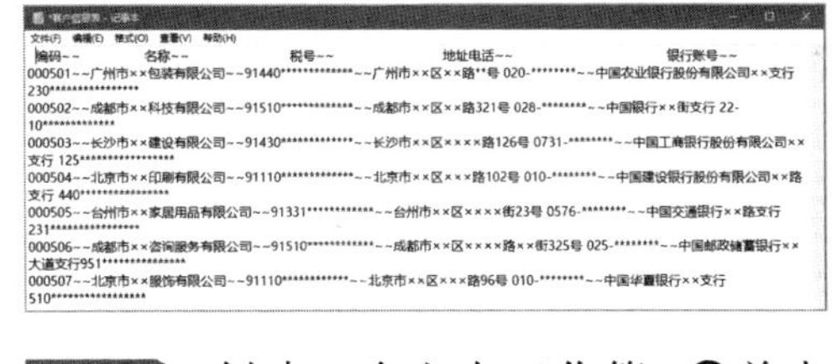

第1步 创建一个空白工作簿，❶单击【数据】选项卡，❷单击【获取和转换数据】组中的【从文本/CSV】按钮“”。如下图所示。

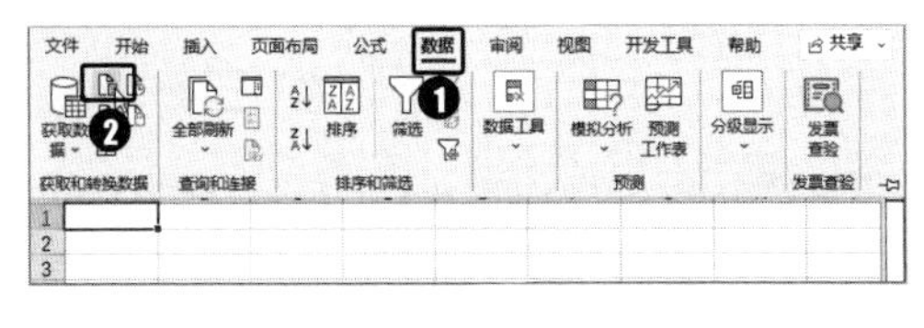

第2步 弹出【导入数据】对话框，❶打

开存放文本文件的文件夹，选中文件，❷单击【导入】按钮。如下图所示。

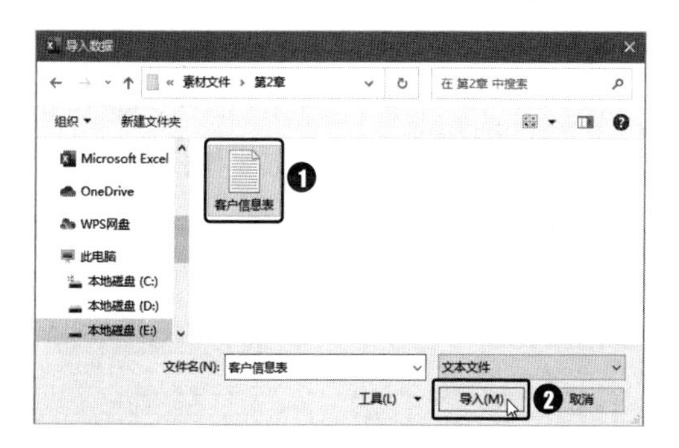

第3步 弹出对话框，直接单击【转换数据】按钮。如下图所示。

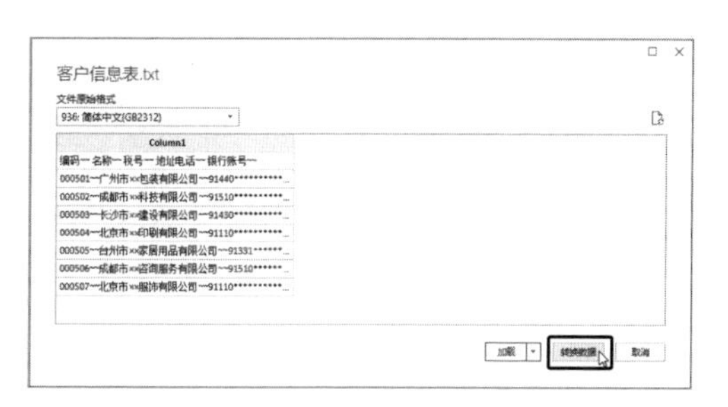

第4步 上一步操作后，系统自动启动 Power Query 编辑器，❶单击【主页】选项卡【转换】组中的【拆分列】下拉按钮，❷在展开的下拉列表中单击【按分隔符】命令。如下图所示。

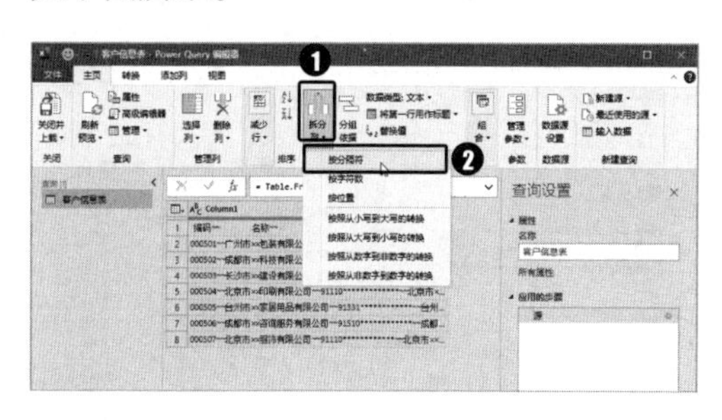

第5步 弹出【按分隔符拆分列】对话框，❶在【选择或输入分隔符】下拉列表中选择【自定义】选项，在文本框中输入分隔符号"~~"，❷单击【确定】按钮。如下图所示。

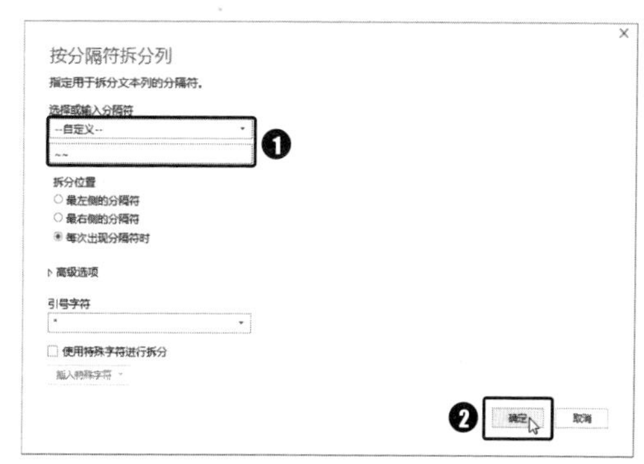

第6步 返回 Power Query 编辑器主页，即可看到分列效果。此时再单击【转换】组中的【将第一行用作标题】按钮，将原标题行转换为表格中的标题。如下图所示。

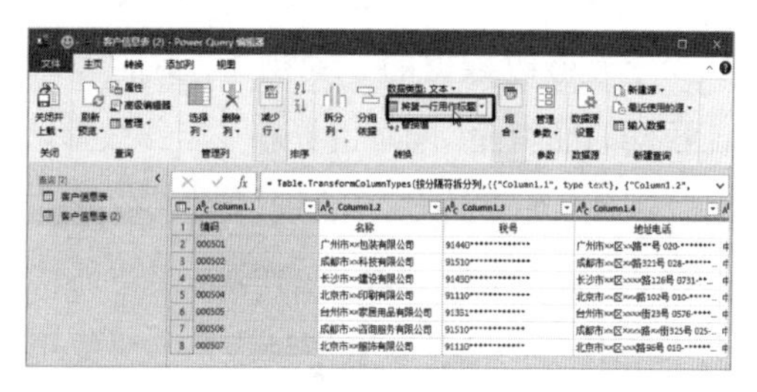

第7步 单击【主页】选项卡【关闭】组中的【关闭并上载】按钮。如下图所示。

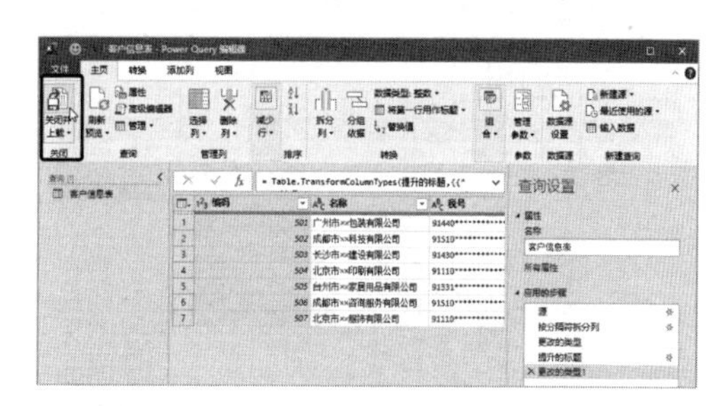

第8步 单击操作完成后，文本文件中的数据即被导入并拆分列示在新建表格中。效果如下图所示。

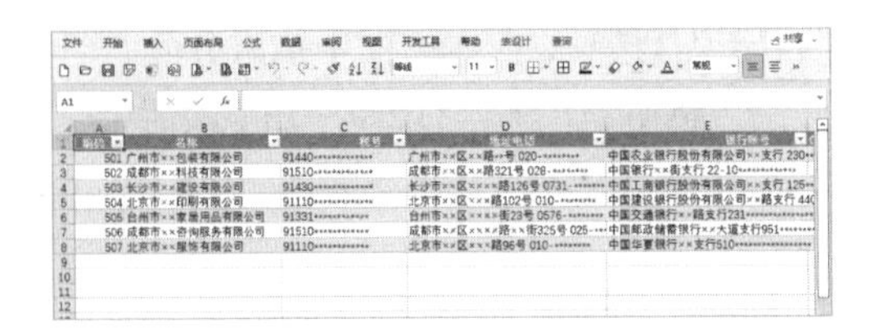

2.1.3 运用Power Query导入其他工作簿数据

日常工作中，财务人员通常需要在编辑一个Excel工作簿的数据时调用其他工作簿中的相关数据，为了确保当前工作簿与其他工作簿中的同一数据同步更新，同样可使用Power Query编辑器进行导入，之后修改其他工作簿数据时，当前工作簿中被导入的数据也会同时更新，这样不仅可以减少重复修改数据的手动操作，更能够保证数据的准确性，同时也提高了工作效率。

例如，如下图所示的销售收入数据储存在“销售收入统计表”工作簿中，下面将另一工作簿“费用报销记录表”中的费用报销数据导入至此工作簿中。

序号	产品名称	产品型号	销售部门	销售单价	销售数量	销售额
1	彩电	SM-5EGT	销售三部	2,180.00	108台	¥235,440.00
2	彩电	HR-OKK1-5	销售一部	2,298.00	120台	¥275,760.00
3	彩电	SM-5EGT	销售二部	2,180.00	150台	¥327,000.00
4	冰箱	HR-OKK1-5	销售三部	2,300.00	158台	¥363,400.00
5	冰箱	SM-5EGT	销售一部	2,200.00	150台	¥330,000.00
6	冰箱	HR-OKK1-5	销售二部	2,300.00	118台	¥271,400.00
7	空调	HV-1100S1.0	销售三部	1,680.00	226台	¥379,680.00
8	空调	HV-1100S1.0	销售一部	1,680.00	200台	¥336,000.00
9	空调	HV-1100S1.0	销售二部	1,680.00	220台	¥369,600.00
10	彩电	SM-5EGT	销售三部	2,080.00	138台	¥287,040.00
11	彩电	SM-5EGT	销售一部	2,100.00	120台	¥252,000.00
12	彩电	SM-5EGT	销售二部	2,100.00	215台	¥451,500.00
13	冰箱	HR-OKK1-5	销售三部	2,298.00	200台	¥459,600.00
14	冰箱	HR-OKK1-5	销售一部	2,298.00	260台	¥597,480.00
15	冰箱	HR-OKK1-5	销售二部	2,280.00	120台	¥273,600.00

操作方法如下。

第1步 打开“素材文件\第2章\销售收入统计表.xlsx”文件，❶单击【数据】选项卡，❷单击【获取数据】下拉按钮，❸单击下拉列表中的【来自文件】选项，❹单击【从Excel工作簿】命令。如下图所示。

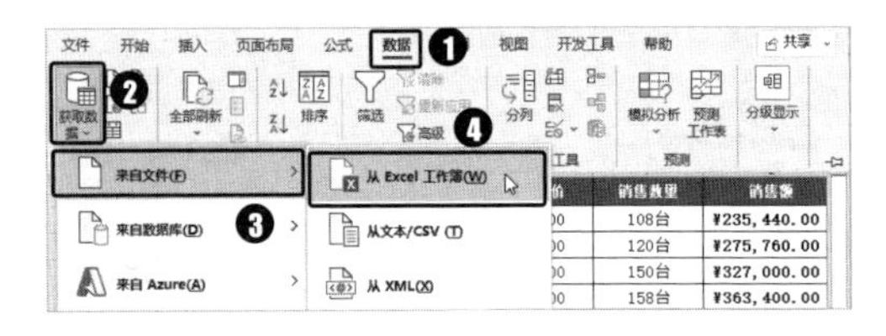

第2步 弹出【导入数据】对话框，❶单击选中“费用报销记录表”工作簿，❷单击【导入】按钮。如下图所示。

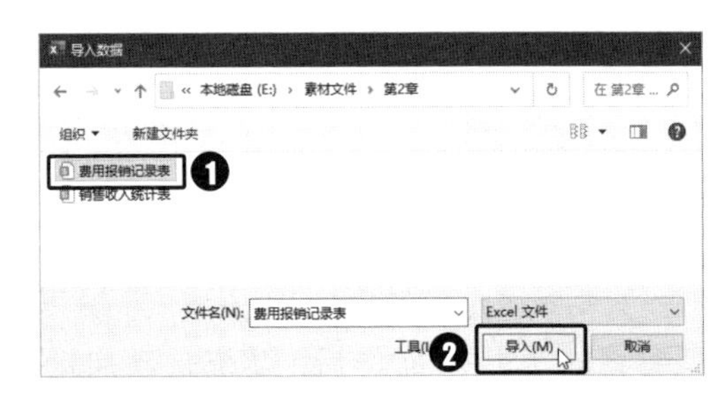

第3步 弹出【导航器】对话框，❶单击【显示选项】列表中的【2月报销】选项，同时可在右侧预览框中查看预览界面，❷单击【转换数据】按钮。如下图所示。

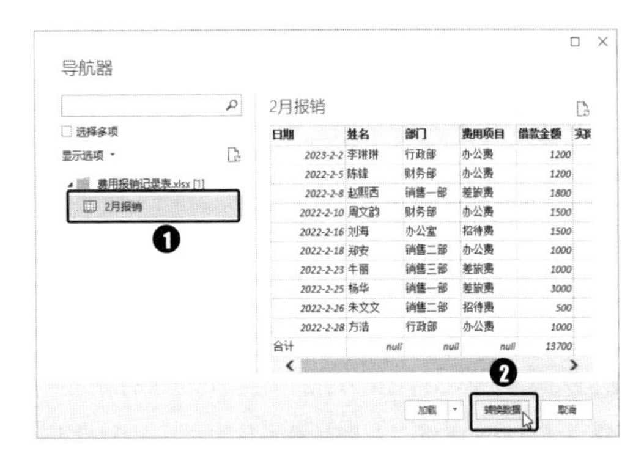

第4步 上一步操作后，系统自动启动Power Query编辑器，系统默认选中【日期】字段，❶单击【主页】选项卡【转换】组中的【数据类型】下拉按钮，❷在展开的下拉列表中单击【日期】命令，即可将【日期】字段下的数据类型设置为日期格式。如下图所示。

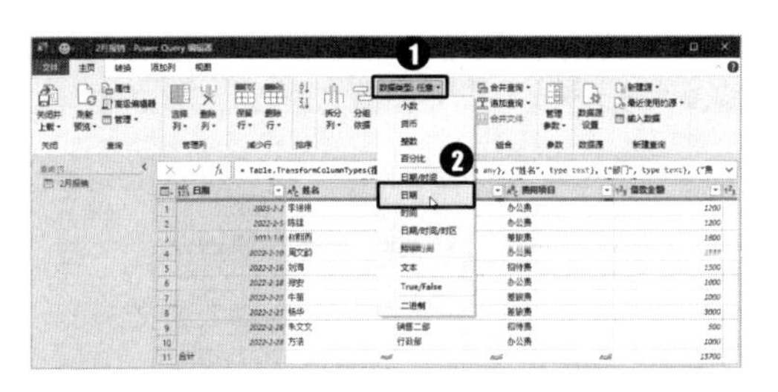

第5步 单击【主页】选项卡【关闭】组中的【关闭并上载】按钮。如下图所示。

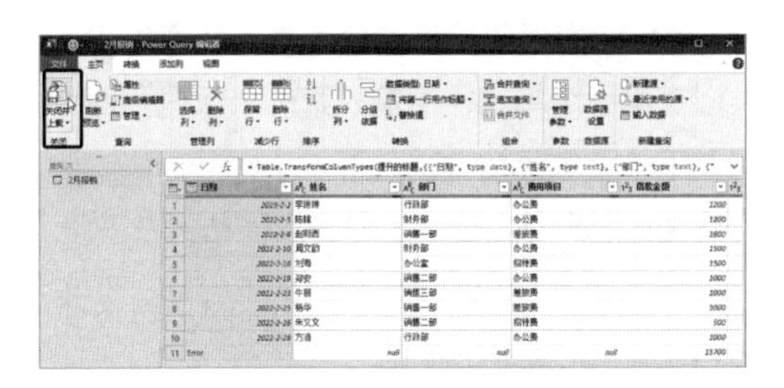

操作完成后，即可将“费用报销记录表”工作簿中的“2月报销”整个工作表中的数据导入“销售收入统计表”工作簿中。效果如下图所示。

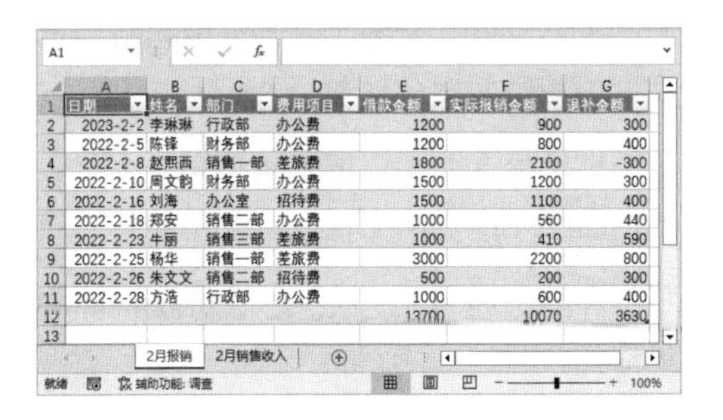

	A	B	C	D	E	F	G
1	日期	姓名	部门	费用项目	借款金额	实际报销金额	退补金额
2	2023-2-2	李琳琳	行政部	办公费	1200	900	300
3	2022-2-5	陈锋	财务部	办公费	1200	800	400
4	2022-2-8	赵熙西	销售一部	差旅费	1800	2100	-300
5	2022-2-10	周文韵	财务部	办公费	1500	1200	300
6	2022-2-16	刘海	办公室	招待费	1500	1100	400
7	2022-2-18	郑安	销售二部	办公费	1000	560	440
8	2022-2-23	牛丽	销售三部	差旅费	1000	410	590
9	2022-2-25	杨华	销售一部	差旅费	3000	2200	800
10	2022-2-26	朱文文	销售二部	招待费	500	200	300
11	2022-2-28	方浩	行政部	办公费	1000	600	400
12					13700	10070	3630

第6步 保存并关闭“销售收入统计表”工作簿，打开“素材文件\第2章\费用报销记录表.xlsx”文件，将F11单元格中的数字修改为“800”，如下图所示。保存并关闭工作簿。

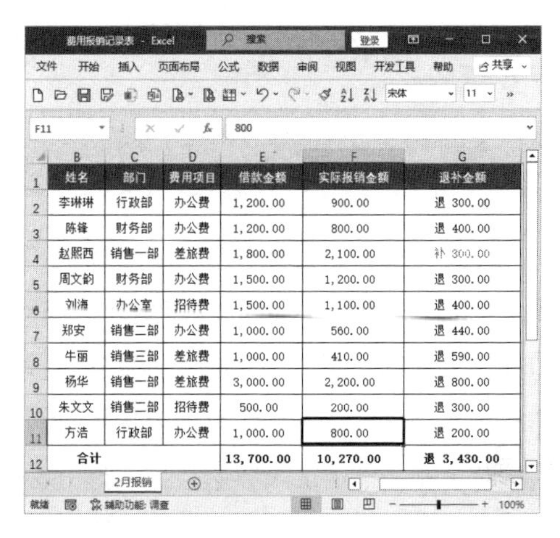

	B	C	D	E	F	G
1	姓名	部门	费用项目	借款金额	实际报销金额	退补金额
2	李琳琳	行政部	办公费	1,200.00	900.00	退 300.00
3	陈锋	财务部	办公费	1,200.00	800.00	退 400.00
4	赵熙西	销售一部	差旅费	1,800.00	2,100.00	补 300.00
5	周文韵	财务部	办公费	1,500.00	1,200.00	退 300.00
6	刘海	办公室	招待费	1,500.00	1,100.00	退 400.00
7	郑安	销售二部	办公费	1,000.00	560.00	退 440.00
8	牛丽	销售三部	差旅费	1,000.00	410.00	退 590.00
9	杨华	销售一部	差旅费	3,000.00	2,200.00	退 800.00
10	朱文文	销售二部	招待费	500.00	200.00	退 300.00
11	方浩	行政部	办公费	1,000.00	800.00	退 200.00
12	合计			13,700.00	10,270.00	退 3,430.00

第7步 再次打开“销售收入统计表”工作簿，❶单击【数据】选项卡，❷单击【查询和连接】组中的【全部刷新】按钮。如下图所示。

	A	B	C	D	E	F	G
1	日期	姓名	部门	费用项目	借款金额	实际报销金额	退补金额
2	2023-2-2	李琳琳	行政部	办公费	1200	900	300
3	2022-2-5	陈锋	财务部	办公费	1200	800	400
4	2022-2-8	赵熙西	销售一部	差旅费	1800	2100	-300
5	2022-2-10	周文韵	财务部	办公费	1500	1200	300
6	2022-2-16	刘海	办公室	招待费	1500	1100	400
7	2022-2-18	郑安	销售二部	办公费	1000	560	440
8	2022-2-23	牛丽	销售三部	差旅费	1000	410	590
9	2022-2-25	杨华	销售一部	差旅费	3000	2200	800
10	2022-2-26	朱文文	销售二部	招待费	500	200	300
11	2022-2-28	方浩	行政部	办公费	1000	600	400
12					13700	10070	3630

操作完成后，即可看到“销售收入统计表”工作簿“2月报销”工作表中的F11单元格中的数字也更新为”800”。效果如下图所示。

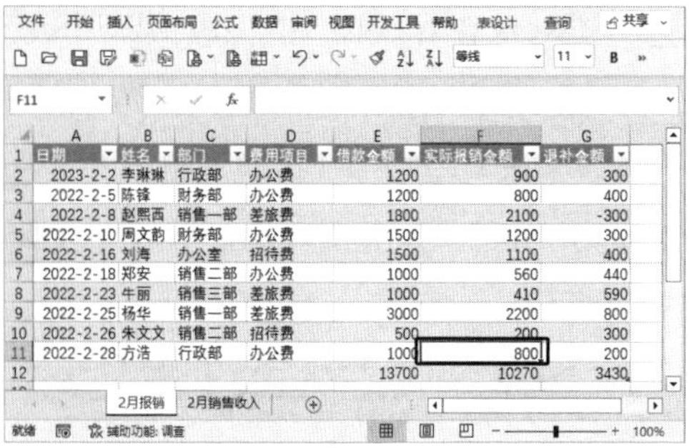

日期	姓名	部门	费用项目	借款金额	实际报销金额	退补金额
2023-2-2	李琳琳	行政部	办公费	1200	900	300
2022-2-5	陈锋	财务部	办公费	1200	800	400
2022-2-8	赵熙西	销售一部	差旅费	1800	2100	-300
2022-2-10	周文韵	财务部	办公费	1500	1200	300
2022-2-16	刘海	办公室	招待费	1500	1100	400
2022-2-18	郑安	销售二部	办公费	1000	560	440
2022-2-23	牛丽	销售三部	差旅费	1000	410	590
2022-2-25	杨华	销售一部	差旅费	3000	2200	800
2022-2-26	朱文文	销售二部	招待费	500	200	300
2022-2-28	方浩	行政部	办公费	1000	800	200
				13700	10270	3430

2.2 批量录入原始数据

日常工作中，大部分原据数据仍然需要手动录入。那么这里可以使用什么高效的操作方法呢？最基本的技巧就是批量操作。接下来看看AI工具“ChatGPT”为我们推荐了哪些批量录入原始数据的好方法。

提问： Excel中如何批量录入原始数据？

ChatGPT

在Excel中，可以使用以下方法批量录入原始数据。

（1）打开一个新的Excel工作簿。

（2）在第一个单元格（A1）中输入第一个数据。

（3）按住Shift键，同时单击鼠标左键，将光标移动到最后一个要输入数据的单元格。

（4）在键盘上按下Ctrl键和Enter键，所有选定的单元格将同时填充相同的数据。

（5）如果要填充的数据是连续的，可以在第一个单元格中输入起始数字，然后在下一个单元格中输入下一个数字，再选中这两个单元格，接下来将光标移动到右下角的小方块上，待光标变成十字形后，按住鼠标左键向下拖动，即可自动填充连续的数字。

（6）如果要填充的数据是重复的文本或数字，可以在第一个单元格中输入要重复的内容，然后选中这个单元格，接下来将光标移动到右下角的小方块上，按住鼠标左键向下拖动，即可自动填充重复的内容。

（7）如果要填充的数据是非连续的，可以在第一个单元格中输入第一个数据，然后在下一个单元格中输入下一个数据，再选中这两个单元格，接下来将光标移动到右下角的小方块上，按住鼠标左键向下拖动，即可自动填充非连续的数据。

通过以上方法，可以快速批量录入原始数据。

从以上内容来看，我们可以根据需要录入数据的不同属性选择两类方法批量录入：一是借助快捷键批量选定单元格后批量录入相同的原始数据；二是运用“填充”功能批量录入连续性的原始数据。本节参考ChatGPT推荐的方法，列举几种录入原始数据的不同情形，介绍具体操作方法和步骤。

2.2.1 批量选定不连续的单元格和单元格区域

财务人员在录入原始数据时，时常需要同时对多个单元格或多个单元格区域进行相同的操作。那么，在操作之前，必然要先选定这些单元格。

选定连续单元格的操作非常简单，既可拖曳鼠标选择，也可直接在名称框中输入单元格区域的地址，如输入“A3:D12”后，即可选中A3:D12单元格区域。那么，如何批量选中不连续的单元格或单元格区域呢？同样也十分简便，只需使用【Ctrl】或【Shift+F8】快捷键配合鼠标操作即可。两个按键的操作方法略有不同，下面分别介绍。

1.【Ctrl】键＋鼠标批量选定

只需按住【Ctrl】键不放，单击或拖曳鼠标指针依次选中目标单元格或单元格区域即可。如下图所示，即在工作表中批量选中了C2、C6、C11、E11单元格，以及E2:E3、E5:E8单元格区域。

	B	C	D	E	F	G
1	姓名	部门	费用项目	借款金额	实际报销金额	退补金额
2	李琳琳	行政部	办公费	1,200.00	900.00	退 300.00
3	陈锋	财务部	办公费	1,200.00	800.00	退 400.00
4	赵熙西	销售一部	差旅费	1,800.00	2,100.00	补 300.00
5	周文韵	财务部	办公费	1,500.00	1,200.00	退 300.00
6	刘海	办公室	招待费	1,500.00	1,100.00	退 400.00
7	郑安	销售二部	办公费	1,000.00	560.00	退 440.00
8	牛丽	销售三部	差旅费	1,000.00	410.00	退 590.00
9	杨华	销售一部	差旅费	3,000.00	2,200.00	退 800.00
10	朱文文	销售二部	招待费	500.00	200.00	退 300.00
11	方浩	行政部	办公费	1,000.00	800.00	退 200.00
12	合计			13,700.00	10,270.00	退 3,430.00

> **教您一招**
>
> 取消已经批量选定的单元格或单元格区域时，只需单击任意一个未被选中的单元格即可。

2.【Shift+F8】组合键切换为多选模式

如果需要批量选定的不连续的目标单元格或单元格区域较多，可按下【Shift+F8】组合键（无须按住不放），切换为多选模式后，再使用鼠标单击或拖曳选中目标单元格或单元格区域。

第1步 打开“素材文件\第2章\费用报销记录表1.xlsx”文件，按下【Shift+F8】组合键后，Excel窗口底部状态栏显示“添加或删除所选内容”，代表当前已切换为多选模式，如下图所示。

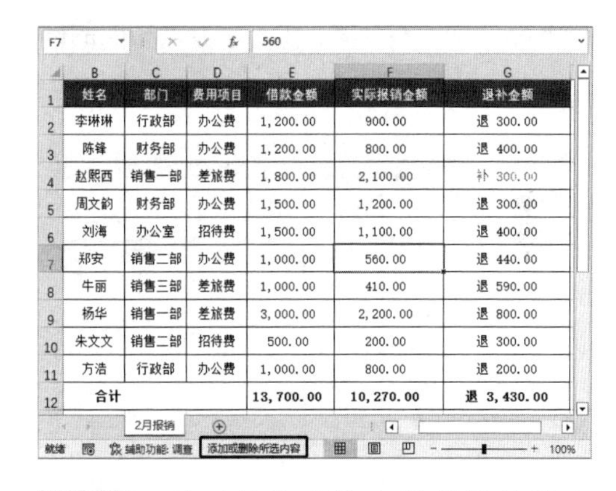

	B	C	D	E	F	G
1	姓名	部门	费用项目	借款金额	实际报销金额	退补金额
2	李琳琳	行政部	办公费	1,200.00	900.00	退 300.00
3	陈锋	财务部	办公费	1,200.00	800.00	退 400.00
4	赵熙西	销售一部	差旅费	1,800.00	2,100.00	补 300.00
5	周文韵	财务部	办公费	1,500.00	1,200.00	退 300.00
6	刘海	办公室	招待费	1,500.00	1,100.00	退 400.00
7	郑安	销售二部	办公费	1,000.00	560.00	退 440.00
8	牛丽	销售三部	差旅费	1,000.00	410.00	退 590.00
9	杨华	销售一部	差旅费	3,000.00	2,200.00	退 800.00
10	朱文文	销售二部	招待费	500.00	200.00	退 300.00
11	方浩	行政部	办公费	1,000.00	800.00	退 200.00
12	合计			13,700.00	10,270.00	退 3,430.00

第2步 此时单击或拖曳鼠标指针选中目标单元格或单元格区域即可（再次按下【Shift+F8】组合键后即可取消多选模式）。如下图所示。

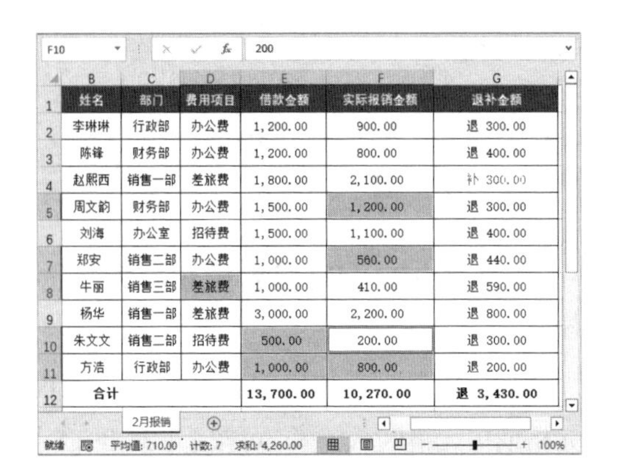

姓名	部门	费用项目	借款金额	实际报销金额	退补金额
李琳琳	行政部	办公费	1,200.00	900.00	退 300.00
陈锋	财务部	办公费	1,200.00	800.00	退 400.00
赵熙西	销售一部	差旅费	1,800.00	2,100.00	补 300.00
周文韵	财务部	办公费	1,500.00	1,200.00	退 300.00
刘海	办公室	招待费	1,500.00	1,100.00	退 400.00
郑安	销售二部	办公费	1,000.00	560.00	退 440.00
牛丽	销售三部	差旅费	1,000.00	410.00	退 590.00
杨华	销售一部	差旅费	3,000.00	2,200.00	退 800.00
朱文文	销售二部	招待费	500.00	200.00	退 300.00
方浩	行政部	办公费	1,000.00	800.00	退 200.00
合计			13,700.00	10,270.00	退 3,430.00

2.2.2 批量快速定位同类型单元格

如果在工作表中需要批量选定的目标单元格为相同类型，运用Excel提供的【定位】功能可一次快速全部选定，比如选定添加了批注的单元格、选定全部空白单元格、选定包含公式的单元格，等等。

如下图所示的表格中，【销售部门】字段下部分单元格为空，在其中填入相同的部门名称之前，要先批量选中这些空白单元格。

序号	产品名称	产品型号	销售部门	销售单价	销售数量	销售额
1	彩电	SM-5EGT		2,180.00	108台	¥235,440.00
2	彩电	HR-OKK1-5	销售一部	2,298.00	120台	¥275,760.00
3	彩电	SM-5EGT	销售二部	2,180.00	150台	¥327,000.00
4	冰箱	HR-OKK1-5		2,300.00	158台	¥363,400.00
5	冰箱	SM-5EGT	销售一部	2,200.00	150台	¥330,000.00
6	冰箱	HR-OKK1-5	销售二部	2,300.00	118台	¥271,400.00
7	空调	HV-1100S1.0		1,680.00	226台	¥379,680.00
8	空调	HV-1100S1.0	销售一部	1,680.00	200台	¥336,000.00
9	空调	HV-1100S1.0	销售二部	1,680.00	220台	¥369,600.00
10	彩电	SM-5EGT		2,080.00	138台	¥287,040.00
11	彩电	SM-5EGT	销售一部	2,100.00	120台	¥252,000.00
12	彩电	SM-5EGT	销售二部	2,100.00	215台	¥451,500.00
13	冰箱	HR-OKK1-5		2,298.00	200台	¥459,600.00
14	冰箱	HR-OKK1-5	销售一部	2,298.00	260台	¥597,480.00
15	冰箱	HR-OKK1-5	销售二部	2,280.00	120台	¥273,600.00
16	空调	HV-1100S1.0		1,680.00	156台	¥262,080.00
17	空调	HV-1100S1.0	销售一部	1,680.00	152台	¥255,360.00
18	空调	HV-1100S1.0	销售二部	1,680.00	136台	¥228,480.00
19	彩电	SM-5EGT		2,080.00	180台	¥374,400.00
20	彩电	SM-5EGT	销售一部	2,100.00	216台	¥453,600.00
21	彩电	SM-5EGT	销售二部	2,100.00	138台	¥289,800.00
22	冰箱	HR-OKK1-5		2,298.00	210台	¥482,580.00
23	冰箱	HR-OKK1-5	销售一部	2,298.00	332台	¥762,936.00
24	冰箱	HR-OKK1-5	销售二部	2,280.00	118台	¥269,040.00
25	空调	HV-1100S1.0		1,680.00	160台	¥268,800.00
26	空调	HV-1100S1.0	销售一部	1,680.00	278台	¥467,040.00
27	空调	HV-1100S1.0	销售二部	1,680.00	120台	¥201,600.00

操作方法如下。

第1步 打开“素材文件\第2章\销售收入统计表1.xlsx”文件，选中D2:D28单元格区域，按快捷键【F5】或组合键【Ctrl+G】打开【定位】对话框，单击【定位条件】按钮。如下图所示。

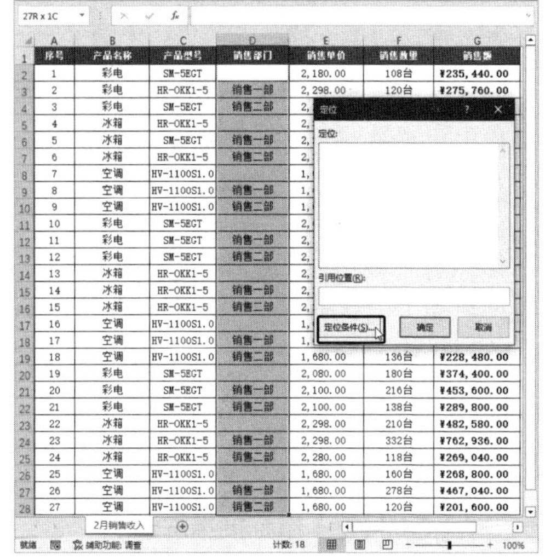

第2步 弹出【定位条件】对话框，❶选中【空值】选项按钮，❷单击【确定】按钮。如下图所示。

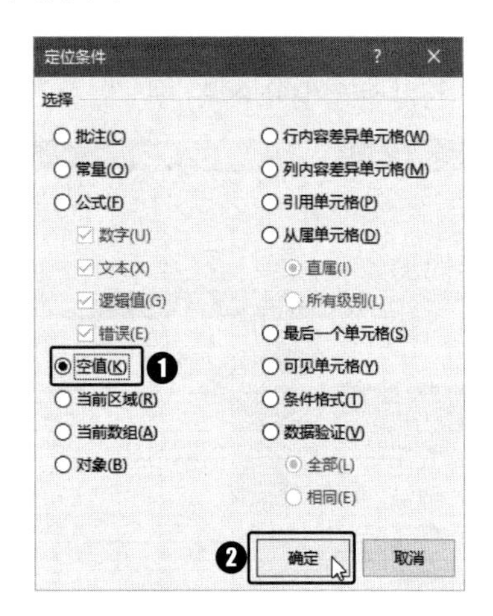

第3步 以上操作完成后，返回工作表，

即可看到D2:D28单元格区域中的空白单元格已被全部选定。效果如下图所示。

	A	B	C	D	E	F	G
1	序号	产品名称	产品型号	销售部门	销售单价	销售数量	销售额
2	1	彩电	SM-5EGT		2,180.00	108台	¥235,440.00
3	2	彩电	HR-OKK1-5	销售一部	2,298.00	120台	¥275,760.00
4	3	彩电	SM-5EGT	销售二部	2,180.00	150台	¥327,000.00
5	4	冰箱	HR-OKK1-5		2,300.00	158台	¥363,400.00
6	5	冰箱	SM-5EGT	销售一部	2,200.00	150台	¥330,000.00
7	6	冰箱	HR-OKK1-5	销售二部	2,300.00	118台	¥271,400.00
8	7	空调	HV-1100S1.0		1,680.00	226台	¥379,680.00
9	8	空调	HV-1100S1.0	销售一部	1,680.00	200台	¥336,000.00
10	9	空调	HV-1100S1.0	销售二部	1,680.00	220台	¥369,600.00
11	10	彩电	SM-5EGT		2,080.00	138台	¥287,040.00
12	11	彩电	SM-5EGT	销售一部	2,100.00	120台	¥252,000.00
13	12	彩电	SM-5EGT	销售二部	2,100.00	215台	¥451,500.00
14	13	冰箱	HR-OKK1-5		2,298.00	200台	¥459,600.00
15	14	冰箱	HR-OKK1-5	销售一部	2,298.00	260台	¥597,480.00
16	15	冰箱	HR-OKK1-5	销售二部	2,280.00	120台	¥273,600.00
17	16	空调	HV-1100S1.0		1,680.00	156台	¥262,080.00
18	17	空调	HV-1100S1.0	销售一部	1,680.00	152台	¥255,360.00
19	18	空调	HV-1100S1.0	销售二部	1,680.00	136台	¥228,480.00
20	19	彩电	SM-5EGT		2,080.00	180台	¥374,400.00
21	20	彩电	SM-5EGT	销售一部	2,100.00	216台	¥453,600.00
22	21	彩电	SM-5EGT	销售二部	2,100.00	138台	¥289,800.00
23	22	冰箱	HR-OKK1-5		2,298.00	210台	¥482,580.00
24	23	冰箱	HR-OKK1-5	销售一部	2,298.00	332台	¥762,936.00
25	24	冰箱	HR-OKK1-5	销售二部	2,280.00	118台	¥269,040.00
26	25	空调	HV-1100S1.0		1,680.00	160台	¥268,800.00
27	26	空调	HV-1100S1.0	销售一部	1,680.00	278台	¥467,040.00
28	27	空调	HV-1100S1.0	销售二部	1,680.00	120台	¥201,600.00

2月销售收入

2.2.3 批量选定工作表

实际工作中，不仅要对同一个工作表中的单元格或单元格区域进行批量操作，而且也时常需要对多个工作表中的单元格或单元格区域进行批量操作。例如，在1～12月的销售表中添加相同的字段、产品名称等。那么，在操作之前，要先批量选中连续或不连续的目标工作表，再批量选中目标单元格或单元格区域后进行操作。根据不同的选择对象，其操作方法也有细微差别。具体如下表所示。

需要批量选定的工作表	操作方法
选定全部工作表	右击任意一个工作表标签→在快捷菜单中单击【选定全部工作表】命令即可；取消时在快捷菜单中单击【取消组合工作表】命令
选定不连续的工作表	按住【Ctrl】键→依次单击目标工作表标签即可选定；取消时单击任意一个未被选定的工作表标签
选定连续的工作表	按住【Shift】键→单击第一个工作表标签→再单击最末一个工作表标签即可；取消时单击任意一个未被选定的工作表标签

2.2.4 批量录入相同数据

批量选定目标单元格或单元格区域之后，再批量录入相同数据就是轻而易举的操作了：在编辑栏或活动单元格中输入数据后按组合键【Ctrl+Enter】即可。

打开“素材文件\第2章\销售收入统计表1.xlsx”文件，使用【定位】功能批量选中D2:D28单元格区域中的空白单元格，在编辑栏中输入文本“销售三部”，按组合键【Ctrl+Enter】即可瞬间完成录入。效果如下图所示。

	A	B	C	D	E	F	G
1	序号	产品名称	产品型号	销售部门	销售单价	销售数量	销售额
2	1	彩电	SM-5EGT	销售三部	2,180.00	108台	¥235,440.00
3	2	彩电	HR-OKK1-5	销售一部	2,298.00	120台	¥275,760.00
4	3	彩电	SM-5EGT	销售二部	2,180.00	150台	¥327,000.00
5	4	冰箱	HR-OKK1-5	销售三部	2,300.00	158台	¥363,400.00
6	5	冰箱	SM-5EGT	销售一部	2,200.00	150台	¥330,000.00
7	6	冰箱	HR-OKK1-5	销售二部	2,300.00	118台	¥271,400.00
8	7	空调	HV-1100S1.0	销售三部	1,680.00	226台	¥379,680.00
9	8	空调	HV-1100S1.0	销售一部	1,680.00	200台	¥336,000.00
10	9	空调	HV-1100S1.0	销售二部	1,680.00	220台	¥369,600.00
11	10	彩电	SM-5EGT	销售三部	2,080.00	138台	¥287,040.00
12	11	彩电	SM-5EGT	销售一部	2,100.00	120台	¥252,000.00
13	12	彩电	SM-5EGT	销售二部	2,100.00	215台	¥451,500.00
14	13	冰箱	HR-OKK1-5	销售三部	2,298.00	200台	¥459,600.00
15	14	冰箱	HR-OKK1-5	销售一部	2,298.00	260台	¥597,480.00
16	15	冰箱	HR-OKK1-5	销售二部	2,280.00	120台	¥273,600.00
17	16	空调	HV-1100S1.0	销售三部	1,680.00	156台	¥262,080.00
18	17	空调	HV-1100S1.0	销售一部	1,680.00	152台	¥255,360.00
19	18	空调	HV-1100S1.0	销售二部	1,680.00	136台	¥228,480.00
20	19	彩电	SM-5EGT	销售三部	2,080.00	180台	¥374,400.00
21	20	彩电	SM-5EGT	销售一部	2,100.00	216台	¥453,600.00
22	21	彩电	SM-5EGT	销售二部	2,100.00	138台	¥289,800.00
23	22	冰箱	HR-OKK1-5	销售三部	2,298.00	210台	¥482,580.00
24	23	冰箱	HR-OKK1-5	销售一部	2,298.00	332台	¥762,936.00
25	24	冰箱	HR-OKK1-5	销售二部	2,280.00	118台	¥269,040.00
26	25	空调	HV-1100S1.0	销售三部	1,680.00	160台	¥268,800.00
27	26	空调	HV-1100S1.0	销售一部	1,680.00	278台	¥467,040.00
28	27	空调	HV-1100S1.0	销售二部	1,680.00	120台	¥201,600.00

2月销售收入

示例结果见“结果文件\第2章\销售收入统计表1.xlsx”文件。

2.2.5 批量填充序列数据

前面小节介绍的批量录入原始数据的操作可以在多个单元格或单元格区域均录入完全相同的内容。如果要录入的原始数据是呈规律性变化的序列，如序号、日期、工作日等，进行批量填充才能高效完成工作任务。下面介绍三种批量填充的具体操作方法。

1. 使用填充柄

使用“填充柄”是最为快捷、简便的一种批量填充操作，只需双击或拖曳填充柄即可瞬间完成数据填充，一般可用于填充适量的序号或日期。操作方法如下。

第1步 打开“素材文件\第2章\2023年3月销售收入统计表.xlsx”文件，❶在A3单元格中输入数字“1”，在B3单元格中输入日期“2023-3-1”，❷选中A3:B3单元格区域，将鼠标指针移至B3单元格右下角，使其形状变化为十字形填充柄。如下图所示。

2023年3月销售收入统计表

序号	日期	产品名称	产品型号	销售部门	销售单价	销售数量	销售额
1	2023-3-1	彩电	SM-5EGT	销售三部	2,180.00	118	¥257,240.00
		彩电	HR-OKK1-5	销售一部	2,298.00	130	¥298,740.00
		彩电	SM-5EGT	销售二部	2,180.00	160	¥348,800.00
		冰箱	HR-OKK1-5	销售三部	2,300.00	168	¥386,400.00
		冰箱	SM-5EGT	销售一部	2,200.00	160	¥352,000.00
		冰箱	HR-OKK1-5	销售二部	2,300.00	128	¥294,400.00

第2步 双击填充柄即可自动填充序号和日期至A4:B28单元格区域中。效果如下图所示。

2023年3月销售收入统计表

序号	日期	产品名称	产品型号	销售部门	销售单价	销售数量	销售额
1	2023-3-1	彩电	SM-5EGT	销售三部	2,180.00	118	¥257,240.00
2	2023-3-2	彩电	HR-OKK1-5	销售一部	2,298.00	130	¥298,740.00
3	2023-3-3	彩电	SM-5EGT	销售二部	2,180.00	160	¥348,800.00
4	2023-3-4	冰箱	HR-OKK1-5	销售三部	2,300.00	168	¥386,400.00
5	2023-3-5	冰箱	SM-5EGT	销售一部	2,200.00	160	¥352,000.00
6	2023-3-6	冰箱	HR-OKK1-5	销售二部	2,300.00	128	¥294,400.00
7	2023-3-7	空调	HV-1100S1.0	销售三部	1,680.00	236	¥396,480.00
8	2023-3-8	空调	HV-1100S1.0	销售一部	1,680.00	210	¥352,800.00
9	2023-3-9	空调	HV-1100S1.0	销售二部	1,680.00	230	¥386,400.00
10	2023-3-10	彩电	SM-5EGT	销售三部	2,080.00	148	¥307,840.00
11	2023-3-11	彩电	SM-5EGT	销售一部	2,100.00	130	¥273,000.00
12	2023-3-12	彩电	SM-5EGT	销售二部	2,100.00	225	¥472,500.00
13	2023-3-13	冰箱	HR-OKK1-5	销售三部	2,298.00	210	¥482,580.00
14	2023-3-14	冰箱	HR-OKK1-5	销售一部	2,298.00	270	¥620,460.00
15	2023-3-15	冰箱	HR-OKK1-5	销售二部	2,280.00	130	¥296,400.00
16	2023-3-16	空调	HV-1100S1.0	销售三部	1,680.00	166	¥278,880.00
17	2023-3-17	空调	HV-1100S1.0	销售一部	1,680.00	162	¥272,160.00
18	2023-3-18	空调	HV-1100S1.0	销售二部	1,680.00	146	¥245,280.00
19	2023-3-19	彩电	SM-5EGT	销售三部	2,080.00	190	¥395,200.00
20	2023-3-20	彩电	SM-5EGT	销售一部	2,100.00	226	¥474,600.00
21	2023-3-21	彩电	SM-5EGT	销售二部	2,100.00	148	¥310,800.00
22	2023-3-22	冰箱	HR-OKK1-5	销售三部	2,298.00	220	¥505,560.00
23	2023-3-23	冰箱	HR-OKK1-5	销售一部	2,298.00	342	¥785,916.00
24	2023-3-24	冰箱	HR-OKK1-5	销售二部	2,280.00	128	¥291,840.00
25	2023-3-25	空调	HV-1100S1.0	销售三部	1,680.00	170	¥285,600.00
26	2023-3-26	空调	HV-1100S1.0	销售一部	1,680.00	288	¥483,840.00

示例结果见“结果文件\第2章\2023年3月销售收入统计表.xlsx”文件。

2. 使用“快速填充”功能

“快速填充”能够根据操作者给定的示例智能识别填充意图，并快速完成批量填充，主要适用于文本字符的快速批量组合或拆分。

例如，将如下图所示的表格每行中【产品名称】（A3:A29单元格区域）和【产品型号】（B3:B29单元格区域）字段中的内容分别组合填入【产品名称和型号】字段（C3:C29单元格区域）中。

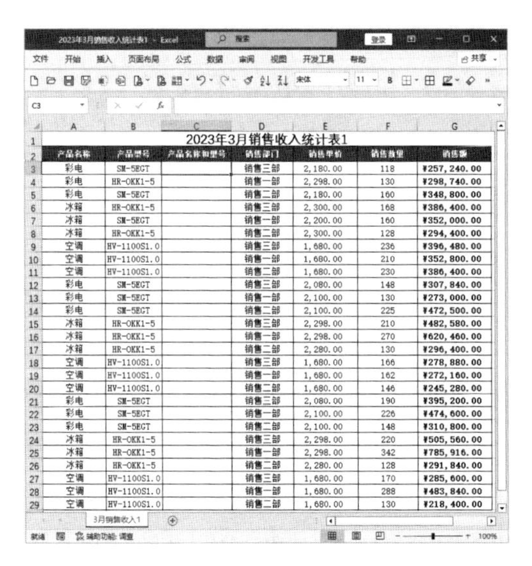

2023年3月销售收入统计表1

产品名称	产品型号	产品名称和型号	销售部门	销售单价	销售数量	销售额
彩电	SM-5EGT		销售三部	2,180.00	118	¥257,240.00
彩电	HR-OKK1-5		销售一部	2,298.00	130	¥298,740.00
彩电	SM-5EGT		销售二部	2,180.00	160	¥348,800.00
冰箱	HR-OKK1-5		销售三部	2,300.00	168	¥386,400.00
冰箱	SM-5EGT		销售一部	2,200.00	160	¥352,000.00
冰箱	HR-OKK1-5		销售二部	2,300.00	128	¥294,400.00
空调	HV-1100S1.0		销售三部	1,680.00	236	¥396,480.00
空调	HV-1100S1.0		销售一部	1,680.00	210	¥352,800.00
空调	HV-1100S1.0		销售二部	1,680.00	230	¥386,400.00
彩电	SM-5EGT		销售三部	2,080.00	148	¥307,840.00
彩电	SM-5EGT		销售一部	2,100.00	130	¥273,000.00
彩电	SM-5EGT		销售二部	2,100.00	225	¥472,500.00
冰箱	HR-OKK1-5		销售三部	2,298.00	210	¥482,580.00
冰箱	HR-OKK1-5		销售一部	2,298.00	270	¥620,460.00
冰箱	HR-OKK1-5		销售二部	2,280.00	130	¥296,400.00
空调	HV-1100S1.0		销售三部	1,680.00	166	¥278,880.00
空调	HV-1100S1.0		销售一部	1,680.00	162	¥272,160.00
空调	HV-1100S1.0		销售二部	1,680.00	146	¥245,280.00
彩电	SM-5EGT		销售三部	2,080.00	190	¥395,200.00
彩电	SM-5EGT		销售一部	2,100.00	226	¥474,600.00
彩电	SM-5EGT		销售二部	2,100.00	148	¥310,800.00
冰箱	HR-OKK1-5		销售三部	2,298.00	220	¥505,560.00
冰箱	HR-OKK1-5		销售一部	2,298.00	342	¥785,916.00
冰箱	HR-OKK1-5		销售二部	2,280.00	128	¥291,840.00
空调	HV-1100S1.0		销售三部	1,680.00	170	¥285,600.00
空调	HV-1100S1.0		销售一部	1,680.00	288	¥483,840.00
空调	HV-1100S1.0		销售二部	1,680.00	130	¥218,400.00

操作方法如下。

打开“素材文件\第2章\2023年3月销售收入统计表1.xlsx”文件，❶在C3单元格中输入文本组合示例“彩电 SM-5EGT”，❷选中C4:C29单元格区域，按快捷组合键【Ctrl+E】即可完成。如下图所示。

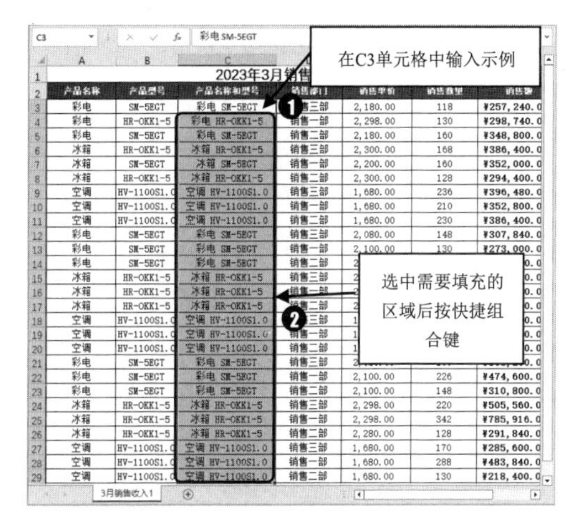

示例结果见“结果文件\第2章\2023年3月销售收入统计表1.xlsx”文件。

温馨提示●

“快速填充”功能命令位于功能区【开始】选项卡【编辑】组中的【填充】下拉列表中。

3. 通过【序列】对话框填充

如果要填充的序列数量过多或更复杂，如从序号1填充至10000，按年、月或工作日填充日期，按等差或等比序列填充数字，通过【序列】对话框进行简单设置后即可完成填充。

如下图所示，财务人员通常在每年年初制作空白销售汇总表，其中【销售日期】字段可预先填入全年日期。

下面通过【序列】对话框快速填充日期。

第1步 打开“素材文件\第2章\2023年每日销售汇总表.xlsx”文件，❶在A3单元格中输入日期“2023-1-1”，选中A3:A367单元格区域，❷单击【开始】选项卡，❸单击【编辑】组中的【填充】下拉按钮，❹单击下拉列表中的【序列】命令。如下图所示。

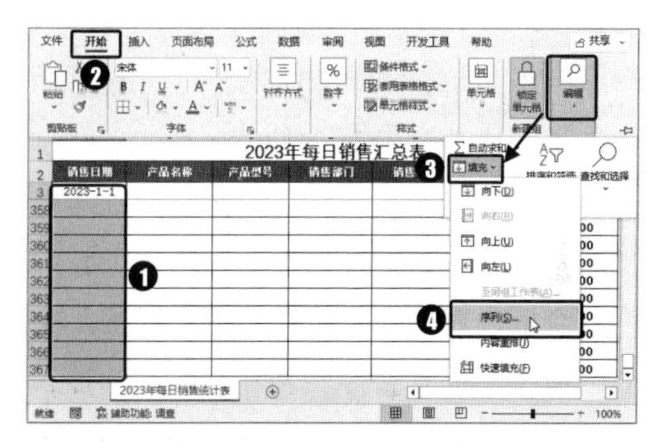

第2步 弹出【序列】对话框，❶单击【自动填充】选项按钮，❷单击【确定】按钮关闭对话框。如下图所示。

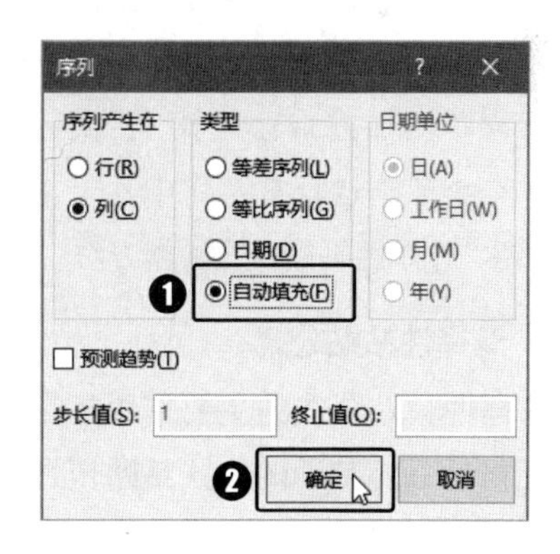

第3步 以上操作完成后，返回工作表，即可看到2023年全年日期已经填充完毕。效果如下图所示。

	A	B	C	D	E	F	G
1	2023年每日销售汇总表						
2	销售日期	产品名称	产品型号	销售部门	销售单价	销售数量	销售额
3	2023-1-1						¥0.00
358	2023-12-22						¥0.00
359	2023-12-23						¥0.00
360	2023-12-24						¥0.00
361	2023-12-25						¥0.00
362	2023-12-26						¥0.00
363	2023-12-27						¥0.00
364	2023-12-28						¥0.00
365	2023-12-29						¥0.00
366	2023-12-30						¥0.00
367	2023-12-31						¥0.00

示例结果见“结果文件\第2章\2023年每日销售汇总表.xlsx”文件。

2.2.6 批量选择性粘贴数据

在Excel的各种批量操作中，最频繁和最简单的应该是复制和粘贴。但是，最简单的操作也只能收到最简单的效果。常规复制粘贴操作是在复制源单元格或区域后将其全部内容整体打包粘贴至目标单元格或区域中。而在实际工作中，很多时候只需要复制粘贴源单元格中的部分内容，比如只粘贴单元格的格式、数据验证、公式计算结果等。那么，这种情形下就需要运用比常规复制粘贴更智能的“选择性粘贴”功能。同时，这项功能还能够在粘贴时同步进行简单的加减乘除运算、转换数据行列等。本小节精选日常工作中几个常用实例，介绍“选择性粘贴”的操作方法。

1. 选择性粘贴公式

选择性粘贴公式的主要作用是在复制源单元格后只将其中的公式粘贴至目标单元格中进行计算，不会改变目标单元格原有的格式。

如下图所示的表格中，E30单元格内设置了公式对E3:E29单元格区域中的数字进行求和。现需要在F30和G30单元格中设置相同的公式分别对F2:F29与G2:G29单元格区域中的数字求和。对此，可以复制E30单元格公式粘贴至F30和G30单元格中。但由于E30、F30和G30单元格中的数字格式均不相同，因此应采用“选择性粘贴”方式仅粘贴E30单元格中的公式，使F30和G30单元格中的格式得以保持。

E30 =SUM(E3:E29)

	A	B	C	D	E	F	G
1	2023年3月销售收入统计表2						
2	产品名称	产品型号	产品名称和型号	销售部门	销售单价	销售数量	销售额
3	彩电	SM-5EGT	彩电 SM-5EGT	销售三部	2,180.00	118台	¥257,240.00
19	空调	HV-1100S1.0	空调 HV-1100S1.0	销售一部	1,680.00	162台	¥272,160.00
20	空调	HV-1100S1.0	空调 HV-1100S1.0	销售二部	1,680.00	146台	¥245,280.00
21	彩电	SM-5EGT	彩电 SM-5EGT	销售三部	2,080.00	190台	¥395,200.00
22	彩电	SM-5EGT	彩电 SM-5EGT	销售一部	2,100.00	226台	¥474,600.00
23	彩电	SM-5EGT	彩电 SM-5EGT	销售二部	2,100.00	148台	¥310,800.00
24	冰箱	HR-OKK1-5	冰箱 HR-OKK1-5	销售三部	2,298.00	220台	¥505,560.00
25	冰箱	HR-OKK1-5	冰箱 HR-OKK1-5	销售一部	2,298.00	342台	¥785,916.00
26	冰箱	HR-OKK1-5	冰箱 HR-OKK1-5	销售二部	2,280.00	128台	¥291,840.00
27	空调	HV-1100S1.0	空调 HV-1100S1.0	销售三部	1,680.00	170台	¥285,600.00
28	空调	HV-1100S1.0	空调 HV-1100S1.0	销售一部	1,680.00	288台	¥483,840.00
29	空调	HV-1100S1.0	空调 HV-1100S1.0	销售二部	1,680.00	130台	¥218,400.00
30	合计				54,890.00		

选择性粘贴公式的操作方法如下。

第1步 打开“素材文件\第2章\2023年3月销售收入统计表2.xlsx”文件，❶选中E30单元格后按【Ctrl+C】组合键复制，❷选中F30:G30单元格区域后右击，弹出快捷菜单后，单击【粘贴选项】选项中的【公式】快捷按钮“📋fx”。如下图所示。

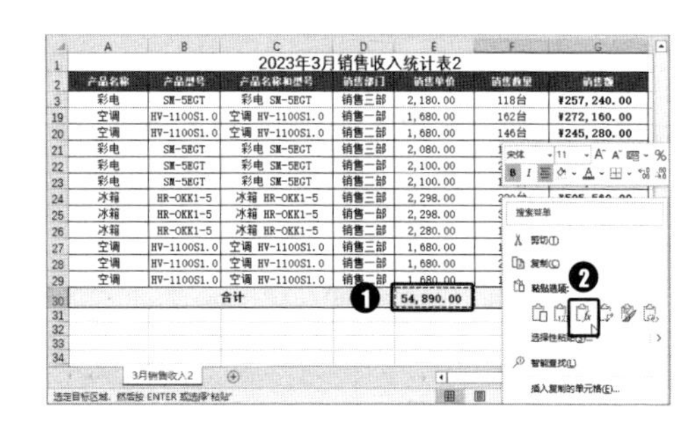

	A	B	C	D	E
1	2023年3月销售收入统计表2				
2	产品名称	产品型号	产品名称和型号	销售部门	销售单价
3	彩电	SM-5EGT	彩电 SM-5EGT	销售三部	2,180.00
19	空调	HV-1100S1.0	空调 HV-1100S1.0	销售一部	1,680.00
20	空调	HV-1100S1.0	空调 HV-1100S1.0	销售二部	1,680.00
21	彩电	SM-5EGT	彩电 SM-5EGT	销售三部	2,080.00
22	彩电	SM-5EGT	彩电 SM-5EGT	销售一部	2,100.00
23	彩电	SM-5EGT	彩电 SM-5EGT	销售二部	2,100.00
24	冰箱	HR-OKK1-5	冰箱 HR-OKK1-5	销售三部	2,298.00
25	冰箱	HR-OKK1-5	冰箱 HR-OKK1-5	销售一部	2,298.00
26	冰箱	HR-OKK1-5	冰箱 HR-OKK1-5	销售二部	2,280.00
27	空调	HV-1100S1.0	空调 HV-1100S1.0	销售三部	1,680.00
28	空调	HV-1100S1.0	空调 HV-1100S1.0	销售一部	1,680.00
29	空调	HV-1100S1.0	空调 HV-1100S1.0	销售二部	1,680.00
30	合计				54,890.00

第2步 操作完成后，即可看到F30和G30单元格中的计算结果和保持原样的数值格式。效果如下图所示。

	A	B	C	D	E	F	G
1	2023年3月销售收入统计表2						
2	产品名称	产品型号	产品名称和型号	销售部门	销售单价	销售数量	销售额
3	彩电	SM-5ECT	彩电 SM-5ECT	销售三部	2,180.00	118台	¥257,240.00
16	冰箱	HR-OKK1-5	冰箱 HR-OKK1-5	销售一部	2,298.00	270台	¥620,460.00
17	冰箱	HR-OKK1-5	冰箱 HR-OKK1-5	销售二部	2,280.00	130台	¥296,400.00
18	空调	HV-1100S1.0	空调 HV-1100S1.0	销售三部	1,680.00	166台	¥278,880.00
19	空调	HV-1100S1.0	空调 HV-1100S1.0	销售一部	1,680.00	162台	¥272,160.00
20	空调	HV-1100S1.0	空调 HV-1100S1.0	销售二部	1,680.00	146台	¥245,280.00
21	彩电	SM-5ECT	彩电 SM-5ECT	销售三部	2,080.00	190台	¥395,200.00
22	彩电	SM-5ECT	彩电 SM-5ECT	销售一部	2,100.00	226台	¥474,600.00
23	彩电	SM-5ECT	彩电 SM-5ECT	销售二部	2,100.00	148台	¥310,800.00
24	冰箱	HR-OKK1-5	冰箱 HR-OKK1-5	销售三部	2,298.00	220台	¥505,560.00
25	冰箱	HR-OKK1-5	冰箱 HR-OKK1-5	销售一部	2,298.00	342台	¥785,916.00
26	冰箱	HR-OKK1-5	冰箱 HR-OKK1-5	销售二部	2,280.00	128台	¥291,840.00
27	空调	HV-1100S1.0	空调 HV-1100S1.0	销售三部	1,680.00	170台	¥285,600.00
28	空调	HV-1100S1.0	空调 HV-1100S1.0	销售一部	1,680.00	288台	¥483,840.00
29	空调	HV-1100S1.0	空调 HV-1100S1.0	销售二部	1,680.00	130台	¥218,400.00
30	合计				54,890.00	4969台	¥10,074,116.00

示例结果见“结果文件\第2章\2023年3月销售收入统计表2.xlsx”文件。

2. 选择性粘贴运算

选择性粘贴运算的作用是在复制源数据后，在粘贴的同时，将源数据和目标单元格中的数据进行加、减、乘、除运算。财务日常工作中，如果需要临时或急需进行简单的计算，即可通过选择性粘贴运算快速完成工作任务。

如下图所示，表格中记录了2023年3月销售收入数据，现要求临时计算下月销售额上涨8%后的数据，以及在销售单价不变的前提下，需要达成的销售数量。

	A	B	C	D	E	F	G
1	2023年3月销售收入统计表3						
2	产品名称	产品型号	产品名称和型号	销售部门	销售单价	销售数量	销售额
3	彩电	SM-5ECT	彩电 SM-5ECT	销售三部	2,180.00	118台	257,240.00
4	彩电	HR-OKK1-5	彩电 HR-OKK1-5	销售一部	2,298.00	130台	298,740.00
5	彩电	SM-5ECT	彩电 SM-5ECT	销售二部	2,180.00	160台	348,800.00
6	冰箱	HR-OKK1-5	冰箱 HR-OKK1-5	销售三部	2,300.00	168台	386,400.00
7	冰箱	SM-5ECT	冰箱 SM-5ECT	销售一部	2,200.00	160台	352,000.00
8	冰箱	HR-OKK1-5	冰箱 HR-OKK1-5	销售二部	2,300.00	128台	294,400.00
9	空调	HV-1100S1.0	空调 HV-1100S1.0	销售三部	1,680.00	236台	396,480.00
10	空调	HV-1100S1.0	空调 HV-1100S1.0	销售一部	1,680.00	210台	352,800.00
11	空调	HV-1100S1.0	空调 HV-1100S1.0	销售二部	1,680.00	230台	386,400.00
12	彩电	SM-5ECT	彩电 SM-5ECT	销售三部	2,080.00	148台	307,840.00
13	彩电	SM-5ECT	彩电 SM-5ECT	销售一部	2,100.00	130台	273,000.00
14	彩电	SM-5ECT	彩电 SM-5ECT	销售二部	2,100.00	225台	472,500.00
15	冰箱	HR-OKK1-5	冰箱 HR-OKK1-5	销售三部	2,298.00	210台	482,580.00
16	冰箱	HR-OKK1-5	冰箱 HR-OKK1-5	销售一部	2,298.00	270台	620,460.00
17	冰箱	HR-OKK1-5	冰箱 HR-OKK1-5	销售二部	2,280.00	130台	296,400.00
18	空调	HV-1100S1.0	空调 HV-1100S1.0	销售三部	1,680.00	166台	278,880.00
19	空调	HV-1100S1.0	空调 HV-1100S1.0	销售一部	1,680.00	162台	272,160.00
20	空调	HV-1100S1.0	空调 HV-1100S1.0	销售二部	1,680.00	146台	245,280.00
21	彩电	SM-5ECT	彩电 SM-5ECT	销售三部	2,080.00	190台	395,200.00
22	彩电	SM-5ECT	彩电 SM-5ECT	销售一部	2,100.00	226台	474,600.00
23	彩电	SM-5ECT	彩电 SM-5ECT	销售二部	2,100.00	148台	310,800.00
24	冰箱	HR-OKK1-5	冰箱 HR-OKK1-5	销售三部	2,298.00	220台	505,560.00
25	冰箱	HR-OKK1-5	冰箱 HR-OKK1-5	销售一部	2,298.00	342台	785,916.00
26	冰箱	HR-OKK1-5	冰箱 HR-OKK1-5	销售二部	2,280.00	128台	291,840.00
27	空调	HV-1100S1.0	空调 HV-1100S1.0	销售三部	1,680.00	170台	285,600.00
28	空调	HV-1100S1.0	空调 HV-1100S1.0	销售一部	1,680.00	288台	483,840.00
29	空调	HV-1100S1.0	空调 HV-1100S1.0	销售二部	1,680.00	130台	218,400.00
30	合计				54,890.00	4969台	10,074,116.00

下面采用选择性粘贴运算方式进行计算。

第1步 打开“素材文件\第2章\2023年3月销售收入统计表3.xlsx”文件，❶在F3单元格中设置公式“=ROUND(G3/E3,0)”，用“销售额”÷“销售单价”，并将计算结果四舍五入为0位小数，❷将F3单元格中的公式粘贴至F4:F29单元格区域中。如下图所示（编辑栏中显示F3单元格公式）。

=ROUND(G3/E3,0)

	A	B	C	D	E	F	G
1	2023年3月销售收入统计表3						
2	产品名称	产品型号	产品名称和型号	销售部门	销售单价	销售数量	销售额
3	彩电	SM-5ECT	彩电 SM-5ECT	销售三部	2,180.	118台	257,240.00
19	空调	HV-1100S1.0	空调 HV-1100S1.0	销售一部	1,680.00	162台	272,160.00
20	空调	HV-1100S1.0	空调 HV-1100S1.0	销售二部	1,680.00	146台	245,280.00
21	彩电	SM-5ECT	彩电 SM-5ECT	销售三部	2,080.00	190台	395,200.00
22	彩电	SM-5ECT	彩电 SM-5ECT	销售一部	2,100.00	226台	474,600.00
23	彩电	SM-5ECT	彩电 SM-5ECT	销售二部	2,100.0	148台	310,800.00
24	冰箱	HR-OKK1-5	冰箱 HR-OKK1-5	销售三部	2,298.	220台	505,560.00
25	冰箱	HR-OKK1-5	冰箱 HR-OKK1-5	销售一部	2,298.00	342台	785,916.00
26	冰箱	HR-OKK1-5	冰箱 HR-OKK1-5	销售二部	2,280.00	128台	291,840.00
27	空调	HV-1100S1.0	空调 HV-1100S1.0	销售三部	1,680.00	170台	285,600.00
28	空调	HV-1100S1.0	空调 HV-1100S1.0	销售一部	1,680.00	288台	483,840.00
29	空调	HV-1100S1.0	空调 HV-1100S1.0	销售二部	1,680.00	130台	218,400.00
30	合计				54,890.00	4969台	10,074,116.00

第2步 ❶在任意一个空白单元格（如H2单元格）中输入数字“1.08”后按快捷组合键【Ctrl+C】复制，❷选中G3:G29单元格区域后右击，在弹出的快捷菜单中单击【选择性粘贴】命令。如下图所示。

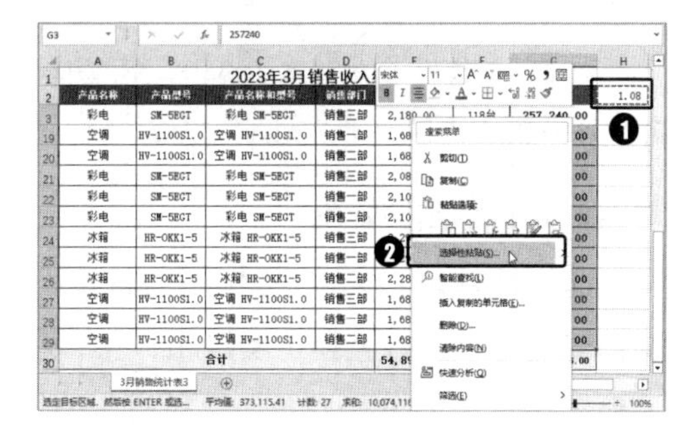

第3步 弹出【选择性粘贴】对话框，❶选中【粘贴】组中的【数值】选项按钮，❷选

中【运算】组中的【乘】选项按钮，❸单击【确定】按钮。如下图所示。

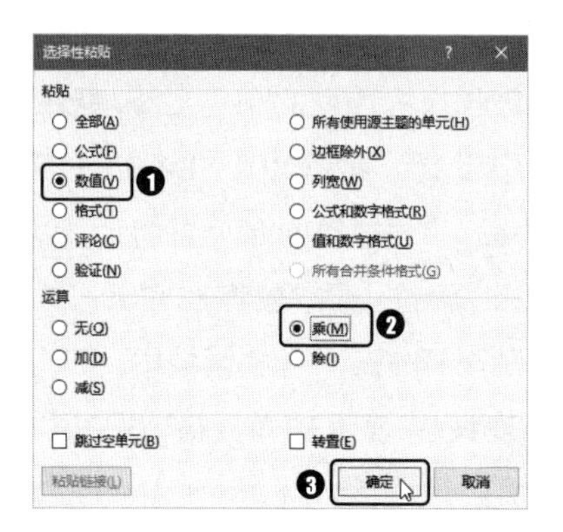

第4步 上述操作完成后，返回工作表，即可看到G3:G29单元格区域中的“销售额”已全部变化为原数字乘以1.08以后的结果。同时F3:F29单元格区域中的“销售数量”也由公式计算得出结果。如下图所示。

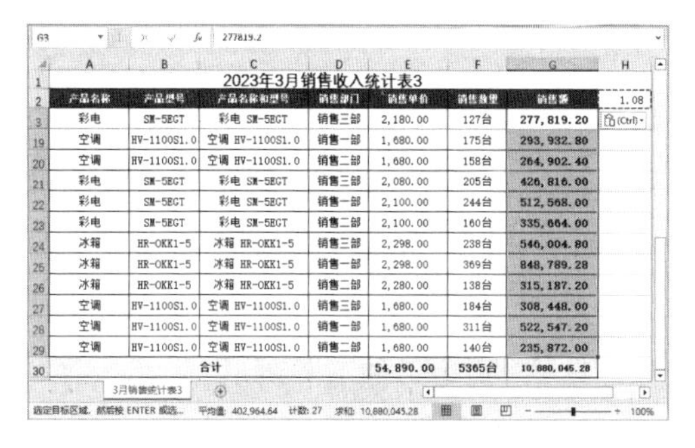

示例结果见“结果文件\第2章\2023年3月销售收入统计表3.xlsx”文件。

3. 选择性粘贴转置

选择性粘贴“转置”的作用是将数据源内容的行列进行互换。实际工作中，为了便于变换角度分析数据，可利用“选择粘贴”中的“转置”功能快速转换行列布局。

如下图所示，表格中是将产品横向列示，以对比各个部门每种产品的销售数量。现需要变换角度，将部门横向列示，以便对比每种产品的各部门销售数量。

2023年3月产品销售数量汇总表				
项目	彩电	冰箱	空调	部门合计
销售一部	486	772	660	1918
销售二部	533	386	506	1425
销售三部	456	598	572	1626
产品合计	1475	1756	1738	4969

操作方法如下。

第1步 打开“素材文件\第2章\2023年3月产品数量销售汇总表.xlsx”文件，选中A2:E6单元格区域，按快捷组合键【Ctrl+C】复制，选中任意一个空白单元格（如A8单元格）后右击，在弹出的快捷菜单的【粘贴选项】选项组中单击【转置】快捷按钮“”即可。如下图所示。

第2步 操作完成后，即可将数据源的行列内容互换。效果如下图所示。

2023年3月产品销售数量汇总表				
项目	彩电	冰箱	空调	部门合计
销售一部	486	772	660	1918
销售二部	533	386	506	1425
销售三部	456	598	572	1626
产品合计	1475	1756	1738	4969

项目	销售一部	销售二部	销售三部	产品合计
彩电	486	533	456	1475
冰箱	772	386	598	1756
空调	660	506	572	1738
部门合计	1918	1425	1626	4969

示例结果见“结果文件\第2章\2023年3月产品数量销售汇总表.xlsx”文件。

2.2.7 批量查找和替换数据

查找和替换功能同样是Excel中最简单的操作之一，但是，简单之中其实也隐藏着技巧。下面介绍几种利用查找和替换功能批量高效地完成工作的操作技巧。

1. 批量删除无效字符

日常工作中，财务人员在录入数字时难免会在无意中插入无效字符，如空格，从而导致公式计算结果不准确或出现错误代码。对此，可以巧妙利用此操作来批量删除数据中的无效字符。

如下图所示，由于部分单元格中的数字之间被插入了空格，因此导致F30单元格中的合计数字不准确，同时【销售额】字段中出现多个错误代码。

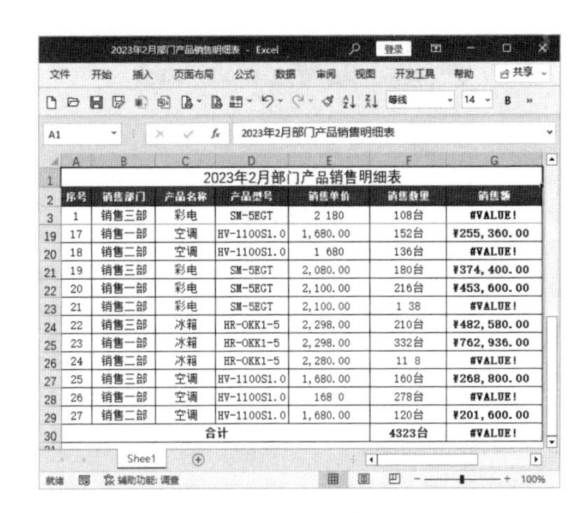

2023年2月部门产品销售明细表						
序号	销售部门	产品名称	产品型号	销售单价	销售数量	销售额
1	销售三部	彩电	SM-5EGT	2 180	108台	#VALUE!
17	销售一部	空调	HV-1100S1.0	1,680.00	152台	¥255,360.00
18	销售二部	空调	HV-1100S1.0	1 680	136台	#VALUE!
19	销售三部	彩电	SM-5EGT	2,080.00	180台	¥374,400.00
20	销售一部	彩电	SM-5EGT	2,100.00	216台	¥453,600.00
21	销售二部	彩电	SM-5EGT	2,100.00	1 38	#VALUE!
22	销售三部	冰箱	HR-OKK1-5	2,298.00	210台	¥482,580.00
23	销售一部	冰箱	HR-OKK1-5	2,298.00	332台	¥762,936.00
24	销售二部	冰箱	HR-OKK1-5	2,280.00	11 8	#VALUE!
25	销售三部	空调	HV-1100S1.0	1,680.00	160台	¥268,800.00
26	销售一部	空调	HV-1100S1.0	168 0	278台	#VALUE!
27	销售二部	空调	HV-1100S1.0	1,680.00	120台	¥201,600.00
合计					4323台	#VALUE!

下面使用查找和替换功能将这些无效字符批量替换。操作方法如下。

第1步 打开“素材文件\第2章\2023年2月部门产品销售明细表.xlsx”文件，❶按快捷组合键【Ctrl+H】打开【查找和替换】对话框，单击【替换】选项，在【查找内容】文本框中输入一个空格，❷单击【全部替换】按钮。如下图所示。

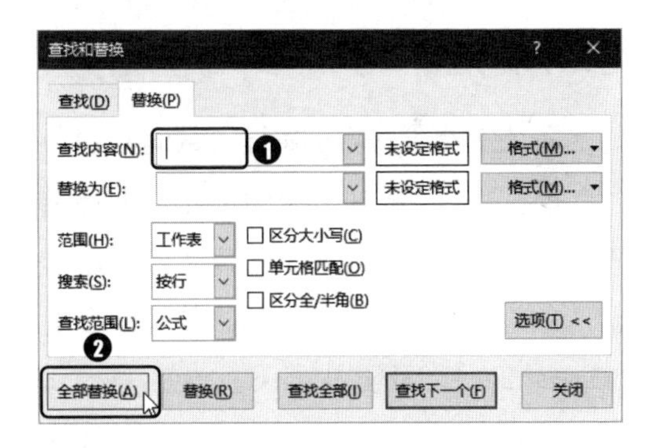

第2步 替换完成后，弹出对话框和提示信息，直接单击【确定】按钮。如下图所示。

第3步 操作完成后，关闭【查找和替换】对话框后返回工作表，即可看到全部空格字符已被删除，同时F30单元格中的合计数与【销售额】字段中的数据均计算正确。效果如下图所示。

F30 =SUM(F3:F29)

	A	B	C	D	E	F	G
1	2023年2月部门产品销售明细表						
2	序号	销售部门	产品名称	产品型号	销售单价	销售数量	销售额
3	1	销售三部	彩电	SM-5EGT	2,180.00	108台	¥235,440.00
19	17	销售一部	空调	HV-1100S1.0	1,680.00	152台	¥255,360.00
20	18	销售二部	空调	HV-1100S1.0	1,680.00	136台	¥228,480.00
21	19	销售三部	彩电	SM-5EGT	2,080.00	180台	¥374,400.00
22	20	销售一部	彩电	SM-5EGT	2,100.00	216台	¥453,600.00
23	21	销售二部	彩电	SM-5EGT	2,100.00	138台	¥289,800.00
24	22	销售三部	冰箱	HR-OKK1-5	2,298.00	210台	¥482,580.00
25	23	销售一部	冰箱	HR-OKK1-5	2,298.00	332台	¥762,936.00
26	24	销售二部	冰箱	HR-OKK1-5	2,280.00	118台	¥269,040.00
27	25	销售三部	空调	HV-1100S1.0	1,680.00	160台	¥268,800.00
28	26	销售一部	空调	HV-1100S1.0	1,680.00	278台	¥467,040.00
29	27	销售二部	空调	HV-1100S1.0	1,680.00	120台	¥201,600.00
30	合计					4699台	¥9,525,216.00

Shee1

示例结果见“结果文件\第2章\2023年2月部门产品销售明细表.xlsx”文件。

2. 在空单元格中批量输入数据

前文讲过，要在多个空单元格中批量输入相同数据时，可使用定位功能快速选定“空值”并输入数据后，再按快捷组合键【Ctrl+Enter】批量输入。不过，使用查找和替换功能批量输入，操作更简单，而且完成速度更快速。

如下图所示，表格中【销售单价】字段中部分单元格为空值。

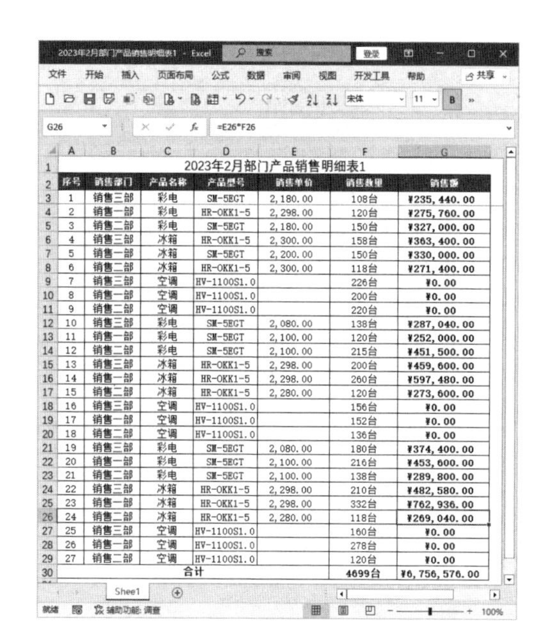

G26 =E26*F26

	A	B	C	D	E	F	G
1	2023年2月部门产品销售明细表1						
2	序号	销售部门	产品名称	产品型号	销售单价	销售数量	销售额
3	1	销售三部	彩电	SM-5EGT	2,180.00	108台	¥235,440.00
4	2	销售一部	彩电	HR-OKK1-5	2,298.00	120台	¥275,760.00
5	3	销售二部	彩电	SM-5EGT	2,180.00	150台	¥327,000.00
6	4	销售三部	冰箱	HR-OKK1-5	2,300.00	158台	¥363,400.00
7	5	销售一部	冰箱	SM-5EGT	2,200.00	150台	¥330,000.00
8	6	销售二部	冰箱	HR-OKK1-5	2,300.00	118台	¥271,400.00
9	7	销售三部	空调	HV-1100S1.0		226台	¥0.00
10	8	销售一部	空调	HV-1100S1.0		200台	¥0.00
11	9	销售二部	空调	HV-1100S1.0		220台	¥0.00
12	10	销售三部	彩电	SM-5EGT	2,080.00	138台	¥287,040.00
13	11	销售一部	彩电	SM-5EGT	2,100.00	120台	¥252,000.00
14	12	销售二部	彩电	SM-5EGT	2,100.00	215台	¥451,500.00
15	13	销售三部	冰箱	HR-OKK1-5	2,298.00	200台	¥459,600.00
16	14	销售一部	冰箱	HR-OKK1-5	2,298.00	260台	¥597,480.00
17	15	销售二部	冰箱	HR-OKK1-5	2,280.00	120台	¥273,600.00
18	16	销售三部	空调	HV-1100S1.0		156台	¥0.00
19	17	销售一部	空调	HV-1100S1.0		152台	¥0.00
20	18	销售二部	空调	HV-1100S1.0		136台	¥0.00
21	19	销售三部	彩电	SM-5EGT	2,080.00	180台	¥374,400.00
22	20	销售一部	彩电	SM-5EGT	2,100.00	216台	¥453,600.00
23	21	销售二部	彩电	SM-5EGT	2,100.00	138台	¥289,800.00
24	22	销售三部	冰箱	HR-OKK1-5	2,298.00	210台	¥482,580.00
25	23	销售一部	冰箱	HR-OKK1-5	2,298.00	332台	¥762,936.00
26	24	销售二部	冰箱	HR-OKK1-5	2,280.00	118台	¥269,040.00
27	25	销售三部	空调	HV-1100S1.0		160台	¥0.00
28	26	销售一部	空调	HV-1100S1.0		278台	¥0.00
29	27	销售二部	空调	HV-1100S1.0		120台	¥0.00
30	合计					4699台	¥6,756,576.00

下面使用查找和替换功能在空单元格中填入相同数字“1680”。操作方法如下。

第1步 打开“素材文件\第2章\2023年2月部门产品销售明细表1.xlsx”文件，❶选中E3:E29单元格区域，按快捷组合键【Ctrl+H】打开【查找和替换】对话框，直接在【替换为】文本框中输入数字“1680”，❷单击【全部替换】按钮。如下图所示。

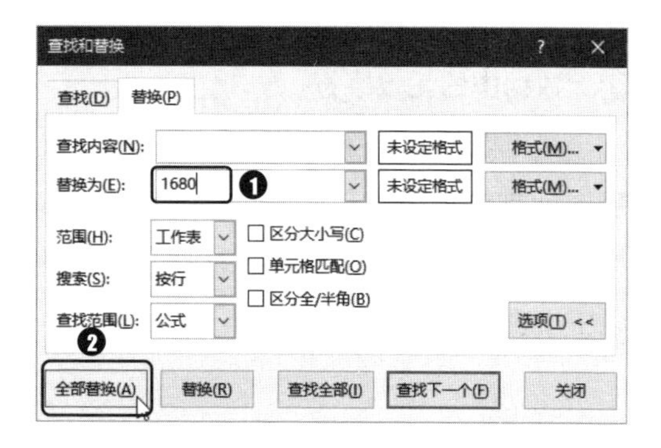

第2步 替换完成后，弹出对话框和提示信息，单击【确定】按钮。如下图所示。

第3步 操作完成后，关闭【查找和替换】对话框后返回工作表，即可看到E3:E29单元格区域的空单元格中全部填入了数字“1680”。效果如下图所示。

E3 | 2180

2023年2月部门产品销售明细表1

序号	销售部门	产品名称	产品型号	销售单价	销售数量	销售额
1	销售三部	彩电	SM-5EGT	2,180.00	108台	¥235,440.00
2	销售一部	彩电	HR-OKK1-5	2,298.00	120台	¥275,760.00
3	销售二部	彩电	SM-5EGT	2,180.00	150台	¥327,000.00
4	销售三部	冰箱	HR-OKK1-5	2,300.00	158台	¥363,400.00
5	销售一部	冰箱	SM-5EGT	2,200.00	150台	¥330,000.00
6	销售二部	冰箱	HR-OKK1-5	2,300.00	118台	¥271,400.00
7	销售三部	空调	HV-1100S1.0	1,680.00	226台	¥379,680.00
8	销售一部	空调	HV-1100S1.0	1,680.00	200台	¥336,000.00
9	销售二部	空调	HV-1100S1.0	1,680.00	220台	¥369,600.00
10	销售三部	彩电	SM-5EGT	2,080.00	138台	¥287,040.00
11	销售一部	彩电	SM-5EGT	2,100.00	120台	¥252,000.00
12	销售二部	彩电	SM-5EGT	2,100.00	215台	¥451,500.00
13	销售三部	冰箱	HR-OKK1-5	2,298.00	200台	¥459,600.00
14	销售一部	冰箱	HR-OKK1-5	2,298.00	260台	¥597,480.00
15	销售二部	冰箱	HR-OKK1-5	2,280.00	120台	¥273,600.00
16	销售三部	空调	HV-1100S1.0	1,680.00	156台	¥262,080.00
17	销售一部	空调	HV-1100S1.0	1,680.00	152台	¥255,360.00
18	销售二部	空调	HV-1100S1.0	1,680.00	136台	¥228,480.00
19	销售三部	彩电	SM-5EGT	2,080.00	180台	¥374,400.00
20	销售一部	彩电	SM-5EGT	2,100.00	216台	¥453,600.00
21	销售二部	彩电	SM-5EGT	2,100.00	138台	¥289,800.00
22	销售三部	冰箱	HR-OKK1-5	2,298.00	210台	¥482,580.00
23	销售一部	冰箱	HR-OKK1-5	2,298.00	332台	¥762,936.00
24	销售二部	冰箱	HR-OKK1-5	2,280.00	118台	¥269,040.00
25	销售三部	空调	HV-1100S1.0	1,680.00	160台	¥268,800.00
26	销售一部	空调	HV-1100S1.0	1,680.00	278台	¥467,040.00
27	销售二部	空调	HV-1100S1.0	1,680.00	120台	¥201,600.00
合计					4699台	¥9,525,216.00

Shee1

示例结果见“结果文件\第2章\2023年2月部门产品销售明细表1.xlsx”文件。

3. 批量替换格式，为单元格添加标识

查找和替换功能不仅可以批量替换单元格中的内容，还拥有一个极易被忽视的作用——替换单元格格式。巧用这一功能，可以为目标单元格批量添加标识。

如下图所示，如果要为【销售部门】字段下内容为“销售一部”的单元格添加标识，一般可在批量选定单元格后进行设置。当然，使用查找和替换功能能更快捷地完成工作任务。

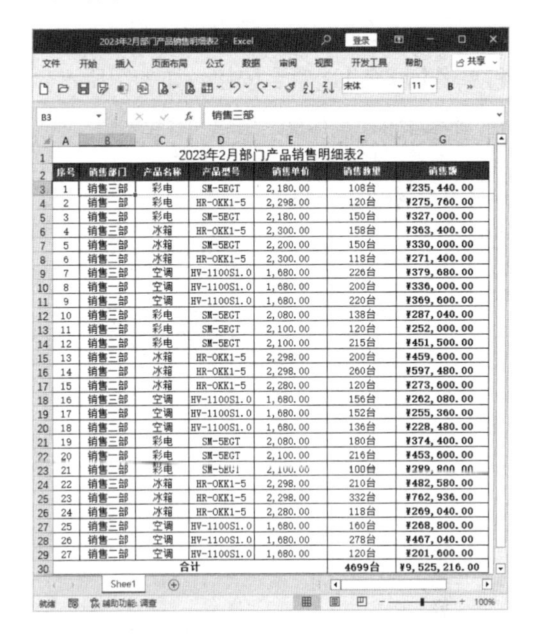

2023年2月部门产品销售明细表2 - Excel

文件 开始 插入 页面布局 公式 数据 审阅 视图 开发工具 帮助

B3 | 销售三部

2023年2月部门产品销售明细表2

序号	销售部门	产品名称	产品型号	销售单价	销售数量	销售额
1	销售三部	彩电	SM-5EGT	2,180.00	108台	¥235,440.00
2	销售一部	彩电	HR-OKK1-5	2,298.00	120台	¥275,760.00
3	销售二部	彩电	SM-5EGT	2,180.00	150台	¥327,000.00
4	销售三部	冰箱	HR-OKK1-5	2,300.00	158台	¥363,400.00
5	销售一部	冰箱	SM-5EGT	2,200.00	150台	¥330,000.00
6	销售二部	冰箱	HR-OKK1-5	2,300.00	118台	¥271,400.00
7	销售三部	空调	HV-1100S1.0	1,680.00	226台	¥379,680.00
8	销售一部	空调	HV-1100S1.0	1,680.00	200台	¥336,000.00
9	销售二部	空调	HV-1100S1.0	1,680.00	220台	¥369,600.00
10	销售三部	彩电	SM-5EGT	2,080.00	138台	¥287,040.00
11	销售一部	彩电	SM-5EGT	2,100.00	120台	¥252,000.00
12	销售二部	彩电	SM-5EGT	2,100.00	215台	¥451,500.00
13	销售三部	冰箱	HR-OKK1-5	2,298.00	200台	¥459,600.00
14	销售一部	冰箱	HR-OKK1-5	2,298.00	260台	¥597,480.00
15	销售二部	冰箱	HR-OKK1-5	2,280.00	120台	¥273,600.00
16	销售三部	空调	HV-1100S1.0	1,680.00	156台	¥262,080.00
17	销售一部	空调	HV-1100S1.0	1,680.00	152台	¥255,360.00
18	销售二部	空调	HV-1100S1.0	1,680.00	136台	¥228,480.00
19	销售三部	彩电	SM-5EGT	2,080.00	180台	¥374,400.00
20	销售一部	彩电	SM-5EGT	2,100.00	216台	¥453,600.00
21	销售二部	彩电	SM-5EGT	2,100.00	[illegible]	¥289,800.00
22	销售三部	冰箱	HR-OKK1-5	2,298.00	210台	¥482,580.00
23	销售一部	冰箱	HR-OKK1-5	2,298.00	332台	¥762,936.00
24	销售二部	冰箱	HR-OKK1-5	2,280.00	118台	¥269,040.00
25	销售三部	空调	HV-1100S1.0	1,680.00	160台	¥268,800.00
26	销售一部	空调	HV-1100S1.0	1,680.00	278台	¥467,040.00
27	销售二部	空调	HV-1100S1.0	1,680.00	120台	¥201,600.00
合计					4699台	¥9,525,216.00

Shee1

操作方法如下。

第1步 打开“素材文件\第2章\2023年2月部门产品销售明细表2.xlsx”文件，❶选中B3:B29单元格区域，按快捷组合键【Ctrl+H】打开【查找和替换】对话框，在【查找内容】和【替换为】文本框中输入相同的内容“销售一部”，❷单击【替换为】文本框右侧的【格式】按钮。如下图所示。

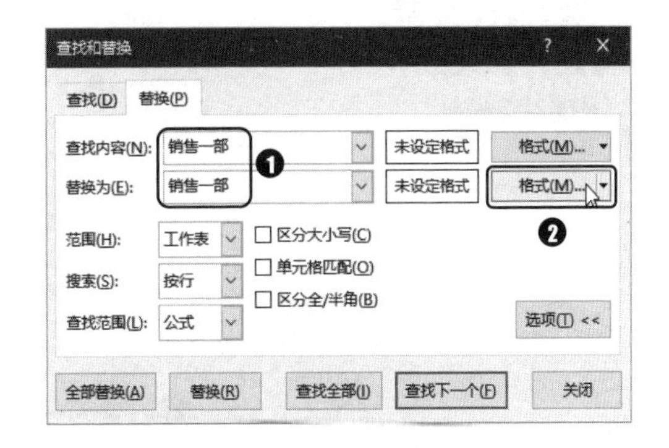

第2步 弹出【替换格式】对话框，❶切换至【字体】选项卡，❷设置字形和颜色，❸单击【填充】选项卡按钮。如下图所示。

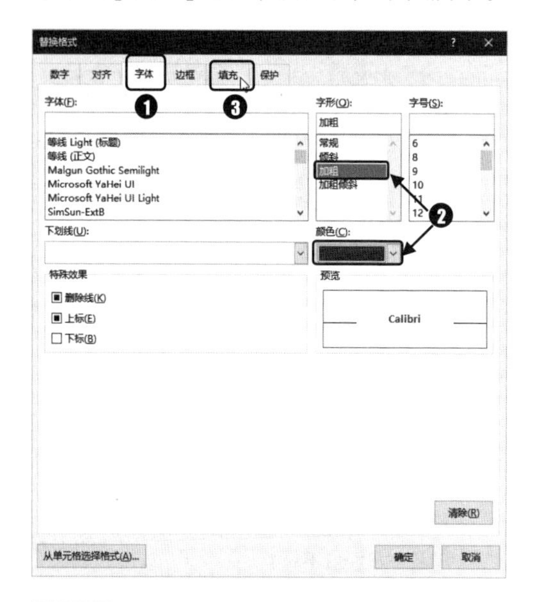

第3步 ❶在【填充】选项卡【背景色】调色板中选择合适的颜色，❷单击【确定】按钮关闭对话框。如下图所示。

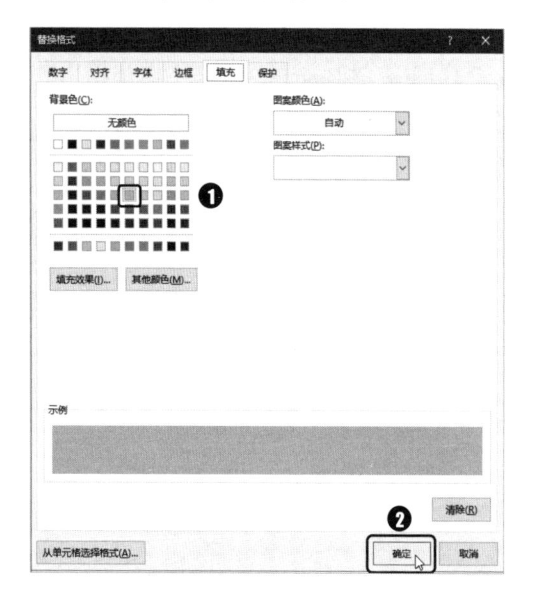

第4步 返回【查找和替换】对话框后，单击【全部替换】按钮。如下图所示。

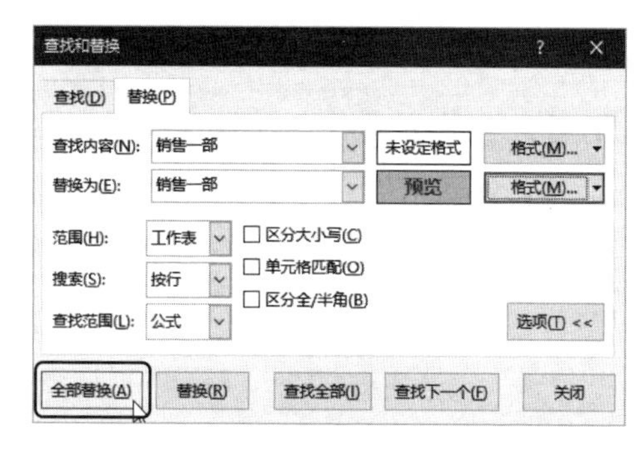

第5步 最后弹出对话框和提示信息，直接单击【确定】按钮即可。如下图所示。

第6步 操作完成后，返回工作表，即可看到替换格式后的效果。如下图所示。

2023年2月部门产品销售明细表2

序号	销售部门	产品名称	产品型号	销售单价	销售数量	销售额
1	销售三部	彩电	SM-5EGT	2,180.00	108台	¥235,440.00
2	销售一部	彩电	HR-OKK1-5	2,298.00	120台	¥275,760.00
3	销售二部	彩电	SM-5EGT	2,180.00	150台	¥327,000.00
4	销售三部	冰箱	HR-OKK1-5	2,300.00	158台	¥363,400.00
5	销售一部	冰箱	SM-5EGT	2,200.00	150台	¥330,000.00
6	销售二部	冰箱	HR-OKK1-5	2,300.00	118台	¥271,400.00
7	销售三部	空调	HV-1100S1.0	1,680.00	226台	¥379,680.00
8	销售一部	空调	HV-1100S1.0	1,680.00	200台	¥336,000.00
9	销售二部	空调	HV-1100S1.0	1,680.00	220台	¥369,600.00
10	销售三部	彩电	SM-5EGT	2,080.00	138台	¥287,040.00
11	销售一部	彩电	SM-5EGT	2,100.00	120台	¥252,000.00
12	销售二部	彩电	SM-5EGT	2,100.00	215台	¥451,500.00
13	销售三部	冰箱	HR-OKK1-5	2,298.00	200台	¥459,600.00
14	销售一部	冰箱	HR-OKK1-5	2,298.00	260台	¥597,480.00
15	销售二部	冰箱	HR-OKK1-5	2,280.00	120台	¥273,600.00
16	销售三部	空调	HV-1100S1.0	1,680.00	156台	¥262,080.00
17	销售一部	空调	HV-1100S1.0	1,680.00	152台	¥255,360.00
18	销售二部	空调	HV-1100S1.0	1,680.00	136台	¥228,480.00
19	销售三部	彩电	SM-5EGT	2,080.00	180台	¥374,400.00
20	销售一部	彩电	SM-5EGT	2,100.00	216台	¥453,600.00
21	销售二部	彩电	SM-5EGT	2,100.00	138台	¥289,800.00
22	销售三部	冰箱	HR-OKK1-5	2,298.00	210台	¥482,580.00
23	销售一部	冰箱	HR-OKK1-5	2,298.00	332台	¥762,936.00
24	销售二部	冰箱	HR-OKK1-5	2,280.00	118台	¥269,040.00
25	销售三部	空调	HV-1100S1.0	1,680.00	160台	¥268,800.00
26	销售一部	空调	HV-1100S1.0	1,680.00	278台	¥467,040.00
27	销售二部	空调	HV-1100S1.0	1,680.00	120台	¥201,600.00
合计					4699台	¥9,525,216.00

示例结果见“结果文件\第2章\2023年2月部门产品销售明细表2.xlsx”文件。

2.3 玩转数据验证工具，确保数据录入快、准、稳

实际工作中，财务人员在录入原始数据时，难免会出现小小的“手误”。例如，在文本字符之间插入空格，输入长串数字时多位或少位，输入日期时超出既定范围，输入重复数据，等等。这些小疏忽不仅不易察觉，更会给后续财务数据的统计分析带来“大麻烦”。那么如何“防患于未然”，在录入原始数据出错时能立即发现并纠正错误呢？只要财务人员能够玩转Excel提供的“数据验证”工具，就能快、准、稳地录入原始数据，并为后续数据统计分析工作提供数据质量保障。为了让财务人员提高对数据验证工具的作用和功能的认知，下面还是先请AI工具“讯飞星火”来介绍一下使用数据验证工具录入数据的好处，以及数据验证工具具备哪些功能。

提问1： Excel中使用数据验证工具录入数据有哪些好处？

讯飞星火

在Excel中，数据验证工具是一个功能强大的工具，它对于提高我们的工作效率具有巨大的帮助。以下是使用数据验证工具录入数据的主要好处。

（1）创建下拉列表：通过简单的设置，您可以为某个单元格或整个列创建一个下拉列表。例如，当您需要输入员工的部门名称时，可以创建一个包含所有部门名称的下拉列表，从而确保输入的数据准确无误。

（2）规范数据输入：数据验证工具允许您限制用户可以输入的数据类型。例如，您可以规定某列只能填写整数，或者限制数值的大小范围，如基本工资不低于3500。

（3）显示输入消息和出错警告：当用户尝试输入不符合规定的内容时，数据验证工具可以显示相关的提示信息，指导用户如何正确输入。同时，如果出现异常数据，还可以发出警告。

（4）提供可供选择的值列表：除了自定义的数据验证规则，您还可以为用户提供一个预定义的值列表，从而进一步确保数据的准确性。

提问2： Excel中的数据验证工具有哪些功能？

讯飞星火

Excel中的数据验证工具有以下功能。

（1）整数验证：限制输入的数据必须为整数。

（2）小数验证：限制输入的数据必须为小数。

（3）文本长度验证：限制输入的数据长度必须在指定范围内。

（4）列表验证：限制输入的数据必须为指定的值之一。

（5）日期验证：限制输入的数据必须为日期格式。

（6）时间验证：限制输入的数据必须为

时间格式。

（7）自定义公式验证：使用自定义公式对输入的数据进行验证。

（8）提示输入消息：可以为数据验证设置输入提示，提供输入时的提示信息。

（9）显示错误消息：可以为数据验证设置错误提示，当输入不符合验证规则时显示错误信息。

（10）输入限制：可以设置输入的数据必须符合指定的条件，如大于、小于、等于等。

（11）条件格式：可以根据数据验证的结果自动设置单元格的背景色、字体颜色等。

（12）删除验证：可以删除已经设置的数据验证规则。

从以上回复可知，数据验证工具最核心的作用就是保障多种类型数据录入的准确性，同时由于减少了大量的手动操作，也能够让原本繁重的录入工作变得轻松快捷。因此，它对财务人员来说是一个非常实用的数据工具。本节结合财会实务，从上述介绍的数据验证工具的多种功能中精选出几种功能，分别列举实例介绍具体操作方法。

2.3.1 重复性数据在“下拉列表”中选取

日常中，财务人员时常需要在工作表中频繁录入内容相同的数据。例如，录入费用报销数据时通常要输入部门名称、划分费用类别等。针对这种重复性强、类别不多的原始数据，可运用【数据验证】工具中的“招牌”功能——设置“序列”，创建下拉列表，录入数据时直接在下拉列表中选取即可。

如下图所示的“2023年2月费用报销记录表”中，在明细表的【部门】和【费用类别】字段下即可创建下拉列表，以便快速录入部门名称和费用类别名称。

2023年2月费用报销明细表

报销日期	姓名	部门	费用类别	实际报销金额	借款金额	退补金额
2023-2-1	李琳琳			900.00	1,200.00	300.00
2023-2-3	陈锋			800.00	1,200.00	400.00
2023-2-6	赵熙西			2,100.00	1,800.00	-300.00
2023-2-8	周文韵			1,200.00	1,500.00	300.00
2023-2-10	刘海			1,100.00	1,500.00	400.00
2023-2-14	郑安			560.00	1,000.00	440.00
2023-2-17	牛丽			410.00	1,000.00	590.00
2023-2-20	杨华			2,200.00	3,000.00	800.00
2023-2-24	朱文文			200.00	500.00	300.00
2023-2-28	方浩			800.00	1,000.00	200.00
合计				10,270.00	13,700.00	3430.00

操作方法如下。

第1步 打开“素材文件\第2章\2023年2月费用报销记录表.xlsx”文件，❶选中D3:D12单元格区域，❷单击【数据】选项卡，❸单击【数据工具】组中的【数据验证】按钮。如下图所示。

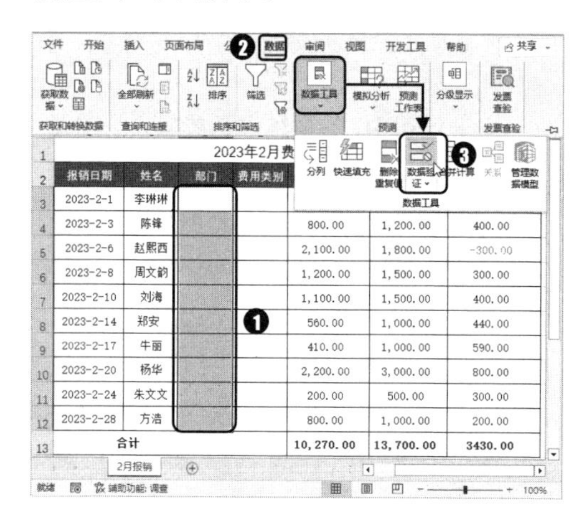

第2步 弹出【数据验证】对话框，❶在【设置】选项卡【允许】下拉列表中选择【序列】选项，❷在【来源】文本框中录入部门名称（注意在每个部门名称之间输入英文逗号以作间隔），❸单击【确定】按钮关闭对话框。如下图所示。

第3步 返回工作表，即可看到D3单元格右下方出现倒三角按钮“▾”，单击“▾”按钮展开下拉列表，可看到其中5个选项即为第2步中在【来源】文本框中输入的内容。如下图所示。

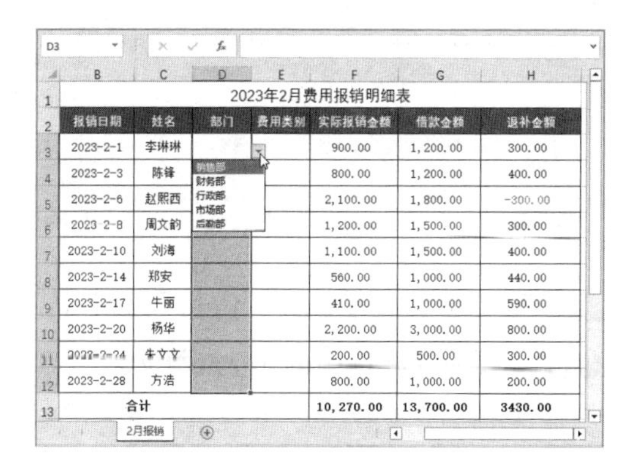

2023年2月费用报销明细表

报销日期	姓名	部门	费用类别	实际报销金额	借款金额	退补金额
2023-2-1	李琳琳			900.00	1,200.00	300.00
2023-2-3	陈锋			800.00	1,200.00	400.00
2023-2-6	赵熙西			2,100.00	1,800.00	-300.00
2023-2-8	周文韵			1,200.00	1,500.00	300.00
2023-2-10	刘海			1,100.00	1,500.00	400.00
2023-2-14	郑安			560.00	1,000.00	440.00
2023-2-17	牛丽			410.00	1,000.00	590.00
2023-2-20	杨华			2,200.00	3,000.00	800.00
2023-2-24	朱文文			200.00	500.00	300.00
2023-2-28	方浩			800.00	1,000.00	200.00
合计				10,270.00	13,700.00	3430.00

第4步 重复第1～2步操作，在【费用类别】字段下创建下拉列表，设置序列来源为“销售费用,管理费用,财务费用”即可。效果如下图所示。

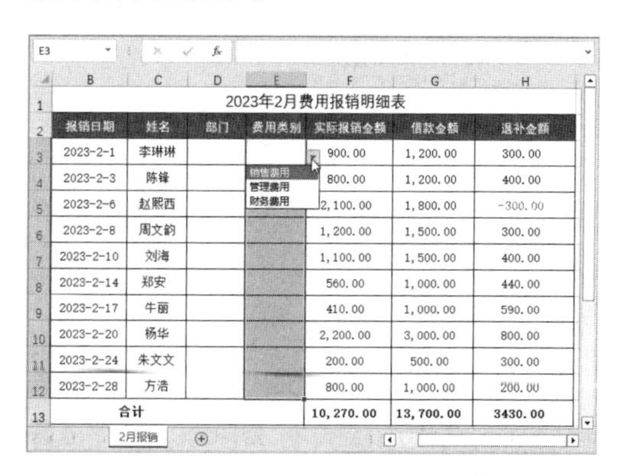

2023年2月费用报销明细表

报销日期	姓名	部门	费用类别	实际报销金额	借款金额	退补金额
2023-2-1	李琳琳			900.00	1,200.00	300.00
2023-2-3	陈锋			800.00	1,200.00	400.00
2023-2-6	赵熙西			2,100.00	1,800.00	-300.00
2023-2-8	周文韵			1,200.00	1,500.00	300.00
2023-2-10	刘海			1,100.00	1,500.00	400.00
2023-2-14	郑安			560.00	1,000.00	440.00
2023-2-17	牛丽			410.00	1,000.00	590.00
2023-2-20	杨华			2,200.00	3,000.00	800.00
2023-2-24	朱文文			200.00	500.00	300.00
2023-2-28	方浩			800.00	1,000.00	200.00
合计				10,270.00	13,700.00	3430.00

第5步 最后分别在D3:D12单元格区域（【部门】字段）和E3:E12单元格区域（【费用类别】字段）的每个单元格下拉列表中选择要输入的内容即可。最终效果如下图所示。

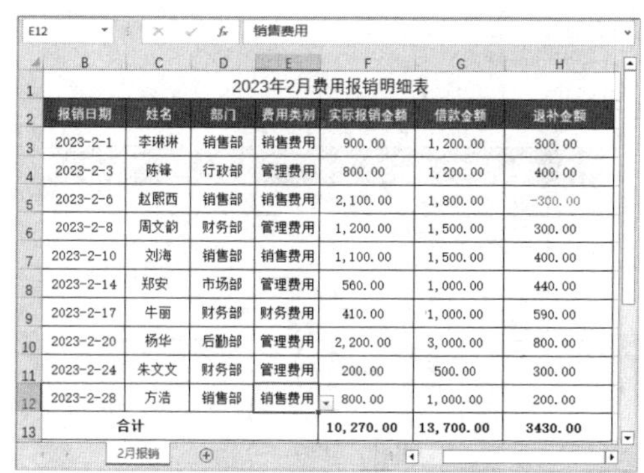

2023年2月费用报销明细表

报销日期	姓名	部门	费用类别	实际报销金额	借款金额	退补金额
2023-2-1	李琳琳	销售部	销售费用	900.00	1,200.00	300.00
2023-2-3	陈锋	行政部	管理费用	800.00	1,200.00	400.00
2023-2-6	赵熙西	销售部	销售费用	2,100.00	1,800.00	-300.00
2023-2-8	周文韵	财务部	管理费用	1,200.00	1,500.00	300.00
2023-2-10	刘海	销售部	销售费用	1,100.00	1,500.00	400.00
2023-2-14	郑安	市场部	管理费用	560.00	1,000.00	440.00
2023-2-17	牛丽	财务部	财务费用	410.00	1,000.00	590.00
2023-2-20	杨华	后勤部	管理费用	2,200.00	3,000.00	800.00
2023-2-24	朱文文	财务部	管理费用	200.00	500.00	300.00
2023-2-28	方浩	销售部	销售费用	800.00	1,000.00	200.00
合计				10,270.00	13,700.00	3430.00

示例结果见“结果文件\第2章\2023年2月费用报销记录表.xlsx”文件。

教您一招

如果在下拉列表中设置的序列选项较多，可预先在工作表其他空白区域中的同一列或

> 同一行中依次输入序列内容，然后在弹出的【数据验证】对话框中单击【来源】文本框，选中序列内容所在的单元格区域即可快速输入。

2.3.2 限定文本长度避免数据多位或少位

限定文本长度也是数据验证工具中的一大特色，尤其是在输入人员信息中的身份证号码、手机号码等有着固定长度的文本数据时发挥着重要作用。

下面以“身份证号码”为示例，运用数据验证工具限定输入文本长度，同时设置提示信息和出错警告，当输入文本的长度不符合验证条件时弹出警告阻止继续输入，有效杜绝错误。操作方法如下。

第1步 打开“素材文件\第2章\员工基础信息登记表.xlsx”文件，原始内容如下图所示。

员工基础信息登记表

序号	员工编号	姓名	部门	身份证号码
1	HT001	李琳琳	销售部	
2	HT002	陈锋	行政部	
3	HT003	赵熙西	销售部	
4	HT004	周文韵	财务部	
5	HT005	刘海	销售部	
6	HT006	郑安	市场部	
7	HT007	牛丽	财务部	
8	HT008	杨华	后勤部	
9	HT009	朱文文	财务部	
10	HT010	方浩	销售部	

第2步 ❶选中E3:E12单元格区域，❷单击【数据】选项卡，❸单击【数据工具】组中的【数据验证】按钮。如下图所示。

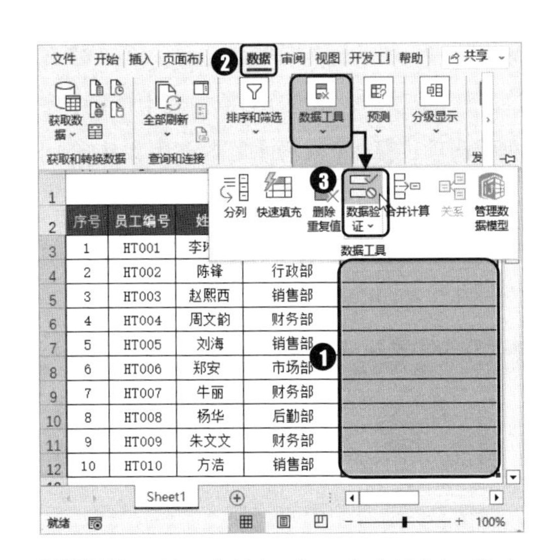

第3步 弹出【数据验证】对话框，❶在【设置】选项卡的【允许】下拉列表中选择【文本长度】选项，❷在【数据】下拉列表中选择【等于】选项，❸在【长度】文本框中输入数字“18”。如下图所示。

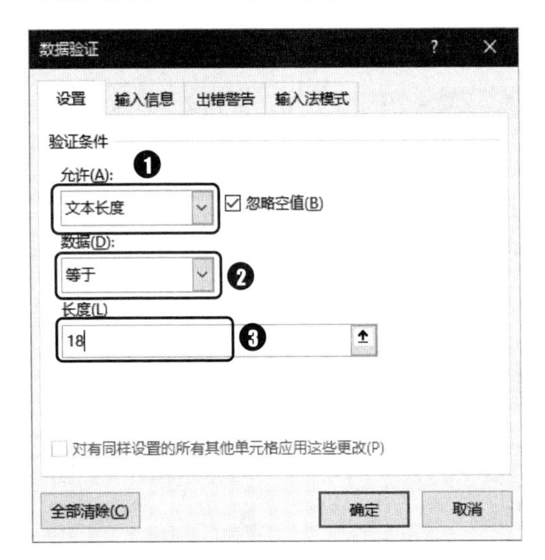

第4步 ❶切换至【输入信息】选项卡，❷保持系统默认选中的【选定单元格时显示输入信息】复选框，直接在【标题】和

【输入信息】文本框中输入相关内容。如下图所示。

第5步 ❶切换至【出错警告】选项卡，❷保持系统默认选中的【输入无效数据时显示出错警告】复选框，以及【样式】下拉列表中的【停止】选项，直接在【标题】和【错误信息】文本框中输入内容，❸单击【确定】按钮关闭对话框。如下图所示。

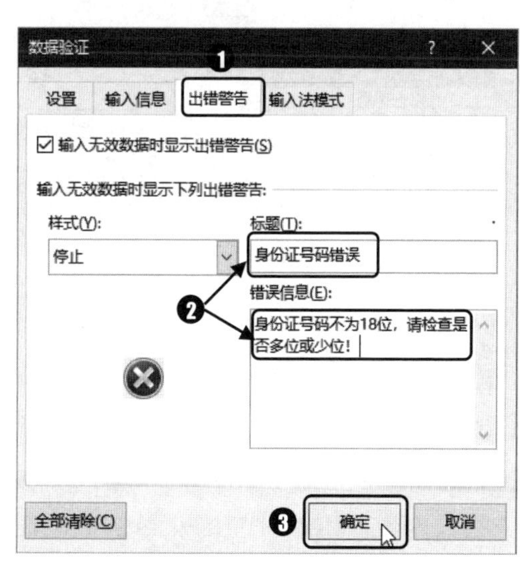

第6步 返回工作表，❶选中E3单元格，即可显示提示信息，❷在E3单元格中任意输入一串不为18位的文本数字，按【Enter】键后将被阻止继续输入，同时弹出对话框显示警告信息。如下图所示。

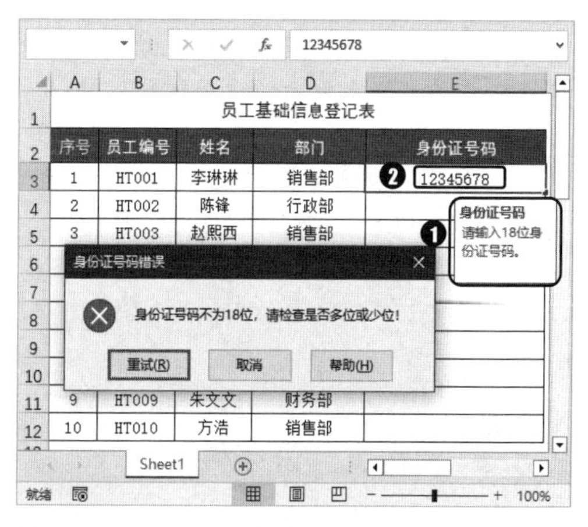

第7步 单击【取消】按钮后重新录入18位身份证号码即可（本例中的身份证号码均为虚构）。最终效果如下图所示。

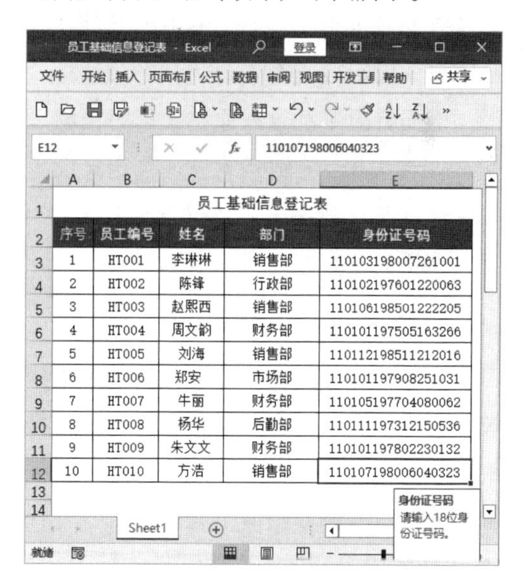
员工基础信息登记表

序号	员工编号	姓名	部门	身份证号码
1	HT001	李琳琳	销售部	110103198007261001
2	HT002	陈锋	行政部	110102197601220063
3	HT003	赵熙西	销售部	110106198501222205
4	HT004	周文韵	财务部	110101197505163266
5	HT005	刘海	销售部	110112198511212016
6	HT006	郑安	市场部	110101197908251031
7	HT007	牛丽	财务部	110105197704080062
8	HT008	杨华	后勤部	110111197312150536
9	HT009	朱文文	财务部	110101197802230132
10	HT010	方浩	销售部	110107198006040323

示例结果见“结果文件\第2章\员工

基础信息登记表.xlsx”文件。

> **温馨提示**
>
> 在【数据验证】对话框【设置】选项卡内的【允许】下拉列表中共包含8个选项——任何值、整数、小数、序列、日期、时间、文本长度、自定义。
>
> 其中，“任何值”选项代表不设定验证条件，允许单元格内输入任意数值。而“自定义”选项允许用户自行设置公式来确定验证条件。其他选项设置方法大同小异，只需参照本小节介绍的“序列”和“文本长度”验证条件操作方法进行设置即可。
>
> 自定义验证条件的运用方法将在2.3.3小节中进行介绍。

2.3.3 自定义验证条件

实际工作中，如果数据验证工具内置的整数、小数、序列、日期、时间、文本长度等验证条件依然无法满足工作需求，可以选择自定义验证条件，由用户自行设置公式灵活设定验证条件。

下面针对手动录入原始数据时极易发生的两种失误，分别介绍通过自定义设置公式防止重复数据录入及阻止在字符之间插入空格的操作方法。

1. 防止重复录入数据

实务中，财务人员要录入的很多数据都是独一无二的。例如，员工的身份证号码、手机号码等。那么，在录入这类数据时，可以通过数据验证工具中的自定义选项设置COUNTIF函数，帮助检验重复数据并阻止录入。下面以“手机号码”为示例，介绍自定义验证条件的具体操作方法。

第1步 打开“素材文件\第2章\员工基础信息登记表1.xlsx”文件，原始内容如下图所示。

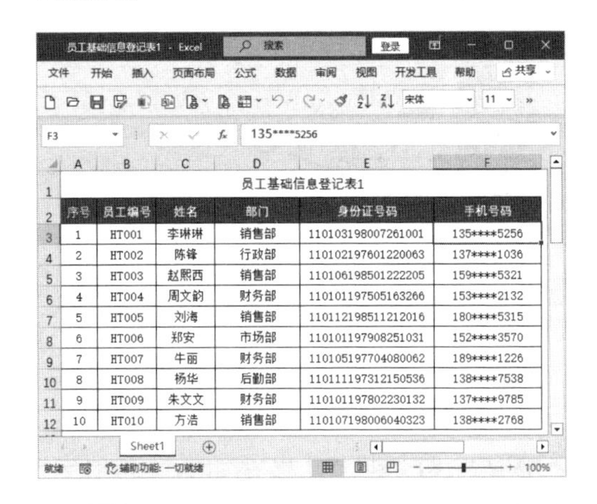

员工基础信息登记表1

序号	员工编号	姓名	部门	身份证号码	手机号码
1	HT001	李琳琳	销售部	110103198007261001	135****5256
2	HT002	陈锋	行政部	110102197601220063	137****1036
3	HT003	赵熙西	销售部	110106198501222205	159****5321
4	HT004	周文韵	财务部	110101197505163266	153****2132
5	HT005	刘海	销售部	110112198511212016	180****5315
6	HT006	郑安	市场部	110101197908251031	152****3570
7	HT007	牛丽	财务部	110105197704080062	189****1226
8	HT008	杨华	后勤部	110111197312150536	138****7538
9	HT009	朱文文	财务部	110101197802230132	137****9785
10	HT010	方浩	销售部	110107198006040323	138****2768

第2步 ❶选中F3:F12单元格区域，❷单击【数据】选项卡，❸单击【数据工具】组中的【数据验证】按钮。如下图所示。

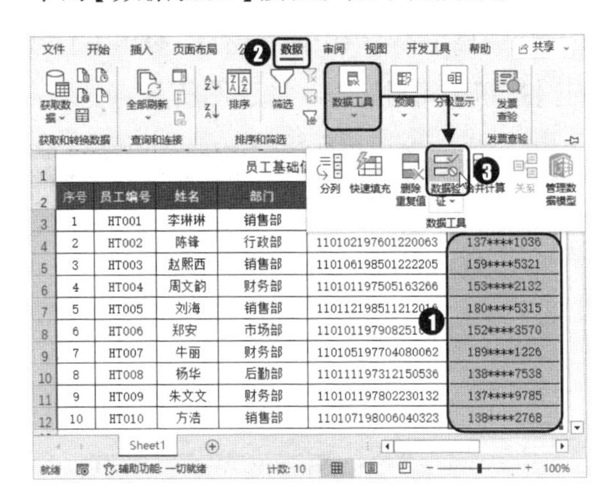

第3步 弹出【数据验证】对话框，❶在【设置】选项卡的【允许】下拉列表中选择【自定义】选项，❷在【公式】文本框中输入公式内容“=COUNTIF(F:F,F3)<2”。验证

条件的含义是允许运用COUNTIF函数统计得到F:F区域内F3单元格中的数值的个数小于2，也就是只能出现1次，❸单击【确定】按钮关闭对话框。如下图所示。

第4步 返回工作表，在F3:F12单元格区域中的任意一个单元格中重新输入一个与其他单元格中相同的手机号码。本例在F6单元格中输入与F3单元中相同的“135****5256”后按【Enter】键，即弹出对话框阻止继续输入（单击【取消】按钮关闭对话框即可）。效果如下图所示。

示例结果见“结果文件\第2章\员工基础信息登记表1.xlsx”文件。

2. 不允许在字符之间插入空格

财务人员在手动录入数据时经常因手误插入空格，这是在所难免的。但是，后续财务数据统计分析结果会因这种小小的失误产生极大的偏差。例如，统计员工“陈锋”的工资数据时，Excel会将“陈锋”和“陈 锋”作为两个不同的分类进行汇总。那么，在数据验证工具中自定义验证条件时，设置公式即可避免这种错误的发生。下面以“姓名”为例，介绍操作方法。

第1步 打开“素材文件\第2章\员工基础信息登记表2.xlsx”文件（原始内容与“员工基础信息登记表1”完全相同，示图略），❶选中C3:C12单元格区域，❷单击【数据】选项卡，❸单击【数据工具】组中的【数据验证】按钮。如下图所示。

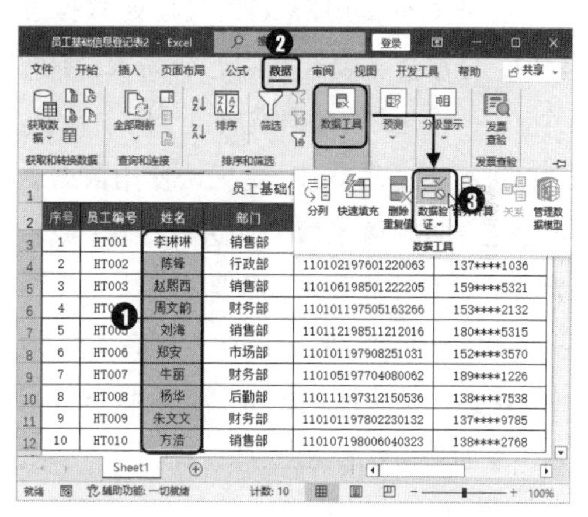

第2步 弹出【数据验证】对话框，❶在【设置】选项卡的【允许】下拉列表中选择【自定义】选项，❷在【公式】文本框中输入公式内容“=ISERROR(FIND(" ",C3))”，❸单击【确定】按钮关闭对话框。如下图所示。

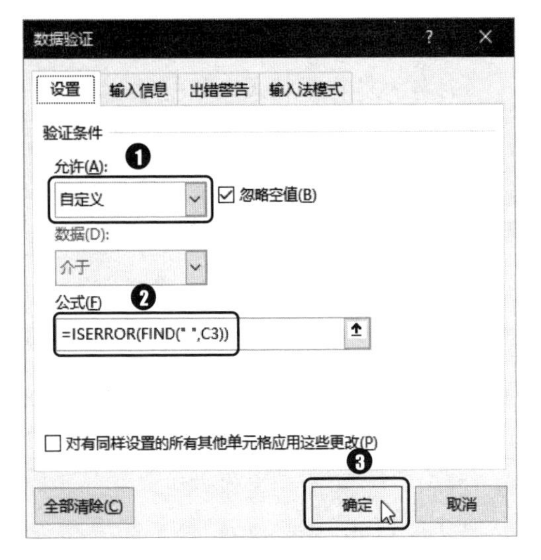

第3步 返回工作表后测试效果。在C4单元格内的两个字符中间输入一个空格，按下【Enter】键，即弹出提示对话框，并强制停止输入（单击【取消】按钮清除空格后即可继续输入）。效果如下图所示。

示例结果见“结果文件\第2章\员工基础信息登记表2.xlsx”文件。

2.4 原始数据快速拆分列示

财务人员使用Excel处理原始数据过程中，时常会遇到这类问题或需求：不同类型、不同格式的数据被放置于同一列中，难以进行下一步整理，更无法使用数据透视表工具或设置函数公式进行计算；或者为满足后续计算要求，需要从一串字符中提取部分内容。那么，为了提高工作效率，就必须设法批量地将原始数据拆分列示。下面先来看看AI工具为我们推荐哪些Excel数据快速分列方法。

提问： Excel中数据快速分列有哪些方法?

讯飞星火

在Excel中，数据快速分列可以通过以下几种方式实现。

（1）使用“分列”功能：在Excel表格中，选中需要分列的数据，然后单击【数据】选项卡，选择【分列】按钮。接下来会弹出一个向导，引导您按照步骤进行分列操作。

（2）利用快捷键：先选取需要分列的单元格，按下快捷键【Ctrl+E】，就可以根据默认的分隔符将数据进行分列。

（3）查找和替换+分列法：在有些情况下，可以通过查找和替换的功能结合分列的方法对数据进行处理。

（4）函数法：如果数据量较大且有特殊需求，可以使用Excel提供的函数进行快速分列。

（5）导入文本文件进行分列：如果有现成的文本文件，也可以通过导入文本文件并进行分列的方式快速处理数据。

“讯飞星火”介绍了5种方法分列数据，其中，“利用快捷键”（即“快速填充”）和“分列”是Excel中最简单易上手的数据分列方法。本节先分别对这两种方法进行介绍。

2.4.1 使用“快速填充”功能快速拆分数据

前文介绍了使用“快速填充”功能合并各列数据，这一功能同样也适用于相对简单的数据拆分。

如下图所示，表格中的客户信息需要财务人员先从增值税税控系统导出文本文件后，再在文本文件中复制内容并粘贴至Excel工作表中。全部信息均被放置于A列中。

	A
1	编码 名称 税号 地址电话 银行账号
2	000501广州市××包装有限公司91440************广州市××区××路**号 020-********中国农业银行股份有限公司××支行 230****************
3	000502成都市××科技有限公司91510************成都市××区××路321号 028-********中国银行××街支行 6216************
4	000503长沙市××建设有限公司91430************长沙市××区×××路126号 0731-********中国工商银行股份有限公司××支行 125****************
5	000504北京市××印刷有限公司91110************北京市××区×××路102号 010-********中国建设银行股份有限公司××路支行 440****************
6	000505台州市××家居用品有限公司91331************台州市××区×××街23号 0576-********中国交通银行××路支行231****************
7	000506成都市××咨询服务有限公司91510************成都市××区×××路××街325号 025-********中国邮政储蓄银行××大道支行951****************
8	000507北京市××服饰有限公司91110************北京市××区×××路96号 010-********中国华夏银行××支行510****************
9	000508郑州市××体育用品有限公司92410************郑州市××区×××路122号 0371-********中国农业银行××支行 22-10****************
10	000509义乌市××包装有限公司91330************义乌市××区×××路65号 0579-********中国银行××支行6216****************
11	000510广州市××玻璃制品有限公司91440************广州市××区×××路35号 020-********浙江民泰商业银行××支行6217****************
12	000511宁波市××塑胶制品有限公司92420************宁波市××区×××路83号 0574-********招商银行××支行3083****************
13	000512天津市××纸业有限公司91120************天津市××区×××路99号 022-********中国交通银行××支行231****************

下面使用【快速填充】工具将“编码”和“名称”的内容拆分列示。操作方法如下。

第1步 打开“素材文件\第2章\客户信息表1.xlsx”文件，在B2单元格中输入编码“00501”，作为“编码”的示例。如下图所示。

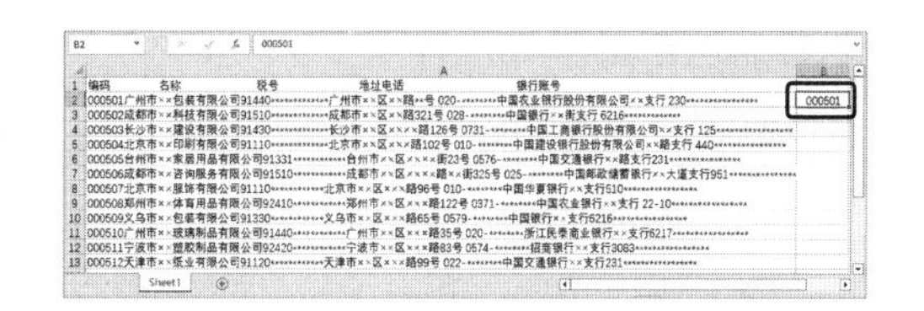

	B
1	编码
2	000501

第2步 选中B3单元格，按下快捷组合键【Ctrl+E】即可瞬间完成填充。如下图所示。

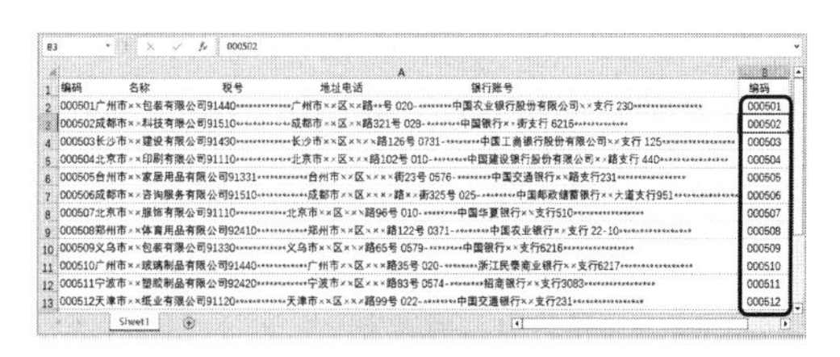

	B
1	编码
2	000501
3	000502
4	000503
5	000504
6	000505
7	000506
8	000507
9	000508
10	000509
11	000510
12	000511
13	000512

第3步 参照第2步操作，将“名称”内容拆分至C2:C13单元格区域。效果如下图所示。

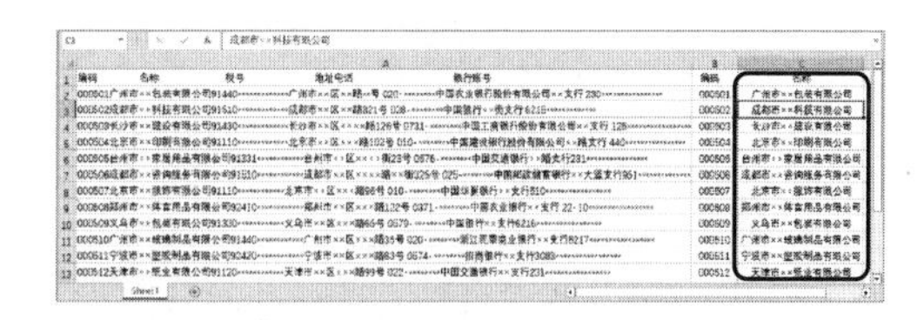

	B	C
1	编码	名称
2	000501	广州市××包装有限公司
3	000502	成都市××科技有限公司
4	000503	长沙市××建设有限公司
5	000504	北京市××印刷有限公司
6	000505	台州市××家居用品有限公司
7	000506	成都市××咨询服务有限公司
8	000507	北京市××服饰有限公司
9	000508	郑州市××体育用品有限公司
10	000509	义乌市××包装有限公司
11	000510	广州市××玻璃制品有限公司
12	000511	宁波市××塑胶制品有限公司
13	000512	天津市××纸业有限公司

示例结果见“结果文件\第2章\客户信息表1.xlsx”文件。

2.4.2 使用“分列”工具拆分规律性数据

“分列”是Excel中专门用于拆分数据的工具，可通过“分隔符号”和“固定宽度”这两种方式对数据进行分列，而且还能在分列的同时转换数据格式。下面介绍操作方法。

1. 通过“分隔符号”拆分数据

如果同一列单元格区域中的数字或文

本之中包含相同的分隔符号或文本，并且是按照一定的规律间隔开的，即可通过“分隔符号”拆分数据。

如下图所示，表格中是从ERP进销存系统中导出的2023年2月的销售明细表中的部分数据。其中，“单据编号”的编码规则为“业务类型-单据日期-单据顺序号”。例如，“XS-20230216-00010”代表2023年2月16日的第10份销售单据。

	A	B
1	单据编号	金额
2	XS-20230202-00001	127216
3	XS-20230206-00002	116440
4	XS-20230206-00003	108141
5	XS-20230208-00004	97196
6	XS-20230209-00005	148112
7	XT-20230210-00001	-91467
8	XT-20230210-00002	-131753
9	XS-20230210-00006	100135
10	XS-20230213-00007	129516
11	XS-20230213-00008	92613
12	XS-20230215-00009	131535
13	XS-20230216-00010	107018
14	XS-20230216-00011	110196
15	XS-20230217-00020	149753
16	XS-20230218-00001	112003
17	XT-20230223-00003	-91326
18	XS-20230225-00005	103413
19	XT-20230227-00006	-98548
20	XS-20230228-00021	148922
21	XS-20230228-00022	133035
22	XT-20230228-00007	-108667

为了便于分类汇总统计数据，需要将“单据编号”中的日期和单据顺序号拆分至两列中。由于数据中使用了符号“-”作为间隔，因此适用“分列”工具中的“分隔符号”方法进行拆分。操作方法如下。

第1步 打开“素材文件\第2章\2023年2月××客户销售明细表.xlsx”文件，在A列右侧插入两列，设置好字段名称。如下图所示。

	A	B	C	D
1	单据编号	单据日期	单据编号	金额
2	XS-20230202-00001			127216
3	XS-20230206-00002			116440
4	XS-20230206-00003			108141
5	XS-20230208-00004			97196
6	XS-20230209-00005			148112
7	XT-20230210-00001			-91467
8	XT-20230210-00002			-131753
9	XS-20230210-00006			100135
10	XS-20230213-00007			129516
11	XS-20230213-00008			92613
12	XS-20230215-00009			131535
13	XS-20230216-00010			107018
14	XS-20230216-00011			110196
15	XS-20230217-00020			149753
16	XS-20230218-00001			112003
17	XT-20230223-00003			-91326
18	XS-20230225-00005			103413
19	XT-20230227-00006			-98548
20	XS-20230228-00021			148922
21	XS-20230228-00022			133035
22	XT-20230228-00007			-108667

第2步 ❶选中A2:A22单元格区域，❷单击【数据】选项卡，❸单击【数据工具】组中的【分列】按钮。如下图所示。

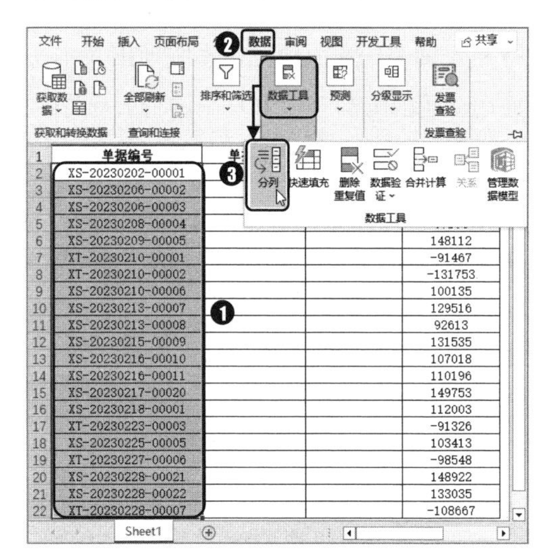

第3步 弹出【文本分列向导】对话框，可看到在“第1步，共3步”页面中已默认选中【分隔符号】选项按钮，此时只需直接单击【下一步】按钮即可。如下图所示。

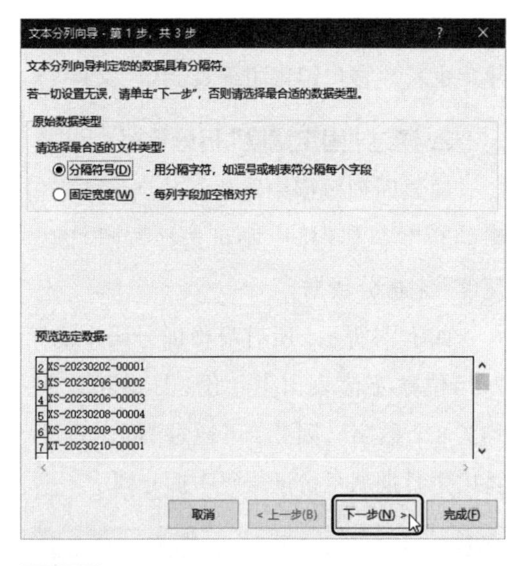

第4步 切换至【文本分列向导】对话框的“第2步，共3步”页面，❶选中【分隔符号】选项组中的【其他】复选框，在其右侧的文本框中输入符号“-”，❷单击【下一步】按钮。如下图所示。

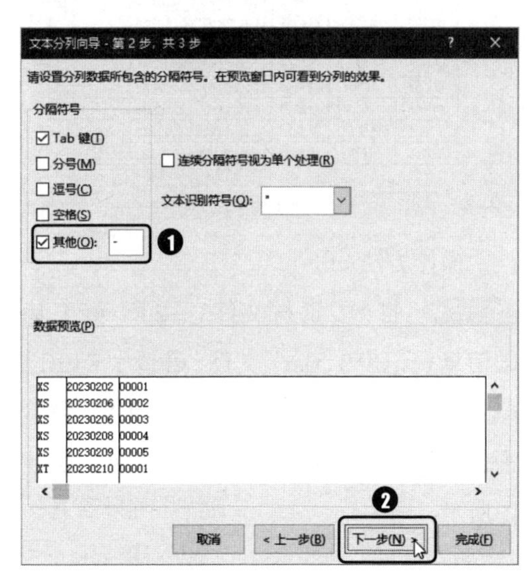

第5步 切换至【文本分列向导】对话框的“第3步，共3步”页面，可看到其中已默认选中【数据预览】框中的第1列，此时直接选中【列数据格式】选项组中的【不导入此列（跳过）】选项按钮即可。如下图所示。

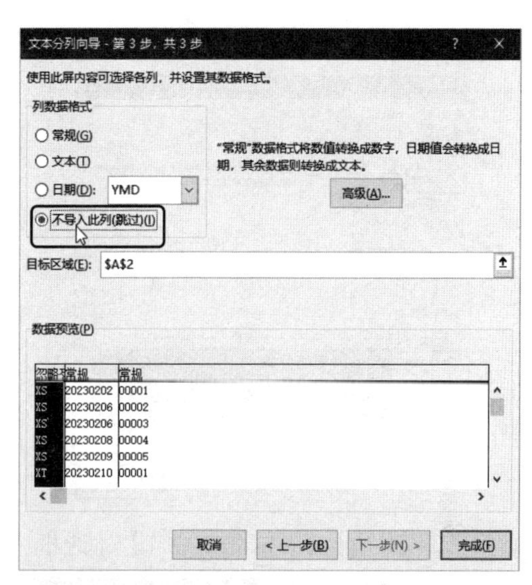

第6步 ❶单击选中【数据预览】框中的第2列，❷选中【列数据格式】选项组中的【日期】选项按钮。如下图所示。

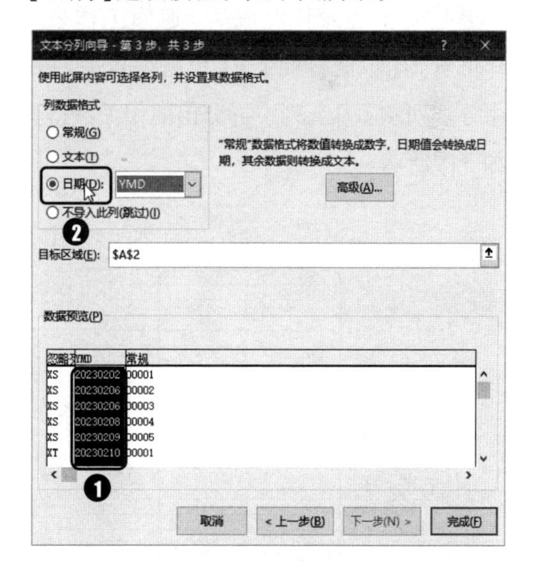

第7步 ❶单击选中【数据预览】框中的

第3列，❷选中【列数据格式】选项组中的【文本】选项按钮，❸在【目标区域】文本框中输入单元格地址“$B$2”，❹单击【完成】按钮关闭对话框。如下图所示。

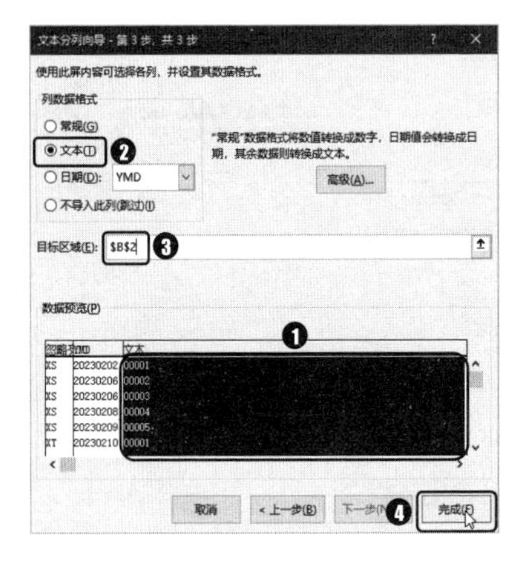

第8步 弹出【Microsoft Excel】对话框，直接单击【确定】按钮即可。如右图所示。

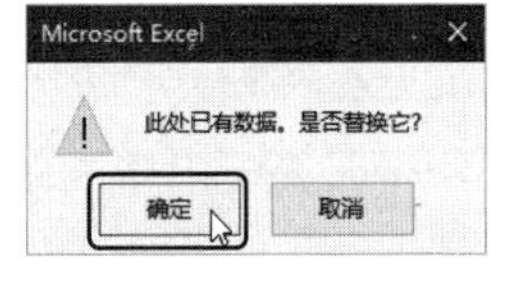

第9步 上述操作完成后，返回工作表，即可看到【单据日期】与【单据编号】字段中分别列示了从A列中拆分出的相关数据。如下图所示。

	A	B	C	D
1	单据编号	单据日期	单据编号	金额
2	XS-20230202-00001	2023-02-02	00001	127216
3	XS-20230206-00002	2023-02-06	00002	116440
4	XS-20230206-00003	2023-02-06	00003	108141
5	XS-20230208-00004	2023-02-08	00004	97196
6	XS-20230209-00005	2023-02-09	00005	148112
7	XT-20230210-00001	2023-02-10	00001	-91467
8	XT-20230210-00002	2023-02-10	00002	-131753
9	XS-20230210-00006	2023-02-10	00006	100135
10	XS-20230213-00007	2023-02-13	00007	129516
11	XS-20230213-00008	2023-02-13	00008	92613
12	XS-20230215-00009	2023-02-15	00009	131535
13	XS-20230216-00010	2023-02-16	00010	107018
14	XS-20230216-00011	2023-02-16	00011	110196
15	XS-20230217-00020	2023-02-17	00020	149753
16	XS-20230218-00001	2023-02-18	00001	112003
17	XT-20230223-00003	2023-02-23	00003	-91326
18	XS-20230225-00005	2023-02-25	00005	103413
19	XT-20230227-00006	2023-02-27	00006	-98548
20	XS-20230228-00021	2023-02-28	00021	148922
21	XS-20230228-00022	2023-02-28	00022	133035
22	XT-20230228-00007	2023-02-28	00007	-108667

示例结果见“结果文件\第2章\2023年2月××客户销售明细表.xlsx”文件。

2. 通过“固定宽度”拆分数据

如果同列数据中需要拆分列示的字符串的长度全部相同，则可选择按照“固定宽度”来拆分数据。

如下图所示，所有身份证号码中的第7-14位数字代表出生年份、月份和日期，均为8个数字。因此，可通过“固定宽度”将出生日期从身份证号码中拆分列示。

	A	B	C	D	E	F
1	员工基础信息登记表3					
2	序号	员工编号	姓名	部门	身份证号码	出生日期
3	1	HT001	李琳琳	销售部	110103198007261001	
4	2	HT002	陈锋	行政部	110102197601220063	
5	3	HT003	赵熙西	销售部	110106198501222205	
6	4	HT004	周文韵	财务部	110101197505163266	
7	5	HT005	刘海	销售部	110112198511212016	
8	6	HT006	郑安	市场部	110101197908251031	
9	7	HT007	牛丽	财务部	110105197704080062	
10	8	HT008	杨华	后勤部	110111197312150536	
11	9	HT009	朱文文	财务部	110101197802230132	
12	10	HT010	方浩	销售部	110107198006040323	

操作方法如下。

第1步 打开“素材文件\第2章\员工基础信息登记表3 .xlsx”文件，❶选中E4:E12单元格区域，❷单击【数据】选项卡，❸单击【数据工具】组中的【分列】按钮。如下图所示。

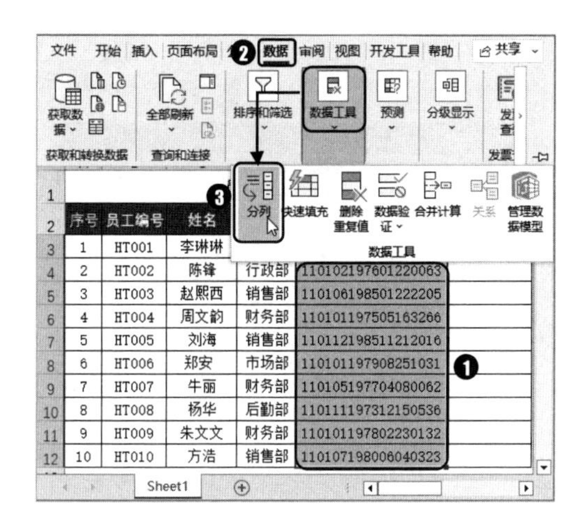

第2步 弹出【文本分列向导】对话框，❶选中“第1步，共3步”页面中的【固定宽度】选项按钮，❷ 单击【下一步】按钮。如下图所示。

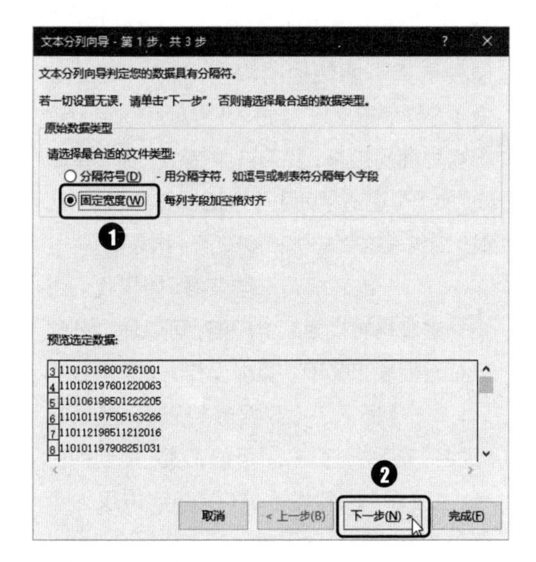

第3步 切换至“第2步，共3步”页面后，❶在【数据预览】框中依次单击身份证号码的第6位和第7位之间及第14位和第15位之间的位置建立分列线，❷单击【下一步】按钮。如下图所示。

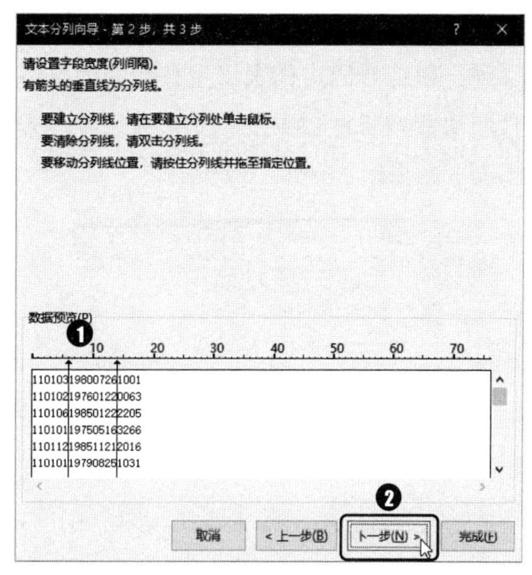

第4步 切换至“第3步，共3步”页面后，❶在【数据预览】框中依次将第1列和第3列的列数据格式设置为“不导入此列（跳过）”，将第2列的列数据格式设置为“日期”，❷在【目标区域】文本框中输入单元格地址“$F$3”，❸单击【完成】按钮关闭对话框。如下图所示。

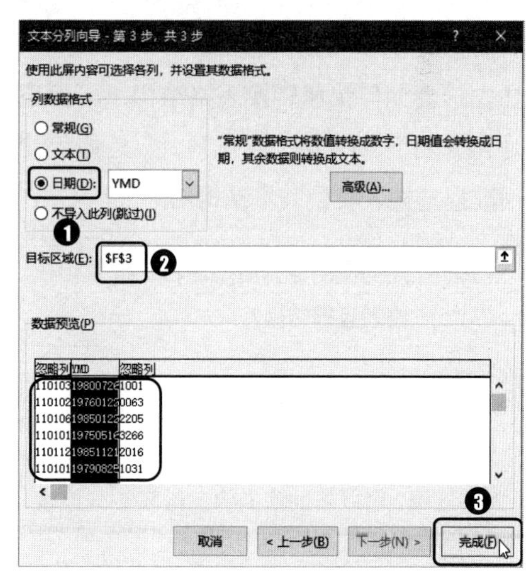

第5步 操作完成后，返回工作表，即可看到身份证号码中代表出生日期的数字以日期格式列示在F3:F12单元格区域中。效果如下图所示。

员工基础信息登记表3

序号	员工编号	姓名	部门	身份证号码	出生日期
1	HT001	李琳琳	销售部	110103198007261001	1980-7-26
2	HT002	陈锋	行政部	110102197601220063	1976-1-22
3	HT003	赵熙西	销售部	110106198501222205	1985-1-22
4	HT004	周文韵	财务部	110101197505163266	1975-5-16
5	HT005	刘海	销售部	110112198511212016	1985-11-21
6	HT006	郑安	市场部	110101197908251031	1979-8-25
7	HT007	牛丽	财务部	110105197704080062	1977-4-8
8	HT008	杨华	后勤部	110111197312150536	1973-12-15
9	HT009	朱文文	财务部	110101197802230132	1978-2-23
10	HT010	方浩	销售部	110107198006040323	1980-6-4

示例结果见“结果文件\第2章\员工基础信息登记表3.xlsx”文件。

2.5 巧用数据透视表快速转换表格结构

数据透视表是Excel中一个强大的数据分析工具，是基于数据源而创建的，因此对数据源有着较为严格的规范性要求，其中最基本的就是要求数据源结构为一维表格。日常工作中大部分表格结构并不符合数据透视表的要求，因此，在学习本书后面将要介绍的数据透视表运用方法之前，要先学会如何快速转换表格结构。下面还是先来看看AI工具“讯飞星火”是如何使用数据透视表转换表格结构的。

提问： 如何使用数据透视表将二维表和一维表互相转换？

讯飞星火

在Excel中，数据透视表是一个非常强大的工具，可以帮助我们将二维表和一维表进行转换。以下是具体的操作步骤。

（1）二维表格转一维表格：首先，我们需要选择需要转换的数据，然后单击【数据】-【自表格区域】，进入Power Query编辑器界面。接着，我们选中其中一列，单击【转换】-【逆透视列】-【逆透视其他列】。此时，二维表格就成功转换成了一维表格。

（2）一维表格转二维表格：如果我们想将一维表格转换为二维表格，可以通过创建数据透视表来实现。具体操作为：全选数据后，单击【插入】-【数据透视表】。然后将“姓名”拖到行区域，“月份工资”拖到列区域，“金额”拖到值区域（这些字段仅为示例），并确定是否设置求和。

（3）使用数据透视表和数据透视图向导：此外，我们还可以通过数据透视表和数据透视图向导来执行二维表和一维表的转换。具体步骤是依次按【Alt】【D】【P】三键调出向导，然后勾选【多重合并计算数据区域】，选定需要进行转换的区域。

通过以上回复可知，使用数据透视表转换表格结构十分简便，只需在数据源基础上创建一个数据透视表，然后再将相关字段拖放至数据源的行或列区域即可完成。本节即为读者介绍具体操作方法。

2.5.1 二维表转换为一维表

二维表转换为一维表可以运用数据透视表中的报表工具进行操作。

如下图所示的表格，即为一个典型的二维表，其中记录了2023年3月各部门的销售数据。

2023年3月部门销售日报表

销售日期	销售1部	销售2部	销售3部	销售4部	合计
2023-3-1	21,283.89	24,116.00	22,882.90	28,187.86	96,470.66
2023-3-21	20,897.07	25,354.85	26,182.91	21,509.06	93,943.89
2023-3-22	24,230.21	22,632.85	20,417.37	20,529.05	87,809.49
2023-3-23	26,020.57	28,714.17	29,671.46	24,590.08	108,996.28
2023-3-24	21,831.71	23,924.77	26,113.42	27,181.79	99,051.69
2023-3-25	27,277.81	21,121.72	28,369.62	28,186.89	104,956.03
2023-3-26	29,266.93	22,744.70	23,765.14	26,820.93	102,597.70
2023-3-27	29,898.86	26,344.53	25,785.51	26,245.37	108,274.27
2023-3-28	26,125.10	23,407.54	24,052.78	24,179.36	97,764.78
2023-3-29	27,379.50	21,498.30	26,159.04	24,835.39	99,872.23
2023-3-30	21,852.80	28,130.85	24,283.46	23,204.62	97,471.74
2023-3-31	24,725.89	21,356.65	20,193.14	29,388.56	95,664.24
合计	784,169.42	782,073.58	774,471.32	767,696.29	3,108,410.62

下面将其快速转换为一维表。

第1步 打开“素材文件\第2章\2023年3月部门销售日报表.xlsx”文件，❶单击【插入】选项卡，❷单击【透视表向导】组中的【数据透视表和数据透视图向导】按钮。如下图所示。

2023年3月部门销售日报表

销售日期	销售1部	销售2部	销售3部	销售4部	合计
2023-3-1	21,283.89	24,116.00	22,882.90	28,187.86	96,470.66
2023-3-18	27,381.38	28,033.30	29,942.86	20,092.54	105,450.08
2023-3-19	25,630.81	22,580.95	27,182.14	29,821.04	105,214.94
2023-3-20	23,540.91	26,956.19	20,797.73	25,215.91	96,510.74
2023-3-21	20,897.07	25,354.85	26,182.91	21,509.06	93,943.89
2023-3-22	24,230.21	22,632.85	20,417.37	20,529.05	87,809.49
2023-3-23	26,020.57	28,714.17	29,671.46	24,590.08	108,996.28
2023-3-24	21,831.71	23,924.77	26,113.42	27,181.79	99,051.69
2023-3-25	27,277.81	21,121.72	28,369.62	28,186.89	104,956.03
2023-3-26	29,266.93	22,744.70	23,765.14	26,820.93	102,597.70
2023-3-27	29,898.86	26,344.53	25,785.51	26,245.37	108,274.27
2023-3-28	26,125.10	23,407.54	24,052.78	24,179.36	97,764.78
2023-3-29	27,379.50	21,498.30	26,159.04	24,835.39	99,872.23
2023-3-30	21,852.80	28,130.85	24,283.46	23,204.62	97,471.74
2023-3-31	24,725.89	21,356.65	20,193.14	29,388.56	95,664.24
合计	784,169.42	782,073.58	774,471.32	767,696.29	3,108,410.62

第2步 弹出【数据透视表和数据透视图向导】对话框，在“步骤1（共3步）”页面中进行如下操作：❶单击【多重合并计算数据区域】选项按钮，❷单击【下一步】按钮。如下图所示。

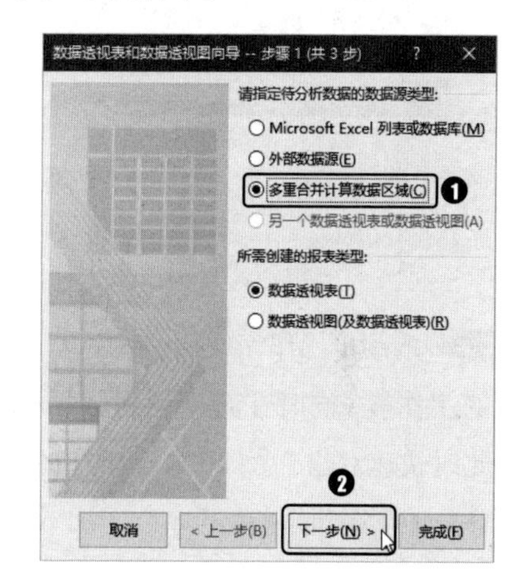

第3步 切换至“步骤2a（共3步）”页面，系统中已默认选中【创建单页字段】选项，此处直接单击【下一步】按钮即可。如下图所示。

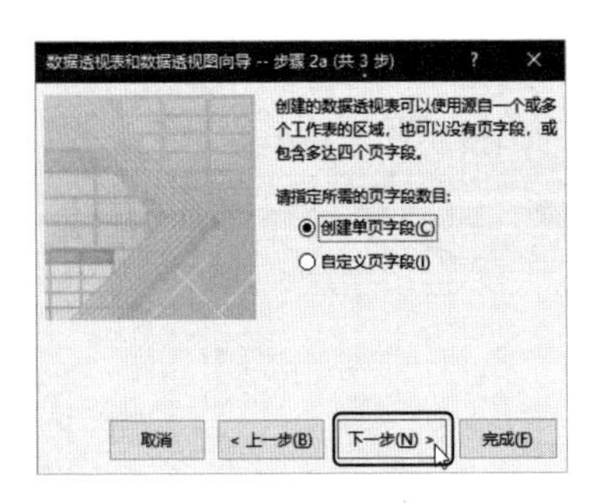

第4步 切换至“第2b步，共3步”页面，❶单击【选定区域】文本框，选中表格的A2:E33单元格区域，❷单击【添加】按钮将其添加至【所有区域】列表框中，❸单击【完成】按钮。如下图所示。

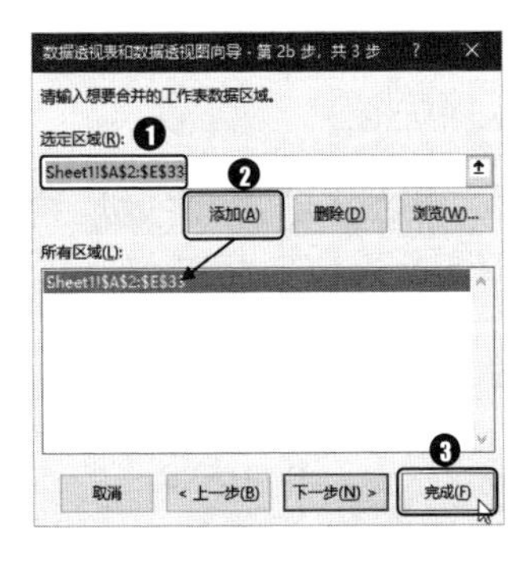

第5步 上一步操作完成后，Excel自动生成新的工作表，同时在其中创建数据透视表。此时快速双击“总计”数字所在的F36单元格。如下图所示。

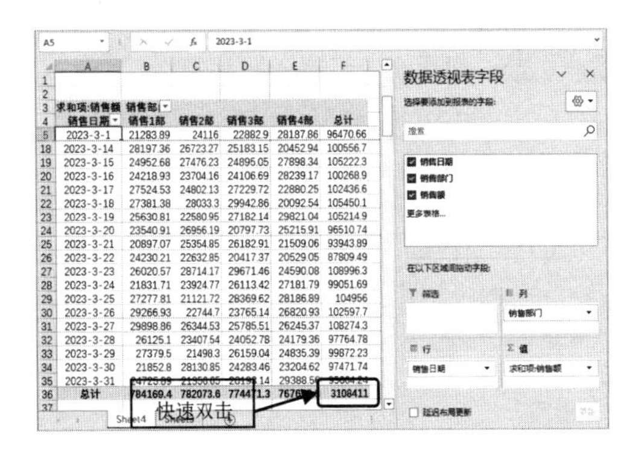

第6步 上一操作完成后，Excel立刻创建一张新的工作表，并生成一维超级表格（再以此一维表格为数据源创建数据透视表即可），效果如下图所示。

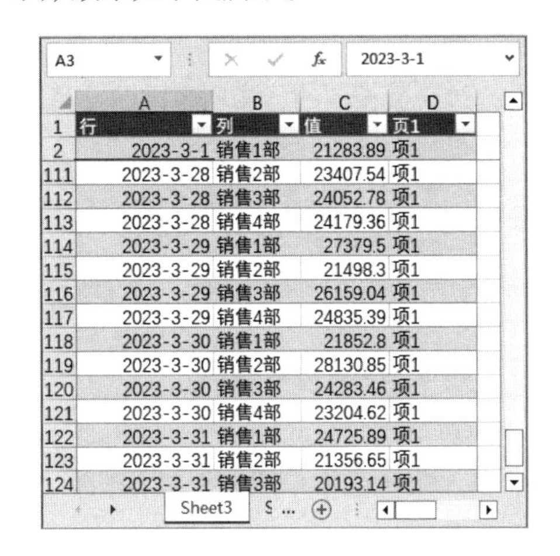

	A	B	C	D
1	行	列	值	页1
2	2023-3-1	销售1部	21283.89	项1
111	2023-3-28	销售2部	23407.54	项1
112	2023-3-28	销售3部	24052.78	项1
113	2023-3-28	销售4部	24179.36	项1
114	2023-3-29	销售1部	27379.5	项1
115	2023-3-29	销售2部	21498.3	项1
116	2023-3-29	销售3部	26159.04	项1
117	2023-3-29	销售4部	24835.39	项1
118	2023-3-30	销售1部	21852.8	项1
119	2023-3-30	销售2部	28130.85	项1
120	2023-3-30	销售3部	24283.46	项1
121	2023-3-30	销售4部	23204.62	项1
122	2023-3-31	销售1部	24725.89	项1
123	2023-3-31	销售2部	21356.65	项1
124	2023-3-31	销售3部	20193.14	项1

示例结果见“结果文件\第2章\2023年3月部门销售日报表.xlsx”文件。

温馨提示

Excel初始设置下，【数据透视表和数据透视图向导】命令按钮并不在功能区【插入】选项卡中。可打开【Excel选项】对话框，在【自定义功能区】选项组中将其添加至指定选项卡中。

2.5.2 一维表转换为二维表

一般情况下，二维表比一维表更适合阅读。那么，在将数据表格对外报送时，就应当将一维表转换为二维表。对此，同样可利用数据透视表快速完成。

如下图所示的表格即为规范的一维表格，但是在向上级或外部报送时，需要将销售部门横向列示。

	A	B	C
1	2023年3月部门销售日报表1		
2	销售日期	销售部门	销售额
3	2023-3-1	销售1部	21,283.89
115	2023-3-29	销售1部	27,379.50
116	2023-3-29	销售2部	21,498.30
117	2023-3-29	销售3部	26,159.04
118	2023-3-29	销售4部	24,835.39
119	2023-3-30	销售1部	21,852.80
120	2023-3-30	销售2部	28,130.85
121	2023-3-30	销售3部	24,283.46
122	2023-3-30	销售4部	23,204.62
123	2023-3-31	销售1部	24,725.89
124	2023-3-31	销售2部	21,356.65
125	2023-3-31	销售3部	20,193.14
126	2023-3-31	销售4部	29,388.56

下面以此表为数据源直接创建数据透视表，再快速转换为二维表。操作方法如下。

第1步 打开“素材文件\第2章\2023年3月部门销售日报表1.xlsx”文件，❶选中表格中的任意单元格，单击【插入】选项卡，❷单击【表格】组中的【数据透视表】按钮。如下图所示。

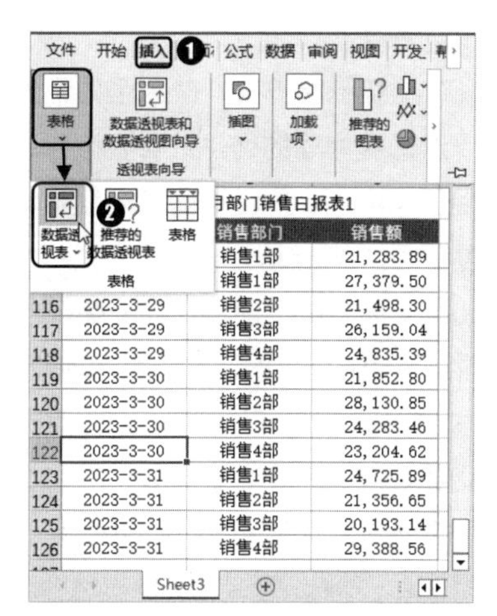

第2步 弹出【来自表格或区域的数据透视表】对话框，可看到Excel已自动识别数据源区域并列在【表/区域】文本框中，此时只需直接单击【确定】按钮即可。如下图所示。

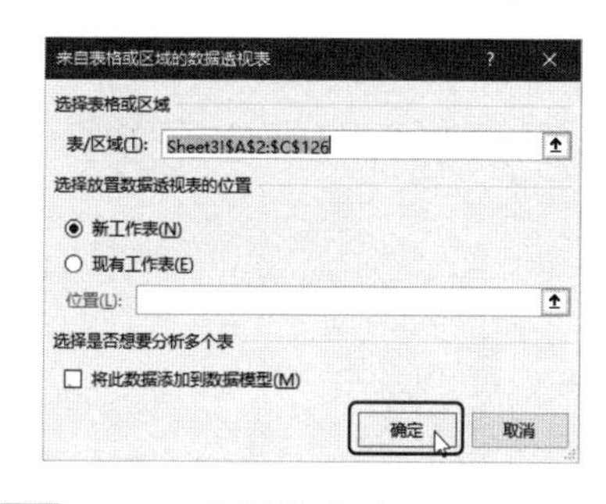

第3步 上一步操作完成后，Excel自动生成新的工作表，同时在其中创建一个空白的数据透视表。如下图所示。

第4步 将【数据透视表字段】窗格字段列表中的【销售日期】字段拖入【行】区域中，将【销售部门】字段拖入【列】区域中，将【销售额】字段拖入【值】区域中，即可生成二维表格报表样式。如下图所示。

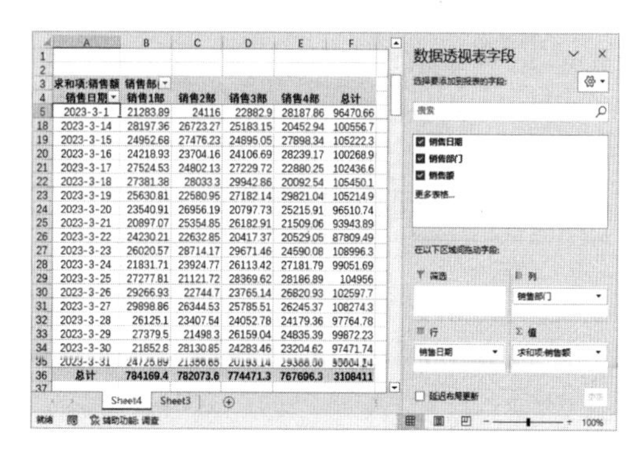

示例结果见“结果文件\第2章\2023年3月部门销售日报表1.xlsx”文件。

教您一招

数据透视表是与数据源相关联的，并不合适作为报表直接发送，应在生成二维表报表样式后，将表格内容复制，然后通过“选择性粘贴—数值”功能将其转换为静态表格再发送。

AI智能答疑与技巧点拨

本章主要介绍了运用Excel高效获取和整理原始数据的相关知识和操作方法。下面结合本章内容，利用AI工具“讯飞星火”和“文心一言”的学习引导，补充介绍两个实用的小技巧，帮助财务人员进一步提高工作效率。

01 使用去重工具一键清洗无效重复数据

日常工作中，财务人员从外部接收的原始数据中通常包含很多错误的重复数值，如果不作处理，就会影响后续统计分析的准确性。对此，Excel提供了一个清洗重复数据的小工具——“删除重复值”，能够迅速删除重复数据。下面先让AI工具“讯飞星火”介绍使用方法。

提问： Excel中如何使用“删除重复值”工具快速删除重复数据?

讯飞星火

在Excel中，删除重复值的操作步骤如下。

（1）选择要处理的数据：您需要选中包含重复数据的单元格区域。

（2）使用“删除重复值”工具：接下来，单击【数据】选项卡，然后找到并单击【数据工具】下面的【删除重复值】按钮。此时会弹出一个对话框。

（3）确定删除方式：在这个对话框中，您可以选择要处理的列。默认情况下，该工具会保留第一行，并自动删除后续重复值。确认设置后，单击【确定】。

如果上述方法不能满足你的需求，你还可以尝试其他方法来删除重复值，如使用【高级筛选】功能，或者通过新建一列，用Excel中的函数COUNTIF识别重复，并过滤掉取值为2的行来达到删除重复值的目的。

下面通过图示展示运用“删除重复值”工具快速删除重复数据的具体操作方法。

如下图所示，表格中被标识为灰色的数据，即为完全重复的数据。

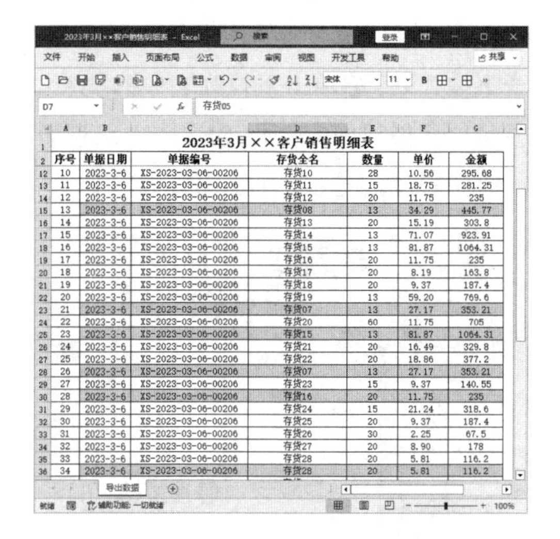

	2023年3月××客户销售明细表					
序号	单据日期	单据编号	存货全名	数量	单价	金额
10	2023-3-6	XS-2023-03-06-00206	存货10	28	10.56	295.68
11	2023-3-6	XS-2023-03-06-00206	存货11	15	18.75	281.25
12	2023-3-6	XS-2023-03-06-00206	存货12	20	11.75	235
13	2023-3-6	XS-2023-03-06-00206	存货08	13	34.29	445.77
14	2023-3-6	XS-2023-03-06-00206	存货13	20	15.19	303.8
15	2023-3-6	XS-2023-03-06-00206	存货14	13	71.07	923.91
16	2023-3-6	XS-2023-03-06-00206	存货15	13	81.87	1064.31
17	2023-3-6	XS-2023-03-06-00206	存货16	20	11.75	235
18	2023-3-6	XS-2023-03-06-00206	存货17	20	8.19	163.8
19	2023-3-6	XS-2023-03-06-00206	存货18	20	9.37	187.4
20	2023-3-6	XS-2023-03-06-00206	存货19	13	59.20	769.6
21	2023-3-6	XS-2023-03-06-00206	存货07	13	27.17	353.21
22	2023-3-6	XS-2023-03-06-00206	存货20	60	11.75	705
23	2023-3-6	XS-2023-03-06-00206	存货15	13	81.87	1064.31
24	2023-3-6	XS-2023-03-06-00206	存货21	20	16.49	329.8
25	2023-3-6	XS-2023-03-06-00206	存货22	20	18.86	377.2
26	2023-3-6	XS-2023-03-06-00206	存货07	13	27.17	353.21
27	2023-3-6	XS-2023-03-06-00206	存货23	15	9.37	140.55
28	2023-3-6	XS-2023-03-06-00206	存货16	20	11.75	235
29	2023-3-6	XS-2023-03-06-00206	存货24	15	21.24	318.6
30	2023-3-6	XS-2023-03-06-00206	存货25	20	9.37	187.4
31	2023-3-6	XS-2023-03-06-00206	存货26	30	2.25	67.5
32	2023-3-6	XS-2023-03-06-00206	存货27	20	8.90	178
33	2023-3-6	XS-2023-03-06-00206	存货28	20	5.81	116.2
34	2023-3-6	XS-2023-03-06-00206	存货28	20	5.81	116.2

下面使用去重工具删除重复数据。

第1步 打开“素材文件\第2章\2023年3月××客户销售明细表.xlsx”文件，单击【数据】选项卡，单击【数据工具】组中的【删除重复值】按钮“ ”。如下图所示。

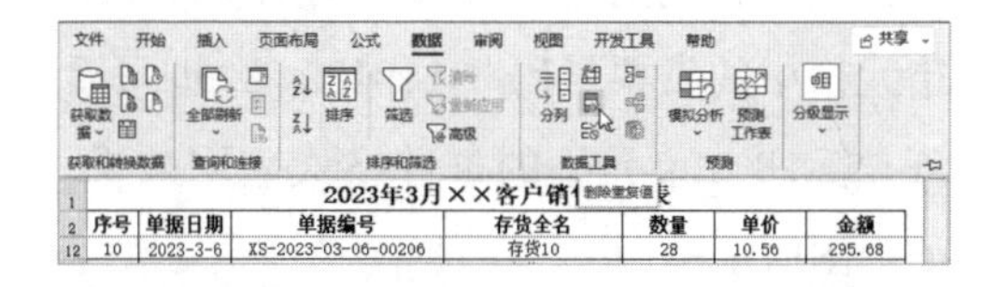

第2步 弹出【删除重复值】对话框，可看到【列】列表框中默认勾选全部复选框，❶取消勾选【序号】复选框，❷单击【确定】按钮。如下图所示。

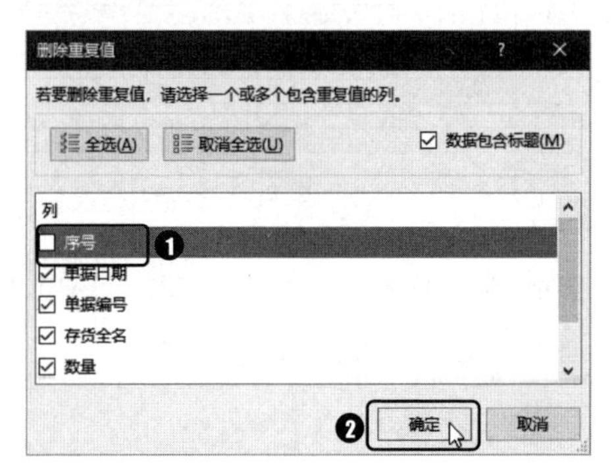

第3步 弹出提示对话框，直接单击【确定】按钮即可。如下图所示。

第4步 操作完成后，即可看到重复数据已被全部删除。效果如下图所示。

	2023年3月××客户销售明细表					
序号	单据日期	单据编号	存货全名	数量	单价	金额
1	2023-3-6	XS-2023-03-06-00206	存货01	60	7.71	462.6
35	2023-3-6	XS-2023-03-06-00206	存货36	15	35.48	532.2
36	2023-3-6	XS-2023-03-06-00206	存货37	30	11.75	352.5
37	2023-3-6	XS-2023-03-06-00207	存货38	20	42.59	851.8
38	2023-3-6	XS-2023-03-06-00207	存货39	15	35.48	532.2
39	2023-3-6	XS-2023-03-06-00207	存货40	22	35.48	780.56
40	2023-3-6	XS-2023-03-06-00207	存货41	30	11.75	352.5
41	2023-3-6	XS-2023-03-06-00207	存货42	30	16.49	494.7
42	2023-3-6	XS-2023-03-06-00207	存货43	30	23.61	708.3
43	2023-3-6	XS-2023-03-06-00207	存货44	15	35.48	532.2
44	2023-3-6	XS-2023-03-06-00208	存货45	14	17.80	249.2
45	2023-3-6	XS-2023-03-06-00208	存货46	16	35.48	567.68
46	2023-3-6	XS-2023-03-06-00209	存货47	11	15.05	165.55
47	2023-3-6	XS-2023-03-06-00209	存货48	17	21.28	361.76
48	2023-3-7	XS-2023-03-07-00210	存货49	40	81.87	3274.8
49	2023-3-7	XS-2023-03-07-00210	存货50	22	13.50	297

示例结果见“结果文件\第2章\2023年××客户销售明细表.xlsx”文件。

02 设置条件格式防止重复录入数据

防止重复录入数据可使用“数据验证”工具中的“自定义验证条件”设置公式实现。除此之外，还可使用“条件格式”功能设置条件和单元格格式。录入重复数据后，即满足了条件，那么所在单元格即可自动变化格式。下面依然先让AI工具“文心一言”来介绍一下操作方法。

提问： Excel中如何防止录入重复数据？

文心一言

在Excel中，使用条件格式可以有效防

止录入重复数据。以下是一种防止录入重复数据的方法。

（1）选中需要输入数据的单元格区域。

（2）在Excel的菜单栏上，单击【样式】选项，然后选择【条件格式】。

（3）在弹出的下拉列表中，选择【突出显示单元格规则】，然后选择【重复值】。

（4）在弹出的对话框中，选择需要被应用条件的格式，如可以选择【黄填充色深黄色文本】。

（5）单击【确定】按钮后，当输入重复数据时，单元格就会自动变为黄色背景，文字颜色也变成了深黄色。

下面参照上述方法，跟着以下步骤和图示在实例中进行操作练习。

如下图所示，“电子普通发票报销记录表”记录了电子发票信息及报销内容，以避免重复报销。虽然可通过查找“发票号码”检验发票是否重复，但是使用“条件格式”功能可以在录入发票号码的同时立即将重复的发票号码标识出来，操作更加方便快捷。

电子普通发票报销记录表

发票日期	发票号码	发票金额	费用项目	报销人	报销日期	备注
2023-3-6	10123456	180.00	油费	李程	2023-3-8	
2023-3-10	21012345	20.00	快递费	赵晓蔓	2023-3-12	
2023-3-12	32101234	600.00	代理服务费	王文泽	2023-3-15	
2023-3-15	43211013	280.00	税控服务费	陈丽莎	2023-3-16	
2023-3-18	54321012	698.00	招待费	程明轩	2023-3-22	
2023-3-20	65432101	2,577.00	汽车修理费	周俊	2023-3-23	
2023-3-25	76543210	260.00	交通费	丁小彤	2023-3-27	
2023-3-28	87654321	120.00	会计继教费	喻维曦	2023-3-29	

操作方法如下。

第1步 打开“素材文件\第2章\电子普通发票报销记录表.xlsx”文件，❶选中B3:B15单元格区域，❷单击【开始】选项卡，❸单击【样式】组中的【条件格式】下拉按钮展开下拉列表，❹单击下拉列表中的【突出显示单元格规则】选项，❺单击二级列表中的【重复值】选项。如下图所示。

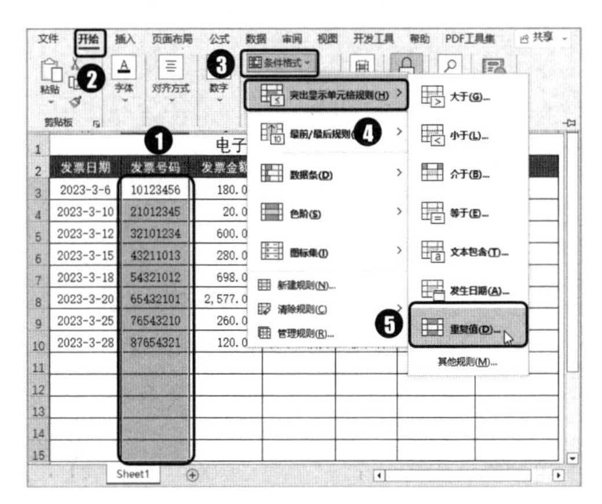

第2步 设置完成后，返回工作表，在B11单元格中输入任意一个与B3:B10单元格区域中相同的发票号码。例如，录入B5单元格中的发票号码“32101234”，即可看到B5和B11单元格的条件格式应用效果。如下图所示。

电子普通发票报销记录表

发票日期	发票号码	发票金额	费用项目	报销人	报销日期	备注
2023-3-6	10123456	180.00	油费	李程	2023-3-8	
2023-3-10	21012345	20.00	快递费	赵晓蔓	2023-3-12	
2023-3-12	32101234	600.00	代理服务费	王文泽	2023-3-15	
2023-3-15	43211013	280.00	税控服务费	陈丽莎	2023-3-16	
2023-3-18	54321012	698.00	招待费	程明轩	2023-3-22	
2023-3-20	65432101	2,577.00	汽车修理费	周俊	2023-3-23	
2023-3-25	76543210	260.00	交通费	丁小彤	2023-3-27	
2023-3-28	87654321	120.00	会计继教费	喻维曦	2023-3-29	
	32101234					

示例结果见“结果文件\第2章\电子普通发票报销记录表.xlsx”文件。

Excel

第3章

用好这些数据工具：让财务分析事半功倍

本章导读

财务人员在练好了基本功，养成了良好用表习惯并掌握了原始数据基本整理方法和技巧后，为了更加高效地对财务数据进行分析和处理，还需要更进一步学习Excel中各种实用数据分析工具的使用方法，熟练掌握相关技术，并做到运用自如，才能在实际工作中游刃有余地解决各种数据难题。本章依然让AI工具讯飞星火、ChatGPT与文心一言为读者介绍Excel中几个实用数据分析工具的运用方法，帮助财务人员事半功倍地完成财务表格数据的处理和分析。

3.1 数据筛选工具的高级应用

日常工作中，财务人员制作的每一份数据表里所包含的数据一般都多达成百上千条。而且，在处理数据时，通常需要从不同分析角度，按照不同的分类依据，在海量数据中挑选符合当前条件的数据，以便查阅、统计、分析、复制或打印等。对此，财务人员都会使用Excel中的数据筛选工具对数据进行简单的筛选操作：在数据表中字段标题所在的第一行添加筛选按钮后，再在筛选列表中选择相应的筛选条件即可完成筛选。

但是，如果要根据更多的条件来筛选数据，或者更高效地筛选出目标数据，就需要掌握更高级的筛选功能和筛选工具。下面先让AI工具“讯飞星火”为读者介绍Excel数据筛选工具有哪些高级应用方法。

提问：Excel数据筛选工具有哪些高级应用?

讯飞星火

Excel数据筛选工具的高级应用主要包括以下几个方面。

（1）启用高级筛选：在Excel中，需要先选择要进行筛选的表格内容，然后单击【数据】选项栏，找到【排序和筛选】区域，接着单击【高级】。

（2）条件区域设置：这是执行高级筛选操作的关键步骤。你需要设定一个条件区域，这个区域可以包含你希望作为筛选依据的列标签、条件值等元素。

（3）灵活的数字比较筛选：使用高级筛选工具，你可以进行更为复杂的数字比较筛选，以满足特定的数据筛选需求。

（4）复制筛选结果到其他位置：除了基本的筛选功能，高级筛选还能将筛选结果复制到指定位置，这对于数据处理和分析十分有用。例如，你可以先筛选某个字段，然后将筛选结果复制，再在另一个位置粘贴，通过这种方式可以一次性完成筛选、复制和粘贴的操作。

讯飞星火为我们列出了筛选工具应用的方法，但实际上可将其归纳为两大类，即“自动筛选”的应用和“高级筛选”的应用。另外，Excel中还有一种专门为超级表及数据透视表配置的高级筛选器——“切片器”。本节即为读者介绍“高级筛选”和“切片器”的应用方法。

3.1.1 使用“高级筛选”设定多项条件筛选数据

【高级筛选】工具比在筛选列表中进行筛选更“高级”之处在于不必在每个字段的筛选按钮下拉列表中设置筛选条件，只需在空白区域一次性设置好所有筛选条件即可；可同时设置多项复杂条件；可以将筛选结果直接一步复制粘贴到指定区域，或者删除重复记录，以便保留数据源区域的完整性。下面分别介绍【高级筛选】工具几种应用的具体操作方法。

1. 一秒删除重复记录

【高级筛选】工具最简单快捷的应用是删除数据表中的重复数据。如下图所示，数据表背景为灰色的单元格中是重复且无效的数据记录，除了可使用【删除重复值】工具快速删除外，使用【高级筛选】工具也可将其一秒删除。

2023年3月××客户销售明细表1

序号	单据日期	单据编号	存货全名	数量	单价	金额
10	2023-3-6	XS-2023-03-06-00206	存货10	28	10.56	295.68
11	2023-3-6	XS-2023-03-06-00206	存货11	15	18.75	281.25
12	2023-3-6	XS-2023-03-06-00206	存货12	20	11.75	235
13	2023-3-6	XS-2023-03-06-00206	存货08	13	34.29	445.77
14	2023-3-6	XS-2023-03-06-00206	存货13	20	15.19	303.8
15	2023-3-6	XS-2023-03-06-00206	存货14	13	71.07	923.91
16	2023-3-6	XS-2023-03-06-00206	存货15	13	81.87	1064.31
17	2023-3-6	XS-2023-03-06-00206	存货16	20	11.75	235
18	2023-3-6	XS-2023-03-06-00206	存货17	20	8.19	163.8
19	2023-3-6	XS-2023-03-06-00206	存货18	20	9.37	187.4
20	2023-3-6	XS-2023-03-06-00206	存货19	13	59.20	769.6
21	2023-3-6	XS-2023-03-06-00206	存货07	13	27.17	353.21
22	2023-3-6	XS-2023-03-06-00206	存货20	60	11.75	705
23	2023-3-6	XS-2023-03-06-00206	存货15	13	81.87	1064.31
24	2023-3-6	XS-2023-03-06-00206	存货21	20	16.49	329.8
25	2023-3-6	XS-2023-03-06-00206	存货22	20	18.86	377.2
26	2023-3-6	XS-2023-03-06-00206	存货07	13	27.17	353.21
27	2023-3-6	XS-2023-03-06-00206	存货23	15	9.37	140.55
28	2023-3-6	XS-2023-03-06-00206	存货16	20	11.75	235

操作方法如下。

第1步 打开“素材文件\第3章\2023年3月××客户销售明细表1.xlsx”文件，❶单击【数据】选项卡，❷单击【排序和筛选】组中的【高级】按钮“”。如下图所示。

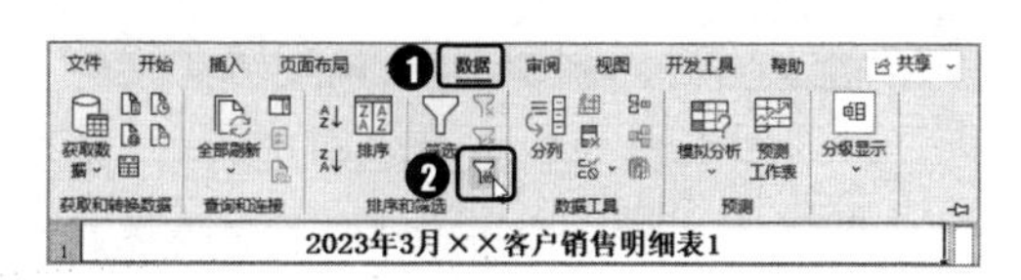

第2步 弹出【高级筛选】对话框，❶勾选【选择不重复的记录】复选框（其他选项保持默认设置），❷单击【确定】按钮关闭对话框。如下图所示。

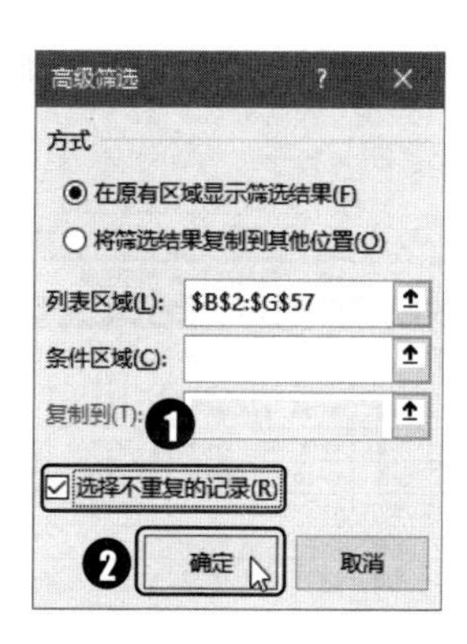

第3步 返回工作表，可看到数据表中重复记录已被全部删除，效果如下图所示。

2023年3月××客户销售明细表1

序号	单据日期	单据编号	存货全名	数量	单价	金额
33	2023-3-6	XS-2023-03-06-00206	存货28	20	5.81	116.2
35	2023-3-6	XS-2023-03-06-00206	存货30	20	11.75	235
36	2023-3-6	XS-2023-03-06-00206	存货31	12	33.10	397.2
37	2023-3-6	XS-2023-03-06-00206	存货32	15	33.10	496.5
38	2023-3-6	XS-2023-03-06-00206	存货33	20	7.00	140
39	2023-3-6	XS-2023-03-06-00206	存货34	14	15.31	214.34
40	2023-3-6	XS-2023-03-06-00206	存货35	15	42.59	638.85
41	2023-3-6	XS-2023-03-06-00206	存货36	15	35.48	532.2
42	2023-3-6	XS-2023-03-06-00206	存货37	30	11.75	352.5
43	2023-3-6	XS-2023-03-06-00207	存货38	20	42.59	851.8
44	2023-3-6	XS-2023-03-06-00207	存货39	15	35.48	532.2
45	2023-3-6	XS-2023-03-06-00207	存货40	22	35.48	780.56
46	2023-3-6	XS-2023-03-06-00207	存货41	30	11.75	352.5
47	2023-3-6	XS-2023-03-06-00207	存货42	30	16.49	494.7
48	2023-3-6	XS-2023-03-06-00207	存货43	30	23.61	708.3
49	2023-3-6	XS-2023-03-06-00207	存货44	15	35.48	532.2
50	2023-3-6	XS-2023-03-06-00208	存货45	14	17.80	249.2
51	2023-3-6	XS-2023-03-06-00208	存货46	16	35.48	567.68
52	2023-3-6	XS-2023-03-06-00209	存货47	11	15.05	165.55

在 55 条记录中找到 49 个

示例结果见“结果文件\第3章\2023年3月××客户销售明细表1.xlsx”文件。

2. 设定多项条件筛选

【高级筛选】工具的核心功能是根据多项条件筛选出目标数据，并将筛选结果直接复制粘贴至指定区域。所以，关键的一步是筛选条件的设定。

下面在如下图所示的“2023年4月部门产品销售统计表”中筛选销售二部销售“冰箱”的数量为100台以上、销售额高于25万元且小于或等于35万元的数据记录。

2023年4月部门产品销售明细表						
序号	销售部门	产品名称	产品型号	销售单价	销售数量	销售额
1	销售二部	彩电	SM-2EGT	2,071.00	119台	246,449.00
2	销售一部	彩电	HR-OKK1-5	2,183.00	132台	288,156.00
21	销售三部	冰箱	HR-OKK1-5	2,183.00	231台	504,273.00
22	销售一部	冰箱	HR-OKK1-5	2,183.00	365台	796,795.00
23	销售二部	冰箱	HR-OKK1-3	2,166.00	130台	281,580.00
24	销售三部	空调	HV-1100S1.0	1,596.00	176台	280,896.00
25	销售一部	空调	HV-1100S1.0	1,596.00	306台	488,376.00
26	销售二部	空调	HV-1100S1.0	1,596.00	132台	210,672.00
合计					5007台	9,617,802.00

操作方法如下。

第1步 打开“素材文件\第3章\2023年4月部门产品销售统计表.xlsx”文件，在I2:M4单元格区域中绘制表格并输入筛选条件。如下图所示。

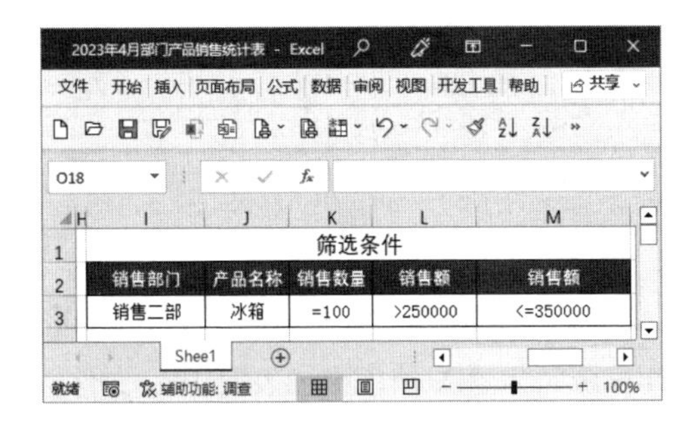

筛选条件				
销售部门	产品名称	销售数量	销售额	销售额
销售二部	冰箱	=100	>250000	<=350000

第2步 ❶单击【数据】选项卡，❷单击【排序和筛选】组中的【高级】按钮。如下图所示。

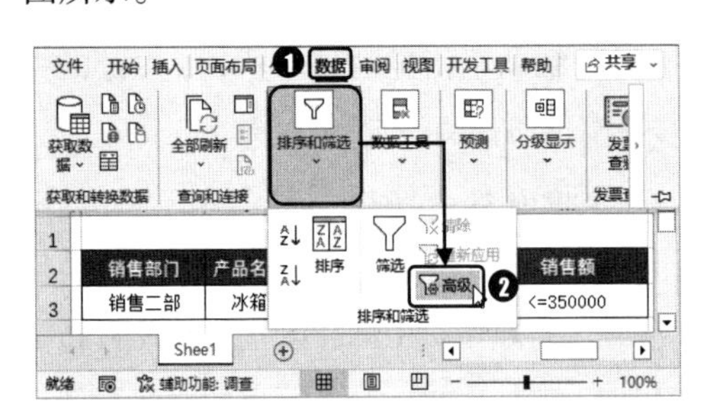

第3步 弹出【高级筛选】对话框，❶选中【方式】选项组中的【将筛选结果复制到其他位置】选项按钮，❷系统自动识别列表区域和条件区域并将其地址填入【列表区域】和【条件区域】文本框中，这里不作更改，❸单击【复制到】文本框，选中工作表中任意一个空白单元格作为列示数据记录的区域的起始单元格，如I6单元格，系统自动将地址填入文本框中，❹单击【确定】按钮关闭对话框。如下图所示。

第4步 返回工作表，即可看到符合条件的数据记录已被筛选出来，并列示在指定单元格区域中。如下图所示。

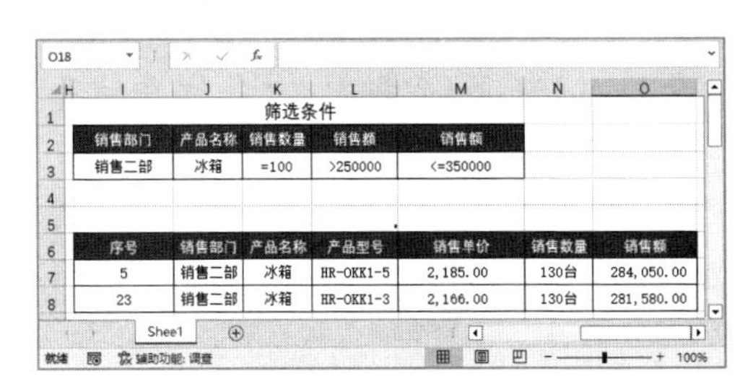

序号	销售部门	产品名称	产品型号	销售单价	销售数量	销售额
5	销售二部	冰箱	HR-OKK1-5	2,185.00	130台	284,050.00
23	销售二部	冰箱	HR-OKK1-3	2,166.00	130台	281,580.00

示例结果见“结果文件\第3章\2023年4月部门产品销售统计表.xlsx”文件。

温馨提示

设置筛选条件时需要注意以下两个细节。

（1）条件区域和数据源区域中的字段名

称必须完全一致。

（2）逻辑关系为“且”的条件必须放置在同一行次，而逻辑关系为“或”的条件必须放置在不同行次。

3.1.2 使用“切片器”筛选超级表数据

“切片器”是Excel为超级表和数据透视表（图）配备的专用筛选“神器”之一。其工作原理是以“按钮”形态将超级表中每一个字段所包含的不重复的项目全部直观地列放在以“图片”形态生成的“切片器”当中，一个字段可生成一个“切片器”。用户筛选数据时，只需直接单击“切片器”当中的选项按钮，即可立即筛选出目标数据。

同时，切片器还能够清晰地标识当前筛选状态，便于用户更清晰准确地了解被筛选出的数据组中的具体内容。下面介绍使用“切片器”筛选数据的具体操作方法。

1. 插入“切片器”

使用切片器筛选数据之前，必须插入超级表中要筛选的字段的切片器。如下图所示，如果要通过【销售部门】和【产品名称】这两个字段筛选数据，就要插入这两个切片器。

2023年4月部门产品销售明细表1

序号	销售部门	产品名称	产品型号	销售单价	销售数量	销售额
1	销售二部	彩电	SM-2ECT	2,071.00	119台	246,449.00
23	销售二部	冰箱	HR-OKK1-3	2,166.00	130台	281,580.00
24	销售三部	空调	HV-1100S1.0	1,596.00	176台	280,896.00
25	销售一部	空调	HV-1100S1.0	1,596.00	306台	488,376.00
26	销售二部	空调	HV-1100S1.0	1,596.00	132台	210,672.00

操作方法如下。

第1步 打开“素材文件\第3章\2023年4月部门产品销售统计表1.xlsx”文件，❶选中超级表区域中的任意一个单元格激活【表设计】工具并单击【表设计】选项卡，❷单击【工具】组中的【插入切片器】按钮。如下图所示。

2023年4月部门产品销售明细表1

序号	销售部门	产品名称	产品型号	销售单价	销售数量	销售额
1	销售二部	彩电	SM-2ECT	2,071.00	119台	246,449.00
2	销售一部	彩电	HR-OKK1-5	2,183.00	132台	288,156.00
3	销售三部	冰箱	HR-OKK2-3	2,185.00	174台	380,190.00
4	销售一部	冰箱	SM-5ECT	2,090.00	165台	344,850.00
5	销售二部	冰箱	HR-OKK1-5	2,185.00	130台	284,050.00

第2步 弹出【插入切片器】对话框，❶勾选列表框中的【销售部门】和【产品名称】复选框，❷单击【确定】按钮关闭对话框。如下图所示。

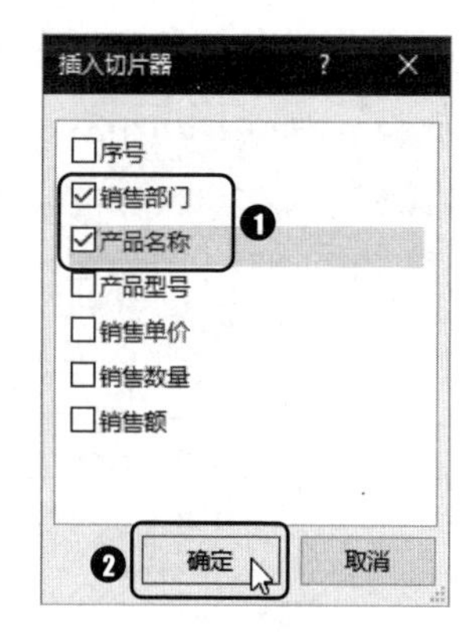

第3步 返回工作表，即可看到【销售部门】和【产品名称】两个切片器已插入工作表中。如下图所示。

2. 设置“切片器”

插入切片器后，可运用切片器工具对切片器的样式、按钮等进行调整和设置，使之达到最佳使用状态。

第1步 ❶单击选中【销售部门】切片器激活【切片器】工具，❷单击【切片器】选项卡，❸调节【按钮】组中的【列】调节按钮，调整切片器放置按钮的列数。本例中，【销售部门】切片器中包含3个按钮，因此设置列数为“3”。如下图所示。

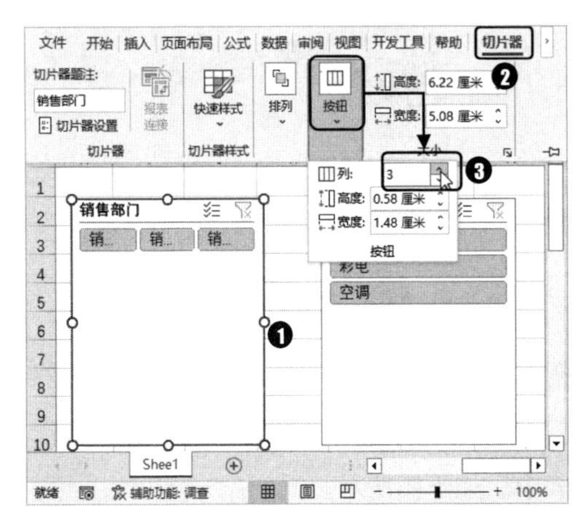

第2步 ❶单击【切片器样式】组中的【快速样式】下拉按钮，❷在样式列表中选择一种样式。如下图所示。

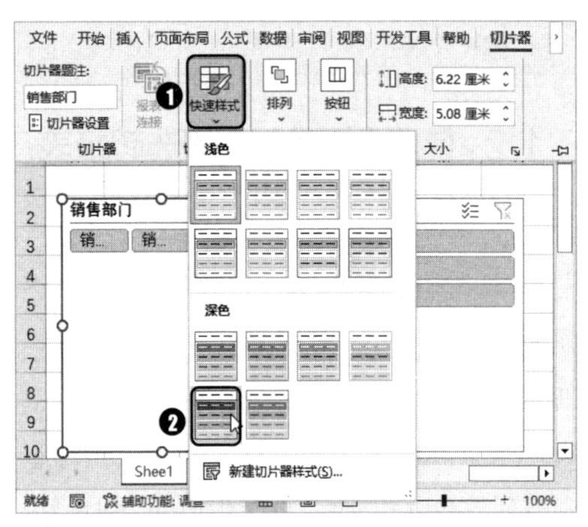

第3步 返回工作表，❶调整【销售部门】切片器的宽度和高度，❷参照【销售部门】切片器的设置方法调整【产品名称】切片器的按钮、样式等。效果如下图所示。

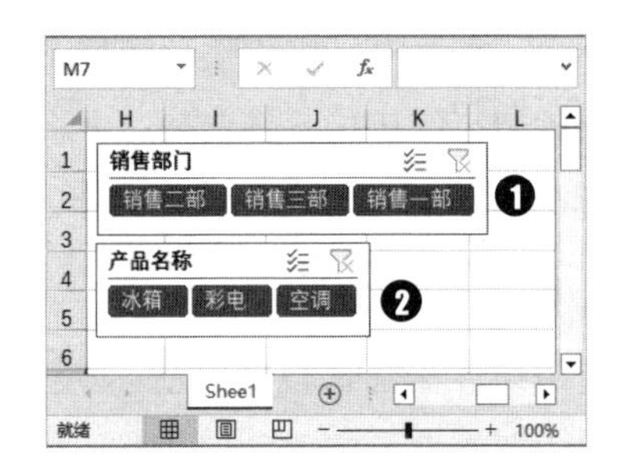

3. 使用“切片器”筛选数据

运用“切片器”筛选数据非常简单，对于不同的筛选要求，单击或拖曳选择切片器中的项目按钮即可。下面介绍单项筛选和多项筛选不同的操作细节。

第1步 ❶单击【销售部门】切片器中的【销售三部】按钮，❷单击【产品名称】切片器中的【冰箱】按钮。如下图所示。

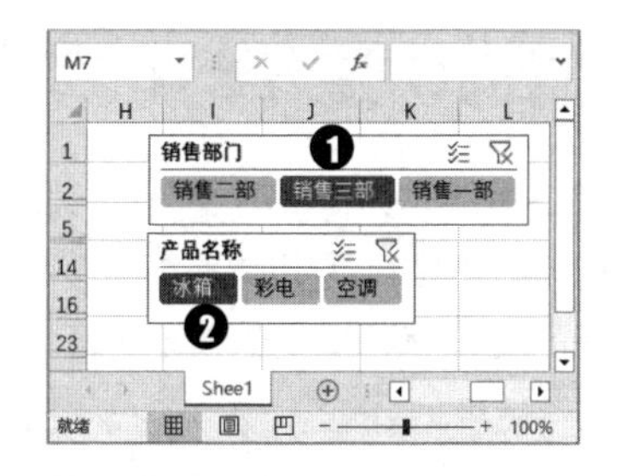

第2步 操作完成后，查看超级表中的筛选结果，可看到“销售三部”销售“冰箱”的数据记录已被全部筛选出来。效果如下图所示。

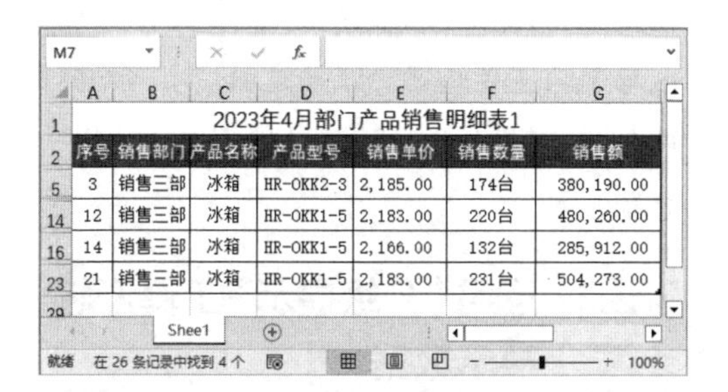

2023年4月部门产品销售明细表1

序号	销售部门	产品名称	产品型号	销售单价	销售数量	销售额
3	销售三部	冰箱	HR-OKK2-3	2,185.00	174台	380,190.00
12	销售三部	冰箱	HR-OKK1-5	2,183.00	220台	480,260.00
14	销售三部	冰箱	HR-OKK1-5	2,166.00	132台	285,912.00
21	销售三部	冰箱	HR-OKK1-5	2,183.00	231台	504,273.00

在26条记录中找到4个

第3步 分别单击【销售部门】和【产品名称】切片器右上角的【清除筛选器】按钮“”即可清除当前筛选结果。如下图所示。

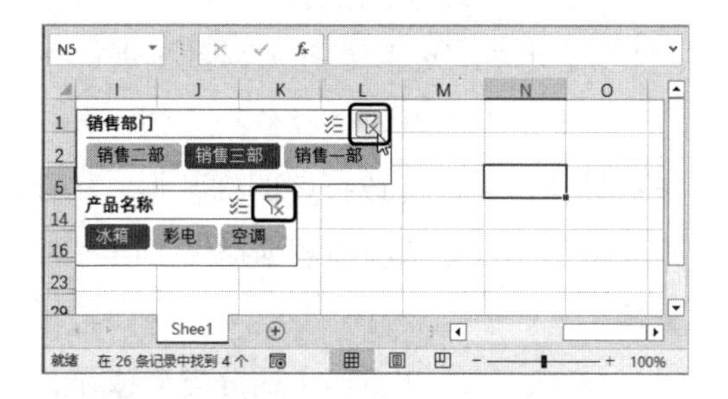

第4步 ❶单击【销售部门】切片器中的【销售二部】按钮，❷按住【Ctrl】键，再单击【销售一部】按钮，即可选中两个未连续排列的按钮，❸单击【产品名称】切片器中的【多选】按钮“”，即可切换为“多选”模式，❹单击取消选中【产品名称】切片器中的【空调】按钮，即可反选【冰箱】和【彩电】按钮。如下图所示。

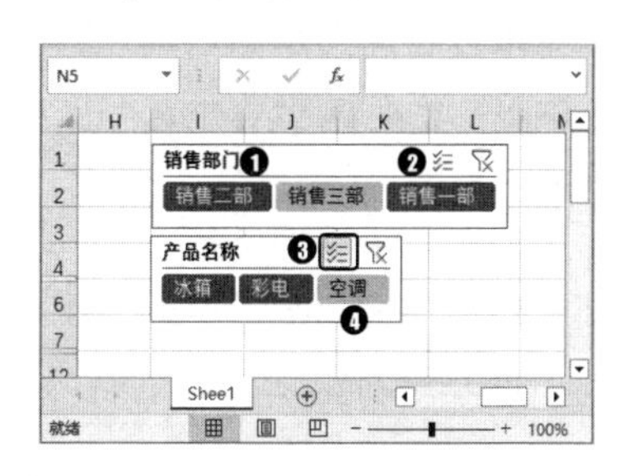

第5步 操作完成后，查看超级表中的筛选结果，可看到“销售一部”和“销售二部”销售“冰箱”和“彩电”的数据记录已被全部筛选出来。效果如下图所示。

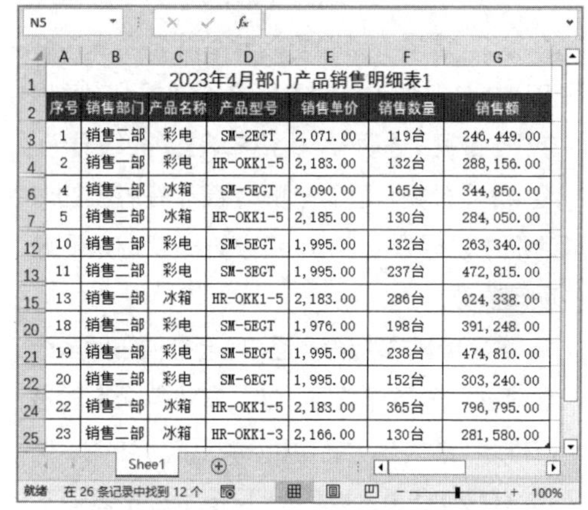

2023年4月部门产品销售明细表1

序号	销售部门	产品名称	产品型号	销售单价	销售数量	销售额
1	销售二部	彩电	SM-2EGT	2,071.00	119台	246,449.00
2	销售一部	彩电	HR-OKK1-5	2,183.00	132台	288,156.00
4	销售一部	冰箱	SM-5EGT	2,090.00	165台	344,850.00
5	销售二部	冰箱	HR-OKK1-5	2,185.00	130台	284,050.00
10	销售一部	彩电	SM-5EGT	1,995.00	132台	263,340.00
11	销售二部	彩电	SM-3EGT	1,995.00	237台	472,815.00
13	销售一部	冰箱	HR-OKK1-5	2,183.00	286台	624,338.00
18	销售二部	彩电	SM-5EGT	1,976.00	198台	391,248.00
19	销售一部	彩电	SM-5EGT	1,995.00	238台	474,810.00
20	销售二部	彩电	SM-6EGT	1,995.00	152台	303,240.00
22	销售一部	冰箱	HR-OKK1-5	2,183.00	365台	796,795.00
23	销售二部	冰箱	HR-OKK1-3	2,166.00	130台	281,580.00

在26条记录中找到12个

示例结果见“结果文件\第3章\2023年4月部门产品销售统计表1.xlsx”文件。

教您一招

在【切片器】中切换为【多选】模式后，再次单击【多选】按钮“”可取消【多选】模式。同时，多选连续排列的项目按钮时，也可以直接使用鼠标拖曳的方式进行选择。

3.2 快速分类汇总数据

对原始数据进行分类汇总也是财务人员基本的工作之一。那么，Excel中有哪些数据工具可以将同类别的数据进行分类并汇总计算呢？先来看看AI工具“讯飞星火”的推荐吧。

提问： Excel中有哪些数据工具可以将数据快速分类汇总？

讯飞星火

在Excel中，有多种数据工具可以帮助您对数据进行快速分类汇总。以下是一些常用的方法。

（1）使用【分类汇总】命令：这是最直接的方式，适用于较简单的分类汇总需求。您可以先选择要进行分类汇总的数据列，然后单击【数据】选项卡，找到并单击【分级显示】组中的【分类汇总】按钮。接着，在弹出的对话框中设置分类字段、汇总方式及选定汇总项等参数。

（2）操作多级分类汇总：当需要按照多个字段进行分类汇总时，可以先对各个字段进行排序，然后多次使用【分类汇总】功能。例如，先按业务员分类汇总，再按品名分类汇总。

（3）结合“分页打印”功能：在进行分类汇总的同时，还可以勾选【每组数据分页】选项，这样在打印时就可以实现按类别分页打印。

（4）利用“表”格式：Excel的“表”功能提供了一个便捷的方式来实现数据的分类汇总。但需要注意的是，当使用了“表”格式后，某些特定的“分类汇总”功能可能无法使用。在这种情况下，可以先将“表”转换为普通数据区域，然后再进行分类汇总。

（5）使用“数据透视表”：对于较复杂的分类汇总需求或大型数据集，数据透视表可能是更优的选择。通过数据透视表，您可以更方便地对数据进行多维度的分析与汇总。

讯飞星火推荐了5大类可以快速将数据分类汇总的数据工具。整体而言，分类汇总工具主要包括“分级显示”与“合并计算”，本节即对此两种工具的应用方法进行介绍。

3.2.1 运用“分级显示”工具汇总显示数据

“分级显示”是Excel数据工具中的一组专用数据分类工具，能够迅速将数据表中同一字段下相同的项目名称进行分组，并按照指定方式对数据进行分类汇总计算。同时，运用“分级显示”工具对数据进行分级后，将在工作表中生成分级按钮，单击各级按钮即可展开或折叠明细数据，为用户查看汇总数据和明细数据提供了极大的方便。

“分级显示”工具组中的分类汇总方式包括求和、计数、平均值、最大值、最小值、乘积、方差等。

运用“分级显示”工具不仅可对单一字段进行分类汇总计算，还能够同时分类汇总多个字段中的项目数据。下面介绍操作方法。

1. 分类汇总单个字段数据

对单个字段中的数据进行分类汇总非常简单，只需通过“分级显示”工具组的【分类汇总】对话框即可完成。

下面对如下图所示的数据表按照【销售部门】字段汇总各部门的“销售额”数据。

	A	B	C	D	E	F
1	2023年4月部门产品销售明细表2					
2	销售部门	产品名称	产品型号	销售单价	销售数量	销售额
3	销售一部	空调	HV-1100S1.0	1,596.00	167台	266,532.00
4	销售一部	空调	HV-1100S1.0	1,596.00	306台	488,376.00
23	销售三部	空调	HV-1100S1.0	1,596.00	176台	280,896.00
24	销售三部	彩电	SM-5EGT	1,976.00	152台	300,352.00
25	销售三部	冰箱	HR-OKK2-3	2,185.00	174台	380,190.00
26	销售三部	冰箱	HR-OKK1-5	2,183.00	220台	480,260.00
27	销售三部	冰箱	HR-OKK1-5	2,166.00	132台	285,912.00
28	销售三部	冰箱	HR-OKK1-5	2,183.00	231台	504,273.00

操作方法如下。

第1步 打开“素材文件\第3章\2023年4月部门产品销售统计表2.xlsx”文件，❶单击【数据】选项卡，❷单击【分级显示】组中的【分类汇总】按钮。如下图所示。

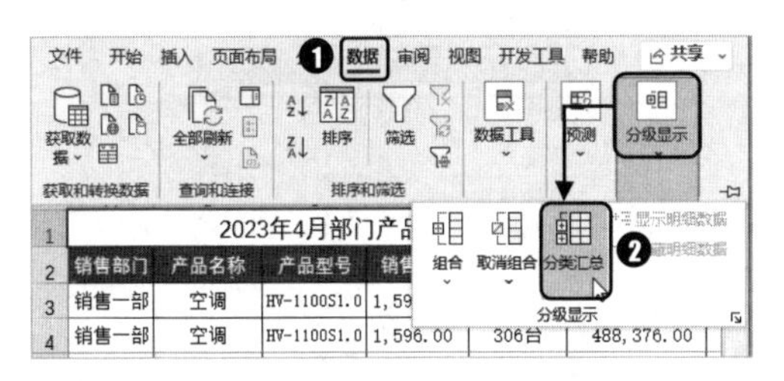

第2步 弹出【分类汇总】对话框，可看到Excel已自动识别分类字段和汇总项，并默认汇总方式为“求和”。因此这里只需直接单击【确定】按钮关闭对话框即可。如下图所示。

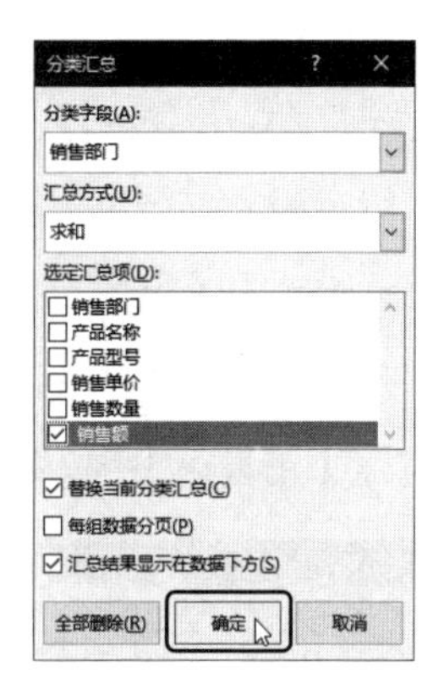

第3步 操作完成后，返回工作表，可看到数据已完成分类汇总，同时在工作表左上角和左侧分别生成了分级按钮“123”和【折叠/展开】按钮“-”，如下图所示。

	A	B	C	D	E	F
1	2023年4月部门产品销售明细表2					
2	销售部门	产品名称	产品型号	销售单价	销售数量	销售额
3	销售一部	空调	HV-1100S1.0	1,596.00	167台	266,532.00
4	销售一部	空调	HV-1100S1.0	1,596.00	306台	488,376.00
8	销售一部	冰箱	SM-5EGT	2,090.00	165台	344,850.00
9	销售一部	冰箱	HR-OKK1-5	2,183.00	286台	624,338.00
10	销售一部	冰箱	HR-OKK1-5	2,183.00	365台	796,795.00
11	销售一部 汇总					3,547,197.00
12	销售二部	空调	HV-1100S1.0	1,596.00	242台	386,232.00
13	销售二部	空调	HV-1100S1.0	1,596.00	150台	239,400.00
14	销售二部	空调	HV-1100S1.0	1,596.00	132台	210,672.00
15	销售二部	彩电	SM-2EGT	2,071.00	119台	246,449.00
16	销售二部	彩电	SM-3EGT	1,995.00	237台	472,815.00
17	销售二部	彩电	SM-5EGT	1,976.00	198台	391,248.00
18	销售二部	彩电	SM-6EGT	1,995.00	152台	303,240.00
19	销售二部	冰箱	HR-OKK1-5	2,185.00	130台	284,050.00
20	销售二部	冰箱	HR-OKK1-3	2,166.00	130台	281,580.00
21	销售二部 汇总					2,815,686.00
22	销售三部	空调	HV-1100S1.0	1,596.00	249台	397,404.00
23	销售三部	空调	HV-1100S1.1	1,596.00	220台	351,120.00
24	销售三部	空调	HV-1100S1.0	1,596.00	172台	274,512.00
25	销售三部	空调	HV-1100S1.0	1,596.00	176台	280,896.00
26	销售三部	彩电	SM-5EGT	1,976.00	152台	300,352.00
27	销售三部	冰箱	HR-OKK2-3	2,185.00	174台	380,190.00
28	销售三部	冰箱	HR-OKK1-5	2,183.00	220台	480,260.00
29	销售三部	冰箱	HR-OKK1-5	2,166.00	132台	285,912.00
30	销售三部	冰箱	HR-OKK1-5	2,183.00	231台	504,273.00
31	销售三部 汇总					3,254,919.00
32	总计					9,617,802.00

示例结果见“结果文件\第3章\2023年4月部门产品销售统计表2.xlsx”文件。

2. 分类汇总多个字段数据

对多个字段分类汇总时要注意两个操作细节：要先确定字段分类的顺序，其次要按照已确定的字段分类顺序对其中的项目进行排序。

在如下图所示的数据表中，先对【产品名称】字段分类，然后对【销售部门】字段分类，再汇总【销售额】字段数据。

2023年4月部门产品销售明细表3

销售部门	产品名称	产品型号	销售单价	销售数量	销售额
销售1部	彩电	HR-OKK1-5	2,183.00	132台	288,156.00
销售1部	冰箱	SM-5ECT	2,090.00	165台	344,850.00
销售1部	彩电	SM-5ECT	1,995.00	132台	263,340.00
销售3部	冰箱	HR-OKK1-5	2,183.00	220台	480,260.00
销售3部	冰箱	HR-OKK1-5	2,166.00	132台	285,912.00
销售3部	空调	HV-1100S1.0	1,596.00	172台	274,512.00
销售3部	冰箱	HR-OKK1-5	2,183.00	231台	504,273.00
销售3部	空调	HV-1100S1.0	1,596.00	176台	280,896.00

操作方法如下。

第1步 打开“素材文件\第3章\2023年4月部门产品销售明细表3.xlsx”文件，❶单击【数据】选项卡，❷单击【排序和筛选】组中的【排序】按钮。如下图所示。

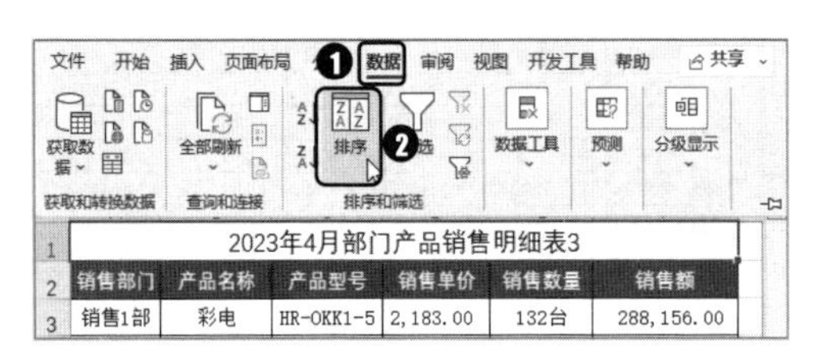

第2步 弹出【排序】对话框，❶在【排序依据】下拉列表中选择【产品名称】选项，❷单击【添加条件】按钮，❸在生成的【次要关键字】下拉列表中选择【销售部门】选项，❹其他设置不作修改，单击【确定】按钮关闭对话框。如下图所示。

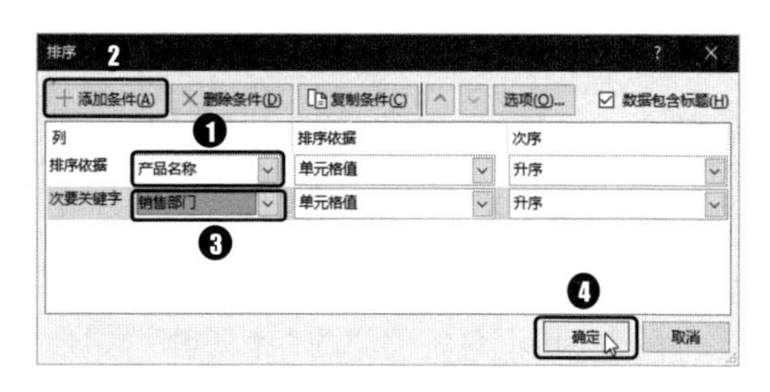

第3步 返回工作表，❶单击【数据】选项卡，❷单击【分级显示】组中的【分类汇总】按钮。如下图所示。

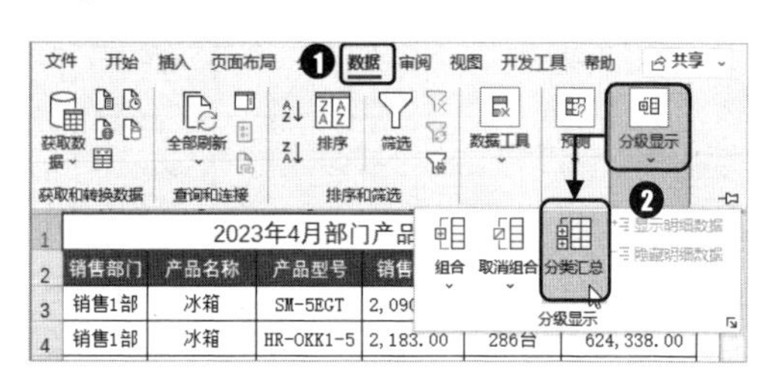

第4步 弹出【分类汇总】对话框，❶在【分类字段】下拉列表中选择【产品名称】选项，❷其他设置不作修改，单击【确定】按钮关闭对话框。如下图所示。

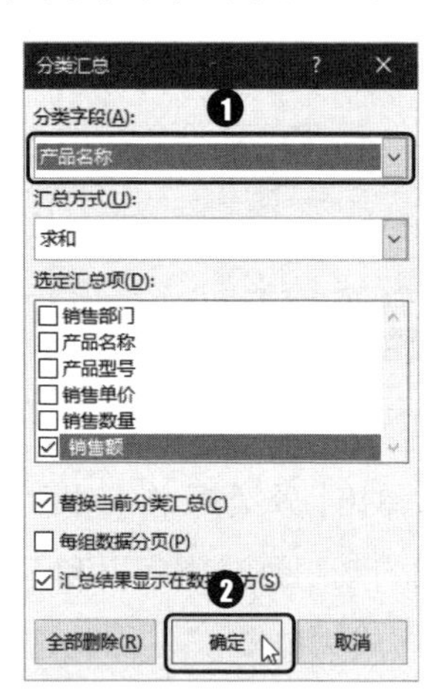

第5步 返回工作表，可看到第一次对【产品名称】分类汇总的结果，如下图所示。

	A	B	C	D	E	F
1	2023年4月部门产品销售明细表3					
2	销售部门	产品名称	产品型号	销售单价	销售数量	销售额
12		冰箱 汇总				3,982,248.00
21		彩电 汇总				2,740,410.00
22	销售1部	空调	HV-1100S1.0	1,596.00	167台	266,532.00
23	销售1部	空调	HV-1100S1.0	1,596.00	306台	488,376.00
24	销售2部	空调	HV-1100S1.0	1,596.00	242台	386,232.00
25	销售2部	空调	HV-1100S1.0	1,596.00	150台	239,400.00
26	销售2部	空调	HV-1100S1.0	1,596.00	132台	210,672.00
27	销售3部	空调	HV-1100S1.0	1,596.00	249台	397,404.00
28	销售3部	空调	HV-1100S1.1	1,596.00	220台	351,120.00
29	销售3部	空调	HV-1100S1.0	1,596.00	172台	274,512.00
30	销售3部	空调	HV-1100S1.0	1,596.00	176台	280,896.00
31		空调 汇总				2,895,144.00
32		总计				9,617,802.00

第6步 再次打开【分类汇总】对话框，❶在【分类字段】下拉列表中选择【销售部门】选项，❷取消勾选【替换当前分类汇总】复选框，❸其他设置不作修改，单击【确定】按钮关闭对话框。如下图所示。

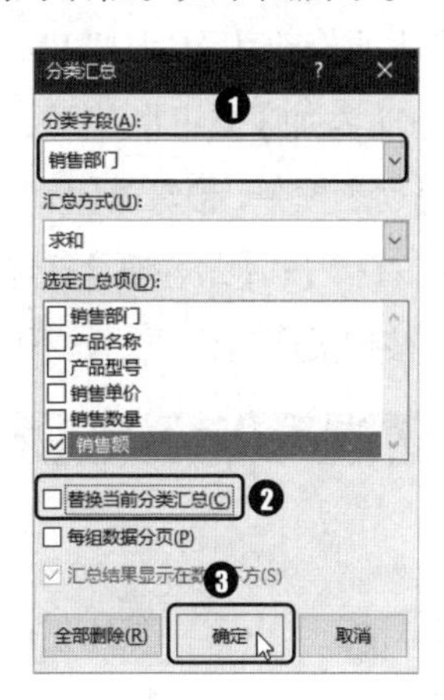

第7步 返回工作表，即可看到第二次对【销售部门】字段分类汇总的结果。如下图所示。

	A	B	C	D	E	F
1	2023年4月部门产品销售明细表3					
2	销售部门	产品名称	产品型号	销售单价	销售数量	销售额
3	销售1部	冰箱	SM-5EGT	2,090.00	165台	344,850.00
4	销售1部	冰箱	HR-OKK1-5	2,183.00	286台	624,338.00
5	销售1部	冰箱	HR-OKK1-5	2,183.00	365台	796,795.00
6	销售1部 汇总					1,765,983.00
7	销售2部	冰箱	HR-OKK1-5	2,185.00	130台	284,050.00
8	销售2部	冰箱	HR-OKK1-3	2,166.00	130台	281,580.00
9	销售2部 汇总					565,630.00
10	销售3部	冰箱	HR-OKK2-3	2,185.00	174台	380,190.00
11	销售3部	冰箱	HR-OKK1-5	2,183.00	220台	480,260.00
12	销售3部	冰箱	HR-OKK1-5	2,166.00	132台	285,912.00
13	销售3部	冰箱	HR-OKK1-5	2,183.00	231台	504,273.00
14	销售3部 汇总					1,650,635.00
15		冰箱 汇总				3,982,248.00
19	销售1部 汇总					1,026,306.00
24	销售2部 汇总					1,413,752.00
26	销售3部 汇总					300,352.00
27		彩电 汇总				2,740,410.00
30	销售1部 汇总					754,908.00
34	销售2部 汇总					836,304.00
39	销售3部 汇总					1,303,932.00
40		空调 汇总				2,895,144.00
41		总计				9,617,802.00

示例结果见“结果文件\第3章\2023年4月部门产品销售明细表3.xlsx”文件。

> **教您一招**
>
> 如果要清除分类汇总结果，只需打开【分类汇总】对话框，单击【全部删除】按钮即可。

3.2.2 运用“合并计算”汇总多表数据

在Excel中，除了“分级显示”工具，“合并计算”也是Excel数据工具中对数据进行分类汇总的实用工具。

“合并计算”工具能够迅速汇总一个或多个数据表中指定区域及指定字段下的项目数据，并按照指定方式进行快速汇总并生成汇总表。同时，可在汇总表中创建动态链接，当源数据更新后，汇总表中的数据也同步更新。另外，巧用“合并计算”工具还能够实现列表对比同类数据。

下面分别介绍具体应用和操作方法。

1. 合并计算一个数据表中的多个字段数据

对一个数据表中的字段数据进行汇总计算，是“合并计算”工具最普通的应用。操作时，只需打开【合并计算】对话框选择汇总方式和汇总区域即可完成。

下面运用“合并计算”工具对如下图所示的数据表中的【销售部门】和【产品名称】字段下的项目数据进行汇总。

2023年1月部门产品销售统计表

销售部门	产品名称	产品型号	销售数量	销售额	平均售价
销售三部	彩电	SM-5EGT	138	¥289,662.00	¥2,099.00
销售一部	彩电	HR-OKK1-2	152	¥336,224.00	¥2,212.00
销售二部	彩电	SM-5EGT	186	¥390,414.00	¥2,099.00
销售一部	冰箱	HR-OKK1-6	399	¥882,588.00	¥2,212.00
销售二部	冰箱	HR-OKK1-5	149	¥327,055.00	¥2,195.00
销售三部	空调	HV-1100S8.0	198	¥320,166.00	¥1,617.00
销售一部	空调	HV-1100S9.0	336	¥543,312.00	¥1,617.00
销售二部	空调	HV-1100S1.0	152	¥245,784.00	¥1,617.00

操作方法如下。

第1步 打开“素材文件\第3章\2023年1-3月部门产品销售统计表.xlsx”文件，❶在“1月”工作表中选中任意一个空白单元格，如H2单元格，❷单击【数据】选项卡，❸单击【数据工具】组中的【合并计算】按钮。如下图所示。

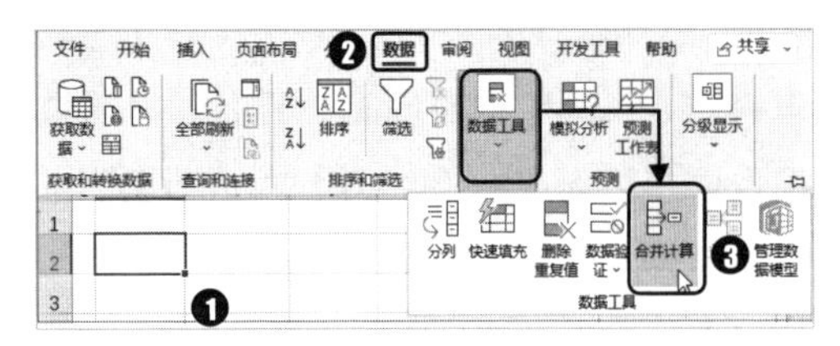

第2步 弹出【合并计算】对话框，❶单击【引用位置】文本框，选中A2:E29单元格区域，❷单击【添加】按钮将其添加至【所有引用位置】列表框中。如下图所示。

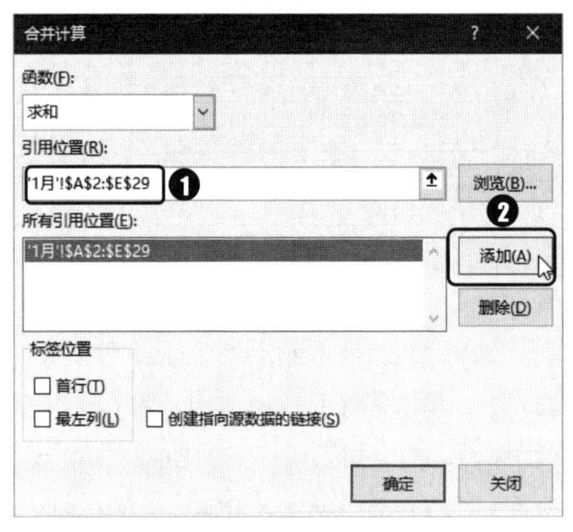

第3步 ❶将【引用位置】文本框中的单元格区域地址修改为“'1月'!$B$2:$E$29”，❷再次单击【添加】按钮将其添加至【所有引用位置】列表框中，❸勾选【标签位置】选项组中的【首行】和【最左列】复选框，❹单击【确定】按钮关闭对话框。如下图所示。

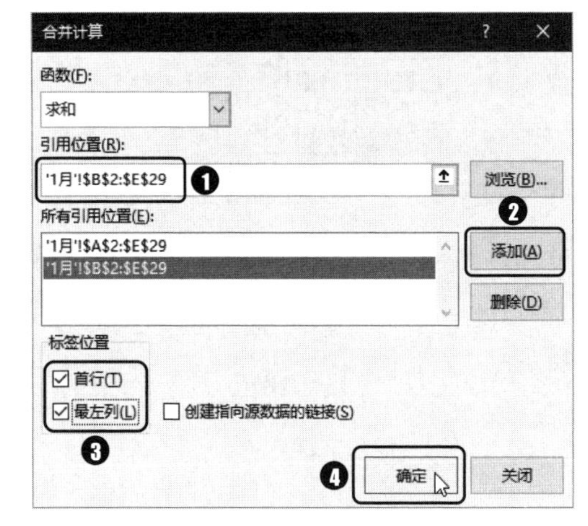

第4步 返回工作表，即可看到合并计算结果。如下图所示。

	产品名称	产品型号	销售数量	销售额
销售三部			1894	¥3,695,919.00
销售一部			2237	¥4,393,760.00
销售二部			1660	¥3,212,573.00
彩电			1718	¥3,520,157.00
冰箱			2047	¥4,506,053.00
空调			2026	¥3,276,042.00

2. 合并计算多数据表并创建动态链接

多个工作表中数据的合并计算，其实在操作上与一个工作表中的数据汇总基本无差别，只需在【合并计算】对话框【引用位置】文本框中添加各工作表中需要汇总的单元格区域即可。同时，可创建链接，在新增工作表中生成数据汇总表。此时汇总表将同步自动建立分级显示，实现汇总表与源数据表的同步更新。

下面在“2023年1-3月部门产品销售统计表”工作簿中按【产品名称】字段汇总3个工作表中的相关数据。

操作方法如下。

第1步 ❶在工作簿中新增一张工作表，将其重命名为“1-3月汇总表”，❷选中任意一个空白单元格，如A2单元格，❸单击【数据】选项卡，❹单击【数据工具】组中的【合并计算】按钮。如下图所示。

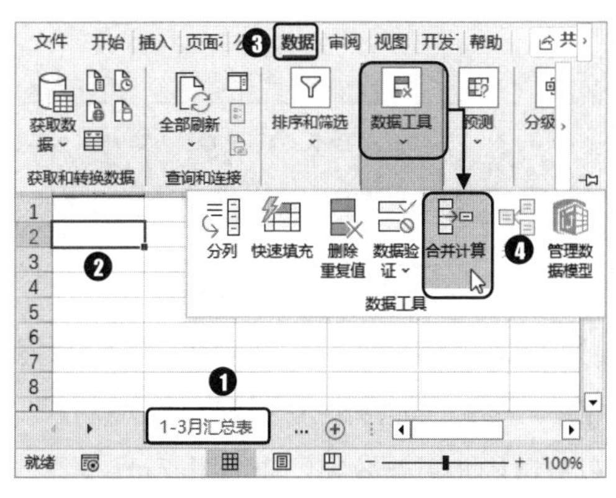

第2步 弹出【合并计算】对话框，❶依次将“1月”“2月”和“3月”工作表中需要汇总的数据区域添加至【所有引用位置】列表框中，❷勾选【标签位置】选项组中的【首行】和【最左列】复选框，❸勾选【创建指向源数据的链接】复选框，❹单击【确定】按钮关闭对话框。如下图所示。

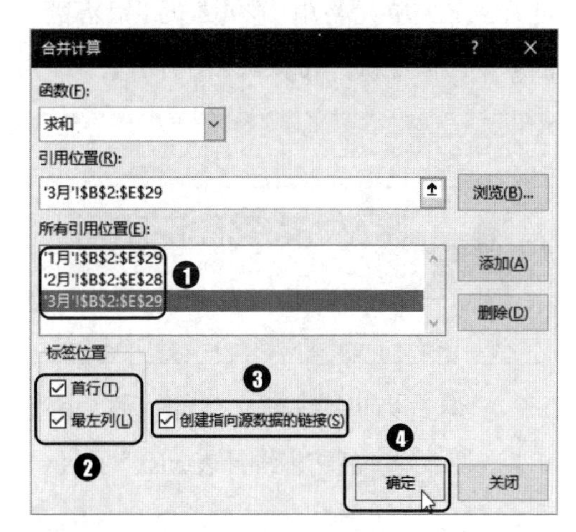

第3步 返回工作表，即可看到数据汇总结果。同时已创建了分级显示。如下图所示。

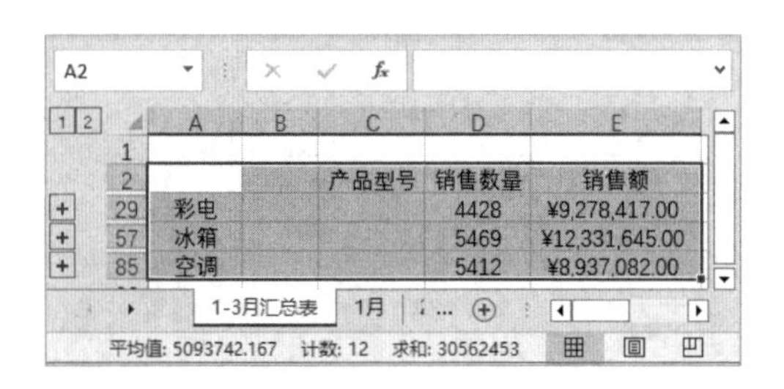

第4步 切换至“1月”工作表，将E3单元格中“彩电”的“销售额”修改为“300000”，以测试同步更新效果。如下图所示。

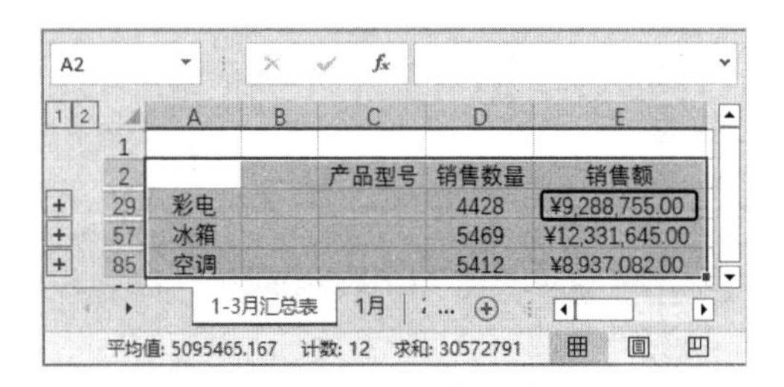

第5步 切换回“1-3月汇总表”工作表，可看到E29单元格中“彩电”的“销售额”汇总数已被更新。效果如下图所示。

示例结果见“结果文件\第3章\2023年1-3月部门产品销售统计表.xlsx”文件。

温馨提示

由于“合并计算”工具不能在被合并计算的工作表中建立链接，所以本例在新增工作表中汇总数据并创建链接。

3. 巧用“合并计算”对比多表同类数据

“合并计算”工具的工作原理是将不同数据表中名称完全相同的字段中的数据汇总计算。而对于不同名称的字段，则将其全部列示在汇总表中。如果要对比多个数据表中名称相同的字段的数据，可以巧妙利用这一原理，将字段名设置为差异化名称即可。

如下图所示，“2023年1-3月部门产品销售统计表1”工作簿中的“1月”“2月”和“3月”工作表中，在【销售数量】和【销售额】字段原名称之前添加了代表当月的字符。

下面运用“合并计算”工具对比3个月份的销售数量和销售额。

第1步 打开“素材文件\第3章\2023年1-3月部门产品销售统计表1.xlsx”文件，❶在“1-3月对比”空白工作表中选中A2单元格，❷单击【数据】选项卡，❸单击【数据工具】组中的【合并计算】按钮。如下图所示。

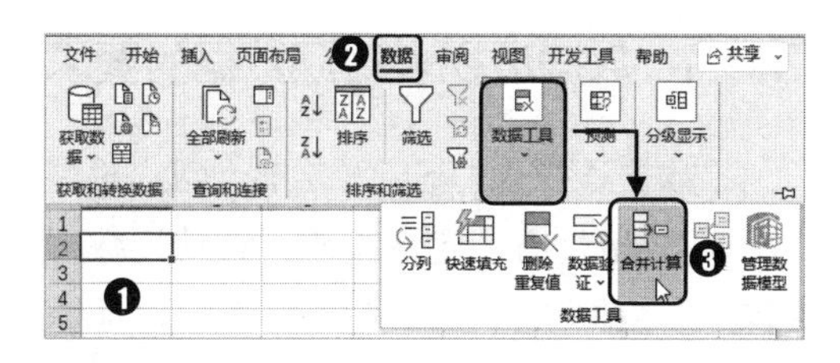

第2步 弹出【合并计算】对话框，❶依次将“1月”“2月”“3月”工作表中需要汇总的数据区域添加至【所有引用位置】列表框中，❷勾选【标签位置】选项组中的【首行】和【最左列】复选框，❸勾选【创建指向源数据的链接】复选框，❹单击【确定】按钮关闭对话框。如下图所示。

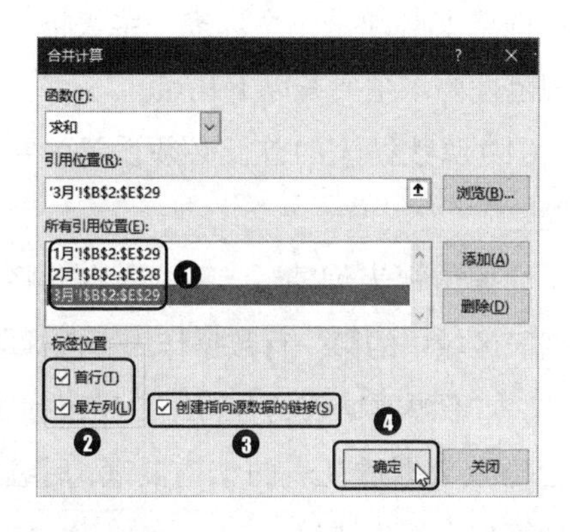

第3步 返回工作表，即可看到各工作表中不同名称的字段及数据全部列示在表格中。如下图所示。

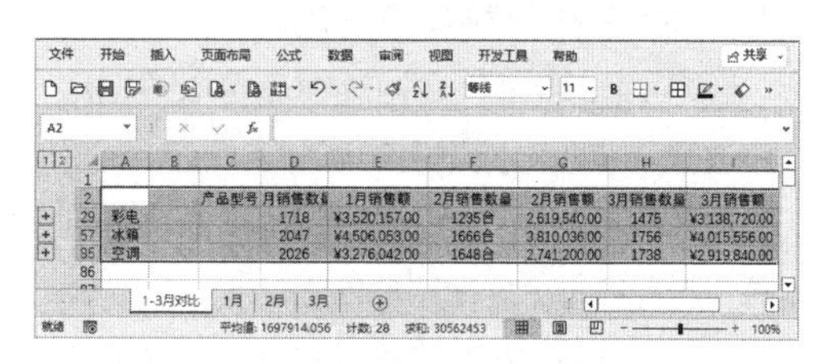

示例结果见“结果文件\第3章\2023年1-3月部门产品销售统计表1.xlsx”文件。

3.3 使用数据透视表动态分析数据

本章3.2节介绍了Excel中数据统计汇总的几种实用工具，能够帮助财务人员高效、轻松地处理和分析大量数据。但是，这些工具对于原始数据的处理和分析仍然有一定的局限性，比如是从数据表象进行静态分析。而实务中，财务人员需要从不同的角度和维度动态分析数据，就必须熟练掌握“数据透视表”这个更强大的工具。下面让AI工具“ChatGPT”对数据透视表的概念和功能作一个专题介绍。

提问： Excel数据透视表是什么？有哪些功能？

ChatGPT

Excel数据透视表是一种数据分析工具，可以帮助用户快速分析大量数据并提取有用的信息。它可以将原始数据按照用户定义的行、列和值进行汇总和计算，从而生成一个新的表格，以便更好地理解数据。

数据透视表具有以下功能。

（1）汇总数据：数据透视表可以根据用户选择的字段对数据进行汇总。例如，对销售数据按照产品和地区进行汇总，从而得到每个产品在每个地区的销售额。

（2）计算数据：数据透视表可以对汇总后的数据进行计算，如计算销售额的总和、平均值、最大值、最小值等。

（3）筛选数据：数据透视表可以根据用户定义的条件对数据进行筛选，如只显示销售额大于1000元的产品。

（4）分组数据：数据透视表可以根据用户选择的字段对数据进行分组，如按照年份、季度或月份对销售数据进行分组。

（5）排序数据：数据透视表可以根据用户选择的字段对数据进行排序，如按照销售额从大到小排序。

（6）动态更新：当原始数据发生变化时，数据透视表可以自动更新汇总结果，从而保持数据分析的准确性。

通过使用数据透视表，用户可以更轻松地分析和理解大量数据，发现数据中的模式和趋势，并从中获得有价值的信息。

从以上回复可知，数据透视表是集各种排序、筛选、分类汇总、部分统计函数功能于一体的一种交互式报表。它能够将静态的源数据表转化为动态的透视表，让用户能够将字段重新布局，从而从不同角度和维度动态分析数据。本节即对“数据透视表”的相关知识、创建方法及基本应用方法进行介绍。

3.3.1 数据透视表对源数据的要求

“数据透视表”基于源数据创建，对源数据的规范性有一定的要求。在使用数据透视表之前，应当对此进行了解，保证源数据符合规范，从而使数据透视表的功能得到充分的发挥。

数据透视表对源数据主要有两方面要求：一是数据表格结构，二是数据的数值格式。下面分别进行介绍。

1. 源数据表的结构要求

用于创建数据透视表的源数据表，在结构框架上必须是一个标准一维表格。具体规范性要求主要有以下几点。

（1）源数据表的首行必须设置为字段标题。

数据透视表创建后，系统会自动将源数据表区域中的第一行数据作为字段标题。因此，如果源数据表的首行不是字段标题，就会导致数据透视表的结构混乱，后续数据计算也会发生错误。

如下图所示，【数据透视表字段】窗格中列示的字段名称，就是没有字段标题的源数据表的首行内容。

（2）源数据表中不得有合并单元格。

源数据表中，列和行中的数据都必须与字段，以及字段中的每个项目名称一一对应。也就是说，表格当中不能有合并单元格，每一列数据只能对应本列首行中的一个字段名称，否则将导致数据透视表中数据汇总发生错误。

（3）源数据表中不得设置合计行或合计列。

很多财务人员在制作数据表时，往往习惯在当中插入“小计”行进行分类汇总，或者将末行设置为合计行，将尾列设置为合计列。这在普通数据表中是正常合理的操作。但是，数据透视表不会区分源数据表中的数据是原始数据还是汇总数据，只会全部作为原始数据进行汇总。如此就会导致数据重复汇总，计算结果发生严重错误。

（4）源数据表中不得有空行、空列。

源数据表中出现的空行、空列大多是在制作表格时操作不当而造成的，或者从外部导入的原始表格就包含了很多空行、空列。即便是普通表格，也不符合规范，那么在此基础上创建的数据透视表就更不规范，将严重影响数据透视表分析的准确性。

（5）多个源数据表的列结构必须一致。

数据透视表可以汇总多个源数据表中多个区域的数据，前提是必须保证每个源数据表的列结构完全一致。

2. 源数据数值格式要求

源数据表中数据的数值格式必须规范，同一字段下的数值格式类型也必须统一，否则将影响数据透视表的计算和分析结果。具体来说，主要包括以下几方面。

（1）日期类数据为标准格式。

日期类数值必须是标准格式的日期，不能是文本型日期或其他不规范的日期格式。一般情况下，只需遵照“yyyy-mm-dd”的规则录入日期即可。本年日期可省略录入年份。例如，本年为2023年，录入日期“2023年4月15日”时，实际只需录入“4-15”即可，系统会自动返回规范的日期格式，也可以设置为其他日期格式。不得直接在单元格中录入形似日期的文本字符，如“2023.3.15”“20230415”等。

（2）编码类数据设置为文本格式。

对于编码类数据，如发票号码、采购订单编号、商品编码等，最好将其转换为文本格式的“数字”，以便在数据透视表中进行分类汇总或计数。

（3）文本格式的数字转换为纯数字。

一般来源于外部的原始数据，其中的数字通常都被设置为文本格式，Excel只会对其计数，而无法进行汇总计算。因此，必须将其转换为真正的数字，数据透视表才能计算得到准确的结果。

（4）文本字符串中不得插入不必要的空格。

在Excel中，文本字符串中的空格也是一个字符，如果因手误在原本相同的项目中的某一个文本字符串中插入了空格，数据透视表会将其视为一个新项目，数据分析结果必然出错。如下图所示，数据透视表中A5单元格里的“彩 电”正是由于在源数据表中录入时插入了空格，即被数据透视表作为一个项目进行汇总，导致计算结果错误。

	A	B	C
1			
2			
3	产品名称	求和项:销售数量	求和项:销售额
4	冰箱	2047	4506053
5	彩 电	172	344516
6	彩电	1546	3185979
7	空调	2026	3276042
8	总计	5791	11312590

（5）源数据表中不得包含不必要的特殊字符。

从外部导入的数据源中通常都会包含五花八门的特殊字符，如破折号、引号、换行符等。注意在创建数据透视表之前使用【查找和替换】工具清除这些符号。

3.3.2 快速创建数据透视表

使用数据透视表之前要先在源数据表基础上创建数据透视表。本书第2章曾介绍过快速将二维表转换为一维表，通过【数据透视表和数据透视图向导】对话框以多重合并计算区域为数据源创建数据透视表的操作方法。那么，如果在符合规范的一维表基础上创建，操作更为简单快捷。下面介绍两种操作方法快速创建数据透视表。

1. 创建空白数据透视表

创建空白数据透视表的操作方法极其简单，只需选定数据源区域，再通过两步操作即可完成。操作方法如下。

第1步 打开“素材文件\第3章\2023年1月部门产品销售毛利计算表.xlsx”文件，❶选中数据表区域中的任意一个单元格，单击【插入】选项卡，❷单击【表格】组中的【数据透视表】按钮。如下图所示。

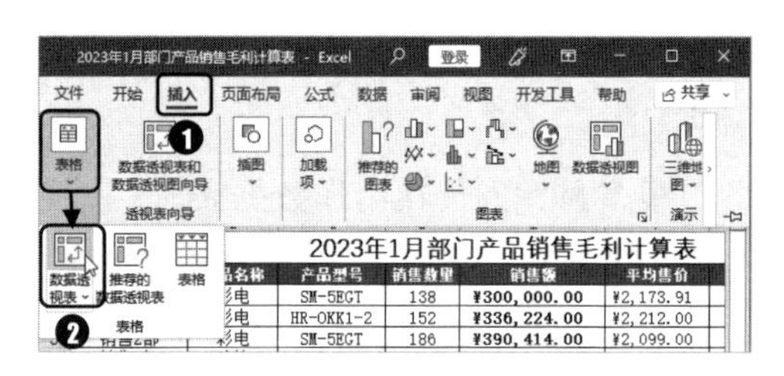

第2步 弹出【来自表格或区域的数据透视表】对话框，保持默认设置不作修改，直接单击【确定】按钮即可。如下图所示。

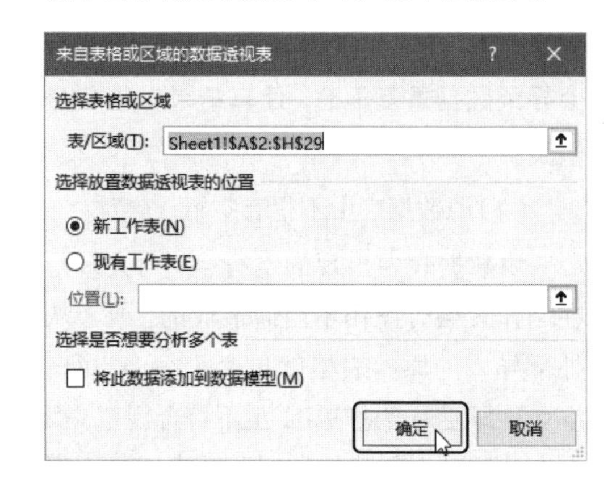

第3步 操作完成后，系统将自动新建一个工作表，同时创建一个空白数据透视表。选中数据透视表区域中任意单元格，即可激活【数据透视表字段】窗格。如下图所示。

2. 创建自动布局的数据透视表

如果用户对添加字段的方法、排列方式、布局方法不确定，可运用推荐功能创建。Excel会根据源数据预先布局并展示预览效果图，只需选择其一即可立即创建一个已布局的数据透视表。下面继续以“2023年1月部门产品销售毛利计算表”为源数据表，介绍操作方法。

第1步 切换至“Sheet1”工表，❶选中数据表区域中的任意一个单元格，单击【插入】选项卡，❷单击【表格】组中的【推荐的数据透视表】按钮。如下图所示。

第2步 弹出【推荐的数据透视表】对话框，可看到对话框左侧根据源数据列示将要创建的数据透视表的几种不同布局和样式，❶单击其中一个样式选项，右侧即显示预览图，❷单击【确定】按钮即可创建数据透视表。如下图所示。

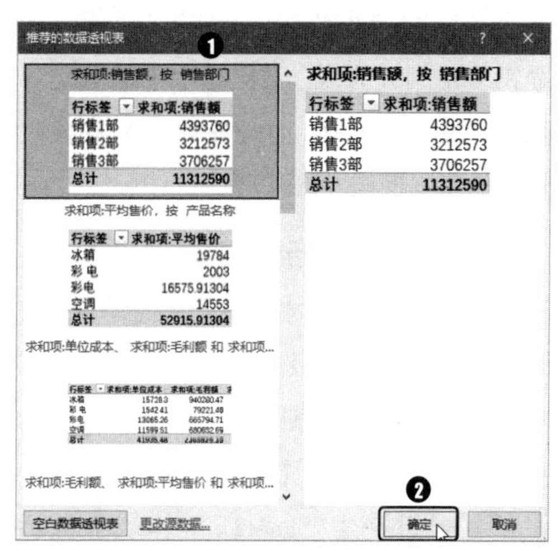

第3步 操作完成后，Excel自动生成新的工作表并创建已自动布局的数据透视表。如下图所示。

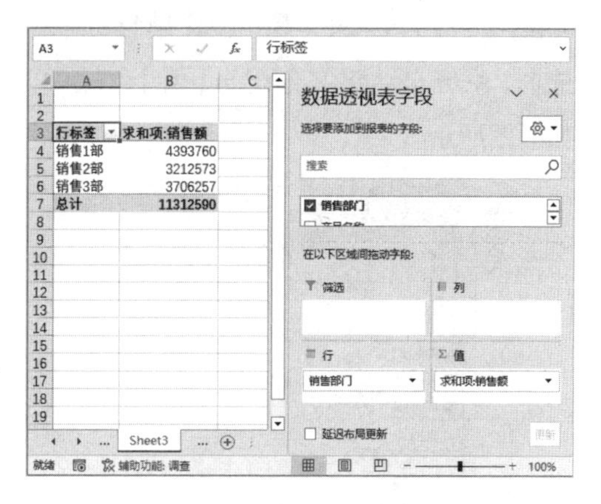

3.3.3 字段布局和调整样式

空白数据透视表创建成功后，要对其进行初始字段布局。但数据透视表的初始样式往往比较粗糙，不够规范。因此，紧接着可以运用数据透视表工具对其样式进行一番设置和调整，使数据透视表更整洁、更规范，并且也可以让数据呈现更加清晰。本小节以3.3.2小节在“2023年1月部门产品销售毛利计算表”工作簿中创建的空白数据透视表为示例，介绍字段布局和样式调整的基本操作方法。

1. 快速完成初始字段布局

初始字段布局的操作非常简单，只需从【数据透视表字段】窗格中选择目标字段，并通过勾选或拖放操作将字段放至目标区域中即可完成。操作方法如下。

第1步 切换至“Sheet2”工作表并激活【数据透视表字段】窗格，❶将【销售部门】字段拖放至【列】区域中，❷勾选【产品名称】和【产品型号】复选框，系统自动将其分配至【行】区域中，❸勾选【销售额】复选框，系统自动将其分配至【值】区域中。如下图所示。

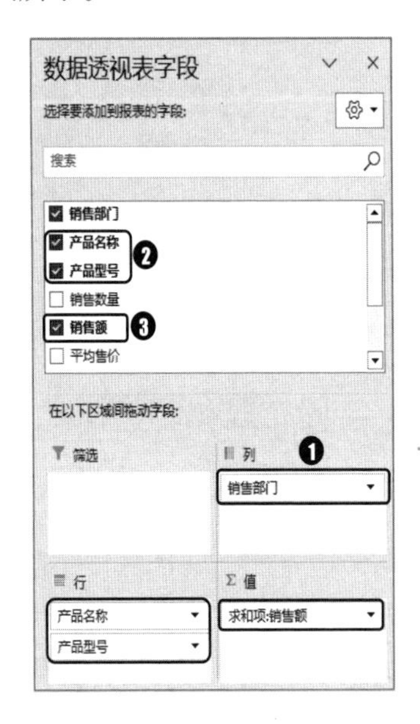

第2步 布局完成后，工作表中的数据透视表初始样式如下图所示。

	A	B	C	D	E
1					
2					
3	求和项:销售额	列标签			
4	行标签	销售1部	销售2部	销售3部	总计
5	⊟冰箱	1973316	990581	1542156	4506053
6	HR-OKK1-3			1542156	1542156
7	HR-OKK1-5	696780	656941		1353721
8	HR-OKK1-6	882588	333640		1216228
9	SM-5EGT	393948			393948
10	⊟彩电	1175354	1267962	1087179	3530495
11	HR-OKK1-2	336224			336224
12	SM-5EGT	531786	390414	1087179	2009379
13	SM-6EGT	307344	347784		655128
14	SM-8EGT		529764		529764
15	⊟空调	1245090	954030	1076922	3276042
16	HV-1100S1.0		245784	444675	690459
17	HV-1100S2.0	396165			396165
18	HV-1100S3.0		433356	312081	745437
19	HV-1100S5.0	305613			305613
20	HV-1100S8.0		274890	320166	595056
21	HV-1100S9.0	543312			543312
22	总计	4393760	3212573	3706257	11312590

2. 调整数据透视表布局和样式

调整数据透视表布局和样式同样简单易操作，因为Excel为数据透视表配置了专用工具，只需进行简单设置即可。下面介绍几个符合财务人员用表习惯的常见布局和样式的调整方法。

（1）调整“分类汇总”的显示位置。

数据透视表的初始布局中，每组“分类汇总”的位置均在组的顶部显示，而大多数财务人员更习惯在底部查看汇总数据，对此进行调整即可。步骤如下。

第1步 选中数据透视表中任意一个单元格激活数据透视表工具，❶单击【设计】选项卡，❷单击【布局】组中的【分类汇总】下拉按钮，❸展开【分类汇总】下拉列表后，单击【在组的底部显示所有分类汇总】命令。如下图所示。

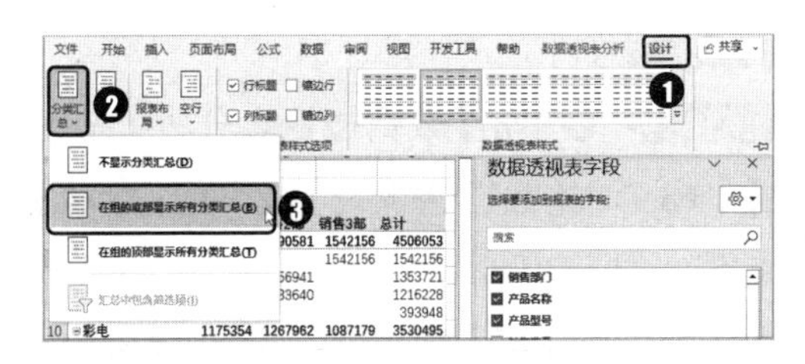

第2步 操作完成后，可看到数据透视表中汇总数据已被调整至每组的底部。如下图所示。

	A	B	C	D	E
1					
2					
3	求和项:销售额	列标签			
4	行标签	销售1部	销售2部	销售3部	总计
5	⊟冰箱				
6	HR-OKK1-3			1542156	1542156
7	HR-OKK1-5	696780	656941		1353721
8	HR-OKK1-6	882588	333640		1216228
9	SM-5EGT	393948			393948
10	冰箱 汇总	1973316	990581	1542156	4506053
11	⊟彩电				
12	HR-OKK1-2	336224			336224
13	SM-5EGT	531786	390414	1087179	2009379
14	SM-6EGT	307344	347784		655128
15	SM-8EGT		529764		529764
16	彩电 汇总	1175354	1267962	1087179	3530495
17	⊟空调				
18	HV-1100S1.0		245784	444675	690459
19	HV-1100S2.0	396165			396165
20	HV-1100S3.0		433356	312081	745437
21	HV-1100S5.0	305613			305613
22	HV-1100S8.0		274890	320166	595056
23	HV-1100S9.0	543312			543312
24	空调 汇总	1245090	954030	1076922	3276042
25	总计	4393760	3212573	3706257	11312590

（2）设置报表布局显示形式。

数据透视表的初始布局是“压缩形式”，可以将其设置为“大纲形式”或“表格形式”。本例调整为“表格形式”显示。操作方法如下。

第1步 ❶单击【设计】选项卡，❷单击【布局】组中的【报表布局】下拉按钮，❸展开【报表布局】下拉列表后，单击【以表格形式显示】命令。如下图所示。

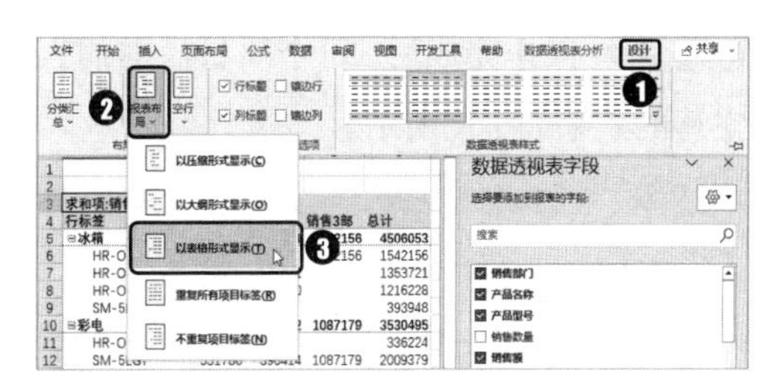

第2步 操作完成后，以表格形式显示的布局效果如下图所示。

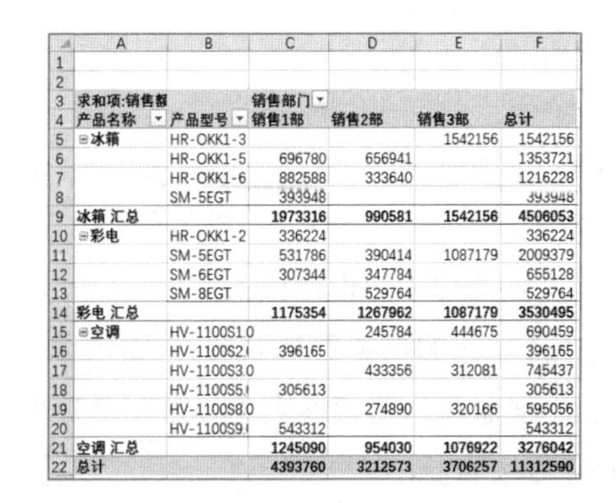

	A	B	C	D	E	F
1						
2						
3	求和项:销售额		销售部门			
4	产品名称	产品型号	销售1部	销售2部	销售3部	总计
5	⊟冰箱	HR-OKK1-3			1542156	1542156
6		HR-OKK1-5	696780	656941		1353721
7		HR-OKK1-6	882588	333640		1216228
8		SM-5EGT	393948			393948
9	冰箱 汇总		1973316	990581	1542156	4506053
10	⊟彩电	HR-OKK1-2	336224			336224
11		SM-5EGT	531786	390414	1087179	2009379
12		SM-6EGT	307344	347784		655128
13		SM-8EGT		529764		529764
14	彩电 汇总		1175354	1267962	1087179	3530495
15	⊟空调	HV-1100S1.0		245784	444675	690459
16		HV-1100S2.(	396165			396165
17		HV-1100S3.0		433356	312081	745437
18		HV-1100S5.(	305613			305613
19		HV-1100S8.0		274890	320166	595056
20		HV-1100S9.(	543312			543312
21	空调 汇总		1245090	954030	1076922	3276042
22	总计		4393760	3212573	3706257	11312590

（3）在每个项目后面插入空行。

在数据透视表报表中的每个项目后面插入一行空行，可以加大数据之间的距离，更方便阅读数据，对于使用“表格”布局的报表特别适用。操作方法如下。

第1步 ❶单击【设计】选项卡，❷单击【布局】组中的【空行】下拉按钮，❸展开【空行】下拉列表后，单击【在每个项目后插入空行】命令。如下图所示。

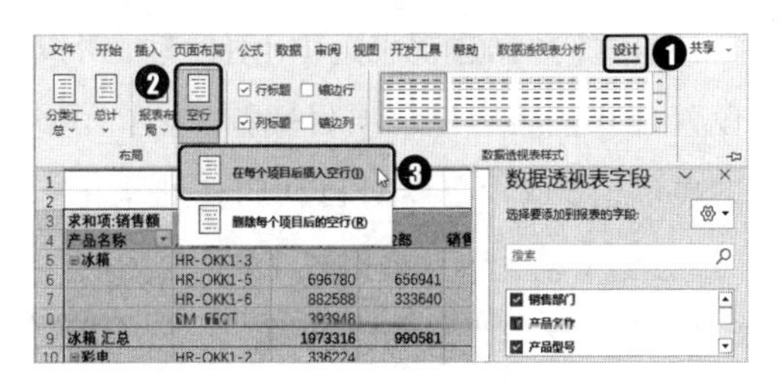

第2步 操作完成后，每个项目后面插入空行的效果如下图所示。

	A	B	C	D	E	F
1						
2						
3	求和项:销售额		销售部门			
4	产品名称	产品型号	销售1部	销售2部	销售3部	总计
5	⊟冰箱	HR-OKK1-3			1542156	1542156
6		HR-OKK1-5	696780	656941		1353721
7		HR-OKK1-6	882588	333640		1216228
8		SM-5EGT	393948			393948
9	冰箱 汇总		1973316	990581	1542156	4506053
10						
11	⊟彩电	HR-OKK1-2	336224			336224
12		SM-5EGT	531786	390414	1087179	2009379
13		SM-6EGT	307344	347784		655128
14		SM-8EGT		529764		529764
15	彩电 汇总		1175354	1267962	1087179	3530495
16						
17	⊟空调	HV-1100S1.0		245784	444675	690459
18		HV-1100S2.0	396165			396165
19		HV-1100S3.0		433356	312081	745437
20		HV-1100S5.0	305613			305613
21		HV-1100S8.0		274890	320166	595056
22		HV-1100S9.0	543312			543312
23	空调 汇总		1245090	954030	1076922	3276042
24						
25	总计		4393760	3212573	3706257	11312590

（4）重命名数据透视表。

将默认的数据透视表名称“数据透视表1”重命名为自定义名称，更方便管理。操作方法如下。

❶单击【数据透视表分析】选项卡，❷在【数据透视表】组中的【数据透视表名称】文本框中输入自定义名称即可。如下图所示。

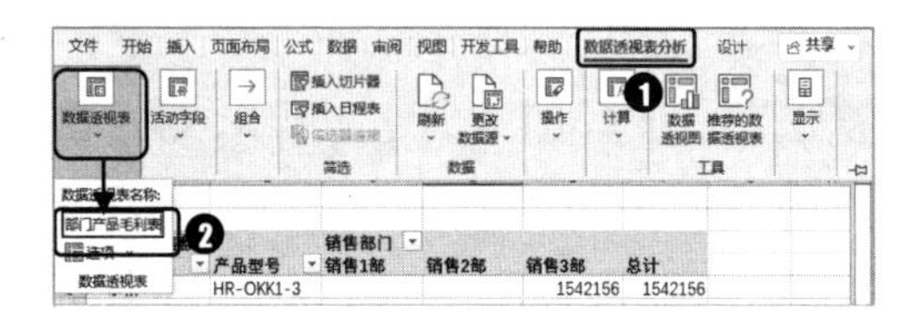

（5）设置数据透视表选项和数字格式。

通过【数据透视表选项】对话框，可以设置合并且居中显示项目标签、空单元格的显示值、取消更新时自动调整列宽。同时，通过【设置单元格格式】对话框可将数字格式设置为“会计专用”格式。以上设置可使数据透视表的外观更为简洁、美观。操作方法如下。

第1步 ❶单击【数据透视表分析】选项卡，❷单击【数据透视表】组中的【选项】按钮。如下图所示。

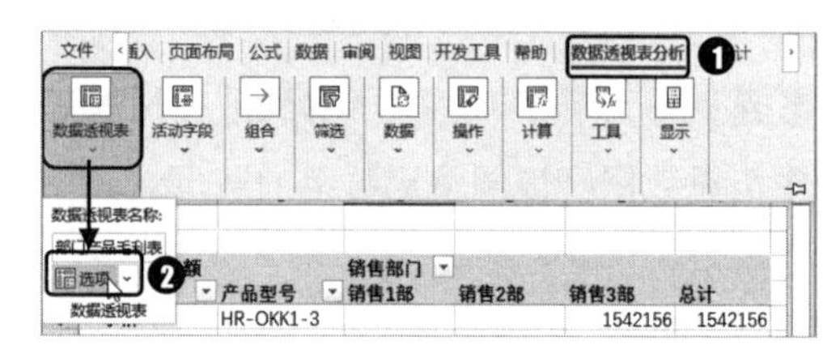

第2步 弹出【数据透视表选项】对话框，❶在【布局和格式】选项卡中勾选【布局】组中的【合并且居中排列带标签的单元格】复选框，❷选中【格式】组中的【对于空单元格，显示】复选框，在文本框中输入数字“0”，❸取消勾选【更新时自动调整列宽】选项，❹单击【确定】按钮关闭对话框。如下图所示。

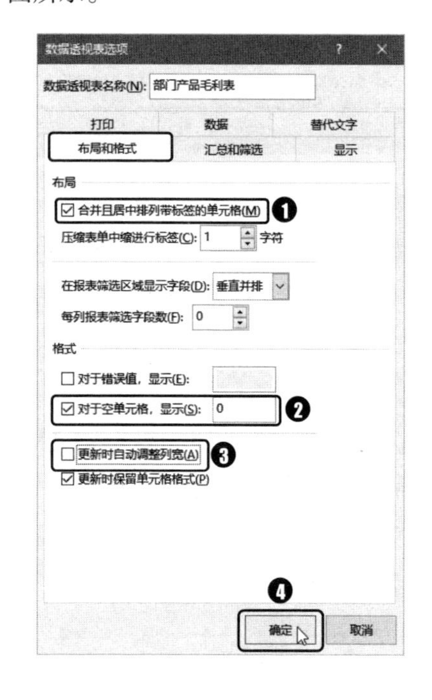

第3步 操作完成后，返回工作表，即可看到调整后的布局效果。如下图所示。

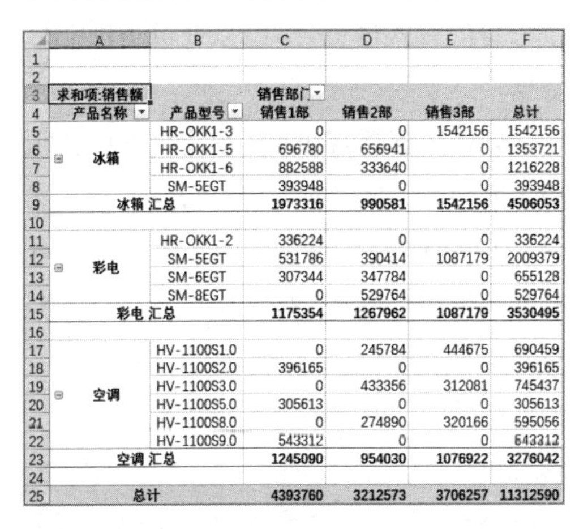

求和项:销售额		销售部门			
产品名称	产品型号	销售1部	销售2部	销售3部	总计
冰箱	HR-OKK1-3	0	0	1542156	1542156
	HR-OKK1-5	696780	656941	0	1353721
	HR-OKK1-6	882588	333640	0	1216228
	SM-5EGT	393948	0	0	393948
冰箱 汇总		1973316	990581	1542156	4506053
彩电	HR-OKK1-2	336224	0	0	336224
	SM-5EGT	531786	390414	1087179	2009379
	SM-6EGT	307344	347784	0	655128
	SM-8EGT	0	529764	0	529764
彩电 汇总		1175354	1267962	1087179	3530495
空调	HV-1100S1.0	0	245784	444675	690459
	HV-1100S2.0	396165	0	0	396165
	HV-1100S3.0	0	433356	312081	745437
	HV-1100S5.0	305613	0	0	305613
	HV-1100S8.0	0	274890	320166	595056
	HV-1100S9.0	543312	0	0	543312
空调 汇总		1245090	954030	1076922	3276042
总计		4393760	3212573	3706257	11312590

第4步 选中C:F区域，按快捷组合键【Ctrl+1】打开【设置单元格格式】对话框，❶单击【数字】选项卡下的【分类】列表框中的【会计专用】选项，❷在【货币符号（国家/地区）】下拉列表中选择【无】选项，❸单击【确定】按钮关闭对话。如下图所示。

第5步 设置完成后，返回工作表，即可看到数据透视表的数字格式效果。如下图所示。

求和项:销售额		销售部门			
产品名称	产品型号	销售1部	销售2部	销售3部	总计
冰箱	HR-OKK1-3	-	-	1,542,156.00	1,542,156.00
	HR-OKK1-5	696,780.00	656,941.00	-	1,353,721.00
	HR-OKK1-6	882,588.00	333,640.00	-	1,216,228.00
	SM-5EGT	393,948.00	-	-	393,948.00
冰箱 汇总		1,973,316.00	990,581.00	1,542,156.00	4,506,053.00
彩电	HR-OKK1-2	336,224.00	-	-	336,224.00
	SM-5EGT	531,786.00	390,414.00	1,087,179.00	2,009,379.00
	SM-6EGT	307,344.00	347,784.00	-	655,128.00
	SM-8EGT	-	529,764.00	-	529,764.00
彩电 汇总		1,175,354.00	1,267,962.00	1,087,179.00	3,530,495.00
空调	HV-1100S1.0	-	245,784.00	444,675.00	690,459.00
	HV-1100S2.0	396,165.00	-	-	396,165.00
	HV-1100S3.0	-	433,356.00	312,081.00	745,437.00
	HV-1100S5.0	305,613.00	-	-	305,613.00
	HV-1100S8.0	-	274,890.00	320,166.00	595,056.00
	HV-1100S9.0	543,312.00	-	-	543,312.00
空调 汇总		1,245,090.00	954,030.00	1,076,922.00	3,276,042.00
总计		4,393,760.00	3,212,573.00	3,706,257.00	11,312,590.00

（6）隐藏【+/-】按钮。

【+/-】按钮是在进行数据透视表初始布局时，系统在项目标签左侧自动添加的，用于折叠或展开明细数据。为使报表更整洁，可以将其隐藏，操作方法如下。

第1步 ❶单击【数据透视表分析】选项卡，❷单击【显示】组中的【+/-按钮】即可隐藏（再次单击可显示）。如下图所示。

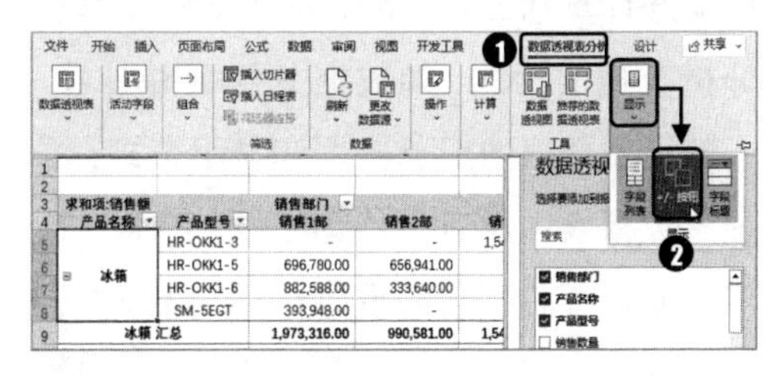

第2步 操作完成后，即可看到项目标签左侧的【+/-】按钮已被隐藏。效果如下图所示。

求和项:销售额		销售部门			
产品名称	产品型号	销售1部	销售2部	销售3部	总计
冰箱	HR-OKK1-3	-	-	1,542,156.00	1,542,156.00
	HR-OKK1-5	696,780.00	656,941.00	-	1,353,721.00
	HR-OKK1-6	882,588.00	333,640.00	-	1,216,228.00
	SM-5EGT	393,948.00	-	-	393,948.00
冰箱 汇总		1,973,316.00	990,581.00	1,542,156.00	4,506,053.00
彩电	HR-OKK1-2	336,224.00	-	-	336,224.00
	SM-5EGT	531,786.00	390,414.00	1,087,179.00	2,009,379.00
	SM-6EGT	307,344.00	347,784.00	-	655,128.00
	SM-8EGT	-	529,764.00	-	529,764.00
彩电 汇总		1,175,354.00	1,267,962.00	1,087,179.00	3,530,495.00
空调	HV-1100S1.0	-	245,784.00	444,675.00	690,459.00
	HV-1100S2.0	396,165.00	-	-	396,165.00
	HV-1100S3.0	-	433,356.00	312,081.00	745,437.00
	HV-1100S5.0	305,613.00	-	-	305,613.00
	HV-1100S8.0	-	274,890.00	320,166.00	595,056.00
	HV-1100S9.0	543,312.00	-	-	543,312.00
空调 汇总		1,245,090.00	954,030.00	1,076,922.00	3,276,042.00
总计		4,393,760.00	3,212,573.00	3,706,257.00	11,312,590.00

3.3.2和3.3.3小节示例结果见“结果文件\第3章\2023年1月部门产品销售毛利计算表.xlsx”文件。

教您一招

隐藏【+/-】按钮之后，可通过两种操作方法快速折叠或展开明细数据：(1)双击项目标签；(2)右击项目标签，然后在快捷菜单中选择【展开/折叠】选项下相应的命令。

3.3.4 动态汇总分析数据

数据透视表的核心功能就是对数据进行动态计算和分析，其中包括多种计算和分析数据的功能，如数据分组合并计算，一键设置数值的汇总依据和显示方式，添加源数据表中没有的计算字段，等等。这些功能发挥着不同的重要作用，财务人员充分掌握运用方法后，就能够将繁重的数据统计分析工作化为简单轻松的操作。本小节介绍几种运用数据透视表工具动态分析数据的操作方法。

1. 使用“组合”工具分类汇总数据

“组合”工具的作用是将指定的项目按指定的方式进行分类，以便按类别汇总数据。

创建数据透视表后，系统会按照各字段中所包含的同类项目进行分类汇总。同时，如果勾选了日期类字段，系统也会自动按“月”将同月日期组合并进行分类汇总。如下图所示，数据透视表中的【月】字段即是系统自动分类而同步生成。

求和项:销售额			销售部门			
月	日期	产品名	销售1部	销售2部	销售3部	总计
1月			4,393,760.00	3,212,573.00	3,706,257.00	11,312,590.00
2月	2月1日	彩电	-	235,440.00	-	235,440.00
	2月3日	彩电	275,760.00	-	-	275,760.00
	2月4日	冰箱	330,000.00	271,400.00	363,400.00	964,800.00
	2月5日	空调	-	369,600.00	715,680.00	1,085,280.00
	2月7日	彩电	252,000.00	-	287,040.00	539,040.00
	2月9日	彩电	-	451,500.00	-	451,500.00
	2月10日	冰箱	-	-	459,600.00	459,600.00
	2月11日	冰箱	597,480.00	-	273,600.00	871,080.00
	2月12日	空调	-	-	262,080.00	262,080.00
	2月15日	空调	255,360.00	228,480.00	-	483,840.00
	2月16日	彩电	-	374,400.00	-	374,400.00
	2月18日	冰箱	-	-	482,580.00	482,580.00
		彩电	453,600.00	289,800.00	-	743,400.00
	2月19日	冰箱	762,936.00	269,040.00	-	1,031,976.00
	2月22日	空调	-	-	253,120.00	253,120.00
	2月24日	空调	467,040.00	-	-	467,040.00
	2月27日	空调	-	189,840.00	-	189,840.00
2月 汇总			3,394,176.00	2,679,500.00	3,097,100.00	9,170,776.00
3月			3,913,516.00	2,864,820.00	3,295,780.00	10,074,116.00
总计			11,701,452.00	8,756,893.00	10,099,137.00	30,557,482.00

但是，如果希望按照其他更灵活的日期区间组合项目，就需要使用数据透视表中的“组合”工具。下面以10天为一组，将日期重新组合并汇总销售额。操作方法如下。

第1步 打开“素材文件\第3章\2023年1–3月部门产品销售毛利计算表.xlsx”文件，❶激活“数据透视表”工作表中的数据透视表工具并单击【数据透视表分析】选项卡，❷单击【组合】组中的【分组选择】按钮。如下图所示。

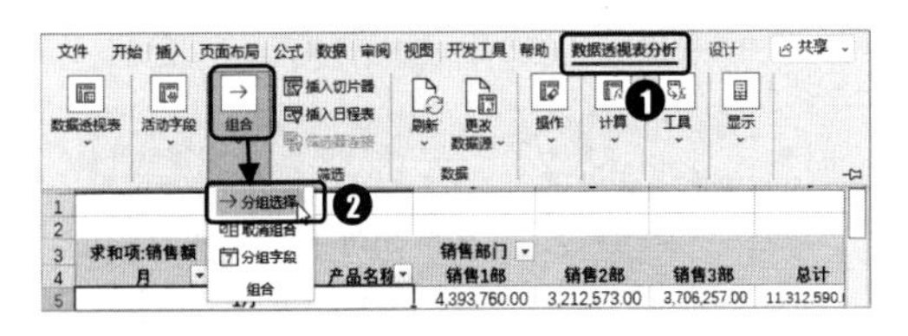

第2步 弹出【组合】对话框，❶取消选中【步长】列表框中的【月】选项，保留系统默认选中的【日】选项，不作更改，❷【自动】选项组中的起止日期是系统根据【日期】字段中的最小和最大日期自动填入，这里不作更改，只需在【天数】文本框中输入数字“10”，❸单击【确定】按钮关闭对话框。如右图所示。

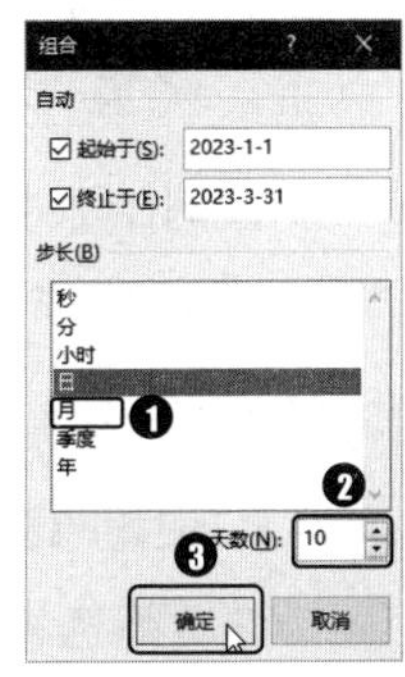

第3步 返回工作表，即可看到【日期】字段中已按10天1组对日期进行分组，此时右击任意一个项目标签，在弹出的快捷菜单中选择【分类汇总“日期”】命令。如下图所示。

第4步 操作完成后，即可看到按日期区间分组效果及分类汇总数据。如下图所示。

求和项:销售额		销售部门			
日期	产品名称	销售1部	销售2部	销售3部	总计
2023-1-1 - 2023-1-10	冰箱	393,948.00	329,886.00	433,944.00	1,157,778.00
	彩电	336,224.00	390,414.00	644,516.00	1,371,154.00
	空调	396,165.00	433,356.00	444,675.00	1,274,196.00
2023-1-1 - 2023-1-10 汇总		1,126,337.00	1,153,656.00	1,523,135.00	3,803,128.00
2023-1-11 - 2023-1-20	冰箱	696,780.00	333,640.00	541,940.00	1,572,360.00
	彩电	307,344.00	529,764.00	442,663.00	1,279,771.00
	空调	305,613.00	274,890.00	312,081.00	892,584.00
2023-1-11 - 2023-1-20 汇总		1,309,737.00	1,138,294.00	1,296,684.00	3,744,715.00
2023-1-21 - 2023-1-30	冰箱	882,588.00	327,055.00	566,272.00	1,775,915.00
	彩电	531,786.00	347,784.00	-	879,570.00
	空调	543,312.00	245,784.00	320,166.00	1,109,262.00
2023-1-21 - 2023-1-30 汇总		1,957,686.00	920,623.00	886,438.00	3,764,747.00
2023-1-31 - 2023-2-9		857,760.00	1,327,940.00	1,366,120.00	3,551,820.00
2023-2-10 - 2023-2-19		2,069,376.00	1,161,720.00	1,477,860.00	4,708,956.00
2023-2-20 - 2023-3-1		467,040.00	189,840.00	510,360.00	1,167,240.00
2023-3-2 - 2023-3-11		650,740.00	643,200.00	386,400.00	1,680,340.00
2023-3-12 - 2023-3-21		1,246,260.00	1,155,300.00	1,465,780.00	3,867,340.00
2023-3-22 - 2023-3-31	冰箱	785,916.00	291,840.00	505,560.00	1,583,316.00
	彩电	474,600.00	310,800.00	395,200.00	1,180,600.00
	空调	756,000.00	463,680.00	285,600.00	1,505,280.00
2023-3-22 - 2023-3-31 汇总		2,016,516.00	1,066,320.00	1,186,360.00	4,269,196.00
总计		11,701,452.00	8,756,893.00	10,099,137.00	30,557,482.00

2. 自定义分类汇总多项分类数据

数据透视表中的行字段或列字段中数据组的默认分类汇总方式是“求和”，可通过【字段设置】功能将分类汇总切换为其他方式或同时显示多项分类汇总数据。具体包括求和、计数、平均值、最大值、最小值、乘积、数值计数、标准偏差、总体标准偏差、方差、总体方差。默认设置下，汇总方式自动设置为“求和”。如下图所示，数据透视表中每种产品的汇总数即为“求和”方式计算得到的结果。下面继续在“2023年1-3月部门产品销售毛利计算表”工作簿中进行操作，自定义设置“求和”“平均值”“最大值”“最小值”分类汇总，使报表中同时显示4项分类汇总数据。

产品名称	销售部门	求和项:销售额	求和项:毛利额
冰箱	销售1部	5,422,108.00	1116392.87
	销售2部	2,413,661.00	546807.58
	销售3部	4,495,876.00	970238.22
冰箱 汇总		12,331,645.00	2633438.67
彩电	销售1部	3,203,054.00	719007.88
	销售2部	3,751,202.00	732615.32
	销售3部	2,334,499.00	456454.59
彩电 汇总		9,288,755.00	1908077.79
空调	销售1部	3,076,290.00	666845.06
	销售2部	2,592,030.00	480623.94
	销售3部	3,268,762.00	646751.69
空调 汇总		8,937,082.00	1794220.69
总计		30,557,482.00	6335737.15

操作方法如下。

第1步 ❶选中“自定义分类汇总”工作表内数据透视表中的A3单元格（【产品名称】字段）激活数据透视表工具，并单击【数据透视表分析】选项卡，❷单击【活动字段】组中的【字段设置】按钮。如下图所示。

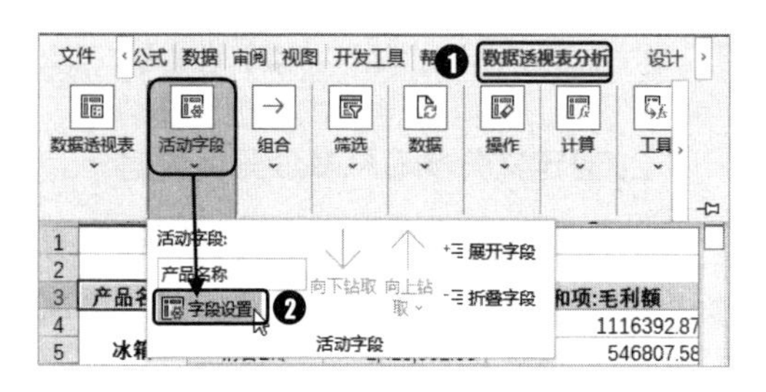

第2步 弹出【字段设置】对话框，❶选中【分类汇总和筛选】选项卡下的【自定义】选项按钮，❷选中【求和】【平均值】【最大值】和【最小值】这4个选项，❸单击【确定】按钮关闭对话框。

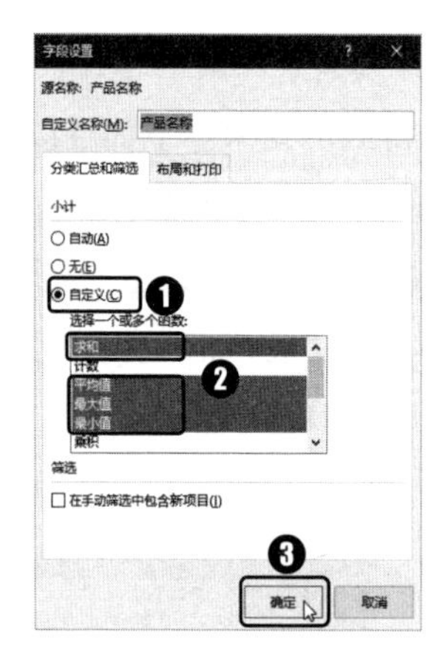

第3步 操作完成后，返回工作表，即可看到数据透视表中每个产品名称下面显示了4项分类汇总数据。

	A	B	C	D
1				
2				
3	产品名称	销售部门	求和项:销售额	求和项:毛利额
4	冰箱	销售1部	5,422,108.00	1116392.87
5		销售2部	2,413,661.00	546807.58
6		销售3部	4,495,876.00	970238.22
7	冰箱 求和		12,331,645.00	2633438.67
8	冰箱 平均值		456,727.59	97534.76556
9	冰箱 最大值		882,588.00	220547.25
10	冰箱 最小值		269,040.00	46200
11	彩电	销售1部	3,203,054.00	719007.88
12		销售2部	3,751,202.00	732615.32
13		销售3部	2,334,499.00	456454.59
14	彩电 求和		9,288,755.00	1908077.79
15	彩电 平均值		357,259.81	73387.60731
16	彩电 最大值		531,786.00	121800.56
17	彩电 最小值		235,440.00	36013.6
18	空调	销售1部	3,076,290.00	666845.06
19		销售2部	2,592,030.00	480623.94
20		销售3部	3,268,762.00	646751.69
21	空调 求和		8,937,082.00	1794220.69
22	空调 平均值		331,003.04	66452.61815
23	空调 最大值		543,312.00	124632.48
24	空调 最小值		189,840.00	32272.8
25	总计		30,557,482.00	6335737.15

示例结果见“结果文件\第3章\2023年1-3月部门产品销售毛利计算表.xlsx”文件。

3. 设置“值汇总依据”动态汇总数据

在数据透视表中，动态汇总值字段中的数据是非常轻松的操作，同样也可快速切换。默认设置下，“值汇总依据”依然是“求和”，计算其他汇总数据时，只需在快捷菜单中一键选择常用汇总方式或打开【值字段设置】选择其他汇总方式即可。

如下图所示，数据透视表中列示了每月各销售部门销售各种产品的销售额合计数。下面再添加【销售额】字段，计算销售额的平均数。

	A	B	C	D	E	F
1						
2						
3	求和项:销售额		产品名称			
4	日期	销售部门	冰箱	彩电	空调	总计
5	1月	销售1部	1,973,316.00	1,175,354.00	1,245,090.00	4,393,760.00
6		销售2部	990,581.00	1,267,962.00	954,030.00	3,212,573.00
7		销售3部	1,542,156.00	1,087,179.00	1,076,922.00	3,706,257.00
8	1月 汇总		4,506,053.00	3,530,495.00	3,276,042.00	11,312,590.00
9	2月	销售1部	1,690,416.00	981,360.00	722,400.00	3,394,176.00
10		销售2部	540,440.00	1,351,140.00	787,920.00	2,679,500.00
11		销售3部	1,579,180.00	287,040.00	1,230,880.00	3,097,100.00
12	2月 汇总		3,810,036.00	2,619,540.00	2,741,200.00	9,170,776.00
13	3月	销售1部	1,758,376.00	1,046,340.00	1,108,800.00	3,913,516.00
14		销售2部	882,640.00	1,132,100.00	850,080.00	2,864,820.00
15		销售3部	1,374,540.00	960,280.00	960,960.00	3,295,780.00
16	3月 汇总		4,015,556.00	3,138,720.00	2,919,840.00	10,074,116.00
17	总计		12,331,645.00	9,288,755.00	8,937,082.00	30,557,482.00

操作方法如下。

第1步 打开“素材文件\第3章\2023年1-3月部门产品销售毛利计算表1.xlsx”文件，在“值汇总依据”工作表内的【数据透视表字段】窗格中，将【销售额】字段拖至【值】区域，此时【值】区域中有两个【销售额】字段。如下图所示。

第2步 ❶右击D5单元格（【求和项:销售额2】字段），在弹出的快捷菜单中单击【值汇总依据】选项，❷单击二级列表中的【平均值】选项。如下图所示。

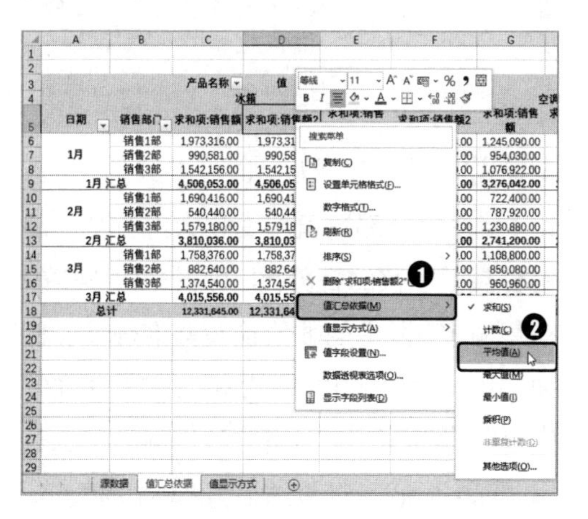

第3步 操作完成后，可看到全部【平均值项:销售额2】字段中的数值均已计算得到平均数。如下图所示。

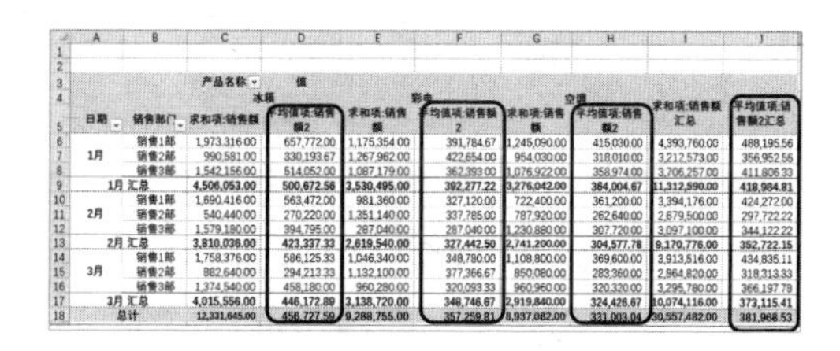

4. 设置“值显示方式”动态分析比率

如果要动态分析各类数值之间的占比、数值之间的差异或指定字段的汇总值，可通过设置“值显示方式”快速得到计算结果。数据透视表同样也提供了多种可快速切换的动态计算分析比率或数值的方式，具体包括总计的百分比、列汇总的百分比、行汇总的百分比、百分比、父行汇总的百分比、父列汇总的百分比、父级汇总的百分比、差异、差异百分比、按某一字段汇总、按某一字段汇总的百分比、指数。默认设置下，“值显示方式”是“无计算”，计算比率时，在快捷菜单中选择相应的计算方式即可。

如下图所示，数据透视表的值区域中包括4个字段。其中，【总计占比】【产品占比】和【日期占比】字段实际是添加的3个相同的【销售额】字段，字段名称已作修改。

日期	产品名称	销售部门	求和项:销售额	总计占比	产品占比	日期占比
1月	冰箱	销售1部	1,973,316.00	1,973,316.00	1,973,316.00	1,973,316.00
		销售2部	990,581.00	990,581.00	990,581.00	990,581.00
		销售3部	1,542,156.00	1,542,156.00	1,542,156.00	1,542,156.00
	冰箱 汇总		**4,506,053.00**	**4,506,053.00**	**4,506,053.00**	**4,506,053.00**
	彩电	销售1部	1,175,354.00	1,175,354.00	1,175,354.00	1,175,354.00
		销售2部	1,267,962.00	1,267,962.00	1,267,962.00	1,267,962.00
		销售3部	1,087,179.00	1,087,179.00	1,087,179.00	1,087,179.00
	彩电 汇总		**3,530,495.00**	**3,530,495.00**	**3,530,495.00**	**3,530,495.00**
	空调	销售1部	1,245,090.00	1,245,090.00	1,245,090.00	1,245,090.00
		销售2部	954,030.00	954,030.00	954,030.00	954,030.00
		销售3部	1,076,922.00	1,076,922.00	1,076,922.00	1,076,922.00
	空调 汇总		**3,276,042.00**	**3,276,042.00**	**3,276,042.00**	**3,276,042.00**
1月 汇总			**11,312,590.00**	**11,312,590.00**	**11,312,590.00**	**11,312,590.00**
2月			9,170,776.00	9,170,776.00	9,170,776.00	9,170,776.00
3月			10,074,116.00	10,074,116.00	10,074,116.00	10,074,116.00
总计			**30,557,482.00**	**30,557,482.00**	**30,557,482.00**	**30,557,482.00**

下面继续在“2023年1-3月部门产品销售毛利计算表1”工作簿中进行操作，分别在3个字段中计算3个占比数据：（1）每种产品每个部门的销售额占销售总额的比率，（2）每种产品每个部门的销售额占该产品销售总额的比率，（3）每种产品每个部门的销售额占当月销售总额的比率。

第1步 ❶右击“值显示方式”工作表内的数据透视表中的E3单元格（【总计占比】字段），在弹出的快捷菜单中单击【值显示方式】选项，❷单击二级列表中的【总计的百分比】选项。如下图所示。

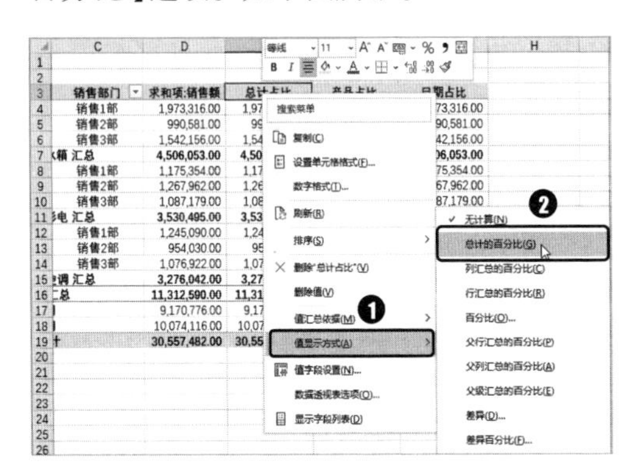

第2步 操作完成后，即可看到【总计占比】字段中全部数值均变化为占“总计”数的百分比，可根据【求和项:销售额】字段中的数值检验其准确性。例如，用D4单元格中的销售额“1,973,316.00”除以D19单元格中的“总计”数“30,557,482.00”，计算结果为“6.46%”。如下图所示。

日期	产品名称	销售部门	求和项:销售额	总计占比
1月	冰箱	销售1部	1,973,316.00	6.46%
		销售2部	990,581.00	3.24%
		销售3部	1,542,156.00	5.05%
	冰箱 汇总		**4,506,053.00**	**14.75%**
	彩电	销售1部	1,175,354.00	3.85%
		销售2部	1,267,962.00	4.15%
		销售3部	1,087,179.00	3.56%
	彩电 汇总		**3,530,495.00**	**11.55%**
	空调	销售1部	1,245,090.00	4.07%
		销售2部	954,030.00	3.12%
		销售3部	1,076,922.00	3.52%
	空调 汇总		**3,276,042.00**	**10.72%**
1月 汇总			**11,312,590.00**	**37.02%**
2月			9,170,776.00	30.01%
3月			10,074,116.00	32.97%
总计			**30,557,482.00**	**100.00%**

第3步 ❶右击F3单元格（【产品占比】字段），在弹出的快捷菜单中单击【值显示方式】选项，❷单击二级列表中的【父行汇总的百分比】选项。如下图所示。

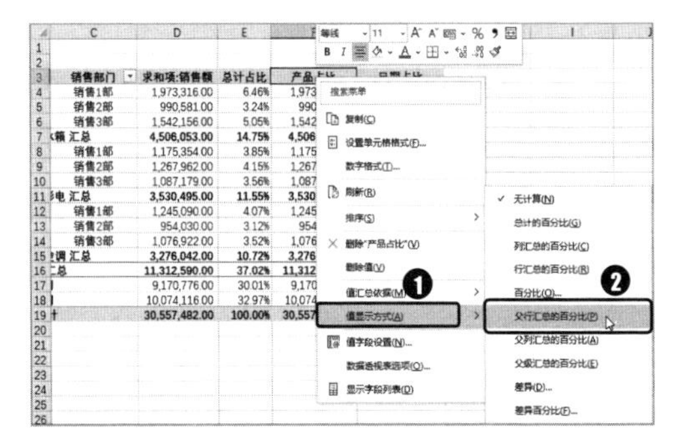

第4步 操作完成后，即可看到【产品占比】字段中全部数值均变化为占每种产品销售额汇总数的百分比，可根据【求和项:销售额】字段中的数值检验其准确性。例如，用D4单元格中的销售额“1,973,316.00”除以D7单元格中“冰箱”销售额的汇总数“4,506,053.00”，计算结果为“43.79%”。

	A	B	C	D	E	F	G
1							
2							
3	日期	产品名	销售部门	求和项:销售额	总计占比	产品占比	日期占比
4	1月	冰箱	销售1部	1,973,316.00	6.46%	43.79%	1,973,316.00
5			销售2部	990,581.00	3.24%	21.98%	990,581.00
6			销售3部	1,542,156.00	5.05%	34.22%	1,542,156.00
7		冰箱 汇总		4,506,053.00	14.75%	39.83%	4,506,053.00
8		彩电	销售1部	1,175,354.00	3.85%	33.29%	1,175,354.00
9			销售2部	1,267,962.00	4.15%	35.91%	1,267,962.00
10			销售3部	1,087,179.00	3.56%	30.79%	1,087,179.00
11		彩电 汇总		3,530,495.00	11.55%	31.21%	3,530,495.00
12		空调	销售1部	1,245,090.00	4.07%	38.01%	1,245,090.00
13			销售2部	954,030.00	3.12%	29.12%	954,030.00
14			销售3部	1,076,922.00	3.52%	32.87%	1,076,922.00
15		空调 汇总		3,276,042.00	10.72%	28.96%	3,276,042.00
16	1月 汇总			11,312,590.00	37.02%	37.02%	11,312,590.00
17	2月			9,170,776.00	30.01%	30.01%	9,170,776.00
18	3月			10,074,116.00	32.97%	32.97%	10,074,116.00
19	总计			30,557,482.00	100.00%	100.00%	30,557,482.00

第5步 ❶右击G3单元格（【日期占比】字段），在弹出的快捷菜单中单击【值显示方式】选项，❷单击二级列表中的【父级汇总的百分比】选项。如下图所示。

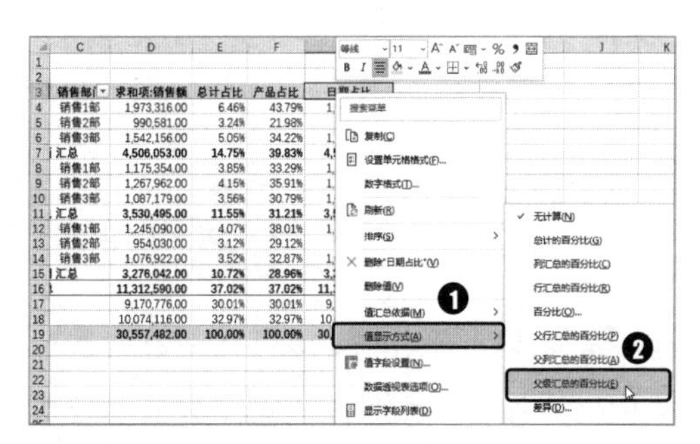

第6步 弹出【值显示方式(日期占比)】对话框，❶在【基本字段】下拉列表中选择【日期】选项，❷单击【确定】按钮关闭对话框。如下图所示。

第7步 操作完成后，即可看到【日期占比】字段中全部数值均变化为占当月销售额汇总数的百分比，可根据【求和项:销售额】字段中的数值检验其准确性。例如，用D4单元格中的销售额“1,973,316.00”除以D16单元格中“1月”销售额的汇总数“11,312,590.00”，计算结果为“17.44%”。

	A	B	C	D	E	F	G
1							
2							
3	日期	产品名	销售部门	求和项:销售额	总计占比	产品占比	日期占比
4	1月	冰箱	销售1部	1,973,316.00	6.46%	43.79%	17.44%
5			销售2部	990,581.00	3.24%	21.98%	8.76%
6			销售3部	1,542,156.00	5.05%	34.22%	13.63%
7		冰箱 汇总		4,506,053.00	14.75%	39.83%	39.83%
8		彩电	销售1部	1,175,354.00	3.85%	33.29%	10.39%
9			销售2部	1,267,962.00	4.15%	35.91%	11.21%
10			销售3部	1,087,179.00	3.56%	30.79%	9.61%
11		彩电 汇总		3,530,495.00	11.55%	31.21%	31.21%
12		空调	销售1部	1,245,090.00	4.07%	38.01%	11.01%
13			销售2部	954,030.00	3.12%	29.12%	8.43%
14			销售3部	1,076,922.00	3.52%	32.87%	9.52%
15		空调 汇总		3,276,042.00	10.72%	28.96%	28.96%
16	1月 汇总			11,312,590.00	37.02%	37.02%	100.00%
17	2月			9,170,776.00	30.01%	30.01%	100.00%
18	3月			10,074,116.00	32.97%	32.97%	100.00%
19	总计			30,557,482.00	100.00%	100.00%	

示例结果见“结果文件\第3章\2023年1-3月部门产品销售毛利计算表1.xlsx”文件。

5. 创建计算字段和计算项，自定义数据分析

数据透视表中，除了可通过设置“值汇总依据”和“值显示方式”动态汇总数据、计算比率，还可以自行设置公式创建新字段或项目用以计算数据，帮助财务人员完成实际工作中更灵活多变的数据分析工作，获取更充分的数据信息。下面介绍计算字段和计算项的创建方法。

（1）创建计算字段。

“计算字段”是对现有字段的数据进行计算的新的字段。

如下图所示，数据透视表中列示了每种产品在每个销售部门的销售额和毛利额，现需要计算毛利率数据。源数据表中并没有【毛利率】字段，因此需要在数据透视表

中创建计算字段。

产品名称	销售部门	求和项:销售额	求和项:毛利额
冰箱	销售1部	5,422,108.00	1,116,392.87
	销售2部	2,413,661.00	546,807.58
	销售3部	4,495,876.00	970,238.22
冰箱 汇总		12,331,645.00	2,633,438.67
彩电	销售1部	3,203,054.00	719,007.88
	销售2部	3,751,202.00	732,615.32
	销售3部	2,334,499.00	456,454.59
彩电 汇总		9,288,755.00	1,908,077.79
空调	销售1部	3,076,290.00	666,845.06
	销售2部	2,592,030.00	480,623.94
	销售3部	3,268,762.00	646,751.69
空调 汇总		8,937,082.00	1,794,220.69
总计		30,557,482.00	6,335,737.15

第1步 打开“素材文件\第3章\2023年1-3月部门产品销售毛利计算表2.xlsx”文件，❶激活“计算字段”工作表中数据透视表工具并单击【数据透视表分析】选项卡，❷单击【计算】组中的【字段、项目和集】下拉按钮，❸单击【计算字段】命令。如下图所示。

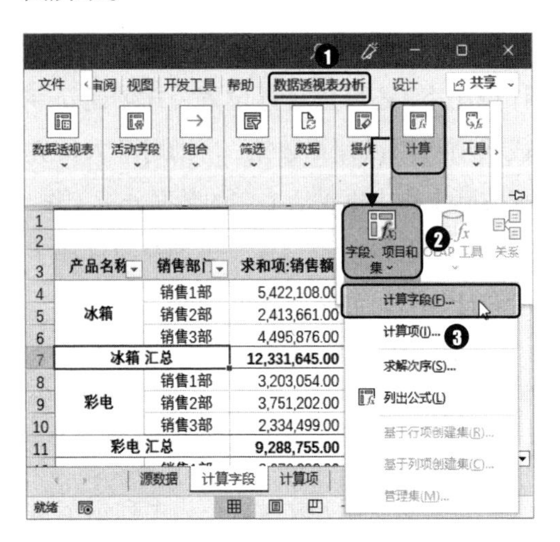

第2步 弹出【插入计算字段】对话框，❶在【名称】文本框中输入字段名称“毛利率”，❷在【公式】文本框中输入公式“=ROUND(毛利额/销售额,4)”，用“毛利额”除以“销售额”，保留4位小数（字段名称可通过双击【字段】列表框中的字段插入公式表达式中），❸单击【添加】按钮将【毛利率】字段添加至【字段】列表框中，❹单击【确定】按钮关闭对话框。如下图所示。

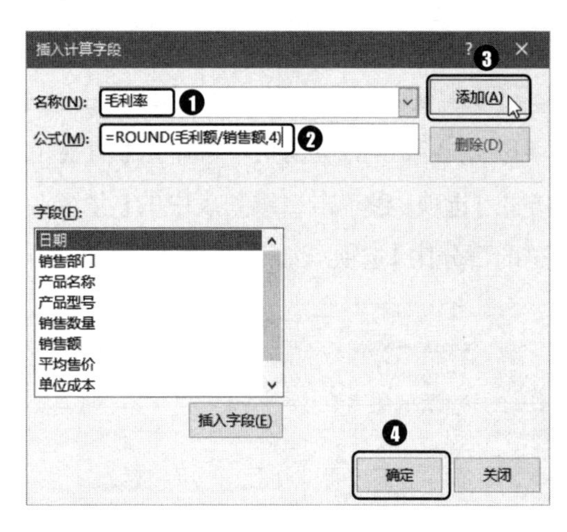

第3步 返回工作表，即可看到数据透视表中已添加了“毛利率”字段，并显示公式计算结果。如下图所示。

产品名称	销售部门	求和项:销售额	求和项:毛利额	求和项:毛利率
冰箱	销售1部	5,422,108.00	1,116,392.87	0.21
	销售2部	2,413,661.00	546,807.58	0.23
	销售3部	4,495,876.00	970,238.22	0.22
冰箱 汇总		12,331,645.00	2,633,438.67	0.21
彩电	销售1部	3,203,054.00	719,007.88	0.22
	销售2部	3,751,202.00	732,615.32	0.20
	销售3部	2,334,499.00	456,454.59	0.20
彩电 汇总		9,288,755.00	1,908,077.79	0.21
空调	销售1部	3,076,290.00	666,845.06	0.22
	销售2部	2,592,030.00	480,623.94	0.19
	销售3部	3,268,762.00	646,751.69	0.20
空调 汇总		8,937,082.00	1,794,220.69	0.20
总计		30,557,482.00	6,335,737.15	0.21

第4步 ❶选中【求和项:毛利率】整个字段，❷单击【开始】选项卡，❸在【数字】组中的下拉列表中选择【百分比】选项。如下图所示。

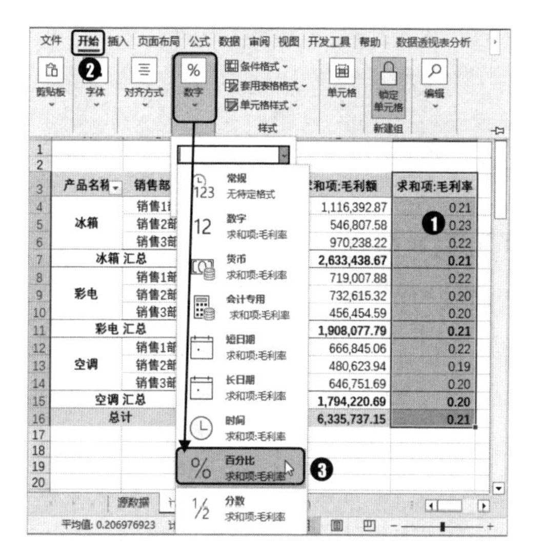

第5步 操作完成后，即可看到【求和项：毛利率】字段中的数值格式效果。如下图所示。

产品名称	销售部门	求和项:销售额	求和项:毛利额	求和项:毛利率
冰箱	销售1部	5,422,108.00	1,116,392.87	20.59%
	销售2部	2,413,661.00	546,807.58	22.65%
	销售3部	4,495,876.00	970,238.22	21.58%
冰箱 汇总		12,331,645.00	2,633,438.67	21.36%
彩电	销售1部	3,203,054.00	719,007.88	22.45%
	销售2部	3,751,202.00	732,615.32	19.53%
	销售3部	2,334,499.00	456,454.59	19.55%
彩电 汇总		9,288,755.00	1,908,077.79	20.54%
空调	销售1部	3,076,290.00	666,845.06	21.68%
	销售2部	2,592,030.00	480,623.94	18.54%
	销售3部	3,268,762.00	646,751.69	19.79%
空调 汇总		8,937,082.00	1,794,220.69	20.08%
总计		30,557,482.00	6,335,737.15	20.73%

示例结果见“结果文件\第3章\2023年1-3月部门产品销售毛利计算表2.xlsx”文件。

（2）创建计算项。

“计算项”是以某个字段中的项目数据为基数，由用户自行设置公式计算生成的新的项目。下面在如下图所示的数据透视表中，添加计算项用以计算每个部门的销售额数据，现需要计算每种产品每个部门销售指标达成率。本例设定销售指标为：冰箱400万元、彩电300万元、空调350万元。

求和项:销售额	销售部门			
产品名称	销售1部	销售2部	销售3部	总计
冰箱	5,422,108.00	2,413,661.00	4,495,876.00	12,331,645.00
彩电	3,203,054.00	3,751,202.00	2,334,499.00	9,288,755.00
空调	3,076,290.00	2,592,030.00	3,268,762.00	8,937,082.00
总计	11,701,452.00	8,756,893.00	10,099,137.00	30,557,482.00

第1步 打开“素材文件\第3章\2023年1-3月部门产品销售毛利计算表3.xlsx”文件，❶选中“计算项”工作表中的A4单元格（【产品名称】字段）激活数据透视表，❷单击【数据透视表分析】选项卡，❸单击【计算】组中的【字段、项目和集】下拉按钮，❹单击【计算项】命令。如下图所示。

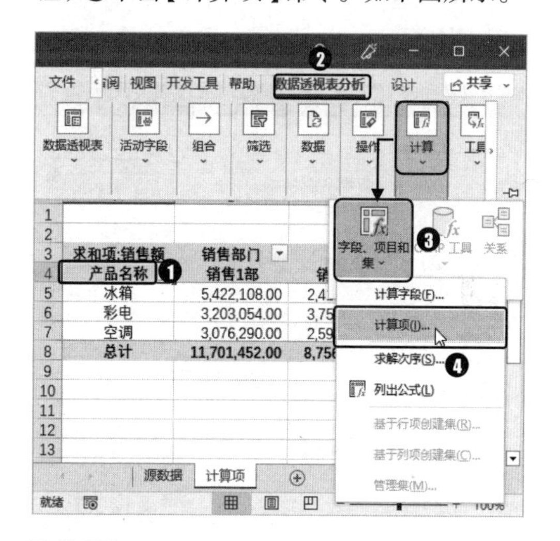

第2步 弹出【在“产品名称”中插入计算字段】对话框，❶在【名称】文本框中输入名称“冰箱达成率”，❷双击【字段】列表框中的【产品名称】将其中的项目添加至【项】列表框中，❸在【公式】文本框中输入公式“=ROUND(冰箱/4000000,4)”，

❹单击【添加】按钮。如下图所示。

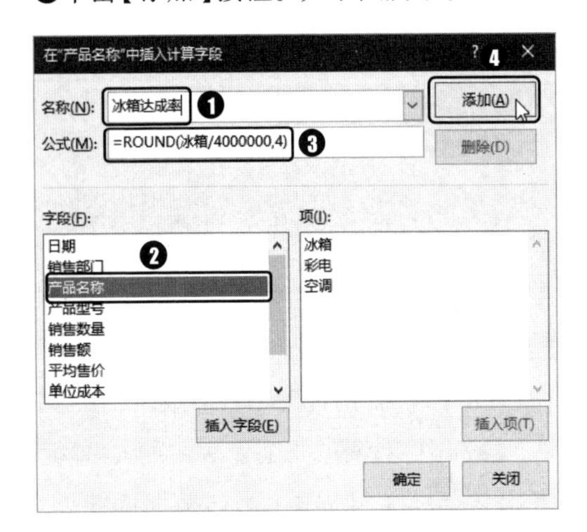

第3步 ❶重复第2步操作，添加【彩电达成率】和【空调达成率】计算项至【项】列表框中，❷单击【确定】按钮关闭对话框。如下图所示。

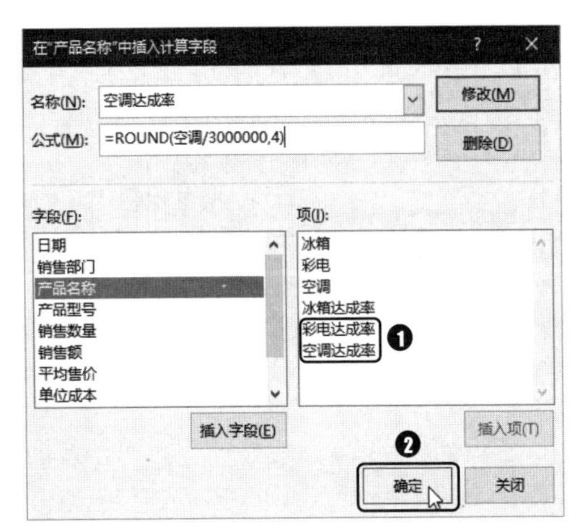

第4步 返回工作表，即可看到数据透视表中【产品名称】字段已添加了3个计算项，并在【销售部门】字段显示公式计算结果。如下图所示。

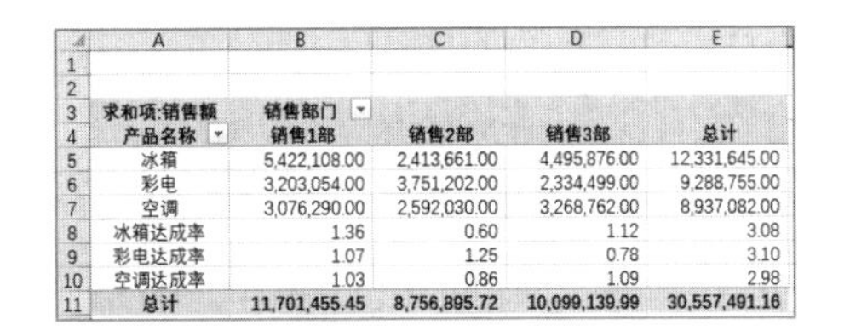

求和项:销售额	销售部门			
产品名称	销售1部	销售2部	销售3部	总计
冰箱	5,422,108.00	2,413,661.00	4,495,876.00	12,331,645.00
彩电	3,203,054.00	3,751,202.00	2,334,499.00	9,288,755.00
空调	3,076,290.00	2,592,030.00	3,268,762.00	8,937,082.00
冰箱达成率	1.36	0.60	1.12	3.08
彩电达成率	1.07	1.25	0.78	3.10
空调达成率	1.03	0.86	1.09	2.98
总计	11,701,455.45	8,756,895.72	10,099,139.99	30,557,491.16

第5步 ❶选中【冰箱达成率】【彩电达成率】和【空调达成率】3个项目的全部区域（A8:E10单元格区域），❷单击【开始】选项卡，❸在【数字】组中的下拉列表中选择【百分比】选项。如下图所示。

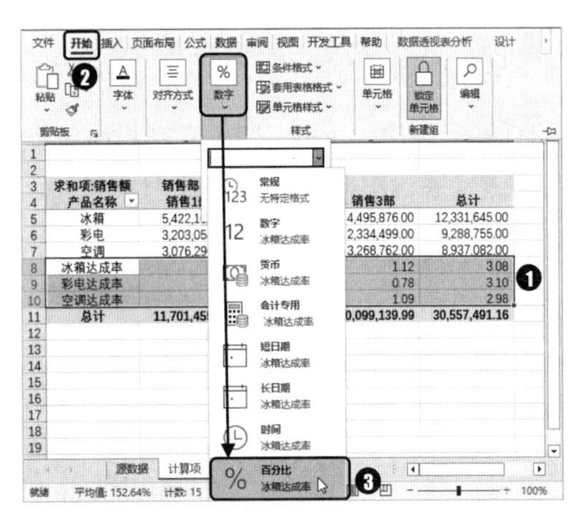

第6步 ❶单击【设计】选项卡，❷单击【布局】组中的【总计】下拉按钮，❸单击下拉列表中的【仅对行启用】命令。如下图所示。

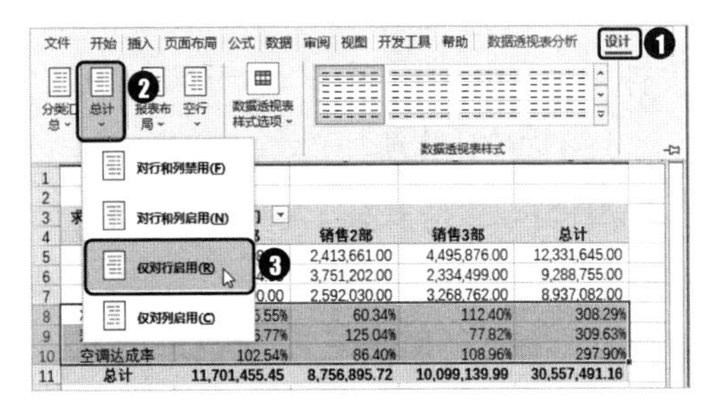

温馨提示

创建计算项后，数据透视表中行总计、列总计及分类汇总会将其数据汇总计算在内，从而导致汇总数据出现错误，所以应根据添加计算项的字段所在区域禁用行总计或列总计。本例未设置分类汇总，因此只需禁用列总计，保留行总计。

第7步 操作完成后，效果如下图所示。

	A	B	C	D	E
1					
2					
3	求和项:销售额	销售部门			
4	产品名称	销售1部	销售2部	销售3部	总计
5	冰箱	5,422,108.00	2,413,661.00	4,495,876.00	12,331,645.00
6	彩电	3,203,054.00	3,751,202.00	2,334,499.00	9,288,755.00
7	空调	3,076,290.00	2,592,030.00	3,268,762.00	8,937,082.00
8	冰箱达成率	135.55%	60.34%	112.40%	308.29%
9	彩电达成率	106.77%	125.04%	77.82%	309.63%
10	空调达成率	102.54%	86.40%	108.96%	297.90%

示例结果见“结果文件\第3章\2023年1-3月部门产品销售毛利计算表3.xlsx”文件。

AI智能答疑与技巧点拨

本章主要介绍了Excel中的几种数据分析工具的应用方法，尤其对数据透视表的创建、布局和动态分析数据的方法进行了重点介绍。下面结合本章内容，利用AI工具“ChatGPT”和“文心一言”的学习引导，再补充介绍几个数据透视表中常用和实用的操作技巧，帮助财务人员提高工作效率和质量。

01 在数据透视表中插入“日程表”筛选日期

“日程表”是Excel提供的两大数据筛选神器中，除“切片器”外的另一种筛选工具。下面先让AI工具“ChatGPT”对日程表的作用进行一个简要介绍。

提问： Excel数据透视表工具中的“日程表”筛选器有什么作用?

ChatGPT

在Excel数据透视表工具中，“日程表”筛选器的作用是根据日期字段的不同时间间隔（年、季度、月、周、日等）来筛选和显示数据。它可以帮助用户按照不同的时间范围对数据进行分析和汇总。

通过“日程表”筛选器，用户可以轻松地选择要显示的日期范围，从而快速过滤和查看数据。例如，用户可以选择只显示某个月份或季度的数据，或者只显示某个星期的数据，以便更好地了解数据的趋势和变化。

此外，“日程表”筛选器还可以与其他筛选器（如字段筛选器、报表筛选器等）结合使用，以实现更精确的数据分析和报表生成。用户可以根据自己的需求，自定义筛选器的设置，以便更好地满足数据分析的要求。

从以上回复可知，日程表和切片器的工作原理基本相同，二者的主要区别是日程表仅能在数据透视表中使用，而且只能用于筛选日期类数据。不过，“日程表”可按日期、月份、季度、年份等不同的日期级别筛选，这一点远胜于在切片器中筛选日期。下面介绍在数据透视表中使用日程表筛选日期数据的操作方法。

第1步 打开“素材文件\第3章\2023年1-3月部门产品销售毛利计算表4.xlsx”文件，❶激活“日程表”工作表内数据透视表工具并单击【数据透视表分析】选项卡，❷单击【筛选】组中的【插入日程表】按钮。如下图所示。

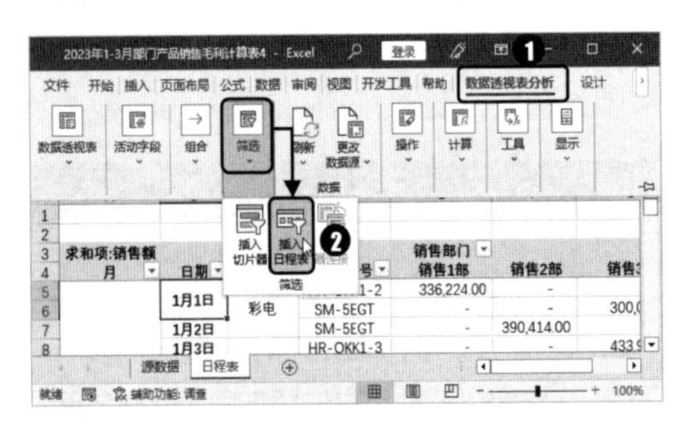

第2步 弹出【插入日程表】对话框，❶勾选列表框中的【日期】复选框，❷单击【确定】按钮关闭对话框。如下图所示。

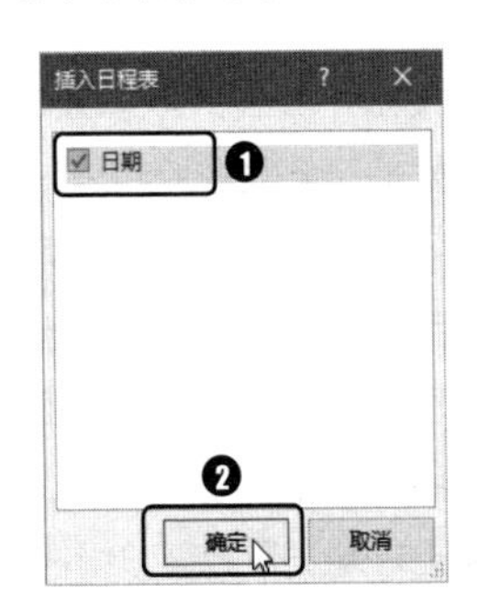

第3步 返回工作表，即可看到一个日程表已插入工作表中，默认期间为月份。如下图所示。

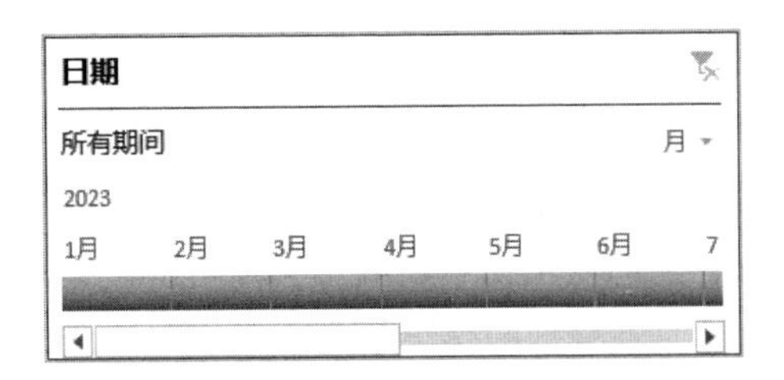

第4步 单击【日程表】中某个月份下面的按钮，即可筛选出数据透视表中相应的数据。本例仅列举了2023年1-3月数据，因此这里单击【2月】按钮，筛选2月数据。效果如下图所示。

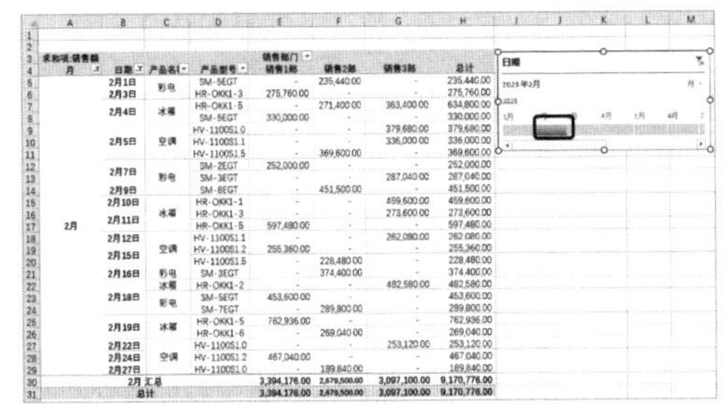

第5步 ❶单击【日程表】中的【日期】下拉按钮“月 ▾”，❷单击下拉列表中的【日】选项，将日期级别切换为“日”。如下图所示。

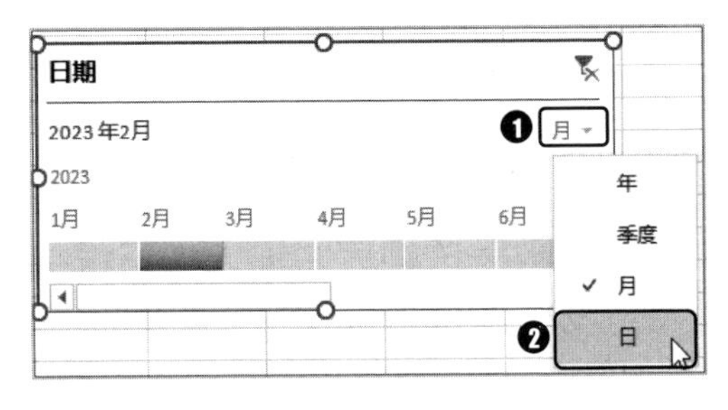

第6步 选择【切片器】中【2023年1月】组下的【1】—【7】按钮，即可筛选出数据透视表中2023年1月1日至1月7日的数据。如下图所示。

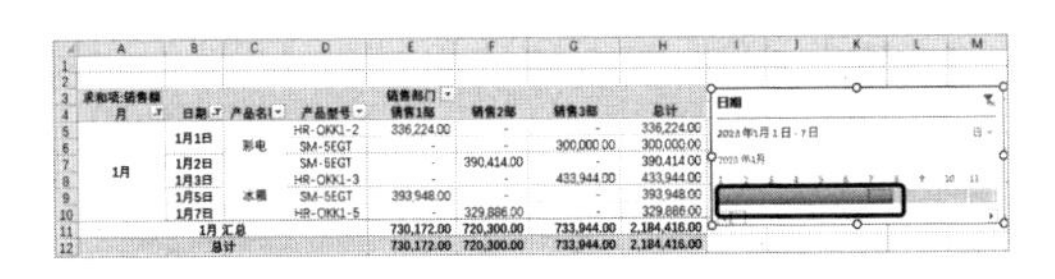

示例结果见“结果文件\第3章\2023年1-3月部门产品销售毛利计算表4.xlsx”文件。

温馨提示●

注意在日程表中进行多项筛选，只能选择多个连续的日期，而不能跳跃式选择不连续的日期。

02 在数据透视表中使用一个筛选器筛选多个数据

实际工作中，如果需要从数据透视表中同时查看并分析同一组数据的不同计算结果，可以使用同一个数据源创建多个数据透视表。同理，也可使用一个筛选器同步筛选多个数据透视表数据。下面先让AI工具“文心一言”来教我们如何操作。

提问： Excel数据透视表中，如何用一个筛选器连接多个数据透视表？

文心一言

在Excel中，可以使用切片器功能来连接多个数据透视表。以下是一种方法。

（1）生成一个数据透视表。在Excel工作簿中选择一个数据透视表，然后单击数据透视表右下角的“+”按钮，添加需要的字段和筛选器。

（2）在数据透视表中右击，选择【筛选器】选项，然后选择【切片器】。

（3）在弹出的【切片器】对话框中，选择需要连接的另一个数据透视表。

（4）单击【确定】按钮，切片器将被添加到工作表中。在筛选下拉列表中所选择的项目在切片器中也会被选择并高亮显示。

需要注意的是，要使用切片器连接多个数据透视表，必须先生成链接透视表。在生成链接透视表之前，需要使用生成的切片器。选择整个数据透视表并复制，然后将其粘贴到工作表中的空白区域。在新的数据透视表中，将筛选区域移动到行区域中，并将新数据透视表所有其他字段移除，只在行区域中保留一个字段。在切片器上右击并选择数据透视表连接，选中工作表中两个数据透视表前的复选框。新数据透视表将显示第一个数据透视表中被筛选项目的列表。因为是在第一个数据透视表中使用的筛选，第二个数据透视表将自动更新显示被筛选项目。

下面参照以上文心一言的介绍，以“切片器”为示例，实战演练用一个筛选器连接多个数据透视表。

如下图所示，“切片器一对多筛选”工作表中包含两个不同维度和分析对象的数据透视表，都是基于“源数据”工作表中的源数据表而创建，而【产品名称】切片器仅筛选出上方这一个数据透视表中的数据。

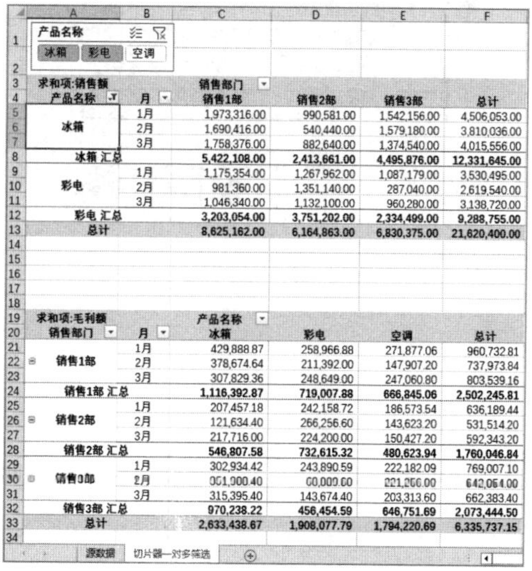

产品名称：冰箱 彩电 空调

求和项:销售额		销售部门			
产品名称	月	销售1部	销售2部	销售3部	总计
冰箱	1月	1,973,316.00	990,581.00	1,542,156.00	4,506,053.00
	2月	1,690,416.00	540,440.00	1,579,180.00	3,810,036.00
	3月	1,758,376.00	882,640.00	1,374,540.00	4,015,556.00
冰箱 汇总		5,422,108.00	2,413,661.00	4,495,876.00	12,331,645.00
彩电	1月	1,175,354.00	1,267,962.00	1,087,179.00	3,530,495.00
	2月	981,360.00	1,351,140.00	287,040.00	2,619,540.00
	3月	1,046,340.00	1,132,100.00	960,280.00	3,138,720.00
彩电 汇总		3,203,054.00	3,751,202.00	2,334,499.00	9,288,755.00
总计		8,625,162.00	6,164,863.00	6,830,375.00	21,620,400.00

求和项:毛利额		产品名称			
销售部门	月	冰箱	彩电	空调	总计
销售1部	1月	429,888.87	258,966.88	271,877.06	960,732.81
	2月	378,674.64	211,392.00	147,907.20	737,973.84
	3月	307,829.36	248,649.00	247,060.80	803,539.16
销售1部 汇总		1,116,392.87	719,007.88	666,845.06	2,502,245.81
销售2部	1月	207,457.18	242,158.72	186,573.54	636,189.44
	2月	121,634.40	266,256.60	143,623.20	531,514.20
	3月	217,716.00	224,200.00	150,427.20	592,343.20
销售2部 汇总		546,807.58	732,615.32	480,623.94	1,760,046.84
[illegible]	1月	302,934.42	243,890.59	222,182.09	769,007.10
	2月	[illegible]	[illegible]	[illegible]	642,064.00
	3月	315,395.40	143,674.40	203,313.60	662,383.40
销售3部 汇总		970,238.22	456,454.59	646,751.69	2,073,444.50
总计		2,633,438.67	1,908,077.79	1,794,220.69	6,335,737.15

源数据　切片器一对多筛选

下面通过设置，使切片器同时筛选两个数据透视表中的数据。

第1步 打开“素材文件\第3章\2023年1-3月部门产品销售毛利计算表5.xlsx”文件，❶选中“切片器一对多筛选”工作表中的【产品名称】切片器激活切片器工具，并单击【切片器】选项卡，❷单击【切片器】组中的【报表连接】按钮。如下图所示。

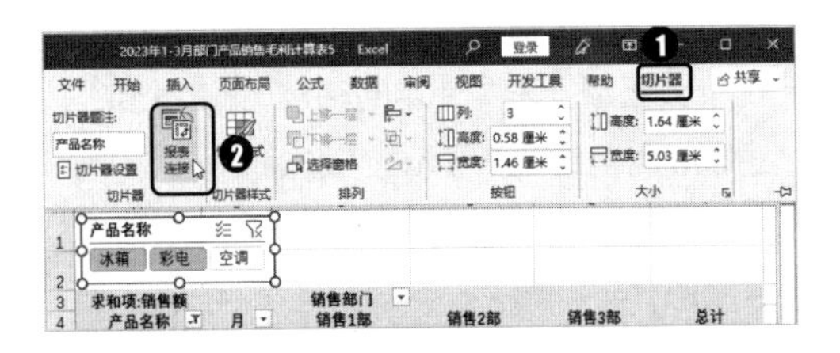

第2步 弹出【数据透视表连接（产品名称）】对话框，可看到当前切片器连接的是“数据透视表1”，❶勾选【数据透视表2】复选框，❷单击【确定】按钮关闭对话框。如下图所示。

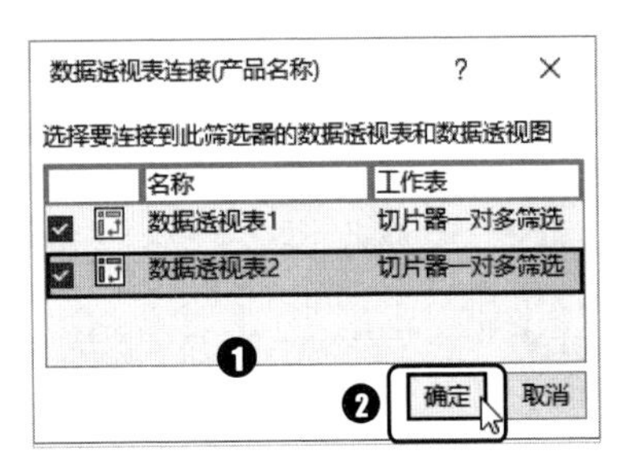

第3步 操作完成后，即可看到两个数据透视表中已筛选出相同的产品名称。效果如下图所示。

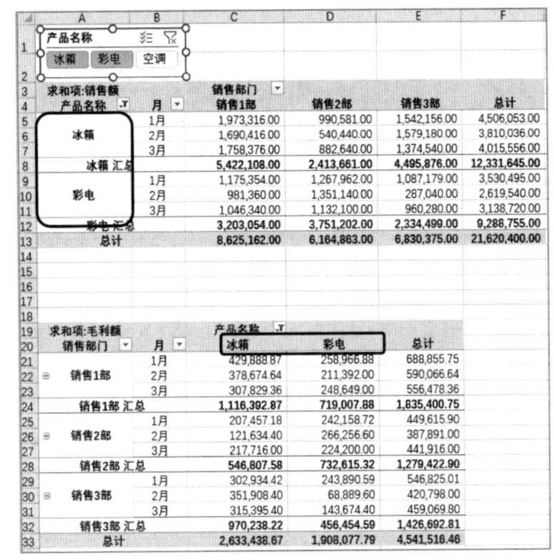

产品名称：冰箱 彩电 空调

求和项:销售额		销售部门			
产品名称	月	销售1部	销售2部	销售3部	总计
冰箱	1月	1,973,316.00	990,581.00	1,542,156.00	4,506,053.00
	2月	1,690,416.00	540,440.00	1,579,180.00	3,810,036.00
	3月	1,758,376.00	882,640.00	1,374,540.00	4,015,556.00
冰箱 汇总		5,422,108.00	2,413,661.00	4,495,876.00	12,331,645.00
彩电	1月	1,175,354.00	1,267,962.00	1,087,179.00	3,530,495.00
	2月	981,360.00	1,351,140.00	287,040.00	2,619,540.00
	3月	1,046,340.00	1,132,100.00	960,280.00	3,138,720.00
彩电 汇总		3,203,054.00	3,751,202.00	2,334,499.00	9,288,755.00
总计		8,625,162.00	6,164,863.00	6,830,375.00	21,620,400.00

求和项:毛利额		产品名称		
销售部门	月	冰箱	彩电	总计
销售1部	1月	429,888.87	258,966.88	688,855.75
	2月	378,674.64	211,392.00	590,066.64
	3月	307,829.36	248,649.00	556,478.36
销售1部 汇总		1,116,392.87	719,007.88	1,835,400.75
销售2部	1月	207,457.18	242,158.72	449,615.90
	2月	121,634.40	266,256.60	387,891.00
	3月	217,716.00	224,200.00	441,916.00
销售2部 汇总		546,807.58	732,615.32	1,279,422.90
销售3部	1月	302,934.42	243,890.59	546,825.01
	2月	351,908.40	68,889.60	420,798.00
	3月	315,395.40	143,674.40	459,069.80
销售3部 汇总		970,238.22	456,454.59	1,426,692.81
总计		2,633,438.67	1,908,077.79	4,541,516.46

示例结果见“结果文件\第3章\2023年1-3月部门产品销售毛利计算表5.xlsx”文件。

Excel

第4章

财务数据计算分析：财务人员必知必会的函数与公式

本章导读

财务人员的工作核心是对企业经营过程中产生的各种数据进行计算与分析。那么，面对日常工作中海量烦琐的数据，怎样才能高效地完成这些工作任务，同时还确保数据核算与分析结果准确无误呢？除必须具备过硬的财务专业知识之外，还必须了解、学习并精通Excel中的核心应用之一——函数公式。本章将通过讯飞星火、ChatGPT和文心一言等AI工具推荐和介绍财务人员必须掌握的函数，并详细介绍这些重要知识点的应用方法，帮助财务人员学好并用好函数公式，真正有效地提高工作效率。

4.1 对数字进行求和计算

对数字进行求和计算主要使用Excel中的“数学和三角函数”类别中的数学计算函数。这是Excel函数中的一个主要类别，对于财务人员来说，更是必须掌握并精通的一个函数大类。下面让AI工具“讯飞星火”来为读者介绍在这个类别中，哪些是财务人员必须掌握的函数。

提问： 在Excel的“数学和三角函数”类别中，哪些函数是财务人员必须掌握的？

讯飞星火

在Excel的“数学和三角函数”类别中，财务人员必须掌握的函数包括以下几个。

（1）SUM函数：这是一个常用的数学函数，用于计算一系列数字的总和。对于财务人员来说，无论是对收入、支出还是资产的汇总，这个函数都是必不可少的。

（2）AVERAGE函数：此函数返回参数的算术平均值。在财务分析中，它常被用来求平均数，如月度或年度的平均收入或支出。

（3）SUMIF和SUMIFS函数：这两个函数都是条件求和函数，它们分别允许用户根据单个条件或多个条件对数据进行求和。

（4）SUMPRODUCT函数：这是一个数组乘法函数，用于计算两个或更多数组的元素的乘积之和。在财务分析中，尤其是计算多种产品的销售总额时，这个函数非常有用。

（5）SUBTOTAL函数：用于对指定范围内的数据进行求和、平均值、最大值、最小值等统计计算，并可以忽略被筛选的行。

讯飞星火介绍了5个函数，其中，SUM函数的应用方法十分简单，本书将在后面章节的实例中多次运用，本节暂不作专项介绍。下面主要介绍SUMIF、SUMIFS、SUMPRODUCT、SUBTOTAL这4个函数的相关知识点和具体运用方法。

4.1.1 运用SUMIF函数进行单一条件求和

SUMIF函数的作用是仅对指定区域中满足一项条件的部分数字进行求和。函数语法和参数结构如下。

```
SUMIF(条件区域，条件，求和区域)
```

SUMIF函数只能设定一组条件。日常工作中，一般适用于简单的分类汇总求和。

例如，在如下图所示的工作表中根据部门名称分别汇总各项报销数据。

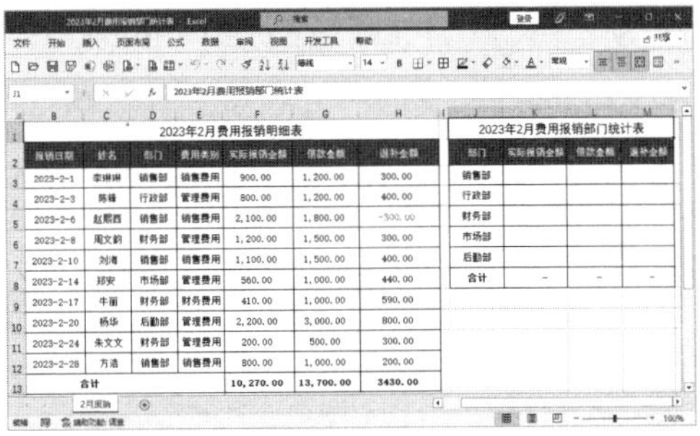

2023年2月费用报销明细表

报销日期	姓名	部门	费用类别	实际报销金额	借款金额	退补金额
2023-2-1	李琳琳	销售部	销售费用	900.00	1,200.00	300.00
2023-2-3	陈锋	行政部	管理费用	800.00	1,200.00	400.00
2023-2-6	赵熙西	销售部	销售费用	2,100.00	1,800.00	-300.00
2023-2-8	周文韵	财务部	管理费用	1,200.00	1,500.00	300.00
2023-2-10	刘海	销售部	销售费用	1,100.00	1,500.00	400.00
2023-2-14	郑安	市场部	管理费用	560.00	1,000.00	440.00
2023-2-17	牛丽	财务部	财务费用	410.00	1,000.00	590.00
2023-2-20	杨华	后勤部	管理费用	2,200.00	3,000.00	800.00
2023-2-24	朱文文	财务部	管理费用	200.00	500.00	300.00
2023-2-28	方浩	销售部	销售费用	800.00	1,000.00	200.00
合计				10,270.00	13,700.00	3430.00

2023年2月费用报销部门统计表

部门	实际报销金额	借款金额	退补金额
销售部			
行政部			
财务部			
市场部			
后勤部			
合计	-	-	-

操作方法如下。

第1步 打开“素材文件\第4章\2023年2月费用报销部门统计表.xlsx”文件，在K3

单元格中设置公式“=SUMIF($D$3:$D$12,$J3,F$3:F$12)”，汇总“销售部”的“实际报销金额”数据。

公式表达式中，3个参数依次为D3:D12单元格区域、J3单元格、F3:F12单元格区域。公式含义是如果D3:D12单元格区域中的部门名称等于J3单元格中的部门名称，即汇总F3:F12单元格区域中与部门名称对应的数字。公式表达式和计算结果如下图所示。

K3 =SUMIF($D$3:$D$12,$J3,F$3:F$12)

部门	费用类别	实际报销金额
销售部	销售费用	900.00
行政部	管理费用	800.00
销售部	销售费用	2,100.00
财务部	管理费用	1,200.00
销售部	销售费用	1,100.00
市场部	管理费用	560.00
财务部	财务费用	410.00
后勤部	管理费用	2,200.00
财务部	管理费用	200.00
销售部	销售费用	800.00
		10,270.00

2023年2月费用报销部门统计表

部门	实际报销金额	借款金额	退补金额
销售部	4,900.00		
行政部			
财务部			
市场部			
后勤部			
合计	4,900.00	-	-

第2步 将K3单元格公式复制并粘贴至K3:M7单元格区域中，即可得到所有部门各项报销数据的分类汇总结果。如下图所示。

M7 =SUMIF($D$3:$D$12,$J7,H$3:H$12)

2023年2月费用报销部门统计表

部门	实际报销金额	借款金额	退补金额
销售部	4,900.00	5,500.00	600.00
行政部	800.00	1,200.00	400.00
财务部	1,810.00	3,000.00	1,190.00
市场部	560.00	1,000.00	440.00
后勤部	2,200.00	3,000.00	800.00
合计	10,270.00	13,700.00	3,430.00

示例结果见“结果文件\第4章\2023年2月费用报销部门统计表.xlsx”文件。

温馨提示

设置公式时，注意在需要锁定的单元格地址的列标和行号前面添加“$”符号，防止复制粘贴公式时发生变化，导致计算结果错误。

4.1.2 运用SUMIFS函数进行多条件求和

SUMIFS函数是SUMIF函数的升级版，可以设定多组条件，并对单元格区域和数据中同时符合指定条件的数据求和。语法结构如下。

```
SUMIFS(求和区域，条件区域1，条件1，条件区域2，条件2，…)
```

SUMIFS函数与SUMIF函数的条件区域和条件设置方法基本相同，不同之处是SUMIFS函数的第1个参数是求和区域。同时，条件区域和条件必须成组排列，最多可设定127组条件区域+条件，所以最多可设置255个参数。

例如，在如下图所示的工作表中根据部门名称和产品名称分别汇总销售额数据。

2023年2月部门产品销售明细表

序号	销售部门	产品名称	产品型号	销售单价	销售数量	销售额
1	销售三部	彩电	SN-5ECT	2,180.00	108台	¥235,440.00
2	销售一部	彩电	HR-OKK1-5	2,298.00	120台	¥275,760.00
3	销售二部	彩电	SN-5ECT	2,180.00	150台	¥327,000.00
4	销售三部	冰箱	HR-OKK1-5	2,300.00	158台	¥363,400.00
20	销售一部	彩电	SN-5ECT	2,100.00	216台	¥453,600.00
21	销售二部	彩电	SN-5ECT	2,100.00	138台	¥289,800.00
22	销售三部	冰箱	HR-OKK1-5	2,298.00	210台	¥482,580.00
23	销售一部	冰箱	HR-OKK1-5	2,298.00	332台	¥762,936.00
24	销售二部	冰箱	HR-OKK1-5	2,280.00	118台	¥269,040.00
25	销售三部	空调	HV-1100S1.0	1,680.00	160台	¥268,800.00
26	销售一部	空调	HV-1100S1.0	1,680.00	278台	¥467,040.00
27	销售二部	空调	HV-1100S1.0	1,680.00	120台	¥201,600.00
合计					4699台	¥9,525,216.00

2023年2月部门产品销售额统计表

销售部门	冰箱	彩电	空调	合计
销售一部				-
销售二部				-
销售三部				-
合计	-	-	-	-

操作方法如下。

第1步 打开“素材文件\第4章\2023年2月部门产品销售统计表.xlsx”文件，在J3单元格中设置公式“=SUMIFS($G$3:$G$29,$B$3:$B$29,$I3,$C$3:$C$29,J$2)”，汇总“销售一部”“冰箱”的销售额。公式表达式和公式计算结果如下图所示。

J3 =SUMIFS($G$3:$G$29,$B$3:$B$29,$I3,$C$3:$C$29,J$2)

2023年2月部门产品销售额统计表

销售部门	冰箱	彩电	空调	合计
销售一部	1,690,416.00			1,690,416.00
销售二部				-
销售三部				-
合计	1,690,416.00	-	-	1,690,416.00

第2步 将J3单元格公式复制并粘贴至J3:L5单元格区域中，即可得到全部部门各类产品的销售额数据。如下图所示。

L5 =SUMIFS($G$3:$G$29,$B$3:$B$29,$I5,$C$3:$C$29,L$2)

2023年2月部门产品销售额统计表

销售部门	冰箱	彩电	空调	合计
销售一部	1,690,416.00	981,360.00	1,058,400.00	3,730,176.00
销售二部	814,040.00	1,068,300.00	799,680.00	2,682,020.00
销售三部	1,305,580.00	896,880.00	910,560.00	3,113,020.00
合计	3,810,036.00	2,946,540.00	2,768,640.00	9,525,216.00

示例结果见“结果文件\第4章\2023年2月部门产品销售统计表.xlsx”文件。

4.1.3 运用SUMPRODUCT函数进行条件乘积求和

SUMPRODUCT函数的作用是对指定数组中对应数字的乘积求和。语法结构如下。

```
SUMPRODUCT(数组1,数组2,数组3,…)
```

参数最多可设置255个。其中，数组1为必需参数，即需要参与计算的第1个数组。其他参数均为可选参数，表示要参与计算的第2～255个数组。只有1个参数时，SUMPRODUCT函数公式即返回该参数中的各数字之和。

SUMPRODUCT函数不仅可按照数据进行普通乘积求和，还可将其参数设定为条件，仅对满足条件的数据进行乘积求和。下面分别介绍SUMPRODUCT函数普通乘积求和与条件乘积求和的应用方法。

1. 普通乘积求和

运用SUMPRODUCT函数进行普通乘积求和非常简单，只需根据语法结构设置参与计算的一个或多个数组即可。

例如，如下图所示的表格中并未计算每一项产品的销售额。如果需要直接汇总全部产品的销售额，即可运用SUMPRODUCT函数一步得到计算结果。

2023年2月部门产品销售明细表1

序号	销售部门	产品名称	产品型号	销售数量	销售单价
1	销售三部	彩电	SM-5EGT	108台	2,180.00
20	销售一部	彩电	SM-5EGT	216台	2,100.00
21	销售二部	彩电	SM-5EGT	138台	2,100.00
22	销售三部	冰箱	HR-OKK1-5	210台	2,298.00
23	销售一部	冰箱	HR-OKK1-5	332台	2,298.00
24	销售二部	冰箱	HR-OKK1-5	118台	2,280.00
25	销售三部	空调	HV-1100S1.0	160台	1,680.00
26	销售一部	空调	HV-1100S1.0	278台	1,680.00
27	销售二部	空调	HV-1100S1.0	120台	1,680.00
数量合计		4699台	金额合计		

操作方法如下。

打开“素材文件\第4章\2023年2月部门产品销售统计表1.xlsx”文件，在F30单元格中设置公式“=SUMPRODUCT(E3:E29,F3:F29) ”即可。公式表达式及计算结果如下图所示。

F30 =SUMPRODUCT(E3:E29,F3:F29)

2023年2月部门产品销售明细表1					
序号	销售部门	产品名称	产品型号	销售数量	销售单价
1	销售三部	彩电	SM-5EGT	108台	2,180.00
20	销售一部	彩电	SM-5EGT	216台	2,100.00
21	销售二部	彩电	SM-5EGT	138台	2,100.00
22	销售三部	冰箱	HR-OKK1-5	210台	2,298.00
23	销售一部	冰箱	HR-OKK1-5	332台	2,298.00
24	销售二部	冰箱	HR-OKK1-5	118台	2,280.00
25	销售三部	空调	HV-1100S1.0	160台	1,680.00
26	销售一部	空调	HV-1100S1.0	278台	1,680.00
27	销售二部	空调	HV-1100S1.0	120台	1,680.00
数量合计		4699台	金额合计		9,525,216.00

示例结果见“结果文件\第4章\2023年2月部门产品销售统计表1.xlsx”文件。

2. 条件乘积求和

SUMPRODUCT函数的升级应用就是根据条件进行乘积求和。其原理是将其中多个参数中的某一个参数设置为一串条件表达式。条件与条件、条件与数组之间均用符号“*”连接，由此可将普通语法结构演变为“SUMPRODUCT((条件区域1=条件1)*(条件区域2=条件2)*(…)*数组1,数组2,…)”。

例如，如下图所示的表格中并未单独计算每一项产品的销售额。如果需要直接汇总各部门的各项产品的销售额数据，即可运用SUMPRODUCT函数进行条件乘积求和。

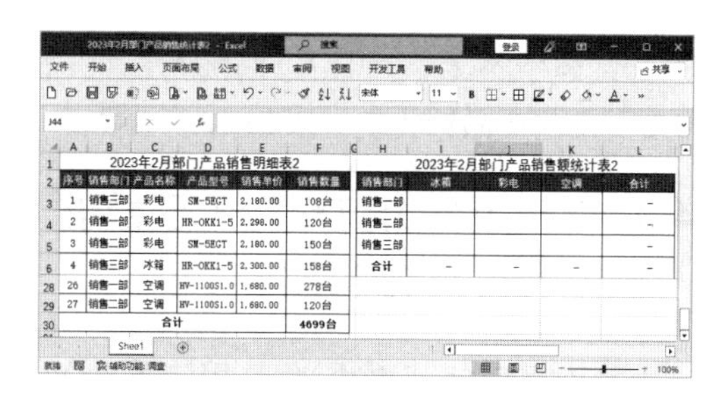

2023年2月部门产品销售明细表2					
序号	销售部门	产品名称	产品型号	销售单价	销售数量
1	销售三部	彩电	SM-5EGT	2,180.00	108台
2	销售一部	彩电	HR-OKK1-5	2,298.00	120台
3	销售二部	彩电	SM-5EGT	2,180.00	150台
4	销售三部	冰箱	HR-OKK1-5	2,300.00	158台
26	销售一部	空调	HV-1100S1.0	1,680.00	278台
27	销售二部	空调	HV-1100S1.0	1,680.00	120台
合计					4699台

2023年2月部门产品销售额统计表2				
销售部门	冰箱	彩电	空调	合计
销售一部				-
销售二部				-
销售三部				-
合计	-	-	-	-

操作方法如下。

第1步 打开“素材文件\第4章\2023年2月部门产品销售统计表2.xlsx”文件，在I3单元格中设置公式“=SUMPRODUCT(($B$3:$B$29=$H3)* ($C$3:$C$29=I$2)*($E$3:$E$29),$F$3:$F$29)”，即可得到“销售一部”“冰箱”的销售额。公式表达式和计算结果如下图所示。

I3 =SUMPRODUCT(($B$3:$B$29=$H3)*($C$3:$C$29=I$2)*($E$3:$E$29),$F$3:$F$29)

2023年2月部门产品销售额统计表2				
销售部门	冰箱	彩电	空调	合计
销售一部	1,690,416.00			1,690,416.00
销售二部				-
销售三部				-
合计	1,690,416.00	-	-	1,690,416.00

第2步 将I3单元格公式复制并粘贴至I3:K5单元格区域中，即可得到全部部门各项产品的销售额数据。如下图所示。

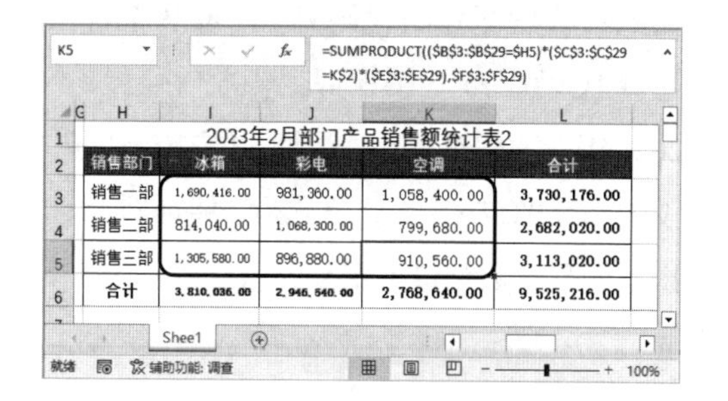

K5 =SUMPRODUCT(($B$3:$B$29=$H5)*($C$3:$C$29=K$2)*($E$3:$E$29),$F$3:$F$29)

2023年2月部门产品销售额统计表2				
销售部门	冰箱	彩电	空调	合计
销售一部	1,690,416.00	981,360.00	1,058,400.00	3,730,176.00
销售二部	814,040.00	1,068,300.00	799,680.00	2,682,020.00
销售三部	1,305,580.00	896,880.00	910,560.00	3,113,020.00
合计	3,810,036.00	2,946,540.00	2,768,640.00	9,525,216.00

示例结果见“结果文件\第4章\2023年2月部门产品销售统计表2.xlsx”文件。

4.1.4 运用SUBTOTAL函数进行分类汇总求和

SUBTOTAL函数是专门用于配合数据筛选的工具，仅对筛选出来的数组进行动态分类汇总计算，可汇总求和、计算平均值、计算乘积、统计数量等。语法结构如下。

```
SUBTOTAL(代码，计算区域)
```

其中，第1个参数“代码”可设置22个代码，代表11个函数，每个函数包含两个代码，分别代表对手动隐藏的数据进行计算或忽略计算。具体函数代码如下图所示。

表3-1 SUBTOTAL函数代码表

代码		代表函数	说明
不计算手动隐藏数据	计算手动隐藏的数据		
1	101	AVERGER	计算筛选结果数据的平均值
2	102	COUNT	统计筛选结果数据组中包含数字的单元格个数
3	103	COUNTA	统计筛选结果数据组中不为空的单元格个数
4	104	MAX	返回筛选结果数据组中的最大值
5	105	MIN	返回筛选结果数据组中的最小值
6	106	PRODUCT	计算筛选结果数据组中的乘积
7	107	STDEV	计算筛选结果数据组的样本标准差
8	108	STDEVP	计算筛选结果数据组的总体标准差
9	109	SUM	计算筛选结果数据组的合计数
10	110	VAR	计算筛选结果数据组中的样本方差
11	111	VARP	计算筛选结果数据组中的总体方差

设置公式时，在单元格内输入SUBTOTAL函数名称后即弹出代码列表，可从中直接选择代码。如下图所示，表格中记录了2023年3月的产品销售数据，共27条记录。设置SUBTOTAL函数公式后，即可对筛选出来的分类数据进行汇总计算。

2023年3月部门产品销售统计表

序号	日期	产品名称	产品型号	销售部门	销售单价	销售数量	销售额
1	2023-3-1	彩电	SM-5EGT	销售三部	2,180.00	118	¥257,240.00
2	2023-3-2	彩电	HR-OKK1-5	销售一部	2,298.00	130	¥298,740.00
3	2023-3-3	彩电	SM-5EGT	销售二部	2,180.00	160	¥348,800.00
4	2023-3-4	冰箱	HR-OKK1-5	销售三部	2,300.00	168	¥386,400.00
5	2023-3-5	冰箱	SM-5EGT	销售一部	2,200.00	160	¥352,000.00
6	2023-3-6	冰箱	HR-OKK1-5	销售二部	2,300.00	128	¥294,400.00
7	2023-3-7	空调	HV-1100S1.0	销售三部	1,680.00	236	¥396,480.00
8	2023-3-8	空调	HV-1100S1.0	销售一部	1,680.00	210	¥352,800.00
9	2023-3-9	空调	HV-1100S1.0	销售二部	1,680.00	230	¥386,400.00
10	2023-3-10	彩电	SM-5EGT	销售三部	2,080.00	148	¥307,840.00
11	2023-3-11	彩电	SM-5EGT	销售一部	2,100.00	130	¥273,000.00
12	2023-3-12	彩电	SM-5EGT	销售二部	2,100.00	225	¥472,500.00
13	2023-3-13	冰箱	HR-OKK1-5	销售三部	2,298.00	210	¥482,580.00
14	2023-3-14	冰箱	HR-OKK1-5	销售一部	2,298.00	270	¥620,460.00
15	2023-3-15	冰箱	HR-OKK1-5	销售二部	2,280.00	130	¥296,400.00
16	2023-3-16	空调	HV-1100S1.0	销售三部	1,680.00	166	¥278,880.00

操作方法如下。

第1步 打开“素材文件\第4章\2023年3月部门产品销售统计表.xlsx”文件，在F2单元格中设置公式“=SUBTOTAL(2,A5:A31)”，统计A5:A31单元格区域的筛选出来的记录数量。由于此时尚未进行筛选操作，因此当前统计得到的记录数等于全部记录数量，即“27”。公式表达式及计算结果如下图所示。

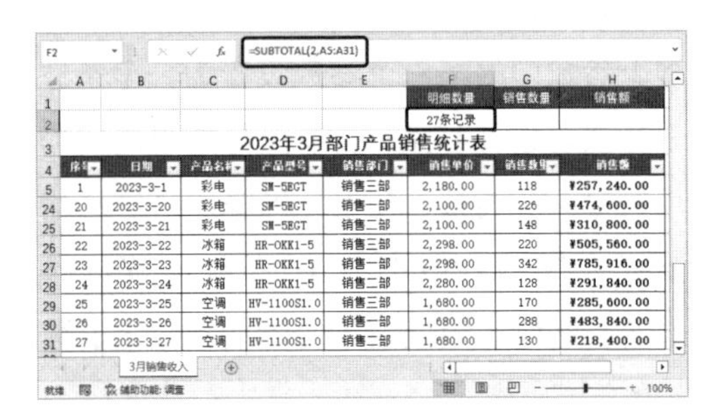

=SUBTOTAL(2,A5:A31)

明细数量	销售数量	销售额
27条记录		

2023年3月部门产品销售统计表

序号	日期	产品名称	产品型号	销售部门	销售单价	销售数量	销售额
1	2023-3-1	彩电	SM-5EGT	销售三部	2,180.00	118	¥257,240.00
20	2023-3-20	彩电	SM-5EGT	销售一部	2,100.00	226	¥474,600.00
21	2023-3-21	彩电	SM-5EGT	销售二部	2,100.00	148	¥310,800.00
22	2023-3-22	冰箱	HR-OKK1-5	销售三部	2,298.00	220	¥505,560.00
23	2023-3-23	冰箱	HR-OKK1-5	销售一部	2,298.00	342	¥785,916.00
24	2023-3-24	冰箱	HR-OKK1-5	销售二部	2,280.00	128	¥291,840.00
25	2023-3-25	空调	HV-1100S1.0	销售三部	1,680.00	170	¥285,600.00
26	2023-3-26	空调	HV-1100S1.0	销售一部	1,680.00	288	¥483,840.00
27	2023-3-27	空调	HV-1100S1.0	销售二部	1,680.00	130	¥218,400.00

第2步 ❶在G2单元格中设置公式“=SUBTOTAL(9,G5:G31)”，对被筛选出来的G5:G31单元格区域中的数据进行求和，❷复制G2单元格公式并粘贴至H2单元格中。如下图所示。

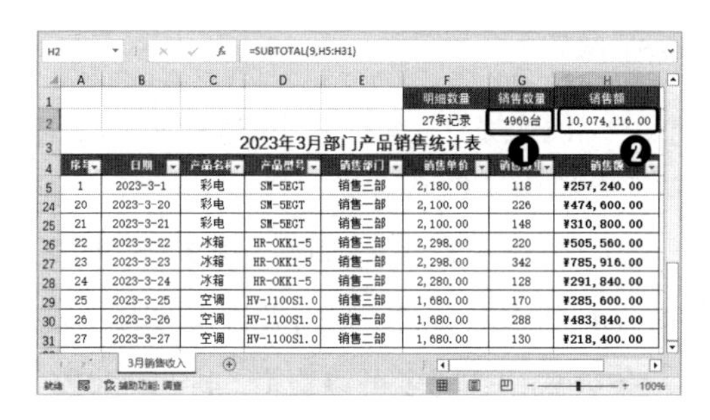

第3步 公式设置完成后，即可筛选数据测试公式效果。❶单击C4单元格（【产品名称】字段）右下角的筛选按钮展开筛选列表，❷取消勾选【全选】复选框，❸勾选【空调】复选框，❹单击【确定】按钮。如下图所示。

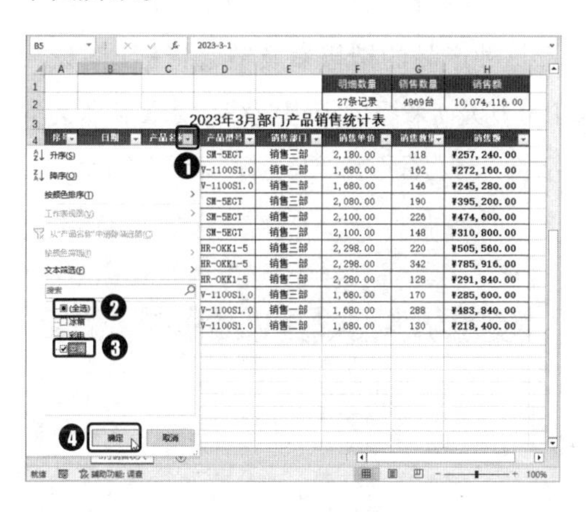

第4步 筛选操作完成后，即可看到F2:H2单元格区域中的数据变化为“空调”的明细数量、销售数量及销售额的合计数。如下图所示。

示例结果见“结果文件\第4章\2023年3月部门产品销售统计表.xlsx”文件。

4.2 对数据进行逻辑判断

日常工作中，经常需要对原始数据进行逻辑判断，就需要使用Excel中的“逻辑”函数。此类函数的主要作用就是根据指定条件，判断数据的真假，并分别返回不同的指定结果。在财务工作中，逻辑函数的应用频率相当高，适用于多个工作场景，是财务人员计算、统计和分析数据的得力助手。下面依然让AI工具“讯飞星火”先来介绍一下财务人员必须掌握哪些逻辑函数。

提问： 财务人员必须掌握哪些逻辑函数？

讯飞星火

财务人员必须掌握的逻辑函数主要包括以下几个。

（1）IF函数：这是一种条件函数，用于执行基于特定条件的计算。例如，财务人员可能会使用IF函数来自动确定发票是否已付款。

（2）AND函数：AND函数主要用于判断多个条件是否同时成立。在财务分析中，可以使用此函数检查多个条件是否均已满足，如检查一笔交易是否同时满足多种状态。

（3）OR函数：与AND函数相反，OR函数用于判断多个条件中是否有至少一个成立。例如，财务人员可能会使用OR函数来检查一笔交易是否满足任一指定状态。

（4）NOT函数：NOT函数是一个逻辑取反函数，主要用于判断某个条件是否不成立。例如，财务人员可能会使用NOT函数来排除某些不符合条件的数据。

（5）IFERROR函数：用于判断一个公式是否返回错误值，并返回指定的值。

这些逻辑函数在处理复杂的财务问题时非常有用，可以帮助财务人员快速进行数据分析和决策。

讯飞星火比较精准地为财务人员推荐了以上5个必须掌握的逻辑函数，本节将一一介绍这些函数的语法及具体应用方法。除此之外，再添加Excel 2021版新增的两个逻辑函数——IFS函数和LET函数。

4.2.1 运用IF函数判断单项或多项条件

IF函数的作用是根据指定的一项条件进行真假值判断，并自动返回指定的结果（文本、数值、公式或更多计算结果）。语法结构如下。

```
IF（指定的条件，条件为真时返回的值，条件为假时返回的值）
```

一个IF函数仅能判断一项条件，如果需要判断多项条件，则需要嵌套使用。在一条公式中，最多可以嵌套64层IF函数。下面分别介绍IF函数基础应用和嵌套应用方法。

1. 判断单项条件

运用IF函数判断单项条件非常简单，只需按照语法结构设置公式即可。例如，在如下图所示的表格中，根据每个部门销售每种产品的销售额及销售指标（假设为120万元）来评价销售业绩，要求显示文本字符“已达标”或“未达标”。

A1 fx 2023年3月部门产品销售业绩评价

2023年3月部门产品销售业绩评价				
序号	产品名称	部门	销售额	业绩评价
1	冰箱	销售一部	1,690,416.00	
2	冰箱	销售二部	814,040.00	
3	冰箱	销售三部	1,305,580.00	
4	彩电	销售一部	981,360.00	
5	彩电	销售二部	1,068,300.00	
6	彩电	销售三部	896,880.00	
7	空调	销售一部	1,058,400.00	
8	空调	销售二部	799,680.00	
9	空调	销售三部	910,560.00	

Sheet1

操作方法如下。

第1步 打开“素材文件\第4章\2023年3月部门产品销售业绩评价.xlsx”文件，在E3单元格中设置公式“=IF(D3<1200000,"未达标","已达标")”，运用IF函数判断

D3单元格中的数字小于1200000元时，返回字符“未达标”，否则返回字符“已达标”。公式表达式及结果如下图所示。

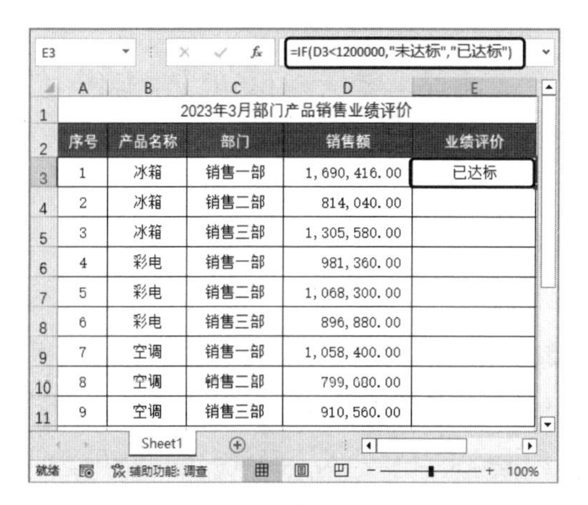

E3 =IF(D3<1200000,"未达标","已达标")

2023年3月部门产品销售业绩评价				
序号	产品名称	部门	销售额	业绩评价
1	冰箱	销售一部	1,690,416.00	已达标
2	冰箱	销售二部	814,040.00	
3	冰箱	销售三部	1,305,580.00	
4	彩电	销售一部	981,360.00	
5	彩电	销售二部	1,068,300.00	
6	彩电	销售三部	896,880.00	
7	空调	销售一部	1,058,400.00	
8	空调	销售二部	799,680.00	
9	空调	销售三部	910,560.00	

第2步 复制E3单元格公式并粘贴至E4:E11单元格区域中，即可得到全部产品的部门销售业绩评价结果。如下图所示。

E11 =IF(D11<1200000,"未达标","已达标")

2023年3月部门产品销售业绩评价				
序号	产品名称	部门	销售额	业绩评价
1	冰箱	销售一部	1,690,416.00	已达标
2	冰箱	销售二部	814,040.00	未达标
3	冰箱	销售三部	1,305,580.00	已达标
4	彩电	销售一部	981,360.00	未达标
5	彩电	销售二部	1,068,300.00	未达标
6	彩电	销售三部	896,880.00	未达标
7	空调	销售一部	1,058,400.00	未达标
8	空调	销售二部	799,680.00	未达标
9	空调	销售三部	910,560.00	未达标

示例结果见“结果文件\第4章\2023年3月部门产品销售业绩评价.xlsx”文件。

2. 判断多项条件

运用IF函数判断多项条件同样也很简单，只需嵌套IF函数即可判断多个条件。例如，按照以下条件判断并返回相应的内容。

（1）销售额小于120万元，返回“未达标”。

（2）销售额大于150万元，返回“优秀”。

（3）销售额在120万元至150万元之间，返回“达标”。

操作方法如下。

第1步 打开“素材文件\第4章\2023年3月部门销售业绩评价1.xlsx”文件，在E3单元格中设置公式“=IF(D3<1200000,"未达标",IF(D3<=1500000,"达标","优秀"))”。公式含义如下。

先运用IF函数判断D3单元格中的数字小于1200000时，返回字符“未达标”，否则，再运用第2层IF函数公式判断D3单元格中的数字小于等于1500000时，返回字符“达标”。大于1500000时，则返回字符“优秀”。公式表达式及结果如下图所示。

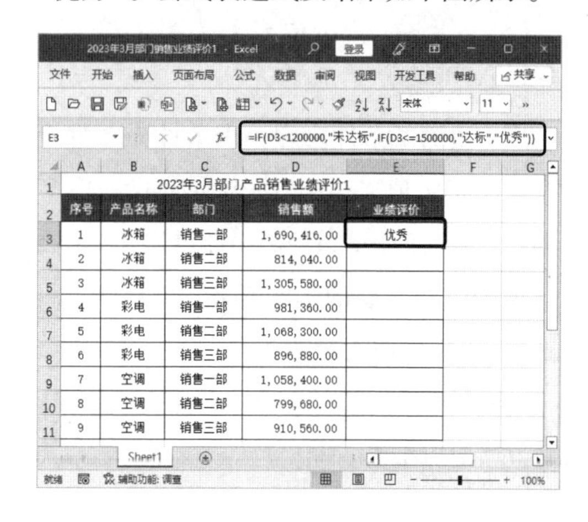

E3 =IF(D3<1200000,"未达标",IF(D3<=1500000,"达标","优秀"))

2023年3月部门产品销售业绩评价1				
序号	产品名称	部门	销售额	业绩评价
1	冰箱	销售一部	1,690,416.00	优秀
2	冰箱	销售二部	814,040.00	
3	冰箱	销售三部	1,305,580.00	
4	彩电	销售一部	981,360.00	
5	彩电	销售二部	1,068,300.00	
6	彩电	销售三部	896,880.00	
7	空调	销售一部	1,058,400.00	
8	空调	销售二部	799,680.00	
9	空调	销售三部	910,560.00	

第2步 复制E3单元格公式并粘贴至E4:E11单元格区域中，即可得到全部产品的部门销售业绩评价结果。如下图所示。

E11 =IF(D11<1200000,"未达标",IF(D11<1500000,"达标","优秀"))

2023年3月部门产品销售业绩评价1

序号	产品名称	部门	销售额	业绩评价
1	冰箱	销售一部	1, 690, 416. 00	优秀
2	冰箱	销售二部	814, 040. 00	未达标
3	冰箱	销售三部	1, 305, 580. 00	达标
4	彩电	销售一部	981, 360. 00	未达标
5	彩电	销售二部	1, 068, 300. 00	未达标
6	彩电	销售三部	896, 880. 00	未达标
7	空调	销售一部	1, 058, 400. 00	未达标
8	空调	销售二部	799, 680. 00	未达标
9	空调	销售三部	910, 560. 00	未达标

示例结果见“结果文件\第4章\2023年3月部门销售业绩评价1.xlsx”文件。

4.2.2 运用IFS函数判断多重条件

IFS函数是Excel 2021版的新增函数，也是IF函数的升级版，可同时对多组条件进行判断并返回指定结果，无须像IF函数那样嵌套使用。语法结构如下。

```
IFS(测试条件1,真值1,[测试条件2],[真值2]…)
```

一组测试条件匹配一个条件为真时所返回的指定值。一条IFS函数公式中最多可设置127组测试条件。由此可知IFS函数与IF函数最显著的不同是IFS函数只返回真值，不返回假值。

例如，按照以下4组条件和结果判断并返回对应结果。

（1）销售额小于120万元，返回“未达标”。

（2）销售额大于或等于120万元，返回“达标”。

（3）销售额大于130万元，返回“超额”。

（4）销售额大于或等于150万元，返回“优秀”。

操作方法如下。

第1步 打开“素材文件\第4章\2023年3月部门销售业绩评价2.xlsx”文件，在E3单元格中设置公式“=IFS(D3<1200000,"未达标",D3>=1500000,"优秀",D3>1300000,"超额",D3>= 1200000,"达标")”，运用IFS函数判断上述4组条件并返回不同的结果。公式表达式及结果如下图所示。

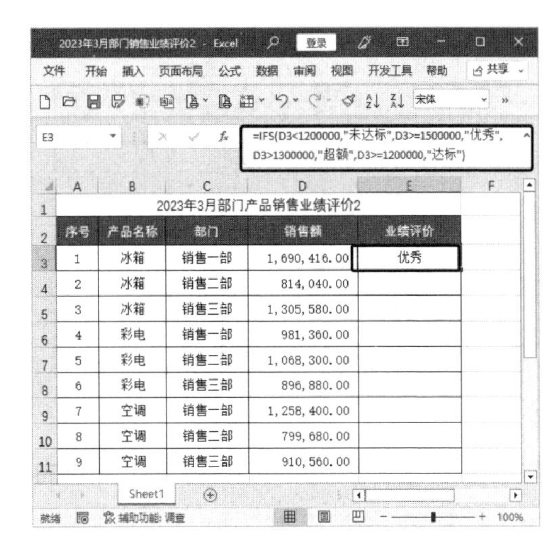
E3 =IFS(D3<1200000,"未达标",D3>=1500000,"优秀",D3>1300000,"超额",D3>=1200000,"达标")

2023年3月部门产品销售业绩评价2

序号	产品名称	部门	销售额	业绩评价
1	冰箱	销售一部	1, 690, 416. 00	优秀
2	冰箱	销售二部	814, 040. 00	
3	冰箱	销售三部	1, 305, 580. 00	
4	彩电	销售一部	981, 360. 00	
5	彩电	销售二部	1, 068, 300. 00	
6	彩电	销售三部	896, 880. 00	
7	空调	销售一部	1, 258, 400. 00	
8	空调	销售二部	799, 680. 00	
9	空调	销售三部	910, 560. 00	

第2步 复制E3单元格公式并粘贴至E4:E11单元格区域中，即可得到全部产品的部门销售业绩评价结果。如下图所示。

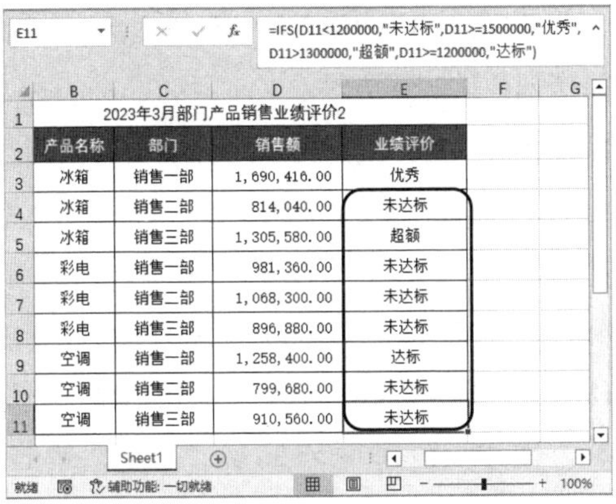

E11 =IFS(D11<1200000,"未达标",D11>=1500000,"优秀",D11>1300000,"超额",D11>=1200000,"达标")

2023年3月部门产品销售业绩评价2

产品名称	部门	销售额	业绩评价
冰箱	销售一部	1,690,416.00	优秀
冰箱	销售二部	814,040.00	未达标
冰箱	销售三部	1,305,580.00	超额
彩电	销售一部	981,360.00	未达标
彩电	销售二部	1,068,300.00	未达标
彩电	销售三部	896,880.00	未达标
空调	销售一部	1,258,400.00	达标
空调	销售二部	799,680.00	未达标
空调	销售三部	910,560.00	未达标

示例结果见“结果文件\第4章\2023年3月部门销售业绩评价2.xlsx”文件。

温馨提示

使用IF或IFS函数需要注意一点，两个函数是根据条件+结果的排列顺序依次判断并返回指定真值的。当判断出前组条件不符合时，才会继续判断后组条件。如本例，E3单元格中的IFS函数公式中第2组条件设置为“D3>=1500000,"优秀"”，而非“D3>=1200000,"达标"”，其原因是D3单元格中的数字同时满足大于120万元、130万元和150万元这3组条件，如果将“D3>=1200000,"达标"”设置为第2组条件，那么公式会先判断D3单元格中的数字已符合这一条件，即返回与之对应的结果“达标”，不会再返回“优秀”。

4.2.3 运用AND、OR、NOT函数助攻判断

日常工作中，当需要对数据进行逻辑判断时，一般使用IF或IFS函数设置公式即可完成。但是，在判断多项条件时，如果上述函数关于条件判断的逻辑顺序不易理解，那么在IF或IFS函数中嵌套辅助性函数AND、OR或NOT更直观地设置条件，同样也能够做出准确的判断。三个函数的语法结构和作用如下。

```
AND(逻辑值1,逻辑值2…)
```

AND函数的作用是判断所有条件全部为真时，才会返回真值，否则返回假值。

```
OR(逻辑值1,逻辑值2…)
```

OR函数的作用是判断多个条件中的一个条件为真时，即会返回真值，只有全部条件为假时，才返回假值。

```
NOT(逻辑值1,逻辑值2…)
```

NOT函数的作用是对参数的逻辑值求反，即当判断条件为假时返回真值。反之，条件为真时，返回假值。

三个函数的语法结构完全相同，不同的是判断条件和返回结果。下面以AND函数为例，沿用4.2.2小节中的示例，介绍与IF函数嵌套辅助其进行条件判断的运用方法。

打开“素材文件\第4章\2023年3月部门销售业绩评价3.xlsx”文件，❶在E3单元格设置公式“=IF(D3<1200000,"未达标",IF(AND(D3>=1200000,D3<1300000),"达标",IF(AND(D3>=1300000,D3<1500000),"超额","优秀")))”，❷复制E3单元格公式并粘贴至E4:E11单元格区域中。公式结果如下图所示。

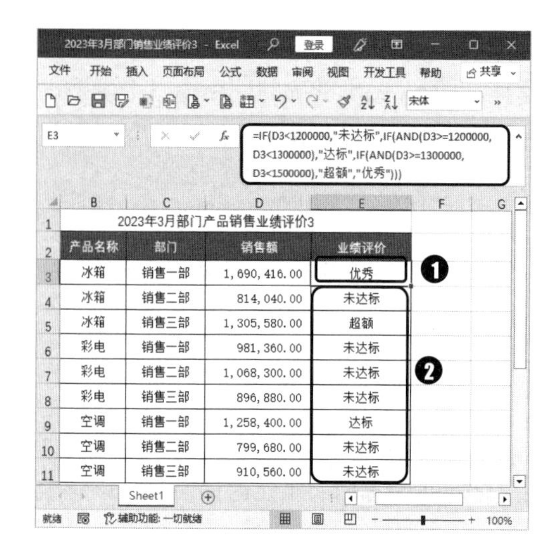

2023年3月部门产品销售业绩评价3			
产品名称	部门	销售额	业绩评价
冰箱	销售一部	1,690,416.00	优秀
冰箱	销售二部	814,040.00	未达标
冰箱	销售三部	1,305,580.00	超额
彩电	销售一部	981,360.00	未达标
彩电	销售二部	1,068,300.00	未达标
彩电	销售三部	896,880.00	未达标
空调	销售一部	1,258,400.00	达标
空调	销售二部	799,680.00	未达标
空调	销售三部	910,560.00	未达标

示例结果见“结果文件\第4章\2023年3月部门销售业绩评价3.xlsx”文件。

4.2.4 运用LET函数定义数据名称并进行计算

LET函数也是Excel 2021版的新增逻辑函数，其作用是为数值定义名称，并在其最后一个参数中使用已定义的名称进行计算。日常工作中，应用LET函数可增强公式的可读性，更便于操作者设置公式，也利于阅读者更直观地理解公式含义。同时，在复杂的长公式中嵌套LET函数，还可以起到简化公式的作用。其语法结构如下。

```
LET(名称1,名称值1,计算或名称2,名称值2,…)
```

注意LET函数参数的数量必须是奇数，最多可设置127个参数，最后一个参数必须是计算式。除此之外，其他参数均是成对出现，最多可以设置126对参数。

下面继续沿用4.2.2小节的示例，介绍LET函数的运用方法。

第1步 打开“素材文件\第4章\2023年3月部门销售业绩评价4.xlsx”文件，在E3单元格中设置公式“=LET(销售额,D3,指标,1200000,超额,1300000,优秀,1500000,IFS(销售额<指标,"未达标",销售额>=优秀,"优秀",销售额>=超额,"超额",销售额>=指标,"达标"))”。

公式含义：先运用LET函数将D3单元格中的数值定义名称为“销售额”，再将数值1200000、1300000和1500000分别定义名称为“指标”“超额”和“优秀”，最后将以上名称代入IFS函数公式中进行计算。公式表达式和结果如下图所示。

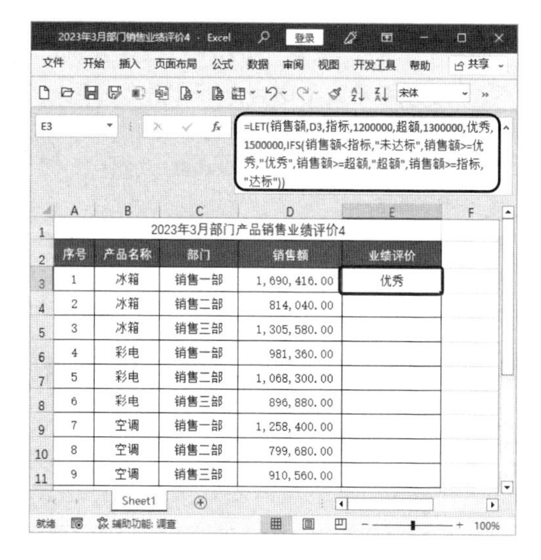

2023年3月部门产品销售业绩评价4				
序号	产品名称	部门	销售额	业绩评价
1	冰箱	销售一部	1,690,416.00	优秀
2	冰箱	销售二部	814,040.00	
3	冰箱	销售三部	1,305,580.00	
4	彩电	销售一部	981,360.00	
5	彩电	销售二部	1,068,300.00	
6	彩电	销售三部	896,880.00	
7	空调	销售一部	1,258,400.00	
8	空调	销售二部	799,680.00	
9	空调	销售三部	910,560.00	

第2步 复制E3单元格公式并粘贴至E4:E11单元格区域中即可得到全部产品和销售部门业绩评价结果。如下图所示。

E11 =LET(销售额,D11,指标,1200000,超额,1300000,优秀,1500000,IFS(销售额<指标,"未达标",销售额>=优秀,"优秀",销售额>=超额,"超额",销售额>=指标,"达标"))

2023年3月部门产品销售业绩评价4				
序号	产品名称	部门	销售额	业绩评价
1	冰箱	销售一部	1,690,416.00	优秀
2	冰箱	销售二部	814,040.00	未达标
3	冰箱	销售三部	1,305,580.00	超额
4	彩电	销售一部	981,360.00	未达标
5	彩电	销售二部	1,068,300.00	未达标
6	彩电	销售三部	896,880.00	未达标
7	空调	销售一部	1,258,400.00	达标
8	空调	销售二部	799,680.00	未达标
9	空调	销售三部	910,560.00	未达标

示例结果见“结果文件\第4章\2023年3月部门销售业绩评价4.xlsx”文件。

4.2.5 运用IFERROR函数屏蔽错误值

IFERROR函数的作用是判断公式表达式的计算结果是否正确。如果正确，则返回公式计算结果，否则返回指定值。语法结构如下。

```
IFERROR(公式表达式，公式错误时返回的指定值)
```

IFERROR函数的第1个参数通常嵌套其他公式表达式，当值正确时，则返回该值。当第1个参数的值为错误时，则返回第2个参数。

日常工作中，IFERROR函数常常用于屏蔽公式错值，可使数据表格整洁、清爽。因此，财务人员在设置公式时应注意嵌套IFERROR函数。

如下图所示，表格中产品的“平均单价”是用“销售额”除以“数量”计算而来的。而“扫地机器人”与“电脑”的销售额与数量均为0，因此“平均单价”计算公式返回错误值“#DIV/0”。

D6 =ROUND(B6/C6,2)

2023年3月产品销售统计表			
产品名称	销售额	数量	平均单价
彩电	3,138,720.00	1475	2127.95
冰箱	4,015,556.00	1756	2286.76
空调	2,919,840.00	1738	1680.00
扫地机器人	-	0	#DIV/0!
电脑	-	0	#DIV/0!
合计	10,074,116.00	4969	-

下面在上例原公式基础上嵌套IFERROR函数，即可屏蔽错误值。操作方法如下。

打开“素材文件\第4章\2023年3月产品销售统计表.xlsx”文件，❶将D3公式修改为“=IFERROR(ROUND(B3/C3,2),0)”，运用IFERROR函数判断第1个参数“ROUND(B3/C3,2)”的计算结果正确，返回这个结果；如果错误，则返回第2个参数“0”，❷复制D3单元格公式并粘贴至D4:D7单元格区域中即可屏蔽错误值。如下图所示。

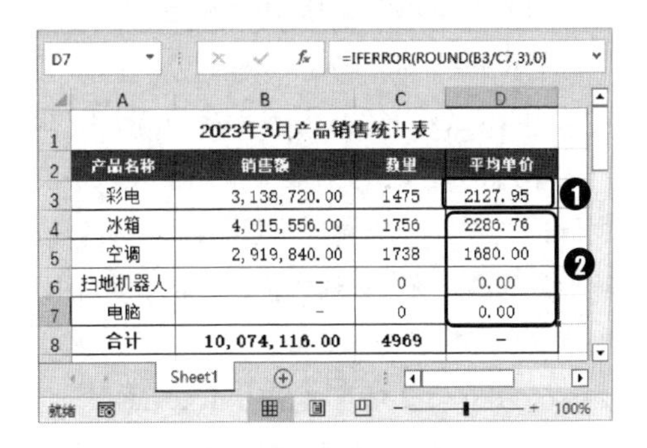

D7 =IFERROR(ROUND(B3/C7,3),0)

2023年3月产品销售统计表			
产品名称	销售额	数量	平均单价
彩电	3,138,720.00	1475	2127.95
冰箱	4,015,556.00	1756	2286.76
空调	2,919,840.00	1738	1680.00
扫地机器人	-	0	0.00
电脑	-	0	0.00
合计	10,074,116.00	4969	-

示例结果见“结果文件\第4章\2023年3月产品销售统计表.xlsx”文件。

4.3 数据的查找与引用

日常工作中，如果需要在一个数据较多的工作表里查阅符合指定条件的全部数据，一般情况下，使用筛选工具即可实现。但是，筛选也需要手动操作，而在财务工作中，时常需要在不同表格中查找并提取目标数据，如果仅仅依靠手动操作，既会导致效率低下，又难以保证数据的准确性。对此，运用Excel中的“查找与引用”类函数设置公式，即可按照指定的关键字快速准确地查找到与其关联的数据，既能提高工作效率，又能确保查找引用结果准确无误。那么，在“查找与引用”这个函数类别中又有哪些函数是财务人员必须学习和掌握的呢？先来看看AI工具“讯飞星火”的回答。

提问：财务人员必须掌握哪些Excel查找与引用类函数?

讯飞星火

财务人员必须掌握的Excel查找与引用类函数主要包括以下几个。

（1）VLOOKUP函数：VLOOKUP是一种常用的查找和引用函数，用于在表格的第一列中查找一个值，并返回该值所在行的其他列的值。这在处理大量数据时非常有用，如自动填充报表中的数值。

（2）HLOOKUP函数：HLOOKUP函数的工作方式与VLOOKUP类似，区别在于它是在水平方向上查找值。

（3）INDEX+MATCH函数：这是一种高级的查找与引用函数组合，INDEX函数根据位置从一行/列中提取值，而MATCH函数则用来查找到这个位置。因此，INDEX+MATCH函数组合可以实现先使用MATCH查找到行数列数，然后用INDEX根据位置从另一行/列中提取值的功能。

（4）CHOOSE函数：CHOOSE函数可以根据给定的索引号返回参数列表中的值。财务人员可以使用此函数来创建动态图表或其他动态内容。

（5）OFFSET函数：OFFSET函数可以根据某个基准单元格的位置，返回相对于该单元格的偏移位置的值。

（6）INDIRECT函数：INDIRECT函数可以根据一个文本字符串的引用，返回该引用所指向的单元格的值。

（7）LOOKUP函数：LOOKUP函数可以在一个有序的数组或区域中查找某个值，并返回与之最接近的值。

（8）ADDRESS函数：ADDRESS函数可以根据给定的行号和列号，返回相应单元格的引用。

这些函数可以帮助财务人员在Excel中进行数据的查找和引用，从而进行数据分析和财务报表的制作。

讯飞星火为我们推荐了以上8个查找与引用类函数。其中，VLOOKUP、HLOOKUP、LOOKUP、MATCH、OFFSET、INDIRECT 6个函数更是财会领域中应用非常广泛的经典函数，本节将对这6个函数的语法和应用方法进行详细讲解。另外，Excel 2021版同样也新增了数个功能升级的查找引用类函数，本节从中精选5个函数进行介绍，包括XLOOKUP、FILTER、UNIQUE、SORT和SORTBY函数。

4.3.1 运用HLOOKUP和VLOOKUP函数查找引用行列数据

VLOOKUP与HLOOKUP函数的作用是根据指定的关键字，快速从数据源中查找并自动匹配与之相关的目标信息。其查找功能十分强大，公式编写也很简便。二者的语法结构、参数设置规则完全相同。唯一不同的是前者是按列查找引用，而后者是按行查找引用。

1. VLOOKUP函数：按列查找引用数据

VLOOKUP函数是财务工作中运用频率相当高的查找引用类函数，其作用是从指定区域的首列快速查找指定的关键字，并自动引用与之匹配的目标数据。语法结构如下。

```
VLOOKUP(关键字，查找区域，列数，匹配条件)
```

注意VLOOKUP函数的第3个参数代表要查找的关键字位于查找区域中的第n列，并非工作表中的列号。

第4个参数“匹配条件”为可选参数，是一个逻辑值，以代码“0”和“1”代表。其中，代码“0”代表精确匹配，如果查找不到匹配值，将返回错值“#N/A”；代码“1”则代表近似匹配，如果在数据区域内找不到指定值，则返回小于查找值的最大数值。参数缺省时默认为近似匹配，即代码“1”。

如下图所示，“电子发票报销记录表”中记载了电子发票的报销数据，为防止重复报销，可设置VLOOKUP函数公式，财务人员收到当前提交的电子发票号码查找相关信息，如未查到，代表该发票未曾报销。反之，代表已报销。

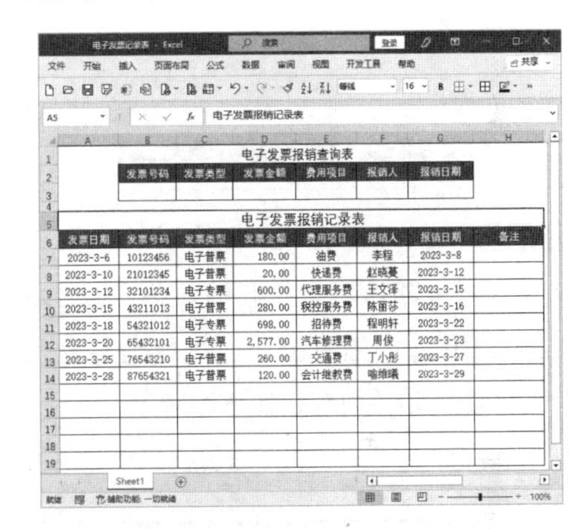

电子发票报销查询表

发票号码	发票类型	发票金额	费用项目	报销人	报销日期

电子发票报销记录表

发票日期	发票号码	发票类型	发票金额	费用项目	报销人	报销日期	备注
2023-3-6	10123456	电子普票	180.00	油费	李程	2023-3-8	
2023-3-10	21012345	电子普票	20.00	快递费	赵晓蔓	2023-3-12	
2023-3-12	32101234	电子专票	600.00	代理服务费	王文泽	2023-3-15	
2023-3-15	43211013	电子普票	280.00	税控服务费	陈丽莎	2023-3-16	
2023-3-18	54321012	电子专票	698.00	招待费	程明轩	2023-3-22	
2023-3-20	65432101	电子专票	2,577.00	汽车修理费	周俊	2023-3-23	
2023-3-25	76543210	电子普票	260.00	交通费	丁小彤	2023-3-27	
2023-3-28	87654321	电子普票	120.00	会计继教费	喻维曦	2023-3-29	

操作方法如下。

第1步 打开“素材文件\第4章\电子发票记录表.xlsx”文件，在C3单元格中设置公式“=IFERROR(VLOOKUP($B3,$B$7:$H19,2,0),"未报销")”，运用VLOOKUP函数在B7:H19单元格区域中查找B2单元格中的“发票号码”，并返回第2列中与之匹配的“发票类型”数据。同时，运用IFERROR函数屏蔽VLOOKUP函数在未查找到目标值时将返回的错误值“#N/A”，使之返回字符“未报销”。由于当前B3单元格为空，因此C3单元格公式结果为“未报销”。公式表达式及结果如下图所示。

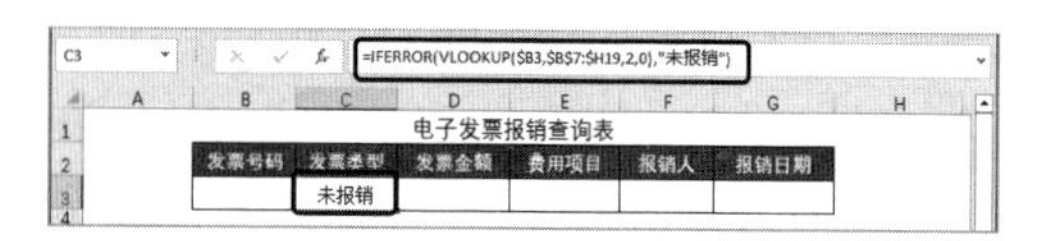

=IFERROR(VLOOKUP($B3,$B$7:$H19,2,0),"未报销")

电子发票报销查询表

发票号码	发票类型	发票金额	费用项目	报销人	报销日期
	未报销				

第2步 复制C3单元格公式并粘贴至D3:G3单元格区域中，依次将D3、E3、F3和G3单元格中VLOOKUP函数公式中的第3个参数修改为3、4、5、6即可。计算结果如下图所示。

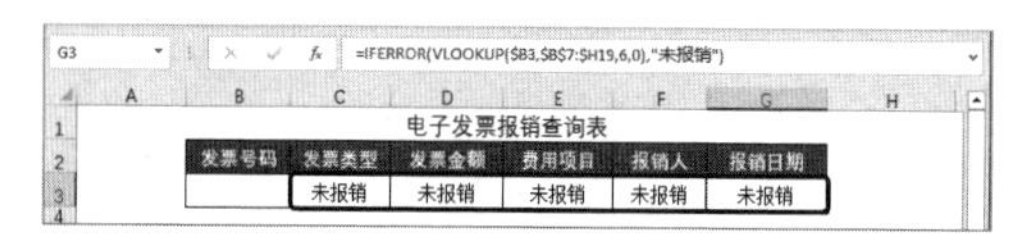

=IFERROR(VLOOKUP($B3,$B$7:$H19,6,0),"未报销")

电子发票报销查询表

发票号码	发票类型	发票金额	费用项目	报销人	报销日期
	未报销	未报销	未报销	未报销	未报销

第3步 在C3单元格中输入一个与G7:B14单元格区域中相同的发票号码，如“65432101”，可看到公式已查找到与发票号码匹配的相关内容。如下图所示。

=IFERROR(VLOOKUP($B3,$B$7:$H19,2,0),"未报销")

电子发票报销查询表

发票号码	发票类型	发票金额	费用项目	报销人	报销日期
65432101	电子专票	2,577.00	汽车修理费	周俊	2023-3-23

电子发票报销记录表

发票日期	发票号码	发票类型	发票金额	费用项目	报销人	报销日期	备注
2023-3-6	10123456	电子普票	180.00	油费	李程	2023-3-8	
2023-3-10	21012345	电子普票	20.00	快递费	赵晓蔓	2023-3-12	
2023-3-12	32101234	电子专票	600.00	代理服务费	王文泽	2023-3-15	
2023-3-15	43211013	电子普票	280.00	税控服务费	陈丽莎	2023-3-16	
2023-3-18	54321012	电子专票	698.00	招待费	程明轩	2023-3-22	
2023-3-20	65432101	电子专票	2,577.00	汽车修理费	周俊	2023-3-23	
2023-3-25	76543210	电子普票	260.00	交通费	丁小彤	2023-3-27	
2023-3-28	87654321	电子普票	120.00	会计继教费	喻维曦	2023-3-29	

示例结果见“结果文件\第4章\电子发票记录表.xlsx”文件。

2. HLOOKUP函数：按行查找引用数据

日常工作中，其实大多数财务数据表格的布局适宜使用VLOOKUP函数进行查找引用，但是在某些工作场景中，也会因计算要求，需要在转换表格维度后再根据关键字查询相关信息。这种情形下就可使用HLOOKUP函数。语法结构如下。

```
HLOOKUP(关键字，查找区域，行数，匹配条件)
```

注意HLOOKUP函数的第3个参数代表要查找的关键字位于查找区域中的第n行，并非工作表中的行号。如下图所示，“2022年地区季度销售统计表”中记载了各省份每个季度的销售数据，现要求在“2022年地区季度销售查询表”中按季度查询各省份的销售数据。

2022年地区季度销售查询表

单位：万元

季度	青海	西藏	四川	云南	广西	合计
第一季度						

2022年地区季度销售统计表

单位：万元

省区	第一季度	第二季度	第三季度	第四季度	全年总计
青海	291.71	403.90	550.73	372.15	1,618.49
西藏	265.15	560.98	575.13	552.13	1,953.39
四川	397.57	280.52	418.88	275.56	1,372.53
云南	253.67	302.88	403.17	380.96	1,340.68
广西	373.91	187.52	284.78	303.90	1,150.11
合计	1,582.01	1,735.80	2,232.69	1,884.70	7,435.20

操作方法如下。

第1步 打开“素材文件\第4章\2022年地区季度销售统计表.xlsx”文件，在B4单元格中设置公式“=HLOOKUP($A4,$A$7:$F$13,2,0)”，运用HLOOKUP函数在A7:F13单元格区域中查找A4单元格中的季度名称，并引用与之匹配的第2行数据。公式表达式及结果如下图所示。

B4 =HLOOKUP($A4,$A$7:$F$13,2,0)

2022年地区季度销售查询表

单位：万元

季度	青海	西藏	四川	云南	广西	合计
第一季度	291.71					291.71

2022年地区季度销售统计表

单位：万元

省区	第一季度	第二季度	第三季度	第四季度	全年总计
青海	291.71	403.90	550.73	372.15	1,618.49
西藏	265.15	560.98	575.13	552.13	1,953.39
四川	397.57	280.52	418.88	275.56	1,372.53
云南	253.67	302.88	403.17	380.96	1,340.68
广西	373.91	187.52	284.78	303.90	1,150.11
合计	1,582.01	1,735.80	2,232.69	1,884.70	7,435.20

第2步 复制B4单元格公式并粘贴至C4:F4单元格区域中，依次将C4、D4、E4和F4单元格公式中的第3个参数修改为3、4、5和6即可。公式结果如下图所示。

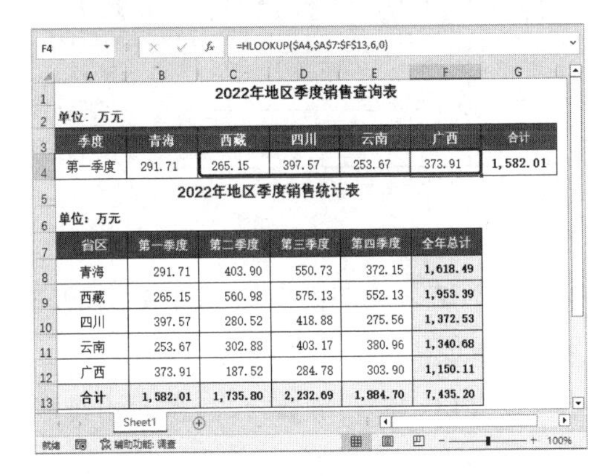

F4 =HLOOKUP($A4,$A$7:$F$13,6,0)

2022年地区季度销售查询表

单位：万元

季度	青海	西藏	四川	云南	广西	合计
第一季度	291.71	265.15	397.57	253.67	373.91	1,582.01

2022年地区季度销售统计表

单位：万元

省区	第一季度	第二季度	第三季度	第四季度	全年总计
青海	291.71	403.90	550.73	372.15	1,618.49
西藏	265.15	560.98	575.13	552.13	1,953.39
四川	397.57	280.52	418.88	275.56	1,372.53
云南	253.67	302.88	403.17	380.96	1,340.68
广西	373.91	187.52	284.78	303.90	1,150.11
合计	1,582.01	1,735.80	2,232.69	1,884.70	7,435.20

第3步 在A4单元格下拉列表中选择其他季度名称，如“第三季度”，即可看到B4:F4单元格区域中的公式已查找到与之匹配的相关内容。如下图所示。

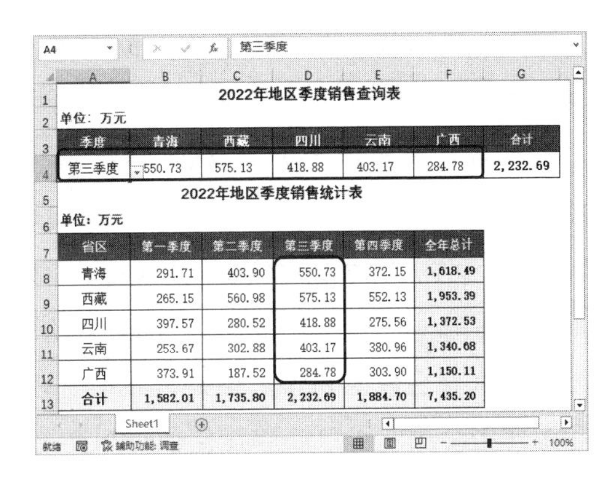

A4 第三季度

2022年地区季度销售查询表

单位：万元

季度	青海	西藏	四川	云南	广西	合计
第三季度	550.73	575.13	418.88	403.17	284.78	2,232.69

2022年地区季度销售统计表

单位：万元

省区	第一季度	第二季度	第三季度	第四季度	全年总计
青海	291.71	403.90	550.73	372.15	1,618.49
西藏	265.15	560.98	575.13	552.13	1,953.39
四川	397.57	280.52	418.88	275.56	1,372.53
云南	253.67	302.88	403.17	380.96	1,340.68
广西	373.91	187.52	284.78	303.90	1,150.11
合计	1,582.01	1,735.80	2,232.69	1,884.70	7,435.20

示例结果见“结果文件\第4章\2022年地区季度销售统计表.xlsx”文件。

4.3.2 运用LOOKUP函数设置条件查找引用数据

LOOKUP函数是VLOOKUP和HLOOKUP函数的综合体，突破二者仅能按列或行查找的局限性，不仅能够全方位查找目标数据，还能根据指定条件进行查找，并且其语法结构更简单，编写公式也更简便。LOOKUP函数的查找方式包括两种：向量形式和数组形式。语法结构分别如下。

向量形式：

```
LOOKUP(关键字，查找向量，[返回向量])
```

数组形式：

```
LOOKUP(关键字，数组)
```

下面分别介绍LOOKUP函数的两种查找方式的运用方法。

1. 向量形式：设定条件进行查找

LOOKUP函数的查找原理其实就是近似匹配，也就是说如果在第2个参数“查找向量”中找不到关键字的精确匹配对象，那么就查找小于关键字的最大值，再返回与之对应的第3个参数“[返回向量]”中的数据。所以，如果要进行精确查找，就预先对包含关键字的第2个参数（查找向量）中的数据进行升序排序。否则，公式计算结果将会发生错误。但是，如果在实际工作中每次使用LOOKUP函数时都要先进行排序操作，反而影响工作效率。对此，在公式中设置一个条件，即可突破必须先排序的局限。操作方法如下。

第1步 打开“素材文件\第4章\2022年地区季度销售统计表1.xlsx”文件，在B4单元格中设置公式“=LOOKUP(1,0/($A$8:$A$12=$A$4), B$8: B$12)”，即可准确查找并引用A4单元格中的省份“四川”在“第一季度”中的销售数据。公式表达式及公式结果如下图所示。

B4 =LOOKUP(1,0/($A$8:$A$12=$A$4),B$8:B$12)

2022年地区季度销售查询表1

单位：万元

省份	第一季度	第二季度	第三季度	第四季度	合计
四川	397.57				397.57

2022年地区季度销售统计表1

单位：万元

省区	第一季度	第二季度	第三季度	第四季度	全年总计
青海	291.71	403.90	550.73	372.15	1,618.49
西藏	265.15	560.98	575.13	552.13	1,953.39
四川	397.57	280.52	418.88	275.56	1,372.53
云南	253.67	302.88	403.17	380.96	1,340.68
广西	373.91	187.52	284.78	303.90	1,150.11
合计	1,582.01	1,735.80	2,232.69	1,884.70	7,435.20

第2步 复制B4单元格公式并粘贴至C4:E4单元格区域中即可准确匹配“四川”在其他季度中的销售数据。公式结果如下图所示。

E4 =LOOKUP(1,0/($A$8:$A$12=$A$4),E$8:E$12)

2022年地区季度销售查询表1

单位：万元

省份	第一季度	第二季度	第三季度	第四季度	合计
四川	397.57	280.52	418.88	275.56	1,372.53

2022年地区季度销售统计表1

单位：万元

省区	第一季度	第二季度	第三季度	第四季度	全年总计
青海	291.71	403.90	550.73	372.15	1,618.49
西藏	265.15	560.98	575.13	552.13	1,953.39
四川	397.57	280.52	418.88	275.56	1,372.53
云南	253.67	302.88	403.17	380.96	1,340.68
广西	373.91	187.52	284.78	303.90	1,150.11
合计	1,582.01	1,735.80	2,232.69	1,884.70	7,435.20

第3步 在A4单元格下拉列表中选择其他区域，如“广西”，即可看到B4:F4单元格区域中的公式已查找到与之匹配的相关内容。如下图所示。

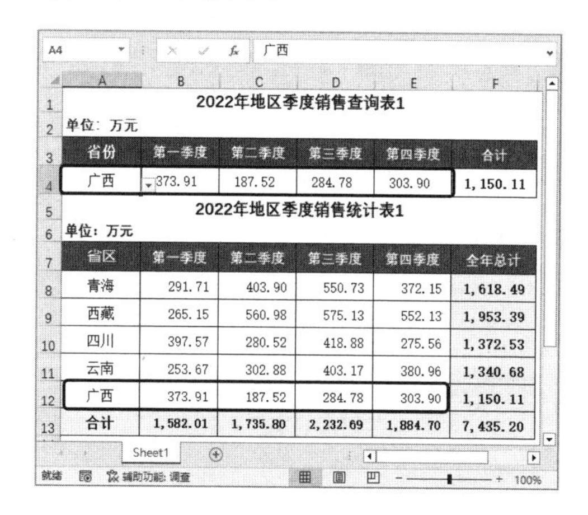

A4 广西

2022年地区季度销售查询表1

单位：万元

省份	第一季度	第二季度	第三季度	第四季度	合计
广西	373.91	187.52	284.78	303.90	1,150.11

2022年地区季度销售统计表1

单位：万元

省区	第一季度	第二季度	第三季度	第四季度	全年总计
青海	291.71	403.90	550.73	372.15	1,618.49
西藏	265.15	560.98	575.13	552.13	1,953.39
四川	397.57	280.52	418.88	275.56	1,372.53
云南	253.67	302.88	403.17	380.96	1,340.68
广西	373.91	187.52	284.78	303.90	1,150.11
合计	1,582.01	1,735.80	2,232.69	1,884.70	7,435.20

示例结果见“结果文件\第4章\2022年地区季度销售统计表1.xlsx”文件。

设置LOOKUP函数公式，实现不排序即可精确匹配的原理如下。

将LOOKUP函数的第1个参数“关键字”设置为“1”，再将第2个参数“查找向量”设置为条件“0/(查找列=关键字)”，使其返回一组错误值。那么LOOKUP函数在错误值中必然查找不到“1”，就只能退而求其次，在查找列中查找小于关键字“1”的最大值后，再返回与之匹配的第3个参数“[返回向量]”中的数据。

2. 数组形式：在数字区间中查找

LOOKUP函数的向量形式和数组形式均可用于数字区间查找。但是，如果查找区域和结果区域中的数据全部为纯数字时，那么采用数组形式设置公式更直观，编写公式也更为简便。

我国目前实行的个人所得税税率如下图所示。下面在Excel工作表中设置数组形式的LOOKUP函数公式，计算累计个人所得税。

个人所得税税率表

序号	全年应纳税所得额	税率	速算扣除数
1	不超过36000元的部分	3%	0
2	超过36000至144000元的部分	10%	2520
3	超过144000至300000元的部分	20%	16920
4	超过300000至420000元的部分	25%	31920
5	超过420000至660000元的部分	30%	52920
6	超过660000至960000元的部分	35%	85920
7	超过960000元的部分	45%	181920

操作方法如下。

第1步 打开“素材文件\第4章\2022年个人所得税计算表.xlsx”文件，❶在D3单元格中设置公式“=LOOKUP(C3,{0,0.01,36000.01,144000.01,300000.01,420000.01,660000.01,960000.01},{0, 0.03,0.1,0.2,0.25,0.3,0.35,0.45})”，运用LOOKUP函数在其第2个参数（第1个数组“累计应纳税所得额”）之中查找与C3单元格中数字近似的数字，然后返回与之匹配的第2个数组（第3个参数“税率”）中的数字，❷在E3单元格中设置公式“=LOOKUP(D3,{0,0.03,0.1,0.2,0.25,0.3,0.35,0.45},{0, 0,2520,16920,31920,52920,85920,181920})”，根据D3单元格中的税率，查找引用“速算扣除数”。公式原理与D3单元格公式同理，❸在F3单元格中设置公式“=ROUND(C3*D3-E3,2)”，计算“累计应纳税额”。公式表达式及公式结果如下图所示（编辑栏中显示E3单元格中的公式表达式）。

E3 =LOOKUP(D3,{0,0.03,0.1,0.2,0.25,0.3,0.35,0.45},{0,0,2520,16920,31920,52920,85920,181920})

2022年个人所得税计算表

员工编号	姓名	累计应纳税所得额	税率	速算扣除数	累计应纳税额
HT001	李琳琳	145203.58	20% ❶	16920.00 ❷	12120.72 ❸
HT002	陈锋	56532.86			
HT003	赵熙西	37965.62			
HT004	周文韵	13926.78			
HT005	刘海	11109.36			
HT006	郑安	10095.12			
HT007	牛丽	12896.06			
HT008	杨华	22568.16			
HT009	朱文文	37523.08			
HT010	方浩	18000.68			
合计		365821.30	-	-	12120.72

第2步 复制D3:F3单元格公式并粘贴至D4:F12单元格区域中，即可计算得到全部员工的个人所得税相关数据。如下图所示。

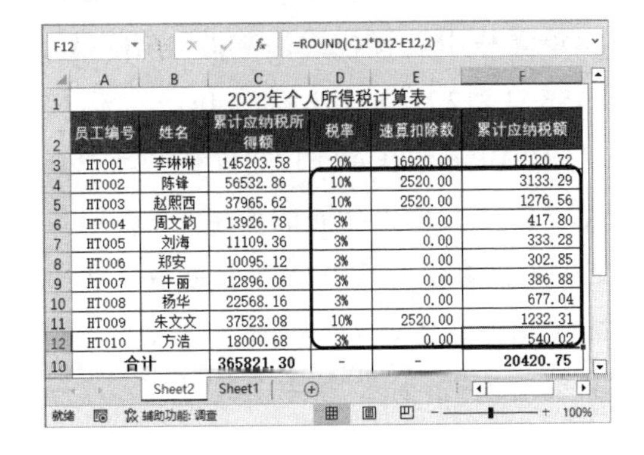

F12 =ROUND(C12*D12-E12,2)

2022年个人所得税计算表

员工编号	姓名	累计应纳税所得额	税率	速算扣除数	累计应纳税额
HT001	李琳琳	145203.58	20%	16920.00	12120.72
HT002	陈锋	56532.86	10%	2520.00	3133.29
HT003	赵熙西	37965.62	10%	2520.00	1276.56
HT004	周文韵	13926.78	3%	0.00	417.80
HT005	刘海	11109.36	3%	0.00	333.28
HT006	郑安	10095.12	3%	0.00	302.85
HT007	牛丽	12896.06	3%	0.00	386.88
HT008	杨华	22568.16	3%	0.00	677.04
HT009	朱文文	37523.08	10%	2520.00	1232.31
HT010	方浩	18000.68	3%	0.00	540.02
合计		365821.30	-	-	20420.75

示例结果见“结果文件\第4章\2022年个人所得税计算表.xlsx”文件。

4.3.3 运用MATCH函数自动定位行数或列数

MATCH函数的作用是在指定的区域中定位指定查找值的单元格的坐标。语法结构如下。

```
MATCH(查找值,查找区域,[匹配类型])
```

其中，第2个参数“查找区域”只能设置为同一行或同一列区域，如A2:G2或B2:B15。第3个参数“[匹配类型]”同样包括精确匹配和近似匹配，分别以代码“0”和“1”表示。

实际工作中，MATCH函数一般与其他函数嵌套使用，可自动计算其他函数中需要手动设置为固定数字的参数，如VLOOKUP和HLOOKUP函数的第3个参数“列数”和“行数”。下面介绍MATCH函数与VLOOKUP函数的嵌套方法。

第1步 打开“素材文件\第4章\2022年地区季度销售统计表2.xlsx”文件。❶在B4单元格中设置公式“=VLOOKUP($A4,$A$8:$E$12,MATCH(B3, 7:7,0),0)”，运用VLOOKUP函数在A8:E12单元格区域中查找与A4单元格中相同的数据，并返回与之匹配的数值。其中，第3个参数即使用MATCH函数自动定位列数，其作用是查找B3单元格中的字段“第一季度”位于第7行中的第n列，返回结果为“2”。❷复制B4单元格公式并粘贴至C4:E4单元格区域中，即可查找到其他季度的销售数据。公式表达式及公式结果如下图所示（编辑栏中显示E4单元格公式）。

2022年地区季度销售查询表2

单位：万元

省份	第一季度	第二季度	第三季度	第四季度	合计
广西	373.91	187.52	284.78	303.90	1,150.11

2022年地区季度销售统计表2

单位：万元

省区	第一季度	第二季度	第三季度	第四季度	全年总计
青海	291.71	403.90	550.73	372.15	1,618.49
西藏	265.15	560.98	575.13	552.13	1,953.39
四川	397.57	280.52	418.88	275.56	1,372.53
云南	253.67	302.88	403.17	380.96	1,340.68
广西	373.91	187.52	284.78	303.90	1,150.11
合计	1,582.01	1,735.80	2,232.69	1,884.70	7,435.20

第2步 在A4单元格下拉列表中选择其他地区，如“云南”，即可看到B4:E4单元格区域中的公式已查找到与之匹配的相关内容。如下图所示。

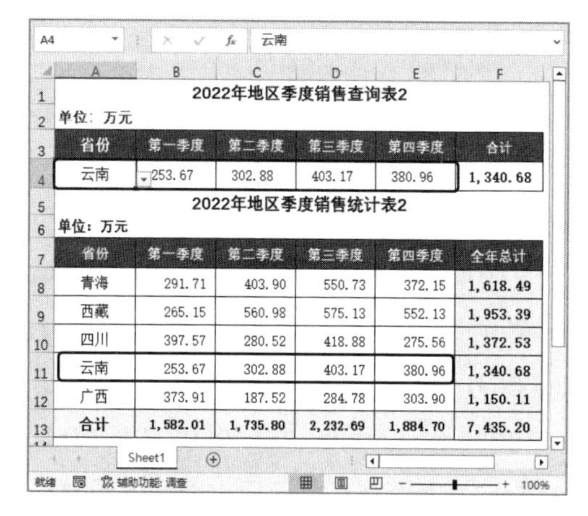

2022年地区季度销售查询表2

单位：万元

省份	第一季度	第二季度	第三季度	第四季度	合计
云南	253.67	302.88	403.17	380.96	1,340.68

2022年地区季度销售统计表2

单位：万元

省份	第一季度	第二季度	第三季度	第四季度	全年总计
青海	291.71	403.90	550.73	372.15	1,618.49
西藏	265.15	560.98	575.13	552.13	1,953.39
四川	397.57	280.52	418.88	275.56	1,372.53
云南	253.67	302.88	403.17	380.96	1,340.68
广西	373.91	187.52	284.78	303.90	1,150.11
合计	1,582.01	1,735.80	2,232.69	1,884.70	7,435.20

示例结果见“结果文件\第4章\2022年地区季度销售统计表2.xlsx”文件。

4.3.4 运用XLOOKUP函数查找引用数据并设定错误返回值

XLOOKUP函数是Excel 2021版的新增函数，也是VLOOKUP、HLOOKUP和LOOKUP函数的升级版，功能更为强大。它的基本作用同样是在指定数组中查找指定的关键字，返回另一指定数组中与指定值匹配的值。语法结构如下。

```
XLOOKUP(查找值,查找数组,返回数组,[未找到值],[匹配模式],[搜索模式])
```

从XLOOKUP函数的语法结构可知，它比前面介绍的3个函数更强之处主要体现在增加了2个可选参数，即第4个参数——“[未找到值]”与第6个参数——“[搜索模式]”。另外，第5个参数“[匹配模式]”也有所加强。下面分别介绍XLOOKUP函数第4、第5、第6个参数的作用。

第4个参数的作用是替代IFERROR函数，来屏蔽未找到目标值时原本将要返回的错误值“#N/A”。

第5个参数的代码包括0，-1，1和2。其中，代码“0”为默认选项，代表精确匹配；代码“-1”和“1”代表近似匹配，如果没有找到目标值，则返回下一个较小或较大的值；代码“2”代表通配符匹配。

第6个参数的代码包括1，-1，2，-2，其作用是确定从第n项开始进行搜索。其中，代码“1”为默认选项，代表从第1项开始搜索；代码“-1”代表从最后1项开始搜索；代码“-2”和“2”，分别代表按升序和降序搜索。

虽然XLOOKUP函数多达6个参数，但是日常工作中一般只需使用前4个参数即可。下面介绍具体应用方法。

第1步 打开“素材文件\第4章\电子发票记录表1.xlsx”文件，❶在B3单元格中设置公式“=XLOOKUP($A3,B$7:B$14,A7:A14,"-")”，运用XLOOKUP函数在B7:B14单元格区域中查找A3单元格中的数据，再返回A7:A14单元格区域中与之匹配的“发票日期”，如果未查找到，返回符号“-”，❷在C3单元格中设置计算公式“=XLOOKUP($A3,$B7:$B14,C7:C14,"-")”，查找引用“发票类型”，❸复制C3单元格公式并粘贴至D3:G3单元格区域中，即可查找并引用其他数据。公式表达式及公式结果如下图所示（编辑栏中显示G3单元格中的公式表达式）。

电子发票报销查询表1

发票号码	发票日期	发票类型	发票金额	费用项目	报销人	报销日期
	-	-	-	-	-	-

电子发票报销记录表1

发票日期	发票号码	发票类型	发票金额	费用项目	报销人	报销日期	备注
2023-3-6	10123456	电子普票	180.00	油费	李程	2023-3-8	
2023-3-10	21012345	电子普票	20.00	快递费	赵晓蔓	2023-3-12	
2023-3-12	32101234	电子专票	600.00	代理服务费	王文泽	2023-3-15	
2023-3-15	43211013	电子普票	280.00	税控服务费	陈丽莎	2023-3-16	
2023-3-18	54321012	电子专票	698.00	招待费	程明轩	2023-3-22	
2023-3-20	65432101	电子专票	2,577.00	汽车修理费	周俊	2023-3-23	
2023-3-25	76543210	电子普票	260.00	交通费	丁小彤	2023-3-27	
2023-3-28	87654321	电子普票	120.00	会计继教费	喻维曦	2023-3-29	

第2步 在A3单元格中输入一个与B7:B14单元格区域中相同的发票号码，如“43211013”，即可看到B3:G3单元格区域中的公式已查找到与之匹配的相关内容。如下图所示。

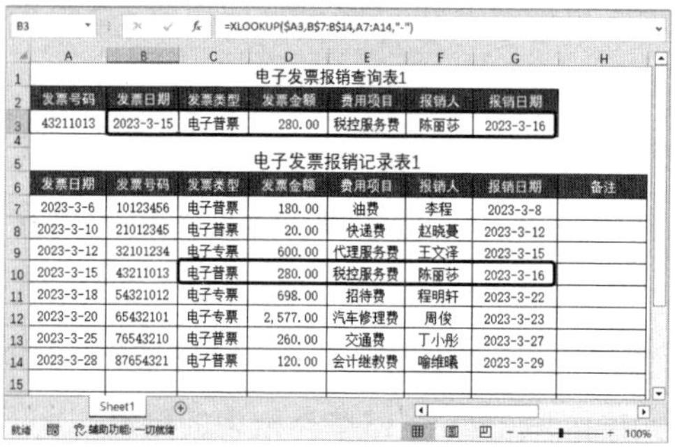

B3 =XLOOKUP($A3,B$7:B$14,A7:A14,"-")

电子发票报销查询表1

发票号码	发票日期	发票类型	发票金额	费用项目	报销人	报销日期
43211013	2023-3-15	电子普票	280.00	税控服务费	陈丽莎	2023-3-16

电子发票报销记录表1

发票日期	发票号码	发票类型	发票金额	费用项目	报销人	报销日期	备注
2023-3-6	10123456	电子普票	180.00	油费	李程	2023-3-8	
2023-3-10	21012345	电子普票	20.00	快递费	赵晓蔓	2023-3-12	
2023-3-12	32101234	电子专票	600.00	代理服务费	王文泽	2023-3-15	
2023-3-15	43211013	电子普票	280.00	税控服务费	陈丽莎	2023-3-16	
2023-3-18	54321012	电子专票	698.00	招待费	程明轩	2023-3-22	
2023-3-20	65432101	电子专票	2,577.00	汽车修理费	周俊	2023-3-23	
2023-3-25	76543210	电子普票	260.00	交通费	丁小彤	2023-3-27	
2023-3-28	87654321	电子普票	120.00	会计继教费	喻维曦	2023-3-29	

示例结果见“结果文件\第4章\电子发票记录表1.xlsx”文件。

4.3.5 运用OFFSET函数定位查找引用数据

OFFSET函数的作用是以指定单元格地址为起点，按照指定的数字向上下左右方向偏移*n*个单元格达到目标单元格或区域，然后返回其中的数值，以此实现数据的查找与引用。语法结构如下。

```
OFFSET(基准单元格,偏移行数,偏移列数,[偏移高度],[偏移宽度])
```

其中，前3个参数为必需项，第2、第3个参数可以设置为“0”或空（需用英文逗号占位）。第2、第3个参数为正数时，代表向下和向右偏移；为负数时，则代表向上和向左偏移。

第4、第5个参数为可选参数，代表引用区域的行高度和列宽度，其作用是定位行的高度和列的宽度构成的单元格区域。用区域的行高度与列宽度的作用是确定行数和列数，以构成动态区域，通常在需要对被定位的单元格区域进行计算时设置。参数缺省时默认为“0”。

下面分别介绍运用OFFSET函数定位行、列查找数据和构建动态区域计算数据的方法。

1. 定位行、列查找数

如下图所示，“2023年3月部门销售日报表2”表格中记录了2023年3月中各部门每日的销售数据。下面在“2023年3月部门销售查询表2”表格中，动态查询各部门连续7日的销售明细数据。

2023年3月部门销售查询表2

销售日期	销售1部	销售2部	销售3部	销售4部	合计
					-
					-
					-
					-
					-
					-
					-
合计	-	-	-	-	-

2023年3月部门销售日报表2

销售日期	销售1部	销售2部	销售3部	销售4部	合计
2023-3-1	21,283.89	24,116.00	22,882.90	28,187.86	96,470.66
2023-3-2	23,245.47	27,681.50	25,859.69	20,197.18	96,983.84
2023-3-3	20,271.59	22,282.44	28,895.56	20,388.08	91,837.66
2023-3-4	25,326.25	24,353.85	20,659.73	26,369.18	96,709.01
2023-3-5	27,927.69	20,231.08	23,327.15	29,195.28	100,681.21
2023-3-6	25,273.08	22,985.17	26,973.50	28,009.13	103,240.88
2023-3-7	24,543.46	28,923.34	22,512.33	26,910.00	102,889.13
2023-3-8	25,130.44	27,944.10	26,507.71	22,777.39	102,359.64
2023-3-27	29,898.86	26,344.53	25,785.51	26,245.37	108,274.27
2023-3-28	26,125.10	23,407.54	24,052.78	24,179.36	97,764.78
2023-3-29	27,379.50	21,498.30	26,159.04	24,835.39	99,872.23
2023-3-30	21,852.80	28,130.85	24,283.46	23,204.62	97,471.74
2023-3-31	24,725.89	21,356.65	20,193.14	29,388.56	95,664.24
合计	784,169.42	782,073.58	774,471.32	767,696.29	3,108,410.62

操作方法如下。

第1步 打开“素材文件\第4章\2023年3月部门销售日报表2.xlsx”文件，❶在A3单元格中任意输入3月当中的一个日期作为起始日期，如“2023-3-6”，❷在A4单元格中设置公式“=A3+1”，❸复制A4单元格公式并粘贴至A5:A9单元格区域中，即可根据A3单元格中的起始日期自动生成连续7日的日期。如下图所示（编辑栏中显示A9单元格公式）。

A9 =A8+1

2023年3月部门销售查询表2

销售日期	销售1部	销售2部	销售3部	销售4部	合计
2023-3-6 ❶					-
2023-3-7 ❷					-
2023-3-8					-
2023-3-9					-
2023-3-10 ❸					-
2023-3-11					-
2023-3-12					-
合计	-	-	-	-	-

第2步 在B3单元格中设置公式“=OFFSET($A$11,MATCH($A3,$A$12: $A$43,0),MATCH(B$2,$B$12:$E$12,0))”，以A11单元格为起点，向下偏移*n*行，向右偏移*n*列定位到目标单元格后返回其中数值。其中，OFFSET函数的第2个参数运用MATCH函数根据A3单元格中的日期“2023-3-6”，查找并返回其在A12:A43单元格区域中的列数作为向下偏移的行数。第3个参数的含义同理。公式表达式及公式结果如下图所示。

B3 =OFFSET($A$11,MATCH($A3,$A$12:$A$43,0),MATCH(B$2,$B$12:$E$12,0))

2023年3月部门销售查询表2

销售日期	销售1部	销售2部	销售3部	销售4部	合计
2023-3-6	25,273.08				25,273.08
2023-3-7					-
2023-3-8					-
2023-3-9					-
2023-3-10					-
2023-3-11					-
2023-3-12					-
合计	25,273.08	-	-	-	25,273.08

第3步 复制B3单元格公式并粘贴至B3:F9单元格区域中，即可查找并引用全部指定日期的各部门销售数据。如下图所示。

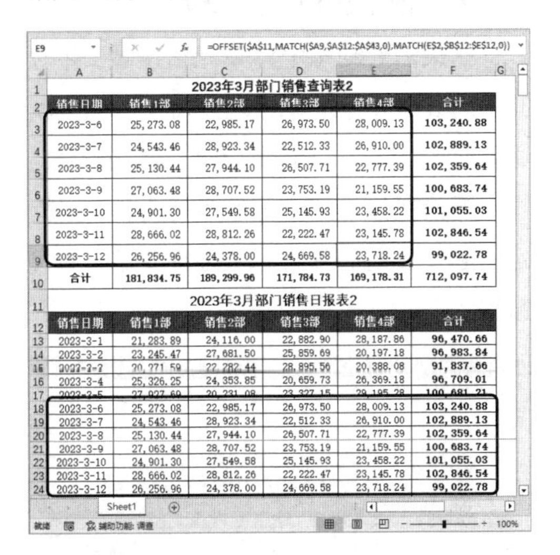

E9 =OFFSET($A$11,MATCH($A9,$A$12:$A$43,0),MATCH(E$2,$B$12:$E$12,0))

2023年3月部门销售查询表2

销售日期	销售1部	销售2部	销售3部	销售4部	合计
2023-3-6	25,273.08	22,985.17	26,973.50	28,009.13	103,240.88
2023-3-7	24,543.46	28,923.34	22,512.33	26,910.00	102,889.13
2023-3-8	25,130.44	27,944.10	26,507.71	22,777.39	102,359.64
2023-3-9	27,063.48	28,707.52	23,753.19	21,159.55	100,683.74
2023-3-10	24,901.30	27,549.58	25,145.93	23,458.22	101,055.03
2023-3-11	28,666.02	28,812.26	22,222.47	23,145.78	102,846.54
2023-3-12	26,256.96	24,378.00	24,669.58	23,718.24	99,022.78
合计	181,834.75	189,299.96	171,784.73	169,178.31	712,097.74

2023年3月部门销售日报表2

销售日期	销售1部	销售2部	销售3部	销售4部	合计
2023-3-1	21,283.89	24,116.00	22,882.90	28,187.86	96,470.66
2023-3-2	23,245.47	27,681.50	25,859.69	20,197.18	96,983.84
2023-3-3	20,271.59	22,282.44	28,895.56	20,388.08	91,837.66
2023-3-4	25,326.25	24,353.85	20,659.73	26,369.18	96,709.01
2023-3-5	27,927.69	20,231.08	23,327.15	29,195.28	100,681.21
2023-3-6	25,273.08	22,985.17	26,973.50	28,009.13	103,240.88
2023-3-7	24,543.46	28,923.34	22,512.33	26,910.00	102,889.13
2023-3-8	25,130.44	27,944.10	26,507.71	22,777.39	102,359.64
2023-3-9	27,063.48	28,707.52	23,753.19	21,159.55	100,683.74
2023-3-10	24,901.30	27,549.58	25,145.93	23,458.22	101,055.03
2023-3-11	28,666.02	28,812.26	22,222.47	23,145.78	102,846.54
2023-3-12	26,256.96	24,378.00	24,669.58	23,718.24	99,022.78

第4步 在A3单元格中输入另一个日期作为新的起始日期，如“2023-3-15”，可看到A4:A9与B3:E9单元格区域中的数据已发生动态变化，即查找并返回2023年3月15日至21日的各部门销售数据。如下图所示。

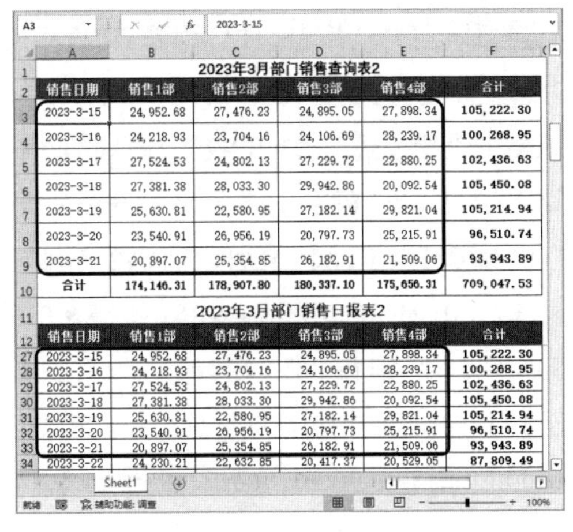

A3 2023-3-15

2023年3月部门销售查询表2

销售日期	销售1部	销售2部	销售3部	销售4部	合计
2023-3-15	24,952.68	27,476.23	24,895.05	27,898.34	105,222.30
2023-3-16	24,218.93	23,704.16	24,106.69	28,239.17	100,268.95
2023-3-17	27,524.53	24,802.13	27,229.72	22,880.25	102,436.63
2023-3-18	27,381.38	28,033.30	29,942.86	20,092.54	105,450.08
2023-3-19	25,630.81	22,580.95	27,182.14	29,821.04	105,214.94
2023-3-20	23,540.91	26,956.19	20,797.73	25,215.91	96,510.74
2023-3-21	20,897.07	25,354.85	26,182.91	21,509.06	93,943.89
合计	174,146.31	178,907.80	180,337.10	175,656.31	709,047.53

2023年3月部门销售日报表2

销售日期	销售1部	销售2部	销售3部	销售4部	合计
2023-3-15	24,952.68	27,476.23	24,895.05	27,898.34	105,222.30
2023-3-16	24,218.93	23,704.16	24,106.69	28,239.17	100,268.95
2023-3-17	27,524.53	24,802.13	27,229.72	22,880.25	102,436.63
2023-3-18	27,381.38	28,033.30	29,942.86	20,092.54	105,450.08
2023-3-19	25,630.81	22,580.95	27,182.14	29,821.04	105,214.94
2023-3-20	23,540.91	26,956.19	20,797.73	25,215.91	96,510.74
2023-3-21	20,897.07	25,354.85	26,182.91	21,509.06	93,943.89
2023-3-22	24,230.21	22,632.85	20,417.37	20,529.05	87,809.49

示例结果见“结果文件\第4章\2023年3月部门销售日报表2.xlsx”文件。

2. 构建动态区域进行计算

如果需要动态定位单元格区域，并对其中的数据进行计算，如汇总求和，那么就必须使用OFFSET函数的第4、第5个参数。

下面在如下图所示的表格中，根据指定的起止日期汇总该期间内各部门的销售数据。

2023年3月部门销售查询表3					
起止日期	2023-3-5	2023-3-12			
销售天数	销售1部	销售2部	销售3部	销售4部	合计
					-

销售日期	销售1部	销售2部	销售3部	销售4部	合计
2023-3-1	21,283.89	24,116.00	22,882.90	28,187.86	96,470.66
2023-3-2	23,245.47	27,681.50	25,859.69	20,197.18	96,983.84
2023-3-3	20,271.59	22,282.44	28,895.56	20,388.08	91,837.66
2023-3-4	25,326.25	24,353.85	20,659.73	26,369.18	96,709.01
2023-3-5	27,927.69	20,231.08	23,327.15	29,195.28	100,681.21
2023-3-6	25,273.08	22,985.17	26,973.50	28,009.13	103,240.88
2023-3-7	24,543.46	28,923.34	22,512.33	26,910.00	102,889.13
2023-3-8	25,130.44	27,944.10	26,507.71	22,777.39	102,359.64
2023-3-9	27,063.48	28,707.52	23,753.19	21,159.55	100,683.74
2023-3-10	24,901.30	27,549.58	25,145.93	23,458.22	101,055.03
2023-3-11	28,666.02	28,812.26	22,222.47	23,145.78	102,846.54
2023-3-12	26,256.96	24,378.00	24,669.58	23,718.24	99,022.78
2023-3-13	23,326.72	28,601.61	26,730.38	22,909.09	101,567.80

操作方法如下。

第1步 打开“素材文件\第4章\2023年3月部门销售日报表3.xlsx”文件，❶在A4单元格中设置公式“=C2-B2+1”，计算起止日期之间的天数，❷在B4单元格中设置公式“=SUM(OFFSET($A$6,MATCH($B$2, $A$7:$A$37,0),MATCH(B$3,$B$6:$E$6,0),$A4))”，对“销售1部”在2023年3月5日至12日这8天的销售数据汇总求和。其中，OFFSET函数的第5个参数设置为A4单元格，也就是说起止日期之间的天数，即偏移高度。公式表达式及公式结果如下图所示（编辑栏中显示B4单元格公式）。

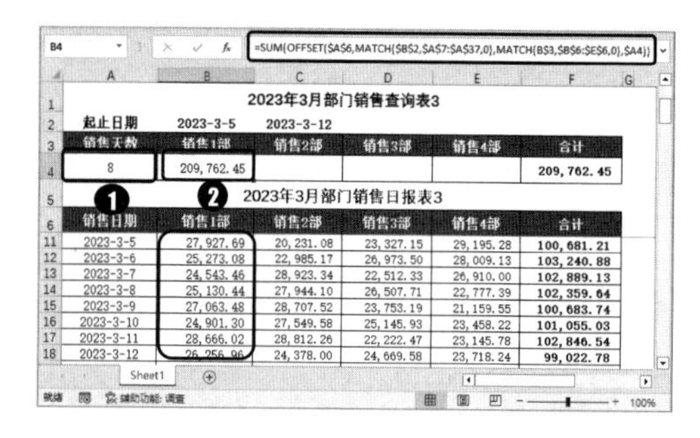

2023年3月部门销售查询表3					
起止日期	2023-3-5	2023-3-12			
销售天数	销售1部	销售2部	销售3部	销售4部	合计
8	209,762.45				209,762.45

销售日期	销售1部	销售2部	销售3部	销售4部	合计
2023-3-5	27,927.69	20,231.08	23,327.15	29,195.28	100,681.21
2023-3-6	25,273.08	22,985.17	26,973.50	28,009.13	103,240.88
2023-3-7	24,543.46	28,923.34	22,512.33	26,910.00	102,889.13
2023-3-8	25,130.44	27,944.10	26,507.71	22,777.39	102,359.64
2023-3-9	27,063.48	28,707.52	23,753.19	21,159.55	100,683.74
2023-3-10	24,901.30	27,549.58	25,145.93	23,458.22	101,055.03
2023-3-11	28,666.02	28,812.26	22,222.47	23,145.78	102,846.54
2023-3-12	26,256.96	24,378.00	24,669.58	23,718.24	99,022.78

第2步 复制B4单元格公式并粘贴至C4:E4单元格区域中，即可汇总其他部门8天的销售数据。如下图所示。

2023年3月部门销售查询表3					
起止日期	2023-3-5	2023-3-12			
销售天数	销售1部	销售2部	销售3部	销售4部	合计
8	209,762.45	209,531.04	195,111.88	198,373.59	812,778.96

销售日期	销售1部	销售2部	销售3部	销售4部	合计
2023-3-5	27,927.69	20,231.08	23,327.15	29,195.28	100,681.21
2023-3-6	25,273.08	22,985.17	26,973.50	28,009.13	103,240.88
2023-3-7	24,543.46	28,923.34	22,512.33	26,910.00	102,889.13
2023-3-8	25,130.44	27,944.10	26,507.71	22,777.39	102,359.64
2023-3-9	27,063.48	28,707.52	23,753.19	21,159.55	100,683.74
2023-3-10	24,901.30	27,549.58	25,145.93	23,458.22	101,055.03
2023-3-11	28,666.02	28,812.26	22,222.47	23,145.78	102,846.54
2023-3-12	26,256.96	24,378.00	24,669.58	23,718.24	99,022.78

第3步 在B2和C2单元格中重新输入其他日期，如“2023-3-3”和“2023-3-8”，可看到A4:E4单元格区域中的公式已计算得到各部门6天的销售汇总数据。如下图所示。

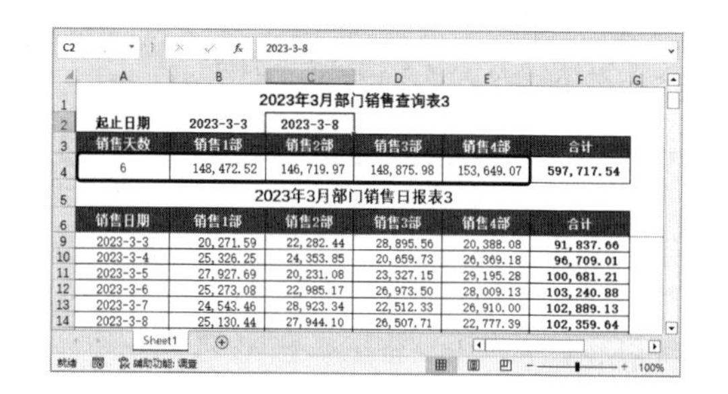

2023年3月部门销售查询表3					
起止日期	2023-3-3	2023-3-8			
销售天数	销售1部	销售2部	销售3部	销售4部	合计
6	148,472.52	146,719.97	148,875.98	153,649.07	597,717.54

销售日期	销售1部	销售2部	销售3部	销售4部	合计
2023-3-3	20,271.59	22,282.44	28,895.56	20,388.08	91,837.66
2023-3-4	25,326.25	24,353.85	20,659.73	26,369.18	96,709.01
2023-3-5	27,927.69	20,231.08	23,327.15	29,195.28	100,681.21
2023-3-6	25,273.08	22,985.17	26,973.50	28,009.13	103,240.88
2023-3-7	24,543.46	28,923.34	22,512.33	26,910.00	102,889.13
2023-3-8	25,130.44	27,944.10	26,507.71	22,777.39	102,359.64

示例结果见“结果文件\第4章\2023年3月部门销售日报表3.xlsx”文件。

4.3.6 运用INDIRECT函数跨表查找引用

INDIRECT函数的作用是根据指定的文本字符串，返回其代表的引用。语法结构如下。

```
INDIRECT(单元格引用,[引用样式])
```

其中，第1个参数“单元格引用”包括两种类型：直接引用和间接引用。

直接引用是指直接引用指定单元格中的文本，设置参数时必须用英文双引号。例如，A3单元格中的内容为“会计与财务管理”，在B3单元格中设置公式“=INDIRECT("A3")”后即返回“会计与财务管理”。如下图所示。

间接引用是指引用指定单元格中的文本所指向的另一个单元格中的内容。例如，A7单元格中的内容为“A8”，A8单元格中的内容为“会计与财务管理”，在B7单元格中设置公式“=INDIRECT(A7)”后返回A7单元中指向的A8单元格中的内容“会计与财务管理”。如下图所示。

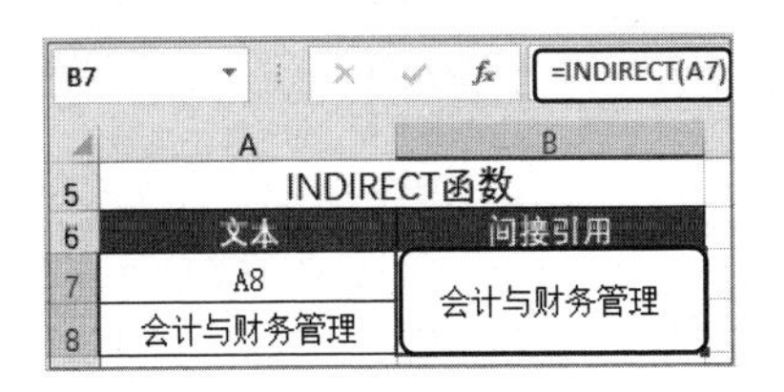

INDIRECT函数的第2个参数“[引用样式]”也包括两种样式，即A1和R1C1，缺省时默认为“A1”样式。其中，A1样式是指行号用数字、列标用字母表示。而R1C1样式是指行号和列标均用数字表示。日常工作中通常使用A1样式。

下面分别介绍运用INDIRECT函数通过两种不同引用方式查找引用目标数据的具体操作方法。

1. 直接引用：跨表引用数据

采用INDIRECT函数直接引用方式时，一般是将其嵌套在其他函数公式中进行辅助性的跨表引用。它直接引用的就是工作表名称+单元格地址。

如下图所示，“2023年1月”“2023年2月”和“2023年3月”这3个工作表中分别记录了2023年1-3月各部门产品销售数据。现要求将3个工作表中销售合计数汇总至“1-3月汇总”工作表中。

2023年1月部门产品销售额统计表

销售部门	冰箱	彩电	空调	合计
销售一部	1,741,128.48	1,030,428.00	1,090,152.00	3,861,708.48
销售二部	830,320.80	1,100,349.00	823,670.40	2,754,340.20
销售三部	1,357,803.20	941,724.00	937,876.80	3,237,404.00
合计	3,929,252.48	3,072,501.00	2,851,699.20	9,853,452.68

操作方法如下。

第1步 打开“素材文件\第4章\2023年1-3月产品汇总表.xlsx”文件，在B3单元格中设置公式“=XLOOKUP(B$2,INDIRECT

($A3&"!2:2"),INDIRECT($A3&"!6:6"))”，运用XLOOKUP函数查找引用2023年1月空调的销售合计数。本例中，XLOOKUP函数的第2、第3个参数均嵌套了INDIRECT函数。其中，第2个参数“查找数组”直接引用“2023年1月”工作表中的第2行数据（产品名称所在的行次），第3个参数“返回数组”同理引用“2023年1月”工作表中的第6行数据（合计数所在的行次）。公式表达式及公式结果如下图所示。

B3 =XLOOKUP(B$2,INDIRECT($A3&"!2:2"),INDIRECT($A3&"!6:6"))

2023年1-3月产品销售汇总表

月份	空调	冰箱	彩电	合计
2023年1月	2, 851, 699. 20			2, 851, 699. 20
2023年2月				-
2023年3月				-
合计	2, 851, 699. 20	-	-	2, 851, 699. 20

1-3月汇总 | 2023年1月 | 2023年2月 | 2023年3月

第2步 复制B3单元格公式并粘贴至B3:D5单元格区域中，即可引用其他月份和其他产品的销售合计数。如下图所示。

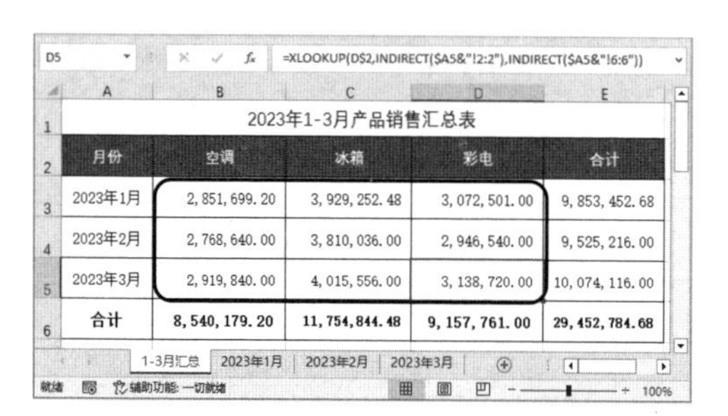

D5 =XLOOKUP(D$2,INDIRECT($A5&"!2:2"),INDIRECT($A5&"!6:6"))

2023年1-3月产品销售汇总表

月份	空调	冰箱	彩电	合计
2023年1月	2, 851, 699. 20	3, 929, 252. 48	3, 072, 501. 00	9, 853, 452. 68
2023年2月	2, 768, 640. 00	3, 810, 036. 00	2, 946, 540. 00	9, 525, 216. 00
2023年3月	2, 919, 840. 00	4, 015, 556. 00	3, 138, 720. 00	10, 074, 116. 00
合计	8, 540, 179. 20	11, 754, 844. 48	9, 157, 761. 00	29, 452, 784. 68

1-3月汇总 | 2023年1月 | 2023年2月 | 2023年3月

示例结果见“结果文件\第4章\2023年1-3月产品汇总表.xlsx”文件。

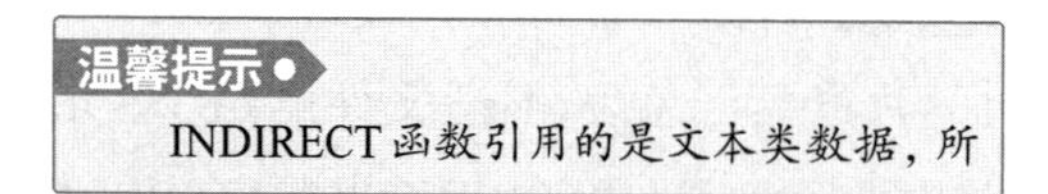

温馨提示

INDIRECT函数引用的是文本类数据，所以在设置公式时要注意，如果引用内容包含日期、数字等，要将单元格格式设置为“文本”格式，而不得设置为日期或数字格式，否则引用无效，将返回错值“#REF”。如本例，“1-3月汇总”工作表A3:A5单元格中输入的月份数均为文本格式。

2. 间接引用：制作联动下拉列表

通过下拉列表录入数据可提高录入速度，同时也能有效避免录入错误。但是，当序列中的选项较多时，下拉列表并不能对提升工作效率发挥更好的作用。

如下图所示，会计核算中的三大期间费用“销售费用”“管理费用”和“财务费用”，每一种下面又包括许多费用项目，如果将全部费用项目都放在一个序列中，那么在下拉列表中选择时仍然会消耗不少时间和精力。

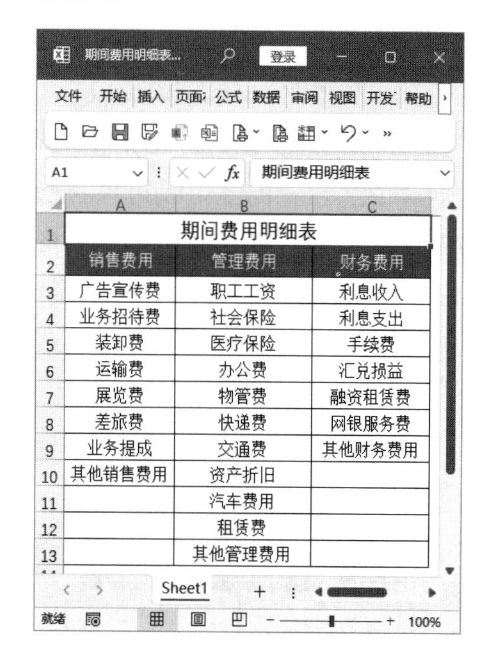

期间费用明细表

销售费用	管理费用	财务费用
广告宣传费	职工工资	利息收入
业务招待费	社会保险	利息支出
装卸费	医疗保险	手续费
运输费	办公费	汇兑损益
展览费	物管费	融资租赁费
差旅费	快递费	网银服务费
业务提成	交通费	其他财务费用
其他销售费用	资产折旧	
	汽车费用	
	租赁费	
	其他管理费用	

对此，可以运用【定义名称】工具与INDIRECT函数配合制作两级联动的下拉列表，使其中备选费用项目跟随期间费用名称的不同而动态变化。操作方法如下。

第1步 打开“素材文件\第4章\期间费用明细表.xlsx”文件，❶单击【公式】选项卡，❷单击【定义的名称】组中的【定义名称】按钮。如下图所示。

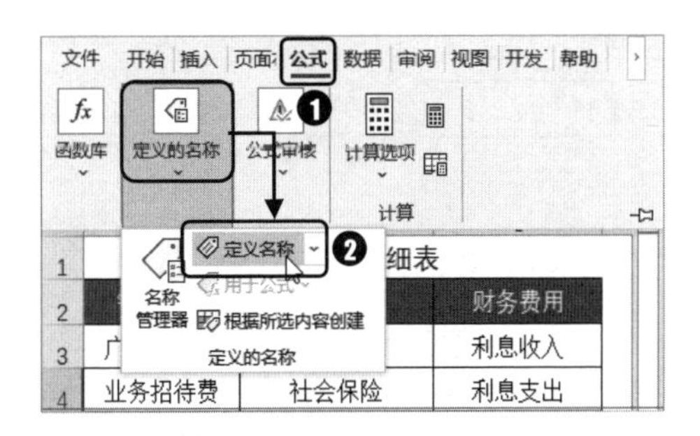

第2步 弹出【新建名称】对话框，❶在【名称】文本框中输入名称“期间费用”，❷单击【引用位置】文本框，选中A2:C2单元格区域，即可自动填入引用位置，❸单击【确定】按钮关闭对话框。如下图所示。

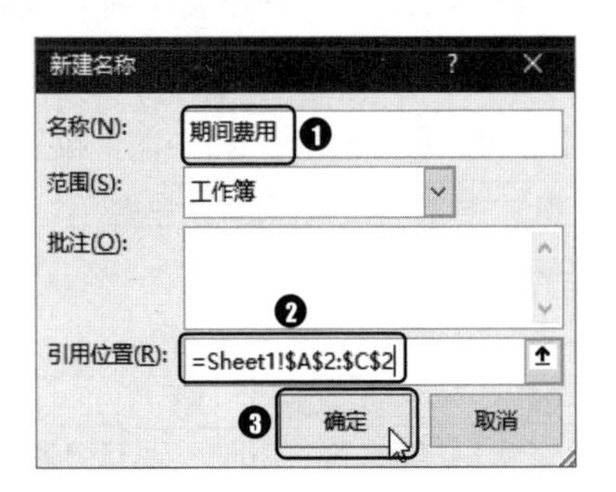

第3步 返回工作表，❶选中A2:C13单元格区域，❷单击【公式】选项卡，❸单击【定义的名称】组中的【根据所选内容创建】按钮。如下图所示。

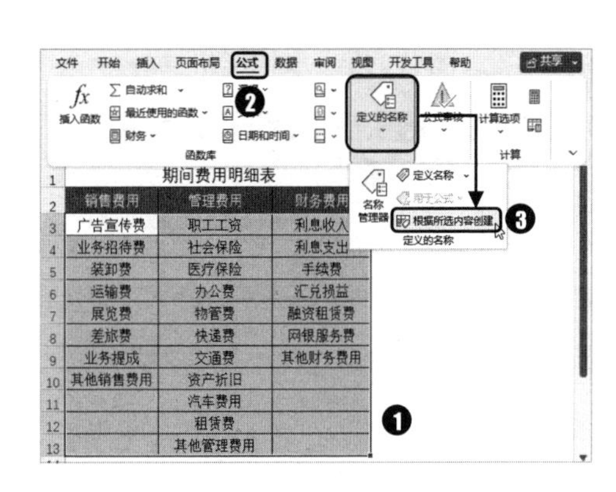

第4步 弹出【根据所选内容创建名称】对话框，可看到【根据下列内容中的值创建名称】选项组中默认勾选【首行】和【最左列】复选框。❶取消勾选【最左列】复选框，❷单击【确定】按钮关闭对话框。如下图所示。

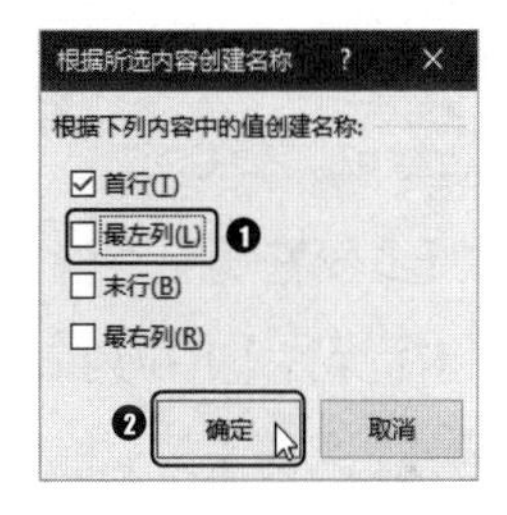

第5步 返回工作表，❶单击【公式】选项卡，❷单击【定义的名称】组中的【名称管理器】按钮。如下图所示。

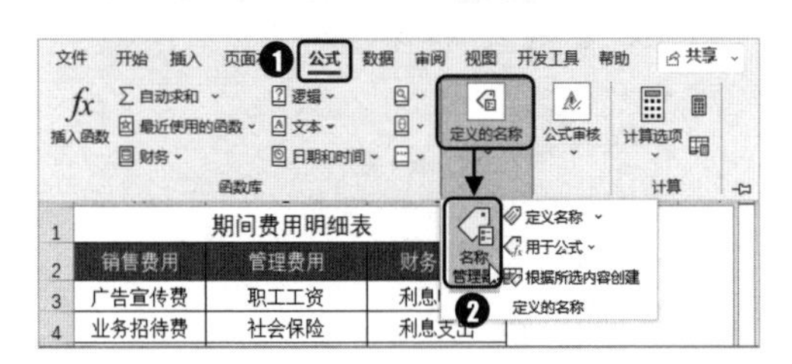

第6步 弹出【名称管理器】对话框，可看到之前创建的名称全部列示在列表框中，确认数值、引用位置等设置无误后单击【关

闭】按钮关闭对话框。如下图所示。

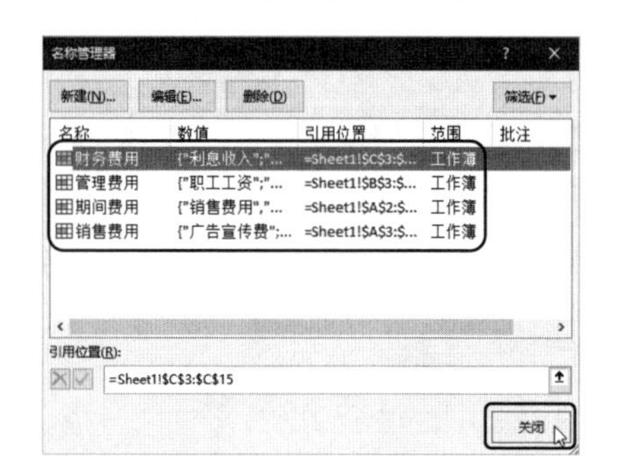

第7步 返回工作表，❶选中E2单元格，单击【数据】选项卡，❷单击【数据工具】组中的【数据验证】按钮。如下图所示。

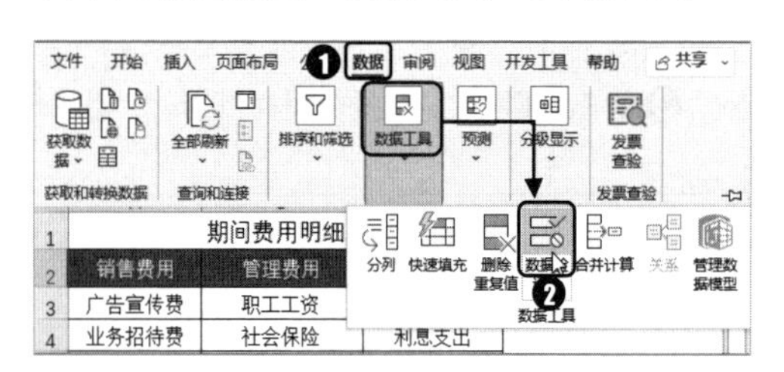

第8步 弹出【数据验证】对话框，❶在【设置】选项卡【允许】下拉列表中选择【序列】选项，❷在【来源】文本框中输入已定义的名称"=期间费用"，❸单击【确定】按钮关闭对话框。如下图所示。

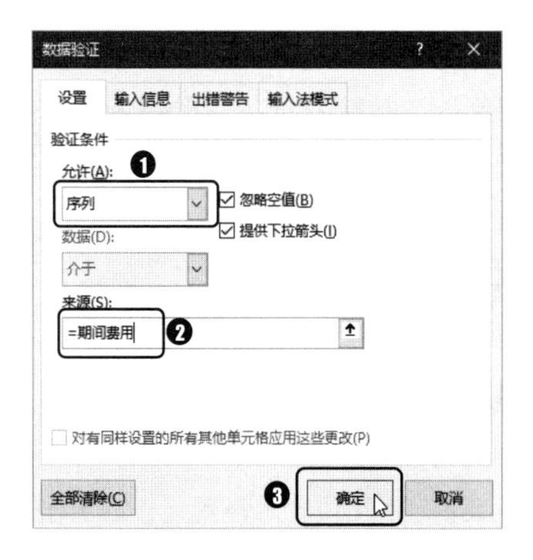

第9步 返回工作表，选中F2单元格后再次打开【数据验证】对话框，❶在【设置】选项卡【允许】下拉列表中选择【序列】选项，❷在【来源】文本框中输入公式"=INDIRECT(E2)"，❸单击【确定】按钮关闭对话框。如下图所示。

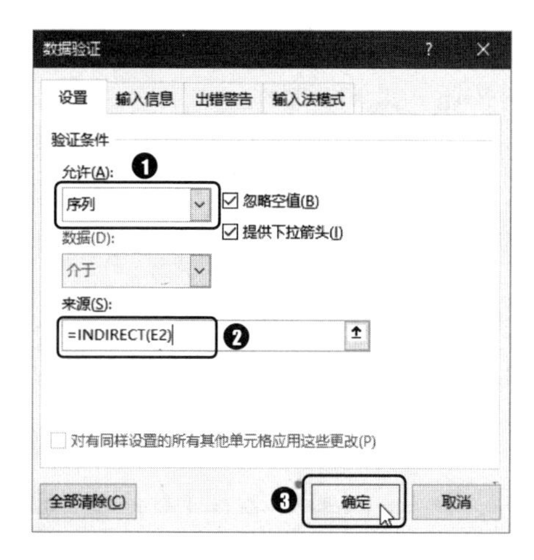

第10步 返回工作表，❶在E2单元格下拉列表中选择"管理费用"选项，❷展开F2单元格中的下拉列表，可看到其中选项均为"管理费用"类的明细费用项目，❸在E2单元格下拉列表中重新选择"财务费用"选项，❹再次展开F2单元格中的下拉列表，可看到其中选项变化为"财务费用"类的明细费用项目。如下图所示。

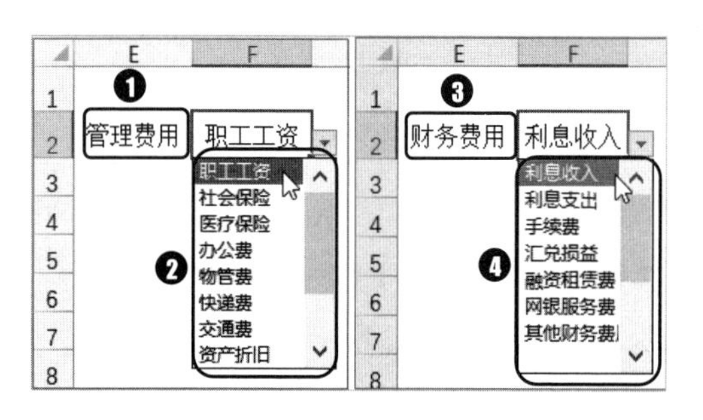

示例结果见“结果文件\第4章\期间费用明细表.xlsx”文件。

4.3.7 运用FILTER函数动态筛选数据

FILTER函数是Excel 2021版的新增函数，其作用是根据筛选条件筛选出指定的数据明细记录，其返回的结果是一个动态数组。语法结构如下。

```
FILTER(数组，包括，[如果为空])
```

其中，第2个参数“包括”是指筛选条件，可以设置多个条件。第3个“[如果为空]”的含义是，如果没有找到目标数据，应当显示的内容。其作用与XLOOKUP函数的第4个参数相同，可屏蔽错误值。

如下图所示，“2023年2月部门产品销售明细表”中记录了各类产品的销售数据。现要求在“2023年2月部门产品销售明细查询表”中按产品名称筛选相关销售数据。

2023年2月部门产品销售明细表

序号	产品名称	销售部门	产品型号	销售单价	销售数量	销售额
1	彩电	销售三部	SM-5ECT	2,180.00	108台	¥235,440.00
2	彩电	销售一部	HR-OKK1-5	2,298.00	120台	¥275,760.00
3	彩电	销售二部	SM-6ECT	2,180.00	150台	¥327,000.00
4	冰箱	销售三部	HR-OKK1-5	2,300.00	158台	¥363,400.00
5	冰箱	销售一部	SM-5ECT	2,200.00	150台	¥330,000.00
6	冰箱	销售二部	HR-OKK1-5	2,300.00	118台	¥271,400.00
7	空调	销售三部	HV-1100S1.0	1,680.00	226台	¥379,680.00
8	空调	销售一部	HV-1100S2.1	1,680.00	200台	¥336,000.00
9	空调	销售二部	HV-1100S3.3	1,680.00	220台	¥369,600.00
10	彩电	销售三部	SM-5ECT	2,080.00	138台	¥287,040.00
26	空调	销售一部	HV-1100S6.2	1,680.00	278台	¥467,040.00
27	空调	销售二部	HV-1100S1.0	1,680.00	120台	¥201,600.00
合计					4699台	¥9,525,216.00

2023年2月部门产品销售明细查询表

产品名称　空调

销售部门	产品型号	销售单价	销售数量	销售额

操作方法如下。

第1步 打开“素材文件\第4章\2023年2月部门产品销售明细查询表.xlsx”文件，在I4单元格中设置公式“=FILTER(C3:G29,B3:B29=J2,"")”，运用FILTER函数在C3:G29单元格区域中查找数据。由于公式查找到符合条件的数值不止一个，而Excel也支持数值动态溢出，因此这里只需在I4单元格中设置一个FILTER函数公式，无须复制粘贴即可在被查找到的多个数值溢出的单元格区域中自动生成相同的公式并返回相应的结果。公式表达式及结果如下图所示。

I4　=FILTER(C3:G29,B3:B29=J2,"")

2023年2月部门产品销售明细查询表

产品名称　空调

销售部门	产品型号	销售单价	销售数量	销售额
销售三部	HV-1100S1.0	1680	226	379680
销售一部	HV-1100S2.1	1680	200	336000
销售二部	HV-1100S3.3	1680	220	369600
销售三部	HV-1100S1.0	1680	156	262080
销售一部	HV-1100S6.0	1680	152	255360
销售二部	HV-1100S2.0	1680	136	228480
销售三部	HV-1100S5.5	1680	160	268800
销售一部	HV-1100S6.2	1680	278	467040
销售二部	HV-1100S1.0	1680	120	201600

第2步 在J2单元格下拉列表中选择其他产品名称，如“冰箱”，可看到I4:M12单元格区域中的数据已发生动态变化。如下图所示。

J2　冰箱

2023年2月部门产品销售明细查询表

产品名称　冰箱

销售部门	产品型号	销售单价	销售数量	销售额
销售三部	HR-OKK1-5	2300	158	363400
销售一部	SM-5EGT	2200	150	330000
销售二部	HR-OKK1-5	2300	118	271400
销售三部	HR-OKK1-1	2298	200	459600
销售一部	HR-OKK1-3	2298	260	597480
销售二部	HR-OKK1-5	2280	120	273600
销售三部	HR-OKK1-8	2298	210	482580
销售一部	HR-OKK1-7	2298	332	762936
销售二部	HR-OKK1-5	2280	118	269040

示例结果见“结果文件\第4章\2023年2月部门产品销售明细查询表.xlsx”文件。

4.3.8 运用UNIQUE函数提取唯一数值

UNIQUE函数也是Excel 2021版新增的查找与引用类函数，其作用是返回一个范围或数组中的唯一值，即可以删除指定范围或数组中的重复值，保留唯一数值。语法结构如下。

```
UNIQUE（数组，[ 唯一行 ]，[ 每个不同的项 ]）
```

其中，第2、第3个参数为可选项，均以逻辑值TRUE和FALSE代表，缺省时均默认为FALSE。其中，第2个参数TRUE和FALSE分别代表返回唯一列和返回唯一行。第3个参数TRUE和FALSE分别代表返回只出现一次的项和返回每个不同的项。实际工作中，通常只需设置第1个必需参数“数组”即可。

UNIQUE函数的功能十分强大，完全可以代替手动删除重复值的操作。如下图所示，要求在“2023年3月部门产品销售统计表1”（以下简称“统计表”）表格中按产品名称汇总各部门销售额，那么“产品名称”即可使用UNIQUE函数从“2023年3月部门产品销售日报表1”（以下简称“日报表”）表格中自动提取唯一值。而且，如果在“日报表”中添加了新的产品名称，那么“统计表”中也会同步添加该产品名称。

2023年3月部门产品销售日报表1

序号	日期	产品名称	产品型号	销售部门	销售单价	销售数量	销售额
1	2023-3-1	彩电	SM-5EGT	销售三部	2,180.00	118	¥257,240.00
2	2023-3-2	彩电	HR-OKK1-5	销售一部	2,298.00	130	¥298,740.00
3	2023-3-3	彩电	SM-5EGT	销售二部	2,180.00	160	¥348,800.00
4	2023-3-4	冰箱	HR-OKK1-5	销售三部	2,300.00	168	¥386,400.00
5	2023-3-5	冰箱	SM-5EGT	销售一部	2,200.00	160	¥352,000.00
24	2023-3-24	冰箱	HR-OKK1-5	销售二部	2,280.00	128	¥291,840.00
25	2023-3-25	空调	HV-1100S1.0	销售三部	1,680.00	170	¥285,600.00
26	2023-3-26	空调	HV-1100S1.0	销售一部	1,680.00	288	¥483,840.00
27	2023-3-27	空调	HV-1100S1.0	销售二部	1,680.00	130	¥218,400.00

2023年3月部门产品销售统计表1

产品名称	销售一部	销售二部	销售三部	部门合计
				-
				-
				-
				-
				-

下面使用UNIQUE和SUMIFS函数完成“统计表”中产品销售额的汇总。操作方法如下。

第1步 打开“素材文件\第4章\2023年3月部门产品销售统计表1.xlsx”文件，在J3单元格中设置公式“=UNIQUE(C3:C29)”。与FILTER函数相同，只需在一个单元格中设置UNIQUE函数，即可在被提取出的多个唯一数值溢出的单元格区域中自动生成相同的公式并返回相应的结果。公式表达式及公式结果如下图所示。

J3 =UNIQUE(C3:C29)

2023年3月部门产品销售统计表1				
产品名称	销售一部	销售二部	销售三部	部门合计
彩电				-
冰箱				-
空调				-
				-
				-

第2步 在K3单元格中设置公式“=SUMIFS($H:$H,$C:$C,$J3,$E:E,K2)”，运用SUMIFS函数汇总“销售一部”销售产品“彩电”的销售额。公式表达式及公式结果如下图所示。

K3 =SUMIFS($H:$H,$C:$C,$J3,$E:E,K2)

2023年3月部门产品销售统计表1				
产品名称	销售一部	销售二部	销售三部	部门合计
彩电	1,046,340.00			1,046,340.00
冰箱				-
空调				-
				-
				-

第3步 复制K3单元格公式并粘贴至K3:M7单元格区域中，即可汇总当前3种产品各销售部门的销售额。如下图所示。

M7 =SUMIFS($H:$H,$C:$C,$J7,$E:E,M2)

2023年3月部门产品销售统计表1				
产品名称	销售一部	销售二部	销售三部	部门合计
彩电	1,046,340.00	1,132,100.00	960,280.00	3,138,720.00
冰箱	1,758,376.00	882,640.00	1,374,540.00	4,015,556.00
空调	1,108,800.00	850,080.00	960,960.00	2,919,840.00
	-	-	-	-
	-	-	-	-

第4步 在A30:G31单元格区域中输入两条新的不同的产品名称及相关数据。如下图所示。

2023年3月部门产品销售日报表1							
序号	日期	产品名称	产品型号	销售部门	销售单价	销售数量	销售额
1	2023-3-1	彩电	SM-5EGT	销售三部	2,180.00	118	¥257,240.00
2	2023-3-2	彩电	HR-OKK1-5	销售一部	2,298.00	130	¥298,740.00
3	2023-3-3	彩电	SM-5EGT	销售二部	2,180.00	160	¥348,800.00
4	2023-3-4	冰箱	HR-OKK1-5	销售三部	2,300.00	168	¥386,400.00
5	2023-3-5	冰箱	SM-5EGT	销售一部	2,200.00	160	¥352,000.00
27	2023-3-27	空调	HV-1100S1.0	销售二部	1,680.00	130	¥218,400.00
28	2023-3-27	扫地机器人	S9IV-02	销售一部	2,199.00	3台	¥6,597.00
29	2023-3-28	电脑一体机	U7	销售二部	1,299.00	5台	¥6,495.00

第5步 操作完成后，即可看到添加的两个产品名称及相关数据已同步添加至“统计表”。如下图所示。

2023年3月部门产品销售统计表1				
产品名称	销售一部	销售二部	销售三部	部门合计
彩电	1,046,340.00	1,132,100.00	960,280.00	3,138,720.00
冰箱	1,758,376.00	882,640.00	1,374,540.00	4,015,556.00
空调	1,108,800.00	850,080.00	960,960.00	2,919,840.00
扫地机器人	6,597.00	-	-	6,597.00
电脑一体机	-	6,495.00	-	6,495.00

示例结果见“结果文件\第4章\2023年3月部门产品销售统计表1.xlsx”文件。

温馨提示

本例中，标题为“2023年3月部门产品销售日报表1”的表格是一个超级表，可以自动扩展数组区域。所以添加新的数据后，“统计表”中的UNIQUE函数的第1个参数（“数组”）“C3:C29”也同步扩展至“C3:C31”数组区域。

如果UNIQUE函数引用的是普通表中的某个区域作为第1个参数，则无法自动扩展数组区域。那么，在设置参数时，建议预先设定为较大区域范围。如本例，可设置公式为“=UNIQUE(C3:C100)”。

本章将在“AI智能答疑与技巧点拨”栏目中介绍超级表的创建方法。

4.3.9 运用SORT和SORTBY函数自动排序

SORT和SORTBY函数同样是Excel 2021版新增的一组查找引用类函数。其作用是对指定的数组自动排序。两个函数的不同之处是SORT函数仅对一组数据进行单条件排序，而SORTBY函数可对多组数据进行多条件排序。实际工作中，运用SORT或SORTBY函数可代替Excel中的手动排序工具对数据自动排序，而且不影响原表格数据的排列顺序。下面分别介绍两个函数的运用方法。

1. SORT函数：单条件排序

SORT函数可对单组数据进行升序或降序排序。语法结构如下。

```
SORT(数组,[排序依据],[排序顺序],[排序方向])
```

其中，第1个参数“数组”为指定的需要排序的区域或数组。

第2个参数“[排序依据]”代表对第1个参数中的第n行或第n列进行排序，缺省时默认为第1行或第1列。

第3个参数“[排序顺序]”用代码“1”和“-1”表示，分别代表升序和降序排列方式，缺省时默认为“1”，即按升序排序。

第4个参数“[排序方向]”是指按列或按行排序，用逻辑值“TRUE”和“FALSE”表示，缺省时默认为“TRUE”，即按列排序。

如下图所示，在“员工基础信息登记表4”中，是按照员工入职的顺序依次登记，现要求在“员工出生日期统计表”中对员工出生日期进行降序排序（按年龄从小到大排序）。

员工基础信息登记表4

序号	员工编号	姓名	部门	身份证号码	出生日期
1	HT001	李琳琳	销售部	110103198007261001	1980-7-26
2	HT002	陈锋	行政部	110102197601220063	1976-1-22
3	HT003	赵熙西	销售部	110106198501222205	1985-1-22
4	HT004	周文韵	财务部	110101197505163266	1975-5-16
5	HT005	刘海	销售部	110112198511212016	1985-11-21
6	HT006	郑安	市场部	110101197908251031	1979-8-25
7	HT007	牛丽	财务部	110105197704080062	1977-4-8
8	HT008	杨华	后勤部	110111197312150536	1973-12-15
9	HT009	朱文文	财务部	110101197802230132	1978-2-23
10	HT010	方浩	销售部	110107198006040323	1980-6-4

员工出生日期统计表

序号	员工编号	姓名	部门	身份证号码	出生日期

操作方法如下。

第1步 打开“素材文件\第4章\员工基础信息登记表4.xlsx”文件，在H3单元格中设置公式“=SORT(A3:F12,6,-1)”，运用SORT函数对A3:F12单元格区域中的第6列（“出生日期”）进行降序排序。在H3单元格中设置公式可在数值溢出的单元格区域中自动生成相同的公式并返回相应的结果。公式表达式及公式结果如下图所示。

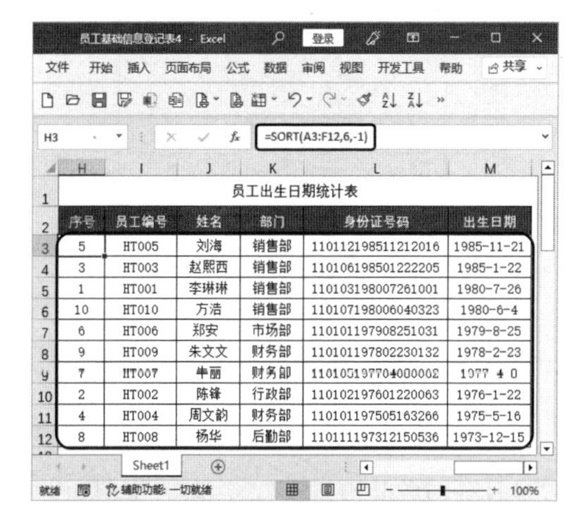

H3 =SORT(A3:F12,6,-1)

员工出生日期统计表					
序号	员工编号	姓名	部门	身份证号码	出生日期
5	HT005	刘海	销售部	110112198511212016	1985-11-21
3	HT003	赵熙西	销售部	110106198501222205	1985-1-22
1	HT001	李琳琳	销售部	110103198007261001	1980-7-26
10	HT010	方浩	销售部	110107198006040323	1980-6-4
6	HT006	郑安	市场部	110101197908251031	1979-8-25
9	HT009	朱文文	财务部	110101197802230132	1978-2-23
7	HT007	牛丽	财务部	110105197704080062	1977-4-8
2	HT002	陈锋	行政部	110102197601220063	1976-1-22
4	HT004	周文韵	财务部	110101197505163266	1975-5-16
8	HT008	杨华	后勤部	110111197312150536	1973-12-15

第2步 修改“员工基础信息登记表4”中一个员工的“出生日期”和“身份证号码”数字，以测试公式效果。本例将“李琳琳”的出生年份数字“1980”修改为“1985”。如下图所示。

H3 =SORT(A3:F12,6,-1)

员工出生日期统计表					
序号	员工编号	姓名	部门	身份证号码	出生日期
5	HT005	刘海	销售部	110112198511212016	1985-11-21
3	HT003	赵熙西	销售部	110106198501222205	1985-1-22
1	HT001	李琳琳	销售部	110103198007261001	1980-7-26
10	HT010	方浩	销售部	110107198006040323	1980-6-4
6	HT006	郑安	市场部	110101197908251031	1979-8-25
9	HT009	朱文文	财务部	110101197802230132	1978-2-23
7	HT007	牛丽	财务部	110105197704080062	1977-4-8
2	HT002	陈锋	行政部	110102197601220063	1976-1-22
4	HT004	周文韵	财务部	110101197505163266	1975-5-16
8	HT008	杨华	后勤部	110111197312150536	1973-12-15

第3步 操作完成后，可看到“员工出生日期统计表”中“李琳琳”的排列顺序发生了变化。如下图所示。

M4 =SORT(A3:F12,6,-1)

员工出生日期统计表					
序号	员工编号	姓名	部门	身份证号码	出生日期
5	HT005	刘海	销售部	110112198511212016	1985-11-21
1	HT001	李琳琳	销售部	110103198507261001	1985-7-26
3	HT003	赵熙西	销售部	110106198501222205	1985-1-22
10	HT010	方浩	销售部	110107198006040323	1980-6-4
6	HT006	郑安	市场部	110101197908251031	1979-8-25
9	HT009	朱文文	财务部	110101197802230132	1978-2-23
7	HT007	牛丽	财务部	110105197704080062	1977-4-8
2	HT002	陈锋	行政部	110102197601220063	1976-1-22
4	HT004	周文韵	财务部	110101197505163266	1975-5-16
8	HT008	杨华	后勤部	110111197312150536	1973-12-15

示例结果见“结果文件\第4章\员工基础信息登记表4.xlsx”文件。

2. SORTBY函数：多条件排序

SORTBY函数可对多组数据进行升序或降序排序。语法结构如下。

```
SORTBY(数组,排序依据数组 1,[排序顺序 1],[排序依据数组 2],[排序顺序 2]…)
```

除语法结构略有不同之外，SORTBY函数与SORT函数的参数的含义和设置方法基本相同。

如下图所示，“2023年2月产品销售明细表”中记录了产品销售的原始数据。现要求在“2023年2月部门产品销售排行榜”表格中将产品名称按升序、销售数量按降序排列。

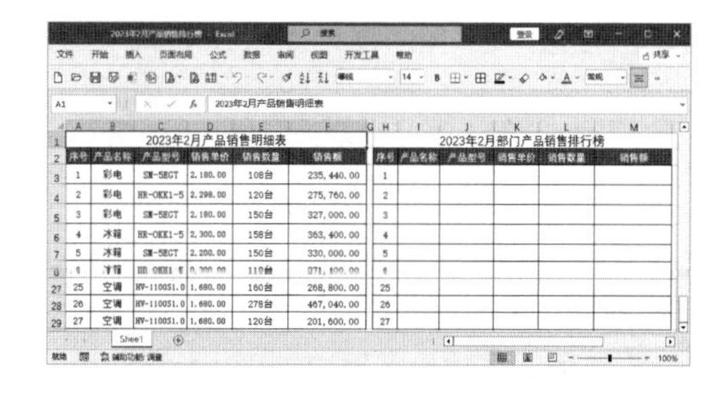

操作方法如下。

打开“素材文件\第4章\2023年2月部门产品销售排行榜.xlsx”文件，在I3单元格中设置公式“=SORTBY(B3:F29,B3:B29,1,E3:E29,-1)”即可完成排序。公式表达式及公式结果如下图所示。

=SORTBY(B3:F29,B3:B29,1,E3:E29,-1)

2023年2月部门产品销售排行榜

序号	产品名称	产品型号	销售单价	销售数量	销售额
1	冰箱	HR-OKK1-5	2,298.00	332台	762,936.00
2	冰箱	HR-OKK1-5	2,298.00	260台	597,480.00
3	冰箱	HR-OKK1-5	2,298.00	210台	482,580.00
4	冰箱	HR-OKK1-5	2,298.00	200台	459,600.00
5	冰箱	HR-OKK1-5	2,300.00	158台	363,400.00
6	冰箱	SM-5EGT	2,200.00	150台	330,000.00
16	彩电	HR-OKK1-5	2,298.00	120台	275,760.00
17	彩电	SM-5EGT	2,100.00	120台	252,000.00
18	彩电	SM-5EGT	2,180.00	108台	235,440.00
19	空调	HV-1100S1.0	1,680.00	278台	467,040.00
20	空调	HV-1100S1.0	1,680.00	226台	379,680.00
21	空调	HV-1100S1.0	1,680.00	220台	369,600.00
22	空调	HV-1100S1.0	1,680.00	200台	336,000.00
23	空调	HV-1100S1.0	1,680.00	160台	268,800.00
24	空调	HV-1100S1.0	1,680.00	156台	262,080.00
25	空调	HV-1100S1.0	1,680.00	152台	255,360.00
26	空调	HV-1100S1.0	1,680.00	136台	228,480.00
27	空调	HV-1100S1.0	1,680.00	120台	201,600.00

示例结果见“结果文件\第4章\2023年2月部门产品销售排行榜.xlsx”文件。

4.4 对数据进行统计分析

在Excel中，“统计”类函数也是一个极其重要的函数类别，其主要功能就是对数据区域中的数字、文本等数据进行计数，起到辅助其他函数提高运算效率的重要作用。统计类函数虽然很多，但是财务人员只需熟练掌握其中几个必知必会的常用函数，并在日常工作中灵活运用，就足以解决日常工作中关于数据统计分析的大部分问题。下面让AI工具“文心一言”为财务人员列出必须掌握的统计类函数清单。

提问： 财务人员必须掌握哪些Excel统计类函数？

文心一言

财务人员需要掌握以下Excel统计类函数。

（1）COUNT函数：计算指定区域中单元格的数量。

（2）COUNTIF函数：对指定区域中满足特定条件的单元格进行计数。

（3）AVERAGE函数：计算指定区域中所有单元格的平均值。

（4）MAX函数：找出指定区域中最大的单元格的值。

（5）MIN函数：找出指定区域中最小的单元格的值。

（6）RANK函数：返回一个数值在指定区域中的相对排名。

以上就是一些常用的Excel统计类函数，掌握这些函数可以帮助财务人员更高效地进行数据分析、统计和汇报等工作。

文心一言列举的以上6个统计函数中，Excel 2021版已提供了MAX和MIN函数的升级版MAXIFS和MINIFS函数，本节将对最新的MAXIFS和MINIFS函数，以及COUNT、COUNTIF、COUNTIFS和COUNTA函数进行讲解。

4.4.1 运用MAXIFS和MINIFS按条件统计极值

MAXIFS和MINIFS是一组按条件统计极值的函数，可分别根据指定的条件统计数组中的最大值和最小值。二者语法结构、参数设置规则完全相同。语法结构如下。

```
MAXIFS(数组，条件区域1，条件1，条件区域2，条件2，…)
MINIFS(数组，条件区域1，条件1，条件区域2，条件2，…)
```

注意这两个函数只对数字进行统计，忽略逻辑值及文本，不会返回错误值。

如下图所示，要求在“2023年2月部门产品销售统计表3”表格中，根据指定的产品名称和销售部门分别统计“2023年2月部门产品销售明细表3”表格中的最高和最低销售数量及销售额（“销售单价”已预先设置公式“=IFERROR(K4/J4,0)”进行计算。

L4 =IFERROR(K4/J4,0)

	序号	销售部门	产品名称	产品型号	销售单价	销售数量	销售额
1	2023年2月部门产品销售明细表3						
3	1	销售三部	彩电	SM-5EGT	2,180.00	108台	235,440.00
4	2	销售一部	彩电	HR-OKK1-5	2,298.00	120台	275,760.00
5	3	销售一部	彩电	SM-5EGT	2,180.00	150台	327,000.00
6	4	销售三部	冰箱	HR-OKK1-5	2,300.00	158台	363,400.00
28	26	销售一部	空调	HV-1100S1.0	1,680.00	278台	467,040.00
29	27	销售二部	空调	HV-1100S1.0	1,680.00	120台	201,600.00
30	合计					4699台	9,525,216.00

I	J	K	L
2023年2月部门产品销售统计表3			
冰箱	销售一部		
	销售数量	销售额	销售单价
最高			-
最低			-

操作方法如下。

第1步 打开“素材文件\第4章\2023年2月部门产品销售统计表3.xlsx”文件，❶在J4单元格中设置公式“=MAXIFS(F:F,$C:$C,$I$2,$B:$B, $J$2)”，运用MAXIFS函数统计产品“冰箱”在“销售一部”的最高销售数量，❷复制J4单元格公式并粘贴至J5单元格，将J5单元格公式中的函数名称修改为“MINIFS”即可统计产品“冰箱”在“销售一部”的最低销售数量。公式表达式及公式结果如下图所示（编辑栏显示J5单元格公式）。

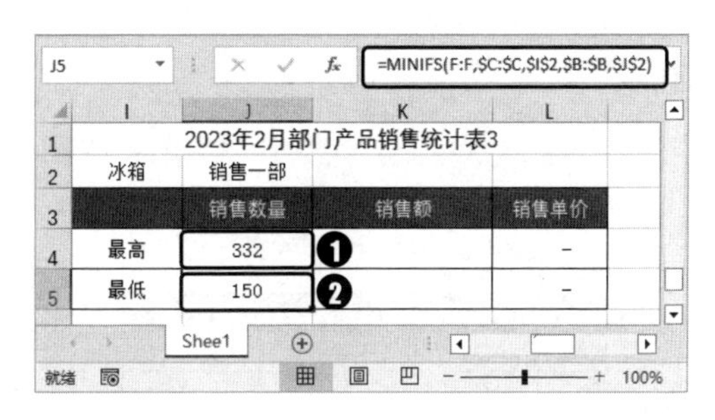

第2步 复制J4:J5单元格区域，通过“选择性粘贴—公式”粘贴至K4:K5单元格区域中即可统计产品“冰箱”在“销售一部”的最高和最低销售额。公式表达式及公式结果如下图所示（编辑栏中显示K5单元格公式）。

K5 =MINIFS(G:G,$C:$C,$I$2,$B:$B,$J$2)

	I	J	K	L
1	2023年2月部门产品销售统计表3			
2	冰箱	销售一部		
3		销售数量	销售额	销售单价
4	最高	332	762,936.00	2,298.00
5	最低	150	330,000.00	2,200.00

第3步 在I2单元格下拉列表中选择另一个产品名称，如“彩电”，可看到J4:L5单元格区域中的数据变化。如下图所示。

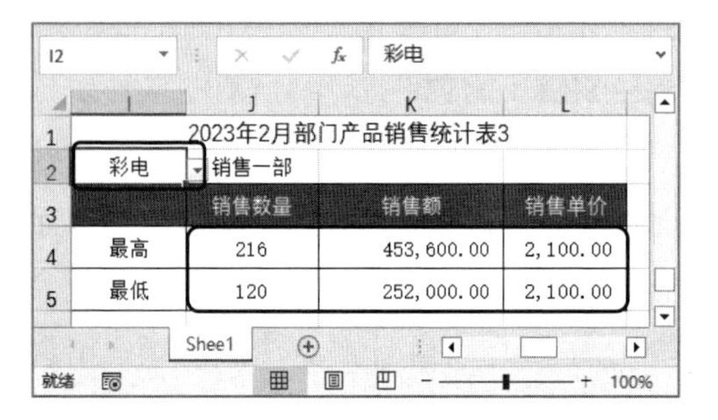

	I	J	K	L
1		2023年2月部门产品销售统计表3		
2	彩电	销售一部		
3		销售数量	销售额	销售单价
4	最高	216	453,600.00	2,100.00
5	最低	120	252,000.00	2,100.00

第4步 在J2单元格下拉列表中选择另一个部门名称，如“销售三部”，再次查看J4:L5单元格区域中的数据变化。如下图所示。

	I	J	K	L
1		2023年2月部门产品销售统计表3		
2	彩电	销售三部		
3		销售数量	销售额	销售单价
4	最高	180	374,400.00	2,080.00
5	最低	108	235,440.00	2,180.00

示例结果见“结果文件\第4章\2023年2月部门产品销售统计表3.xlsx”文件。

4.4.2 运用COUNT函数统计数字数量

COUNT函数的作用是统计指定区域内包含数字的单元格中的数字的数量。语法结构如下。

```
COUNT(数字1,[数字2]…)
```

COUNT函数的参数最多可设置255个，可以是各种不同类型的数据，但是只对数字型数据进行计数，忽略其他类型数据，不会返回错值。

如下图所示，C4单元格公式为“=COUNT(C1:C3)”，对C1:C3单元格区域中的数字数量进行统计。由于C3单元格中的数字是文本格式，所以被COUNT函数忽略，只统计了C1:C2单元格区域中的数字格式的数据，因此返回结果为“2”。

	A	B	C	D
1			12345.6	
2			3565.28	
3			35525.3	
4			2	

COUNT函数的语法结构非常简单，单独使用似乎作用不大，但如果巧妙利用其特点，与其他函数嵌套，即可发挥意想不到的作用。例如，可与IF函数嵌套使用，判断表格中同一行单元格中是否为空而自动生成序号，并且自动更新序号。下面介绍运用方法。

第1步 打开“素材文件\第4章\2023年2月部门产品销售统计表4.xlsx”文件，在A3单元格中设置公式“=IF(B3="","",COUNT(A$2:A2)+1)”，运用IF函数判断B3单元格为空时，即返回空值，否则运用COUNT函数统计“A$2:A2”单元格区域中的数字数量。同时，由于此区域中并无数字，那么公式“COUNT(A$2:A2)”将返回

"0"，加1后即可生成第1个序号"1"。公式表达式及公式结果如下图所示。

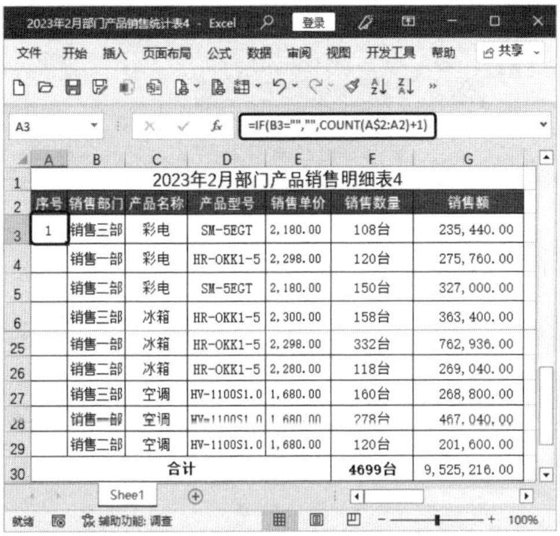

A3 =IF(B3="","",COUNT(A$2:A2)+1)

	A	B	C	D	E	F	G
1	2023年2月部门产品销售明细表4						
2	序号	销售部门	产品名称	产品型号	销售单价	销售数量	销售额
3	1	销售三部	彩电	SM-5EGT	2,180.00	108台	235,440.00
4		销售一部	彩电	HR-OKK1-5	2,298.00	120台	275,760.00
5		销售二部	彩电	SM-5EGT	2,180.00	150台	327,000.00
6		销售三部	冰箱	HR-OKK1-5	2,300.00	158台	363,400.00
25		销售一部	冰箱	HR-OKK1-5	2,298.00	332台	762,936.00
26		销售二部	冰箱	HR-OKK1-5	2,280.00	118台	269,040.00
27		销售三部	空调	HV-1100S1.0	1,680.00	160台	268,800.00
28		销售一部	空调	HV-1100S1.0	1,680.00	278台	467,040.00
29		销售二部	空调	HV-1100S1.0	1,680.00	120台	201,600.00
30	合计					4699台	9,525,216.00

第2步 复制A3单元格公式并粘贴至A4:A29单元格区域即可生成全部序号。如下图所示。

A29 =IF(B29="","",COUNT(A$2:A28)+1)

	A	B	C	D	E	F	G
1	2023年2月部门产品销售明细表4						
2	序号	销售部门	产品名称	产品型号	销售单价	销售数量	销售额
3	1	销售三部	彩电	SM-5EGT	2,180.00	108台	235,440.00
4	2	销售一部	彩电	HR-OKK1-5	2,298.00	120台	275,760.00
5	3	销售二部	彩电	SM-5EGT	2,180.00	150台	327,000.00
6	4	销售三部	冰箱	HR-OKK1-5	2,300.00	158台	363,400.00
25	23	销售一部	冰箱	HR-OKK1-5	2,298.00	332台	762,936.00
26	24	销售二部	冰箱	HR-OKK1-5	2,280.00	118台	269,040.00
27	25	销售三部	空调	HV-1100S1.0	1,680.00	160台	268,800.00
28	26	销售一部	空调	HV-1100S1.0	1,680.00	278台	467,040.00
29	27	销售二部	空调	HV-1100S1.0	1,680.00	120台	201,600.00
30	合计					4699台	9,525,216.00

第3步 删除表格中一条数据内容，如删除B3:G33单元格区域中的数据(或仅删除B3单元格中的数据)，可看到A5单元格中内容变化为空值，同时，A6:A29单元格中的序号全部发生变化。如下图所示。

B5

	A	B	C	D	E	F	G
1	2023年2月部门产品销售明细表4						
2	序号	销售部门	产品名称	产品型号	销售单价	销售数量	销售额
3	1	销售三部	彩电	SM-5EGT	2,180.00	108台	235,440.00
4	2	销售一部	彩电	HR-OKK1-5	2,298.00	120台	275,760.00
5							
6	3	销售三部	冰箱	HR-OKK1-5	2,300.00	158台	363,400.00
25	22	销售一部	冰箱	HR-OKK1-5	2,298.00	332台	762,936.00
26	23	销售二部	冰箱	HR-OKK1-5	2,280.00	118台	269,040.00
27	24	销售三部	空调	HV-1100S1.0	1,680.00	160台	268,800.00
28	25	销售一部	空调	HV-1100S1.0	1,680.00	278台	467,040.00
29	26	销售二部	空调	HV-1100S1.0	1,680.00	120台	201,600.00
30	合计					4549台	9,198,216.00

示例结果见"结果文件\第4章\2023年2月部门产品销售统计表4.xlsx"文件。

4.4.3 运用COUNTIF和COUNTIFS函数按条件统计数据

COUNTIF和COUNTIFS函数是一组条件统计函数，分别用于统计指定范围内符合条件的数字的数量。二者的语法结构基本相同，不同之处是前者是单条件统计函数，仅能设定一个条件，后者则是多条件统计函数，可设定多个条件。语法结构如下。

```
COUNTIF(区域,条件)
COUNTIFS(区域1,条件1,[区域2],[条件2]…)
```

其中，COUNTIFS函数最多可设置127组条件。下面介绍两个函数的运用方法。

如下图所示，要求在"表一：产品销售频率统计表"统计"2023年2月部门产品销售明细表5"表格中每种产品的销售频次；再在"表二：部门产品销售频率统计表"中按部门统计每种产品的销售频次。

操作方法如下。

第1步 打开“素材文件\第4章\2023年2月部门产品销售统计表5.xlsx”文件，❶在I3单元格中设置公式“=COUNTIF($B:$G,I$2)”，运用COUNTIF函数统计B:G区域中，与I2单元格中产品名称同为“冰箱”的数量，❷复制I3单元格公式并粘贴至J3:K3单元格区域中即可。公式表达式及公式结果如下图所示（编辑栏中显示K3单元格公式）。

K3 =COUNTIF($B:$G,K$2)

表一：产品销售频率统计表		
❶ 彩电	冰箱	❷ 空调
8	9	9

表二：部门产品销售频率统计表			
销售部门	彩电	冰箱	空调
销售一部			
销售二部			
销售三部			

第2步 在J6单元格中设置公式“=COUNTIFS($B:$B,$I6,$C:C,J5)”，运用COUNTIFS函数统计B:B和C:C区域中与I6和J5单元格中相同的部门名称和产品名称的数量，复制J6单元格公式并粘贴至J6:L8单元格区域中即可。公式表达式及公式结果如下图所示（编辑栏中显示L8单元格公式）。

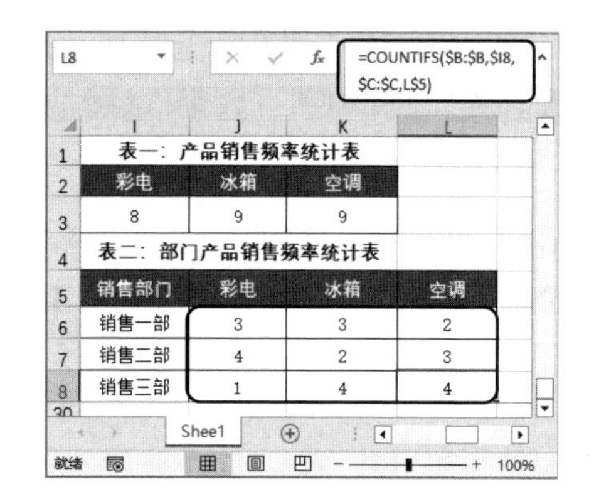
L8 =COUNTIFS($B:$B,$I8,$C:C,L5)

表一：产品销售频率统计表		
彩电	冰箱	空调
8	9	9

表二：部门产品销售频率统计表			
销售部门	彩电	冰箱	空调
销售一部	3	3	2
销售二部	4	2	3
销售三部	1	4	4

示例结果见“结果文件\第4章\2023年2月部门产品销售统计表5.xlsx”文件。

4.4.4 运用COUNTA函数统计文本数量

COUNTA函数的作用是统计指定区域中不为空的单元格的数量。语法结构如下。

```
COUNTA(值1,[值2]…)
```

COUNTA函数返回的结果是一个数字，日常工作中，可将其与包含数字参数的函数嵌套，自动生成这些参数。例如，将COUNTA函数公式表达式嵌入OFFSET函数中，作为第4或第5个参数，即可动态生成计算区域。

如下图所示，C2单元格下拉列表的“序列”来源原设置为A3:A8单元格区域。在A9单元格中添加内容后，下拉列表中的序列选项并不会自动添加。对此，运用OFFSET+COUNTA函数设置公式即可解决。

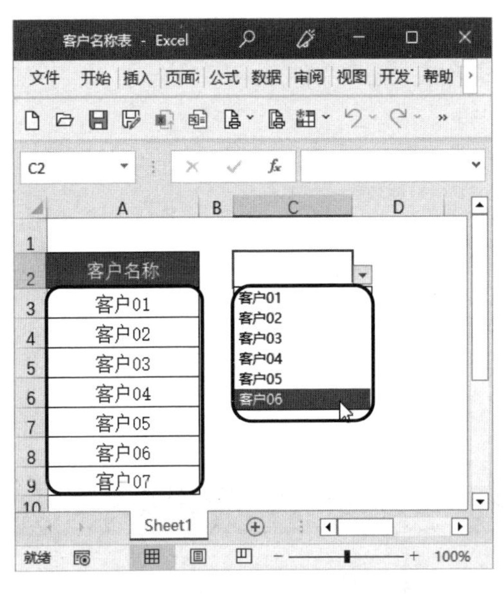

操作方法如下。

第1步 打开“素材文件\第4章\客户名称表.xlsx”文件，❶选中C2单元格，❷单击【数据】选项卡，❸单击【数据工具】组中的【数据验证】按钮。如下图所示。

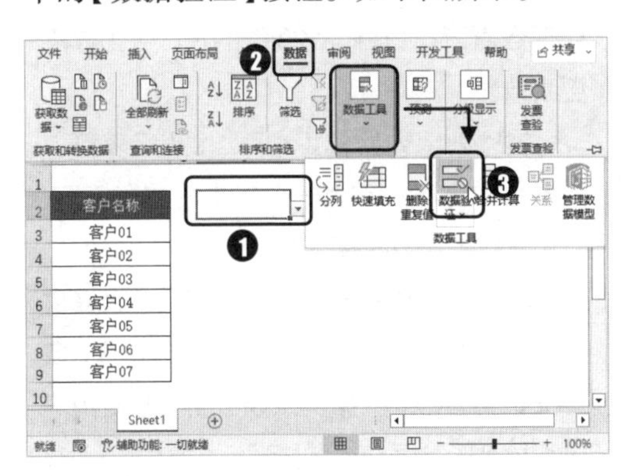

第2步 弹出【数据验证】对话框，❶在【设置】选项卡的【来源】文本框中将原内容修改为公式“=OFFSET($A$2,1,,COUNTA(A:A)-1)”，❷单击【确定】按钮关闭对话框。如下图所示。

公式含义：运用OFFSET函数以A2单元格为起点，向下偏移1行，向右偏移0列，偏移的高度是运用COUNTA函数统计得到的A:A区域中不为空的单元格数量，减1是要减掉内容为“客户名称”的A2单元格。由此即可动态生成下拉列表中备选项的数量。

第3步 返回工作表，展开C2单元格下拉列表，即可看到A9单元格中的客户名称已被列入其中。如下图所示。

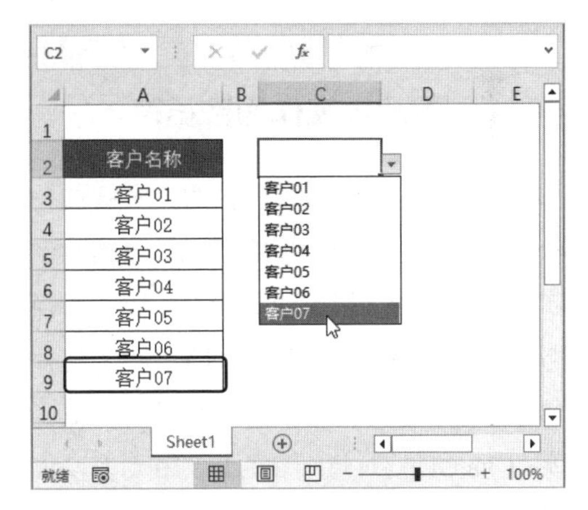

第4步 ❶在A10单元格中添加一个客户名称，如“客户08”，❷展开C2单元格下拉列表，可看到A10单元格中的客户名称已

同步被添加至其中。如下图所示。

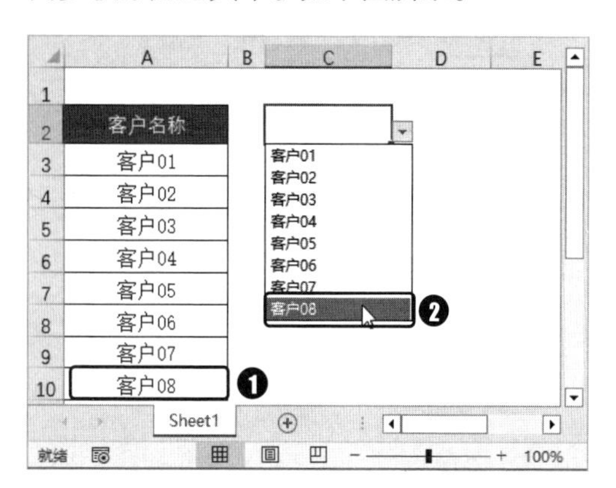

示例结果见“结果文件\第4章\客户名称表.xlsx”文件。

AI智能答疑与技巧点拨

本章为读者介绍了Excel中财务人员必知必会的函数的语法结构、参数设置及具体运用方法。下面结合本章内容，利用AI工具“ChatGPT”的学习引导，补充介绍几个关于函数公式的知识点和小技巧，帮助财务人员查漏补缺，进一步完善本章知识架构。

01 创建超级表作为数据表

“超级表”是Excel提供的一种智能化表格，具有超强的功能和优势，包括自动扩展表格区域、智能填充公式、快速切换数据汇总方式、可添加专用筛选器【切片器】进行数据筛选，等等。下面看看AI工具“ChatGPT”对超级表的定义和对其功能的介绍。

提问：什么是Excel超级表？它有什么作用？

ChatGPT

Excel超级表（Excel Power Pivot）是Microsoft Excel的一个功能，用于处理大量数据、创建数据模型和进行高级数据分析。

Excel超级表具有以下作用。

（1）处理大量数据：Excel超级表可以处理数百万行数据，比传统的Excel工作表更高效。

（2）创建数据模型：Excel超级表可以将多个数据源合并为一个集中的数据模型，方便进行数据分析和报表制作。

（3）高级数据分析：Excel超级表提供了一系列高级分析功能，如数据透视表、自定义计算字段、数据关系建立等，方便用户进行复杂的数据分析和挖掘。

（4）数据可视化：Excel超级表可以将数据模型中的数据以图表的形式展示，帮助用户更直观地理解数据和进行可视化分析。

（5）实时数据更新：Excel超级表支持实时数据更新，可以与外部数据源建立连接，实时获取最新数据。

总的来说，Excel超级表可以帮助用户更高效地处理和分析大量数据，提供更强大的数据建模和分析功能，以及实现数据的可视化和实时更新。

超级表拥有如此丰富而强大的功能，也是Excel当中财务人员应当熟练掌握的一个数据处理工具，这里先介绍其最基础的一项操作，即超级表的创建。具体步骤如下。

第1步 打开“素材文件\第4章\员工基础信息登记表5.xlsx”文件，❶选中A2:F12单元格区域，❷单击【插入】选项卡，❸单击【表格】组中的【表格】按钮。如下图所示。

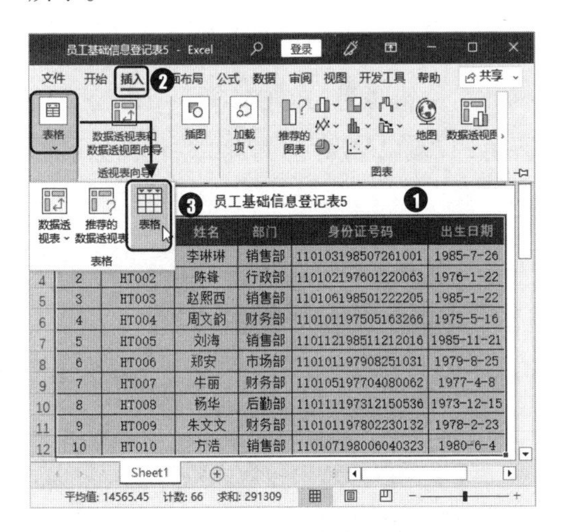

第2步 弹出【创建表】对话框，这里直接单击【确定】按钮即可完成创建。如右图所示。

第3步 “超级表”创建完成后，单击表格区域中的任意一个单元格激活【表设计】工具，单击展开【表设计】选项卡后，可看到其中的功能组，只需单击相应的命令按钮打开对话框，按照提示进行操作即可。如下图所示。

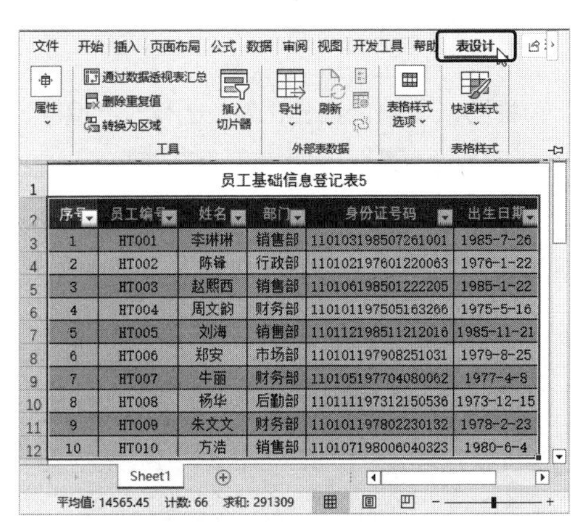

示例结果见“结果文件\第4章\员工基础信息登记表5.xlsx”文件。

温馨提示

创建超级表时使用快捷键更加方便快捷，只需选中单元格区域后按下组合键【Ctrl+T】即可弹出【创建表】对话框，再单击【确定】按钮即完成创建。

02 函数公式为什么会返回乱码

日常工作中，财务人员在Excel中运用函数设置公式时，时常会发生一些不易察觉的操作失误而导致公式结果返回各种“乱码”，例如，“#N/A”“#DIV/0”“#NUM!”“#REF”等。对此，大多数公式基础薄弱的财务人只知道公式出错，却不知道出错的原因，因此也就对函数公式知识始终一知半解，发生此类错误时只能通过反复的测试来修正公式，影响了工作效率。那么，究竟什么原因会导致函数公式返回乱码呢？下面先让AI工具“ChatGPT”为我们解疑释惑。

提问： Excel函数公式为什么有时会返回乱码？

ChatGPT

Excel函数公式返回乱码的原因可能有以下几个。

（1）函数公式中的某个参数包含非英文字符或特殊字符，而Excel默认使用的字符编码与该字符编码不一致，导致显示乱码。

（2）函数公式中的某个参数包含了错误的字符编码，导致显示乱码。

（3）函数公式中的某个参数包含了无法识别的字符或格式，导致显示乱码。

（4）Excel软件本身存在Bug或版本不兼容的问题，导致函数公式返回乱码。

从以上回复可知，函数公式返回乱码的原因，除了第4条外，其他均是操作人员在编写公式时出现的人为差错。所以，只要预先了解和学习，函数公式“乱码”问题是完全可以防患于未然的。即便出现了“乱码”，也能够对症下药及时更正。

在Excel中，根据不同公式设置时的出错点，通常会返回以下8种“乱码”：#N/A、#NAME?、#NUM!、#NULL!、#DIV/0!、#VALUE!、#REF!、###。下面介绍出现这些“乱码”的具体原因和解决方法。

（1）#N/A

如果公式所引用的某个单元格中的数值对函数或公式不可用，即会返回“#N/A”，通常出现在查找引用类公式结果中。

例如，本章前面介绍HLOOKUP和VLOOKUP函数时讲过，如果公式在指定区域内查找不到目标数据时，就会返回“#N/A”。对此，只需嵌套IFERROR函数将其屏蔽即可。

（2）#NAME?

公式结果返回“#NAME?”的原因从其名称即可明确，就是函数名称或公式中使用的已定义的名称输入有误。

如下图所示，C2单元格公式中ROUND函数名称错写为“ROUMD”，所以公式结果返回“#NAME?”。对此，改正函数名称即可解决。

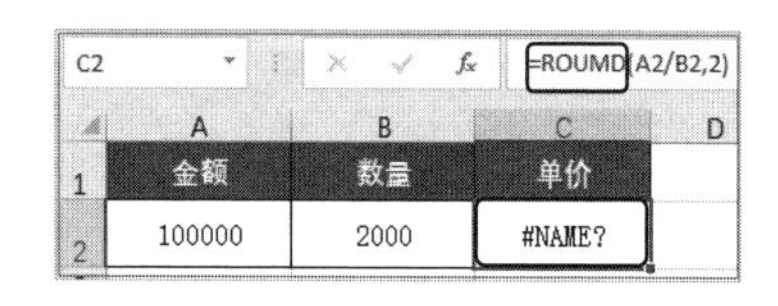

C2 =ROUMD(A2/B2,2)

	A	B	C	D
1	金额	数量	单价	
2	100000	2000	#NAME?	

（3）#NUM!

如果函数公式中包含无效数字或数值，即会返回“#NUM!”。

例如，SQRT函数不能对负数进行平方根计算。但如下图所示的A2单元格中的数字为“-900”，因此B2单元格中的公式“=SQRT(A2)”返回了“#NUM!”。

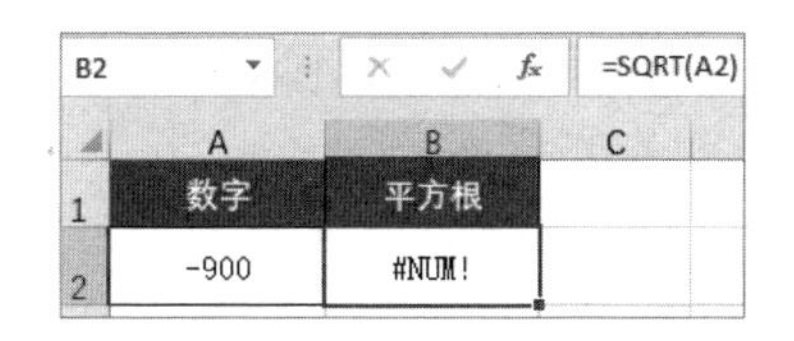

B2 =SQRT(A2)

	A	B	C
1	数字	平方根	
2	-900	#NUM!	

对于此类错误，只需设置正确的参数即可解决。

（4）#DIV/0!

“#DIV/0!”通常出现在包含除法的数学计算公式中，如果将数字“0”或空白单元格作为除数，就会返回“#DIV/0!”。

如下图所示，由于B3单元格中的“数量”为空，所以C3单元格中的公式“=A3/B3”的计算结果返回“#DIV/0!”。

C3 =A3/B3

	A	B	C
1	金额	数量	单价
2	100000	2000	50
3	100000		#DIV/0!

（5）#NULL!

英文“null”的意思是“无效的、空位”。所以，当公式中使用了不正确的运算符或引用的单元格区域的交集为空，就会返回“#NULL!”。

如下图所示，C2单元格公式中所引用的单元格区域之间插入了空格，所以公式结果返回“#NULL!”错误值。只需更正运算符即可解决。

C2 =ROUND(A2 B2,2)

	A	B	C	D
1	金额	数量	单价	
2	100000	2000	#NULL!	

（6）#REF!

如果公式结果返回“#REF!”，那么通常是因为操作失误删除了公式所引用的单元格或单元格区域。

如下图所示，C3单元格中原内容为公式“=ROUND(A3/B3,2)”，删除原B3单元格后，C3单元格中的内容即向左移至B3单元格，而B3单元格已不复存在，因此公式结果返回“#REF! ”。注意设置公式后不要随意删除单元格或单元格区域。

B3 =ROUND(A3/#REF!,2)

	A	B	C	D
1	金额	数量	单价	
2	100000	2000	50	
3	100000	#REF!		

（7）#VALUE!

公式结果返回“#VALUE!”的主要原因是其引用的单元格中数值类型不一致。

如下图所示，由于“金额”为零，操作者即在A2单元格中输入文本格式的占位符号“-”，导致C2单元格中公式返回“#VALUE!”。因此，设置公式时要注意引用的单元格通常都应设置为数字类型。

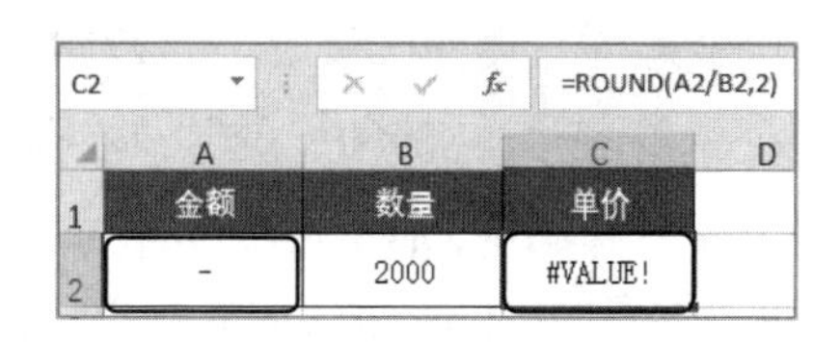

C2 =ROUND(A2/B2,2)

	A	B	C	D
1	金额	数量	单价	
2	-	2000	#VALUE!	

（8）###

出现“###”一般是两种原因：一是单元格列宽较窄，无法显示完整数据，只需调整列宽或缩小单元格内字体即可解决；

二是计算日期或时间的公式、单元格格式、输入的日期或时间不正确。

如下图所示，C2单元格公式“=A2-B2”可计算得到A2和B2单元格中日期之间的间隔天数。由于A2单元格日期小于B2单元格日期，因此C2单元格中返回的结果是一个负数。但是C2单元格格式被设置为日期格式，因此返回结果为“#########”。对此，只需将其设置为数字型格式即可解决。

03 让编辑栏中的公式“隐身”

日常工作中，财务人员制作的Excel工作表中通常设置了大量的重要公式，在Excel的默认设置下，选中一个包含公式的单元格后，公式内容即会显示在编辑栏中。如果在将表格报送至其他部门查阅时，不希望他人查看计算过程，或者为了防止公式被无意删除或修改，可以通过设置将公式隐藏并加密保护，使其只在单元格中显示计算结果，而不会将具体内容显示在编辑栏中。下面还是先问问AI工具“ChatGPT”有什么方法可以隐藏编辑栏中的公式内容。

提问： Excel 2021 中如何隐藏编辑栏中的公式？

ChatGPT

要隐藏编辑栏中的公式，可以按照以下步骤操作。

（1）打开Excel 2021以及您想要隐藏公式的工作簿。

（2）单击Excel窗口顶部的【文件】选项卡。

（3）在【文件】选项卡下，选择【选项】。

（4）在【Excel选项】对话框中，选择【高级】选项卡。

（5）找到【显示】选项组。

（6）取消选中【显示编辑栏】复选框。

（7）单击【确定】按钮以保存更改。

请注意，取消显示编辑栏只是隐藏了编辑栏及其中内容的显示，而不会影响实际的公式计算。公式仍然存在并会影响单元格的计算结果。

ChatGPT为我们介绍的方法是通过在Excel选项中取消显示编辑栏而达到隐藏其中公式内容的目的。但是，这个方法尽人皆知，如果要显示公式内容，只需再次选中【显示编辑栏】复选框即可。而真正有效的方法是通过设置密码来控制显示或隐藏编辑栏中的公式内容。下面介绍此种方法的具体操作步骤。

第1步 打开“素材文件\第4章\2023年2月部门产品销售明细查询表1.xlsx”文件，单击工作表左上角的【全选】按钮“◢”选中整个工作表。如下图所示。

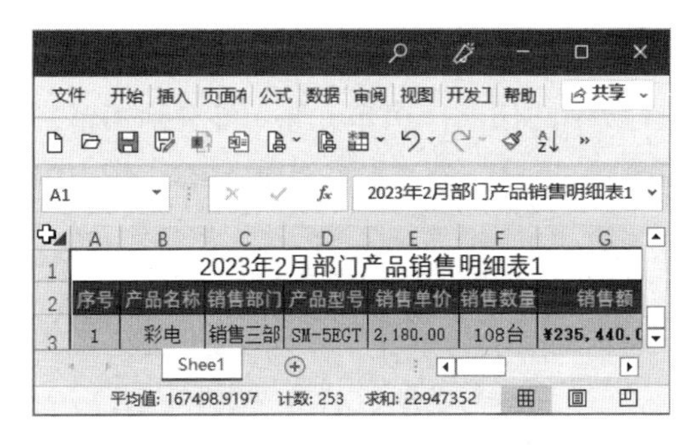

第2步 按快捷组合键【Ctrl+1】打开【设置单元格格式】对话框，❶切换至【保护】选项卡，❷取消勾选【锁定】复选框，❸单击【确定】按钮关闭对话框。如下图所示。

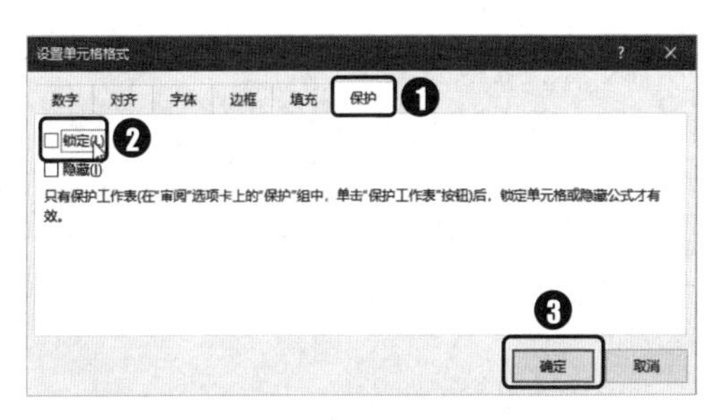

第3步 返回工作表，选中要隐藏并加密的包含公式的单元格区域，如J4:M12单元格区域，可看到编辑栏中显示了活动单元格J4中的公式内容。如下图所示。

第4步 再次按下快捷组合键【Ctrl+1】打开【设置单元格格式】对话框，❶切换至【保护】选项卡，❷勾选【锁定】和【隐藏】复选框，❸单击【确定】按钮关闭对话框。如下图所示。

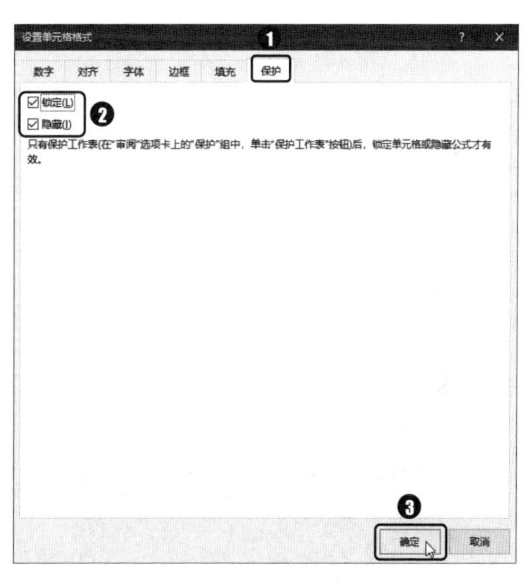

第5步 返回工作表，❶单击【审阅】选项卡，❷单击【保护】组中的【保护工作表】按钮。如下图所示。

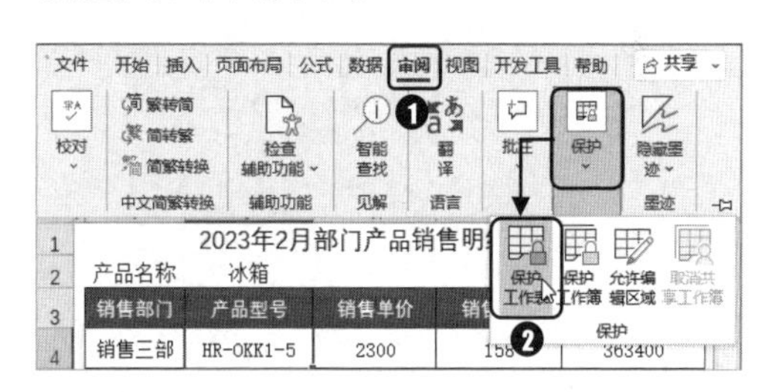

第6步 弹出【保护工作表】对话框，❶在【取消工作表保护时使用的密码】文本框中输入密码，如“123”，❷保持对话框中其他默认设置，不作改动，单击【确定】按钮关闭对话框即可。如下图所示。

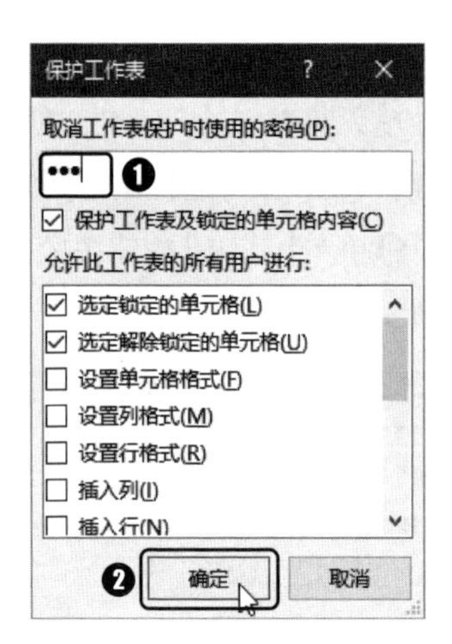

第7步 弹出【确认密码】对话框，❶在【重新输入密码】文本框再次输入密码“123”，❷单击【确定】按钮关闭对话框。如下图所示。

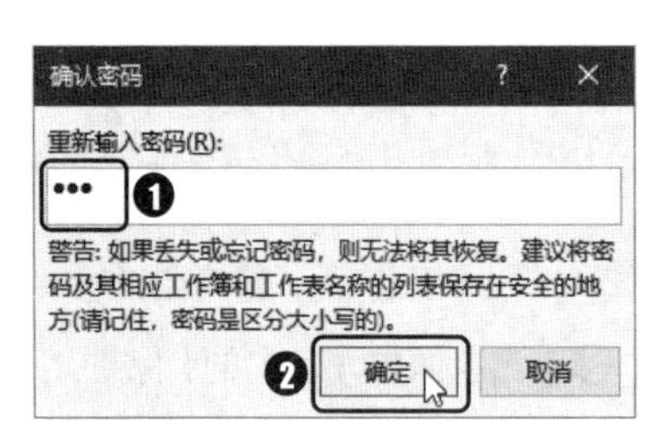

第8步 返回工作表，选中J4:M12单元格区域中的任意一个单元格，可看到编辑栏中一片空白，没有显示公式内容。如下图所示。

2023年2月部门产品销售明细查询表1

产品名称 冰箱

销售部门	产品型号	销售单价	销售数量	销售额
销售三部	HR-OKK1-5	2300	158	363400
销售一部	SM-5ECT	2200	150	330000
销售二部	HR-OKK1-5	2300	118	271400
销售三部	HR-OKK1-1	2298	200	459600
销售一部	HR-OKK1-3	2298	260	597480
销售二部	HR-OKK1-5	2280	120	273600
销售三部	HR-OKK1-8	2298	210	482580
销售一部	HR-OKK1-7	2298	332	762936
销售二部	HR-OKK1-5	2280	118	269040

示例结果见“结果文件\第4章\2023年2月部门产品销售明细查询表1.xlsx”文件。

Excel

第5章

实战：制作财务凭证表单

本章导读

财务凭证是记录经济业务发生与完成状况的书面证明，根据其来源不同，可分为原始凭证与记账凭证。其中，原始凭证是填制记账凭证的必要凭据，而记账凭证更是财务人员登记会计账簿的必不可少的重要凭证。因此，管理好财务凭证，才能为后续登记会计账簿和编制财务报表提供准确的依据。财务人员在不违背会计凭证和账簿管理总体原则的前提下，可以充分运用Excel制作和管理凭证，不仅可根据企业自身的特点和需求制作相关管理表格，而且经济实惠。本章将先通过讯飞星火、ChatGPT和文心一言等AI工具让财务人员了解设计财务凭证表单、科学管理数据的方法和思路，再讲解如何具体综合使用Excel设计制作规范的财务凭证表单，帮助财务人员大幅度提升Excel技能和工作效率。

5.1 制作原始凭证表单——多功能电子收据

原始凭证是在经济业务发生时取得或填制的，用于记录和证明经济业务发生或完成情况的财务凭证。原始凭证的种类包括收据、发票、借款单、费用报销单、入库单、发货单，等等。

实务中，根据原始凭证的来源不同，可分为外来原始凭证和自制原始凭证。其中，外来原始凭证是指从其他单位取得的原始凭证，如采购货物取得的供货商发货单、发票等。自制原始凭证则是由本单位内部经办业务人员在执行或完成经济业务时填制的凭证，如收款收据、费用报销单、报价单、采购单、销售单等。下面先看看AI工具“讯飞星火”为财务人员提供的设计思路。

提问：如何设计财务原始凭证表单？

讯飞星火

设计财务原始凭证表单需要遵循一定的原则和步骤，确保其科学、规范且完整。以下是设计原始凭证的基本要素和步骤。

（1）确定所需原始凭证的种类：根据单位的实际经济活动，确定所需的原始凭证种类，如外来原始凭证和自制原始凭证。

（2）明确各种原始凭证的用途：了解每种原始凭证的具体用途，如记录采购、销售、费用等经济业务。

（3）拟定原始凭证的格式：包括凭证名称、填制单位、凭证日期、凭证编号、凭证内容、金额、数量等。

（4）规定原始凭证的传递程序：明确原始凭证从填制到归档的整个流程，确保信息的准确性和完整性。

制定严格原始凭证的保管制度：确保原始凭证的安全、完整，便于日后查询和核对。

（5）填写内容：原始凭证应包括名称、填制日期、填制单位、接受单位、经济业务内容、数量、单价和金额。对于外来原始凭证，如发票、收据等，还需要包括税务信息等相关内容。

（6）遵循统一性原则：凭证的内容和格式应尽量做到统一和标准化，以便于管理和核对。

在设计过程中，还应考虑单位的实际情况，对凭证的种类、内容、用途、格式、传递程序作出科学的规划，以便为完整、及时、真实地记录经济活动提供所需要的信息载体。

从以上回复可知，表单的设计需要考虑内容、外观、结构、控件、样式、数据准确性、打印等多方面因素，本节将参考讯飞星火的提示，结合会计实务，以日常工作中常用的原始凭证——“收据”为例，制作一份多功能的电子收据模板，实现自动计算收款金额、自动生成单据流水、自动分栏填写收款金额、自动转换中文大写金额等多个自动化功能。

5.1.1 在辅助列中自动计算和汇总收款金额

辅助列可以起到简化公式的作用。由

于本例设计收据表单中的收款金额将在后续制作过程中被其他公式多次引用，因此添加辅助列计算和汇总收款金额。

打开“素材文件\第5章\电子收据.xlsx”文件，电子收据表单框架如下图所示。

下面设置几个简单的公式计算并汇总收款金额。

❶在F5单元格中设置公式“=ROUND(D5* E5,2)”，计算收款金额，❷将F5单元格公式复制粘贴至F6:F8单元格区域中，❸在F9单元格中设置公式“=SUM(F5:F8)”，计算收款金额的合计数。如下图所示（编辑栏中显示F9单元格公式）。

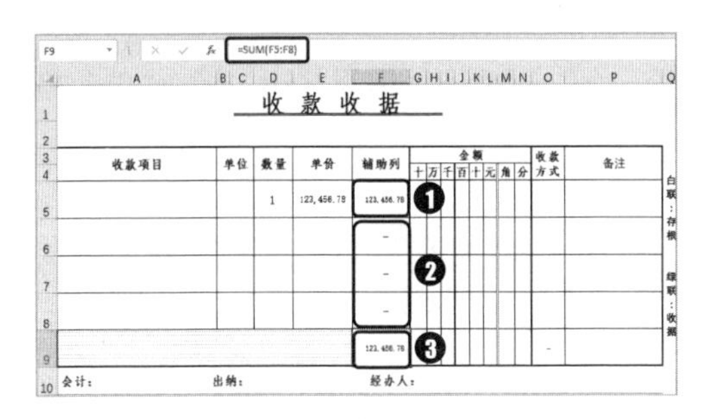

5.1.2 自动生成单据流水号

收据表单模板制作完成后，实际使用时即可无限次复制粘贴。为了确保每一份收据的流水号码的连续性、唯一性，可设置函数公式自动生成流水号码，有效避免手动输入出现差错。操作方法如下。

在P1单元格中设置公式“=COUNTIF(C$1:C1,C1)”，统计C1:C1单元格区域中，C1单元格中文本“收款收据”的数量。如下图所示。

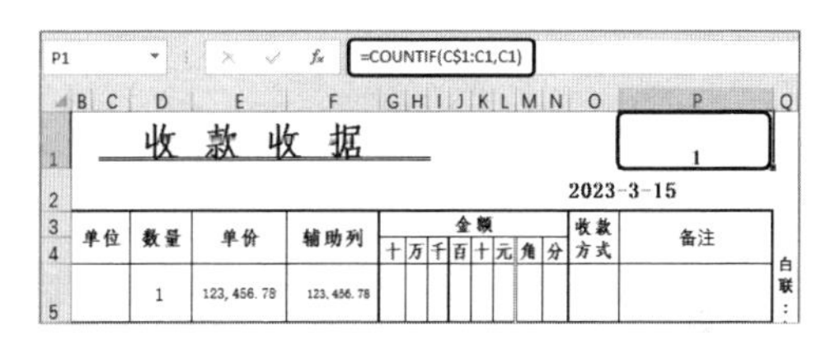

公式逻辑和原理如下。

COUNTIF函数的第1个参数（统计区域）“C$1:C1”锁定了第1行，那么无论在下方复制粘贴多少份收据，统计区域将始终以C1单元格为起始地址，并随着收据份数的增加而逐渐扩大，而COUNTIF函数统计得到的文本“收款收据”的数量也随之递增，如此即可实现收据流水号自动编号。

5.1.3 自定义单元格格式

自定义单元格格式可以规范格式，并减少频繁的手动输入工作。操作方法如下。

第1步 ❶选中A2单元格并按快捷组合键【Ctrl+1】打开【设置单元格格式】对话框，单击【数字】选项卡【分类】列表框中的【自定义】选项，❷在【类型】文本框中输入自定义代码“交款人(单位):@”，❸单击【确定】按钮关闭对话框。如下图所示。

第2步 返回工作表，即可看到A2单元格中自定义格式效果。如下图所示。

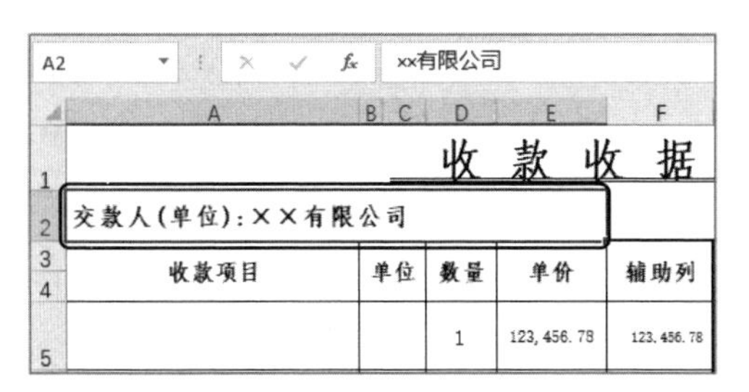

第3步 参照第1步操作，自定义P1和K2单元格式。其中，P1单元格自定义格式代码为“"No:"00000000”；K2单元格自定义格式代码为“收款日期：yyyy年m月d日”。设置完成后，P1和K2单元格自定义格式效果如下图所示。

5.1.4 自动分栏填写收款金额

设置公式将收款金额分别填写至各数位栏中，不仅能让电子收款收据整洁规范，同时也能有效避免因重复手动操作导致输入错误，从而保证数据的准确性。操作方法如下。

第1步 ❶在G5单元格中设置公式“=IFERROR(MID($F5*100, LEN($F5*100)-7, 1),"")”，运用MID函数截取F5单元格数字中第1位（十万位）的数字，如果计算结果为错误值，则运用IFERROR函数将其屏蔽并返回空值，❷将G5单元格中的公式复制粘贴至H5:M5单元格区域中，依次将每个单元格公式表达式中的数字“7”修改为“6”“5”“4”“3”“2”“1”，即可分别自动填写万位至角位6个数位上的数字，❸在N5单元格中设置公式“=IF($F5*100=0,"", MID($F5*100,LEN($F5*100),1))”，运用IF函数判断LEN函数计算得到F5单元格中数字乘以100以后的数字长度等于0时，显示空值，否则运用MID函数截取分位上的数字。如下图所示（编辑栏中显示N5单元格公式）。

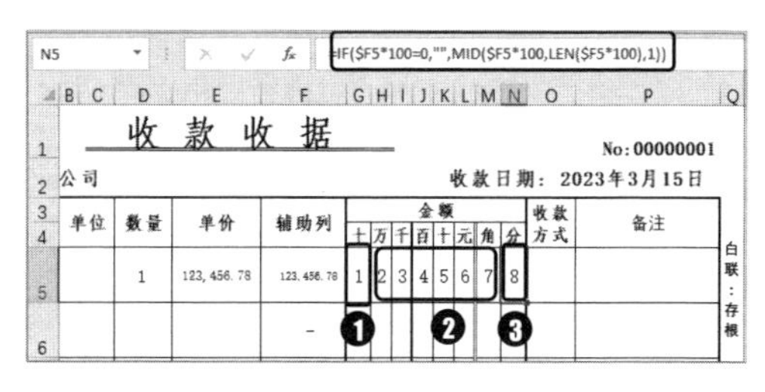

第2步 将G5:N5单元格区域公式复制

粘贴至G6:N9单元格区域中即可自动分栏填写收据中其他行次收款金额及收款合计数。如下图所示（编辑栏中显示N9单元格公式）。

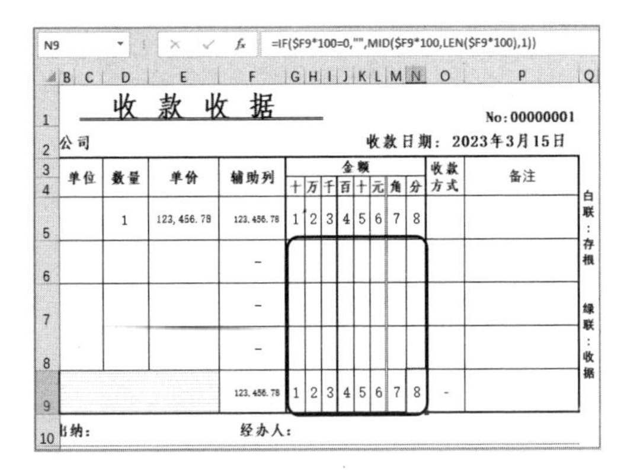

5.1.5 自动转换中文大写金额

在Excel中，可以将数字格式设置为“中文大写数字”格式，但因其无法识别中文金额的数位（“元”“角”“分”），所以只能将每个数字转换为独立的大写数字。例如，S2单元格中的数字为“123456.78”，将单元格格式设置为“中文大写数字”后，显示“一十二万三千四百五十六.七八”。如下图所示。

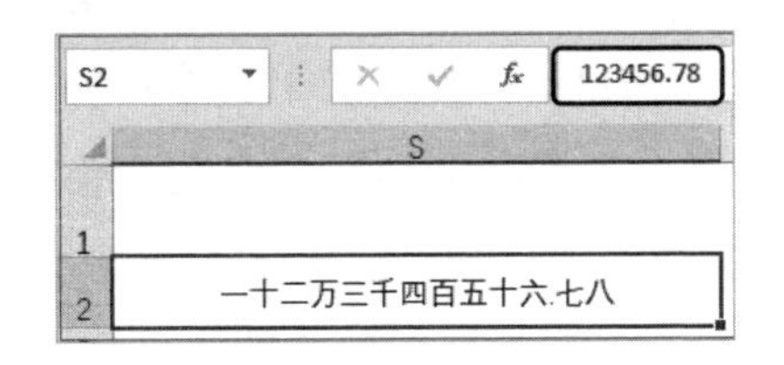

因此，本例需要配合使用单元格格式和公式设置，在公式中引用中文大写数字格式代码，共同实现自动转换大写金额的目标。具体方法和操作步骤如下。

1. 获取“中文大写数字”的格式代码

由于在自动生成大写金额的公式中将要多次引用“中文大写数字”的格式代码，而代码内容较多，为方便引用，可巧妙通过【设置单元格格式】对话框获取格式代码，将其复制粘贴至一个单元格中，再在公式中引用这个单元格即可。

第1步 ❶按快捷组合键【Ctrl+1】打开【设置单元格格式】对话框，单击【数字】选项卡【分类】列表框中的【特殊】选项，❷单击【类型】列表框中的【中文大写数字】选项。如下图所示。

第2步 ❶单击【自定义】选项，可看到【类型】文本框中显示一串代码，即“中文大写数字”的格式代码，❷选中并右击【类型】文本框中的格式代码，单击快捷菜单中的【复制】命令，❸单击【确定】按钮关闭对话框。如下图所示。

第3步 返回工作表，将格式代码粘贴至A1单元格中。如下图所示。

2. 设置公式自动转换中文大写金额

下面运用3个常用函数设置公式自动转换中文大写金额：逻辑判断函数IF、数字取整函数INT、文本格式转换函数TEXT。设置方法如下。

第1步 在A9单元格中设置公式“="合计(大写)：人民币"&IF(F9=0,"",IF(INT (F9)=0,"",TEXT(INT(F9),A1)&IF(OR(M9*1>0,N9*1>0),"元","元整"))&IFERROR(IFS(M9*1>0,TEXT(M9,A1&"角"),AND(M9*1=0,N9*1>0),"零"),"")&IF (N9*1>0,TEXT(N9,A1&"分"),""))”即可。公式结果如下图所示。

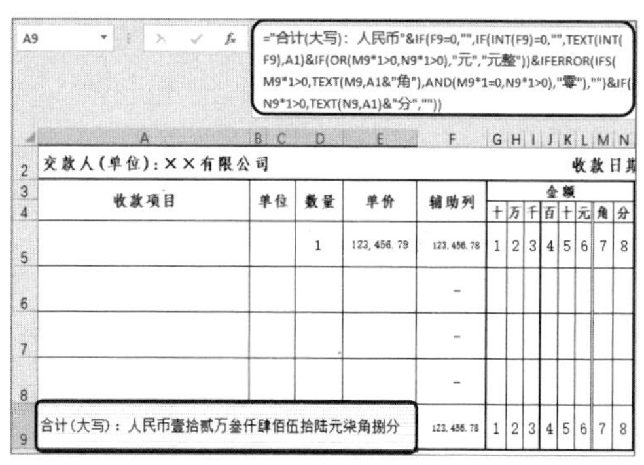

公式内容虽然较长，但是很容易理解，整条公式由5段表达式通过符号“&”连接而成，每段表达式的逻辑和原理如下。

（1）表达式“"合计(大写)：人民币"：为固定文本字符，无论F9单元格中的合计数为数字还是空值，A9单元格中始终显示此内容。

（2）表达式“IF(F9=0,"",IF(INT (F9)=0,"",TEXT(INT(F9),A1)”：运用第1层IF函数判断F9单元格中的合计数为“0”时，代表收据中未填写数量或单价，即返回空值。如果不为“0”时运用第2层IF函数判断INT函数将F9单元格中的合计数取整后的数字是否为“0”，如果是，代表金额的“元”位及以上位数均为“0”，即返回空值。否则，运用TEXT函数将INT函数对F9单元格中的合计数取整后的整数转换为A1单元格中的“中文数字大写”格式。

（3）表达式“IF(OR(M9*1>0,N9*1>0),

"元","元整"))"：运用IF函数判断"M9*1"或"N9*1"的结果大于0时，代表M9单元格（"角"位）或N9单元格（"分"位）中有数字，若此金额不为整数，返回文本"元"；若金额为整数，即返回文本"元整"。

（4）表达式"IFERROR(IFS(M9*1>0,TEXT(M9,A1&"角"),AND(M9*1=0,N9*1>0),"零"),"")"：先运用IFS函数判断并返回两组条件和结果，第1组条件和结果是当"M9*1"的结果大于"0"时，代表M9单元格（"角"位）数字不为"0"，即运用TEXT函数将其转换为A1单元格中的"中文大写数字"并与文本"角"组合；第2组条件和结果是当"M9*1"的结果等于0，并且"N9*1"大于0时，代表M9单元格（"角"位）数字为"0"，且N9单元格（"分"位）数字不为零，即返回文本"零"；最后，如果IFS函数表达式返回错误值，则使用IFERROR函数将其屏蔽，显示为空值。

（5）表达式"IF(N9*1>0,TEXT(N9,A1&"分"),"")"：运用IF函数判断"N9*1"的结果大于"0"时，代表N9单元格（"分"位）数字不为0，即运用TEXT函数将N9单元格中的数字格式转换为A1单元格中的"中文大写数字"格式并与文本"分"连接。否则，返回空值。

第2步 在E5单元格中输入一个5位整数，如"50000"，测试整数中文大写金额的准确性。结果如下图所示。

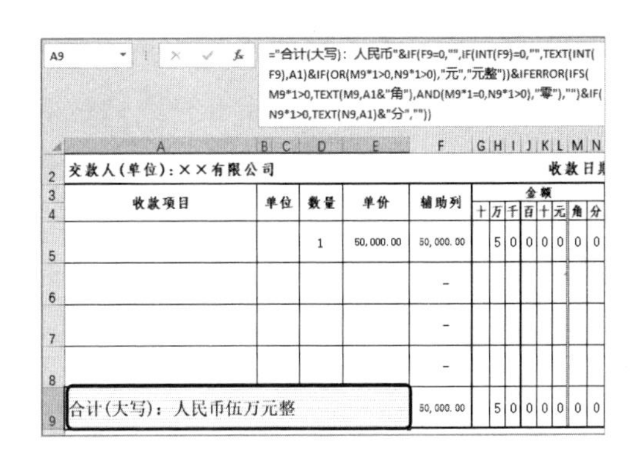

第3步 在E5单元格中重新输入一个4位整数加角位不为0、分位为0的数字，如"5001.60"，检验中文大写金额是否正确。结果如下图所示。

第4步 在E5单元格中重新输入一个3位整数加角位为0、分位不为0的数字，如"123.08"，检验中文大写金额是否正确。结果如下图所示。

第5步 在E5单元格中重新输入一个2位小数，如“0.36”，检验没有整数只有小数的中文大写金额是否正确。结果如下图所示。

A9 ="合计(大写)：人民币"&IF(F9=0,"",IF(INT(F9)=0,"",TEXT(INT(F9),A1)&IF(OR(M9*1>0,N9*1>0),"元","元整"))&IFERROR(IFS(M9*1>0,TEXT(M9,A1&"角"),AND(M9*1=0,N9*1>0),"零"),"")&IF(N9*1>0,TEXT(N9,A1)&"分",""))

收款项目	单位	数量	单价	辅助列	十	万	千	百	十	元	角	分
		1	0.36	0.36							3	6
				-								
				-								
				-								
合计(大写)：人民币叁角陆分				0.36							3	6

第6步 公式检验无误后，可将A1单元格中的格式代码隐藏。❶选中A1单元格并按下【Ctrl+1】组合键打开【设置单元格格式】对话框，单击【数字】选项卡【分类】列表框中的【自定义】选项，❷在【类型】文本框中输入格式代码“;;;”，❸单击【确定】按钮关闭对话框。如下图所示。

第7步 返回工作表，即可看到隐藏效果。如下图所示。

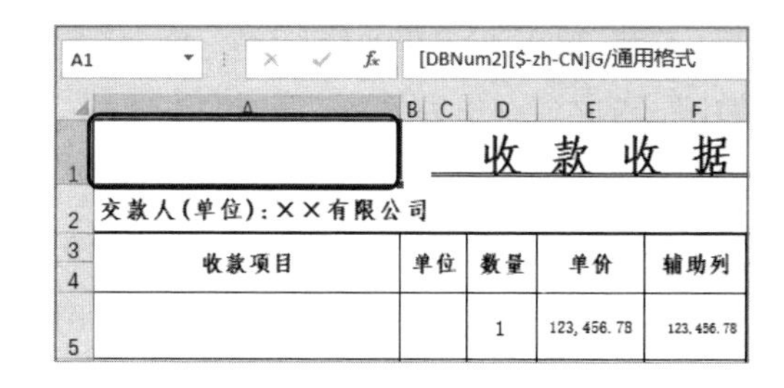

5.1.6 按收款方式分类汇总收款金额

实务中，收款方式除传统的银行转账、现金外，还包括微信、支付宝等第三方平台收款。那么，为了方便统计和核对不同收款方式及各账户的收款金额，可在收据中创建下拉列表，用于选择每笔收款的收款方式，并制作一份简易收款统计表，分类汇总收款次数和收款金额。操作方法如下。

第1步 打开“素材文件\第5章\电子收据.xlsx”文件。❶选中O5:O8单元格区域，单击【数据】选项卡，❷单击【数据工具】组中的【数据验证】按钮。如下图所示。

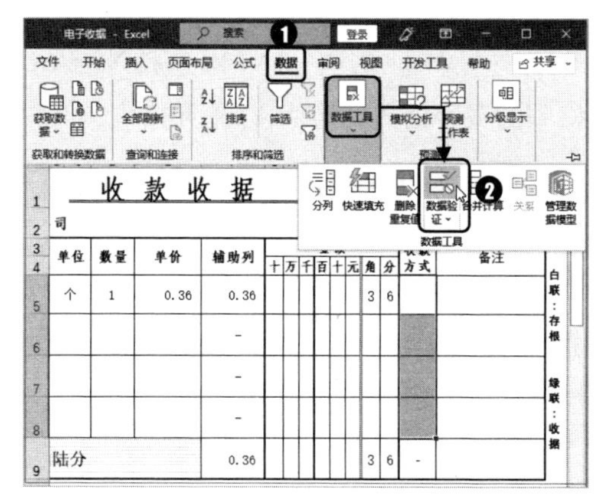

第2步 弹出【数据验证】对话框，❶在【设置】选项卡【允许】列表框中选择【序列】选项，❷在【来源】文本框中输入“现金,银行,微信,支付宝”，❸单击【确定】按钮关闭对话框。如下图所示。

第3步 返回工作表，❶在收据表单中任意填入几项“数量”和“单价”数据，❷在O5:O8单元格区域中的每个单元格下拉列表中选择收款方式。如下图所示。

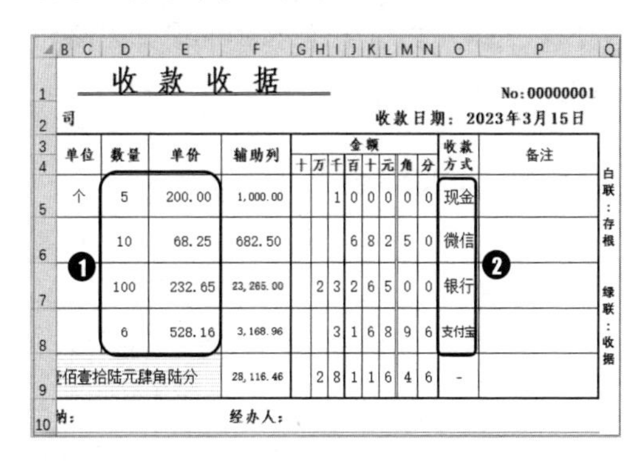

第4步 复制1:10行区域粘贴至下方12:21行区域中，生成第2份收据表单，任意填入几项收款数据和收款方式。如下图所示。

收 款 收 据

No:00000002

交款人(单位)：××有限公司　　收款日期：2023年3月20日

收款项目	单位	数量	单价	辅助列	十	万	千	百	十	元	角	分	收款方式	备注
		20	20.00	400.00				4	0	0	0	0	微信	
		2	653.26	1,306.52			1	3	0	6	5	2	支付宝	
		6	588.16	3,528.96			3	5	2	8	9	6	银行	
		3	182.11	546.33				5	4	6	3	3	支付宝	
合计(大写)：人民币伍仟柒佰捌拾壹元捌角壹分				5,781.81			5	7	8	1	8	1	-	

会计：　　出纳：　　经办人：

白联：存根　绿联：收据

第5步 在空白区域中绘制“收款统计表”，设置项目名称、基础格式及基础求和公式。如下图所示。

收款统计表

收款方式	收款次数	收款金额
现金		
银行		
微信		
支付宝		
合计	0次	-

第6步 ❶在T5单元格中设置公式“=COUNTIF($O:$O,$S5)”，运用COUNTIF函数统计O:O区域中，S5单元格中内容“现金”的数量，即可得到“现金”的收款次数，❷在U5单元格中设置公式“=SUMIF($O:$O,$S5,$F:$F)”，运用SUMIF函数计算O:O区域中内容与S5单元格相同时，F:F区域中数据的合计数，即可得到“现金”收款金额的合计数，❸将T5:U5单元格区域中的公式复制粘贴至T6:U8单元格区域中即可。如下图所示（编辑栏中显示U8单元格公式）。

U8 =SUMIF($O:$O,$S8,$F:$F)

收款统计表

收款方式	收款次数	收款金额
现金 ❶	1次	1,000.00 ❷
银行	2次	26,793.96
微信	2次	1,082.50 ❸
支付宝	3次	5,021.81
合计	8次	33,898.27

第7步 最后右击选中F列（“辅助列”），单击快捷菜单中的【隐藏】命令，将F列隐藏。如下图所示。

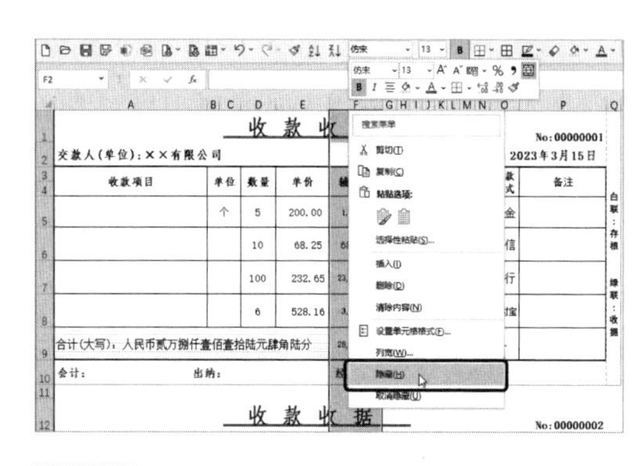

第8步 操作完成后，收据表单最终效果如下图所示。

收 款 收 据　　No:00000001

交款人(单位):××有限公司　　收款日期：2023年3月15日

收款项目	单位	数量	单价	金额 十	万	千	百	十	元	角	分	收款方式	备注
	个	5	200.00			1	0	0	0	0	0	现金	
		10	68.25				6	8	2	5	0	微信	
		100	232.65		2	3	2	6	5	0	0	银行	
		6	528.16			3	1	6	8	9	6	支付宝	
合计(大写)：人民币贰万捌仟壹佰壹拾陆元肆角陆分					2	8	1	1	6	4	6	-	

会计：　　出纳：　　经办人：

白联：存根　绿联：收据

本节示例结果见“结果文件\第5章\电子收据.xlsx”文件。

5.2 制作会计凭证表单——记账凭证

记账凭证是企业财会部门根据审核无误的原始凭证填制，并对其中记载的经济业务加以归类和整理，以此作为登记账簿依据的会计专用凭证。实务中，会计科目数量多达几百个，财务人员在填制记账凭证时，既要凭借财会专业知识准确地判断与经济业务类型匹配的会计科目，又要熟练运用Excel快速查找需要的会计科目完成填制工作，这对于财务人员而言是一个不小的挑战。所以，还是先来了解一下AI工具“ChatGPT”给出什么样的设计思路和制作要点。

提问：如何设计会计记账凭证表单？

ChatGPT

设计会计记账凭证表单需要考虑以下几个方面。

（1）表单标题：在表单的顶部添加一个标题，清晰地说明这是一个会计记账凭证表单。

（2）表单编号：在表单的顶部或标题下方添加一个表单编号，用于标识每个凭证的唯一性。

（3）凭证日期：在表单的顶部或编号下方添加一个凭证日期的输入框，用于记录凭证的日期。

（4）会计科目：在表单的主体部分添加一个会计科目的表格，包括科目编号、科目名称、借方金额和贷方金额四个列。每个科目应该有一个输入框，用于输入相应的金额。

（5）摘要：在表格下方或表格右侧添加一个摘要的输入框，用于简要描述本次记账的内容。

（6）制单人和复核人：在表格的底部添加制单人和复核人的签名栏，用于记录制单人和复核人的姓名和日期。

（7）备注：在制单人和复核人签名栏的下方添加一个备注的输入框，用于记录一些额外的说明或备注信息。

（8）打印和保存：在表单的底部添加一个打印和保存的按钮，方便用户打印或保存该凭证表单。

以上是一个基本的会计记账凭证表单的设计要点，具体的设计可以根据实际需要进行调整和修改。

从以上回复可知，记账凭证表单比原始凭证表单的设计要求更高，必须按照财会实务要求和规范流程进行设计和制作。本节即按照以上思路，并结合会计实务，详细介绍如何综合运用Excel中的各种功能制作一份智能化的电子记账凭证录入表模板与打印模板，大量减少手动操作，帮助财务人员提高工作效率，快速准确地填制和打印记账凭证。

5.2.1 整合会计科目代码和科目名称

填制记账凭证最基本的操作就是选择会计科目。实务中，为了更详细、更准确地分类记录经济业务，通常会在一级会计科目之下设立二至三级明细科目。那么在填制记账凭证时，就应当选择最末级的明细科目，同时列示科目代码及包含全部级次的会计科目名称。所以，在制作记账凭证之前，要先准备一份会计科目表，然后运用Excel对其进行优化整理，其中最重要的一步就是整合会计科目代码和科目名称，才能在后续工作中使经济业务清晰、完整地呈现在记账凭证表单中。

打开“素材文件\第5章\记账凭证.xlsx”文件，如下图所示，“会计科目”工作表中的“会计科目表”的布局和格式是已经在原始表格基础上做过初步整理后的效果。本小节主要介绍整合会计科目代码和科目名称的方法和技巧。

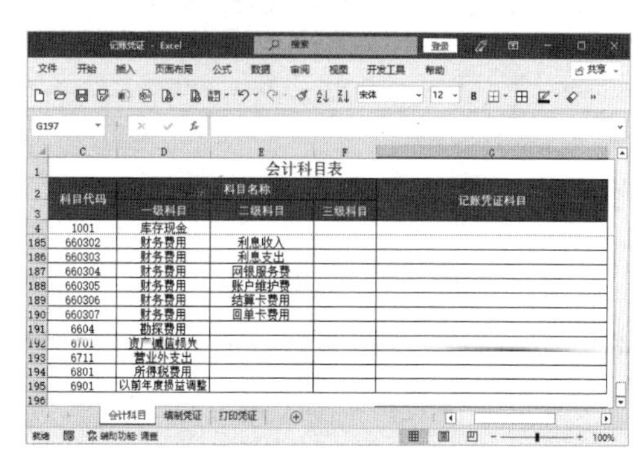

会计科目表

科目代码	科目名称			记账凭证科目
	一级科目	二级科目	三级科目	
1001	库存现金			
660302	财务费用	利息收入		
660303	财务费用	利息支出		
660304	财务费用	网银服务费		
660305	财务费用	账户维护费		
660306	财务费用	结算卡费用		
660307	财务费用	回单卡费用		
6604	勘探费用			
6701	资产减值损失			
6711	营业外支出			
6801	所得税费用			
6901	以前年度损益调整			

操作方法如下。

第1步 在G4单元格中设置公式“=IFS(B4= 1,C4&" "&D4,B4=2,C4&" "&D4&"\"&E4,B4=3,C4&""&"\"&D4&"\"&F4)”，运用IFS判断B4单元格中的级次分别为“1”“2”“3”时，按照不同格式将C4单元格中的“科目代码”、空格、符号“\”，分别与D4、E4和F4单元格中的科目名称进行组合。公式结果如下图所示。

G4　=IFS(B4=1,C4&" "&D4,B4=2,C4&" "&D4&"\"&E4,B4=3,C4&" "&"\"&D4&"\"&F4)

	C	D	E	F	G
1	会计科目表				
2	科目代码	科目名称			记账凭证科目
3		一级科目	二级科目	三级科目	
4	1001	库存现金			1001 库存现金
5	1002	银行存款			
6	100201	银行存款	中国××银行××支行		
7	1021	结算备付金			
8	1031	存出保证金			
9	1121	应收票据			
10	112101	应收票据	乙公司		
11	1122	应收账款			
12	112201	应收账款	甲公司		
13	112202	应收账款	乙公司		
14	112203	应收账款	丙公司		
15	112204	应收账款	丁公司		

会计科目　填制凭证　打印凭证

第2步 将G4单元格公式复制并粘贴至G5: G195单元格区域中，即可整合全部会计科目代码和科目名称。如下图所示（编辑栏中显示G195单元格公式）。

G195　=IFS(B195=1,C195&" "&D195,B195=2,C195&" "&D195&"\"&E195,B195=3,C195&" "&"\"&D195&"\"&F195)

	C	D	E	F	G
1	会计科目表				
2	科目代码	科目名称			记账凭证科目
3		一级科目	二级科目	三级科目	
4	1001	库存现金			1001 库存现金
187	660304	财务费用	网银服务费		660304 财务费用\网银服务费
188	660305	财务费用	账户维护费		660305 财务费用\账户维护费
189	660306	财务费用	结算卡费用		660306 财务费用\结算卡费用
190	660307	财务费用	回单卡费用		660307 财务费用\回单卡费用
191	6604	勘探费用			6604 勘探费用
192	6701	资产减值损失			6701 资产减值损失
193	6711	营业外支出			6711 营业外支出
194	6801	所得税费用			6801 所得税费用
195	6901	以前年度损益调整			6901 以前年度损益调整

会计科目　填制凭证　打印凭证

5.2.2 定义一级科目名称

为了方便后续创建科目下拉列表，可将全部一级科目定义为一个名称。那么，先要删除本例表格中多个重复的一级科目。由于一级科目的数量和名称都是固定不变的，不得增减和修改，所以本例无须设置函数公式动态筛选不重复数据，只需一次性删除即可。操作方法如下。

第1步 ❶复制D3:D195单元格区域并粘贴至J3:J195单元格区域中，❷单击【数据】选项卡，❸单击【数据工具】组中的【删除重复值】按钮。如下图所示。

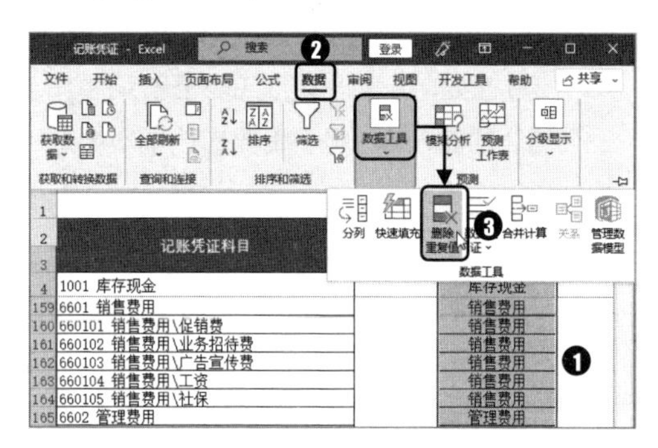

第2步 弹出【删除重复值】对话框，直接单击【确定】按钮即可。如下图所示。

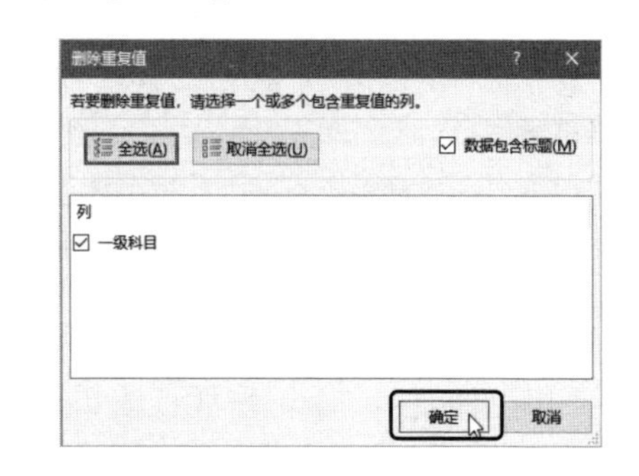

第3步 弹出提示对话框，单击【确定】按钮关闭即可。如下图所示。

第4步 ❶选中J3:J119单元格区域，❷单击【公式】选项卡，❸单击【定义的名称】组中的【根据所选内容创建】按钮。如下图所示。

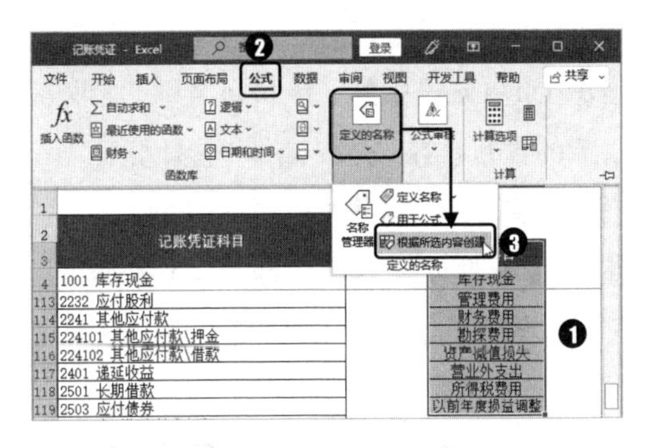

第5步 弹出【根据所选内容创建名称】对话框，系统已默认勾选【首行】复选框，单击【确定】按钮即可。如下图所示。

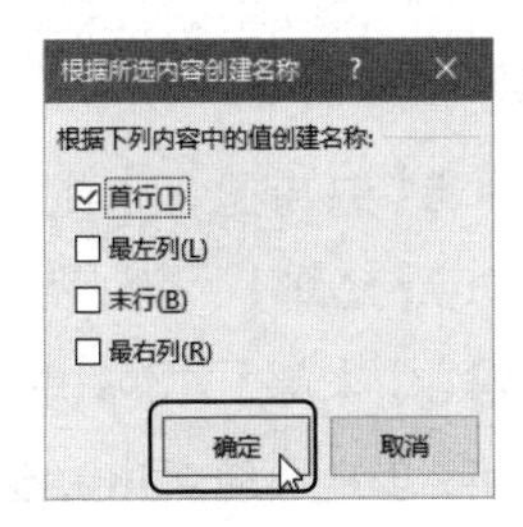

温馨提示

对于已定义的名称，可单击【公式】选项卡【定义的名称】组中的【名称管理器】按钮打开同名对话框后查看或编辑。

5.2.3 制作记账凭证填制表

记账凭证表单虽然可以参照5.1节中电子收据模式，以单据形式填制，但是为了方便填制数据，以及后续统计和管理数据，本小节设计在一维表格中录入每笔分录，然后在后面小节中制作记账凭证打印模板，即可以单据样式打印出纸质记账凭证。

切换至“记账凭证”工作簿“填制凭证”工作表，如下图所示，“记账凭证”填制表框架中，【一级科目】字段下已经预先创建下拉列表，其“序列”来源为5.2.2小节定义的名称“一级科目”。本小节将在【明细科目】字段下创建与之联动的二级下拉列表。另外，在【月份+凭证号】和【分录数量】辅助字段中设置公式自动统计每张凭证的分录数量，便于后面小节制作凭证打印模板时在公式中引用。

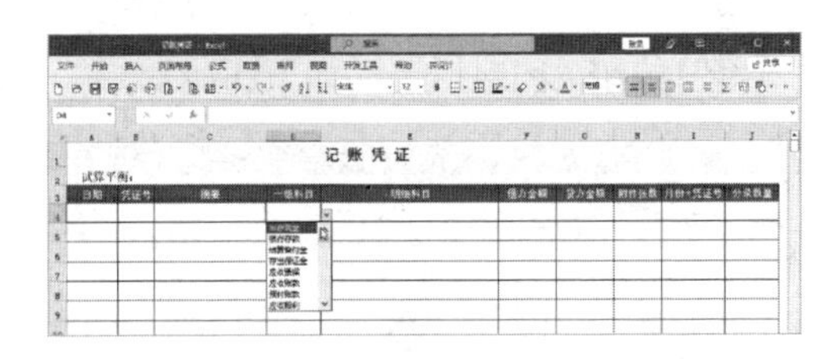

1. 创建二级联动的“明细科目”下拉列表

由于明细科目数量过多，如果直接创建下拉列表，不方便查找和选择。下面先定义动态名称，再在【明细科目】字段下创建以这个名称作为序列来源的下拉列表，使其中选项将跟一级科目名称的变化而动态变化。操作方法如下。

第1步 ❶在D4单元格下拉列表中任意选择一个一级科目，如“应收账款”，❷选中E4:E65单元格区域，❸单击【公式】选项卡，❹单击【定义的名称】组中的【定义名称】按钮。如下图所示。

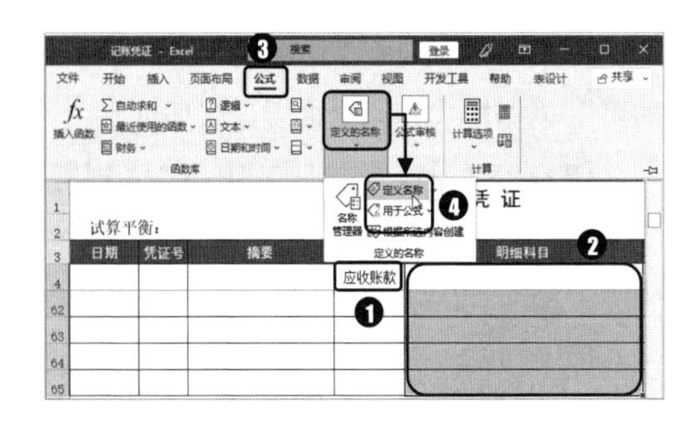

第2步 弹出【新建名称】对话框，❶在【名称】文本框中输入名称“明细科目”，❷在【引用位置】文本框中输入公式“=OFFSET(会计科目!$A$1,MATCH(填制凭证!$D4,会计科目!$D: $D,0),6, COUNTIF(会计科目!$D:$D,填制凭证!$D4)-1)”，❸单击【确定】按钮关闭对话框。如下图所示。

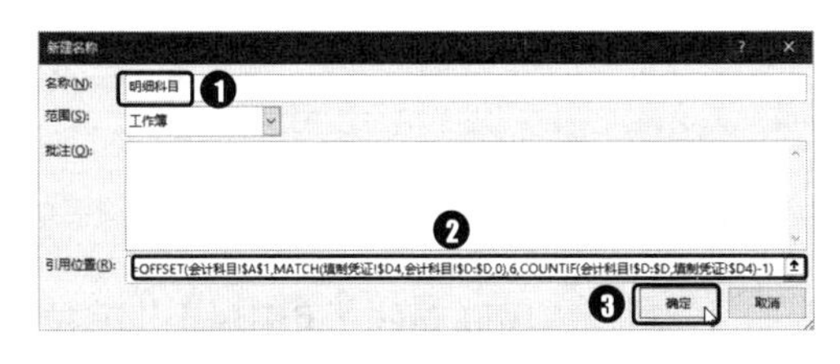

【名称】文本框中“明细科目”的引用位置中设置OFFSET函数的作用是构建一个动态区域，作为下拉列表的序列来源。公式原理如下。

（1）第1个参数（起始单元格）：即“会计科目”工作表中的A1单元格。

（2）第2个参数（向下偏移的行数）：运用MATCH函数定位“填制凭证”工作表D4单元格中的一级科目名称“应收账款”在“会计科目”工作表D列中的行号。

（3）第3个参数（向右偏移的列数）：设置为固定数字“6”，因为“会计科目”工作表中，自A列起（不含A列）至G列（【记账凭证科目】字段）之间的距离为6列。

（4）第4个参数（引用区域的行高度）：运用COUNTIF统计“会计科目”工作表D列（【一级科目】字段）中，“填制凭证”工作表D4单元格中的一级科目名称“应收账款”的数量。减1是要减掉“会计凭证”工作表G列中包含本身的一个一级科目名称。

第3步 返回工作表，❶单击【数据】选项卡，❷单击【数据工具】组中的【数据验证】按钮。如下图所示。

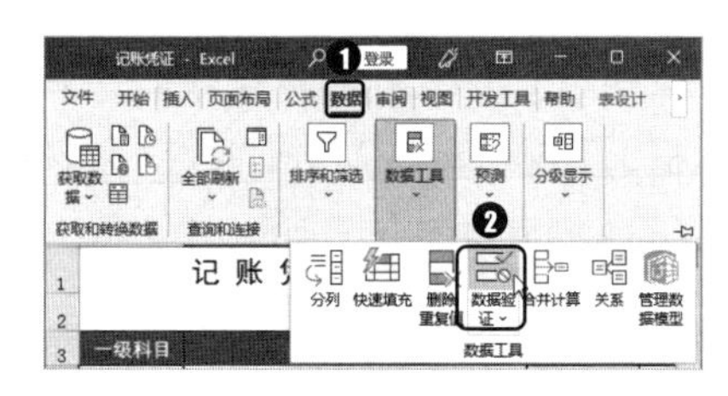

第4步 弹出【数据验证】对话框，❶在【设置】选项卡【允许】下拉列表中选择【序列】选项，❷在【来源】文本框中输入“=明细科目”（第2步定义的名称），❸单击【确定】按钮关闭对话框。如下图所示。

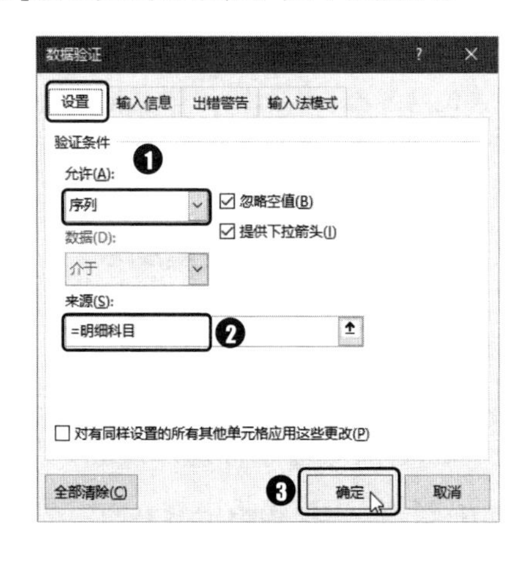

第5步 操作完成后，返回工作表，展开E4单元格中的下拉列表，即可看到其中所列选项均为“应收账款”一级科目之下的全部明细科目。如下图所示。

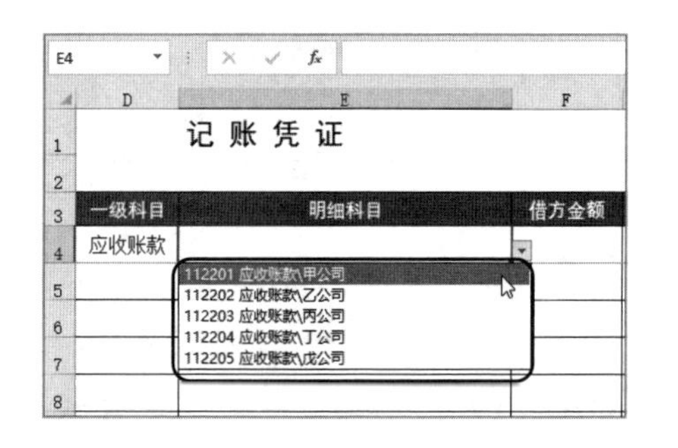

第6步 ❶在D4单元格下拉列表中重新选择一个一级科目名称，如“库存商品”，❷再次展开E4单元格中的下拉列表，可看到其中所列选项变化为“库存商品”一级科目下面的全部明细科目。如下图所示。

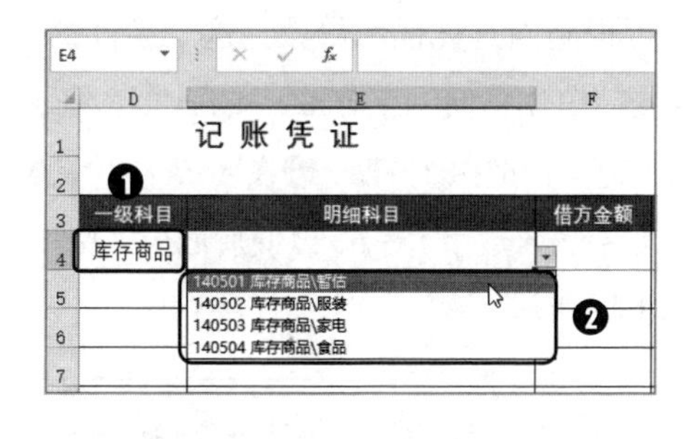

2. 判断借贷平衡，统计分录数量

下面设置公式判断借贷双方的金额是否平衡，并计算差异数量，以协助财务人员更快捷地填制凭证。同时在辅助字段中设置公式统计分录数量，以便在凭证打印模板公式中引用。

第1步 在记账凭证填制表中填制两份凭证，用于检测公式。如下图所示。

G11 30000

记 账 凭 证

试算平衡：

日期	凭证号	摘要	一级科目	明细科目	借方金额	贷方金额	附件张数
2023-3-2	0001	缴纳2月增值税及附加税	应交税费	222102 应交税费\未交增值税	11,330.02	-	2张
2023-3-2	0001	缴纳2月城建税	应交税费	222107 应交税费\城建税	396.55	-	
2023-3-2	0001	缴纳2月教育费附加费	应交税费	222108 应交税费\教育费附加	169.95	-	
2023-3-2	0001	缴纳2月地方教育费附加费	应交税费	222109 应交税费\地方教育费附加	113.30	-	
2023-3-2	0001	缴纳2月印花税	应交税费	222113 应交税费\印花税	186.52	-	
2023-3-2	0001	缴纳2月税金	银行存款	100201 银行存款\中国××银行××支行	-	12,196.34	
2023-3-3	0002	收到货款-甲公司	应收账款	112201 应收账款\甲公司	30,000.00	-	1张
2023-3-3	0002	收到货款-甲公司	银行存款	100201 银行存款\中国××银行××支行	-	30,000.00	

第2步 ❶在F2单元格中设置公式“=SUBTOTAL (9,F4:F1000)”，运用SUBTOTAL函数汇总借方金额，❷将F2单元格公式复制粘贴至G2单元格中即可汇总贷方金额，❸在C2单元格中设置公式“=IF(F2=G2,"借贷平衡","差异："&F2-G2)”，运用IF函数判断F2和G2单元格中的金额相等时，返回文本“借贷平衡”，否则计算借贷双方差异。如下图所示（编辑栏中显示C2单元格公式）。

C2 =IF(F2=G2,"借贷平衡","差异："&F2-G2)

记 账 凭 证

试算平衡：		借贷平衡 ❸			❶ 42,196.34	❷ 42,196.34
日期	凭证号	摘要	一级科目	明细科目	借方金额	贷方金额
2023-3-2	0001	缴纳2月增值税及附加税	应交税费	222102 应交税费\未交增值税	11,330.02	-
2023-3-2	0001	缴纳2月城建税	应交税费	222107 应交税费\城建税	396.55	-
2023-3-2	0001	缴纳2月教育费附加费	应交税费	222108 应交税费\教育费附加	169.95	-
2023-3-2	0001	缴纳2月地方教育费附加费	应交税费	222109 应交税费\地方教育费附加	113.30	-
2023-3-2	0001	缴纳2月印花税	应交税费	222113 应交税费\印花税	186.52	-
2023-3-2	0001	缴纳2月税金	银行存款	100201 银行存款\中国××银行××支行	-	12,196.34
2023-3-3	0002	收到货款-甲公司	应收账款	112201 应收账款\甲公司	30,000.00	-
2023-3-3	0002	收到货款-甲公司	银行存款	100201 银行存款\中国××银行××支行	-	30,000.00

第3步 ❶在I4单元格中设置公式“=IF(A4="", "-",MONTH(A4)&"-"&B4)”，运用IF函数判断A4单元格为空时，返回符号“-”，否则运用MONTH函数计算A4单元格中日期的所属月份后与符号“-”、B4单元格中的凭证号码组合，代表某月的第n号凭证，❷在J4单元格中设置公式“=IF(I4="-","-",I4&"-"&COUNTIF(I$3:I4,I4))”运用IF函数判断I4单元格中内容为符号“-”时，也返回符号

“-”，否则运用COUNTIF函数统计I3:I4单元格区域中，I4单元格中内容的数量，并与I4单元格中的内容、符号“-”组合，代表某月第*n*号凭证的第*n*条分录，❸将I4:J4单元格区域中的公式复制粘贴至I5:J65单元格区域中。如下图所示（编辑栏中显示I4单元格公式）。

I4 =IF(A4="","-",MONTH(A4)&"-"&B4)

	A	B	F	G	H	I	J
1							
2	试算平衡：		42,196.34	42,196.34		❶	❷
3	日期	凭证号	借方金额	贷方金额	附件张数	月份+凭证号	分录数量
4	2023-3-2	0001	11,330.02	-	2张	3-1	3-1-1
5	2023-3-2	0001	396.55	-		3-1	3-1-2
6	2023-3-2	0001	169.95	-		3-1	3-1-3
7	2023-3-2	0001	113.30	-		3-1	3-1-4
8	2023-3-2	0001	186.52	-	❸	3-1	3-1-5
9	2023-3-2	0001	-	12,196.34		3-1	3-1-6
10	2023-3-3	0002	30,000.00	-	1张	3-2	3-2-1
11	2023-3-3	0002	-	30,000.00		3-2	3-2-2
65						-	-

5.2.4 制作记账凭证打印模板

记账凭证打印模板的制作思路是单独制作一份固定样式的表单，专门用于打印纸质记账凭证。表单中设置函数公式，根据指定的月份及凭证号码从“填制凭证”工作表中查找并引用与月份和凭证号码相匹配的全部内容。所以，记账凭证打印模板表单也可以用于查询凭证内容。

1. 设置辅助单元格和区域

设置辅助单元格的作用是方便查看凭证份数、简化查找引用公式。操作方法如下。

第1步 切换至“打印凭证”工作表，绘制基础表单框架，并设置好字段名称及基本格式。如下图所示。

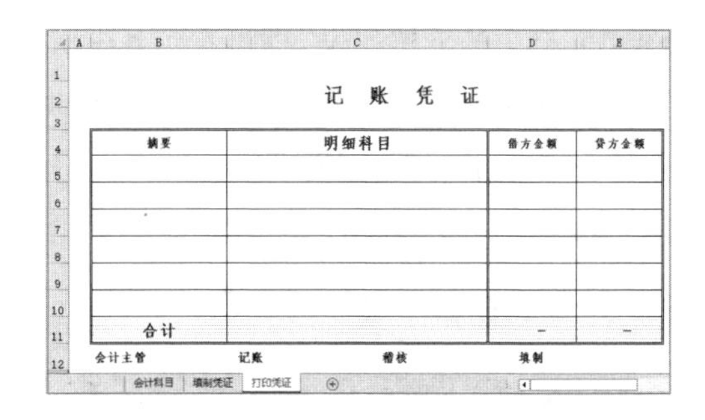

第2步 ❶在B1单元格中输入日期“2023-3-1”，将单元格格式自定义为“yyyy年m月”，❷在C1单元格中设置公式“="本月共"&MAXIFS(填制凭证!$B:$B,填制凭证!$A:$A,">="&B1)&"份凭证"”，运用MAXIFS函数统计“填制凭证”工作表B列中（【凭证号】字段）符合条件“填制凭证!$A:$A, ">="&B1”的数组中的最大数字，即可得到当月凭证的份数。这个条件的含义是“填制凭证”工作表中的日期大于或等B1单元格中的日期，❸在A5:A10单元格区域中输入数字1～6，以便后面公式引用。如下图所示。

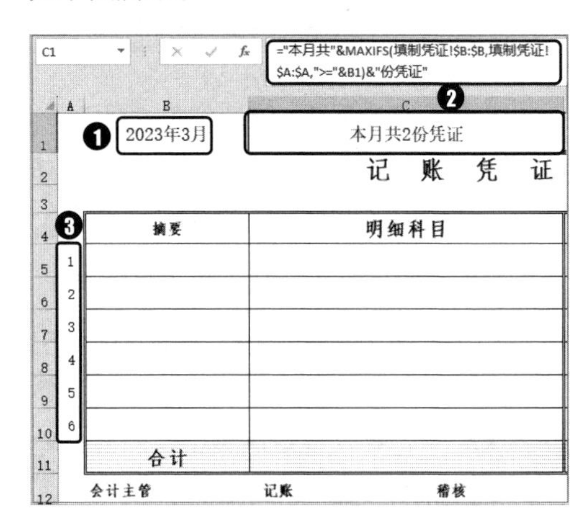

2. 引用记账凭证日期和附件张数

引用记账凭证日期和附件张数只需运用XLOOKUP函数嵌套MONTH函数设置公式即可实现。设置方法如下。

第1步 在B3单元格中输入数字“1”，将单元格格式自定义为“记字 第000#号”，使B3单元格中的内容显示为“记字 第0001号”。如下图所示。

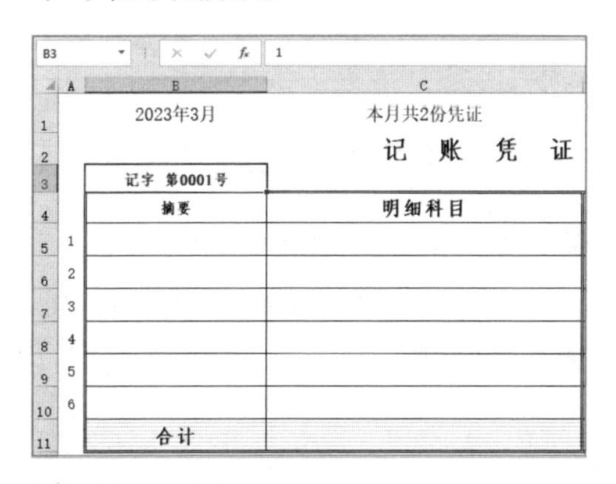

第2步 在C3单元格中设置公式“=XLOOKUP(MONTH($B$1)& "-"&$B$3,填制凭证!I:I,填制凭证!A:A,"",0)”，运用XLOOKUP函数根据关键字“MONTH($B$1)&"-"&$B$3”在“填制凭证”工作表I列中查找与之相同内容，并返回A列中与之匹配的凭证日期。其中，XLOOKUP的第1个函数，即关键字“MONTH($B$1)&"-"&$B$3”的作用就是将B1单元格中日期的所属月份与符号“-”，以及B3单元格中的凭证号组合，构成与“填制凭证”工作表中I列中相同的号码。公式结果如下图所示。

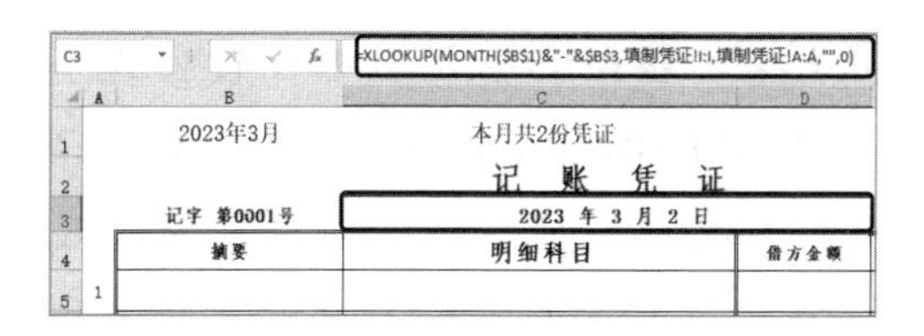

第3步 在E3单元格中设置公式“=XLOOKUP(MONTH($B$1)&"-"&$B$3,填制凭证!I:I,填制凭证!H:H,"",0)”,运用XLOOKUP函数根据关键字“MONTH($B$1)&"-"&$B$3”在“填制凭证”工作表I列中查找与之相同内容，并返回H列中与之匹配的附件张数。公式效果如下图所示。

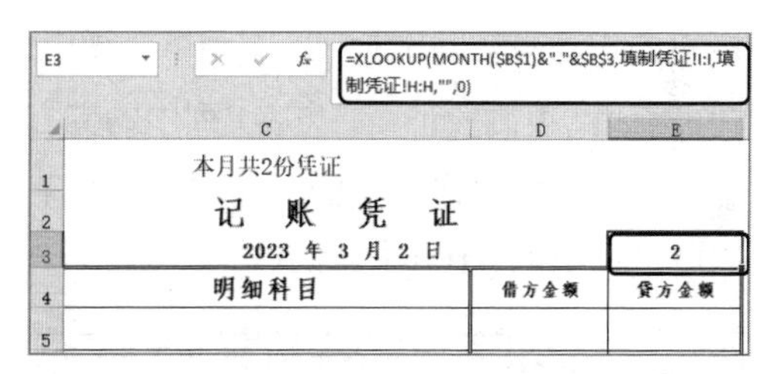

第4步 将E3单元格格式自定义为“附件#张”，使其中内容显示为“附件2张”。效果如下图所示。

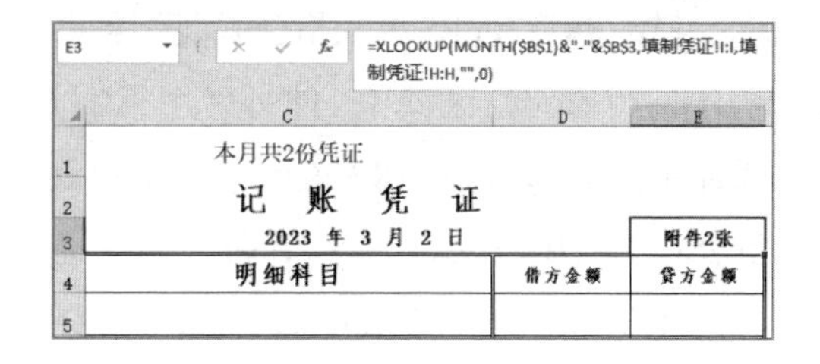

3. 引用记账凭证内容

引用记账凭证内容与凭证日期原理相同，依然运用XLOOKUP函数嵌套MONTH函数设置公式即可。设置方法如下。

第1步 ❶在B5单元格中设置公式“=XLOOKUP(MONTH($B$1)& "-"&$B$3&"-"&$A5,填制凭证!$J:$J, 填制凭证!C:C,"",0)”，运用XLOOKUP函数根据关键字“MONTH($B$1)&"-"&$B$3”在“填制凭证”工作表J列中查找与之相同内容，并返回C列中与之匹配的摘要内容，❷将B5单元格公式复制粘贴至C5单元格中，将C5单元格公式表达式中的“填制凭证!D:D”修改为“填制凭证!E:E”，即可引用“填制凭证”工作表E列中的明细科目内容，❸将C5单元格中公式复制粘贴至F5:G5单元格区域中，即可引用“填制凭证”工作表F列中的借方金额和G列中的贷方金额。公式效果如下图所示（编辑栏中显示E5单元格公式）。

	摘要	明细科目	借方金额	贷方金额
1	缴纳2月增值税及附加税	222102 应交税费\未交增值税	11,330.02	
2				

第2步 ❶将B5:E5单元格公式复制粘贴至B6:E10单元格区域中，即可引用第2号凭证中的全部内容，❷在C11单元格中设置公式“=IF(D11=E11,"-","借贷不平衡,差异:"&ROUND(D11-E11,2))”，运用IF函数判断D11和E11单元格中借贷双方的合计数相等时，返回符号“-”，否则计算差异，以提示财务人员检查凭证录入数据是否正确。公式效果如下图所示（编辑栏中显示C11单元格公式）。

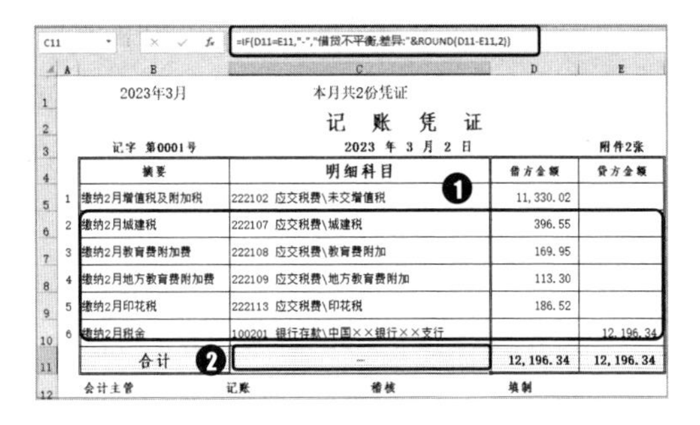

	摘要	明细科目	借方金额	贷方金额
1	缴纳2月增值税及附加税	222102 应交税费\未交增值税	11,330.02	
2	缴纳2月城建税	222107 应交税费\城建税	396.55	
3	缴纳2月教育费附加费	222108 应交税费\教育费附加	169.95	
4	缴纳2月地方教育费附加费	222109 应交税费\地方教育费附加	113.30	
5	缴纳2月印花税	222113 应交税费\印花税	186.52	
6	缴纳2月税金	100201 银行存款\中国××银行××支行		12,196.34
	合计	-	12,196.34	12,196.34

第3步 在B3单元格中输入数字“2”，即可看到凭证内容变化为第2号凭证的数据。效果如下图所示。

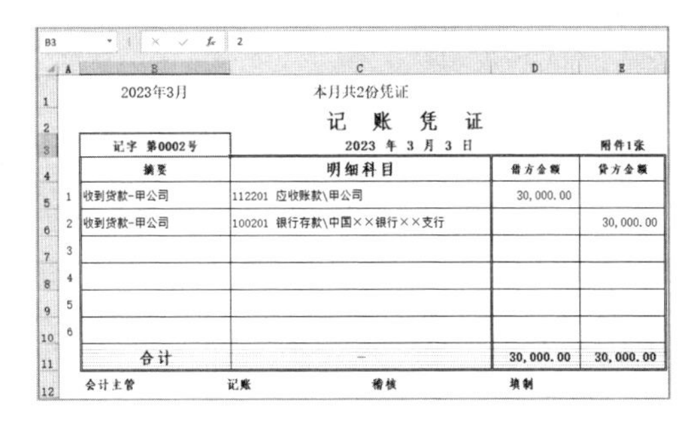

	摘要	明细科目	借方金额	贷方金额
1	收到货款-甲公司	112201 应收账款\甲公司	30,000.00	
2	收到货款-甲公司	100201 银行存款\中国××银行××支行		30,000.00
3				
4				
5				
6				
	合计	-	30,000.00	30,000.00

本节示例结果见“结果文件\第5章\记账凭证.xlsx”文件。

AI智能答疑与技巧点拨

本章为读者介绍了运用Excel制作财务凭证表单的方法和技巧。下面利用AI工具“讯飞星火”与“文心一言”的学习引导，结合本章内容，补充介绍相关的实用小技巧，帮助财务人员查漏补缺，进一步提高工作效率。

01 插入“数值调节钮”表单控件快速切换凭证号码

Excel提供了多种表单控件，可帮助操作人员减少手动操作任务，更高效地达成工作目标。

本章第5.2节制作的记账凭证打印模板表单中，凭证号码是纯数字，可以通过Excel提供的“表单控件”工具中的“数值调节钮”控件来快速切换凭证号码，不必手动输入数字，从而提高工作效率。

下面先让AI工具“讯飞星火”为大家介绍在Excel中插入并设置“数值调节钮”控件的方法。

提问：Excel中数值调节钮控件的作用是什么？如何在工作表中添加数值调节钮？

讯飞星火

数值调节钮控件在Excel中的主要作用是帮助用户更直观地调整特定单元格的值，无须每次进入单元格进行修改。这对于需要定期或反复调整的数值非常有用，如日期。

要在Excel工作表中添加数值调节钮，您可以按照以下步骤操作。

（1）打开Excel并单击【文件】选项，然后选择【选项】以自定义功能区。接着单击【开发工具】并确定，这样您就可以在Excel工具栏中找到【开发工具】选项卡。

（2）在【开发工具】选项卡中，单击【插入】，然后在ActiveX控件组中选择【数值调节钮】。返回工作表，单击并拖动鼠标以在工作表上添加数值调节按钮。您可以根据需要调整其大小和位置。

（3）为了确保数值调节钮与特定的单元格关联，右击该控件并选择【设置控件格式】。在【控制】选项卡下，找到【单元格链接】，然后输入您希望与之关联的目标单元格地址。

（4）此外，您还可以自定义数值调节钮的其他属性，如最大值、最小值及每次单击后的移动量。

讯飞星火已经详细介绍了在Excel插入和设置“数字调节钮”的方法，下面就在记账凭证表单中实际操作。具体步骤如下。

第1步 打开“素材文件\第5章\记账凭证1.xlsx”文件，❶单击【开发工具】选项卡，❷单击【控件】组中的【插入】下拉按钮，❸单击下拉列表【表单控件】选项组中的【数值调节钮】按钮“⊕”，如下图所示。

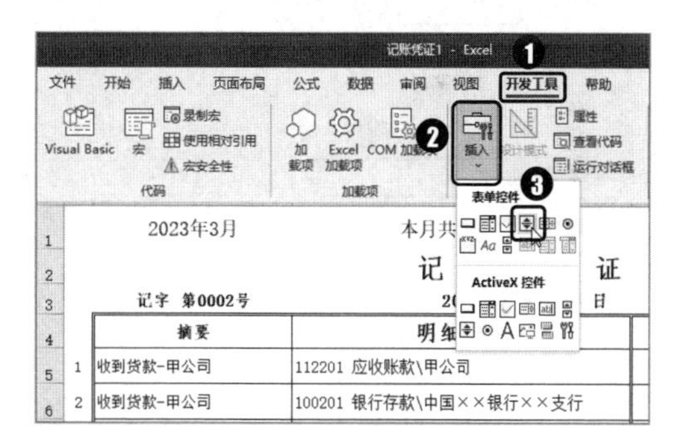

第2步 ❶鼠标指针变为十字形后，在B3单元格中凭证号码右侧绘制一个【数值调节钮】控件，❷右击控件，单击快捷菜单中的【设置控件格式】命令。如下图所示。

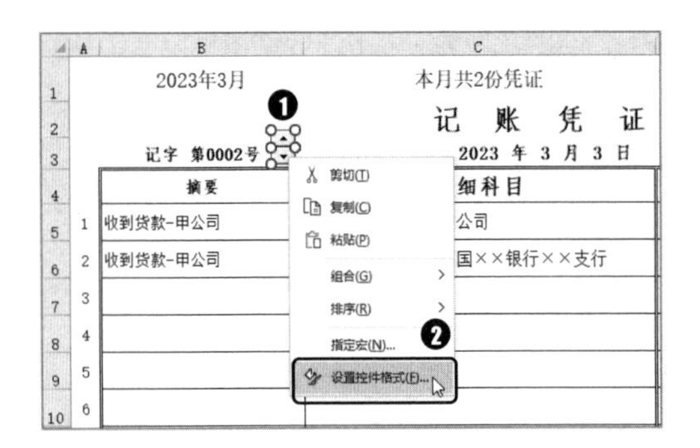

第3步 弹出【设置控件格式】对话框，❶在【当前值】文本框中输入数字“2”，❷在【最小值】文本框中输入数字“1”，❸在【单元格链接】文本框中输入绝对引用的单元格地址“$B$3”，❹其他默认设置不作更改，单击【确定】按钮关闭对话框。如下图所示。

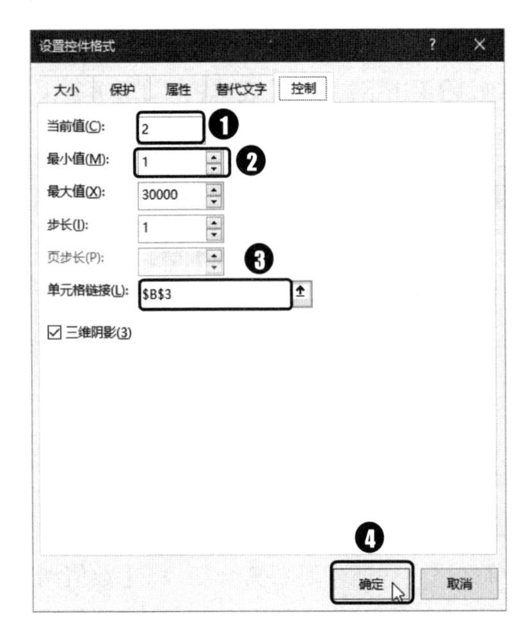

第4步 操作完成后，返回工作表，单击【数值调节钮】控件的上或下箭头即可快速切换凭证号码。

2023年3月　　本月共2份凭证

记　账　凭　证

记字 第0001号　　2023 年 3 月 2 日　　附件2张

	摘要	明细科目	借方金额	贷方金额
1	缴纳2月增值税及附加税	222102 应交税费\未交增值税	11,330.02	
2	缴纳2月城建税	222107 应交税费\城建税	396.55	
3	缴纳2月教育费附加费	222108 应交税费\教育费附加	169.95	
4	缴纳2月地方教育费附加费	222109 应交税费\地方教育费附加	113.30	
5	缴纳2月印花税	222113 应交税费\印花税	186.52	
6	缴纳2月税金	100201 银行存款\中国××银行××支行		12,196.34
	合计	-	12,196.34	12,196.34

会计主管　　记账　　稽核　　填制

02 设置记账凭证表单打印区域

记账凭证打印模板制作完成后，将记账凭证打印模板表单主区域单独设置为打印区域，在打印纸质记账凭证时即可仅打印出表单区域，不会将辅助区域打印出来。具体如何操作，就让AI工具“文心一言”来告诉我们。

提问： Excel如何设置打印区域？

文心一言

设置Excel打印区域的具体步骤如下。

（1）打开需要打印的表格，选中需要打印的数据区域。

（2）单击菜单栏中的【页面布局】，在【页面布局】中单击【打印区域】。

（3）在弹出的菜单中单击【设置打印区域】。

（4）这时可以看到被设置为打印区域的边框变成了虚线，说明打印区域就设置好了。

（5）单击【打印预览】，在预览页面中只显示“打印区域”中的数据。

下面参考上述方法，将记账凭证表单的主体区域设置为打印区域。

第1步 ❶选中B2:E12单元格区域，❷单击【页面布局】选项卡，❸单击【页面布局】组中的【打印区域】下拉按钮，❹单击下拉列表中的【设置打印区域】命令。如下图所示。

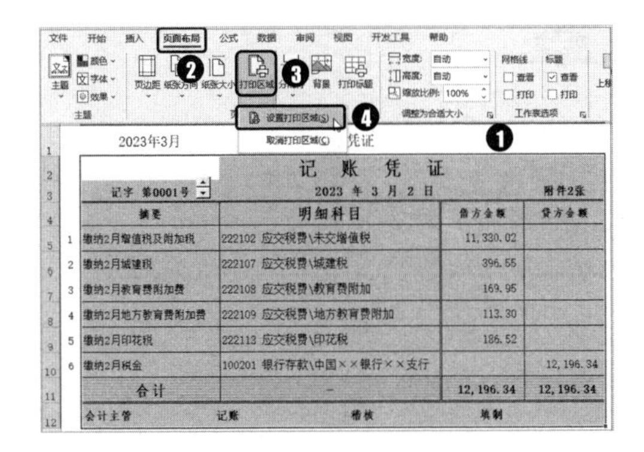

第2步 操作完成后，返回工作表，即可看到打印区域设置效果。如下图所示。

2023年3月　　本月共2份凭证

记　账　凭　证

记字 第0001号　　2023 年 3 月 2 日　　附件2张

	摘要	明细科目	借方金额	贷方金额
1	缴纳2月增值税及附加税	222102 应交税费\未交增值税	11,330.02	
2	缴纳2月城建税	222107 应交税费\城建税	396.55	
3	缴纳2月教育费附加费	222108 应交税费\教育费附加	169.95	
4	缴纳2月地方教育费附加费	222109 应交税费\地方教育费附加	113.30	
5	缴纳2月印花税	222113 应交税费\印花税	186.52	
6	缴纳2月税金	100201 银行存款\中国××银行××支行		12,196.34
	合计	-	12,196.34	12,196.34

会计主管　　记账　　稽核　　填制

示例结果见“结果文件\第5章\记账凭证1.xlsx”文件。

Excel

第6章

实战：制作固定资产管理表单

本章导读

固定资产是使用时间超过12个月的，企业为生产产品、提供劳务、出租或经营管理而持有的，且价值达到一定标准的非货币性资产。它包括房屋、建筑物、机器、机械、运输工具，以及其他与生产经营活动有关的设备、器具、工具等。实际工作中，固定资产所包含的信息量较大，而且其价值会随着企业生产经营活动，以折旧的方式逐渐转移到经营成本或费用当中。因此，如何管理好每一项固定资产的数据，并准确核算固定资产的折旧额对于财务人员来说是一件相当烦琐的工作。本章将先通过讯飞星火、ChatGPT和文心一言等AI工具让财务人员了解设计固定资产管理表单的方法和思路，再具体讲解如何综合使用Excel设计制作规范的固定资产管理表单，帮助财务人员将这项工作化繁为简，轻松高效地完成工作目标。

6.1 固定资产登记表单

企业购置固定资产后，财务人员的第一项工作就是将固定资产入账登记。固定资产的原始数据记录非常重要，数据是否完善、准确，将直接影响后期折旧、期间费用及相关财务数据的准确性。因此，财务人员在对固定资产进行入账登记时，应当记录和管理好每项资产的相关信息，为后续计算和管理提供可靠的依据。下面先由AI工具“ChatGPT”为我们设计固定资产入账登记表单提供一个思路。

提问： 固定资产入账登记时，需要记录哪些信息？请给出一个入账登记表单的设计思路。

ChatGPT

固定资产入账登记时，需要记录以下信息。

（1）资产名称：记录固定资产的名称或描述。

（2）资产编号：给固定资产分配的唯一编号，用于标识和跟踪资产。

（3）资产类别：将固定资产归类到相应的类别，如办公设备、机械设备等。

（4）规格型号：记录固定资产的规格和型号。

（5）购置日期：记录固定资产购置的日期。

（6）购置金额：记录固定资产的购置金额。

（7）使用部门：记录固定资产所属的使用部门。

（8）存放地点：记录固定资产的存放地点。

（9）使用状态：记录固定资产的使用状态，如在用、闲置、报废等。

（10）使用人员：记录固定资产的使用人员。

（11）折旧方式：记录固定资产的折旧方式，如直线法、加速折旧法等。

（12）预计使用年限：记录固定资产的预计使用年限。

（13）预计残值率：记录固定资产的预计残值率。

（14）经办人：记录进行资产入账登记的经办人。

（15）备注：可选项，用于记录其他相关信息。

入账登记表单的设计思路可以按照上述信息进行列设计，每个信息对应一列，每条固定资产对应一行，以便于记录和查询。可以使用电子表格软件如Excel或Google Sheets进行设计，或者使用数据库进行设计，根据实际情况选择合适的方式。

ChatGPT为我们列出了比较全面的固定资产入账登记信息清单，本节将参考以上信息，并结合财会实务，制作固定资产登记表单，用于登记和管理固定资产原始数据。

6.1.1 表单基本框架和原始数据

固定资产入账时，需要记录的信息至少包括名称、规格型号、发票号码、入账日期、原值等。同时还应在表单中设置相关信息，如用途、使用部门、预计使用年限、预计净残值、折旧方法、折旧期数、折旧期间等。其中，部分信息需要手动填入，其他信息可运用函数设置公式自动计算。

打开“素材文件\第6章\固定资产登记表单.xlsx”文件，如下图所示。本例以“超级表”为表单框架，已预先设置好字段名称，同时填入部分原始信息。其中，【用途】【使用部门】和【折旧方法】字段通过“下拉列表”方式进行填列。其他字段将设置函数公式自动计算。

固定资产

序号	固定资产编号	资产名称	规格型号	发票号码	入账日期	用途	使用部门
		××生产设备01	HT0102	00123456	2023-3-18	自用	行政部
		××生产设备02	HT0103	19362508	2023-3-25	自用	
		××办公设备01	HT0105	00987654	2023-4-15	出租	
		××办公设备02	HT0108	00234561	2023-6-25	自用	
		××生产设备03	HT0109	11267532	2023-11-8	出租	-
		××汽车	HT2015	66630582	2023-12-20	自用	物流部

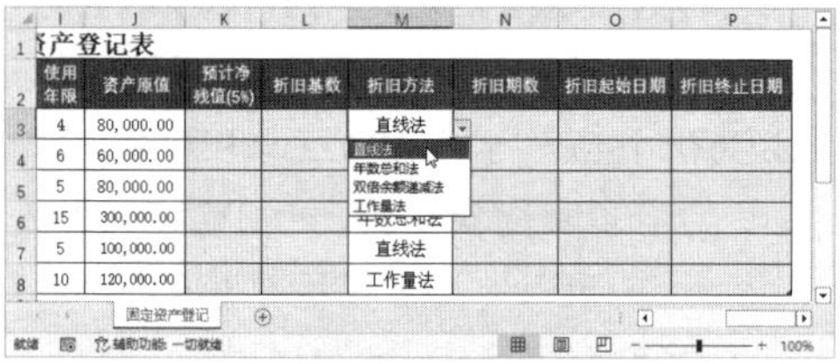

生产部
行政部
销售部
财务部
物流部

产登记表

使用年限	资产原值	预计净残值(5%)	折旧基数	折旧方法	折旧期数	折旧起始日期	折旧终止日期
4	80,000.00			直线法			
6	60,000.00						
5	80,000.00						
15	300,000.00						
5	100,000.00			直线法			
10	120,000.00			工作量法			

直线法
年数总和法
双倍余额递减法
工作量法

6.1.2 固定资产自动编号

按照购置日期顺序为每一项固定资产编排号码，可方便后续管理和查询固定资产。下面运用IF、COUNTA函数组合TEXT函数即可实现固定资产自动编号。操作方法如下。

第1步 ❶在A3单元格中设置公式“=IF(C3="", "-",COUNTA(C$3:C3))”，运用IF函数判断C3单元格中的“资产名称”为空时，即返回符号“-”，否则运用COUNTA函数统计C:C单元格区域中，文本格式单元格的数量，即是固定资产登记的“序号”，❷在B3单元格中设置公式“=IF(A3="-", "-","GDZC"&TEXT(A3,"000"))”，运用IF函数判断A3单元格中内容为符号“-”时，也返回符号“-”，否则运用TEXT函数将A3单元格中的数字转换为3位编码，并与字符“GDZC”组合，构成固定资产的编号。如下图所示（编辑栏中显示B3单元格公式）。

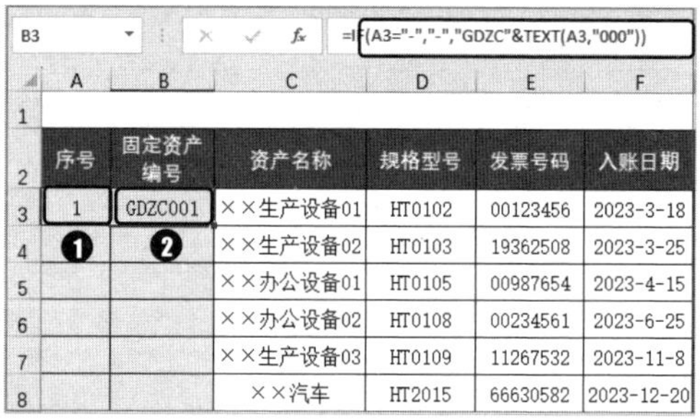

B3 =IF(A3="-","-","GDZC"&TEXT(A3,"000"))

序号	固定资产编号	资产名称	规格型号	发票号码	入账日期
1	GDZC001	××生产设备01	HT0102	00123456	2023-3-18
❶	❷	××生产设备02	HT0103	19362508	2023-3-25
		××办公设备01	HT0105	00987654	2023-4-15
		××办公设备02	HT0108	00234561	2023-6-25
		××生产设备03	HT0109	11267532	2023-11-8
		××汽车	HT2015	66630582	2023-12-20

第2步 将A3:B3单元格公式复制粘贴至A4:B8单元格区域中，即可自动生成其他固定资产编号。如下图所示。

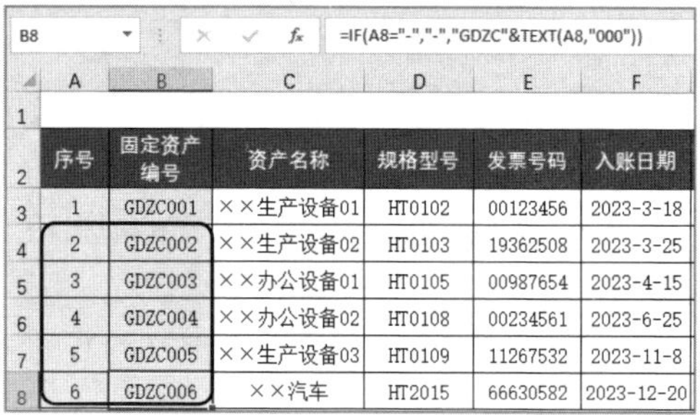

B8 =IF(A8="-","-","GDZC"&TEXT(A8,"000"))

序号	固定资产编号	资产名称	规格型号	发票号码	入账日期
1	GDZC001	××生产设备01	HT0102	00123456	2023-3-18
2	GDZC002	××生产设备02	HT0103	19362508	2023-3-25
3	GDZC003	××办公设备01	HT0105	00987654	2023-4-15
4	GDZC004	××办公设备02	HT0108	00234561	2023-6-25
5	GDZC005	××生产设备03	HT0109	11267532	2023-11-8
6	GDZC006	××汽车	HT2015	66630582	2023-12-20

6.1.3 计算预计净残值和折旧基数

固定资产的预计净残值通常按照固定资产原值的5%计算，那么固定资产的折旧基数即是其原值和预计净残值之间的差额。这两项数据的计算公式都非常简单，只需按照算术方法设置即可，再嵌套ROUND函数可使计算结果更精确。操作方法如下。

第1步 ❶在K3单元格中设置公式“=ROUND (J3*0.05,2)”，计算预计净残值，❷在L3单元格中设置公式“=ROUND (J3-K3,2)”，计算折旧基数。如下图所示（编辑栏中显示L3单元格公式）。

L3　=ROUND(J3-K3,2)

	H	I	J	K	L	M
1	固定资产登记表					
2	使用部门	使用年限	资产原值	预计净残值(5%)	折旧基数	折旧方法
3	行政部	4	80, 000. 00	4, 000. 00	76, 000. 00	直线法
4	销售部	6	60, 000. 00	❶	❷	双倍余额递减法
5	-	5	80, 000. 00			直线法
6	生产部	15	300, 000. 00			年数总和法
7	-	5	100, 000. 00			直线法
8	物流部	10	120, 000. 00			工作量法

第2步 将K3:L3单元格中公式复制粘贴至K4:L8单元格区域即可计算其他固定资产的预计净残值和折旧基数。如下图所示。

L8　=ROUND(J8-K8,2)

	H	I	J	K	L	M
1	固定资产登记表					
2	使用部门	使用年限	资产原值	预计净残值(5%)	折旧基数	折旧方法
3	行政部	4	80, 000. 00	4, 000. 00	76, 000. 00	直线法
4	销售部	6	60, 000. 00	3, 000. 00	57, 000. 00	双倍余额递减法
5	-	5	80, 000. 00	4, 000. 00	76, 000. 00	直线法
6	生产部	15	300, 000. 00	15, 000. 00	285, 000. 00	年数总和法
7	-	5	100, 000. 00	5, 000. 00	95, 000. 00	直线法
8	物流部	10	120, 000. 00	6, 000. 00	114, 000. 00	工作量法

6.1.4 计算折旧期数和“直线法”每期折旧额

固定资产折旧期数的计算也非常简单，用使用年限×12即可。同时，如果固定资产采用“直线法”折旧，那么每期的折旧额完全相同，因此可在登记表单中直接计算折旧额。操作方法如下。

❶在N3单元格中设置公式“=IF(M3="直线法",I3*12&"期/"&ROUND(L3/(I3*12),2)&"元",I3*12)”，运用IF函数判断M3单元格中内容为“直线法”时，即用I3单元格中的使用年限乘以12，并与文本“期/”以及用L3单元格中的折旧基数除以期数组合，即可得到折旧期数和每期折旧额，❷将N3单元格公式复制粘贴至N4:N8单元格区域中，即可计算得到其他固定资产的折旧期数和直线法的每期折旧额。如下图所示（编辑栏中显示N3单元格公式）。

N3　=IF(M3="直线法",I3*12&"期/"&ROUND(L3/(I3*12),2)&"元",I3*12)

	I	J	K	L	M	N
1	资产登记表					
2	使用年限	资产原值	预计净残值(5%)	折旧基数	折旧方法	折旧期数
3	4	80, 000. 00	4, 000. 00	76, 000. 00	直线法❶	48期/1583. 33元
4	6	60, 000. 00	3, 000. 00	57, 000. 00	双倍余额递减法	72期
5	5	80, 000. 00	4, 000. 00	76, 000. 00	直线法	60期/1266. 67元
6	15	300, 000. 00	15, 000. 00	285, 000. 00	年数总和法❷	180期
7	5	100, 000. 00	5, 000. 00	95, 000. 00	直线法	60期/1583. 33元
8	10	120, 000. 00	6, 000. 00	114, 000. 00	工作量法	120期

6.1.5 计算折旧起始日期和终止日期

根据相关规定，固定资产折旧的起始日期为入账日期所在月份的次月1日，折旧终止日期即折旧期满当月的最末1日。本例主要运用日期函数DATE、YEAR、MONTH和EDATE函数设置公式。操作方法如下。

第1步 在O3单元格中设置公式“=IF(C3="-","-",DATE(YEAR (F3), MONTH(F3)+1,1))”,运用IF函数判断C3单元格中内容为符号“-”时，即返回符号“-”，否则运用YEAR和MONTH函数将F3单元格中的日期分解为年数和月数，同时，再用DATE函数将分解后的年数、月数加1后的数字，以及数字“1”组合成新的日期，即可计算得到固定资产折旧的起始日期。如下图所示。

O3 =IF(C3="-","-",DATE(YEAR(F3),MONTH(F3)+1,1))

	E	F	N	O	P
1					
2	发票号码	入账日期	折旧期数	折旧起始日期	折旧终止日期
3	00123456	2023-3-18	48期/1583.33元	2023-4-1	
4	19362508	2023-3-25	72期		
5	00987654	2023-4-15	60期/1266.67元		
6	00234561	2023-6-25	180期		
7	11267532	2023-11-8	60期/1583.33元		
8	66630582	2023-12-20	120期		

第2步 在P3单元格中设置公式“=IF(C3="-","-",EDATE(O3,I3*12)-1)”，运用IF函数判断C3单元格中内容为符号“-”时，即返回符号“-”，否则运用EDATE函数计算距离O3单元格中的起始日期后的*n*个月，即(I3*12)-1后的最末1日，即折旧终止日期。如下图所示。

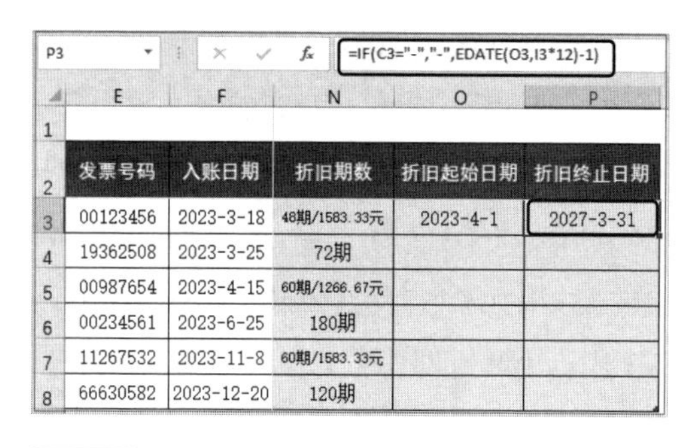

P3 =IF(C3="-","-",EDATE(O3,I3*12)-1)

	E	F	N	O	P
1					
2	发票号码	入账日期	折旧期数	折旧起始日期	折旧终止日期
3	00123456	2023-3-18	48期/1583.33元	2023-4-1	2027-3-31
4	19362508	2023-3-25	72期		
5	00987654	2023-4-15	60期/1266.67元		
6	00234561	2023-6-25	180期		
7	11267532	2023-11-8	60期/1583.33元		
8	66630582	2023-12-20	120期		

第3步 将O3:P3单元格区域公式复制粘贴至O4:P8单元格区域中，即可计算得到其他固定资产的折旧起始日期和终止日期。如下图所示。

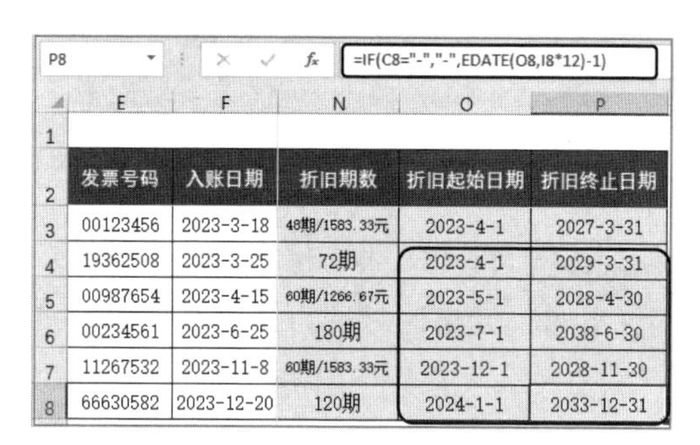

P8 =IF(C8="-","-",EDATE(O8,I8*12)-1)

	E	F	N	O	P
1					
2	发票号码	入账日期	折旧期数	折旧起始日期	折旧终止日期
3	00123456	2023-3-18	48期/1583.33元	2023-4-1	2027-3-31
4	19362508	2023-3-25	72期	2023-4-1	2029-3-31
5	00987654	2023-4-15	60期/1266.67元	2023-5-1	2028-4-30
6	00234561	2023-6-25	180期	2023-7-1	2038-6-30
7	11267532	2023-11-8	60期/1583.33元	2023-12-1	2028-11-30
8	66630582	2023-12-20	120期	2024-1-1	2033-12-31

本节示例结果见“结果文件\第6章\固定资产登记表单.xlsx”文件。

6.2 固定资产卡片

固定资产卡片是指以“卡片”形式记录固定资产原始信息的一种固定资产明细账簿。下面让AI工具“ChatGPT”来解释固定资产卡片的概念，并提示在Excel中制作固定资产卡片的方法。

提问: 固定资产卡片是什么？如何在Excel中制作固定资产卡片？

ChatGPT

固定资产卡片是一种用于记录和管理企

业固定资产信息的表格或文件，通常包括资产编号、名称、规格、数量、购置日期、原值、累计折旧、净值等信息。

在Excel中制作固定资产卡片可以按照以下步骤进行。

（1）打开Excel，创建一个新的工作表。

（2）在第一行创建固定资产卡片的表头，包括资产编号、名称、规格、购置日期、原值、累计折旧、净值等。

（3）按照需要，可以在表头下方创建筛选行，方便筛选和排序。

（4）逐行输入每个固定资产的信息，填写对应的资产编号、名称、规格、购置日期、原值等信息。

（5）在累计折旧栏中，可以使用Excel的公式功能计算累计折旧。例如，如果第一行的原值为1000，折旧率为10%，则在累计折旧栏中输入公式“=原值*折旧率”。

（6）在净值栏中，使用公式“=原值-累计折旧”计算资产的净值。

可以使用Excel的格式化功能美化固定资产卡片，如设置表头的字体颜色、背景色，调整列宽等。

根据需要，可以在工作表的其他位置创建汇总统计，如计算固定资产总数、总原值、总累计折旧等。

最后，保存Excel文件，可以随时打开和编辑固定资产卡片。

通过以上步骤，您可以在Excel中制作固定资产卡片，方便地记录和管理企业的固定资产信息。

从以上回复可知，固定资产卡片的实质就是一种单独记录每一项企业固定资产信息的表格。本小节将参考以上提示，制作动态的固定资产卡片，将固定资产登记表单中的信息通过查询的方式，把相关信息引用到卡片当中，即可直接打印出纸质卡片。

6.2.1 创建名称、下拉列表和动态标题

固定资产卡片的制作思路是通过固定资产信息中的一个关键字查找引用其他相关信息。这个关键字就是固定资产的名称。本小节先定义名称并创建以这个名称作为序列来源的下拉列表，再设置固定资产卡片的动态标题。

打开“素材文件\第6章\固定资产卡片.xlsx”文件，如下图所示。“固定资产卡片”工作表中，已预先绘制固定资产卡片的表单框架。“折旧情况”表中的数据是动态变化的，因此可仅用于查看，不作打印。

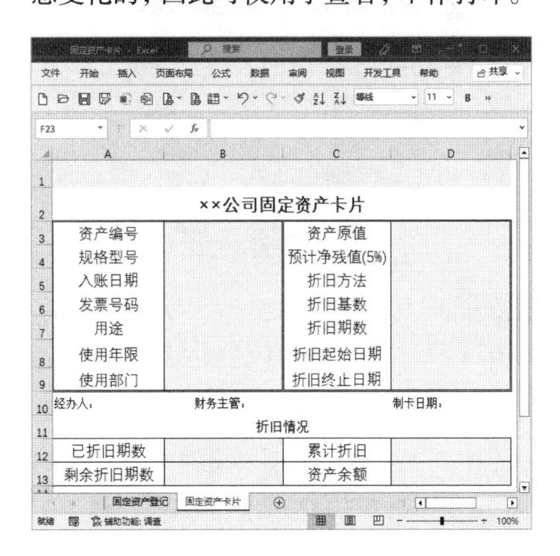

下面创建名称，并在“固定资产卡片”工作表A1单元格中设置下拉列表。操作方法如下。

第1步 ❶选中“固定资产登记”工作表中C2:C8单元格区域，❷单击【公式】选项卡，❸单击【定义的名称】组中的【根据所选内容创建】按钮。如下图所示。

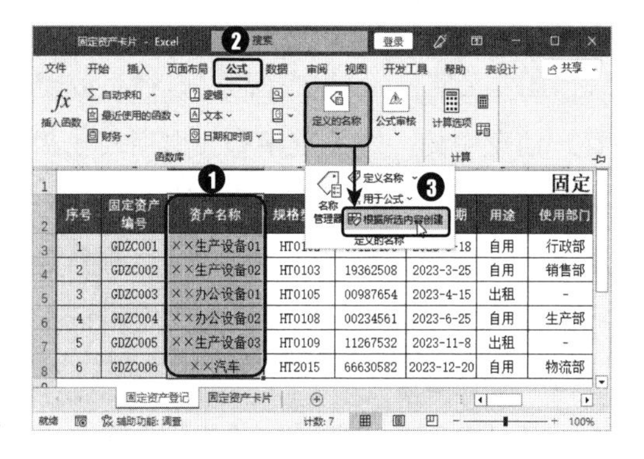

第2步 弹出【根据所选内容创建名称】，系统默认勾选【首行】复选框创建名称，这里直接单击【确定】按钮即可，如下图所示。

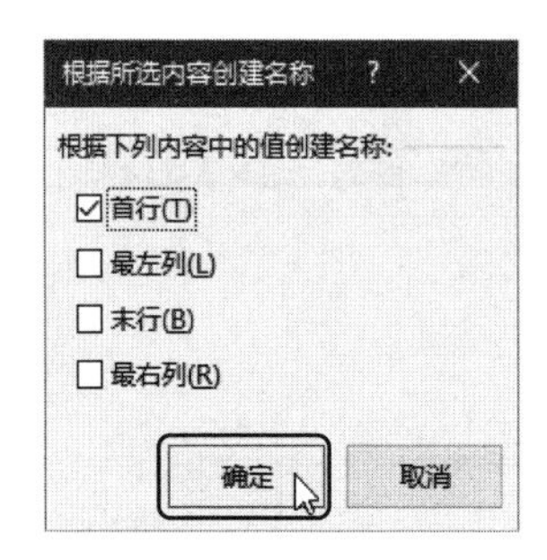

第3步 切换至“固定资产卡片”工作表，选中A1单元格后打开【数据验证】对话框，❶在【设置】选项卡【允许】下拉列表中选择【序列】选项，❷在【来源】文本框中输入“=资产名称”，❸单击【确定】按钮关闭对话框。如下图所示。

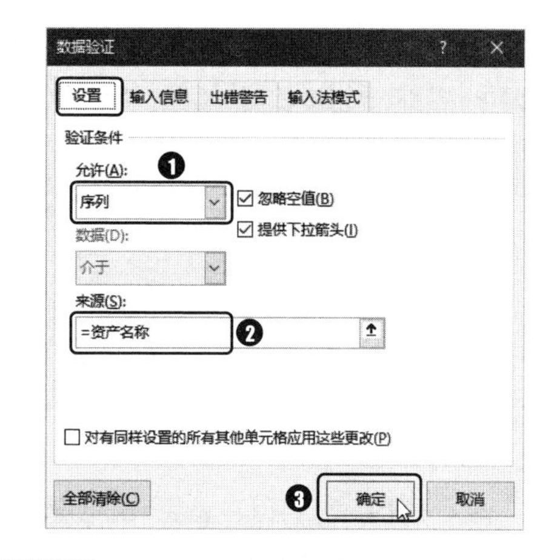

第4步 返回工作表，❶在A1单元格下拉列表中选择一项固定资产名称，❷在A2单元格中设置公式“="××公司固定资产卡片"&IF(A1="","","—"&A1)”，运用IF函数判断A1单元格中内容为空时，返回空值，否则返回字符“—”与A1单元格中内容的组合，再与文本“××公司固定资产卡片”组合，即可构成固定资产卡片的标题。如下图所示。

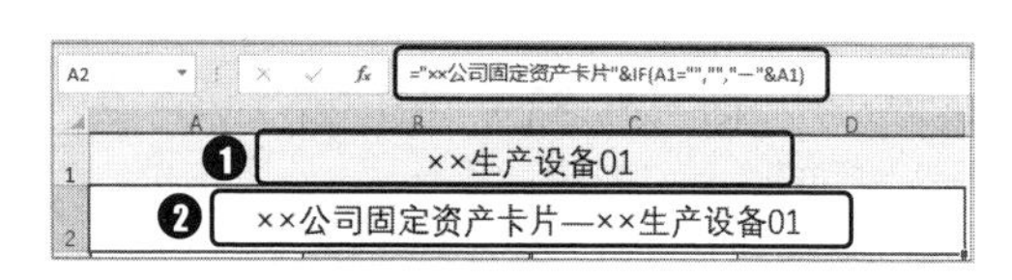

6.2.2 引用固定资产信息

下面运用XLOOKUP、VLOOKUP+MATCH函数组合，根据A1单元格中的资产名称查询引用“固定资产登记”工作表中的固定资产信息。操作方法如下。

第1步 在B3单元格中设置公式“=IF(A1="","-",XLOOKUP($A$1,固定资产登记!$C:$C,固定资产登记!B:B,"-",0))”，运用IF函

数判断A1单元格中内容为空时，即返回空值，否则运用XLOOKUP函数根据A1单元格中的资产名称在“固定资产登记”工作表C列中查找与之相同的内容，并返回B列中与之匹配的资产编号。如下图所示。

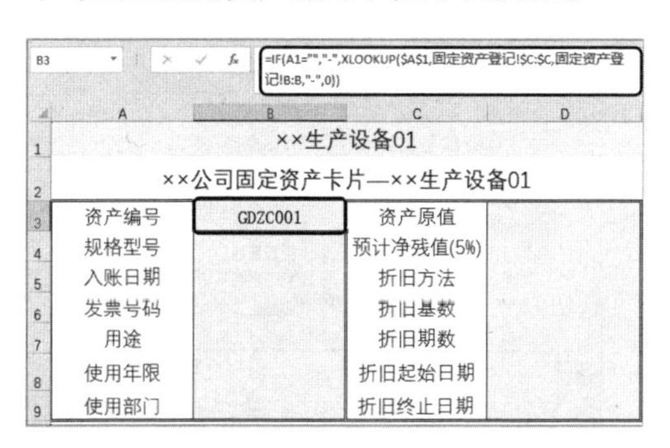

B3 =IF(A1="","-",XLOOKUP($A$1,固定资产登记!$C:$C,固定资产登记!$B:$B,"-",0))

	A	B	C	D
1	××生产设备01			
2	××公司固定资产卡片—××生产设备01			
3	资产编号	GDZC001	资产原值	
4	规格型号		预计净残值(5%)	
5	入账日期		折旧方法	
6	发票号码		折旧基数	
7	用途		折旧期数	
8	使用年限		折旧起始日期	
9	使用部门		折旧终止日期	

第2步 在B4单元格中设置公式“=IFERROR(VLOOKUP($A$1,固定资产登记!$C:$P,MATCH(A4,固定资产登记!$2:$2,0)-2,0),"-")”，运用VLOOKUP函数根据A1单元格中的资产名称在“固定资产登记”工作表中的C:P区域中查找与之相同的内容，并返回与之匹配的*n*列中的数据。其中，第3个参数（列数）运用MATCH函数定位A4单元格中的内容在“固定资产登记”工作表的第2行中的列数，减2的作用是减掉A列和B列所占用的2列。如下图所示。

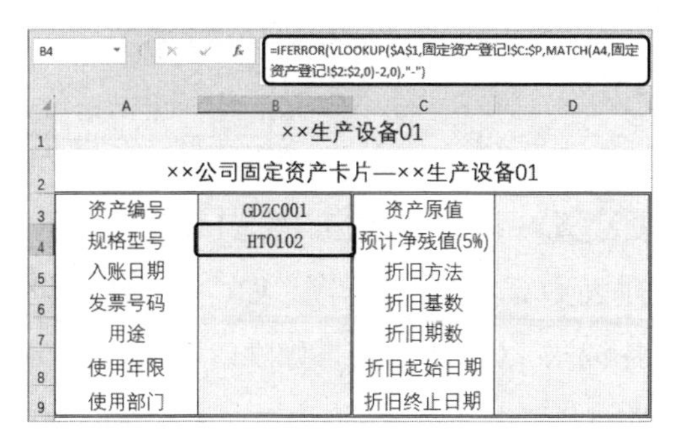

B4 =IFERROR(VLOOKUP($A$1,固定资产登记!$C:$P,MATCH(A4,固定资产登记!$2:$2,0)-2,0),"-")

	A	B	C	D
1	××生产设备01			
2	××公司固定资产卡片—××生产设备01			
3	资产编号	GDZC001	资产原值	
4	规格型号	HT0102	预计净残值(5%)	
5	入账日期		折旧方法	
6	发票号码		折旧基数	
7	用途		折旧期数	
8	使用年限		折旧起始日期	
9	使用部门		折旧终止日期	

第3步 将B4单元格公式复制粘贴至B5:B9和D3:D9单元格区域中，即可引用其他信息。如下图所示。

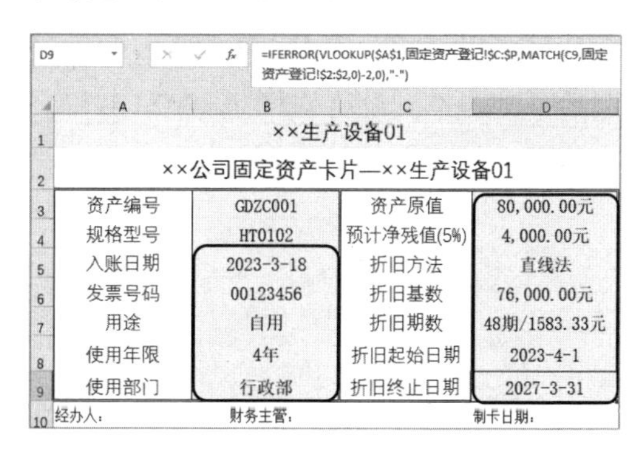

D9 =IFERROR(VLOOKUP($A$1,固定资产登记!$C:$P,MATCH(C9,固定资产登记!$2:$2,0)-2,0),"-")

	A	B	C	D
1	××生产设备01			
2	××公司固定资产卡片—××生产设备01			
3	资产编号	GDZC001	资产原值	80,000.00元
4	规格型号	HT0102	预计净残值(5%)	4,000.00元
5	入账日期	2023-3-18	折旧方法	直线法
6	发票号码	00123456	折旧基数	76,000.00元
7	用途	自用	折旧期数	48期/1583.33元
8	使用年限	4年	折旧起始日期	2023-4-1
9	使用部门	行政部	折旧终止日期	2027-3-31
10	经办人：	财务主管：		制卡日期：

温馨提示

本例B3单元格中公式中未使用VLOOKUP函数引用资产编号，目的是简化公式，因为“固定资产登记”工作表中，【资产编号】是唯一一个在【资产名称】字段左侧的字段，如果使用VLOOKUP函数查找引用，则需要嵌套“IF{1,0}”函数表达式进行逆向查找，公式内容过长。所以在B3单元格中单独运用XLOOKUP函数查找引用。

6.2.3 计算当前折旧数据

当前折旧数据包括已折旧期数、剩余折旧期数、累计折旧、资产余额等数据，需要根据当前日期计算。需要注意的是，本例中“累计折旧”和“资产余额”数据同样是对“直线法”下的折旧额进行计算，而“双倍余额递减法”“年数总和法”和“工作量法”这3种折旧方法的每期折旧额都有所不同，因此需要另外制表计算。

本例设定当前日期为2023年12月25

日，计算当前折旧数据。操作方法如下。

第1步 在B12单元格中设置公式“=IFERROR(DATEDIF(D8,"2023-12-25","M"),"-")”，运用DATEDIF函数计算D8单元格中的折旧起始日期与本例设定的日期“2023-12-25”之间的间隔月数。如下图所示。

B12 =IFERROR(DATEDIF(D8,"2023-12-25","M"),"-")

	A	B	C	D
1	××生产设备01			
2	××公司固定资产卡片—××生产设备01			
3	资产编号	GDZC001	资产原值	80,000.00元
4	规格型号	HT0102	预计净残值(5%)	4,000.00元
5	入账日期	2023-3-18	折旧方法	直线法
6	发票号码	00123456	折旧基数	76,000.00元
7	用途	自用	折旧期数	48期/1583.33元
8	使用年限	4年	折旧起始日期	2023-4-1
9	使用部门	行政部	折旧终止日期	2027-3-31
10	经办人：	财务主管：		制卡日期：
11	折旧情况			
12	已折旧期数	8期	累计折旧	
13	剩余折旧期数		资产余额	

第2步 在B13单元格中设置公式“=IFERROR(B8*12-B12,"-")”，用B8单元格中的使用年限乘以12，再减B12单元格中的已折旧期数，即可得到剩余折旧期数。如下图所示。

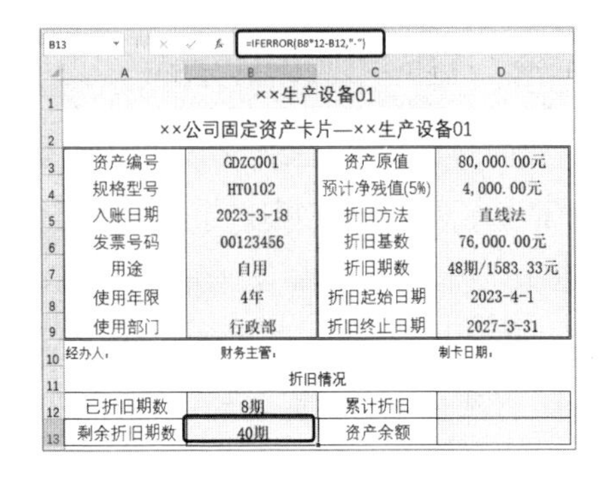

B13 =IFERROR(B8*12-B12,"-")

	A	B	C	D
1	××生产设备01			
2	××公司固定资产卡片—××生产设备01			
3	资产编号	GDZC001	资产原值	80,000.00元
4	规格型号	HT0102	预计净残值(5%)	4,000.00元
5	入账日期	2023-3-18	折旧方法	直线法
6	发票号码	00123456	折旧基数	76,000.00元
7	用途	自用	折旧期数	48期/1583.33元
8	使用年限	4年	折旧起始日期	2023-4-1
9	使用部门	行政部	折旧终止日期	2027-3-31
10	经办人：	财务主管：		制卡日期：
11	折旧情况			
12	已折旧期数	8期	累计折旧	
13	剩余折旧期数	40期	资产余额	

第3步 在D12单元格中设置公式“=IF(D$5="直线法",D6/(B8*12)*B12,0)”，运用IF函数判断D5单元格中的折旧方法为“直线法”时，用D6单元格中的折旧基数除以总期数（B8*12）计算出每期折旧额，再乘以B12单元格中的已折旧期数，即可得到累计折旧额。如果D5单元格中的折旧方法不为“直线法”，则返回数字“0”。如下图所示。

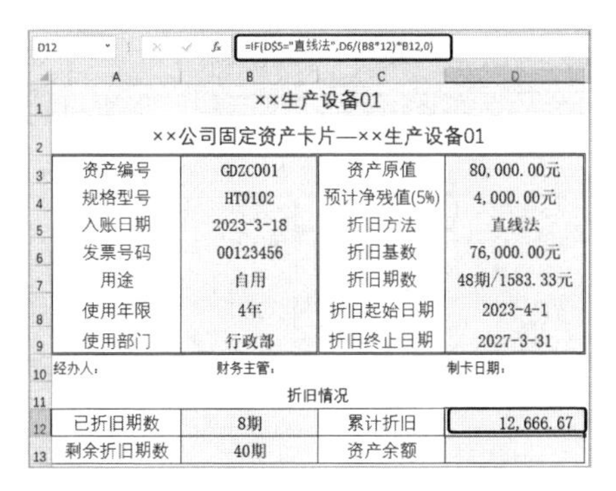

D12 =IF(D$5="直线法",D6/(B8*12)*B12,0)

	A	B	C	D
1	××生产设备01			
2	××公司固定资产卡片—××生产设备01			
3	资产编号	GDZC001	资产原值	80,000.00元
4	规格型号	HT0102	预计净残值(5%)	4,000.00元
5	入账日期	2023-3-18	折旧方法	直线法
6	发票号码	00123456	折旧基数	76,000.00元
7	用途	自用	折旧期数	48期/1583.33元
8	使用年限	4年	折旧起始日期	2023-4-1
9	使用部门	行政部	折旧终止日期	2027-3-31
10	经办人：	财务主管：		制卡日期：
11	折旧情况			
12	已折旧期数	8期	累计折旧	12,666.67
13	剩余折旧期数	40期	资产余额	

第4步 在D13单元格中设置公式“=IF(D12=0,0,D3-D12)”，运用IF函数判断D12单格中数字为0时，即返回0，否则用D3单元格中的资产原值减D12单元格中的累计折旧，即可得到资产余额。如下图所示。

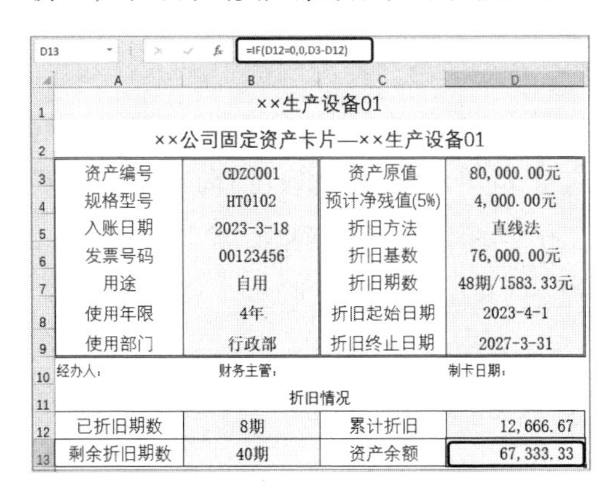

D13 =IF(D12=0,0,D3-D12)

	A	B	C	D
1	××生产设备01			
2	××公司固定资产卡片—××生产设备01			
3	资产编号	GDZC001	资产原值	80,000.00元
4	规格型号	HT0102	预计净残值(5%)	4,000.00元
5	入账日期	2023-3-18	折旧方法	直线法
6	发票号码	00123456	折旧基数	76,000.00元
7	用途	自用	折旧期数	48期/1583.33元
8	使用年限	4年	折旧起始日期	2023-4-1
9	使用部门	行政部	折旧终止日期	2027-3-31
10	经办人：	财务主管：		制卡日期：
11	折旧情况			
12	已折旧期数	8期	累计折旧	12,666.67
13	剩余折旧期数	40期	资产余额	67,333.33

第5步 操作完成后，在A1单元格下拉列表中选择其他选项，如“××办公设备02”，以测试公式正确性。效果如下图所示。

××办公设备02			
××公司固定资产卡片—××办公设备02			
资产编号	GDZC004	资产原值	300,000.00元
规格型号	HT0108	预计净残值(5%)	15,000.00元
入账日期	2023-6-25	折旧方法	年数总和法
发票号码	00234561	折旧基数	285,000.00元
用途	自用	折旧期数	180期
使用年限	15年	折旧起始日期	2023-7-1
使用部门	生产部	折旧终止日期	2038-6-30
经办人：	财务主管：		制卡日期：
折旧情况			
已折旧期数	5期	累计折旧	-
剩余折旧期数	175期	资产余额	-

本节示例结果见“结果文件\第6章\固定资产卡片.xlsx”文件。

温馨提示●

实际工作中运用DATEDIF函数计算日期间隔时，将其中第2个参数设置为“TODAY()”即可。同时，DATEDIF函数的第3个参数除可设定“M”（月）外，还可以设定为“Y”或“D”，分别代表两个日期之间间隔的年数或天数。

6.3 固定资产折旧计算表

财务人员在固定资产入账时做好原始信息登记后，还需要预先对固定资产的折旧额进行计算。下面先让AI工具“讯飞星火”为我们讲解固定资产折旧方法及计算折旧额的相关知识。

提问：固定资产有哪几种折旧方法？每种方法如何计算折旧额？

讯飞星火

固定资产折旧方法主要有四种，分别是年限平均法（也称直线法）、工作量法、双倍余额递减法和年数总和法。

（1）年限平均法：该方法将固定资产的预计使用年限分为若干期，每期的折旧额均等。具体的计算公式是：年折旧率=（1-预计净残值率）÷预计使用年限×100%，其中，预计净残值率指的是固定资产预计净残值占原价的比例。例如，如果一项价值为300万元的设备采用直线法计提折旧，并预计其使用年限为5年，预计净残值为0，那么该设备在第一年应计提的折旧额就是300万元除以5，即60万元。

（2）工作量法：这种方法以固定资产实际完成的工作量为依据来计算折旧额，每单位工作量折旧额相等。具体的计算公式是：每单位工作量折旧额=固定资产原值×（1－净残值率）/预计总工作量，而某项固定资产月折旧额=该项固定资产当月工作量×每单位工作量折旧额。

（3）双倍余额递减法：此方法是以每年年初固定资产净值（即固定资产原值减累计折旧）为基数计算折旧额的一种方法。其计算公式为：年折旧率＝2/预计使用年限×100%，年折旧额＝年初固定资产净值×年折旧率。

（4）年数总和法：此方法也称为年数合计法，是以固定资产原值减去预计净残值后的余额为基数，以逐年可使用年数为权重，计算各年应提折旧额的方法。其计算公式为：年折旧率＝（预计使用年限－已使用年限）/[预计使用年限×（预计使用年限＋1）

÷2]×100%，年折旧额=（固定资产原值-预计净残值）×年折旧率。

以上讯飞星火介绍的4种固定资产折旧方法及计算方法与会计准则一致。那么，如何在Excel中制作固定资产折旧计算表呢？虽然在6.1节和6.2节中已在固定资产登记表单和固定资产卡片中直接计算出直线法下的折旧额，但是其他折旧法下的每年或每期折旧额各不相同。再者，工作量法下的每期折旧额也不相同，所以固定资产登记表单和固定资产卡片中均无法完整体现每年折旧额。对此，本节将制作两张固定资产折旧计算表。其中，直线法、年数总和法及双倍余额递减法可在同一张通用折旧预算表中计算，并与固定资产卡片联动，即在查询固定资产原始信息的同时全自动计算折旧额。另外，由于工作量法的折旧额是根据每期实际工作量进行计算，所以将另制表格单独计算折旧额。

6.3.1 制作通用动态折旧计算表

通用动态折旧计算表的制作原理非常简单，运用IF函数判断固定资产卡片中返回的折旧方法，采用不同的折旧计算函数SLN、SYD与VDB即可实现。同时，以上函数所需要的参数也可设置公式自动生成。

打开“素材文件\第6章\固定资产折旧计算表.xlsx”文件，如下图所示。“固定资产卡片和折旧计算表”工作表中，折旧计算表绘制在固定资产卡片的右侧区域中，以便设置公式与其联动。

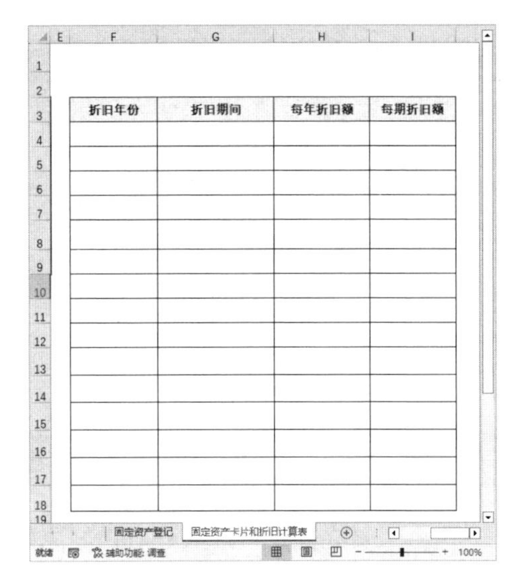

下面制作通用动态折旧计算表。

1. 制作动态标题

制作动态标题非常简单，只需引用固定资产卡片中的相关数据，再与固定文本组合或自定义单元格格式即可。操作方法如下。

第1步 在F1单元格中设置公式“="××公司固定资产折旧计算表—"&A1”，引用A1单元格中的资产名称，并与固定文本组合，即可构成表格标题。如下图所示。

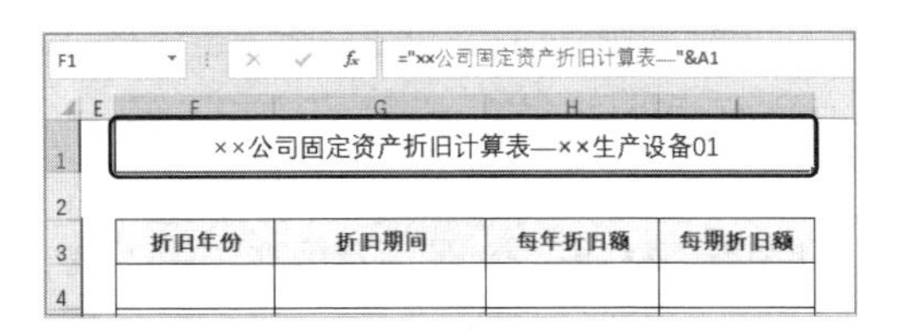

第2步 在F2单元格中设置公式“=B8”，引用B8单元格中的折旧年限，并将单元格

格式自定义为“"折旧年限:"0"年"”，构成表格副标题。效果如下图所示。

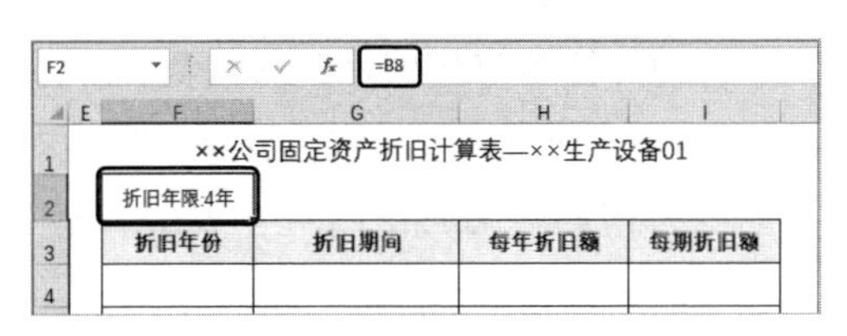

第3步 ❶在G2单元格设置公式“=D5”，引用D5单元格中的折旧方法，❷在H2单元格预先设置公式“=SUM(H4:H18)”，计算H4:H18单元格中每年折旧额的合计数，并将单元格格式自定义为“"合计:"#,##0.00”。如下图所示（编辑栏中显示H2单元格公式）。

2. 自动列示折旧年份

自动列示折旧年限的方法是：运用IF+ROW()函数组合设置公式，根据F2单元格中的折旧年限自动列示各固定资产的折旧年数。操作方法如下。

❶在F4单元格中设置公式“=IF(ROW()-ROW(F$3)<=$F$2, ROW()-ROW(F$3),"")”，并将单元格格式自定义为“"第"#"年"”，❷复制F4单元格公式并粘贴至F5:F18单元格区域中。如下图所示（编辑栏中显示F18单元格公式）。

F18　=IF(ROW()-ROW(F$3)<=$F$2,ROW()-ROW(F$3),"")

××公司固定资产折旧计算表—××生产设备01

折旧年限:4年　　直线法　　合计:0.00

折旧年份	折旧期间	每年折旧额	每期折旧额
第1年 ❶			
第2年			
第3年			
第4年			
❷			

F4单元格公式原理：运用IF函数判断“ROW()-ROW(F$3)”的值小于或等于F2单元格中的折旧年限时，即返回这个值，否则返回空值。

其中，表达式“ROW()”的作用是返回活动单元格的行数，计算结果为“4”，而表达式“ROW(F$3)”则返回固定的F3单元格所在的行数，计算结果为“3”。因此，表达式“ROW()-ROW(F$3)”的计算结果为“1”，小于F2单元格中的折旧年限，因此返回“1”。将公式复制粘贴至下方区域后即可依次计算出折旧年份。

3. 自动计算折旧期间

自动计算折旧期间的方法是：主要运用TEXT+EDATE函数设置公式，按照指定格式自动生成每年折旧的起止月份。具体操作方法如下。

❶ 在G4单元格中设置公式“=IF(F4="","",TEXT(EDATE($B$5,F4*12-11),"YYYY.MM")&"—"&TEXT(EDATE($B$5,F4*12), "YYYY.MM"))”，❷复制G4单元格公式并粘贴至G5: G18单元格区域。如下图所示（编辑栏中显示G4单元格公式）。

G4 =IF(F4="","",TEXT(EDATE($B$5,F4*12-11),"YYYY.MM")&"—"&TEXT(EDATE($B$5,F4*12),"YYYY.MM"))

××公司固定资产折旧计算表—××生产设备01

折旧年限:4年　直线法　合计:0.00

折旧年份	折旧期间	每年折旧额	每期折旧额
第1年	2023.04—2024.03		
第2年	2024.04—2025.03		
第3年	2025.04—2026.03		
第4年	2026.04—2027.03		

G4单元格公式原理如下。

（1）运用IF函数判断F4单元格为空时，即返回空值，否则返回TEXT+EDATE函数表达式与符号“—”组合后的值。

（2）表达式“TEXT(EDATE($B$5,F4*12-11), "YYYY.MM")”：先运用EDATE函数计算B5单元格中固定资产的入账日期间隔1月（“F4*12-11”）后的月份数，再运用TEXT函数将其格式转换为“YYYY.MM”格式，即可生成折旧当年的起始月份。

（3）表达式“TEXT(EDATE($B$5,F4*12)”：原理与第（2）条相同，可生成折旧当年的截止月份。

4. 自动计算折旧额

自动计算每年折旧额的方法是：根据G2单元格中动态显示的折旧方法，分别运用与之对应的财务专用函数计算折旧额。每期折旧额只需用每年折旧额除以12个月即可。具体操作方法如下。

第1步 在H4单元格中设置公式“=IFERROR(IFS(AND($G$2="直线法",F4<>""),SLN($D$3,$D$4,$F$2),$G$2="年数总和法",SYD($D$3, $D$4,$F$2,F4),$G$2="双倍余额递减法", VDB($D$3, $D$4,$F$2,F4-1,F4)),"")”，计算第一年的折旧额。如下图所示。

H4 =IFERROR(IFS(AND($G$2="直线法",F4<>""),SLN($D$3,$D$4,$F$2),$G$2="年数总和法",SYD($D$3,$D$4,$F$2,F4),$G$2="双倍余额递减法",VDB($D$3,$D$4,$F$2,F4-1,F4)),"")

××公司固定资产折旧计算表—××生产设备01

折旧年限:4年　直线法　合计:76,000.00

折旧年份	折旧期间	每年折旧额	每期折旧额
第1年	2023.04—2024.03	19,000.00	
第2年	2024.04—2025.03		
第3年	2025.04—2026.03		

公式虽然较长，但是原理非常简单，如下。

（1）运用IFS函数判断G2单元格中分别为“直线法”“年数总和法”或“双倍余额递减法”时，分别返回SLN、SYD或VDB函数表达式的值。

（2）表达式“SLN($D$3, $D$4,$F$2)”：其作用是运用SLN函数（直线法折旧专用函数）计算折旧额，其中3个参数依次为资产原值（D3单元格）、预计净残值（D4单元格）和使用年限（F2单元格）。

（3）表达式“SYD($D$3,$D$4,$F$2,F4)”：其作用是运用SYD函数（年数总和法折旧专用函数）计算折旧额。4个参数中，前3个参数与SLN函数完全相同，第4个参数为折旧的年数，即F4单元格中代表第n年的数字。

（4）表达式“VDB($D$3,$D$4,$F$2,F4-1, F4)”：其作用是运用VDB函数（双倍余额递减法专用函数）计算折旧额。5个参数中，前3个与SLN函数完全相同。第4和第5个参数分别是折旧起始年数和截止年数。本例中，第4个参数设置为“F4-1”，计算结果为0，第5个参数设置为“F4”，即数字“1”，代表折旧年为第0-1年。

（5）最后运用IFERROR函数屏蔽F4单元格中为空值导致返回的错误值，使之返回空值。

第2步 复制H4单元格公式并粘贴至H5:H18单元格区域中，即可计算其他折旧年份的折旧额。如下图所示（编辑栏中显示H18单元格公式）。

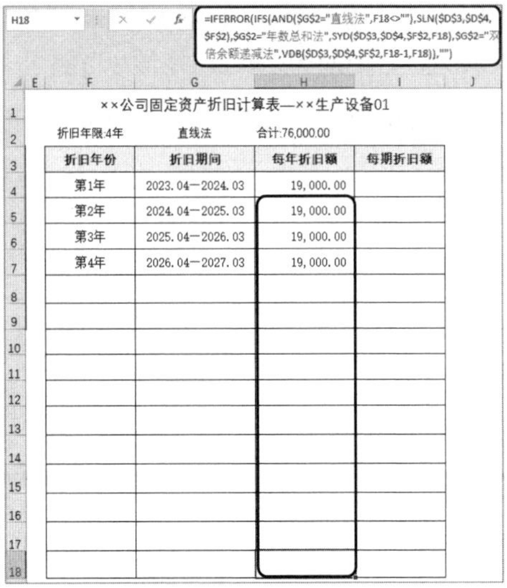

H18 =IFERROR(IFS(AND($G$2="直线法",F18<>""),SLN($D$3,$D$4,$F$2),$G$2="年数总和法",SYD($D$3,$D$4,$F$2,F18),$G$2="双倍余额递减法",VDB($D$3,$D$4,$F$2,F18-1,F18)),"")

××公司固定资产折旧计算表—××生产设备01

折旧年限:4年　直线法　合计:76,000.00

折旧年份	折旧期间	每年折旧额	每期折旧额
第1年	2023.04—2024.03	19,000.00	
第2年	2024.04—2025.03	19,000.00	
第3年	2025.04—2026.03	19,000.00	
第4年	2026.04—2027.03	19,000.00	

第3步 ❶在I4单元格中设置计算公式“=IFERROR(IF(F4="","",ROUND(H4/12,2)),"")”，运用IF函数判断F4单元格中为空时，即返回空值。否则用H4单元格中的每年折旧额除以12，即可得到每期折旧额，❷复制I4单元格公式并粘贴至I5:I18单元格区域。如下图所示（编辑栏中显示I18单元格公式）。

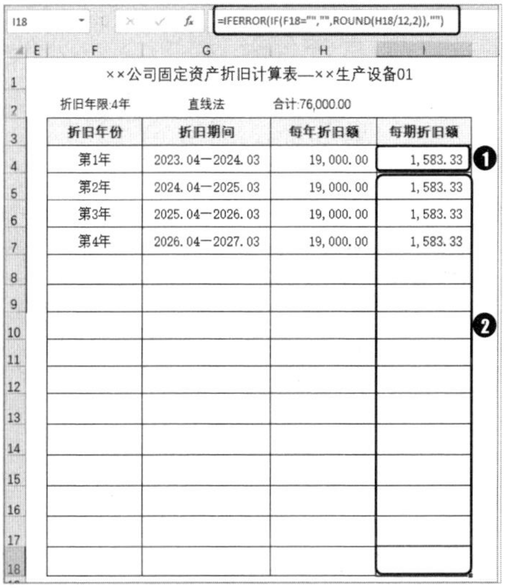

I18 =IFERROR(IF(F18="","",ROUND(H18/12,2)),"")

××公司固定资产折旧计算表—××生产设备01

折旧年限:4年　直线法　合计:76,000.00

折旧年份	折旧期间	每年折旧额	每期折旧额
第1年	2023.04—2024.03	19,000.00	1,583.33 ❶
第2年	2024.04—2025.03	19,000.00	1,583.33
第3年	2025.04—2026.03	19,000.00	1,583.33
第4年	2026.04—2027.03	19,000.00	1,583.33

❷

第4步 在A1单元格下拉列表中选择另一个固定资产名称，如“××生产设备02”，折旧方法为“双倍余额递减法”，可看到折旧计算表中的数据变化。如下图所示。

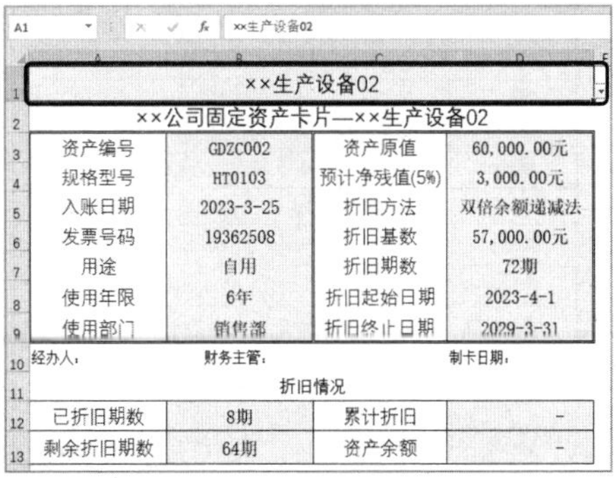

A1 ××生产设备02

××生产设备02

××公司固定资产卡片—××生产设备02

资产编号	GDZC002	资产原值	60,000.00元
规格型号	HT0103	预计净残值(5%)	3,000.00元
入账日期	2023-3-25	折旧方法	双倍余额递减法
发票号码	19362508	折旧基数	57,000.00元
用途	自用	折旧期数	72期
使用年限	6年	折旧起始日期	2023-4-1
使用部门	销售部	折旧终止日期	2029-3-31

经办人：　财务主管：　制卡日期：

折旧情况

已折旧期数	8期	累计折旧	-
剩余折旧期数	64期	资产余额	-

××公司固定资产折旧计算表—××生产设备02

折旧年限:6年 双倍余额递减法 合计:57,000.00

折旧年份	折旧期间	每年折旧额	每期折旧额
第1年	2023.04—2024.03	20,000.00	1,666.67
第2年	2024.04—2025.03	13,333.33	1,111.11
第3年	2025.04—2026.03	8,888.89	740.74
第4年	2026.04—2027.03	5,925.93	493.83
第5年	2027.04—2028.03	4,425.93	368.83
第6年	2028.04—2029.03	4,425.93	368.83

第5步 再次在A1单元格下拉列表中选择一个固定资产名称，如“××办公设备02”，折旧方法为“年数总和法”，可看到折旧计算表中的数据变化。如下图所示。

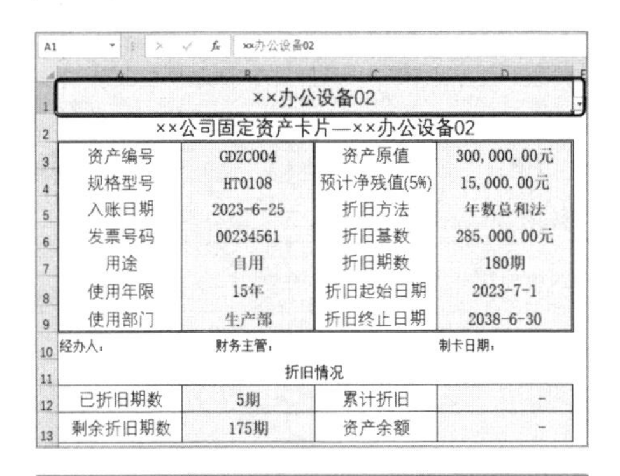
××办公设备02

××公司固定资产卡片—××办公设备02

资产编号	GDZC004	资产原值	300,000.00元
规格型号	HT0108	预计净残值(5%)	15,000.00元
入账日期	2023-6-25	折旧方法	年数总和法
发票号码	00234561	折旧基数	285,000.00元
用途	自用	折旧期数	180期
使用年限	15年	折旧起始日期	2023-7-1
使用部门	生产部	折旧终止日期	2038-6-30

经办人: 财务主管: 制卡日期:

折旧情况

已折旧期数	5期	累计折旧	-
剩余折旧期数	175期	资产余额	-

××公司固定资产折旧计算表—××办公设备02

折旧年限:15年 年数总和法 合计:285,000.00

折旧年份	折旧期间	每年折旧额	每期折旧额
第1年	2023.07—2024.06	35,625.00	2,968.75
第2年	2024.07—2025.06	33,250.00	2,770.83
第3年	2025.07—2026.06	30,875.00	2,572.92
第4年	2026.07—2027.06	28,500.00	2,375.00
第5年	2027.07—2028.06	26,125.00	2,177.08
第6年	2028.07—2029.06	23,750.00	1,979.17
第7年	2029.07—2030.06	21,375.00	1,781.25
第8年	2030.07—2031.06	19,000.00	1,583.33
第9年	2031.07—2032.06	16,625.00	1,385.42
第10年	2032.07—2033.06	14,250.00	1,187.50
第11年	2033.07—2034.06	11,875.00	989.58
第12年	2034.07—2035.06	9,500.00	791.67
第13年	2035.07—2036.06	7,125.00	593.75
第14年	2036.07—2037.06	4,750.00	395.83
第15年	2037.07—2038.06	2,375.00	197.92

6.3.2 工作量法折旧计算表

固定资产工作量法折旧额是按照固定资产每期的实际工作量乘以单位工作量计算而来的，因此每期折旧额都有所不同。那么，计算工作量法折旧的表单也需要单独制作。本小节继续在“固定资产折旧计算表”工作簿的“固定资产卡片和折旧计算”工作表中制作工作量法折旧计算表。

1. 制作动态标题

制作动态标题的方法依然是引用固定资产卡片中的资产名称，并与固定文本组合或自定义单元格格式即可。另外，预先计算单位工作量，以便在后面计算每期折旧额时引用。操作方法如下。

第1步 ❶在A1单元格下拉列表中选择“××汽车”选项，❷在空白区域绘制表单框架，设置字段名称，在N16(【本期工作量】字段)和O16单元格(【本期折旧额】字段)中设置求和公式，并在L4单元格中填入“0”(【里程期初数】字段)，在【里程期末数】字段中预先填入几个数字。如下图所示。

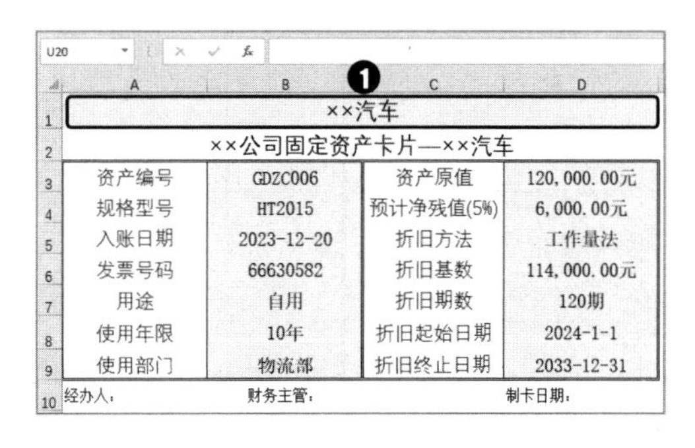
××汽车

××公司固定资产卡片—××汽车

资产编号	GDZC006	资产原值	120,000.00元
规格型号	HT2015	预计净残值(5%)	6,000.00元
入账日期	2023-12-20	折旧方法	工作量法
发票号码	66630582	折旧基数	114,000.00元
用途	自用	折旧期数	120期
使用年限	10年	折旧起始日期	2024-1-1
使用部门	物流部	折旧终止日期	2033-12-31

经办人: 财务主管: 制卡日期:

	里程期初数	里程期末数	本期工作量	本期折旧额	累计折旧额	固定资产余额
	0	2,502.12				
		4,605.28				
		7,216.33				

第2步 ❶在K1单元格中设置公式“="××公司固定资产工作量法折旧计算表—"&A1”，引用A1单元格中的固定资产名称，并与固定文本组合，构成表单标题，❷在K2单元格中设置公式“=B8”，引用B8单元格中的折旧年限，并将单元格格式自定义为“"折旧年限:"0"年"”，❸在L3单元格中输入总里程数，如“300000”，并将单元格格式自定义为“"预计总工作量："0公里”，❹在O2单元格中设置公式“=ROUND(D6/L2,2)”，计算单位工作量，并将单元格格式自定义为“"单位工作量："0.00公里”。如下图所示（编辑栏中显示O2单元格公式）。

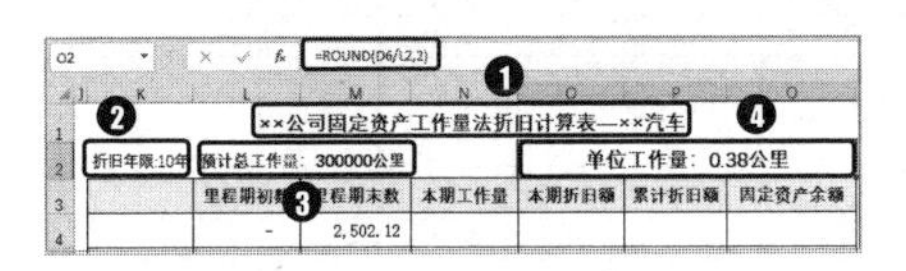

=ROUND(D6/L2,2)

××公司固定资产工作量法折旧计算表—××汽车

折旧年限:10年	预计总工作量：300000公里			单位工作量：0.38公里		
	里程期初数	里程期末数	本期工作量	本期折旧额	累计折旧额	固定资产余额
	-	2,502.12				

2. 自动生成指定折旧年数中的月份

指定折旧年数是指折旧第n年，那么当年中的月份可设置函数公式，根据指定的第n年自动生成。操作方法如下。

第1步 ❶在K3单元格中输入数字“1”，并将单元格格式设置为“第0年”，❷在K4单元格中设置公式“=DATE(YEAR(D8)+K3-1,MONTH(D8),1)”，运用DATE函数将D8单元格中的年数加上K3单元格中数字减1后的数字、D8单元格中日期的月数，与数字“1”组合为新的日期，即生成折旧当年中的第1个月的月份数，并将单元格格式设置为“日期”，如下图所示。

K4 =DATE(YEAR(D8)+K3-1,MONTH(D8),1)

××公司固定资产工作量法折旧计

折旧年限:10年	预计总工作量：300000公里			
第1年	里程期初数	里程期末数	本期工作量	本期
2024年1月	-	2,502.12		
		4,605.28		
		7,216.33		

第2步 ❶在K5单元格中设置公式“=DATE(YEAR(K4),MONTH(K4)+1,1)”，运用DATE函数将K4单元格中日期的年数、月数加1，与数字“1”组合成新的日期，即可生成折旧当年中的第2个月的月份数，并将单元格格式设置为“日期”，将类型设置为“2021年2月”，❷复制K5单元格公式并粘贴至K6:K15单元格区域，即可生成折旧当年的第3个月至第12个月的月份数。如下图所示（编辑栏中显示K15单元格公式）。

K15 =DATE(YEAR(K14),MONTH(K14)+1,1)

××公司固定资产工作量法折旧计算表—××汽车

折旧年限:10年	预计总工作量：300000公里			单位工作量：0.38公里		
第1年	里程期初数	里程期末数	本期工作量	本期折旧额	累计折旧额	固定资产余额
2024年1月	-	2,502.12				
2024年2月		4,605.28				
2024年3月		7,216.33				
2024年4月						
2024年5月						
2024年6月						
2024年7月						
2024年8月						
2024年9月						
2024年10月						
2024年11月						
2024年12月						
合计	-	-	-	-		

3. 计算折旧额及相关数据

本例制作的工作量法折旧额计算表单内的折旧额及相关数据中，除【里程期初数】字段中每个折旧年度的第1个月的数字和【里程期末数】字段中的数字需要手动填入外，其他字段均可设置公式自动计算。操作方法如下。

第1步 ❶在L5单元格中设置公式“=M4”，引用M4单元格中上一个月的期末数作为本月的期初数，❷复制L5单元格公式并粘贴至L6:L15单元格区域中。如下图所示（编辑栏中显示L5单元格公式）。

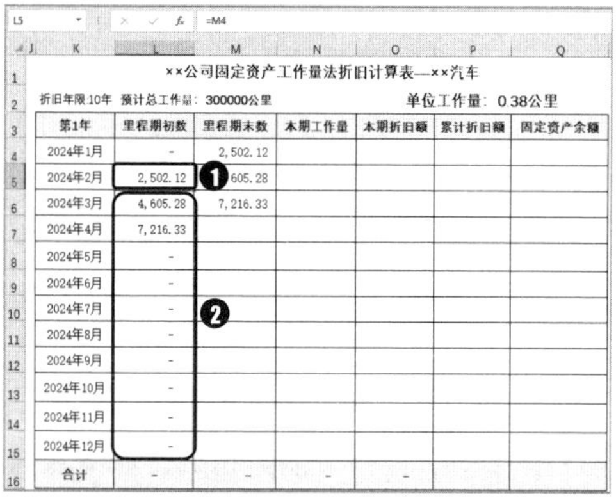

L5　=M4

××公司固定资产工作量法折旧计算表—××汽车

折旧年限:10年　预计总工作量：300000公里　单位工作量：0.38公里

第1年	里程期初数	里程期末数	本期工作量	本期折旧额	累计折旧额	固定资产余额
2024年1月	-	2,502.12				
2024年2月	2,502.12	4,605.28				
2024年3月	4,605.28	7,216.33				
2024年4月	7,216.33					
2024年5月	-					
2024年6月	-					
2024年7月	-					
2024年8月	-					
2024年9月	-					
2024年10月	-					
2024年11月	-					
2024年12月	-					
合计	-	-	-	-		

第2步 ❶在N4单元格中设置公式“=IF(M4= 0,0,M4-L4)”，运用IF函数判断M4单元格中的里程期末数为“0”时，即返回数字“0”，否则用M4单元格中的里程期末数减掉L4单元格中的里程期初数，即可得到本期工作量，❷复制N4单元格公式并粘贴至N5:N15单元格区域中，即可计算每期工作量。如下图所示（编辑栏中显示N15单元格公式）。

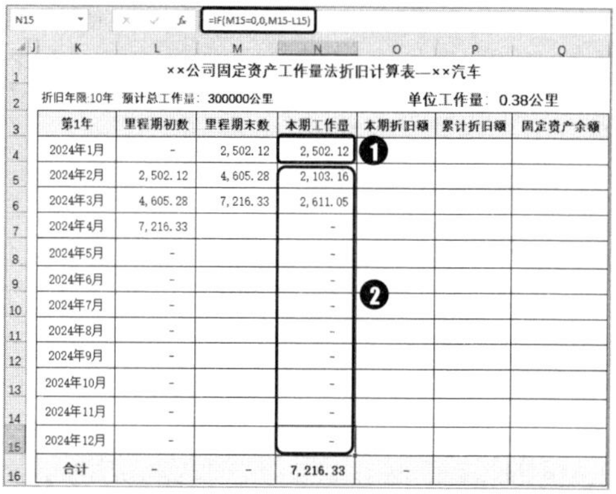

N15　=IF(M15=0,0,M15-L15)

××公司固定资产工作量法折旧计算表—××汽车

折旧年限:10年　预计总工作量：300000公里　单位工作量：0.38公里

第1年	里程期初数	里程期末数	本期工作量	本期折旧额	累计折旧额	固定资产余额
2024年1月	-	2,502.12	2,502.12			
2024年2月	2,502.12	4,605.28	2,103.16			
2024年3月	4,605.28	7,216.33	2,611.05			
2024年4月	7,216.33		-			
2024年5月	-		-			
2024年6月	-		-			
2024年7月	-		-			
2024年8月	-		-			
2024年9月	-		-			
2024年10月	-		-			
2024年11月	-		-			
2024年12月	-		-			
合计	-	-	7,216.33	-		

第3步 ❶在O4单元格中设置公式“=ROUND (N4*O$2,2)”，用N4单元格中的本期工作量乘以O2单元格中的单位工作量，即可格得到本期折旧额数据，❷复制O4单元格公式并粘贴至O5:O15单元格区域中，如下图所示（编辑栏中显示O15单元格公式）。

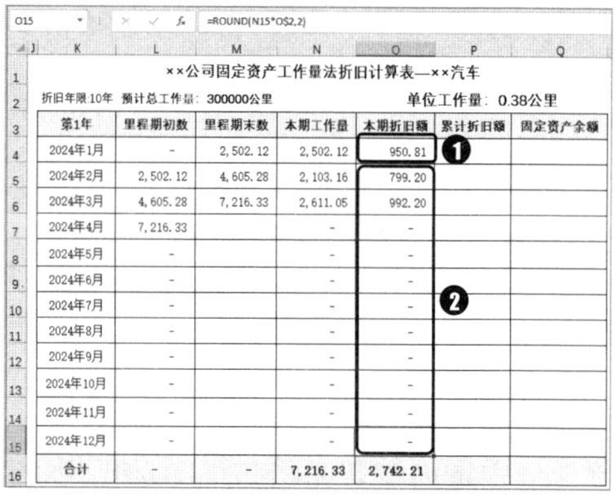

O15　=ROUND(N15*O$2,2)

××公司固定资产工作量法折旧计算表—××汽车

折旧年限:10年　预计总工作量：300000公里　单位工作量：0.38公里

第1年	里程期初数	里程期末数	本期工作量	本期折旧额	累计折旧额	固定资产余额
2024年1月	-	2,502.12	2,502.12	950.81		
2024年2月	2,502.12	4,605.28	2,103.16	799.20		
2024年3月	4,605.28	7,216.33	2,611.05	992.20		
2024年4月	7,216.33		-	-		
2024年5月	-		-	-		
2024年6月	-		-	-		
2024年7月	-		-	-		
2024年8月	-		-	-		
2024年9月	-		-	-		
2024年10月	-		-	-		
2024年11月	-		-	-		
2024年12月	-		-	-		
合计	-	-	7,216.33	2,742.21		

第4步 ❶在P4单元格中设置公式“=ROUND (SUM(O$4:O4),2)”，计算第1个月累计折旧额，❷复制P4单元格公式并粘贴至P5:P15单元格区域中，即可得到其他月份的累计折旧额，❸在P16单元格中设置公式“=O16”，直接引用O16单元格中本

期折旧额的合计数作为累计折旧额。如下图所示（编辑栏中显示P15单元格公式）。

P15 =ROUND(SUM(O$4:O15),2)

××公司固定资产工作量法折旧计算表—××汽车

折旧年限:10年 预计总工作量：300000公里 单位工作量：0.38公里

第1年	里程期初数	里程期末数	本期工作量	本期折旧额	累计折旧额	固定资产余额
2024年1月	-	2, 502. 12	2, 502. 12	950. 81	950. 81 ❶	
2024年2月	2, 502. 12	4, 605. 28	2, 103. 16	799. 20	1, 750. 01	
2024年3月	4, 605. 28	7, 216. 33	2, 611. 05	992. 20	2, 742. 21	
2024年4月	7, 216. 33		-	-	2, 742. 21	
2024年5月	-		-	-	2, 742. 21	
2024年6月	-		-	-	2, 742. 21	
2024年7月	-		-	-	2, 742. 21 ❷	
2024年8月	-		-	-	2, 742. 21	
2024年9月	-		-	-	2, 742. 21	
2024年10月	-		-	-	2, 742. 21	
2024年11月	-		-	-	2, 742. 21	
2024年12月	-		-	-	2, 742. 21	
合计	-	-	7, 216. 33	2, 742. 21	2, 742. 21 ❸	

第5步 在Q4单元格中设置公式“=ROUND(D$3-P4,2)”，用D3单元格中的资产原值减掉P4单元格中的累计折旧额，即可计算出折旧当年第1个月的固定资产余额，复制Q4单元格公式并粘贴至Q5:Q15单元格区域中，即可得到其他月份的固定资产余额，在Q16单元格中设置公式“=Q15”，直接引用折旧当年的第12个月的固定资产余额，工作量法折旧计算表单即制作完成。如下图所示（编辑栏中显示Q15单元格公式）。

Q15 =ROUND(D$3-P15,2)

××公司固定资产工作量法折旧计算表—××汽车

折旧年限:10年 预计总工作量：300000公里 单位工作量：0.38公里

第1年	里程期初数	里程期末数	本期工作量	本期折旧额	累计折旧额	固定资产余额
2024年1月	-	2, 502. 12	2, 502. 12	950. 81	950. 81	119, 049. 19
2024年2月	2, 502. 12	4, 605. 28	2, 103. 16	799. 20	1, 750. 01	118, 249. 99
2024年3月	4, 605. 28	7, 216. 33	2, 611. 05	992. 20	2, 742. 21	117, 257. 79
2024年4月	7, 216. 33		-	-	2, 742. 21	117, 257. 79
2024年5月	-		-	-	2, 742. 21	117, 257. 79
2024年6月	-		-	-	2, 742. 21	117, 257. 79
2024年7月	-		-	-	2, 742. 21	117, 257. 79
2024年8月	-		-	-	2, 742. 21	117, 257. 79
2024年9月	-		-	-	2, 742. 21	117, 257. 79
2024年10月	-		-	-	2, 742. 21	117, 257. 79
2024年11月	-		-	-	2, 742. 21	117, 257. 79
2024年12月	-		-	-	2, 742. 21	117, 257. 79
合计	-	-	7, 216. 33	2, 742. 21	2, 742. 21	117, 257. 79

本节示例结果见“结果文件\第6章\固定资产折旧计算表.xlsx”文件。

6.4 固定资产每月折旧清单

财务人员每月填制并打印纸质记账凭证后，需要在每一份记账凭证后面附上一份与记载的经济业务相符的原始凭证作为附件。那么，对于每期计提固定资产折旧和归集期间费用的记账凭证，就应当在其后附一份固定资产折旧清单，其中应当尽可能详细列示固定资产的基本信息、本期折旧额、累计折旧额、固定资产余额、费用归集等内容。下面让AI工具“讯飞星火”先来介绍一下固定资产每月折旧清单的作用，加强财务人员对这个表单的重视程度。

提问： 固定资产每月折旧清单的作用是什么？

讯飞星火

固定资产每月折旧清单的主要作用是对固定资产的价值进行分摊，以保证公司的再生产活动能够正常进行。具体来说，它是在固定资产使用寿命内，对应计折旧额（即应计提折旧的固定资产的原价扣除其预计净残值后的金额）按照确定的方法进行系统分摊的过程。

每月的折旧清单可以帮助企业更准确地

了解资产的消耗情况，进而对固定资产的使用和更新做出明智的决策。例如，如果某项资产的折旧速度较快，那么可能需要更频繁地进行更换或升级。此外，折旧也是资本保全的一种方式，可以影响企业的应税所得和所得税税负率。

从以上回复可知，每月制作固定资产折旧清单也是财务人员必不可少的工作之一。对此，本节将介绍运用Excel制作动态的固定资产折旧清单，按月自动生成固定资产折旧明细表中的各项数据，并快速转换为静态固定资产折旧清单，用于打印和存档。

6.4.1 制作动态固定资产折旧清单

动态固定资产折旧清单的制作思路是：以查找引用函数为主，设置公式引用“固定资产登记”工作表中固定资产的基础信息。固定资产折旧额及其相关数据则另设公式进行计算。进行费用归集时，需要在下拉列表中为每项固定资产的折旧选择费用类别，再设置公式按照费用类别对费用金额进行分类汇总。

打开“素材文件\第6章\固定资产折旧清单.xlsx”文件，如下图所示。“固定资产折旧清单”工作表中已预先绘制表单初始框架，并设置字段名称。其中，A1单元格中日期“12月1日”为本例设定的折旧月份2023年12月（为方便展示操作图，暂将A1:J1单元格区域合并为A1单元格）。

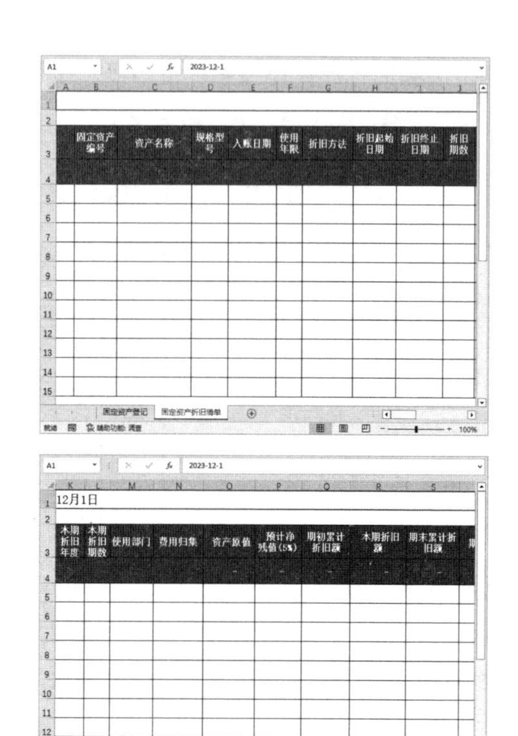

1. 制作清单标题

下面先制作固定资产折旧清单标题，将其设置为多功能的表单标题，可用于后面公式引用。同时，也在副标题和辅助单元格中设置公式，统计当前固定资产的总数量和当月应计提折旧的固定资产数量。操作方法如下。

将A1单元格格式自定义为“××公司yyyy年m月固定资产折旧清单”，即可生成表单标题。如下图所示。

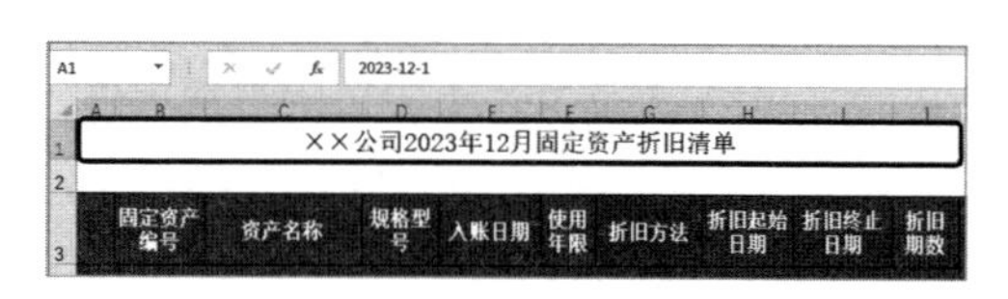

2. 统计固定资产总数量

下面在辅助单元格中统计固定资产数量，用于后面设置公式自动生成表单的序号，并设置副标题予以提示。操作方法如下。

第1步 在A3单元格（辅助单元格）中设置公式“=MAX(固定资产登记!$A:$A)”，运用MAX函数统计“固定资产登记”工作表的A列中序号的最大值，即可得到当前固定资产的数量。如下图所示。

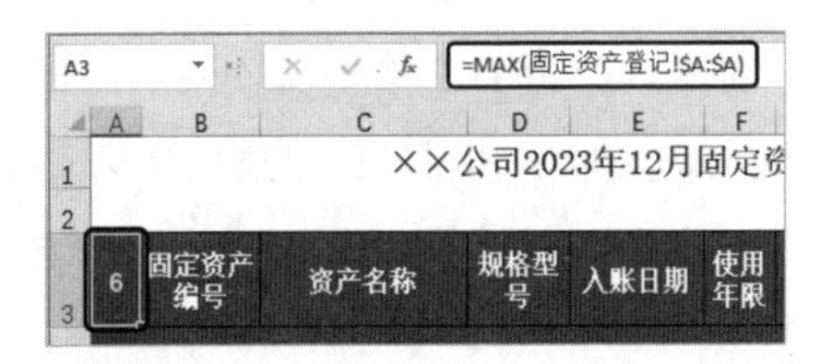

第2步 在A2单元格中设置公式“="当前共"&A3&"项固定资产"”，引用A3单元格中的数字，并与固定文本组合，即可构成副标题内容。如下图所示。

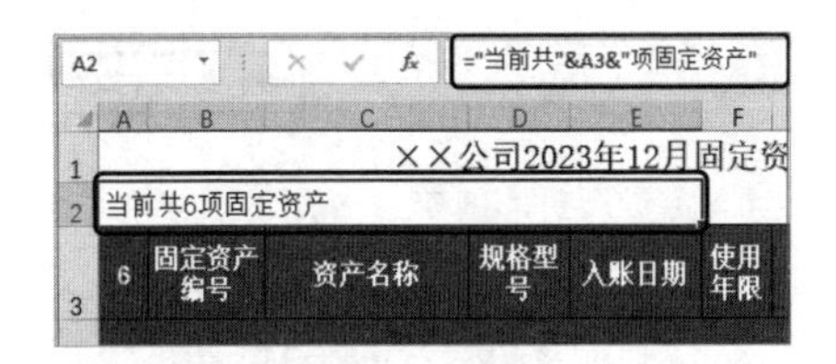

3. 自动生成表单序号

表单序号将作为后面引用“固定资产登记”工作表中相关信息的关键字，下面设置公式根据当前固定资产的数量自动生成。操作方法如下。

第1步 在A5单元格中设置公式“=IF(ROW()-4<=A$3,ROW()-4,"")”，运用IF函数判断“ROW()-4”的值小于或等于A3单元格中固定资产的数量时，就返回这个值，否则返回空值。其中，表达式“ROW()-4”的原理是用A5单元格所在的行数减4（A1:A4单元格区域所占用的4行），即可得到第1个序号“1”。如下图所示。

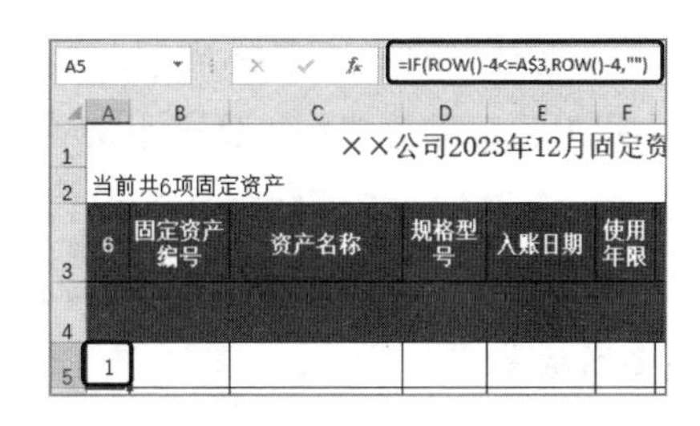

第2步 复制A5单元格公式并粘贴至A6:A15单元格区域中，即可自动依次列出与固定资产数量相同的序号。如下图所示。

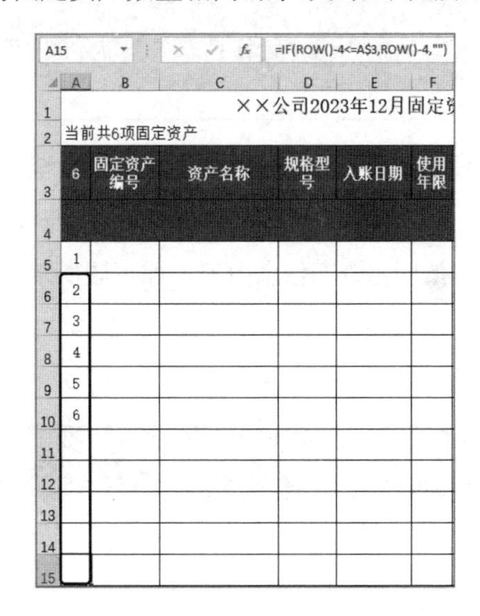

4. 引用固定资产基本信息

生成表单序号后，即可按照序号将固定资产的基本信息从“固定资产登记”工作表中引用至表单中。操作方法如下。

第1步 在B5单元格中设置公式“=IFERROR(VLOOKUP($A5,固定资产登记!$A:$P,MATCH(B$3,固定资产登记!$2: $2,0),0),"")”，运用VLOOKUP函数根据A5单元格中的序号在“固定资产登记”工作表中的A:P区域中查找相同内容，并返回与之匹配的第*n*列中的资产名称内容。其中，VLOOKUP函数的第3个参数运用MATCH函数自动定位B3单元格中的字段名称在“固定资产登记”工作表中第2行中的列数。如下图所示。

B5 =IFERROR(VLOOKUP($A5,固定资产登记!$A:$P,MATCH(B$3,固定资产登记!$2:$2,0),0),"")

A	B	C	D	E	F	G
××公司2023年12月固定资产折旧清						
当前共6项固定资产						
6	固定资产编号	资产名称	规格型号	入账日期	使用年限	折旧方法
1	GDZC001					

第2步 将B5单元格公式复制粘贴至B5:I15、M5:M15和O5:P15单元格区域，即可引用其他固定资产信息内容。如下图所示。

I15 =IFERROR(VLOOKUP($A15,固定资产登记!$A:$P,MATCH(I$3,固定资产登记!$2:$2,0),0),"")

××公司2023年12月固定资产折旧清单

当前共6项固定资产

6	固定资产编号	资产名称	规格型号	入账日期	使用年限	折旧方法	折旧起始日期	折旧终止日期
1	GDZC001	××生产设备01	HT0102	2023-3-18	4年	直线法	2023-4-1	2027-3-31
2	GDZC002	××生产设备02	HT0103	2023-3-25	6年	双倍余额递减法	2023-4-1	2029-3-31
3	GDZC003	××办公设备01	HT0105	2023-4-15	5年	直线法	2023-5-1	2028-4-30
4	GDZC004	××办公设备02	HT0108	2023-6-25	15年	年数总和法	2023-7-1	2038-6-30
5	GDZC005	××生产设备03	HT0109	2023-11-8	5年	直线法	2023-12-1	2028-11-30
6	GDZC006	××汽车	HT2015	2023-12-20	10年	工作量法	2024-1-1	2033-12-31

P10 =IFERROR(VLOOKUP($A10,固定资产登记!$A:$P,MATCH(P$3,固定资产登记!$2:$2,0),0),"")

使用部门	费用归集	资产原值	预计净残值(5%)	期初累计折旧额	本期折旧额
		740,000.00	37,000.00	-	-
行政部		80,000.00	4,000.00		
销售部		60,000.00	3,000.00		
-		80,000.00	4,000.00		
生产部		300,000.00	15,000.00		
-		100,000.00	5,000.00		
物流部		120,000.00	6,000.00		

5. 计算折旧期数和年度

固定资产折旧清单中需要列示出固定资产折旧总期数、折旧当月的期数（第*n*期）和折旧当月所属年数（第*n*年）。操作方法如下。

第1步 在J5单元格中设置公式“=IFERROR(F5*12,"")”，根据F5单元格的使用年限计算折旧期数，并将单元格格式自定义为“0期”。如下图所示。

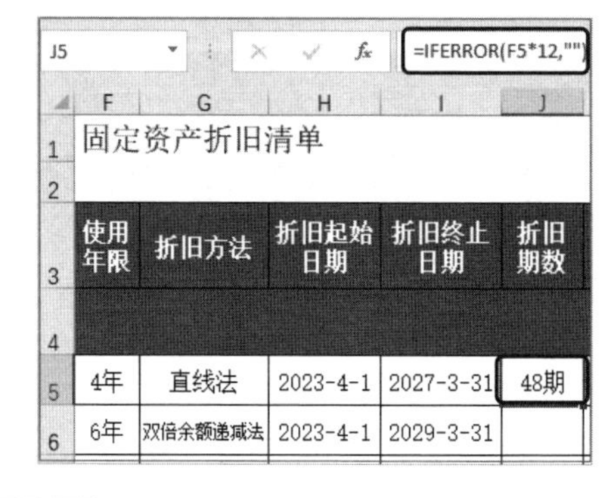

J5 =IFERROR(F5*12,"")

固定资产折旧清单

使用年限	折旧方法	折旧起始日期	折旧终止日期	折旧期数
4年	直线法	2023-4-1	2027-3-31	48期
6年	双倍余额递减法	2023-4-1	2029-3-31	

第2步 在K5单元格中设置公式“=IFERROR((IF(A5="","",DATEDIF($H5,$A$1,"Y")+1)),0)”，运用IF函数判断A5单元格中为空

时，即返回空值，否则运用DATEDIF函数计算H5单元格中的折旧起始日期与A1单元格中的日期之间间隔的年数，加1是要加上被减掉的折旧起始日期本身的1年。同时将单元格格式自定义为“第0年”。如下图所示。

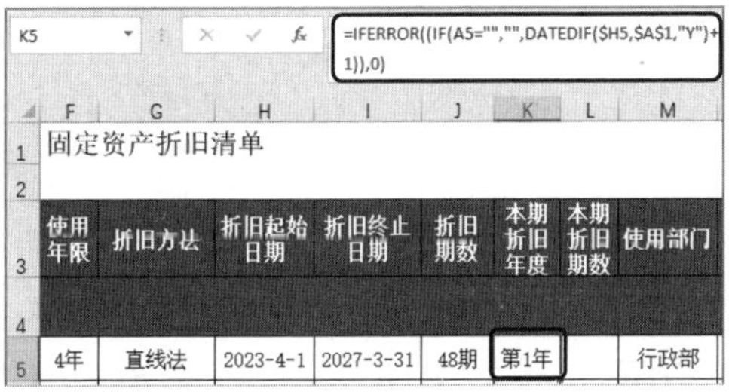

K5　=IFERROR((IF(A5="","",DATEDIF($H5,$A$1,"Y")+1)),0)

	F	G	H	I	J	K	L	M
1	固定资产折旧清单							
2								
3	使用年限	折旧方法	折旧起始日期	折旧终止日期	折旧期数	本期折旧年度	本期折旧期数	使用部门
4								
5	4年	直线法	2023-4-1	2027-3-31	48期	第1年		行政部

第3步 在L5单元格中设置公式“=IFERROR(IF(A5="","",DATEDIF($H5,$A$1,"M")+1),0)”，计算H5单元格中的折旧起始日期与A1单元格中的日期之间间隔的月数，并将单元格格式自定义为“第0期”。如下图所示。

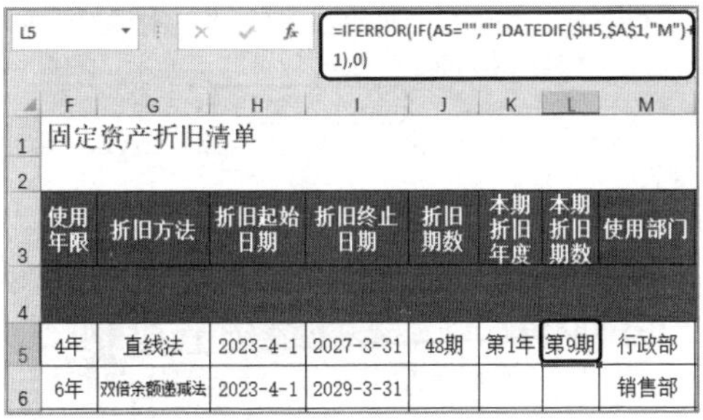

L5　=IFERROR(IF(A5="","",DATEDIF($H5,$A$1,"M")+1),0)

	F	G	H	I	J	K	L	M
1	固定资产折旧清单							
2								
3	使用年限	折旧方法	折旧起始日期	折旧终止日期	折旧期数	本期折旧年度	本期折旧期数	使用部门
4								
5	4年	直线法	2023-4-1	2027-3-31	48期	第1年	第9期	行政部
6	6年	双倍余额递减法	2023-4-1	2029-3-31				销售部

第4步 复制J5:L5单元格区域公式并粘贴至J6:L15单元格区域中，即可计算得到全部固定资产的折旧期数和折旧年度。如下图所示。

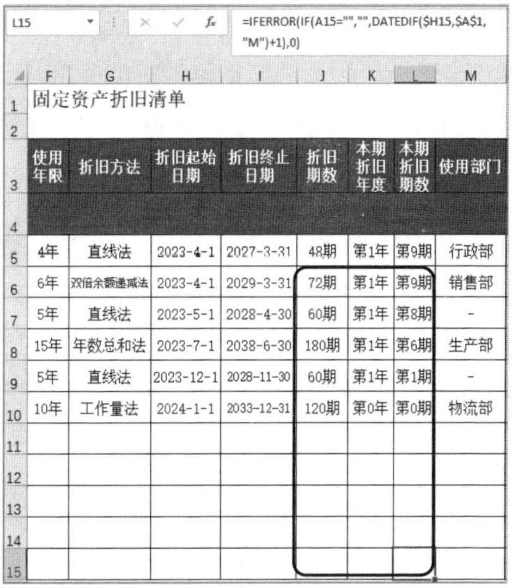

L15　=IFERROR(IF(A15="","",DATEDIF($H15,$A$1,"M")+1),0)

	F	G	H	I	J	K	L	M
1	固定资产折旧清单							
2								
3	使用年限	折旧方法	折旧起始日期	折旧终止日期	折旧期数	本期折旧年度	本期折旧期数	使用部门
4								
5	4年	直线法	2023-4-1	2027-3-31	48期	第1年	第9期	行政部
6	6年	双倍余额递减法	2023-4-1	2029-3-31	72期	第1年	第9期	销售部
7	5年	直线法	2023-5-1	2028-4-30	60期	第1年	第8期	-
8	15年	年数总和法	2023-7-1	2038-6-30	180期	第1年	第6期	生产部
9	5年	直线法	2023-12-1	2028-11-30	60期	第1年	第1期	-
10	10年	工作量法	2024-1-1	2033-12-31	120期	第0年	第0期	物流部
11								
12								
13								
14								
15								

第5步 在A2单元格原公式表达式后面添加文本“，本月计提”和一条表达式“&COUNTIF (H:H,"<="&A1)&"项固定资产折旧"”，运用COUNTIF函数统计H:H区域中的折旧起始日期小于等于A1单元格中的日期的单元格数量，即统计本月应计提折旧的固定资产数量。如下图所示。

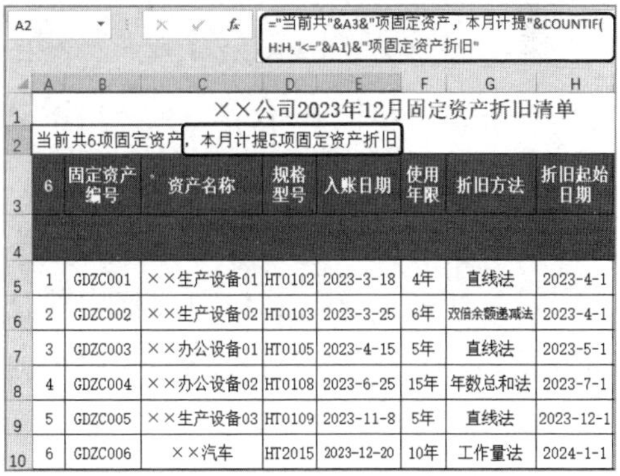

A2　="当前共"&A3&"项固定资产，本月计提"&COUNTIF(H:H,"<="&A1)&"项固定资产折旧"

	A	B	C	D	E	F	G	H
1	××公司2023年12月固定资产折旧清单							
2	当前共6项固定资产，本月计提5项固定资产折旧							
3	6	固定资产编号	资产名称	规格型号	入账日期	使用年限	折旧方法	折旧起始日期
4								
5	1	GDZC001	××生产设备01	HT0102	2023-3-18	4年	直线法	2023-4-1
6	2	GDZC002	××生产设备02	HT0103	2023-3-25	6年	双倍余额递减法	2023-4-1
7	3	GDZC003	××办公设备01	HT0105	2023-4-15	5年	直线法	2023-5-1
8	4	GDZC004	××办公设备02	HT0108	2023-6-25	15年	年数总和法	2023-7-1
9	5	GDZC005	××生产设备03	HT0109	2023-11-8	5年	直线法	2023-12-1
10	6	GDZC006	××汽车	HT2015	2023-12-20	10年	工作量法	2024-1-1

6. 计算固定资产折旧额和期末余额

计算固定资产折旧额时要注意，表单中应将期初累计数、本期发生数和本期累计数全部体现出来，并计算固定资产的期末余额。本例中，“期初累计折旧额”直接手动填入。实务中，每月生成表单时可直接复制粘贴上期的“本期累计折旧额”数据，其他数据设置公式进行计算。具体操作方法如下。

第1步 在O5:O10单元格区域中分别填入各项固定资产在2023年12月的期初累计折旧额。如下图所示。

本期折旧年度	本期折旧期数	使用部门	费用归集	资产原值	预计净残值(5%)	期初累计折旧额
				740,000.00	37,000.00	51,293.80
第1年	第9期	行政部		80,000.00	4,000.00	12,666.67
第1年	第9期	销售部		60,000.00	3,000.00	13,333.36
第1年	第8期	-		80,000.00	4,000.00	8,866.69
第1年	第6期	生产部		300,000.00	15,000.00	14,843.75
第1年	第1期	-		100,000.00	5,000.00	1,583.33
第0年	第0期	物流部		120,000.00	6,000.00	-

第2步 ❶在R5单元格中设置公式“=IF(A5="","",IF(H5<=$A$1,IFS(G5="直线法",SLN (O5,P5,F5)/12,G5="年数总和法",SYD(O5,P5,F5,K5)/12,G5="双倍余额递减法",VDB(O5,P5,F5,K5-1,K5)/12,G5="工作量法","直接填入折旧额"),0))”，先运用IF函数判断A5单元格中为空时，即返回空值，否则再运用IF函数判断H5单元格中的折旧起始日期小于或等于A1单元格中的日期时，即运用IFS函数判断G5单元格中的折旧方法，并使用对应的函数计算折旧额。反之，如果H5的折旧起始日期大于A1单元格中的日期，表明该项固定资产尚未开始折旧，即返回“0”。❷复制R5单元格公式并粘贴至R6:R15单元格区域中，即可计算其他固定资产的本期折旧额。如下图所示（编辑栏中显示R5单元格公式）。

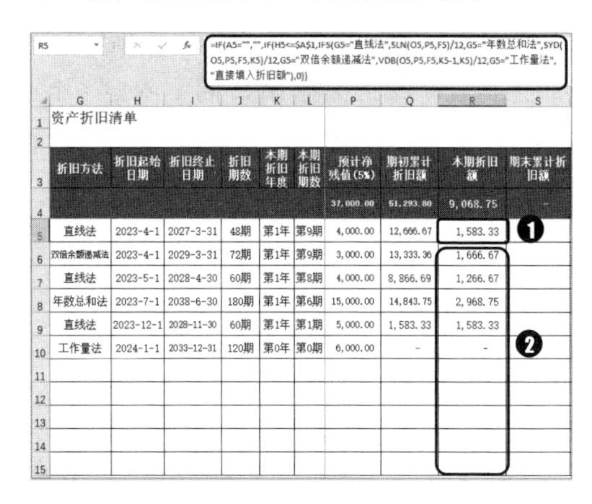

=IF(A5="","",IF(H5<=$A$1,IFS(G5="直线法",SLN(O5,P5,F5)/12,G5="年数总和法",SYD(O5,P5,F5,K5)/12,G5="双倍余额递减法",VDB(O5,P5,F5,K5-1,K5)/12,G5="工作量法","直接填入折旧额"),0))

资产折旧清单

折旧方法	折旧起始日期	折旧终止日期	折旧期数	本期折旧年度	本期折旧期数	预计净残值(5%)	期初累计折旧额	本期折旧额	期末累计折旧额
						37,000.00	51,293.80	9,068.75	-
直线法	2023-4-1	2027-3-31	48期	第1年	第9期	4,000.00	12,666.67	1,583.33	
双倍余额递减法	2023-4-1	2029-3-31	72期	第1年	第9期	3,000.00	13,333.36	1,666.67	
直线法	2023-5-1	2028-4-30	60期	第1年	第8期	4,000.00	8,866.69	1,266.67	
年数总和法	2023-7-1	2038-6-30	180期	第1年	第6期	15,000.00	14,843.75	2,968.75	
直线法	2023-12-1	2028-11-30	60期	第1年	第1期	5,000.00	1,583.33	1,583.33	
工作量法	2024-1-1	2033-12-31	120期	第0年	第0期	6,000.00	-	-	

第3步 ❶ 在S5单元格中设置公式“=IFERROR(Q5+R5,"")”，用Q5单元格中的“期初累计折旧额”加上R5单元格中的“本期折旧额”即可计算出“期末累计折旧额”数据，❷复制S5单元格公式并粘贴至S6:S15单元格区域中，即可计算得到其他固定资产的“期末累计折旧额”数据。如下图所示（编辑栏中显示S15单元格公式）。

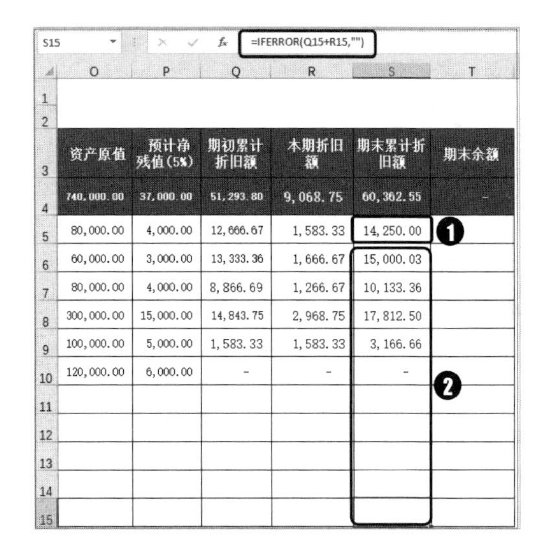

=IFERROR(Q15+R15,"")

资产原值	预计净残值(5%)	期初累计折旧额	本期折旧额	期末累计折旧额	期末余额
740,000.00	37,000.00	51,293.80	9,068.75	60,362.55	-
80,000.00	4,000.00	12,666.67	1,583.33	14,250.00	
60,000.00	3,000.00	13,333.36	1,666.67	15,000.03	
80,000.00	4,000.00	8,866.69	1,266.67	10,133.36	
300,000.00	15,000.00	14,843.75	2,968.75	17,812.50	
100,000.00	5,000.00	1,583.33	1,583.33	3,166.66	
120,000.00	6,000.00	-	-	-	

第4步 ❶在T5单元格中设置公式“=IFERROR(O5-S5,"")”，用O5单元格中的资产原值减掉S5单元格中的期末累计折旧额即可计算得到固定资产的期末余额，❷复制T5单元格公式并粘贴至T6:T15单元格区域中，即可计算得到其他固定资产的期末余额。如下图所示（编辑栏中显示T15单元格公式）。

T15 =IFERROR(O15-S15,"")

	O	P	Q	R	S	T
1						
2						
3	资产原值	预计净残值(5%)	期初累计折旧额	本期折旧额	期末累计折旧额	期末余额
4	740,000.00	37,000.00	51,293.80	9,068.75	60,362.55	-
5	80,000.00	4,000.00	12,666.67	1,583.33	14,250.00	65,750.00 ❶
6	60,000.00	3,000.00	13,333.36	1,666.67	15,000.03	44,999.97
7	80,000.00	4,000.00	8,866.69	1,266.67	10,133.36	69,866.64
8	300,000.00	15,000.00	14,843.75	2,968.75	17,812.50	282,187.50
9	100,000.00	5,000.00	1,583.33	1,583.33	3,166.66	96,833.34 ❷
10	120,000.00	6,000.00	-	-	-	120,000.00
11						
12						
13						
14						
15						

7. 分类汇总期间费用

固定资产每月计提的折旧额需要根据用途计入当期费用。下面先将各项固定资产的折旧额进行费用归集，再设置公式自动分类汇总即可。操作方法如下。

第1步 在N5:N10单元格区域中各单元格的下拉列表中选择合适的费用类别。如下图所示。

	J	K	L	M	N	O	P	Q
1								
2								
3	折旧期数	本期折旧年度	本期折旧期数	使用部门	费用归集	资产原值	预计净残值(5%)	期初累计折旧额
4						740,000.00	37,000.00	51,293.80
5	48期	第1年	第9期	行政部	管理费用	0,000.00	4,000.00	12,666.67
6	72期	第1年	第9期	销售部	营业费用	0,000.00	3,000.00	13,333.36
7	60期	第1年	第8期	-	其他业务成本	0,000.00	4,000.00	8,866.69
8	180期	第1年	第6期	生产部	生产成本	300,000.00	15,000.00	14,843.75
9	60期	第1年	第1期	-	其他业务成本	100,000.00	5,000.00	1,583.33
10	120期	第0年	第0期	物流部	管理费用	0,000.00	6,000.00	-
11					其他业务成本			
12					生产成本 制造费用 营业费用			
13					管理费用			

第2步 在B4单元格中设置公式“="本月费用归集："&"其他业务成本："&TEXT(SUMIF(N:N,"其他业务成本",R:R),"0.00元")&"；生产成本："&TEXT(SUMIF(N:N,"生产成本",R:R),"0.00元")&"；营业费用："&TEXT(SUMIF(N:N,"营业费用",R:R),"0.00元")&"；管理费用："& TEXT(SUMIF(N:N,"管理费用",R:R),"0.00元")”。如下图所示。

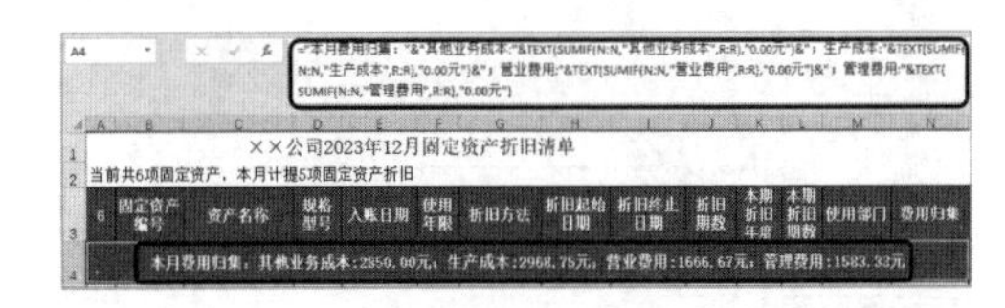

公式原理：由一条固定的文本“本月费用归集：”与4个TEXT+SUMIF函数表达式组成。例如，表达式“TEXT(SUMIF(N:N,"其他业务成本",R:R),"0.00元")”，先运用SUMIF函数根据N:N区域中包含文本“其他业务成本”这一条件，对R:R区域中的数值进行求和，然后运用TEXT函数将其转换为“0.00元”格式。

8. “替换”辅助单元格中的内容

本小节在前面操作中将A3单元格作为

辅助单元格，设置了MAX函数统计当前固定资产的数量，用于自动生成表单序号及被A2单元格公式引用。由于公式结果为数字，而同一行次中的其他单元格均为字段名称，类型不一致，影响美观。对此，可在前面全部操作完成之后，运用自定义单元格格式功能将其中内容“替换”为字段名称。操作方法如下。

第1步 选中A3单元格后，按快捷组合键【Ctrl+1】打开【设置单元格格式】对话框，❶在【数字】选项卡【分类】列表框中选择【自定义】选项，❷在【类型】文本框中输入自定义格式代码“序号”，❸单击【确定】按钮关闭对话框。如下图所示。

第2步 操作完成后，返回工作表，即可看到A3单元格中显示内容为“序号”。如下图所示。

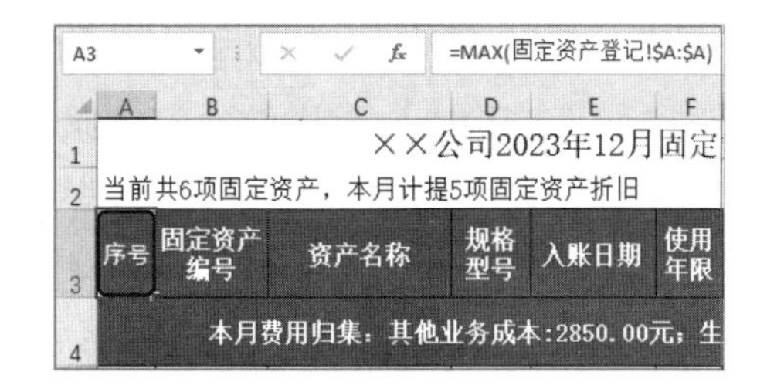

6.4.2 生成静态的固定资产折旧清单

动态的固定资产折旧清单制作完成后，其主要作用是查询和自动计算相关折旧数据。财务人员每月打印纸质表单前可通过两三步简单操作，将动态表单复制粘贴一份后清除公式，生成静态的固定资产折旧清单，作为电子档案留存，同时也可反复打印。操作方法如下。

第1步 ❶右击“固定资产折旧清单”工作簿中“固定资产折旧清单”工作表标签，❷单击快捷菜单中的【移动或复制】命令。如下图所示。

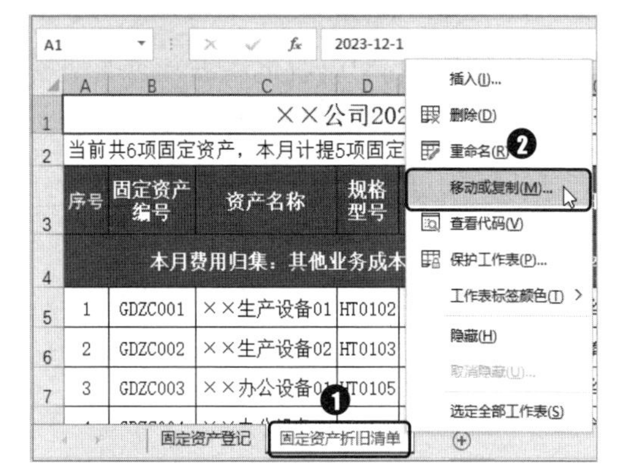

第2步 弹出【移动或复制工作表】对话框，❶单击【下列选定工作表之前】列表框

中的【（移至最后）】选项，❷勾选【建立副本】复选框，❸单击【确定】按钮关闭对话框。如下图所示。

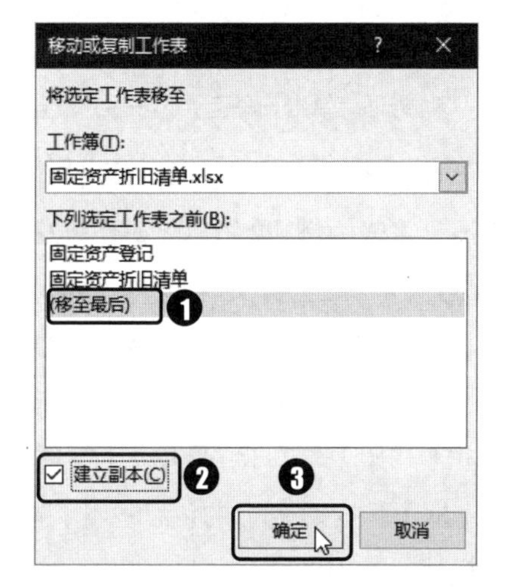

第3步 上一步操作完成后，系统即生成一份与“固定资产折旧清单”工作表内容完成相同的新工作表，名称为“固定资产折旧清单(2)”，❶将其重命名为“2023年12月折旧清单”，❷单击工作表左上角的【全选】按钮“◢”选中整张工作表后，按快捷组合键【Ctrl+C】复制，❸右击工作表中任意一处，在弹出的快捷菜单中单击【粘贴选项】选项组中的【值】快捷按钮即可。如下图所示。

第4步 最后删除第11至第15行空白行，并将A1:T1单元格区域合并为A1单元格，使表单标题居中显示即可。效果如下图所示。

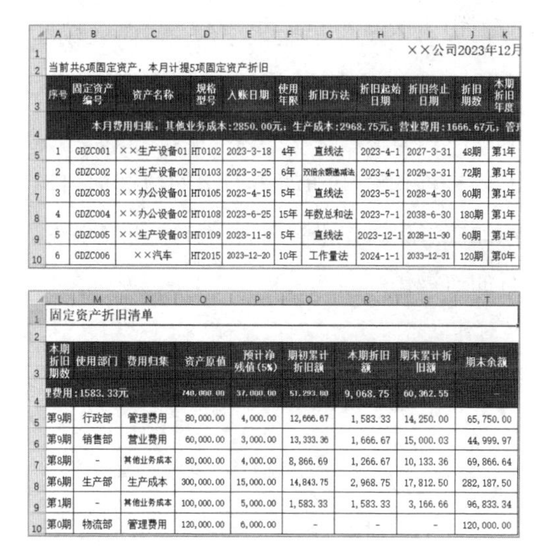

××公司2023年12月

当前共6项固定资产，本月计提5项固定资产折旧

序号	固定资产编号	资产名称	规格型号	入账日期	使用年限	折旧方法	折旧起始日期	折旧终止日期	折旧期数	本期折旧年度
本月费用归集：其他业务成本:2850.00元；生产成本:2968.75元；营业费用:1666.67元；管										
1	GDZC001	××生产设备01	HT0102	2023-3-18	4年	直线法	2023-4-1	2027-3-31	48期	第1年
2	GDZC002	××生产设备02	HT0103	2023-3-25	6年	双倍余额递减法	2023-4-1	2029-3-31	72期	第1年
3	GDZC003	××办公设备01	HT0105	2023-4-15	5年	直线法	2023-5-1	2028-4-30	60期	第1年
4	GDZC004	××办公设备02	HT0108	2023-6-25	15年	年数总和法	2023-7-1	2038-6-30	180期	第1年
5	GDZC005	××生产设备03	HT0109	2023-11-8	5年	直线法	2023-12-1	2028-11-30	60期	第1年
6	GDZC006	××汽车	HT2015	2023-12-20	10年	工作量法	2024-1-1	2033-12-31	120期	第0年

固定资产折旧清单

本期折旧期数	使用部门	费用归集	资产原值	预计净残值(5%)	期初累计折旧额	本期折旧额	期末累计折旧额	期末余额
理费用:1583.33元			740,000.00	37,000.00	51,293.80	9,068.75	60,362.55	-
第9期	行政部	管理费用	80,000.00	4,000.00	12,666.67	1,583.33	14,250.00	65,750.00
第9期	销售部	营业费用	60,000.00	3,000.00	13,333.36	1,666.67	15,000.03	44,999.97
第8期	-	其他业务成本	80,000.00	4,000.00	8,866.69	1,266.67	10,133.36	69,866.64
第6期	生产部	生产成本	300,000.00	15,000.00	14,843.75	2,968.75	17,812.50	282,187.50
第1期	-	其他业务成本	100,000.00	5,000.00	1,583.33	1,583.33	3,166.66	96,833.34
第0期	物流部	管理费用	120,000.00	6,000.00	-	-	-	120,000.00

本节示例结果见“结果文件\第6章\固定资产折旧清单.xlsx”文件。

AI智能答疑与技巧点拨

本章结合财务实操内容，讲解了如何综合运用Excel制作固定资产表单科学、规范地管理固定资产。下面利用AI工具“讯飞星火”与“文心一言”的学习引导，结合本章主题内容及实际工作中运用Excel时的常见问题，介绍以下两个实用技巧，帮助财务人员进一步完善工作细节并提升工作效率。

01 巧用条件格式动态添加或清除固定资产折旧计算表的表格框线

本章制作了动态的固定资产计算表和固定资产折旧清单，可根据指定的条件在表单中动态列示相关数据。但是，数据是动态的，而表格框架却是静态的，那么当数据内容不足以填满表格时，空白区域的表格框线依然存在，影响表单的整洁、美观和规范性。对此，可以巧用条件格式功能使表格框线跟随动态列示的数据而自动添加或清除。先来看看AI工具“讯飞星火”是如何操作的。

提问： Excel中如何利用条件格式动态添加表格框线？

讯飞星火

在Excel中，条件格式是一个非常实用的功能，可以帮助我们动态添加表格框线。具体操作步骤如下。

（1）选中需要自动添加边框线的区域。

（2）单击【开始】→【样式】→【条件格式】→【新建规则】。

（3）在【新建规则】中选择【使用公式确定要设置格式的单元格】。

（4）在【为符合此公式的值设置格式】中输入公式，如“=$A2<>""”，这个公式表示当A2单元格不为空时，为其添加外边框。

（5）单击【格式】→【边框】，并选择需要的边框类型和颜色。

（6）最后，单击【确定】即可完成设置。

下面参考讯飞星火介绍的操作步骤，以折旧计算表为例，介绍具体操作方法。

第1步 打开“素材文件\第6章\固定资产折旧计算表1.xlsx”文件，❶选中“固定资产卡片”工作表中的F4:I18单元格区域，❷单击【开始】选项卡，❸单击【字体】组中【边框】下拉列表中的【无框线】选项，取消框线。如下图所示。

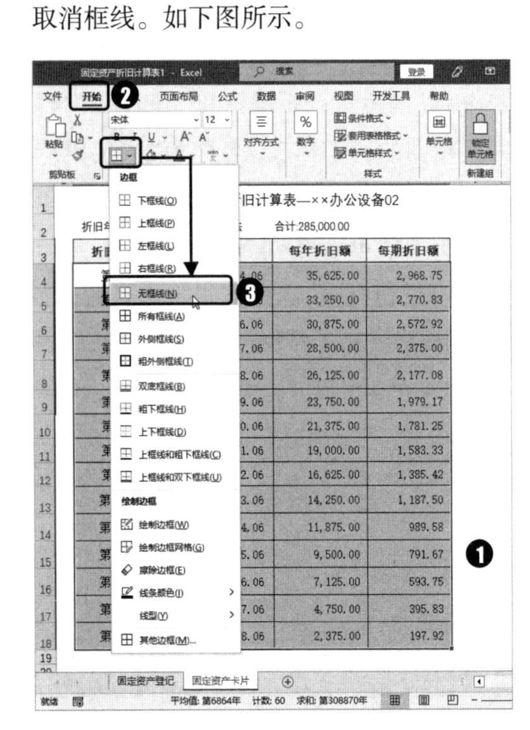

第2步 ❶单击【开始】选项卡，❷单击【格式】组中的【条件格式】下拉按钮，❸单

击下拉列表中的【新建规则】命令。如下图所示。

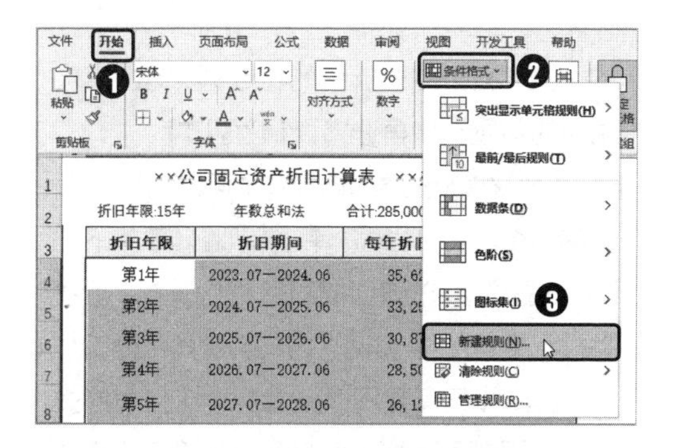

第3步 弹出【新建格式规则】对话框，❶单击【选择规则类型】列表框中的【使用公式确定要设置格式的单元格】选项，❷在【为符合此公式的值设置格式】文本框中输入公式“=$F4< >""”，其含义是F4单元格中大于或小于空值，即不等于空值，❸单击【格式】按钮。如下图所示。

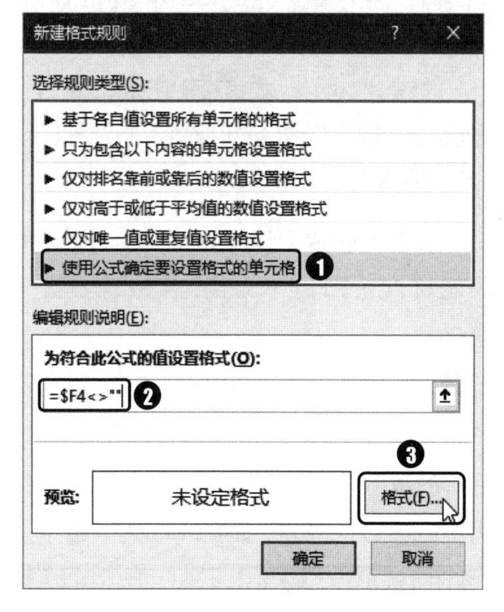

第4步 弹出【设置单元格格式】对话框，❶切换至【边框】选项卡，❷单击【预置】选项组中的【外边框】选项，❸单击【确定】按钮关闭对话框。如下图所示。

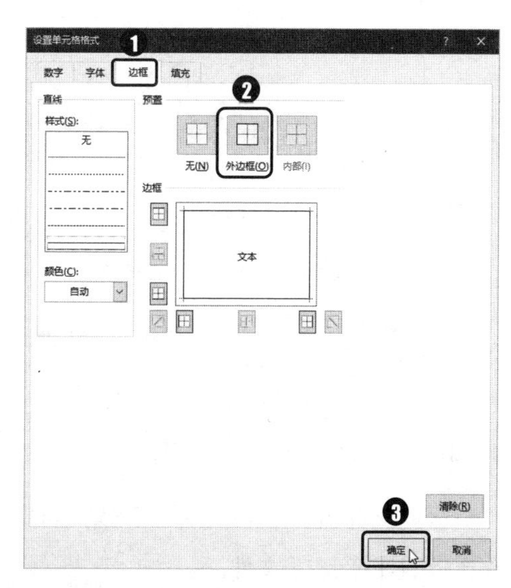

第5步 返回【新建格式规则】对话框，可查看【预览】中的条件格式预览效果。单击【确定】按钮关闭对话框。如下图所示。

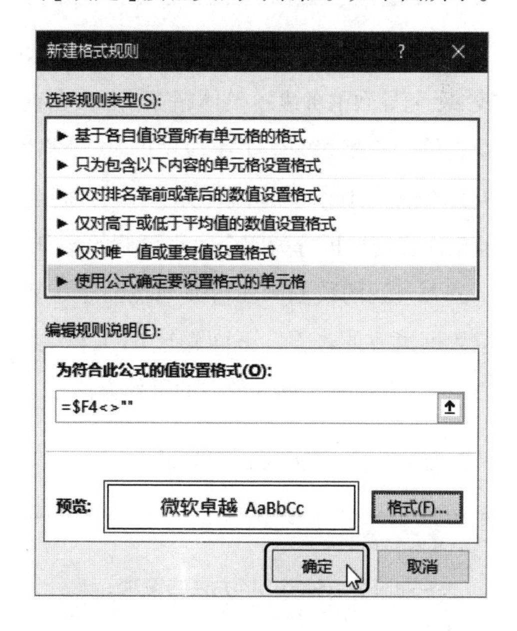

第6步 操作完成后，在A1单元格下拉列表中选择另一个固定资产名称，如“××生产设备01”，即可看到F4:I18单元格区域中的条件格式效果。如下图所示。

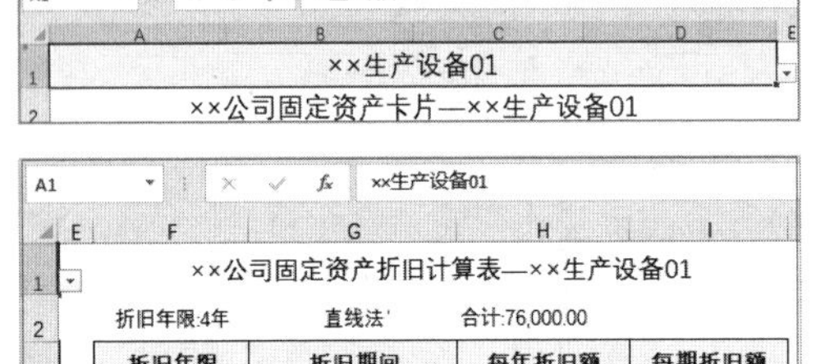

A1 ××生产设备01

××公司固定资产折旧计算表—××生产设备01

折旧年限:4年　直线法　合计:76,000.00

折旧年限	折旧期间	每年折旧额	每期折旧额
第1年	2023.04—2024.03	19,000.00	1,583.33
第2年	2024.04—2025.03	19,000.00	1,583.33
第3年	2025.04—2026.03	19,000.00	1,583.33
第4年	2026.04—2027.03	19,000.00	1,583.33

示例结果见“结果文件\第6章\固定资产折旧计算表1”文件。

02 拆分窗口查看固定资产表单中不相邻的数据

实际工作中，如果财务表单中的字段较多，而导致财务表单整体超宽，那么在查看表单中不相邻的多个字段中的数据时就极为不便。对此，可运用拆分窗口功能将当前工作表窗口拆分为四个大小可调的窗口，将需要查看的数据所在行或列拖动至相邻位置即可方便查看。下面先让AI工具“文心一言”介绍一下拆分窗口的操作方法。

提问： Excel中如何拆分窗口？

文心一言

Excel中拆分窗口的方法有两种。

方法一：

（1）打开Excel，打开需要拆分窗口的工作表；

（2）选中需要拆分的行或列，单击菜单栏中的【视图】，再选择【新建窗口】；

（3）在新创建的窗口中，可以看到拆分后的两个Excel界面，单击【视图】菜单下的【全部重排】，在弹出的对话框中选择【垂直并排】，即可在左右两个方向得到两个窗口；

（4）如果需要同时查看两个工作表的数据，可以按照上述步骤，分别在两个工作表中拆分窗口即可。

方法二：

（1）打开Excel，打开需要拆分窗口的工作表；

（2）选中需要拆分的行或列，单击菜单栏中的【窗口】，再选择【拆分】；

（3）Excel会自动将当前窗口拆分为上下或左右两个区域，可以在每个窗口中分别浏览同一工作表中不同区域的数据。

需要注意的是，如果需要取消拆分窗口，只需要单击菜单栏中的【视图】，再选择【拆分】即可恢复到原始状态。

接下来参考上述步骤，以本章制作的固定资产折旧清单为例，实战练习拆分窗口。

第1步 打开“素材文件\第6章\固定资产折旧清单1.xlsx”文件，❶在“2023年12月折旧清单”工作表中选中一个单元格，作为拆分窗口的界点，如K5单元格，❷单击【视图】选项卡，❸单击【窗口】组中的【拆分】按钮“⊟”。如下图所示。

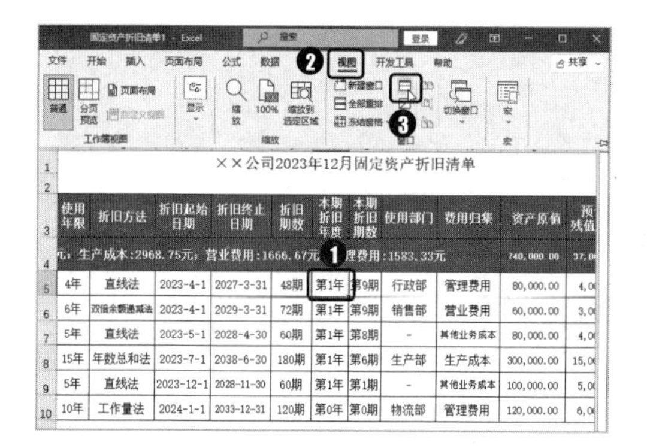

第2步 操作完成后，即可看到工作表窗口已被拆分为四个窗口（标志为绿色分割线）。拖动水平滚动条或垂直滚动条即可将不相邻的数据移动至相邻位置，方便查看。如下图所示。

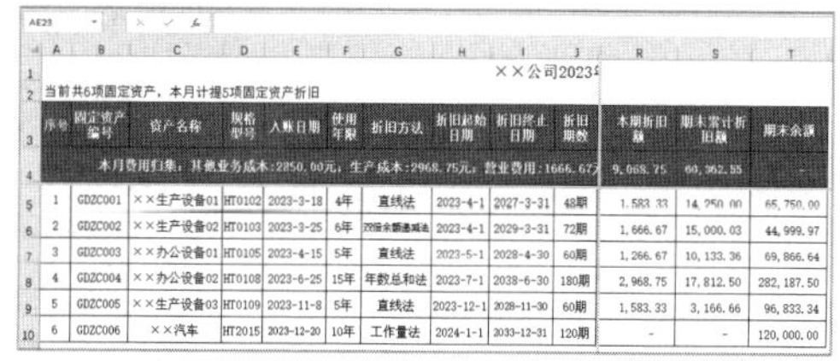

温馨提示

窗口拆分功能的作用仅仅是临时改变视图，方便查看数据，因此在关闭工作簿后，就会自动恢复为常规视图。

Excel

第7章

实战：制作进销存管理表单

本章导读

进销存是指企业从采购产品入库到销售产品出库，再至库存数据核算的动态过程。实际经营过程中，企业一旦发生进销存活动，每一个环节都会产生大量的原始数据，那么随之而来的就是大量的数据计算、统计、分析管理工作。对此，财务人员要善于运用Excel来制作规范的管理表格，尽可能减少手动操作，才能有效规避失误，更顺利地完成工作任务。本章将先通过讯飞星火、ChatGPT和文心一言等AI工具让财务人员了解设计进销存管理表单的方法和思路，再讲解运用Excel管理进销存数据的思路和设计制作表单的具体操作方法、技巧等内容，帮助财务人员轻松快捷、科学高效地管理进销存数据。

7.1 基础数据管理表单

财务人员要管理好进销存数据，首要工作是建立完善和规范的基础数据档案。进销存的基础数据主要包括供应商信息、客户信息、产品信息这三大类。同时，每一大类中分别涵盖了不同的关键内容，这些内容将直接影响后续数据统计分析的准确性。所以，建立规范的基础信息档案库，管理基础数据，为后续进销存数据的计算、统计和分析做好基础保障非常重要。下面先来看看AI工具“ChatGPT”对进销存基础数据管理表单的设计有什么建议。

提问： 进销存数据管理中，如何设计供应商、客户、产品的基础数据管理表单？

ChatGPT

在进销存数据管理中，可以设计以下基础数据管理表单来管理供应商、客户和产品基础数据。

（1）供应商表单。

· 供应商编号：唯一标识供应商的编号。

· 供应商名称：供应商的名称。

· 联系人：供应商的联系人。

· 联系电话：供应商的联系电话。

· 地址：供应商的地址。

· 备注：其他相关信息的备注栏。

（2）客户表单。

· 客户编号：唯一标识客户的编号。

· 客户名称：客户的名称。

· 联系人：客户的联系人。

· 联系电话：客户的联系电话。

· 地址：客户的地址。

· 备注：其他相关信息的备注栏。

（3）产品表单。

· 产品编号：唯一标识产品的编号。

· 产品名称：产品的名称。

· 产品分类：产品所属的分类，如电子产品、服装等。

· 单位：产品的计量单位，如件、箱等。

· 进货价格：产品的进货价格。

· 销售价格：产品的销售价格。

· 备注：其他相关信息的备注栏。

以上表单可以根据实际需求进行扩展和调整，以满足具体的进销存数据管理需求。同时，可以使用数据库来存储和管理这些基础数据，方便后续的数据查询和统计分析。

从以上回复，可以明确一点：无论是供应商、客户还是产品的基础数据管理表单，编号、名称、类别、价格等项目都是必不可缺的数据。下面参考上述建议，结合增值税发票相关数据，介绍如何使用Excel建立三类基础数据档案库，为后续数据计算、统计和分析提供准确的源数据。

7.1.1 供应商信息管理表单

供应商的基础信息不仅是采购环节中不可或缺的数据，而且也是产品基础信息中一个非常重要的部分。例如，为产品制定销售价格时，必须考虑该供应商是否提供增值税发票，以及所提供的发票是增值税专用发票还是普通发票、增值税专用发票的可抵扣税率，等等。因此，一份完善的供应商信息管理表单中至少应包括“纳税人类型”“发票类型”“进项税率”等关键信息。

打开“素材文件\第7章\进销存基础信息表单.xlsx”文件，如下图所示。本例已预先绘制好供应商信息管理表单框架，并设置好字段名称，同时已填入部分原始信息。其中，【纳税人类型】【发票类型】和【预设采购价类型】等字段使用“数据验证”工具创建下拉列表进行填写。其他字段将运用函数设置公式自动计算。

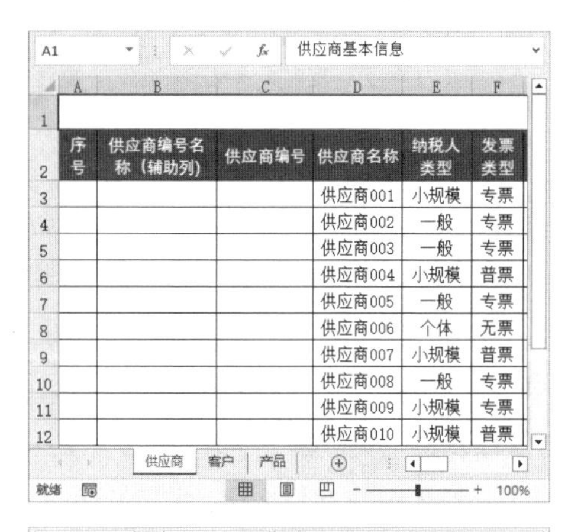

序号	供应商编号名称（辅助列）	供应商编号	供应商名称	纳税人类型	发票类型
			供应商001	小规模	专票
			供应商002	一般	专票
			供应商003	一般	专票
			供应商004	小规模	普票
			供应商005	一般	专票
			供应商006	个体	无票
			供应商007	小规模	普票
			供应商008	一般	专票
			供应商009	小规模	专票
			供应商010	小规模	普票

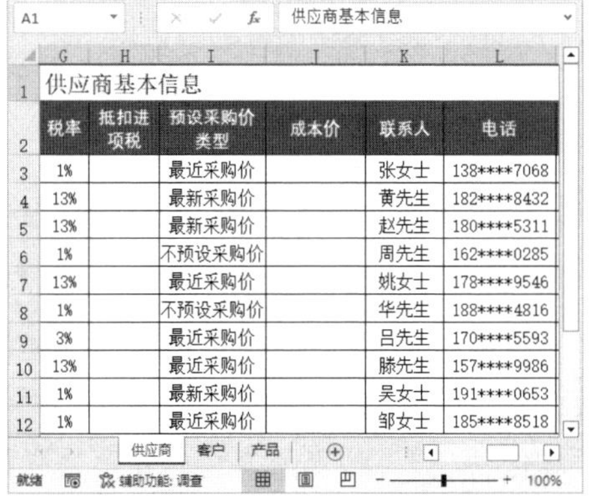

供应商基本信息

税率	抵扣进项税	预设采购价类型	成本价	联系人	电话
1%		最近采购价		张女士	138****7068
13%		最新采购价		黄先生	182****8432
13%		最新采购价		赵先生	180****5311
1%		不预设采购价		周先生	162****0285
13%		最近采购价		姚女士	178****9546
1%		不预设采购价		华先生	188****4816
3%		最近采购价		吕先生	170****5593
13%		最近采购价		滕先生	157****9986
1%		最新采购价		吴女士	191****0653
1%		最近采购价		邹女士	185****8518

操作方法如下。

第1步 ❶在A3单元格中设置公式“=IF(D3= "","-",COUNT($A$2:$A2)+1)”，运用IF函数判断D3单元格中为空时，返回符号“-”，否则运用COUNT函数统计A列单元格区域中数字型数据的数量，再加1，即可返回序号，❷复制A3单元格公式并粘贴至A4:A12单元格区域中，即可得到全部现有供应商的序号。如下图所示（编辑栏中显示A12单元格公式）。

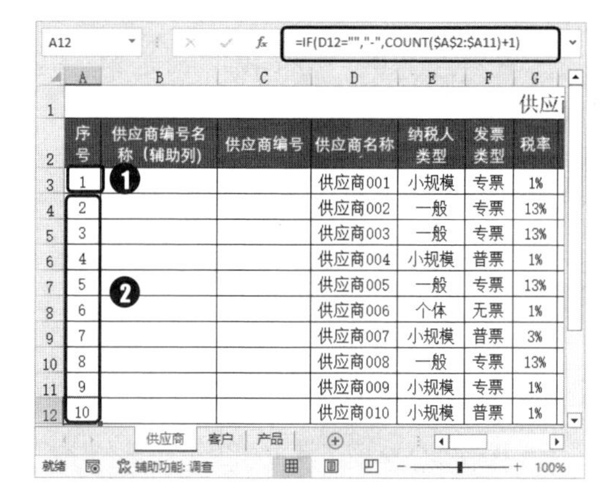

=IF(D12="","-",COUNT($A$2:$A11)+1)

序号	供应商编号名称（辅助列）	供应商编号	供应商名称	纳税人类型	发票类型	税率
1			供应商001	小规模	专票	1%
2			供应商002	一般	专票	13%
3			供应商003	一般	专票	13%
4			供应商004	小规模	普票	1%
5			供应商005	一般	专票	13%
6			供应商006	个体	无票	1%
7			供应商007	小规模	普票	3%
8			供应商008	一般	专票	13%
9			供应商009	小规模	专票	1%
10			供应商010	小规模	普票	1%

第2步 ❶在C3单元格中设置公式“=IF(D3="","-","GYS"&TEXT(A3,"000"))”，运用IF函数判断D3单元格中为空时，返回符号“-”，否则运用TEXT函数将A3单元格中数字的格式转换为长度为3位的文本型数字，即“000”，并与固定文本“GYS”组合，构成供应商编号，❷复制C3单元格公式并粘贴至C4:C12单元格区域中，即可得到全部现有供应商的编号。如下图所示（编辑栏中显示C12单元格公式）。

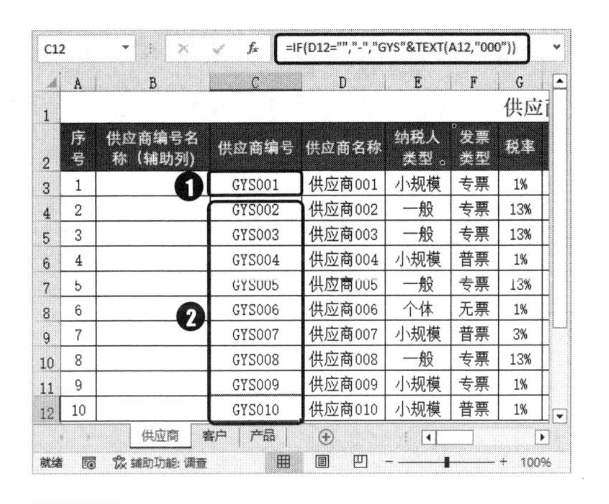

C12 =IF(D12="","-","GYS"&TEXT(A12,"000"))

序号	供应商编号名称（辅助列）	供应商编号	供应商名称	纳税人类型	发票类型	税率
1		GYS001	供应商001	小规模	专票	1%
2		GYS002	供应商002	一般	专票	13%
3		GYS003	供应商003	一般	专票	13%
4		GYS004	供应商004	小规模	普票	1%
5		GYS005	供应商005	一般	专票	13%
6		GYS006	供应商006	个体	无票	1%
7		GYS007	供应商007	小规模	普票	3%
8		GYS008	供应商008	一般	专票	13%
9		GYS009	供应商009	小规模	专票	1%
10		GYS010	供应商010	小规模	普票	1%

第3步 ❶在B3单元格中设置公式“=C3&" "&D3”，将C3单元格中的供应商编号、空格，以及D3单元格中的供应商名称组合，❷复制B3单元格公式并粘贴至B4:B12单元格区域中。该字段中的数据将在后面制作的其他表单中频繁引用，同时显示供应商编号和供应商名称，更方便查看。如下图所示（编辑栏中显示B12单元格公式）。

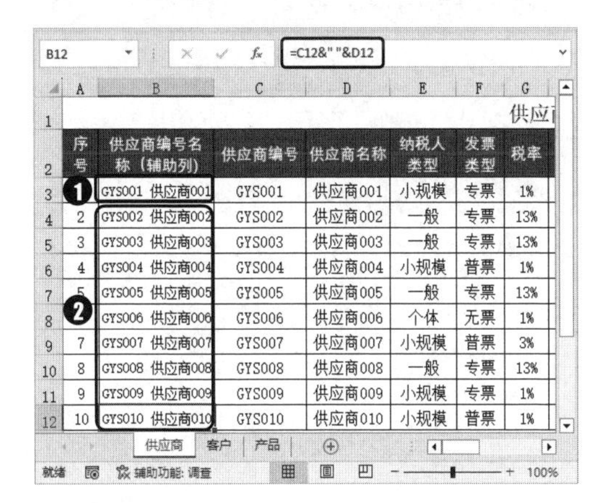

B12 =C12&" "&D12

序号	供应商编号名称（辅助列）	供应商编号	供应商名称	纳税人类型	发票类型	税率
1	GYS001 供应商001	GYS001	供应商001	小规模	专票	1%
2	GYS002 供应商002	GYS002	供应商002	一般	专票	13%
3	GYS003 供应商003	GYS003	供应商003	一般	专票	13%
4	GYS004 供应商004	GYS004	供应商004	小规模	普票	1%
5	GYS005 供应商005	GYS005	供应商005	一般	专票	13%
6	GYS006 供应商006	GYS006	供应商006	个体	无票	1%
7	GYS007 供应商007	GYS007	供应商007	小规模	普票	3%
8	GYS008 供应商008	GYS008	供应商008	一般	专票	13%
9	GYS009 供应商009	GYS009	供应商009	小规模	专票	1%
10	GYS010 供应商010	GYS010	供应商010	小规模	普票	1%

第4步 ❶在H3单元格中设置公式“=IF(F3="专票",1,2)”，运用IF函数判断F3单元格内容为“专票”时，返回数字“1”，否则返回数字“2”，并将单元格格式自定义为“[=1]"抵扣";[=2]"不抵扣"”，❷复制H3单元格公式并粘贴至H4:H12单元格区域中。如下图所示（编辑栏中显示H12单元格公式）。

H12 =IF(F12="专票",1,2)

供应商基本信息

供应商名称	纳税人类型	发票类型	税率	抵扣进项税	预设采购价类型	成本价
供应商001	小规模	专票	1%	抵扣	近采购价	
供应商002	一般	专票	13%	抵扣	最新采购价	
供应商003	一般	专票	13%	抵扣	最新采购价	
供应商004	小规模	普票	1%	不抵扣	不预设采购价	
供应商005	一般	专票	13%	抵扣	近采购价	
供应商006	个体	无票	1%	不抵扣	预设采购价	
供应商007	小规模	普票	3%	不抵扣	最近采购价	
供应商008	一般	专票	13%	抵扣	最近采购价	
供应商009	小规模	专票	1%	抵扣	最新采购价	
供应商010	小规模	普票	1%	不抵扣	最近采购价	

第5步 ❶在J3单元格中设置公式“=IF(H3=1,1,2)”，运用IF函数判断H3单元格中的数字为“1”时，代表进项税可抵扣，即返回数字“1”，否则返回数字“2”，并将单元格格式自定义为“[=1]"未税单价";[=2]"价税合计"”，❷复制J3单元格公式并粘贴至J4:J12单元格区域中。如下图所示（编辑栏中显示J12单元格公式）。

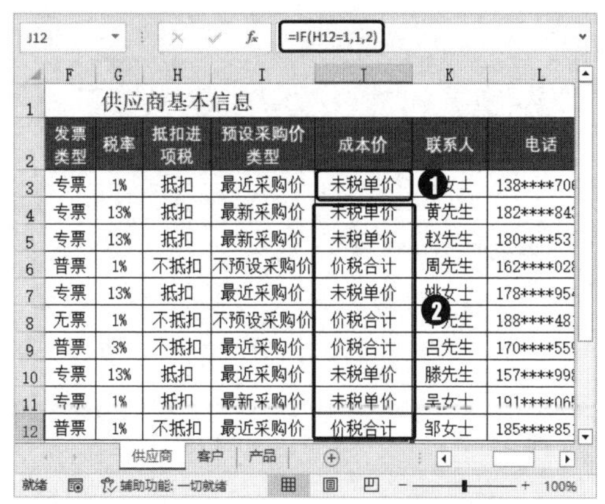

J12 =IF(H12=1,1,2)

供应商基本信息

发票类型	税率	抵扣进项税	预设采购价类型	成本价	联系人	电话
专票	1%	抵扣	最近采购价	未税单价	女士	138****70
专票	13%	抵扣	最新采购价	未税单价	黄先生	182****84
专票	13%	抵扣	最新采购价	未税单价	赵先生	180****53
普票	1%	不抵扣	不预设采购价	价税合计	周先生	162****02
专票	13%	抵扣	最近采购价	未税单价	姚女士	178****95
无票	1%	不抵扣	不预设采购价	价税合计	先生	188****48
普票	3%	不抵扣	最近采购价	价税合计	吕先生	170****55
专票	13%	抵扣	最近采购价	未税单价	滕先生	157****99
专票	1%	抵扣	最新采购价	未税单价	吴女士	191****06
普票	1%	不抵扣	最近采购价	价税合计	邹女士	185****85

温馨提示

本例在【抵扣进项税】和【成本价】字段的IF函数公式中设定返回结果为数字“1”和“2”，便于后面在其他表单中进行引用。而自定义单元格格式的作用是方便阅读。

7.1.2 客户信息管理表单

客户信息管理表单中的大部分字段、格式、公式的设置思路与方法均与供应商信息管理表单基本一致，只需复制粘贴后稍作修改即可，因此不作赘述。另外，本例统一使用13%的增值税销项税率，所以表单中也可不必设置“税率”这一字段。

如下图所示，在“进销存基础信息表单”工作簿“客户”工作表中的“客户基本信息”表单中，除【目标利润率】字段外，其他字段已经预先填入或设置公式计算。另外，“客户定价标准”表单是一个超级表，其中是预先设定的各种价格类型的目标利润率，只需将其引用至【目标利润率】字段即可。

客户基本信息

序号	客户编号	客户编号名称（辅助列）	客户名称	纳税人类型	发票类型	价格类型	目标利润率
1	KH001	KH001 客户001	客户001	一般	专票	常规批发价	
2	KH002	KH002 客户002	客户002	一般	专票	特准批发价	
3	KH003	KH003 客户003	客户003	小规模	普票	常规批发价	
4	KH004	KH004 客户004	客户004	一般	专票	参考零售价	
5	KH005	KH005 客户005	客户005	一般	专票	常规批发价	
6	KH006	KH006 客户006	客户006	小规模	专票	特准批发价	
7	KH007	KH007 客户007	客户007	个体	普票	保底折扣价	
8	KH008	KH008 客户008	客户008	小规模	普票	常规折扣价	
9	KH009	KH009 客户009	客户009	小规模	普票	特准批发价	
10	KH010	KH010 客户010	客户010	一般	专票	常规批发价	

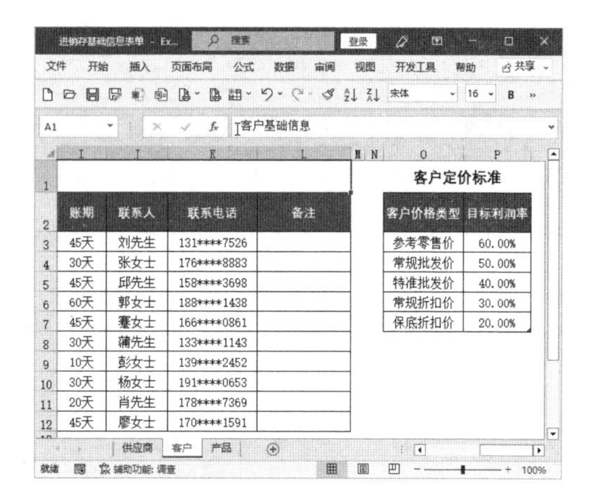

账期	联系人	联系电话	备注
45天	刘先生	131****7526	
30天	张女士	176****8883	
45天	邱先生	158****3698	
60天	郭女士	188****1438	
45天	蹇女士	166****0861	
30天	蒲先生	133****1143	
10天	彭女士	139****2452	
30天	杨女士	191****0653	
20天	肖先生	178****7369	
45天	廖女士	170****1591	

客户定价标准

客户价格类型	目标利润率
参考零售价	60.00%
常规批发价	50.00%
特准批发价	40.00%
常规折扣价	30.00%
保底折扣价	20.00%

操作方法如下。

第1步 在“客户”工作表内的H3单元格中设置公式“=VLOOKUP(G3,O$3:P$7,2,0)”，运用VLOOKUP函数根据G3单元格中的价格类型，在O3:P7单元格区域中查找相同内容，并返回与之匹配的目标利润率数据。如下图所示。

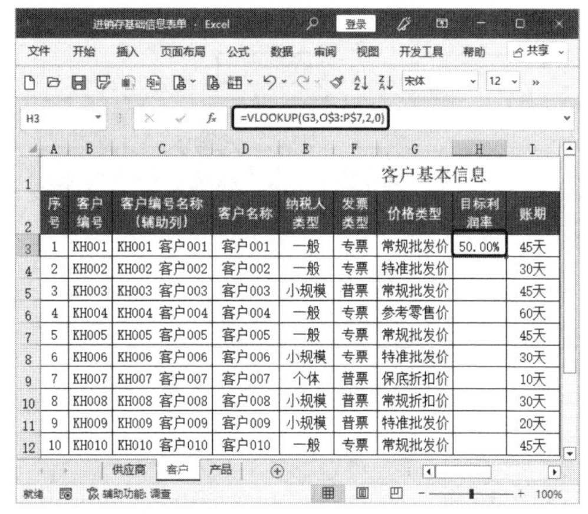

=VLOOKUP(G3,O$3:P$7,2,0)

客户基本信息

序号	客户编号	客户编号名称（辅助列）	客户名称	纳税人类型	发票类型	价格类型	目标利润率	账期
1	KH001	KH001 客户001	客户001	一般	专票	常规批发价	50.00%	45天
2	KH002	KH002 客户002	客户002	一般	专票	特准批发价		30天
3	KH003	KH003 客户003	客户003	小规模	普票	常规批发价		45天
4	KH004	KH004 客户004	客户004	一般	专票	参考零售价		60天
5	KH005	KH005 客户005	客户005	一般	专票	常规批发价		45天
6	KH006	KH006 客户006	客户006	小规模	专票	特准批发价		30天
7	KH007	KH007 客户007	客户007	个体	普票	保底折扣价		10天
8	KH008	KH008 客户008	客户008	小规模	普票	常规折扣价		30天
9	KH009	KH009 客户009	客户009	小规模	普票	特准批发价		20天
10	KH010	KH010 客户010	客户010	一般	专票	常规批发价		45天

第2步 复制H3单元格公式并粘贴至H4:H12单元格区域中，即可计算得到全部客户的目标利润率数据。如下图所示。

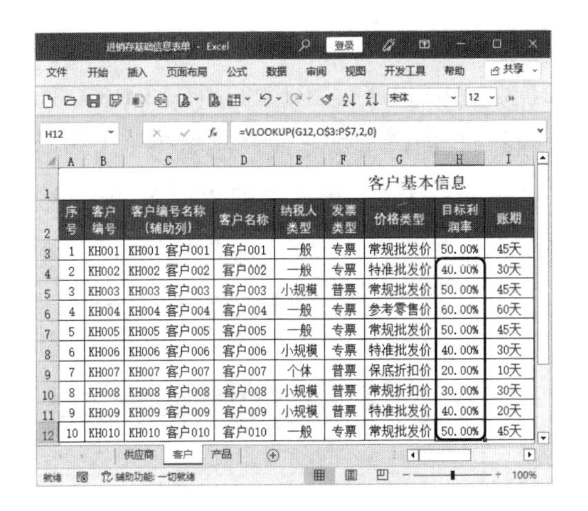

序号	客户编号	客户编号名称（辅助列）	客户名称	纳税人类型	发票类型	价格类型	目标利润率	账期
1	KH001	KH001 客户001	客户001	一般	专票	常规批发价	50.00%	45天
2	KH002	KH002 客户002	客户002	一般	专票	特准批发价	40.00%	30天
3	KH003	KH003 客户003	客户003	小规模	普票	常规批发价	50.00%	45天
4	KH004	KH004 客户004	客户004	一般	专票	参考零售价	60.00%	60天
5	KH005	KH005 客户005	客户005	一般	专票	常规批发价	50.00%	45天
6	KH006	KH006 客户006	客户006	小规模	专票	特准批发价	40.00%	30天
7	KH007	KH007 客户007	客户007	个体	普票	保底折扣价	20.00%	10天
8	KH008	KH008 客户008	客户008	小规模	普票	常规折扣价	30.00%	30天
9	KH009	KH009 客户009	客户009	小规模	普票	特准批发价	40.00%	20天
10	KH010	KH010 客户010	客户010	一般	专票	常规批发价	50.00%	45天

7.1.3 产品信息管理表单

实务中，产品的基本信息通常是由供应商提供，而每个供应商提供的表单布局、格式都有所不同，很难进行整合并统一管理。因此，企业财务人员在收到这些资料后，都应当整理规范后录入到统一的表单模板之中，并根据成本价，按照不同的价格类型预先制定价格。对于财务人员来说，这项工作的内容虽然并不复杂，但是工作量不小。所以，在制作表单模板时，应注意尽可能减少手动录入，除了部分信息必须手动录入（或从原始表单中复制粘贴），其他信息均可设置公式自动计算，不仅能够减轻工作量，而且也可以让数据质量得以保证。

如下图所示，在“进销存基础信息表单”工作簿“产品”工作表中的“产品基本信息”表单中，已预先填入产品名称、规格型号、条码、包装数的信息。而【默认供应商】字段将运用“数据验证”功能创建下拉列表，同时将序列来源设置为公式，生成动态的下拉列表。其他字段的数据也将设置公式自动计算。

序号	产品编码	产品名称	规格型号	条码	包装数	默认供应商
		产品001	JC510	69**********36	90	
		产品002	JC511	69**********62	60	
		产品003	JCA512	69**********22	90	
		产品004	HA571	69**********63	60	
		产品005	HA572	69**********72	60	
		产品006	HA518	69**********31	30	
		产品007	TE516	69**********41	60	
		产品008	TE517	69**********95	30	
		产品009	FJ596	69**********26	90	
		产品010	FJ595	69**********94	30	
		产品011	JL532	69**********65	30	
		产品012	JL533	69**********32	72	
		产品013	JC591	69**********86	60	
		产品014	JC592	69**********95	48	
		产品015	JC593	69**********26	36	
		产品016	JC594	69**********70	60	
		产品017	JC615	69**********15	90	
		产品018	JC616	69**********12	60	
		产品019	JC617	69**********27	48	

未税单价	含税单价	入库成本单价	参考零售价	常规批发价	特准批发价	常规折扣价	保底折扣价
48.30							
46.79							
52.10							
40.60							
44.48							
31.62							
52.11							
36.00							
47.05							
32.11							
50.46							
41.79							
52.19							
50.16							
34.30							
38.28							
48.01							
45.18							
46.69							

1. 自动生成表单序号

表单序号是全部产品的序号，依然使

用IF+COUNT函数组合设置公式即可自动生成。操作方法如下。

❶在“产品”工作表内的A3单元格中设置公式“=IF(C3="","-",COUNT($A$2:A2)+1)”，运用IF函数判断C3单元格中为空时，返回符号“-”，否则运用COUNT函数统计A列单元格区域中数字型数据的数量，再加1，即可返回序号，❷复制A3单元格公式并粘贴至A4:A22单元格区域中。如下图所示（编辑栏中显示A22单元格公式）。

A22 =IF(C22="","-",COUNT($A$2:A21)+1)

	A	B	C	D	E	F
1						
2	序号	产品编码	产品名称	规格型号	条码	包装数
3	1	❶	产品001	JC510	69**********36	90
13	11		产品011	JL532	69**********65	30
14	12		产品012	JL533	69**********32	72
15	13		产品013	JC591	69**********86	60
16	14		产品014	JC592	69**********95	48
17	15		产品015	JC593	69**********26	36
18	16	❷	产品016	JC594	69**********70	60
19	17		产品017	JC615	69**********15	90
20	18		产品018	JC616	69**********12	60
21	19		产品019	JC617	69**********27	48
22	20		产品020	JC618	69**********33	60

2. 自动生成产品编码

本例设定的产品编码规则是：供应商编码+产品顺序号。例如，某供应商编码为“002”，那么其供应的产品依次编码为“002001”“002002”……自动生成产品编码只需要运用MID、TEXT和COUNTIF函数即可实现。操作方法如下。

第1步 在B3单元格中设置公式“=MID(G3,4,3)&TEXT(COUNTIF(G$3:G3,G3),"000")”，即可自动生成产品编码。因当前G3单元格为空，因此返回“000”。如下图所示。

B3 =MID(G3,4,3)&TEXT(COUNTIF(G$3:G3,G3),"000")

	A	B	C	D	E	F	G
1							产品基本信
2	序号	产品编码	产品名称	规格型号	条码	包装数	默认供应商
3	1	000	产品001	JC510	69**********36	90	
13	11		产品011	JL532	69**********65	30	
14	12		产品012	JL533	69**********32	72	
15	13		产品013	JC591	69**********86	60	
16	14		产品014	JC592	69**********95	48	
17	15		产品015	JC593	69**********26	36	
18	16		产品016	JC594	69**********70	60	
19	17		产品017	JC615	69**********15	90	
20	18		产品018	JC616	69**********12	60	
21	19		产品019	JC617	69**********27	48	
22	20		产品020	JC618	69**********33	60	

公式由两个表达式组成，原理如下。

（1）MID函数表达式：运用MID函数从G3单元格内字符串中的第4个字符起，截取3个字符，即可获取供应商编码。

（2）TEXT+COUNTIF函数组合表达式：先运用COUNTIF函数统计G3:G3单元格区域中，G3单元格中内容的数量，结果为“1”，然后运用TEXT函数将其转换为3位文本型数字，即“000”。

（3）运用连接符号“&”将MID函数和TEXT+COUNTIF函数组合表达式组合，即可构成产品编码。

第2步 复制B3单元格公式并粘贴至B4:B22单元格区域中，即可自动生成全部产品编码。如下图所示。

B22 =MID(G22,4,3)&TEXT(COUNTIF(G$3:G22,G22),"000")

产品基本信

序号	产品编码	产品名称	规格型号	条码	包装数	默认供应商
1	000	产品001	JC510	69*********36	90	
11	000	产品011	JL532	69*********65	30	
12	000	产品012	JL533	69*********32	72	
13	000	产品013	JC591	69*********86	60	
14	000	产品014	JC592	69*********95	48	
15	000	产品015	JC593	69*********26	36	
16	000	产品016	JC594	69*********70	60	
17	000	产品017	JC615	69*********15	90	
18	000	产品018	JC616	69*********12	60	
19	000	产品019	JC617	69*********27	48	
20	000	产品020	JC618	69*********33	60	

3. 创建动态下拉列表

在【默认供应商】字段中填写内容时，为避免手动输入出错，可运用“数据验证”功能创建下拉列表。同时，实务中供应商数量会不断增加，因此可将序列来源设置为公式，创建为动态下拉列表，使其中备选项随之增加。操作方法如下。

第1步 打开【数据验证】对话框，❶在【设置】选项卡【允许】下拉列表中选择【序列】选项，❷在【来源】文本框中输入公式“=OFFSET(供应商!$A$1,2,1,COUNTA(供应商!$B:$B)-1)”，❸单击【确定】按钮关闭对话框。如下图所示。

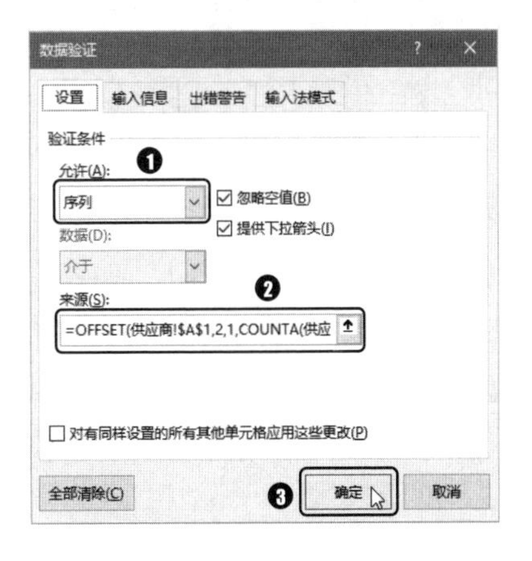

公式原理如下。

运用OFFSET函数以“供应商”工作表A1单元格为起点，向下偏移2行，向右偏移1行至B3单元格。向下偏移高度是由COUNTA函数统计“供应商”工作表中B列区域的文本数量减1的数字，也就是现有供应商数量。减1是要减掉字段名称（B2单元格）所占用的1个单元格。

第2步 在G3:G22单元格区域填入默认供应商，可看到B3:B22单元格区域（【产品编码】字段）中已自动生成产品编号码。如下图所示。

G22 GYS010 供应商010

产品基本信息

序号	产品编码	产品名称	包装数	默认供应商	未税单价
1	001001	产品001	90	GYS001 供应商001	48.30
11	005001	产品011	30	GYS005 供应商005	50.46
12	005002	产品012	72	GYS005 供应商005	41.79
13	006001	产品013	60	GYS006 供应商006	52.19
14	006002	产品014	48	GYS006 供应商006	50.16
15	007001	产品015	36	GYS007 供应商007	34.30
16	008001	产品016	60	GYS008 供应商008	38.28
17	008002	产品017	90	GYS008 供应商008	48.01
18	009001	产品018	60	GYS009 供应商009	45.18
19	010001	产品019	48	GYS010 供应商010	46.69
20	010002	产品020	60	GYS010 供应商010	7.10

温馨提示

因本例公式表达式较长，导致在【数据验证】对话框【来源】文本框中显示不完整，单击文本框右侧的按钮“↑”即可完整显示。

4. 计算产品价格

下面以产品的原始未税单价为基础，计算产品统一含税单价，并计算不同类型的价格。操作方法如下。

第1步 ❶在I3单元格中设置公式“=ROUND(H3*1.13,2)”，用H3单元格中的未税单价乘以税率1.13即可得到“产品001”的含税单价，❷复制I3单元格公式并粘贴至I4:I22单元格区域中即可计算出全部产品的含税单价。如下图所示（编辑栏中显示I22单元格公式）。

I22 =ROUND(H22*1.13,2)

	A	B	C	H	I	J	K	L
1			息					
2	序号	产品编码	产品名称	未税单价	含税单价	入库成本单价	参考零售价	常规批发价
3	1	001001	产品001	48.30	54.58 ❶			
10	8	003002	产品008	36.00	40.68			
11	9	004001	产品009	47.05	53.17			
12	10	004002	产品010	32.11	36.28			
13	11	005001	产品011	50.46	57.02			
14	12	005002	产品012	41.79	47.22			
15	13	006001	产品013	52.19	58.97 ❷			
16	14	006002	产品014	50.16	56.68			
17	15	007001	产品015	34.30	38.76			
18	16	008001	产品016	38.28	43.26			
19	17	008002	产品017	48.01	54.25			
20	18	009001	产品018	45.18	51.05			
21	19	010001	产品019	46.69	52.76			
22	20	010002	产品020	47.10	53.22			

第2步 在J3单元公式中设置公式“=IF(VLOOKUP($G3,供应商!$B:$H,7,0)=1,H3,I3)”，即可计算得到“产品001”的入库成本单价。如下图所示。

J3 =IF(VLOOKUP($G3,供应商!$B:$H,7,0)=1,H3,I3)

	A	B	C	G	H	I	J
1				产品基本信息			
2	序号	产品编码	产品名称	默认供应商	未税单价	含税单价	入库成本单价
3	1	001001	产品001	GYS001 供应商001	48.30	54.58	48.30
10	8	003002	产品008	GYS003 供应商003	36.00	40.68	
11	9	004001	产品009	GYS004 供应商004	47.05	53.17	
12	10	004002	产品010	GYS004 供应商004	32.11	36.28	
13	11	005001	产品011	GYS005 供应商005	50.46	57.02	
14	12	005002	产品012	GYS005 供应商005	41.79	47.22	
15	13	006001	产品013	GYS006 供应商006	52.19	58.97	
16	14	006002	产品014	GYS006 供应商006	50.16	56.68	
17	15	007001	产品015	GYS007 供应商007	34.30	38.76	
18	16	008001	产品016	GYS008 供应商008	38.28	43.26	
19	17	008002	产品017	GYS008 供应商008	48.01	54.25	
20	18	009001	产品018	GYS009 供应商009	45.18	51.05	
21	19	010001	产品019	GYS010 供应商010	46.69	52.76	
22	20	010002	产品020	GYS010 供应商010	47.10	53.22	

公式原理如下。

（1）先运用VLOOKUP函数根据G3单元格中的默认供应商在“供应商”工作表的B:H区域中查找B列（【供应商编号名称（辅助列）】字段）与之相同的内容，并返回H列（【抵扣进项税】字段）中与之匹配的数字“1”或“2”（“1”代表可以抵扣，“2”代表不可抵扣）。

（2）运用IF函数判断VLOOKUP函数表达式的结果为“1”时，返回H3单元格中的“未税单价”，否则返回I3单元格中的“含税单价”。

第3步 复制J3单元格公式并粘贴至J4:J22单元格即可计算得到全部产品的入库成本单价。如下图所示。

J22 =IF(VLOOKUP(G22,供应商!B:H,7,0)=1,H22,I22)

	A	B	C	G	H	I	J
1				产品基本信息			
2	序号	产品编码	产品名称	默认供应商	未税单价	含税单价	入库成本单价
3	1	001001	产品001	GYS001 供应商001	48.30	54.58	48.30
10	8	003002	产品008	GYS003 供应商003	36.00	40.68	36.00
11	9	004001	产品009	GYS004 供应商004	47.05	53.17	53.17
12	10	004002	产品010	GYS004 供应商004	32.11	36.28	36.28
13	11	005001	产品011	GYS005 供应商005	50.46	57.02	50.46
14	12	005002	产品012	GYS005 供应商005	41.79	47.22	41.79
15	13	006001	产品013	GYS006 供应商006	52.19	58.97	58.97
16	14	006002	产品014	GYS006 供应商006	50.16	56.68	56.68
17	15	007001	产品015	GYS007 供应商007	34.30	38.76	38.76
18	16	008001	产品016	GYS008 供应商008	38.28	43.26	38.28
19	17	008002	产品017	GYS008 供应商008	48.01	54.25	48.01
20	18	009001	产品018	GYS009 供应商009	45.18	51.05	45.18
21	19	010001	产品019	GYS010 供应商010	46.69	52.76	52.76
22	20	010002	产品020	GYS010 供应商010	47.10	53.22	53.22

第4步 在K3单元格中设置公式“=ROUND($J3/(1-VLOOKUP(K$2,客户!$O$3:$P$7,2,0)),2)”，即可计算得到“产品001”的参考零售价。如下图所示。

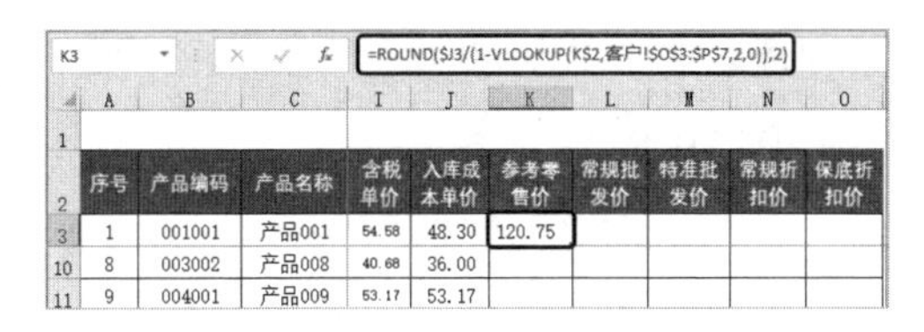

K3 =ROUND($J3/(1-VLOOKUP(K$2,客户!$O$3:$P$7,2,0)),2)

序号	产品编码	产品名称	含税单价	入库成本单价	参考零售价	常规批发价	特准批发价	常规折扣价	保底折扣价
1	001001	产品001	54.58	48.30	120.75				
8	003002	产品008	40.68	36.00					
9	004001	产品009	53.17	53.17					

公式原理如下。

（1）用J3单元格中的入库成本单价除以（1-目标利润率）的数字后即可计算得到“产品001”的参考零售价。

（2）“目标利润率”数字运用VLOOKUP函数根据K2单元格中的价格类型在“客户”工作表O3:O7单元格区域中查找相同内容，并返回P3:P7单元格区域中与之匹配的目标利润率。

第5步 复制K3单元格公式至K3:O22单元格区域，即可计算得到全部产品各种价格类型的数字。如下图所示。

O22 =ROUND($J22/(1-VLOOKUP(O$2,客户!$O$3:$P$7,2,0)),2)

序号	产品编码	产品名称	含税单价	入库成本单价	参考零售价	常规批发价	特准批发价	常规折扣价	保底折扣价
1	001001	产品001	54.58	48.30	120.75	96.60	80.50	69.00	60.38
8	003002	产品008	40.68	36.00	90.00	72.00	60.00	51.43	45.00
9	004001	产品009	53.17	53.17	132.93	106.34	88.62	75.96	66.46
10	004002	产品010	36.28	36.28	90.70	72.56	60.47	51.83	45.35
11	005001	产品011	57.02	50.46	126.15	100.92	84.10	72.09	63.08
12	005002	产品012	47.22	41.79	104.48	83.58	69.65	59.70	52.24
13	006001	产品013	58.97	58.97	147.43	117.94	98.28	84.24	73.71
14	006002	产品014	56.68	56.68	141.70	113.36	94.47	80.97	70.85
15	007001	产品015	38.76	38.76	96.90	77.52	64.60	55.37	48.45
16	008001	产品016	43.26	38.28	95.70	76.56	63.80	54.69	47.85
17	008002	产品017	54.25	48.01	120.03	96.02	80.02	68.59	60.01
18	009001	产品018	51.05	45.18	112.95	90.36	75.30	64.54	56.48
19	010001	产品019	52.76	52.76	131.90	105.52	87.93	75.37	65.95
20	010002	产品020	53.22	53.22	133.05	106.44	88.70	76.03	66.53

本节示例结果“结果文件\第7章\进销存基础信息表单.xlsx”文件。

7.2 进销存业务管理表单

实务中，产品采购入库、产品销售出库和产品进销存数据统计分析是进销存流程中的三个核心环节，每个环节中都将产生大量的数据，如入库成本、销售金额、销售成本、销售利润率、库存数量、库存金额及盘存差异等。这些数据的统计汇总工作不仅复杂烦琐，而且还会因各种客观因素影响数据的准确性。但只要善于运用Excel各项功能、各种函数制作规范的业务管理表单，就能将这些工作化繁为简，提高工作效率，同时也能确保数据准确无误。下面来看看AI工具“ChatGPT”会给我们设计进销存业务管理表单提供什么样的建议。

提问：如何设计进销存业务管理表单？

ChatGPT

设计进销存业务管理表单需要考虑以下几个方面。

（1）业务流程：要厘清进销存的业务流程，包括采购、销售、库存等环节。根据业务流程确定需要哪些表单及表单之间的关系。

（2）数据字段：确定每个表单需要记录的数据字段，包括商品名称、规格、数量、价格、供应商、客户等信息。根据业务需求，可以添加一些自定义字段，如商品分类、仓库位置等。

（3）表单设计：根据业务流程和数据字段，设计每个表单的布局和样式。可以使用表格形式展示数据，每一行表示一条记录，每一列表示一个字段。可以根据需要添加筛选、排序、分页等功能。

（4）表单关联：不同表单之间可能存在关联关系，如采购单和销售单可以关联到同一件商品。在设计表单时要考虑如何建立这些关联关系，方便数据的查询和统计。

（5）数据验证：在表单设计中要考虑数据的合法性和完整性。可以添加一些必填字段、数据格式验证等功能，避免错误数据的录入。

（6）报表和统计：根据业务需求，设计一些报表和统计功能，如库存报表、销售统计等。可以使用图表、图形等方式展示数据，方便用户了解业务情况。

（7）数据导入导出：考虑到数据的导入和导出需求，设计相应的功能，支持从Excel等文件导入数据，以及导出数据为Excel、CSV等格式。

以上是设计进销存业务管理表单的一些建议，具体的设计还需要根据具体业务需求和系统平台来确定。

从以上回复可知，设计进销存业务管理表单需要全面考虑各方面因素。其中，最基础也是最重要的一步是先要根据企业自身情况厘清业务流程，从而厘清设计表单的总体思路，再根据业务流程设计表单中的数据字段、表单样式，以及设置数据验证条件规避重复性数据录入出错。而“表单关联”方面主要是指进销存业务管理表单中也需要设置供应商、客户及产品的部分基础数据，那么为了提高工作效率，并确保基础数据准确无误，应当关联基础数据管理表单中的信息，而不是在业务管理表单中重复录入。

本节将参考上述建议，运用Excel分别制作进销存业务流程中的采购入库表单、销售出库明细表单，以及采购单、销售单打印模板等一系列管理表单。

7.2.1 制作采购入库表单

实际经营过程中，企业采购的产品到达仓库，并清点无误接收入库后，接下来的重要工作是要将该批次产品的供应商、规格型号、数量、单价、金额等原始数据录入计算机系统。除此之外，还需要调阅产品的其他相关基础数据，例如，产品的条形码、包装数、原始报价、最近进价等。对此，本小节将制作一份采购入库表单，设置函数公式，根据录入的原始数据自动计算其他相关数据，尽可能完善数据信息，以便随时查阅这些数据和后续顺利进行统计、分析工作。

打开“素材文件\第7章\进销存业务管理表单.xlsx”文件，如下图所示。在“采购入库”工作表的“××有限公司2023年采购入库业务表单”中，已预先在【供应商】【入库日期】【生成新单】【规格型号】【入库数量】和【入库成本单价】字段中填入部分原始数据。其他字段将设置公式自动计算。其中，【供应商】和【规格型号】字段均运用“数据验证”功能创建下拉列表。【生成新单】中输入的数字均为数字“1”，单元格格式自定义为“[=1]"√"”。

××有限公司2023年采购入库业务表单

序号	所属月份	供应商	入库日期	生成新单	单据编号	产品编号	规格型号	条形码	产品名称	包装数	入库数量	入库成本单价	入库金额	备注
		GYS001 供应商001	2023-1-6	√			JC510				270	48.30		
		GYS002 供应商002	2023-3-5				HA571				300	40.60		
		GYS003 供应商003	2023-3-5	√			TE517				210	36.00		
		GYS003 供应商003	2023-3-5				TE517				240	36.30		
		GYS004 供应商004	2023-3-20	√			FJ595				90	47.50		
		GYS004 供应商004	2023-3-20				FJ596				60	53.20		
		GYS005 供应商005	2023-3-27	√			JL533				216	42.00		
		GYS005 供应商005	2023-3-27				JL532				72	50.50		
		GYS006 供应商006	2023-3-31	√			JC592				288	57.50		

价格参考明细表

预设采购价格类型	供应商原始报价	最新采购价	最近采购价	价格差异	产品库存数量	产品库存金额

另外，“价格参考明细表”（P2:V28单元格区域）作为辅助表，用于查看和参考产品价格和库存数据。其中，T2单元格中创建了下拉列表，其来源为W1:W2单元格区域，其作用是动态计算原始报价、最新采购价和最近采购价之间的差异。

下面介绍采购入库业务表单制作过程和公式设置方法。

1. 生成表单序号并计算入库月份

表单序号的作用已不用赘述，自动生成的方法依然是IF+COUNTA函数组合设置公式。而计算入库月份（【所属月份】字段）的作用是为了后期按月份统计入库数据。操作方法如下。

第1步 ❶在A3单元格中设置公式“=IF($D3= "","-",COUNTA(A$2:A2)+1)”，运用IF函数判断D3单元格中入库日期为空时，代表当前没有需要入库的产品，即返回符号“-”，否则运用COUNTA函数统计A2:A2单元格区域中的文本数量，再加数字“1”，即可得到第1个入库产品的序号，❷在B3单元格中设置公式“=IF($A3="-","-",MONTH(D3))”，运用IF函数判断A3单元格中内容为符号“-”时，也返回符号“-”，否则运用MONTH函数计算D3单元格中日期所在的月份数，并将单元格格式自定义为“00月”。如下图所示（编辑栏中显示B3单元格公式）。

B3 =IF($A3="-","-",MONTH(D3))

	A	B	C	D	E	F
1						××有限
2	序号	所属月份	供应商	入库日期	生成新单	单据编号
3	1	01月	GYS001 供应商001	2023-1-6	√	
22	❶	❷	GYS004 供应商004	2023-3-20	√	
23			GYS004 供应商004	2023-3-20		
24			GYS005 供应商005	2023-3-27	√	
25			GYS005 供应商005	2023-3-27		
26			GYS006 供应商006	2023-3-31	√	
27						
28						

第2步 复制A3:B3单元格区域公式并粘贴至A4:B28单元格区域即可得到其他入库产品的序号和入库所属月份。如下图所示。

B28 =IF($A28="-","-",MONTH(D28))

	A	B	C	D	E	F
1						××有限
2	序号	所属月份	供应商	入库日期	生成新单	单据编号
3	1	01月	GYS001 供应商001	2023-1-6	√	
22	20	03月	GYS004 供应商004	2023-3-20	√	
23	21	03月	GYS004 供应商004	2023-3-20		
24	22	03月	GYS005 供应商005	2023-3-27	√	
25	23	03月	GYS005 供应商005	2023-3-27		
26	24	03月	GYS006 供应商006	2023-3-31	√	
27	-	-				
28	-	-				

2. 自动生成单据编号

实务中，单据编号的编码规则一般是“单据名称的拼音首字母+代表日期的字符串+顺序号”，本例也按照这一规则设置公式自动编号。操作方法如下。

第1步 在F3单元格中设置公式“=IF($A3="-","-",IF(E3=1,"CGD-"&TEXT(D3,"YYYYMMDD")&"-"&TEXT(COUNTIF(E$2:E3,E3),"000"),F2))”，按照编码规则生成指定格式的单据编号。如下图所示。

F3 =IF($A3="-","-",IF(E3=1,"CGD-"&TEXT(D3,"YYYYMMDD")&"-"&TEXT(COUNTIF(E$2:E3,E3),"000"),F2))

	A	B	C	D	E	F	G	H
1						××有限公司2023年采		
2	序号	所属月份	供应商	入库日期	生成新单	单据编号	产品编号	规格型号
3	1	01月	GYS001 供应商001	2023-1-6	√	CGD-20230106-001		JC510
19	17	03月	GYS002 供应商002	2023-3-5				HA571
20	18	03月	GYS003 供应商003	2023-3-5	√			TE517
21	19	03月	GYS003 供应商003	2023-3-5				TE517
22	20	03月	GYS004 供应商004	2023-3-20	√			FJ595
23	21	03月	GYS004 供应商004	2023-3-20				FJ596
24	22	03月	GYS005 供应商005	2023-3-27	√			JL533
25	23	03月	GYS005 供应商005	2023-3-27				JL532
26	24	03月	GYS006 供应商006	2023-3-31	√			JC592
27	-	-						
28	-	-						

公式原理如下。

（1）运用IF函数判断A3单元格中内容为符号“-”时，也返回符号“-”，否则执行计算第2层IF函数表达式。

（2）第2层IF函数表达式：运用IF函数判断E3单元格中内容为数字“1”时，即将固定文本字符“CGD”（“采购单”每个字的拼单首字母）、第1个TEXT函数表达式转换而成的D3单元格中日期格式“YYYYMMDD”、符号“-”和第2个TEXT函数公式转换而成的格式“000”组合，即可构成单据编号。否则，返回F2单元格中的数据。这样在填充公式后，即返回上一个单元格中的单据编号。也就是说，如果同一份单据中包含多条入库数据，那么单据编号必定是相同的。

第2步 复制F3单元格公式并粘贴至F4:F28单元格区域中，自动生成其他单据编号。如下图所示。

F28 =IF($A28="-","-",IF(E28=1,"CGD-"&TEXT(D28,"YYYYMMDD")&"-"&TEXT(COUNTIF(E$2:E28,E28),"000"),F27))

	A	B	C	D	E	F	G	H
1						××有限公司2023年采		
2	序号	所属月份	供应商	入库日期	生成新单	单据编号	产品编号	规格型号
3	1	01月	GYS001 供应商001	2023-1-6	√	CGD-20230106-001		JC510
19	17	03月	GYS002 供应商002	2023-3-5		CGD-20230305-007		HA571
20	18	03月	GYS003 供应商003	2023-3-5	√	CGD-20230305-008		TE517
21	19	03月	GYS003 供应商003	2023-3-5		CGD-20230305-008		TE517
22	20	03月	GYS004 供应商004	2023-3-20	√	CGD-20230320-009		FJ595
23	21	03月	GYS004 供应商004	2023-3-20		CGD-20230320-009		FJ596
24	22	03月	GYS005 供应商005	2023-3-27	√	CGD-20230327-010		JL533
25	23	03月	GYS005 供应商005	2023-3-27		CGD-20230327-010		JL532
26	24	03月	GYS006 供应商006	2023-3-31	√	CGD-20230331-011		JC592
27	-	-				-		
28	-	-				-		

3. 引用产品基本信息

在进销存业务表单中，需要调用的产品基本信息主要包括产品编号、产品名称、条形码、包装数等。这些数据只需运用XLOOKUP函数即可引用。操作方法如下。

第1步 ❶在G3单元格中设置公式“=IF(H3= "","-",XLOOKUP(H3,产品!D:D,产品!B:B,"-", 0))”，运用IF函数判断H3单元格中为空时，代表此时没有入库的产品，因此返回符号“-”，否则运用XLOOKUP函数在“产品”工作表的D:D区域查找与H3单元格中相同的规格型号，并返回B:B区域中产品编号，❷复制G3单元格公式并粘贴至G4:G28单元格区域中，即可引用其他产品的产品编号。如下图所示（编辑栏中显示G3单元格公式）。

第2步 ❶在I3单元格中设置公式“=IF($G3= "-","-",XLOOKUP($G3,产品!$B:$B,产品!E:E, "-",0))”，运用IF函数判断G3单元格中内容为符号“-”时，也返回符号“-”，否则运用XLOOKUP函数在“产品”工作表中的B:B区域中查找与G3单元格中相同的产品编号，并返回E:E区域中与之匹配的条形码数据，❷复制I3单元格公式并粘贴至J3单元格，将公式表达式中的“产品!F:F”修改为“产品!C:C”（【产品名称】字段）即可引用产品名称数据，❸再次复制I3单元格公式并粘贴至K3单元格，将公式表达式中的“产品!D:D”修改为“产品!F:F”（【包装数】字段）即可引用产品包装数的数据。如下图所示（编辑栏中显示K3单元格公式）。

K3 =IF($G3="-","-",XLOOKUP($G3,产品!$B:$B,产品!F:F,"-",0))

	E	F	G	H	I	J	K
1		××有限公司采购入库业务表单					
2	生成新单	单据编号	产品编号	规格型号	条形码	产品名称	包装数
3	√	CGD-20230106-001	001001	JC510	69********36	产品001	90
19		CGD-20230305-007	002001	HA571	❶	❷	❸
20	√	CGD-20230305-008	003002	TE517			
21		CGD-20230305-008	003002	TE517			
22	√	CGD-20230320-009	004002	FJ595			

第3步 复制I3:K3单元格区域公式并粘贴至I4:K28单元格区域，即可引用其他入库产品的条形码、产品名称、包装数3个字段的数据。如下图所示（编辑栏中显示K28单元格公式）。

K28 =IF($G28="-","-",XLOOKUP($G28,产品!$B:$B,产品!F:F,"-",0))

	E	F	G	H	I	J	K	L
1	××有限公司采购入库业务表单							
2	生成新单	单据编号	产品编号	规格型号	条形码	产品名称	包装数	入库数量
3	√	CGD-20230106-001	001001	JC510	69*********36	产品001	90	270
19		CGD-20230305-007	002001	HA571	69*********63	产品004	60	300
20	√	CGD-20230305-008	003002	TE517	69*********95	产品008	30	210
21		CGD-20230305-008	003002	TE517	69*********95	产品008	30	240
22	√	CGD-20230320-009	004002	FJ595	69*********94	产品010	30	90
23		CGD-20230320-009	004001	FJ596	69*********26	产品009	90	60
24	√	CGD-20230327-010	005002	JL533	69*********32	产品012	72	216
25		CGD-20230327-010	005001	JL532	69*********65	产品011	30	72
26	√	CGD-20230331-011	006002	JC592	69*********95	产品014	48	288
27		-	-		-	-	-	
28		-	-		-	-	-	

4. 计算入库金额

计算入库金额只需按“数量×单价”这个普通算术公式设置函数公式即可。操作方法如下。

❶在N3单元格中设置公式“=IF(L3="", 0,ROUND(L3*M3,2))”运用IF函数判断L3单元格中为空时，返回数字“0”，否则用L3单元格中的“入库数量”乘以M3单元格中的“入库成本单价”，再运用ROUND函数将其结果保留至小数点后2位，❷复制N3单元格公式并粘贴至N4:N28单元格区域中，即可计算得到全部入库产品的入库金额。如下图所示（编辑栏中显示N28单元格公式）。

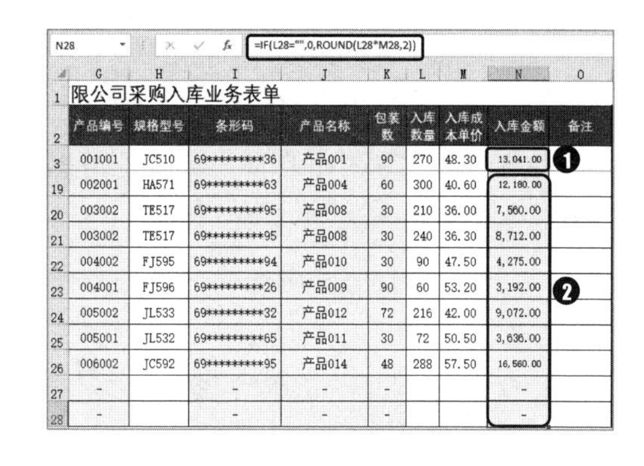

N28 =IF(L28="",0,ROUND(L28*M28,2))

	G	H	I	J	K	L	M	N	O
1	限公司采购入库业务表单								
2	产品编号	规格型号	条形码	产品名称	包装数	入库数量	入库成本单价	入库金额	备注
3	001001	JC510	69*********36	产品001	90	270	48.30	13,041.00	❶
19	002001	HA571	69*********63	产品004	60	300	40.60	12,180.00	
20	003002	TE517	69*********95	产品008	30	210	36.00	7,560.00	
21	003002	TE517	69*********95	产品008	30	240	36.30	8,712.00	
22	004002	FJ595	69*********94	产品010	30	90	47.50	4,275.00	
23	004001	FJ596	69*********26	产品009	90	60	53.20	3,192.00	❷
24	005002	JL533	69*********32	产品012	72	216	42.00	9,072.00	
25	005001	JL532	69*********65	产品011	30	72	50.50	3,636.00	
26	006002	JC592	69*********95	产品014	48	288	57.50	16,560.00	
27	-		-	-	-			-	
28	-		-	-	-			-	

5. 引用产品价格类型和原始价格

将产品基本信息中的价格类型、具体价格引用至辅助表中，可方便财务人员在填制入库单时查看和参考。操作方法如下。

第1步 在P3单元格中设置公式“=IFERROR(VLOOKUP($C3,供应商!$B:I,8,0),"-")”，运用VLOOKUP函数在“供应商”工作表中的B:I区域中查找与C3单元格中相同的供应商名称，并返回与之匹配的第8列（【预设采购价格类型】字段）中的价格类型。如下图所示。

P3 =IFERROR(VLOOKUP($C3,供应商!$B:I,8,0),"-")

	A	B	C	P	Q	R	S	T
1				价格参考明细表				
2	序号	所属月份	供应商	预设采购价格类型	供应商原始报价	最新采购价	最近采购价	价格差异
3	1	01月	GYS001 供应商001	最近采购价				
19	17	03月	GYS002 供应商002					
20	18	03月	GYS003 供应商003					
21	19	03月	GYS003 供应商003					
22	20	03月	GYS004 供应商004					
23	21	03月	GYS004 供应商004					
24	22	03月	GYS005 供应商005					
25	23	03月	GYS005 供应商005					
26	24	03月	GYS006 供应商006					
27	-	-						
28	-	-						

第2步 在Q3单元格中设置公式“=IFERROR(VLOOKUP($G3,产品!$B:J,9,0),0)”，运用

VLOOKUP函数在“产品”工作表的B:J区域中查找与G3单元格中相同的产品编号，并返回与之匹配的第9列中的价格（【供应商原始报价】字段）。如下图所示。

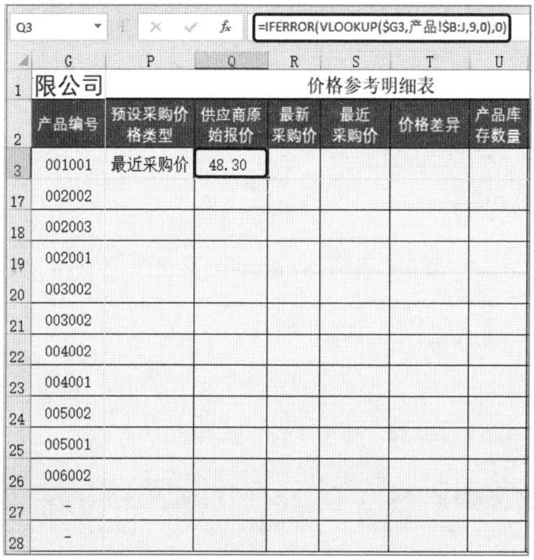

Q3　=IFERROR(VLOOKUP($G3,产品!$B:J,9,0),0)

	G	P	Q	R	S	T	U
1	限公司	价格参考明细表					
2	产品编号	预设采购价格类型	供应商原始报价	最新采购价	最近采购价	价格差异	产品库存数量
3	001001	最近采购价	48.30				
17	002002						
18	002003						
19	002001						
20	003002						
21	003002						
22	004002						
23	004001						
24	005002						
25	005001						
26	006002						
27	-						
28	-						

第3步 复制P3:Q3单元格区域中的公式并粘贴至P4: Q28单元格区域中，即可引用其他入库产品的预设采购价格类型和供应商原始报价。如下图所示。

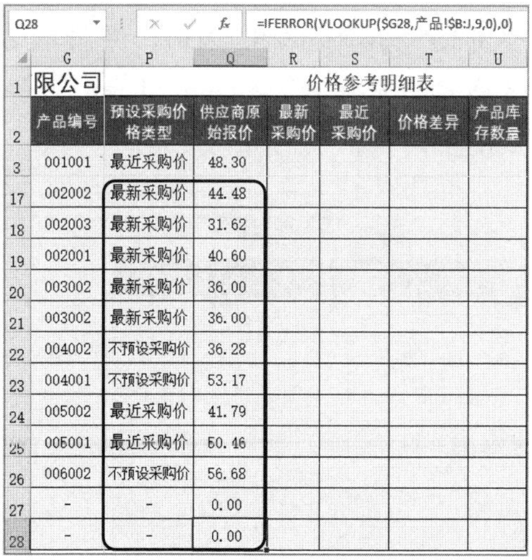

Q28　=IFERROR(VLOOKUP($G28,产品!$B:J,9,0),0)

	G	P	Q	R	S	T	U
1	限公司	价格参考明细表					
2	产品编号	预设采购价格类型	供应商原始报价	最新采购价	最近采购价	价格差异	产品库存数量
3	001001	最近采购价	48.30				
17	002002	最新采购价	44.48				
18	002003	最新采购价	31.62				
19	002001	最新采购价	40.60				
20	003002	最新采购价	36.00				
21	003002	最新采购价	36.00				
22	004002	不预设采购价	36.28				
23	004001	不预设采购价	53.17				
24	005002	最近采购价	41.79				
25	005001	最近采购价	50.46				
26	006002	不预设采购价	56.68				
27	-	-	0.00				
28	-	-	0.00				

6. 计算最新采购价和最近采购价

最新采购价即当前入库产品的实际价格，直接引用即可。而最近采购价则是同一产品在前一次入库时的价格，需要运用LOOKUP函数进行引用。操作方法如下。

第1步 ❶在R3单元格中设置公式“=M3”，直接引用M3单元格（【入库成本单价】字段）中的价格，❷在S3单元格中设置公式“=IF(G3="-",0,IFERROR(LOOKUP(1,0/(G2:G$3=G3),M2:M$3),M3))”，运用IF函数判断G3单元格中内容为符号“-”时，即返回数字“0”，否则运用LOOKUP函数在M2:M3单元格区域中查找与G3单元格中相同的编号，返回M2:M3单元格区域中与之匹配的入库成本单价，也就是查找引用与本次入库相同的产品的前一次入库成本单价。如果LOOKUP函数表达式返回错误值，则运用IFERROR函数将其屏蔽，并返回M3单元格中的价格。如下图所示（编辑栏中显示S3单元格公式）。

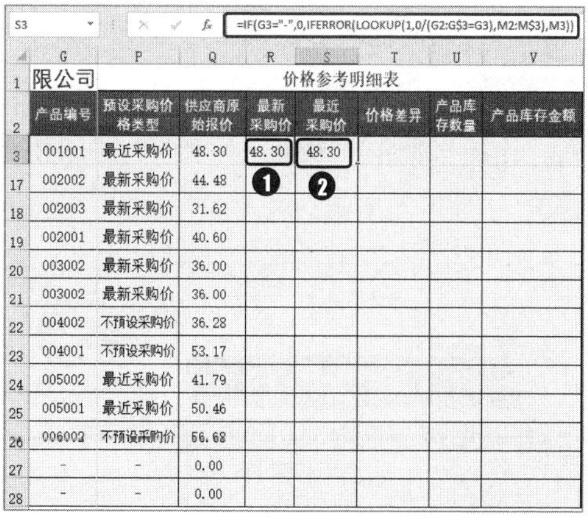

S3　=IF(G3="-",0,IFERROR(LOOKUP(1,0/(G2:G$3=G3),M2:M$3),M3))

	G	P	Q	R	S	T	U	V
1	限公司	价格参考明细表						
2	产品编号	预设采购价格类型	供应商原始报价	最新采购价	最近采购价	价格差异	产品库存数量	产品库存金额
3	001001	最近采购价	48.30	48.30 ❶	48.30 ❷			
17	002002	最新采购价	44.48					
18	002003	最新采购价	31.62					
19	002001	最新采购价	40.60					
20	003002	最新采购价	36.00					
21	003002	最新采购价	36.00					
22	004002	不预设采购价	36.28					
23	004001	不预设采购价	53.17					
24	005002	最近采购价	41.79					
25	005001	最近采购价	50.46					
26	006002	不预设采购价	56.68					
27	-	-	0.00					
28	-	-	0.00					

第2步 复制R3:S3单元格区域中的公式并粘贴至R4:S28单元格区域中，即可计算得到其他入库产品的最新采购价和最近采购价。如下图所示。

S28　=IF(G28="-",0,IFERROR(LOOKUP(1,0/(G$3:G27=G28),M$3:M27),M28))

	G	P	Q	R	S	T	U	V
1	限公司		价格参考明细表					
2	产品编号	预设采购价格类型	供应商原始报价	最新采购价	最近采购价	价格差异	产品库存数量	产品库存金额
3	001001	最近采购价	48.30	48.30	48.30			
17	002002	最新采购价	44.48	40.95	45.00			
18	002003	最新采购价	31.62	31.80	32.00			
19	002001	最新采购价	40.60	40.60	40.50			
20	003002	最新采购价	36.00	36.00	36.00			
21	003002	最新采购价	36.00	36.30	36.00			
22	004002	不预设采购价	36.28	47.50	46.79			
23	004001	不预设采购价	53.17	53.20	53.00			
24	005002	最近采购价	41.79	42.00	42.00			
25	005001	最近采购价	50.46	50.50	50.30			
26	006002	不预设采购价	56.68	57.50	58.00			
27	-	-	0.00	0.00	0.00			
28	-	-	0.00	0.00	0.00			

7. 动态计算价格差异

计算价格差异的目的是比较供应商原始报价、最新采购价和最近采购价，以便财务人员在填制入库单时同步获取价格变动情况，并告知相关部门，及时与供应商进行沟通和处理。下面通过下拉列表选择不同选项的方式，来控制公式对上述三种价格进行两两比较。操作方法如下。

第1步 在W1:W3单元格区域中依次输入“最新-原始”“最近-原始”与“最新-最近”，如下图所示。

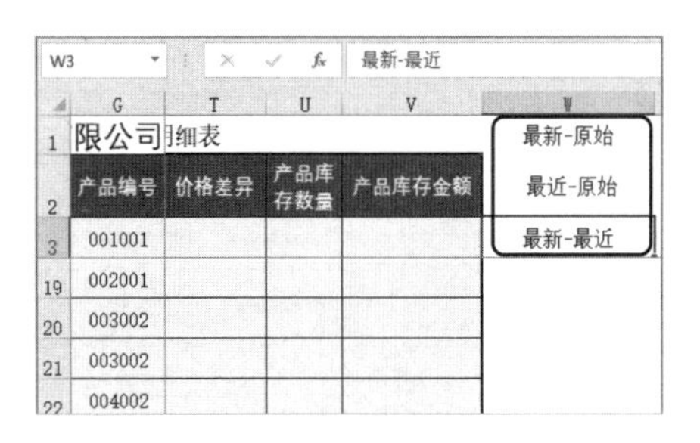

W3　最新-最近

	G	T	U	V	W
1	限公司明细表				最新-原始
2	产品编号	价格差异	产品库存数量	产品库存金额	最近-原始
3	001001				最新-最近
19	002001				
20	003002				
21	003002				
22	004002				

第2步 运用“数据验证”功能在T2单元格中创建下拉列表，将序列来源设置为W1:W3单元格区域。【数据验证】对话框中的设置内容如下图所示。

第3步 ❶在T2单元格下拉列表中选择一个选项，如“最近-原始”，代表当前需要计算最近采购价与原始报价之间的差异，❷在T3单元格中设置公式“=IFERROR(ROUND(IFS(T$2=W$1,R3-Q3, T$2=W$2,S3-Q3,T$2=W$3,R3-S3),2),0)”，并将单元格格式自定义为“[=0]-;[红色][<0]-0.00;0.00”。如下图所示。

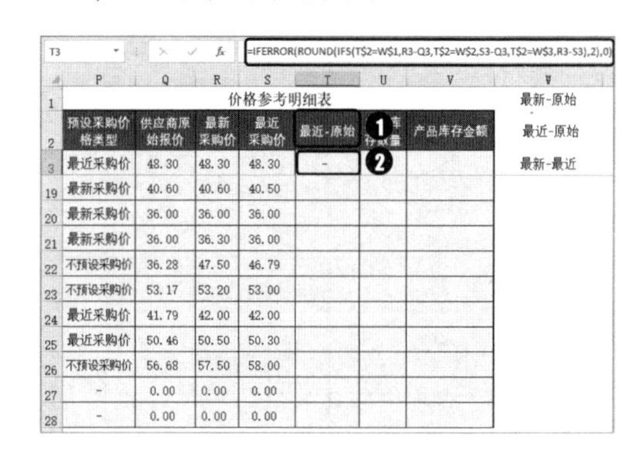

T3　=IFERROR(ROUND(IFS(T$2=W$1,R3-Q3,T$2=W$2,S3-Q3,T$2=W$3,R3-S3),2),0)

	P	Q	R	S	T	U	V	W
1			价格参考明细表					最新-原始
2	预设采购价格类型	供应商原始报价	最新采购价	最近采购价	最近-原始 ❶	库存数量	产品库存金额	最近-原始
3	最近采购价	48.30	48.30	48.30	- ❷			最新-最近
19	最新采购价	40.60	40.60	40.50				
20	最新采购价	36.00	36.00	36.00				
21	最新采购价	36.00	36.30	36.00				
22	不预设采购价	36.28	47.50	46.79				
23	不预设采购价	53.17	53.20	53.00				
24	最近采购价	41.79	42.00	42.00				
25	最近采购价	50.46	50.50	50.30				
26	不预设采购价	56.68	57.50	58.00				
27	-	0.00	0.00	0.00				
28	-	0.00	0.00	0.00				

T3单元格公式原理如下。

（1）运用IFS函数判断T2单元格中内容与W1、W2或W3单元格相同时，分别返回不同的计算式，即可计算得到最近采购价与原始报价之间的差异。

（2）运用ROUND函数将计算结果保留至小数点后两位。

（3）最后运用IFERROR函数将错误值屏蔽，使之返回数字“0”。

T3单元格自定义格式代码含义如下。

如果单元格中的数字为0，返回符号“-”；如果数字小于0，即为负数，将字体颜色设置为红色，数字格式为“-0.00”，否则数字格式为“0.00”。

第4步 复制T3单元格公式并粘贴至T4:T28单元格区域中，即可计算得到其他入库产品的最近采购价与原始报价之间的差异。如下图所示。

T28 =IFERROR(ROUND(IFS(T$2=W$1,R28-Q28,T$2=W$2,S28-Q28,T$2=W$3,R28-S28),2),0)

	P	Q	R	S	T	U	V	W
1	价格参考明细表							最新-原始
2	预设采购价格类型	供应商原始报价	最新采购价	最近采购价	最近-原始	产品库存数量	产品库存金额	最近-原始
3	最近采购价	48.30	48.30	48.30	-			最新-最近
19	最新采购价	40.60	40.60	40.50	-0.10			
20	最新采购价	36.00	36.00	36.00	-			
21	最新采购价	36.00	36.30	36.00	-			
22	不预设采购价	36.28	47.50	46.79	10.51			
23	不预设采购价	53.17	53.20	53.00	-0.17			
24	最近采购价	41.79	42.00	42.00	0.21			
25	最近采购价	50.46	50.50	50.30	-0.16			
26	不预设采购价	56.68	57.50	58.00	1.32			
27	-	0.00	0.00	0.00	-			
28	-	0.00	0.00	0.00	-			

第5步 在T2单元格下拉列表中分别选择其他两个选项，即可看到价格差异结果的动态变化效果。如下图所示。

T2 最新-原始

	P	Q	R	S	T	U	V	W
1	价格参考明细表							最新-原始
2	预设采购价格类型	供应商原始报价	最新采购价	最近采购价	最新-原始	产品库存数量	产品库存金额	最近-原始
3	最近采购价	48.30	48.30	48.30	-			最新-最近
19	最新采购价	40.60	40.60	40.50	-			
20	最新采购价	36.00	36.00	36.00	-			
21	最新采购价	36.00	36.30	36.00	0.30			
22	不预设采购价	36.28	47.50	46.79	11.22			
23	不预设采购价	53.17	53.20	53.00	0.03			
24	最近采购价	41.79	42.00	42.00	0.21			
25	最近采购价	50.46	50.50	50.30	0.04			
26	不预设采购价	56.68	57.50	58.00	0.82			
27	-	0.00	0.00	0.00	-			
28	-	0.00	0.00	0.00	-			

T2 最新-最近

	P	Q	R	S	T	U	V	W
1	价格参考明细表							最新-原始
2	预设采购价格类型	供应商原始报价	最新采购价	最近采购价	最新-最近	产品库存数量	产品库存金额	最近-原始
3	最近采购价	48.30	48.30	48.30	-			最新-最近
19	最新采购价	40.60	40.60	40.50	0.10			
20	最新采购价	36.00	36.00	36.00	-			
21	最新采购价	36.00	36.30	36.00	0.30			
22	不预设采购价	36.28	47.50	46.79	0.71			
23	不预设采购价	53.17	53.20	53.00	0.20			
24	最近采购价	41.79	42.00	42.00	-			
25	最近采购价	50.46	50.50	50.30	0.20			
26	不预设采购价	56.68	57.50	58.00	-0.50			
27	-	0.00	0.00	0.00	-			
28	-	0.00	0.00	0.00	-			

温馨提示

辅助表中的【产品库存数量】与【产品库存金额】字段的作用是显示当前库存数量与库存金额，将在汇总进销存数据后引用至此表中。

7.2.2 制作销售出库表单

销售出库表单的框架结构与采购入库表单基本一致。在字段设置方面，产品相关的基础类信息与采购出库表单完全相同，包括【序号】【月份】【产品编号】【条形码】【产品名称】【包装数】等字段。仅有个别字段内容需要根据销售环节中的业务特点进行设计，如销售价格类型、销售单价、折扣率等。同时，本节制作销售出库表单所运用的工具、功能和函数也与采购入库表单基本相同，因此不再赘述。本节主要介绍与采购入库表单中不同字段数据的计算方法和思路。另外，在销售出库表单的辅助表中，还设置两项最重要字段，即【销售毛利率】与【销售毛利额】。

如下图所示，本例在“进销存业务管理表”工作簿“销售出库”工作表的“××有限公司销售出库业务表单”中，已预先填入部分必须由手动填入的基本信息，其他部分字段也已预先设置公式自动计算。

A1　××有限公司销售出库业务表单

××有限公司销售

序号	月份	客户编号名称	销售价格类型	销售日期	生成新单	单据编号	产品编号	规格型号
1	01月	KH001 客户001		2023-1-8	√	XSD-20230108-001	001001	JC510
15	02月	KH008 客户008		2023-2-15		XSD-20230215-007	003001	TE516
16	02月	KH008 客户008		2023-2-15		XSD-20230215-007	004001	FJ596
17	02月	KH009 客户009		2023-2-18	√	XSD-20230218-008	001002	JC511
18	02月	KH009 客户009		2023-2-22	√	XSD-20230222-009	004002	FJ595
19	03月	KH009 客户009		2023-3-1	√	XSD-20230301-010	003002	TE517
20	03月	KH010 客户010		2023-3-3	√	XSD-20230303-011	004002	FJ595
21	03月	KH010 客户010		2023-3-8	√	XSD-20230308-012	004001	FJ596
22	03月	KH010 客户010		2023-3-16		XSD-20230308-012	005002	JL533
23	03月	KH001 客户001		2023-3-20	√	XSD-20230320-013	005001	JL532
24	03月	KH001 客户001		2023-3-20		XSD-20230320-013	006002	JC592
-	-					-	-	
-	-					-	-	

供应商 | 客户 | 产品 | 采购入库 | 销售出库 | 单据统计 | 单据打印

A1　××有限公司销售出库业务表单

售出库业务表单

条形码	产品名称	包装数	销售数量	销售单价	折扣率	金额	税额	价税合计	备注
69*********36	产品001	90	90						
69*********41	产品007	60	90						
69*********26	产品009	90	180						
69*********62	产品002	60	240						
69*********94	产品010	30	90						
69*********95	产品008	30	120						
69*********94	产品010	30	90						
69*********26	产品009	90	90						
69*********32	产品012	72	72						
69*********65	产品011	30	60						
69*********95	产品014	48	120						
-	-	-							
-	-	-							

供应商 | 客户 | 产品 | 采购入库 | 销售出库 | 单据统计 | 单据打印

T1　销售利润计算表

销售利润计算表

是否折扣	折扣率	折扣额	平均成本单价	销售毛利额	销售毛利率	产品库存数量	产品库存金额
√	90.00%						
√	95.00%						
-							
√	90.00%						
-							
-							
-							
-							
-							
-							
-							
-							
-							

下面介绍制作方法与思路。

1. 引用销售价格类型

由于每个客户的销售价格都有所不同，因此需要在销售出库表单中引用销售价格类型，以便后面根据不同价格类型引用每个产品的销售价格。操作方法非常简单，只需运用VLOOKUP函数设置即可。

第1步 在D3单元格中设置公式“=IFERROR (VLOOKUP($C3,客户!$C:G,5,0),"-")”，运用VLOOKUP函数在“客户”工作表C:G区域中查找与C3单元格中相同的客户名称，并返回第5列，即【销售价格类型】字段中的内容。如下图所示。

D3　=IFERROR(VLOOKUP($C3,客户!$C:G,5,0),"-")

序号	月份	客户编号名称	销售价格类型	销售日期	生成新单	单据编号
1	01月	KH001 客户001	常规批发价	2023-1-8	√	XSD-20230108-001
17	02月	KH009 客户009		2023-2-18	√	XS-20230218-008

第2步 复制D3单元格公式并粘贴至D4:D28单元格区域即可引用其他销售出库产品的销售价格类型。如下图所示。

D28 =IFERROR(VLOOKUP($C28,客户!$C:G,5,0),"-")

序号	月份	客户编号名称	销售价格类型	销售日期	生成新单	单据编号
1	01月	KH001 客户001	常规批发价	2023-1-8	√	XSD-20230108-001
17	02月	KH009 客户009	特准批发价	2023-2-18	√	XS-20230218-008
18	02月	KH009 客户009	特准批发价	2023-2-22	√	XS-20230222-009
19	03月	KH009 客户009	特准批发价	2023-3-1	√	XS-20230301-010
20	03月	KH010 客户010	常规批发价	2023-3-3	√	XS-20230303-011
21	03月	KH010 客户010	常规批发价	2023-3-8	√	XS-20230308-012
22	03月	KH010 客户010	常规批发价	2023-3-16		XS-20230308-012
23	03月	KH001 客户001	常规批发价	2023-3-20	√	XS-20230320-013
24	03月	KH001 客户001	常规批发价	2023-3-20		XS-20230320-013
-	-		-			-
-	-		-			-

2. 引用销售单价

产品的销售单价需要根据两个关键字，即产品编号和价格类型进行引用。公式设置也比较简单，只需VLOOKUP+MATCH函数组合即可。操作方法如下。

第1步 在N3单元格中设置公式“=IFERROR(VLOOKUP($H3,产品!B:O,MATCH($D3,产品!$2:$2,0)-1,0),"-")”，运用VLOOKUP函数在“产品”工作表中B:O区域中查找与H3单元格中相同的产品编号，并返回与之匹配的价格。其中，VLOOKUP函数公式的第3个参数运用MATCH函数自动计算D3单元格中的销售价格类型在“产品”工作表第2行中的第n列，减1是要减掉“产品”工作表中A列所占用的1列。如下图所示。

N3 =IFERROR(VLOOKUP($H3,产品!B:O,MATCH($D3,产品!$2:$2,0)-1,0),"-")

有限公司销售出库业务表单

序号	月份	客户编号名称	销售价格类型	产品编号	规格型号	条形码	产品名称	包装数	销售数量	销售单价
1	01月	KH001 客户001	常规批发价	001001	JC510	69**********36	产品001	90	90	96.60
17	02月	KH009 客户009	特准批发价	001002	JC511	69**********62	产品002	60	240	
18	02月	KH009 客户009	特准批发价	004002	FJ595	69**********94	产品010	30	90	
19	03月	KH009 客户009	特准批发价	003002	TE517	69**********95	产品008	30	120	
20	03月	KH010 客户010	常规批发价	004002	FJ595	69**********94	产品010	30	90	
21	03月	KH010 客户010	常规批发价	004001	FJ596	69**********26	产品009	90	90	
22	03月	KH010 客户010	常规批发价	005002	JL533	69**********32	产品012	72	72	
23	03月	KH001 客户001	常规批发价	005001	JL532	69**********65	产品011	30	60	
24	03月	KH001 客户001	常规批发价	006002	JC592	69**********95	产品014	48	120	
-	-		-	-		-	-	-		
-	-		-	-		-	-	-		

第2步 复制N3单元格公式并粘贴至N4:N28单元格区域中，即可引用其他出库产品的销售单价。如下图所示。

N28 =IFERROR(VLOOKUP($H28,产品!B:O,MATCH($D28,产品!$2:$2,0)-1,0),"-")

有限公司销售出库业务表单

序号	月份	客户编号名称	销售价格类型	产品编号	规格型号	条形码	产品名称	包装数	销售数量	销售单价
1	01月	KH001 客户001	常规批发价	001001	JC510	69**********36	产品001	90	90	96.60
17	02月	KH009 客户009	特准批发价	001002	JC511	69**********62	产品002	60	240	77.98
18	02月	KH009 客户009	特准批发价	004002	FJ595	69**********94	产品010	30	90	60.47
19	03月	KH009 客户009	特准批发价	003002	TE517	69**********95	产品008	30	120	60.00
20	03月	KH010 客户010	常规批发价	004002	FJ595	69**********94	产品010	30	90	72.56
21	03月	KH010 客户010	常规批发价	004001	FJ596	69**********26	产品009	90	90	106.34
22	03月	KH010 客户010	常规批发价	005002	JL533	69**********32	产品012	72	72	83.58
23	03月	KH001 客户001	常规批发价	005001	JL532	69**********65	产品011	30	60	100.92
24	03月	KH001 客户001	常规批发价	006002	JC592	69**********95	产品014	48	120	113.36
-	-		-	-		-	-	-		-
-	-		-	-		-	-	-		-

3. 引用折扣率

在实际销售业务中，客户经常会要求给产品价格临时折扣。因此，本例在设计销售出库表单中也考虑了这点，在辅助表中设置了【是否折扣】和【折扣率】两个字段，手动填入数据后，引用至销售出库表单中。其中，【是否折扣】的单元格格式自定义为“[=1]"√";[=2]"-"”，其含义是数字为1时，显示符号“√”，代表有折扣；数字为“2”时，返回符号“-”，代表无折扣。下面将其引用至【折扣率】字段中。操作方法如下。

第1步 在O3单元格中设置公式“=IF(T3=1,U3,1)”，运用IF函数判断T3单元格中数字为“1”时，代表需要折扣，即引用U3单元格中的折扣率；否则，返回数字“1”，即折扣率为100%，代表无折扣。如下图所示。

O3 | =IF(T3=1,U3,1)

	H	M	N	O	P	Q	R	S	T	U
1	有限公									
2	产品编号	销售数量	销售单价	折扣率	金额	税额	价税合计	备注	是否折扣	折扣率
3	001001	90	96.60	90%					✓	90.00%
17	003001	90	74.44						✓	95.00%
18	004001	180	75.96						-	
19	001002	240	77.98						✓	90.00%
20	004002	90	60.47						-	
21	003002	120	60.00						-	
22	004002	90	72.56						-	
23	004001	90	106.34						-	
24	005002	72	83.58						-	
25	005001	60	100.92						-	
26	006002	120	113.36						-	
27	-		-						-	
28	-		-						-	

第2步 复制O3单元格公式并粘贴至O4:O28单元格区域即可引用其他出库产品的折扣率。如下图所示。

O28 | =IF(T28=1,U28,1)

	H	M	N	O	P	Q	R	S	T	U
1	有限公									
2	产品编号	销售数量	销售单价	折扣率	金额	税额	价税合计	备注	是否折扣	折扣率
3	001001	90	96.60	90%					✓	90.00%
17	003001	90	74.44	95%					✓	95.00%
18	004001	180	75.96	100%					-	
19	001002	240	77.98	90%					✓	90.00%
20	004002	90	60.47	100%					-	
21	003002	120	60.00	100%					-	
22	004002	90	72.56	100%					-	
23	004001	90	106.34	100%					-	
24	005002	72	83.58	100%					-	
25	005001	60	100.92	100%					-	
26	006002	120	113.36	100%					-	
27	-		-	100%					-	
28	-		-	100%					-	

4. 计算金额、税额和价税合计

产品的销售金额、税额和价税合计的计算就非常简单了，只需按照算术公式设置函数公式即可。操作方法如下。

第1步 ❶在P3单元格中设置公式“=IFERROR(ROUND(M3*N3*O3,2),0)”，将“销售数量”“销售单价”和“折扣率”这三个数据相乘即可计算得到“金额”数据，❷在Q3单元格中设置公式“=IFERROR(ROUND(P3*0.13,2),0)”，用P3单元格中的“金额”乘以0.13，即可计算得到税额，❸在R3单元格中设置公式“=SUM(P3:Q3)”，将P3和Q3单元格中的“金额”和“税额”相加，即可计算得到“价税合计”数据。如下图所示（编辑栏中显示P3单元格公式）

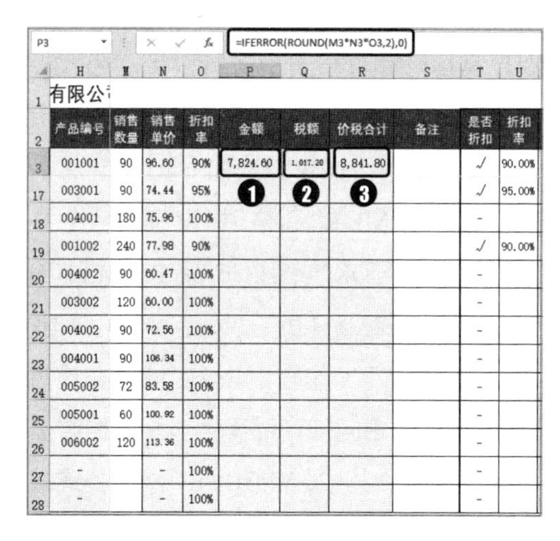

P3 | =IFERROR(ROUND(M3*N3*O3,2),0)

	H	M	N	O	P	Q	R	S	T	U
1	有限公									
2	产品编号	销售数量	销售单价	折扣率	金额	税额	价税合计	备注	是否折扣	折扣率
3	001001	90	96.60	90%	7,824.60	1,017.20	8,841.80		✓	90.00%
17	003001	90	74.44	95%	❶	❷	❸		✓	95.00%
18	004001	180	75.96	100%					-	
19	001002	240	77.98	90%					✓	90.00%
20	004002	90	60.47	100%					-	
21	003002	120	60.00	100%					-	
22	004002	90	72.56	100%					-	
23	004001	90	106.34	100%					-	
24	005002	72	83.58	100%					-	
25	005001	60	100.92	100%					-	
26	006002	120	113.36	100%					-	
27	-		-	100%					-	
28	-		-	100%					-	

第2步 复制P3:R3单元格区域公式并粘贴至P4:Q28单元格区域中，即可计算得到其他出库产品的金额、税额和价税合计。如下图所示。

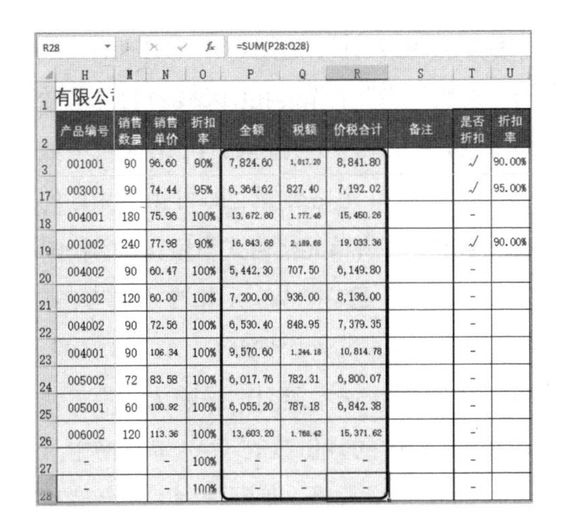

R28 =SUM(P28:Q28)

	H	M	N	O	P	Q	R	S	T	U
1	有限公									
2	产品编号	销售数量	销售单价	折扣率	金额	税额	价税合计	备注	是否折扣	折扣率
3	001001	90	96.60	90%	7,824.60	1,017.20	8,841.80		√	90.00%
17	003001	90	74.44	95%	6,364.62	827.40	7,192.02		√	95.00%
18	004001	180	75.96	100%	13,672.80	1,777.46	15,450.26		-	
19	001002	240	77.98	90%	16,843.68	2,189.68	19,033.36		√	90.00%
20	004002	90	60.47	100%	5,442.30	707.50	6,149.80		-	
21	003002	120	60.00	100%	7,200.00	936.00	8,136.00		-	
22	004002	90	72.56	100%	6,530.40	848.95	7,379.35		-	
23	004001	90	106.34	100%	9,570.60	1,244.18	10,814.78		-	
24	005002	72	83.58	100%	6,017.76	782.31	6,800.07		-	
25	005001	60	100.92	100%	6,055.20	787.18	6,842.38		-	
26	006002	120	113.36	100%	13,603.20	1,768.42	15,371.62		-	
27	-		-	100%	-	-	-		-	
28	-		-	100%	-	-	-		-	

5. 计算折扣额

本例中，计算“折扣额”数据的作用是便于财务人员查看和参考。公式非常简单，操作方法如下。

第1步 在V3单元格中设置公式“=IFERROR(ROUND(M3*N3-P3,2),0)”，用M3和N3单元格中的“销售数量”和“销售单价”数据的乘积减掉P3单元格中的“金额”数据，即可计算得到折扣额。如下图所示。

V3 =IFERROR(ROUND(M3*N3-P3,2),0)

	H	M	N	O	P	Q	R	S	T	U	V
1	有限公										
2	产品编号	销售数量	销售单价	折扣率	金额	税额	价税合计	备注	是否折扣	折扣率	折扣额
3	001001	90	96.60	90%	7,824.60	1,017.20	8,841.80		√	90.00%	869.40
17	003001	90	74.44	95%	6,364.62	827.40	7,192.02		√	95.00%	
18	004001	180	75.96	100%	13,672.80	1,777.46	15,450.26		-		
19	001002	240	77.98	90%	16,843.68	2,189.68	19,033.36		√	90.00%	
20	004002	90	60.47	100%	5,442.30	707.50	6,149.80		-		
21	003002	120	60.00	100%	7,200.00	936.00	8,136.00		-		
22	004002	90	72.56	100%	6,530.40	848.95	7,379.35		-		
23	004001	90	106.34	100%	9,570.60	1,244.18	10,814.78		-		
24	005002	72	83.58	100%	6,017.76	782.31	6,800.07		-		

供应商 客户 产品 采购入库 销售出库 单据统计

第2步 复制V3单元格公式并粘贴至V4:V28单元格区域中，即可计算得到其他出库产品的折扣额。如下图所示。

V28 =IFERROR(ROUND(M28*N28-P28,2),0)

	H	M	N	O	P	Q	R	S	T	U	V
1	有限公										
2	产品编号	销售数量	销售单价	折扣率	金额	税额	价税合计	备注	是否折扣	折扣率	折扣额
3	001001	90	96.60	90%	7,824.60	1,017.20	8,841.80		√	90.00%	869.40
17	003001	90	74.44	95%	6,364.62	827.40	7,192.02		√	95.00%	334.98
18	004001	180	75.96	100%	13,672.80	1,777.46	15,450.26		-		0.00
19	001002	240	77.98	90%	16,843.68	2,189.68	19,033.36		√	90.00%	1871.52
20	004002	90	60.47	100%	5,442.30	707.50	6,149.80		-		0.00
21	003002	120	60.00	100%	7,200.00	936.00	8,136.00		-		0.00
22	004002	90	72.56	100%	6,530.40	848.95	7,379.35		-		0.00
23	004001	90	106.34	100%	9,570.60	1,244.18	10,814.78		-		0.00
24	005002	72	83.58	100%	6,017.76	782.31	6,800.07		-		0.00
25	005001	60	100.92	100%	6,055.20	787.18	6,842.38		-		0.00
26	006002	120	113.36	100%	13,603.20	1,768.42	15,371.62		-		0.00
27	-		-	100%	-	-	-		-		0.00
28	-		-	100%	-	-	-		-		0.00

> **温馨提示**
>
> 辅助区域中的【平均成本单价】【销售毛利额】【销售毛利率】【产品库存数量】和【产品库存金额】字段中的数据将在汇总进销存数据后引用至此表中。

7.2.3 按月份全自动统计采购入库和销售出库表单数据

在采购入库和销售出库表单中录入数据后，需要对其中分散在每一份单据中的各项数据进行分类汇总，以便财务人员及其他相关人员随时掌握汇总数据，分析影响因素，作好后期工作计划。本小节将制作一份单据统计表单，按月份全自动统计和汇总采购入库表单和销售出库表单中的关键数据。

如下图所示，在“进销存业务管理表单”工作簿的“单据统计”工作表A2:I16单元格区域中，已预先绘制好统计表单框架，并设置好字段名称、基础求和公式及基本格式。

2023年单据月度统计表

月份	采购单			销售单				
	单据数量	明细数量	入库金额	单据数量	明细数量	销售金额	税额	价税合计
合计	-	-	-	-	-	-	-	-

汇总方法非常简单，只需运用条件统计函数COUNTIF、COUNTIFS与条件求和函数SUMIF设置简单的公式即可实现。操作方法如下。

第1步 在A4:A15单元格区域中依次输入2023年每个月份首日日期，如“2023-1-1”“2023-2-1”，并将单元格格式自定义为“m月”。如下图所示。

A15 2023-12-1

2023年单据月度统计表

月份	采购单			销售单				
	单据数量	明细数量	入库金额	单据数量	明细数量	销售金额	税额	价税合计
1月								
2月								
3月								
4月								
5月								
6月								
7月								
8月								
9月								
10月								
11月								
12月								
合计	-	-	-	-	-	-	-	-

第2步 ❶在B4单元格中设置公式“=COUNTIFS(采购入库!B:B,MONTH($A4),采购入库!E:E,1)”，运用COUNTIFS函数统计“采购入库”工作表B:B区域中的月份数等于A4单元格中的月份数且E:E区域中数据为“1”的单元格数量，即可得到1月的单据数量，并将单元格格式自定义为“[=0]"-";0"单"”，❷在C4单元格中设置公式“=COUNTIF(采购入库!B:B,MONTH($A4))”，运用COUNTIF函数统计“采购入库”工作表B:B区域中的月份数等于A4单元格中月份数的单元格数量，即可得到1月全部单据的明细数量，并将单元格格式自定义为“[=0]"-";0"条"”，❸在E4单元格中设置公式“=SUMIF(采购入库!B:B,MONTH($A4),采购入库!N:N)”，运用SUMIF函数根据“采购入库”工作表B:B区域中月份数等于A4单元格中的月份数这一条件，对N:N区域中入库金额进行求和，即可得到1月入库金额汇总数。如下图所示（编辑栏中显示B4单元格公式）。

B4 =COUNTIFS(采购入库!B:B,MONTH($A4),采购入库!E:E,1)

2023年单据月度统计表

月份	采购单			销售单		
	单据数量	明细数量	入库金额	单据数量	明细数量	销售金额
1月	2单	6条	58,731.00			
2月	❶	❷	❸			
3月						
4月						
5月						
6月						
7月						
8月						
9月						
10月						
11月						
12月						
合计	2单	6条	58,731.00	-	-	-

第3步 复制B4:D4单元格区域公式并粘贴至B5:D15单元格区域即可得到采购单其他全部月份的各项汇总数据。如下图所示。

D15 =SUMIF(采购入库!B:B,MONTH($A15),采购入库!N:N)

	A	B	C	D	E	F	G
1	2023年单据月度统计表						
2	月份	采购单			销售单		
3		单据数量	明细数量	入库金额	单据数量	明细数量	销售金额
4	1月	2单	6条	58,731.00			
5	2月	3单	5条	30,104.70			
6	3月	6单	13条	111,861.00			
7	4月	-	-	-			
8	5月	-	-	-			
9	6月	-	-	-			
10	7月	-	-	-			
11	8月	-	-	-			
12	9月	-	-	-			
13	10月	-	-	-			
14	11月	-	-	-			
15	12月	-	-	-			
16	合计	11单	24条	200,696.70	-	-	-

第4步 ❶在E4单元格中设置公式“=COUNTIFS(销售出库!B:B,MONTH($A4),销售出库!F:F,1)”，运用COUNTIFS函数统计1月销售单据数量，并将单元格格式自定义为“[=0]"-";0"单"”，❷在F4单元格中设置公式“=COUNTIF(销售出库!B:B,MONTH($A4))”，运用COUNTIF统计1月全部销售单据的明细数量，并将单元格格式自定义为“[=0]"-";0"条"”，❸在G4单元格中设置公式“=SUMIF(销售出库!$B:$B,MONTH($A4),销售出库!P:P)”，运用SUMIF函数汇总1月销售金额，❹复制G4单元格公式并粘贴至H4:I4单元格区域中，即可汇总1月销售产品的“税额”和“价税合计”数据。如下图所示（编辑栏中显示G4单元格公式）。

G4 =SUMIF(销售出库!$B:$B,MONTH($A4),销售出库!P:P)

	A	E	F	G	H	I
1	3年单据月度统计表					
2	月份	销售单				
3		单据数量	明细数量	销售金额	税额	价税合计
4	1月	5单	10条	88,394.43	11,491.29	99,885.72
5	2月	❶	❷	❸	❹	
6	3月					
7	4月					
8	5月					
9	6月					
10	7月					
11	8月					
12	9月					
13	10月					
14	11月					
15	12月					
16	合计	5单	10条	88,394.43	11,491.29	99,885.72

第5步 复制E4:I4单元格区域公式并粘贴至E5:I15单元格区域，即可得到销售单其他全部月份的各项汇总数据。如下图所示。

I15 =SUMIF(销售出库!$B:$B,MONTH($A15),销售出库!R:R)

	A	E	F	G	H	I
1	3年单据月度统计表					
2	月份	销售单				
3		单据数量	明细数量	销售金额	税额	价税合计
4	1月	5单	10条	88,394.43	11,491.29	99,885.72
5	2月	4单	8条	57,609.24	7,489.19	65,098.43
6	3月	4单	6条	48,977.16	6,367.04	55,344.20
7	4月	-	-	-	-	-
8	5月	-	-	-	-	-
9	6月	-	-	-	-	-
10	7月	-	-	-	-	-
11	8月	-	-	-	-	-
12	9月	-	-	-	-	-
13	10月	-	-	-	-	-
14	11月	-	-	-	-	-
15	12月	-	-	-	-	-
16	合计	13单	24条	194,980.83	25,347.52	220,328.35

温馨提示

因本例仅在“采购入库”和“销售出库”工作表表单中示范性录入了1～3月数据，因此统计表中4～12月的汇总数据均为0。

7.2.4 动态汇总每月每日采购入库和销售出库表单数据

除了统计汇总每月单据数据，还应当对每个月中每一日发生的采购入库和销售出库数据进行统计汇总，才能更全面、更详细地掌握进销存数据。下面通过在下拉列表中选择不同日期的方式，对每个月每一日的单据数据进行动态汇总统计。

如下图所示，在“进销存业务管理表单”工作簿的“单据统计”工作表K2:V35单元格区域中已预先绘制好统计表单框架，并设置好字段名称、基础求和公式及基本格式。

下面介绍表单设计思路和具体制作方法。

1. 自动生成每月日期和星期数

这一步的设计思路是：在K2单元格中创建下拉列表，其中序列为月份数，然后设置公式自动生成K2单元格中月份的全部日期和星期数。操作方法如下。

第1步 运用“数据验证”功能在K2单元格中创建下拉列表，将序列来源设置为A4:A15单元格区域即可。【数据验证】对话框设置内容如下图所示。

第2步 将K2单元格格式设置为【日期】→【2021年3月】类型。【设置单元格格式】对话框设置内容如下图所示。

第3步 ❶在K2单元格下拉列表中选择一个月份，如“1月”，❷在K5单元格中设置公式“=K2”，直接引用K2单元格中的日

期，❸在K6单元格中设置公式“=K5+1”，在K5单元格中的日期基础上加1，计算后一日的日期，❹复制K6单元格公式并粘贴至K7:K32单元格区域中，即可依次计算出当月1日至28日的日期，❺在K33单元格中设置公式“=IF(K32>=EOMONTH($K$2,0),"-",K32+1)”，运用IF函数判断K32单元格中的日期大于或等于K2单元格中日期所在月份的最末一日的日期时，就返回符号“-”，否则在K32单元格日期基础上加1，❻复制K33单元格公式并粘贴至K34:K35单元格区域中。如下图所示（编辑栏中显示K33单元格公式）。

K33单元格公式逻辑如下。

（1）一年中天数最少的月份为2月，共28日或29日。因此，本例以最少天数28日为准，设置公式为上一日期加1。

（2）若将K33:K35单元格区域公式也全部填充为上一个日期加1，那么当在K2单元格下拉列表中选择“2月”选项后，该区域中的日期即变化为3月1日至3月3日。这样下一步设置公式按照日期汇总数据时，也会将这几日的数据全部汇总，如此就会导致M4:N4和R4:Q4单元格区域中的合计数包含3月数据，影响其准确性。因此，应在29日至31日所在单元格中设置公式判断上一个单元格中的日期是否为K2单元格中日期所属月份的最后一日，再分别返回符号“-”或上一日期加1的计算结果。

第4步 在L5单元格中设置公式“=K5”，将L5单元格格式设置为【日期】→【星期三】类型，以显示日期的星期数。【设置单元格格式】对话框设置内容如下图所示。

第5步 复制L5单元格公式并粘贴至L6:L35单元格区域中，即可显示当月全部日期的星期数。如下图所示（编辑栏中显示L35单元格公式）。

L35 =K35

	K	L	M	N	O	P
1						2023年每月单
2	2023年1月		采购单			
3	合计		单据数量	入库金额	起始编号	末尾编号
4			0单	-		
5	2023-1-1	星期日				
6	2023-1-2	星期一				
28	2023-1-24	星期二				
29	2023-1-25	星期三				
30	2023-1-26	星期四				
31	2023-1-27	星期五				
32	2023-1-28	星期六				
33	2023-1-29	星期日				
34	2023-1-30	星期一				
35	2023-1-31	星期二				

2. 自动生成每日单据的起止编号

生成每日单据的起止编号有两个重要作用：一是可以让操作人员更详细地掌握单据情况，二是方便在下一步统计每日单据数量时简化公式。起止编号分别运用MIN和MAX函数统计每日最小编号和最大编号即可。具体操作方法如下。

第1步 ❶在O5单元格中设置公式“=MIN(IF(采购入库!$D$3: $D$28=$K5,RIGHT(采购入库!$F$3:$F$28,3)*1,"-"))”，并将单元格格式自定义为“[=0]"-";000”，即可自动生成当日采购单的最小编号（起始编号），❷复制O5单元格公式并粘贴至P5单元格中，将公式表达式中的函数“MIN”修改为“MAX”，即可自动生成当日单据的最大编号（末尾编号）。因本例中1月1日无单据，因此返回符号“-”。如下图所示（编辑栏中显示O5单元格公式）。

O5 =MIN(IF(采购入库!$D$3:$D$28=$K5,RIGHT(采购入库!$F$3:$F$28,3)*1,"-"))

	K	L	M	N	O	P
1						2023年每月单
2	2023年1月		采购单			
3	合计		单据数量	入库金额	起始编号	末尾编号
4			2单	58,731.00		
5	2023-1-1	星期日			-	-
25	2023-1-21	星期六			❶	❷
26	2023-1-22	星期日				
27	2023-1-23	星期一				
28	2023-1-24	星期二				
29	2023-1-25	星期三				
30	2023-1-26	星期四				
31	2023-1-27	星期五				
32	2023-1-28	星期六				
33	2023-1-29	星期日				
34	2023-1-30	星期一				
35	2023-1-31	星期二				

O5单元格公式原理如下。

首先，运用IF函数判断采购入库工作表D3:D28单元格区域中的日期是否等于K5单元格中的日期，若是，即运用RIGHT函数从右截取采购入库工作表F3:F28单元格区域中单据编号中的3个文本字符，乘以1的作用是将文本型数字转换为纯数字，MIN函数才能准确统计。反之，则返回符号“-”。

其次，运用MIN函数统计IF函数表达式计算得到的数组中的最小数字，即可得到当日的起始编号。

第2步 复制O5:P5单元格区域公式并粘贴至O6:P35单元格区域中，即可自动生成当月每日采购单的起止编号。如下图所示。

P10 =MAX(IF(采购入库!$D$3:$D$26=$K10,RIGHT(采购入库!$F$3:$F$26,3)*1,"-"))

K	L	M	N	O	P
				2023年每月单	
2023年1月		采购单			
合计		单据数量	入库金额	起始编号	末尾编号
		2单	58,731.00		
2023-1-1	星期日			-	-
2023-1-2	星期一			-	-
2023-1-3	星期二			-	-
2023-1-4	星期三			-	-
2023-1-5	星期四			-	-
2023-1-6	星期五			001	002
2023-1-28	星期六			-	-
2023-1-29	星期日			-	-
2023-1-30	星期一			-	-
2023-1-31	星期二			-	-

3. 自动统计每日单据数量和金额

统计每日单据数量和金额非常简单。其中，单据数量只需根据单据的起止编号即可计算得到，而单据金额运用SUMIF函数设置简单公式即可。操作方法如下。

第1步 ❶在M5单元格中设置公式“=IF(P5>0,P5-O5+1,"-")”，运用IF函数判断P5单元格中的数字大于0时，计算P5-O5+1的值，即单据末尾编号减起始编号再加1，即可得到单据数量。否则返回符号“-”。❷在N5单元格中设置公式“=SUMIF(采购入库!$D:$D,$K5,采购入库!$N:$N)”，运用SUMIF函数按日期汇总入库金额。如下图所示（编辑栏中显示N5单元格公式）。

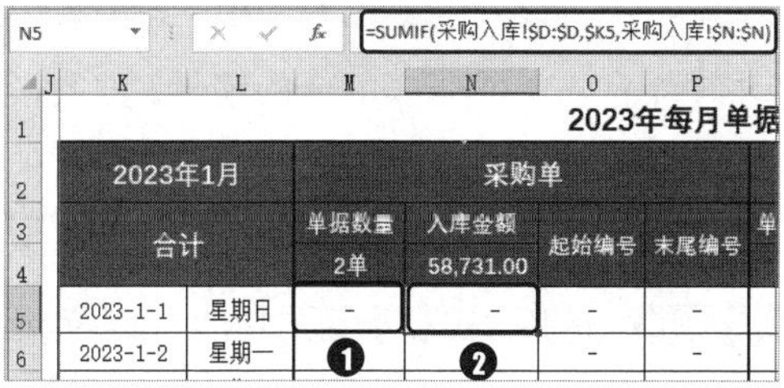

N5 =SUMIF(采购入库!$D:$D,$K5,采购入库!$N:$N)

K	L	M	N	O	P
				2023年每月单据	
2023年1月		采购单			
合计		单据数量	入库金额	起始编号	末尾编号
		2单	58,731.00		
2023-1-1	星期日	-	-	-	-
2023-1-2	星期一	❶	❷	-	-

第2步 复制M5:N5单元格区域公式并粘贴至M6:N35单元格区域中，即可计算得到当月全部日期采购单的数量、入库金额和单据起止编号。如下图所示。

N35 =SUMIF(采购入库!$D:$D,$K35,采购入库!$N:$N)

K	L	M	N	O	P
				2023年每月单据	
2023年1月		采购单			
合计		单据数量	入库金额	起始编号	末尾编号
		2单	58,731.00		
2023-1-1	星期日	-	-	-	-
2023-1-2	星期一	-	-	-	-
2023-1-3	星期二	-	-	-	-
2023-1-4	星期三	-	-	-	-
2023-1-5	星期四	-	-	-	-
2023-1-6	星期五	2单	58, 731. 00	001	002
2023-1-28	星期六	-	-	-	-
2023-1-29	星期日	-	-	-	-
2023-1-30	星期一	-	-	-	-
2023-1-31	星期二	-	-	-	-

第3步 参照第1步和第2步统计销售单的单据数量和金额等数据。如下图所示。

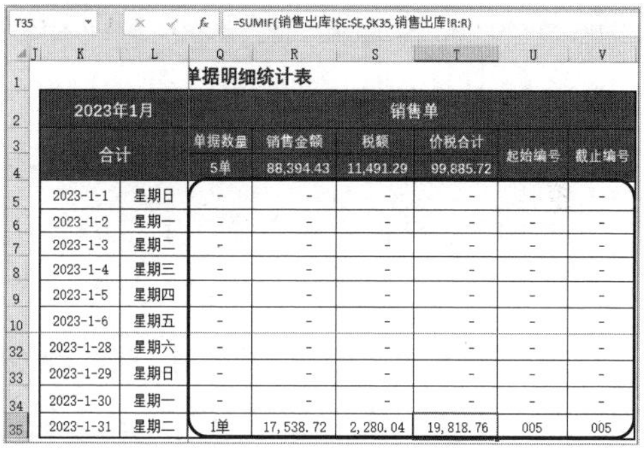

T35 =SUMIF(销售出库!$E:$E,$K35,销售出库!R:R)

K	L	Q	R	S	T	U	V
		单据明细统计表					
2023年1月		销售单					
合计		单据数量	销售金额	税额	价税合计	起始编号	截止编号
		5单	88,394.43	11,491.29	99,885.72		
2023-1-1	星期日	-	-	-	-	-	-
2023-1-2	星期一	-	-	-	-	-	-
2023-1-3	星期二	-	-	-	-	-	-
2023-1-4	星期三	-	-	-	-	-	-
2023-1-5	星期四	-	-	-	-	-	-
2023-1-6	星期五	-	-	-	-	-	-
2023-1-28	星期六	-	-	-	-	-	-
2023-1-29	星期日	-	-	-	-	-	-
2023-1-30	星期一	-	-	-	-	-	-
2023-1-31	星期二	1单	17, 538. 72	2, 280. 04	19, 818. 76	005	005

第4步 制作完成后，在K2单元格下拉列表中选择其他月份，即可看到数据变化效果。如下图所示。

K2 2023-2-1

2023年每月单据明细统计表											
2023年2月		采购单				销售单					
合计		单据数量	入库金额	起始编号	末尾编号	单据数量	销售金额	税额	价税合计	起始编号	截止编号
		3单	30,104.70			4单	57,609.24	7,489.19	65,098.43		
2023-2-1	星期三	1单	10,943.70	003	003	-	-	-	-	-	-
2023-2-2	星期四	2单	19,161.00	004	005	-	-	-	-	-	-
2023-2-3	星期五	-	-	-	-	-	-	-	-	-	-
2023-2-4	星期六	-	-	-	-	-	-	-	-	-	-
2023-2-5	星期日	-	-	-	-	-	-	-	-	-	-
2023-2-6	星期一	-	-	-	-	1单	12,200.04	1,586.00	13,786.04	006	006
2023-2-25	星期六	-	-	-	-	-	-	-	-	-	-
2023-2-26	星期日	-	-	-	-	-	-	-	-	-	-
2023-2-27	星期一	-	-	-	-	-	-	-	-	-	-
2023-2-28	星期二	-	-	-	-	-	-	-	-	-	-
-	-	-	-	-	-	-	-	-	-	-	-
-	-	-	-	-	-	-	-	-	-	-	-
-	-	-	-	-	-	-	-	-	-	-	-

7.2.5 制作采购单打印模板

实际经营中，在表单中录入采购入库或销售出库数据后，同样需要打印纸质单据作为原始凭证。因此，本小节将先制作采购单打印模板表单，其方法与思路和第5章、第6章所介绍的记账凭证和固定资产卡片打印模板基本一致，主要是运用查找引用类函数，根据指定月份、单据编号从指定的工作表中查找引用需要的信息。

如下图所示，在“进销存业务管理表单”工作簿“单据打印”工作表中，已预先绘制采购入库单框架。同时，A1:J1单元格区域为辅助区域，将自动计算几项关键数据，便于后面公式引用或作为数据参考。其中，A1单元格中已创建下拉列表，其序列来源为“=单据统计!$A$4:$A$15”，即“单据统计”工作表中的A4:A15单元格区域。

下面介绍制作方法与思路。

1. 创建指定月份中单据编号的动态下拉列表

这里创建动态二级下拉列表的作用是根据A1单元格中指定月份，在下拉列表中动态列示出当月全部单据的编号，方便操作人员选择单据编号的同时，也将被其他公式所引用。

第1步 运用“数据验证”功能在E1单元

格中创建下拉列表，将序列来源设置为公式“=OFFSET(采购入库!$F$2,MATCH(MONTH($A$1),采购入库!B:B,0)-3,,COUNTIF(采购入库!B:B,MONTH($A$1)*1))”。【数据验证】对话框设置内容如下图所示。

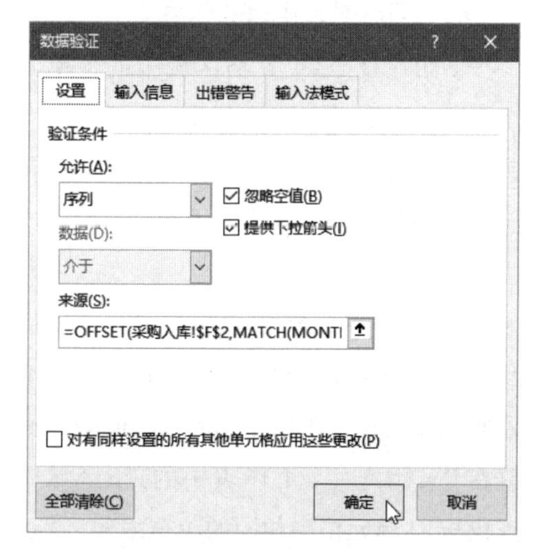

公式原理如下。

（1）运用OFFSET函数，以“采购入库”工作表中的F2单元格（【单据编号】字段）为起点进行偏移。

（2）向下偏移的行数可由表达式“MATCH(MONTH($A$1),采购入库!B:B,0)-3”自动计算，即运用MATCH函数定位A1单元格中的日期所属月份在“采购入库”工作表B:B区域（【所属月份】字段）中第一个相同月份所在的行数，减3是要减掉表格标题和字段名称所占用的3行。向右偏移的列数为0列，因此用英文逗号占位即可。

（3）偏移的高度由表达式“COUNTIF(采购入库!B:B, MONTH($A$1)*1)”自动统计，即运用COUNTIF函数统计“采购入库”工作表B:B区域中，A1单元格中日期所属月份的单元格数量，乘以1的作用是将文本型数字转换为纯数字。

第2步 展开E1单元格中的下拉列表，可看到其中列示出2023年1月的单据编号，重复单据编号的数量为明细数量。如下图所示。

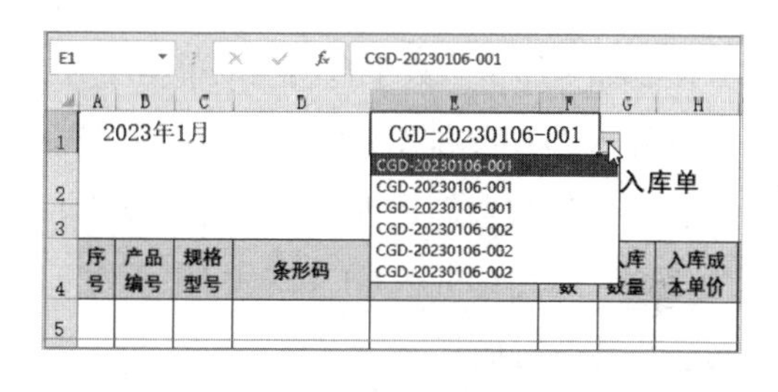

2. 动态生成被公式引用的单元格地址

由于后面将要频繁地使用OFFSET函数公式查找引用指定单据编号的明细内容，且起始单元格是根据指定的单据编号而动态变化的，需要嵌套公式自动计算。因此，为简化公式，且易于理解其含义，下面预先设置一个公式动态生成这个单元格地址。操作方法如下。

在D1单元格中设置公式“="采购入库!F"& MATCH($E$1,采购入库!F:F,0)”，运用MATCH函数定位E1单元格中的单据编号在“采购入库”工作表F:F区域（【单据编号】字段）中第一个相同单据编号所在的行数，并与固定文本“采购入库!F”组合，即可构成单元格地址。如下图所示。

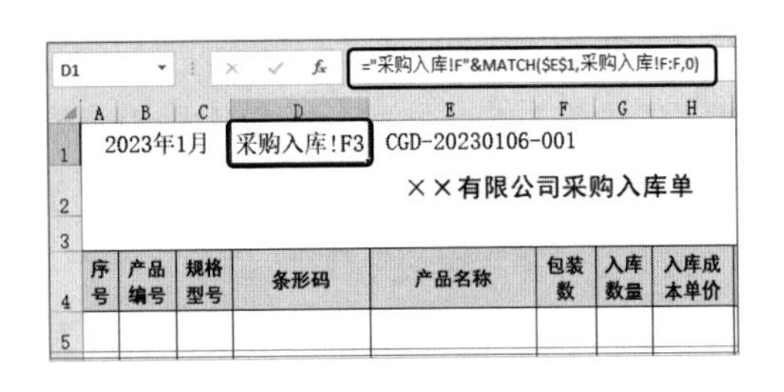

3. 统计明细数量并汇总入库数量和金额

在辅助区域中统计明细数量的作用是方便后面引用这一数字自动生成单据序号，而统计入库数量和金额可方便核对单据中的合计数量和金额是否一致。公式设置非常简单，运用COUNTIF和SUMIF函数即可。操作方法如下。

❶在G1单元格中设置公式“=COUNTIF(采购入库!F:F,E1)”，运用COUNTIF函数统计“采购入库”工作表F:F区域中，E1单元格中的单据编号的数量，即可得到明细数量，同时将单元格格式自定义为“0条明细”，❷在I1单元格中设置公式“=SUMIF(采购入库!$F:$F,$E1,采购入库!L:L)”，运用SUMIF函数汇总“采购入库”工作表中，E1单元格中单据编号的入库数量，并将单元格格式自定义为“"数量:"#”，❸在J1单元格中设置公式“=ROUND(SUMIF(采购入库!$F:$F,$E1,采购入库!N:N),2)”，运用SUMIF函数汇总“采购入库”工作表中E1单元格中单据编号的入库金额，并将单元格格式自定义为“"金额:"0.00;[红色]-0.00”。如下图所示（编辑栏中显示J1单元格公式）。

4. 自动生成单据表头信息

下面在D3:I3单元格区域中的各单元格中生成采购单的表头信息，包括供应商名称、日期、单据编号。运用XLOOKUP函数根据单据编号查找引用即可。操作方法如下。

❶在A3单元格中设置公式“="供应商："&XLOOKUP($E$1,采购入库!$F:$F,采购入库!C:C,"-",0)”，运用XLOOKUP函数在“采购入库”工作表中的F:F区域中查找与E1单元格中相同的单据编号，并返回C:C区域中与之匹配的供应商数据，并与固定文本“供应商：”组合，❷在E3单元格中设置公式“=XLOOKUP($E$1,采购入库!$F:$F,采购入库!D:D,"-",0)”，运用XLOOKUP函数在“采购入库”工作表中的F:F区域中查找与E1单元格中相同的单据编号，并返回D:D区域中与之匹配的日期，❸在H3单元格中设置公式“="单据编号："&E1”，直接引用E1单元格中的单据编号，并与固定文本“单据编号：”组合。如下图所示（编辑栏中显示A3单元格公式）。

5. 自动生成单据序号

生成采购单的单据序号非常简单，运用IF+ROW()函数组合即可实现。操作方法如下。

❶在A5单元格中设置公式“=IF(ROW()-4<=$G$1,ROW()-4,"")”，运用IF函数判断“ROW()-4”的值是否小于或等于G1单元格中明细数量，若是，即返回这个值，否则返回空值。其中，表达式“ROW()-4”的作用是运用ROW函数返回本单元格的行数，减4是要减掉第1至第4行，由此即可返回序号“1”，❷复制A5单元格公式并粘贴至A6:A18单元格区域中，即可依次生成序号。如下图所示（编辑栏中显示A18单元格公式）。

A18　=IF(ROW()-4<=$G$1,ROW()-4,"")

	A	B	C	D	E	F	G	H
1		2023年1月		采购入库!F3	CGD-20230106-001		3条明细	
2					××有限公司采购入库单			
3	供应商：GYS001 供应商001				2023年1月6日			单
4	序号	产品编号	规格型号	条形码	产品名称	包装数	入库数量	入库成本单价
5	1 ❶							
6	2							
7	3							
8	❷							
15								
16								
17								
18								

6. 引用采购单数据

引用采购单的相关信息主要使用OFFSET函数，其中参数需要嵌套INDIRECT、MATCH函数自动计算。操作方法如下。

第1步 在B5单元格中设置公式“=IF($A5="","",IFERROR(OFFSET(INDIRECT($D$1),$A5-1,MATCH(B$4,采购入库!$2:$2,0)-6),""))”，引用指定单据编号中的第1个产品编号。如下图所示。

B5　=IF($A5="","",IFERROR(OFFSET(INDIRECT($D$1),$A5-1,MATCH(B$4,采购入库!$2:$2,0)-6),""))

	A	B	C	D	E	F	G	H
1		2023年1月		采购入库!F3	CGD-20230106-001		3条明细	
2					××有限公司采购入库单			
3	供应商：GYS001 供应商001				2023年1月6日			单
4	序号	产品编号	规格型号	条形码	产品名称	包装数	入库数量	入库成本单价
5	1	001001						
6	2							
7	3							
8								
15								
16								
17								
18								

公式中OFFSET函数表达式原理如下。

（1）第1个参数（起始单元格），引用INDIRECT函数D1单元格中所指定的单元格地址，也就是指定单据编号的第1条明细所在单元格。

（2）第2个参数（向下偏移的行数）“A5-1”：由于第1个参数已指定单据编号的第1条明细所在单元格为起始单元格，那么偏移的行数为0，而A5单元格中的序号为1，减1后即为0，将公式向下填充后，依次为1、2……

（3）第3个参数（向右偏移的列数）运用MATCH函数定位B4单元格中的字段名称在“采购入库”工作表第2行中的列数。减6的原因是：D1单元格中所指定的起始单元格地址的列号固定为F，而B4单元格中的【产品编号】字段名称在“采购入库”工作表中第2行的列数为6，因此应偏移0

列，所以减6之后即为0。

第2步 复制B5单元格公式并粘贴至B5:J18单元格区域，即可引用指定编号的其他明细内容。如下图所示。

J18 　=IF($A18="","",IFERROR(OFFSET(INDIRECT($D$1),$A18-1,MATCH(J$4,采购入库!$2:$2,0)-6),""))

2023年1月 采购入库!F3 CGD-20230106-001 3条明细 数量:690 金额:33441.00

××有限公司采购入库单

供应商：GYS001 供应商001 2023年1月6日 单据编号：CGD-20230106-001

序号	产品编号	规格型号	条形码	产品名称	包装数	入库数量	入库成本单价	入库金额	备注
1	001001	JC510	69*********36	产品001	90	270	48.30	13041.00	
2	001002	JC511	69*********62	产品002	60	240	46.00	11040.00	
3	001003	JC512	69*********22	产品003	90	180	52.00	9360.00	

7. 生成动态合计行

实务中，标准的单据均有合计行，一般设置在最后一条明细的下面一行中。由于每一张单据中至少存在一条明细，因此可从第2条明细所在行起设置合计公式，生成动态文本“合计”，并对单据中【入库数量】和【入库金额】字段中的数据进行动态求和。公式设置方法非常简单，只需对原有公式稍作修改，或再嵌套一层IF函数表达式即可。操作方法如下。

第1步 将E6单元格公式中原IF函数表达式前半部分改为“IF(AND($A6="",$A5<>""),"合计",”，运用IF函数判断A6单元格为空，并且A5单元格不为空时，代表A5单元格所在行中的明细为最后一条，因此在E6单元格中返回文本“合计”，否则再计算OFFSET函数表达式的值。如下图所示。

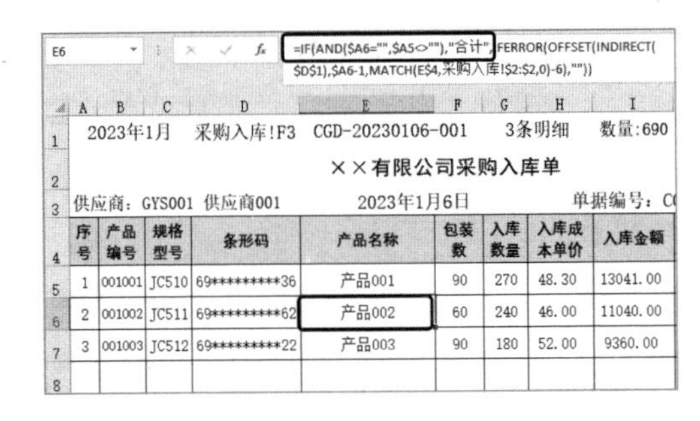

E6 　=IF(AND($A6="",$A5<>""),"合计",IFERROR(OFFSET(INDIRECT($D$1),$A6-1,MATCH(E$4,采购入库!$2:$2,0)-6),""))

2023年1月 采购入库!F3 CGD-20230106-001 3条明细 数量:690

××有限公司采购入库单

供应商：GYS001 供应商001 2023年1月6日 单据编号：C

序号	产品编号	规格型号	条形码	产品名称	包装数	入库数量	入库成本单价	入库金额
1	001001	JC510	69*********36	产品001	90	270	48.30	13041.00
2	001002	JC511	69*********62	产品002	60	240	46.00	11040.00
3	001003	JC512	69*********22	产品003	90	180	52.00	9360.00

第2步 复制E6单元格公式并粘贴至E8:E18单元格区域，即可看到由于A8单元格为空，并且A7单元格不为空，因此E8单元格中返回文本“合计”。如下图所示。

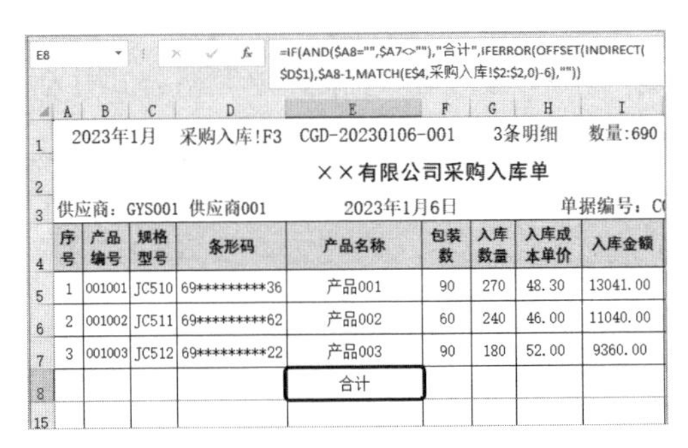

E8 　=IF(AND($A8="",$A7<>""),"合计",IFERROR(OFFSET(INDIRECT($D$1),$A8-1,MATCH(E$4,采购入库!$2:$2,0)-6),""))

2023年1月 采购入库!F3 CGD-20230106-001 3条明细 数量:690

××有限公司采购入库单

供应商：GYS001 供应商001 2023年1月6日 单据编号：C

序号	产品编号	规格型号	条形码	产品名称	包装数	入库数量	入库成本单价	入库金额
1	001001	JC510	69*********36	产品001	90	270	48.30	13041.00
2	001002	JC511	69*********62	产品002	60	240	46.00	11040.00
3	001003	JC512	69*********22	产品003	90	180	52.00	9360.00
				合计				

第3步 将G6单元格公式中原IF函数表达式前半部分改为“IF($E6="合计",SUM(G$5:G5),”，运用IF函数判断E6单元格中内容为“合计”时，即对G5:G5单元格区域中的数据求和，否则再计算OFFSET函数表达式的值。如下图所示。

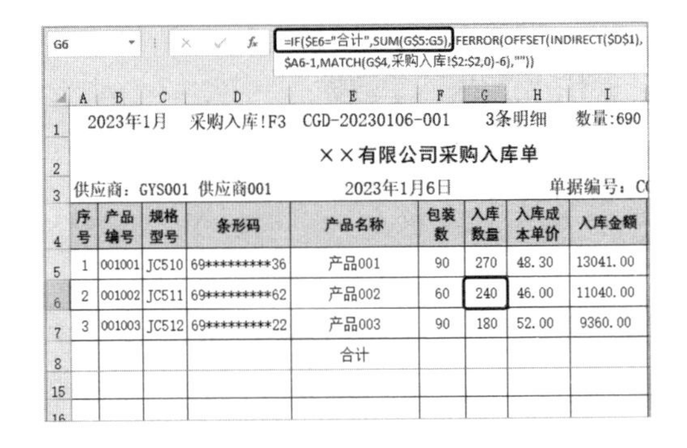

G6 　=IF($E6="合计",SUM(G$5:G5),IFERROR(OFFSET(INDIRECT($D$1),$A6-1,MATCH(G$4,采购入库!$2:$2,0)-6),""))

2023年1月 采购入库!F3 CGD-20230106-001 3条明细 数量:690

××有限公司采购入库单

供应商：GYS001 供应商001 2023年1月6日 单据编号：C

序号	产品编号	规格型号	条形码	产品名称	包装数	入库数量	入库成本单价	入库金额
1	001001	JC510	69*********36	产品001	90	270	48.30	13041.00
2	001002	JC511	69*********62	产品002	60	240	46.00	11040.00
3	001003	JC512	69*********22	产品003	90	180	52.00	9360.00
				合计				

第4步 ❶复制G6单元格公式并粘贴至G7:G18单元格区域中，❷复制G6:G18单元格区域公式并粘贴至I6:I18单元格区域中，即可看到由于E8单元格中内容为“合计”，因此G8单元格和I8单元格中的数据为G5:G7和I5:I7单元格区域中的数据之和。如下图所示。

I8　=IF($E8="合计",SUM(I$5:I7),IFERROR(OFFSET(INDIRECT($D$1),$A8-1,MATCH(I$4,采购入库!$2:$2,0)-6),""))

2023年1月　采购入库!F3　CGD-20230106-001　3条明细　数量:690

××有限公司采购入库单

供应商：GYS001 供应商001　2023年1月6日　单据编号：C

行	序号	产品编号	规格型号	条形码	产品名称	包装数	入库数量	入库成本单价	入库金额
5	1	001001	JC510	69*********36	产品001	90	270	48.30	13041.00
6	2	001002	JC511	69*********62	产品002	60	240	46.00	11040.00
7	3	001003	JC512	69*********22	产品003	90	180	52.00	9360.00
8					合计		690		33441.00
15									
16									
17									
18									

第5步 将C6单元格公式中原IF函数表达式前半部分改为“=IF($E6="合计","-",”，运用IF函数判断E6单元格中内容为“合计”时，返回符号“-”，否则再计算OFFSET函数表达式的值。如下图所示。

C6　=IF($E6="合计","-",IFERROR(OFFSET(INDIRECT($D$1),$A6-1,MATCH(C$4,采购入库!$2:$2,0)-6),""))

2023年1月　采购入库!F3　CGD-20230106-001　3条明细　数量:690

××有限公司采购入库单

供应商：GYS001 供应商001　2023年1月6日　单据编号：C

行	序号	产品编号	规格型号	条形码	产品名称	包装数	入库数量	入库成本单价	入库金额
5	1	001001	JC510	69*********36	产品001	90	270	48.30	13041.00
6	2	001002	JC511	69*********62	产品002	60	240	46.00	11040.00
7	3	001003	JC512	69*********22	产品003	90	180	52.00	9360.00
8					合计		690		33441.00
15									
16									
17									
18									

第6步 复制B6单元格并选择性粘贴公式至B6:D18、F6:F18和H6:H18单元格区域中，即可看到由于E8单元格中内容为“合计”，因此B8:D8单元格区域，以及F8和H8单元格中返回符号“-”。如下图所示。

H18　=IF($E18="合计","-",IFERROR(OFFSET(INDIRECT($D$1),$A18-1,MATCH(H$4,采购入库!$2:$2,0)-6),""))

2023年1月　采购入库!F3　CGD-20230106-001　3条明细　数量:690

××有限公司采购入库单

供应商：GYS001 供应商001　2023年1月6日　单据编号：C

行	序号	产品编号	规格型号	条形码	产品名称	包装数	入库数量	入库成本单价	入库金额
5	1	001001	JC510	69*********36	产品001	90	270	48.30	13041.00
6	2	001002	JC511	69*********62	产品002	60	240	46.00	11040.00
7	3	001003	JC512	69*********22	产品003	90	180	52.00	9360.00
8		-	-	-	合计	-	690	-	33441.00
15									
16									
17									
18									

8. 设置条件格式

下面结合实务中单据规范要求，运用“条件格式”功能自动标识单据中的合计行，并动态添加表格框线。操作方法如下。

第1步 ❶选中A6:J18单元格区域后，❷单击【开始】选项卡，❸单击【样式】组中的【条件格式】下拉按钮，❹单击下拉列表中的【新建规则】命令。如下图所示。

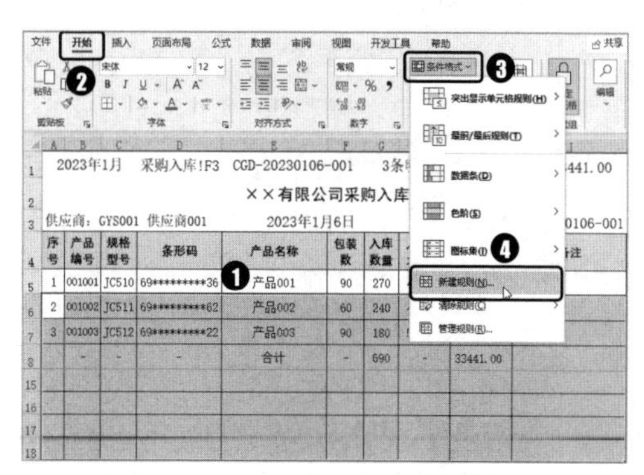

第2步 弹出【新建格式规则】对话框，

❶在【选择规则类型】列表框中选中【使用公式确定要设置格式的单元格】选项，❷在【为符合此公式的值设置格式】文本框中输入公式“=$E6="合计"”，❸单击【格式】按钮打开【设置单元格格式】对话框后自行设置格式，❹设置格式完成后，返回【新建格式规则】对话框，单击【确定】按钮关闭对话框。如下图所示。

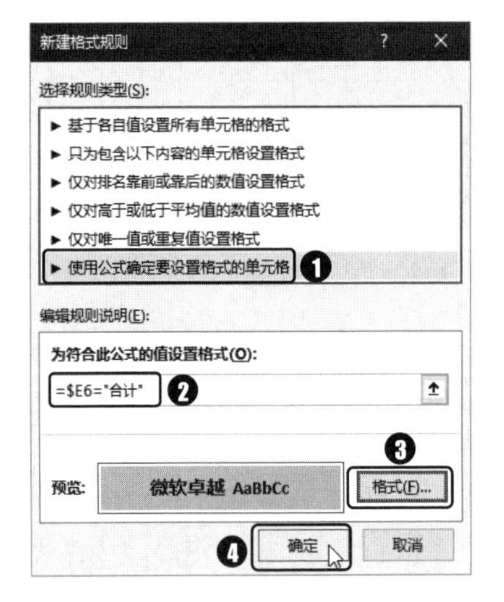

第3步 返回工作表，即可看到条件格式效果，如下图所示。

序号	产品编号	规格型号	条形码	产品名称	包装数	入库数量	入库成本单价	入库金额	备注
2023年1月	采购入库!F3			CGD-20230106-001	3条明细		数量:690 金额:33441.00		
				××有限公司采购入库单					
供应商：GYS001 供应商001				2023年1月6日			单据编号：CGD-20230106-001		
1	001001	JC510	69*********36	产品001	90	270	48.30	13041.00	
2	001002	JC511	69*********62	产品002	60	240	46.00	11040.00	
3	001003	JC512	69*********22	产品003	90	180	52.00	9360.00	
-	-	-	-	合计	-	690	-	33441.00	-

第4步 选中A6:I18单元格区域，再次设置一个条件格式，自动添加或清除单据的表格框线（请参照第6章“AI智能答疑与技巧点拨”栏目的“巧用条件格式动态添加或清除固定资产折旧计算表的表格框线”进行操作）。最后将A2:J18单元格区域设置为打印区域（请参照第5章“AI智能答疑与技巧点拨”栏目“设置记账凭证表单打印区域”进行操作。设置完成后，效果如下图所示。

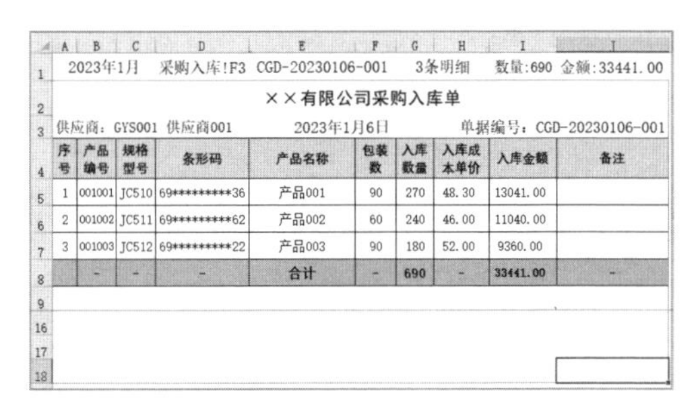

序号	产品编号	规格型号	条形码	产品名称	包装数	入库数量	入库成本单价	入库金额	备注
2023年1月	采购入库!F3			CGD-20230106-001	3条明细		数量:690 金额:33441.00		
				××有限公司采购入库单					
供应商：GYS001 供应商001				2023年1月6日			单据编号：CGD-20230106-001		
1	001001	JC510	69*********36	产品001	90	270	48.30	13041.00	
2	001002	JC511	69*********62	产品002	60	240	46.00	11040.00	
3	001003	JC512	69*********22	产品003	90	180	52.00	9360.00	
-	-	-	-	合计	-	690	-	33441.00	-

第5步 在A1单元格下拉列表中选择另一个月份，如“2月”，在E1单元格下拉列表中选择一个单据编号，如“CGD-20230201-003”，即可看到采购单中的数据和格式变化效果。如下图所示。

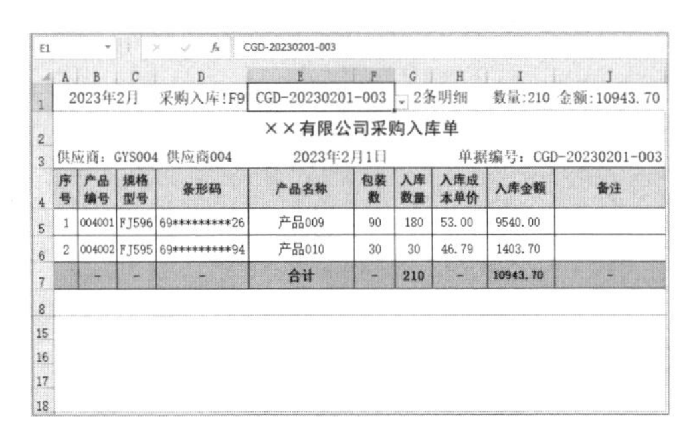

序号	产品编号	规格型号	条形码	产品名称	包装数	入库数量	入库成本单价	入库金额	备注
2023年2月	采购入库!F9			CGD-20230201-003	2条明细		数量:210 金额:10943.70		
				××有限公司采购入库单					
供应商：GYS004 供应商004				2023年2月1日			单据编号：CGD-20230201-003		
1	004001	FJ596	69*********26	产品009	90	180	53.00	9540.00	
2	004002	FJ595	69*********94	产品010	30	30	46.79	1403.70	
-	-	-	-	合计	-	210	-	10943.70	-

7.2.6 制作销售单打印模板

销售单打印模板可在“单据打印”工作表的空白区域制作，也可新建工作表制作，其思路、函数公式、条件格式设置方法与采购单打印模板完全相同，只需修改公式表达式中所引用的工作表名称和单元格地址即可，此处不再赘述。

制作完成后，销售单打印模板如下图所示。

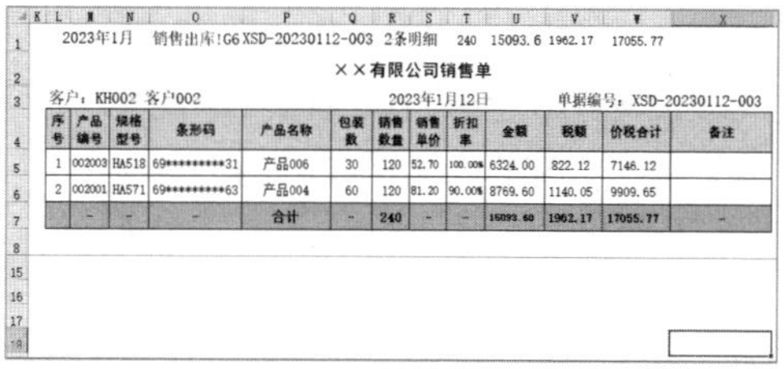

2023年1月 销售出库!G6 XSD-20230112-003 2条明细 240 15093.6 1962.17 17055.77

××有限公司销售单

客户：KH002 客户002 2023年1月12日 单据编号：XSD-20230112-003

序号	产品编号	规格型号	条形码	产品名称	包装数	销售数量	销售单价	折扣率	金额	税额	价税合计	备注
1	002003	HA518	69**********31	产品006	30	120	52.70	100.00%	6324.00	822.12	7146.12	
2	002001	HA571	69**********63	产品004	60	120	81.20	90.00%	8769.60	1140.05	9909.65	
	-	-	-	合计	-	240	-	-	15093.60	1962.17	17055.77	-

本节示例结果见“结果文件\第7章\进销存业务管理表单.xlsx”文件。

7.3 进销存数据汇总表单

实际经营过程中，在相关行业的企业中几乎每天都会发生采购入库和销售出库的经济业务，这就要求财务人员随时对产品的采购入库、销售出库及库存数据进行汇总核算，才能及时掌握各项数据的动态变化，并在每月末准确核算和结转当月的进销存数据。下面让AI工具“讯飞星火”提供设计和制作进销存数据汇总表单的思路。

提问：如何设计和制作进销存数据汇总表单？

讯飞星火

设计和制作进销存数据汇总表单需要考虑以下几个步骤。

（1）确定表单的目的和内容：确定制作表单的目的，是汇总进销存数据，还是分析销售趋势等。然后确定需要包含的数据内容，如产品名称、销售数量、进货数量、库存数量、销售额等。

（2）设计表单的结构和布局：根据确定的内容，设计表单的结构和布局。确定表头、列名和数据的排列方式。

（3）添加数据字段：根据确定的内容，添加相应的数据字段。每个字段对应表单中的一列，如产品名称、销售数量、进货数量等。可以根据需要设置字段的数据类型和格式，如文本、数字、日期等。

（4）设置数据验证和计算公式：为了确保数据的准确性，可以设置数据验证规则，如限制某个字段的取值范围或格式。同时，可以使用计算公式来自动计算某些字段的值，如计算销售额等。

（5）添加数据输入和导入功能：为了方便数据的输入和导入，可以添加数据输入和导入功能。可以设置表单中的单元格为可编辑状态，或者提供数据导入的功能，从其他文件或数据库中导入数据。

（6）设计数据汇总和分析功能：根据表单的目的，设计相应的数据汇总和分析功能。可以使用数据透视表、图表等工具来对数据进行汇总和分析，以便更好地理解和利用数据。

（7）设计打印和导出功能：为了方便表

单的输出和共享，可以设计打印和导出功能。可以设置打印区域和打印样式，以及导出为其他格式（如PDF、CSV等）的功能。

（8）进行测试和调整：在设计和制作完成后，进行测试和调整，检查表单的功能和数据的准确性，确保表单能够满足预期的需求。

以上是设计和制作进销存数据汇总表单的基本步骤，具体的设计和制作过程可以根据实际需求进行调整和优化。

以上关于进销存数据汇总表单的设计思路详细而全面，涵盖了设计制作进销存数据汇总表单的基本步骤。本节即参考上述思路，在前面小节中制作的进销存业务管理表单的基础上进一步制作进销存数据汇总表单，全自动汇总产品的进、销、存及其相关数据，并将库存数据引用至采购入库和销售出库表单中，以此介绍Excel应用方法和技巧，同时分享数据管理思路。

7.3.1 制作进销存数据汇总表单

实务中，进销存数据均是按自然月份分别汇总核算，其制作思路和方法都非常简单，主要运用查找引用函数、统计函数及条件求和函数将每一产品在指定月份中的采购入库和销售出库数据汇总，再根据这两项数据计算其他相关数据。

打开“素材文件\第7章\进销存数据汇总表单.xlsx”文件，如下图所示。在“2023年1月进销存”工作表中已预先绘制表格框架，并设置好字段名称、基本格式。同时，为示范需要，本例虚拟期初数并手动填入表单中（后面月份设置公式自动引用）。另外，工作簿中包含的其他工作表均为前面小节制作的各类表单。

	A	B	C	D	E	F	G	H	I	J	K
2	序号	产品编码	产品名称	规格型号	条码	包装数	默认供应商				
3								数量	平均成本单价	金额	入库数量
4						合计		4997	-	242,827.96	-
5								300	50.72	15,216.00	
12								295	41.90	12,360.50	
13								258	54.77	14,130.66	
14								228	33.39	7,612.92	
15								200	51.97	10,394.00	
16								306	48.64	14,883.84	
17								295	61.33	18,092.35	
18								367	58.95	21,634.65	
19								266	40.70	10,826.20	
20								206	39.43	8,122.58	
21								236	49.93	11,783.48	
22								338	46.99	15,882.62	
23								217	48.09	10,435.53	
24								196	48.51	9,507.96	
25									-	-	
26									-	-	
27									-	-	
28									-	-	

供应商 客户 产品 采购入库 销售出库 单据统计 单据打印 2023年1月进销存

	H	I	J	K	L	M	N	O	P	Q	R
2	#NUM!			进-本期入库			销-本期出库		存-期末数		
3	数量	平均成本单价	金额	入库数量	平均成本单价	入库金额	出库数量	出库金额	库存数量	平均成本单价	库存金额
4	4997	-	242,827.96	-	-	-	-	-	-	-	-
5	300	50.72	15,216.00								
12	295	41.90	12,360.50								
13	258	54.77	14,130.66								
14	228	33.39	7,612.92								
15	200	51.97	10,394.00								
16	306	48.64	14,883.84								
17	295	61.33	18,092.35								
18	367	58.95	21,634.65								
19	266	40.70	10,826.20								
20	206	39.43	8,122.58								
21	236	49.93	11,783.48								
22	338	46.99	15,882.62								
23	217	48.09	10,435.53								
24	196	48.51	9,507.96								
25		-	-								
26		-	-								
27		-	-								
28		-	-								

供应商 客户 产品 采购入库 销售出库 单据统计 单据打印 2023年1月进销存

下面制作进销存数据汇总表单。

1. 生成动态字段标题

动态字段标题是指在H2单元格中设置公式自动生成标题。操作方法如下。

❶在A1单元格中输入2023年1月最后一日的日期，即“2013-1-31”，并将单元格格式自定义为“××有限公司yyyy年m月进销存数据汇总”，❷在H2单元格中设置公式“=MONTH(A1-40)”，运用MONTH函数计算A1单元格中日期减40之后的日期的所属月份，并将单元格格式自定义为“期初数

（0月期末）”。如下图所示。

	G	H	I	J	K	L	M
1	××有限公司2023年1月进销存数据汇总 ❶						
2	默认供应商	期初数（12月期末） ❷			进-本期入库		
3		数量	平均成本单价	金额	入库数量	平均成本单价	入库金额
4		4997	-	242,027.90	-	-	-
5		300	50.72	15,216.00			
24		196	48.51	9,507.96			
25			-	-			
26			-	-			
27			-	-			
28			-	-			

（编辑栏：H2 =MONTH(A1-40)）

2. 自动生成表单序号

表单序号的作用是作为下一步公式中的关键字，查找引用产品的全部基本信息。自动生成序号的方法依然是先统计当前在档产品数量，再以这个数字为限，运用IF+ROW()函数组合依次返回连续的数字。操作方法如下。

第1步 在A4单元格中设置公式“=MAX(产品!A:A)”，统计“产品”工作表中A:A区域中的最大数（【序号】字段），即可得到当前在档产品的数量，并将单元格格式自定义为“当前共0条产品信息”。如下图所示。

（编辑栏：A4 =MAX(产品!A:A)）

	A	B	C	D	E	F
1						
2	序号	产品编码	产品名称	规格型号	条码	包装数
4	当前共20条产品信息					合计
5						

第2步 ❶在A5单元格中设置公式“=IF(ROW()-4<=A$4,ROW()-4,"-")”，运用IF函数判断“ROW()-4”是否小于或等于A4单元格中的数字，若是，即返回这个表达式的值，否则返回符号“-”，❷复制A5单元格公式并粘贴至A6:A28单元格区域，即可自动生成全部序号。如下图所示（编辑栏中显示A5单元格公式）。

（编辑栏：A28 =IF(ROW()-4<=A$4,ROW()-4,"-")）

	A	B	C	D	E	F	G
1							××有限
2	序号	产品编码	产品名称	规格型号	条码	包装数	默认供应商
4	当前共20条产品信息					合计	
5	1 ❶						
22	18						
23	19						
24	20 ❷						
25	-						
26	-						
27	-						
28	-						

3. 引用产品基础信息

引用产品基础信息只需将序号作为关键字，运用VLOOKUP+MATCH函数组合即可。操作方法如下。

第1步 在B5单元格中设置公式=IFERROR(VLOOKUP($A5,产品!$A:$O,MATCH(B$2,产品!$2:$2,0),0),"-")”，运用VLOOKUP函数在“产品”工作表A:O区域中查找与A5单元格中相同的序号，并返回与之匹配的产品名称。其中，VLOOKUP函数的第3个参数运用MATCH函数查找B2单元格中的字段名称在“产品”工作表中第2行中的列数。如下图所示。

（编辑栏：B5 =IFERROR(VLOOKUP($A5,产品!$A:$O,MATCH(B$2,产品!$2:$2,0),0),"-")）

	A	B	C	D	E	F	G
1							××有限
2	序号	产品编码	产品名称	规格型号	条码	包装数	默认供应商
4	当前共20条产品信息					合计	
5	1	001001					
22	18						

第2步 复制B5单元格公式并粘贴至B5:G28单元格区域，即可引用当前全部在档产品的其他基础信息。如下图所示。

G28　=IFERROR(VLOOKUP($A28,产品!$A:$O,MATCH(G$2,产品!$2:$2,0),0),"-")

	A	B	C	D	E	F	G
1							××有限公
2-3	序号	产品编码	产品名称	规格型号	条码	包装数	默认供应商
4		当前共20条产品信息			合计		
5	1	001001	产品001	JC510	69*********36	90	GYS001 供应商001
22	18	009001	产品018	JC616	69*********12	60	GYS009 供应商009
23	19	010001	产品019	JC617	69*********27	48	GYS010 供应商010
24	20	010002	产品020	JC618	69*********33	60	GYS010 供应商010
25	-	-	-	-	-	-	-
26	-	-	-	-	-	-	-
27	-	-	-	-	-	-	-
28	-	-	-	-	-	-	-

4. 汇总产品入库数据

汇总产品在本月的入库数量和入库金额需要运用条件求和函数SUMIFS设置公式即可。平均成本单价一般采用加权平均法计算。操作方法如下。

第1步 ❶在K5单元格中设置公式“=SUMIFS(采购入库!L:L,采购入库!$G:$G,$B5,采购入库!$B:$B,MONTH ($A$1))”，运用SUMIFS函数对符合两组条件的入库数量进行汇总，❷复制K5单元格并选择性粘贴公式至M5单元格，即可汇总入库金额，❸在L5单元格中设置公式“=IFERROR(ROUND((J5+M5)/(H5+K5),2),"-")”，根据会计公式“平均成本单价=(期初库存金额+本期增加金额)÷(期初库存数量+本期增加数量)”计算平均成本单价。如下图所示（编辑栏中显示M5单元格公式）。

M5　=SUMIFS(采购入库!N:N,采购入库!$G:$G,$B5,采购入库!$B:$B,MONTH($A$1))

	A	B	H	I	J	K	L	M
1			公司2023年1月进销存数据汇总					
2	序号	产品编码	期初数（12月期末）			进-本期入库		
3			数量	平均成本单价	金额	入库数量	平均成本单价	入库金额
4		当前共2	4997	-	242,827.96	270	-	13,041.00
5	1	001001	300	50.72	15,216.00	270	49.57	13,041.00
21	17	008002	236	49.93	11,783.48	❶	❸	❷
22	18	009001	338	46.99	15,882.62			
23	19	010001	217	48.09	10,435.53			
24	20	010002	196	48.51	9,507.96			
25	-	-		-	-			
26	-	-		-	-			
27	-	-		-	-			
28	-	-		-	-			

第2步 复制K5:M5单元格区域公式并粘贴至K6:M28单元格区域即可计算得到其他产品的入库数据。如下图所示。

M28　=SUMIFS(采购入库!N:N,采购入库!$G:$G,$B28,采购入库!$B:$B,MONTH($A$1)

	A	B	H	I	J	K	L	M
1			公司2023年1月进销存数据汇总					
2	序号	产品编码	期初数（12月期末）			进-本期入库		
3			数量	平均成本单价	金额	入库数量	平均成本单价	入库金额
4		当前共2	4997	-	242,827.96	1320	-	58,731.00
5	1	001001	300	50.72	15,216.00	270	49.57	13,041.00
6	2	001002	126	48.19	6,071.94	240	46.75	11,040.00
7	3	001003	250	54.71	13,677.50	180	53.58	9,360.00
8	4	002001	156	42.63	6,650.28	420	41.08	17,010.00
9	5	002002	238	46.70	11,114.60	120	46.13	5,400.00
10	6	002003	300	37.16	11,148.00	90	35.97	2,880.00
23	19	010001	217	48.09	10,435.53	-	48.09	-
24	20	010002	196	48.51	9,507.96	-	48.51	-
25	-	-		-	-	-	-	-
26	-	-		-	-	-	-	-
27	-	-		-	-	-	-	-
28	-	-		-	-	-	-	-

5. 计算产品销售成本

计算产品销售成本同样运用SUMIFS函数汇总销售数量，再乘以平均成本单价。操作方法如下。

第1步 ❶在N5单元格中设置公式“=SUMIFS(销售出库!$M:$M,销售出库!$H: $H,$B5,销售出库!$B:$B,MONTH

($A$1))”，运用SUMIFS函数对符合条件出库数量汇总，❷在O5单元格中设置公式“=IFERROR(ROUND(N5*L5,2),"-")”，用N5单元格中的出库数量乘以L5单元格中的平均成本单价即可计算得到出库金额（销售成本）。如下图所示（编辑栏中显示N5单元格公式）。

N5　=SUMIFS(销售出库!$M:$M,销售出库!$H:$H,$B5,销售出库!$B:$B,MONTH($A$1))

	A	B	J	K	L	M	N	O
1			月进销存数据汇总					
2	序号	产品编码	期末）	进-本期入库			销-本期出库	
3			金额	入库数量	平均成本单价	入库金额	出库数量	出库金额
4		当前共2	242,827.96	1320	-	58,731.00	90	4,461.30
5	1	001001	15,216.00	270	49.57	13,041.00	90 ❶	4,461.30 ❷
6	2	001002	6,071.94	240	46.75	11,040.00		
7	3	001003	13,677.50	180	53.58	9,360.00		
8	4	002001	6,650.28	420	41.08	17,010.00		
9	5	002002	11,114.60	120	46.13	5,400.00		
10	6	002003	11,148.00	90	35.97	2,880.00		
23	19	010001	10,435.53	-	48.09	-		
24	20	010002	9,507.96	-	48.51	-		
25	-	-	-	-	-	-		
26	-	-	-	-	-	-		

第2步 复制N5:O5单元格区域公式并粘贴至N6:O28单元格区域中，即可计算得到其他产品的出库金额（销售成本）。如下图所示。

O28　=IFERROR(ROUND(N28*L28,2),"-")

	A	B	J	K	L	M	N	O
1			月进销存数据汇总					
2	序号	产品编码	期末）	进-本期入库			销-本期出库	
3			金额	入库数量	平均成本单价	入库金额	出库数量	出库金额
4		当前共2	242,827.96	1320	-	58,731.00	1020	48,690.66
5	1	001001	15,216.00	270	49.57	13,041.00	90	4,461.30
6	2	001002	6,071.94	240	46.75	11,040.00	-	-
7	3	001003	13,677.50	180	53.58	9,360.00	60	3,214.80
8	4	002001	6,650.28	420	41.08	17,010.00	180	7,394.40
9	5	002002	11,114.60	120	46.13	5,400.00	-	-
10	6	002003	11,148.00	90	35.97	2,880.00	120	4,316.40
23	19	010001	10,435.53	-	48.09	-	-	-
24	20	010002	9,507.96	-	48.51	-	-	-
25	-	-	-	-	-	-	-	-
26	-	-	-	-	-	-	-	-
27	-	-	-	-	-	-	-	-
28	-	-	-	-	-	-	-	-

6. 计算期末产品库存数据

有了产品期初库存数据，并计算出本期入库和本期出库数据后，期末库存数据的计算就非常简单了，只需按照会计公式设置公式即可。操作方法如下。

第1步 ❶在P5单元格中设置公式“=H5+K5-N5”，计算期末库存数量，❷在R5单元格中设置公式“=IFERROR(ROUND(J5+M5-O5,2),"-")”，计算库存金额，❸在Q5单元格中设置公式“=IFERROR(ROUND(R5/P5,2),"-")”，计算平均成本单价。如下图所示（编辑栏中显示R5单元格公式）。

R5　=IFERROR(ROUND(J5+M5-O5,2),"-")

	A	B	K	L	M	N	O	P	Q	R
1			数据汇总							
2	序号	产品编码	进-本期入库			销-本期出库		存-期末数		
3			入库数量	平均成本单价	入库金额	出库数量	出库金额	库存数量	平均成本单价	库存金额
4		当前共2	1320	-	58,731.00	1020	48,690.66	480	-	23,795.70
5	1	001001	270	49.57	13,041.00	90	4,461.30	480 ❶	49.57 ❸	23,795.70 ❷
6	2	001002	240	46.75	11,040.00	-	-			
7	3	001003	180	53.58	9,360.00	60	3,214.80			
8	4	002001	420	41.08	17,010.00	180	7,394.40			
9	5	002002	120	46.13	5,400.00	-	-			
10	6	002003	90	35.97	2,880.00	120	4,316.40			
23	19	010001	-	48.09	-	-	-			
24	20	010002	-	48.51	-	-	-			
25	-	-	-	-	-	-	-			
26	-	-	-	-	-	-	-			

第2步 复制P5:R5单元格区域公式并粘贴至P6:R28单元格区域中，即可计算其他产品的期末库存数据。如下图所示。

R28　=IFERROR(ROUND(J28+M28-O28,2),"-")

	A	B	K	L	M	N	O	P	Q	R
1			数据汇总							
2	序号	产品编码	进-本期入库			销-本期出库		存-期末数		
3			入库数量	平均成本单价	入库金额	出库数量	出库金额	库存数量	平均成本单价	库存金额
4		当前共2	1320	-	58,731.00	1020	48,690.66	5297	-	252,868.30
5	1	001001	270	49.57	13,041.00	90	4,461.30	480	49.57	23,795.70
6	2	001002	240	46.75	11,040.00	-	-	366	46.75	17,111.94
7	3	001003	180	53.58	9,360.00	60	3,214.80	370	53.57	19,822.70
8	4	002001	420	41.08	17,010.00	180	7,394.40	396	41.08	16,265.88
9	5	002002	120	46.13	5,400.00	-	-	358	46.13	16,514.60
10	6	002003	90	35.97	2,880.00	120	4,316.40	270	35.97	9,711.60
23	19	010001	-	48.09	-	-	-	217	48.09	10,435.53
24	20	010002	-	48.51	-	-	-	196	48.51	9,507.96
25	-	-	-	-	-	-	-	-	-	-
26	-	-	-	-	-	-	-	-	-	-
27	-	-	-	-	-	-	-	-	-	-
28	-	-	-	-	-	-	-	-	-	-

7. 一步生成次月进销存数据

首月进销存数据汇总表单制作完成后，生成次月进销存数据时，只需修改A1单元格中的日期即可。对于期初数据，可以设置公式自动引用，也可手动复制粘贴上期期末数据。本例设置公式自动引用。具体操作方法如下。

第1步 ❶新建一张工作表，将其重命名为“2023年2月进销存”，整表复制“2023年1月进销存”工作表中的表单并粘贴至“2023年2月进销存”工作表中，❷在A1单元格中重新输入日期“2023-2-28”，即可看到本期入库和本期出库数据均变化为2023年2月的汇总数据。如下图所示。

A1 | 2023-2-28

序号	产品编码	产品名称	进-本期入库			销-本期出库	
			入库数量	平均成本单价	入库金额	出库数量	出库金额
当前共20条产品信息			600	-	30,104.70	868	41,993.20
1	001001	产品001	-	50.72	-	-	-
14	006002	产品014	96	58.75	5,568.00	48	2,820.00
15	007001	产品015	-	40.70	-	-	-
16	008001	产品016	-	39.43	-	100	3,943.00
17	008002	产品017	-	49.93	-	-	-
18	009001	产品018	-	46.99	-	60	2,819.40
19	010001	产品019	-	48.09	-	-	-
20	010002	产品020	-	48.51	-	-	-
-	-	-	-	-	-	-	-
-	-	-	-	-	-	-	-
-	-	-	-	-	-	-	-
-	-	-	-	-	-	-	-

2023年1月进销存 | 2023年2月进销存

第2步 将H5:J28单元格区域中原有数据清除（在“2023年1月进销存”工作表中手动录入的数据），在H5单元格中设置公式“=IFERROR(VLOOKUP($B5,INDIRECT("2023年"&$H$2&"月进销存!$B:$R"),15,0),"-")”，运用VLOOKUP函数在指定工作表中的B:R区域中查找与B5单元格中相同的产品编号，并返回第15列中与之匹配的库存数量。其中，VLOOKUP函数的第2个参数运用INDIRECT函数直接引用固定文本“2023年”、H2单元格中的月份和固定文本组合而成的文本所代表的工作表名称和区域。如下图所示。

H5 | =IFERROR(VLOOKUP($B5,INDIRECT("2023年"&$H$2&"月进销存!$B:$R"),15,0),"-")

公司2023年2月进销存数据汇总

序号	产品编码	产品名称	期初数（1月期末）			进-本期入库		
			数量	平均成本单价	金额	入库数量	平均成本单价	入库金额
当前共20条产品信息			480	-	-	600	-	30,104.70
1	001001	产品001	480			-	-	-
14	006002	产品014				96	58.00	5,568.00
15	007001	产品015				-	-	-
16	008001	产品016				-	-	-
17	008002	产品017				-	-	-
18	009001	产品018				-	-	-
19	010001	产品019				-	-	-
20	010002	产品020				-	-	-
-	-	-				-	-	-
-	-	-				-	-	-
-	-	-				-	-	-
-	-	-				-	-	-

第3步 ❶复制H5单元格并选择性粘贴公式至I5:J5单元格区域中，分别将I5和J5单元格VLOOKUP函数的第3个参数修改为“16”和“17”，❷复制H5:J5单元格区域公式并粘贴至H6:J28单元格区域中，即可引用其他产品的上期期末库存数据。如下图所示。

温馨提示

再次生成次月进销存数据时，可将2023年2月进销存数据汇总表单作为模板，复制粘贴后只需修改A1单元格中的日期即可完成。其他数据全部由公式自动计算。

J28 =IFERROR(VLOOKUP($B28,INDIRECT("2023年"&$H$2&"月进销存!$B:$R"),17,0),"-")

	A	B	C	H	I	J	K	L	M
1				公司2023年2月进销存数据汇总					
2	序号	产品编码	产品名称	期初数（1月期末）			进-本期入库		
3				数量	平均成本单价	金额	入库数量	平均成本单价	入库金额
4	当前共20条产品信息			5297	-	252,868.30	600	-	30,104.70
5	1	001001	产品001	480	49.57	23,795.70	-	49.57	-
18	14	006002	产品014	271	58.95	15,975.45	96	58.70	5,568.00
19	15	007001	产品015	266	40.70	10,826.20	-	40.70	
20	16	008001	产品016	206	39.43	8,122.58	-	39.43	-
21	17	008002	产品017	176	49.93	8,787.68	-	49.93	-
22	18	009001	产品018	338	46.99	15,882.62		46.99	-
23	19	010001	产品019	217	48.09	10,435.53	-	48.09	-
24	20	010002	产品020	196	48.51	9,507.96	-	48.51	-
25	-	-	-	0	-	-	-	-	-
26	-	-	-	0	-	-	-	-	-
27	-	-	-	0	-	-	-	-	-
28	-	-	-	0	-	-	-	-	-

7.3.2 在业务表单中引用库存数据

进销存数据汇总表单完成后，可将每月的进销存数据引用至采购入库和销售出库表单中，方便操作人员在录入入库或出库数据时参考当前库存数据。另外，在销售出库表单中可同时引用平均成本单价，以便同步计算每一个出库产品的利润率与利润额，这样不仅能为财务人员提供价格参考，而且能帮助财务人员侧面了解利润情况。如果出现超低利润甚至负利润，也可立即发现价格问题，提醒相关人员及时作出合理调整。

1. 在采购业务表单中引用库存数据

采购入库表单中只需要每月库存数量和库存金额。制作方法非常简单，同样运用VLOOKUP+INDIRECT函数组合设置公式即可。操作方法如下。

第1步 ❶在“采购入库”工作表U3单元格中设置公式“=IFERROR(VLOOKUP($H3,INDIRECT("2023年"&$B3&"月进销存!$B:$R"),17,0),0)”，❷复制U3单元格并选择性粘贴公式至V3单元格中，将V3单元格公式中VLOOKUP函数的第3个参数修改为“17”。如下图所示（编辑栏中显示V3单元格公式）。

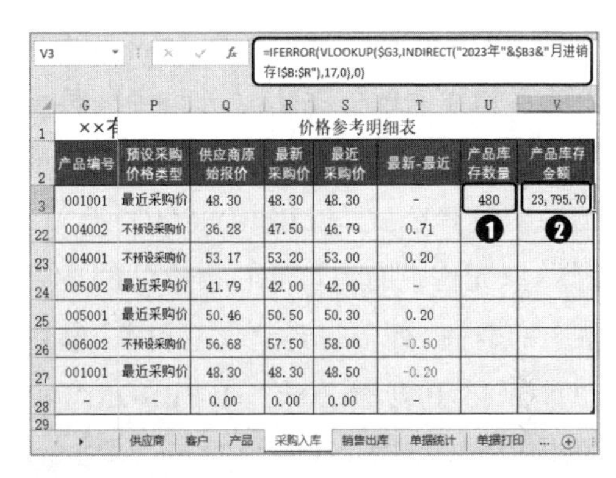

V3 =IFERROR(VLOOKUP($G3,INDIRECT("2023年"&$B3&"月进销存!$B:$R"),17,0),0)

	G	P	Q	R	S	T	U	V
1	××有	价格参考明细表						
2	产品编号	预设采购价格类型	供应商原始报价	最新采购价	最近采购价	最新-最近	产品库存数量	产品库存金额
3	001001	最近采购价	48.30	48.30	48.30	-	480	23,795.70
22	004002	不预设采购价	36.28	47.50	46.79	0.71		
23	004001	不预设采购价	53.17	53.20	53.00	0.20		
24	005002	最近采购价	41.79	42.00	42.00	-		
25	005001	最近采购价	50.46	50.50	50.30	0.20		
26	006002	不预设采购价	56.68	57.50	58.00	-0.50		
27	001001	最近采购价	48.30	48.30	48.50	-0.20		
28	-	-	0.00	0.00	0.00	-		

第2步 复制U3:V3单元格区域公式并粘贴至U4:V28单元格区域中，即可引用其他产品及其他月份的库存数据。如下图所示。

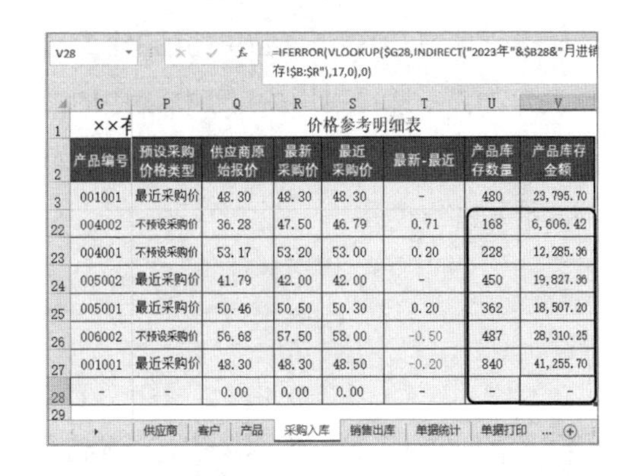

V28 =IFERROR(VLOOKUP($G28,INDIRECT("2023年"&$B28&"月进销存!$B:$R"),17,0),0)

	G	P	Q	R	S	T	U	V
1	××有	价格参考明细表						
2	产品编号	预设采购价格类型	供应商原始报价	最新采购价	最近采购价	最新-最近	产品库存数量	产品库存金额
3	001001	最近采购价	48.30	48.30	48.30	-	480	23,795.70
22	004002	不预设采购价	36.28	47.50	46.79	0.71	168	6,606.42
23	004001	不预设采购价	53.17	53.20	53.00	0.20	228	12,285.36
24	005002	最近采购价	41.79	42.00	42.00	-	450	19,827.36
25	005001	最近采购价	50.46	50.50	50.30	0.20	362	18,507.20
26	006002	不预设采购价	56.68	57.50	58.00	-0.50	487	28,310.25
27	001001	最近采购价	48.30	48.30	48.50	-0.20	840	41,255.70
28	-	-	0.00	0.00	0.00	-	-	-

2. 在销售业务表单中引用库存数据并计算毛利额和毛利率

下面在销售业务表单中引用库存数据，并计算产品销售毛利额和毛利率。操作方法如下。

第1步 ❶在“销售出库”工作表W3单元

格中设置公式“=IFERROR(VLOOKUP($H3, INDIRECT("2023年"&$B3&"月进销存!$B:$R"),16,0),"-")”，引用指定工作表中的平均成本单价，❷在X3单元格中设置公式“=IFERROR(ROUND(P3-W3*M3,2),0)”，用P3单元格中的金额减W3单元格中的平均成本单价与M3单元格中的数量的乘积，即可得到销售毛利额，❸在Y3单元格中设置公式“=IFERROR(X3/P3,"-")”，用X3单元格中的销售毛利额除以P3单元格中的金额，即可得到销售毛利率，❹在Z3单元格中设置公式“=IFERROR(VLOOKUP($H3,INDIRECT("2023年"&$B3&"月进销存!$B:$R"),15,0),0)”，引用指定工作表中的产品库存数量，❺复制Z3单元格并选择性粘贴公式至AA3单元格中，将AA3单元格公式VLOOKUP函数中的第3个参数修改为“17”，即可引用指定工作表中的产品库存金额。如下图所示（编辑栏中显示AA3单元格公式）。

AA3 =IFERROR(VLOOKUP($H3,INDIRECT("2023年"&$B3&"月进销存!$B:$R"),17,0),0)

	H	T	U	V	W	X	Y	Z	AA
1	有限公	销售利润计算表							
2	产品编号	是否折扣	折扣率	折扣额	平均成本单价	销售毛利额	销售毛利率	产品库存数量	产品库存金额
3	001001	√	90.00%	869.40	49.57	3,363.30	42.98%	480.00	23,795.70
22	004002	-		0.00	❶	❷	❸	❹	❺
23	004001	-		0.00					
24	005002	-		0.00					
25	005001	-		0.00					
26	006002	-		0.00					
27	-	-		0.00					
28	-	-		0.00					

供应商 | 客户 | 产品 | 采购入库 | 销售出库 | ...

第2步 复制W3:AA3单元格区域公式并粘贴至W4:AA28单元格区域中，即可计算得到其他产品的产品库存数据，以及销售毛利额与销售毛利率。如下图所示。

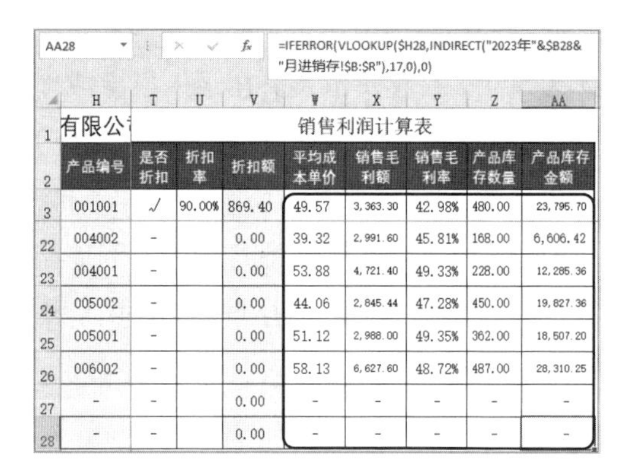

AA28 =IFERROR(VLOOKUP($H28,INDIRECT("2023年"&$B28&"月进销存!$B:$R"),17,0),0)

	H	T	U	V	W	X	Y	Z	AA
1	有限公	销售利润计算表							
2	产品编号	是否折扣	折扣率	折扣额	平均成本单价	销售毛利额	销售毛利率	产品库存数量	产品库存金额
3	001001	√	90.00%	869.40	49.57	3,363.30	42.98%	480.00	23,795.70
22	004002	-		0.00	39.32	2,991.60	45.81%	168.00	6,606.42
23	004001	-		0.00	53.88	4,721.40	49.33%	228.00	12,285.36
24	005002	-		0.00	44.06	2,845.44	47.28%	450.00	19,827.36
25	005001	-		0.00	51.12	2,988.00	49.35%	362.00	18,507.20
26	006002	-		0.00	58.13	6,627.60	48.72%	487.00	28,310.25
27	-	-		0.00	-	-	-	-	-
28	-	-		0.00	-	-	-	-	-

本节示例结果见“结果文件\第7章\进销存数据汇总表单.xlsx”文件。

AI智能答疑与技巧点拨

本章结合财务实操内容，讲解了如何综合运用Excel制作进销存管理表单。下面利用AI工具“讯飞星火”“文心一言”的学习引导，结合本章主题内容及实际工作中运用Excel时的常见问题，介绍以下两个实用技巧，帮助财务人员进一步完善工作细节并提升工作效率。

01 批量导入并匹配产品图片

实际工作中，很多时候需要将大量产

品图片导入Excel表格中，虽然可以通过【插入】选项卡下【插图】组中的【图片】按钮打开对话框批量导入，但是导入之后还需要花费大量的时间与精力将图片与名称一一匹配，而且无法确保图片与信息内容100%相符。那么，如何在批量导入图片的同时，实现图片与名称一一匹配呢？下面看看是否可以借鉴AI工具"讯飞星火"的操作方法。

> **提问：**如何将图片批量导入Excel表格，并与表格中的名称一一对应？

讯飞星火

将图片批量导入Excel并与表格中的名称一一对应，可以参考以下步骤。

（1）将所有图片按照你想要在Excel中导入的顺序命名。例如，如果你有5张图片，你可以将它们命名为"Image1.jpg""Image2.jpg""Image3.jpg"等。

（2）打开Excel，创建一个新的工作表。

（3）在第一列中，输入你想要与图片对应的名称。例如，你可以在A列中输入"Image1""Image2""Image3"等。

（4）在第二列中，插入一个公式来获取图片的路径。例如，如果你的图片都存储在一个名为"Images"的文件夹中，你可以在B列中输入以下公式：=CELL("address",A1 & "!Image1.jpg")。这个公式会返回图片的完整路径。

（5）将这个公式复制到B列的所有单元格中。

（6）现在，你可以通过单击每个单元格中的链接来查看对应的图片。

注意：这种方法只能在Excel中查看图片，如果你想要在其他地方（如Word或PowerPoint）使用这些图片，你需要将它们导出为其他格式（如JPEG或PNG）。

下面参考讯飞星火提供的操作方法，再结合"选择性粘贴"功能一次性批量导入图片的同时将其名称准确匹配。操作方法如下。

第1步 准备好产品图片，并编辑好图片名称和编号，在计算机E盘（或其他盘符）中新建一个文件夹，命名为"产品图片"，将所有产品图片存放在其中。如下图所示。

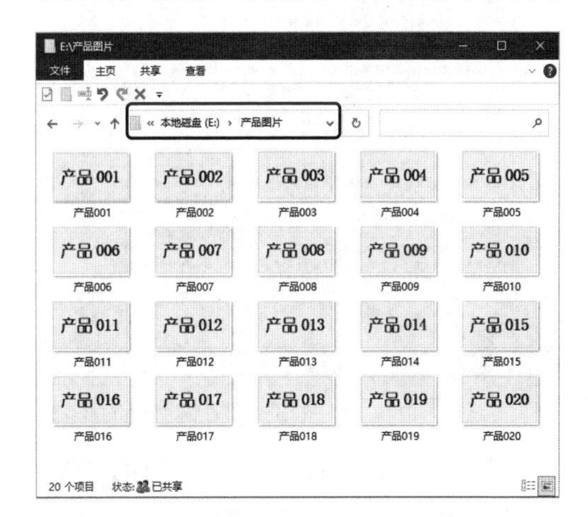

第2步 打开"素材文件\第7章\批量导入产品图片.xlsx"文件，❶在P3单元格中输入公式"="<table><img src=""E:\产品图片"&C3&".jpg"\"width=""100""height=""80"">"，❷复制P3单元格公式并粘贴至P4:P22单元格区域中。如下图所示（编辑栏中显示P22单元格公式）。

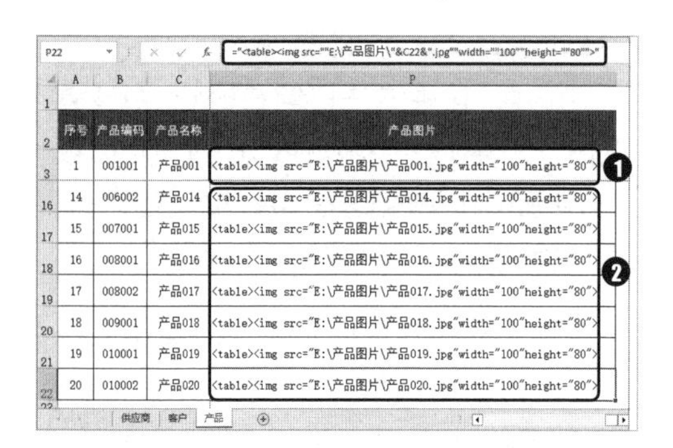

第3步 复制P3:P22单元格区域并将其中内容粘贴至一个临时新建的文本文档中。如下图所示。

第4步 删除“批量导入图片”工作簿“产品”工作表P3:P22单元格区域中的内容，并调整A3:P22区域的行高和P列的列宽，用于放置图片。如下图所示。

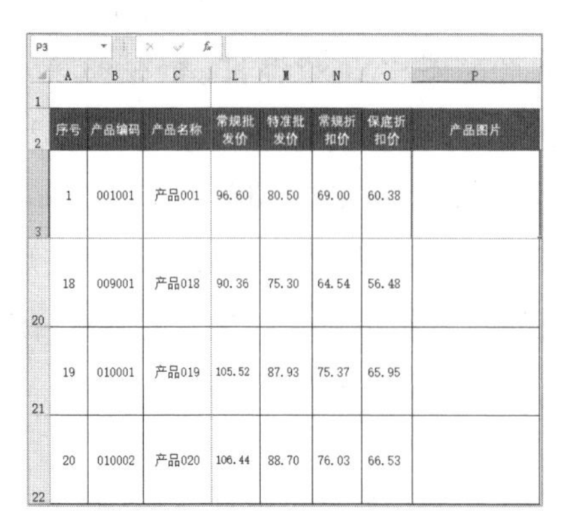

第5步 复制文本文档中的全部内容后，右击“批量导入产品图片”工作簿“产品”工作表中的P3单元格，单击快捷菜单中的【选择性粘贴】命令。如下图所示。

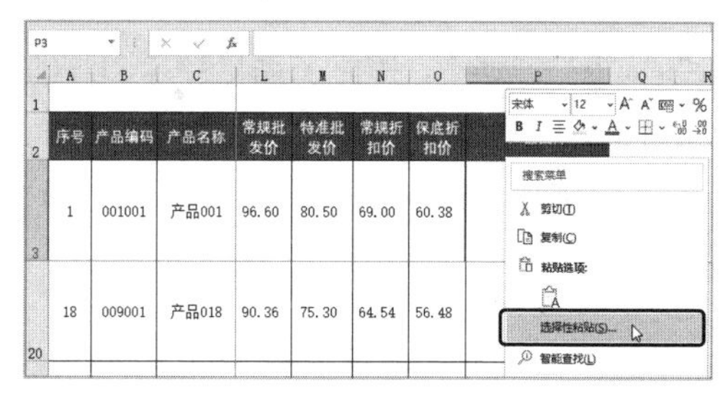

第6步 弹出【选择性粘贴】对话框，可看到系统默认选中【方式】列表框中的【Unicode文本】选项，如下图所示，单击【确定】按钮即可。

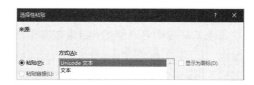

第7步 操作完成后，即可看到产品图片已被批量导入工作表中，并且图片和产品名称均匹配正确。如下图所示。

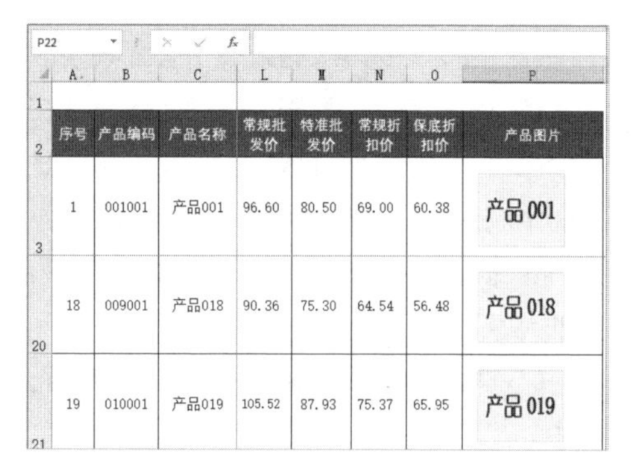

示例结果见“结果文件\第7章\批量导入产品图片.xlsx”文件。

02 动态标识指定数据信息

实际工作中，财务表单中的数据信息一般较多，如果要查看其中某一条信息，会十分吃力。下面看看AI工具“文心一言”是如何解决这个问题的。

提问： Excel中，如何动态标识数据表单中需要查看的某些信息？

文心一言

在Excel中，您可以通过使用条件格式来动态标识数据表单中需要查看的某些信息。以下是一些步骤。

（1）选中您希望应用条件格式的单元格。

（2）在【开始】选项卡中，找到【样式】组，并单击【条件格式】按钮。

（3）在弹出的下拉列表中，选择【突出显示单元格规则】或【新建规则】。

（4）在【突出显示单元格规则】中，根据需要选择要应用的规则，如【大于】【小于】【介于】等。

（5）在弹出的对话框中，根据您的需要设置条件和格式。

（6）单击【确定】按钮以应用条件格式。

例如，如果您希望标记C3:C15单元格区域中大于2500的单元格，可以按照以下步骤进行操作。

（1）选中C3:C15单元格区域。

（2）在【开始】选项卡中，单击【样式】组中的【条件格式】右侧的下拉按钮。

（3）在弹出的下拉列表中选择【突出显示单元格规则】命令。

（4）在子菜单中选择【大于】命令。

（5）打开【大于】对话框，在【为大于以下值的单元格格式】文本框中输入“2500”。

（6）在【设置为】下拉列表框中选择【黄填充色深黄色文本】。

（7）单击【确定】按钮，符合条件的单元格将被突出显示。

文心一言为我们提供了这两种方法动态标识指定数据信息。下面即运用“条件格式功能”，参照上述相关步骤，设置条件，为需要查看的数据信息的所在单元格区域设置与众不同的格式，即可一目了然。具体操作方法如下。

第1步 打开“素材文件\第7章\动态标识指定数据信息.xlsx”文件，❶选中“单据统计”工作表中的A4:I15单元区域，❷ 单击【开始】选项卡，❸ 单击【样式】组中的【条件格式】下拉按钮，❹单击下拉列表中的【新建规则】命令。如下图所示。

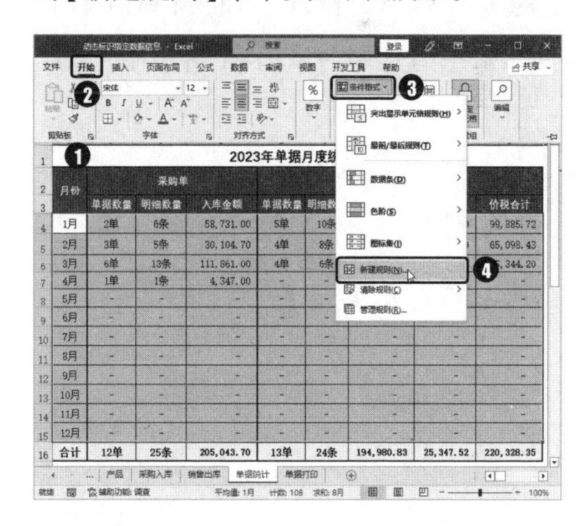

第2步 弹出【新建格式规则】对话框，❶单击【选择规则类型】列表框中的【使用公式确定要设置格式的单元格】选项，

❷在【编辑规则说明】文本框中输入公式“=$A4=$K$2”，❸单击【格式】按钮打开【设置单元格格式】对话框后自行设置格式，❹格式设置完成后，返回【新建格式规则】对话框，单击【确定】按钮关闭对话框。如下图所示。

新建格式规则 ? ×
选择规则类型(S):
▶ 基于各自值设置所有单元格的格式
▶ 只为包含以下内容的单元格设置格式
▶ 仅对排名靠前或靠后的数值设置格式
▶ 仅对高于或低于平均值的数值设置格式
▶ 仅对唯一值或重复值设置格式
▶ 使用公式确定要设置格式的单元格 ❶
编辑规则说明(E):
为符合此公式的值设置格式(O):
=$A4=$K$2 ❷
❸
预览: 微软卓越 AaBbCc 格式(F)...
❹ 确定 取消

第3步 返回工作表，即可看到由于A5单元格中的日期与K2单元格相同，因此A5:I5单元格区域应用了条件格式。如下图所示。

2023年单据月度统计表

月份	采购单			销售单				
	单据数量	明细数量	入库金额	单据数量	明细数量	销售金额	税额	价税合计
1月	2单	6条	58,731.00	5单	10条	88,394.43	11,491.29	99,885.72
2月	3单	5条	30,104.70	4单	8条	57,609.24	7,489.19	65,098.43
3月	6单	13条	111,861.00	4单	6条	48,977.16	6,367.04	55,344.20
4月	1单	1条	4,347.00	-	-	-	-	-
5月	-	-	-	-	-	-	-	-
6月	-	-	-	-	-	-	-	-
7月	-	-	-	-	-	-	-	-
8月	-	-	-	-	-	-	-	-
9月	-	-	-	-	-	-	-	-
10月	-	-	-	-	-	-	-	-
11月	-	-	-	-	-	-	-	-
12月	-	-	-	-	-	-	-	-
合计	12单	25条	205,043.70	13单	24条	194,980.83	25,347.52	220,328.35

2023年2月	
合计	
2023-2-1	星期三
2023-2-2	星期四
2023-2-3	星期五
2023-2-4	星期六
2023-2-5	星期日
2023-2-6	星期一
2023-2-7	星期二
2023-2-8	星期三
2023-2-9	星期四
2023-2-10	星期五
2023-2-11	星期六
2023-2-12	星期日

第4步 在K2单元格下拉列表中选择另一个选项，如“8月”，即可看到A11:I11单元格区域应用了条件格式。如下图所示。

2023年单据月度统计表

月份	采购单			销售单				
	单据数量	明细数量	入库金额	单据数量	明细数量	销售金额	税额	价税合计
1月	2单	6条	58,731.00	5单	10条	88,394.43	11,491.29	99,885.72
2月	3单	5条	30,104.70	4单	8条	57,609.24	7,489.19	65,098.43
3月	6单	13条	111,861.00	4单	6条	48,977.16	6,367.04	55,344.20
4月	1单	1条	4,347.00	-	-	-	-	-
5月	-	-	-	-	-	-	-	-
6月	-	-	-	-	-	-	-	-
7月	-	-	-	-	-	-	-	-
8月	-	-	-	-	-	-	-	-
9月	-	-	-	-	-	-	-	-
10月	-	-	-	-	-	-	-	-
11月	-	-	-	-	-	-	-	-
12月	-	-	-	-	-	-	-	-
合计	12单	25条	205,043.70	13单	24条	194,980.83	25,347.52	220,328.35

2023年8月	
合计	
2023-8-1	星期二
2023-8-2	星期三
2023-8-3	星期四
2023-8-4	星期五
2023-8-5	星期六
2023-8-6	星期日
2023-8-7	星期一
2023-8-8	星期二
2023-8-9	星期三
2023-8-10	星期四
2023-8-11	星期五
2023-8-12	星期六

示例结果见“结果文件\第7章\动态标识指定数据信息.xlsx”文件。

Excel

第8章

实战：制作资金管理表单

本章导读

企业资金是指企业用于开展生产、经营活动及支付各种费用的货币资产。资金是企业的血液，是企业生存和发展的基础。因此，帮助企业管理好资金，也是财务人员的核心工作之一。本章将先通过讯飞星火、ChatGPT和文心一言等AI工具为财务人员提供设计和制作资金管理表单的方法和思路，再介绍运用Excel制作表单的具体操作方法、技巧等内容，帮助财务人员轻松快捷、科学高效地管理资金数据。

8.1 制作资金日记账表单

实务中，企业一般会开设多个资金账户，如××银行基本户、××银行一般户、××现金账户等。那么，在设计资金日记账表单时，不仅要考虑实现其记录每笔收入和支出的基本功能，还要注意为后期统计汇总分析数据打好基础。下面看看AI工具“讯飞星火”对资金日记账表单的设计和制作会提供什么样的思路和方法。

提问：思考一下，Excel中如何设计资金日记账表单？请提供一个思路。

讯飞星火

设计一个资金日记账表单需要考虑以下几个方面。

（1）日期：记录每笔交易的日期。

（2）交易类型：记录每笔交易的类型，如收入、支出、转账等。

（3）交易描述：记录每笔交易的具体内容，如购买办公用品、支付工资等。

（4）收入金额：记录每笔收入的金额。

（5）支出金额：记录每笔支出的金额。

（6）结余金额：记录每笔交易后的账户余额。

（7）备注：记录其他相关信息，如交易对方、付款方式等。

在Excel中，可以使用以下步骤来设计资金日记账表单。

（1）打开Excel，创建一个新的工作簿。

（2）在第一个工作表中，设置以下列标题：日期、交易类型、交易描述、收入金额、支出金额、结余金额和备注。

（3）在每个列标题下方的单元格中输入相应的数据。例如，在日期列中输入每笔交易的日期，在交易类型列中输入交易类型，依此类推。

（4）根据需要，可以使用Excel的数据验证功能来限制某些列的输入内容。例如，可以限制交易类型列只能输入“收入”“支出”或“转账”。

（5）可以使用公式来计算结余金额。例如，可以在结余金额列的第一个单元格中输入一个初始余额值，然后使用公式=SUM(收入金额列：支出金额列)-初始余额值来计算每笔交易后的结余金额。

（7）如果需要，可以使用Excel的条件格式功能来突出显示特定的行或单元格。例如，可以设置当结余金额为负数时，该行的背景颜色变为红色。

（8）根据需要，可以将数据复制到其他工作表或工作簿中进行进一步分析或打印。

从以上回答可知，资金日记账表单的框架结构较为简单，对于一些重复性数据的录入，为了确保数据的准确性和完整性，讯飞星火推荐了“数据验证”方法。那么，在设计不同账户的资金日记账表单时至少应做到框架完全统一，字段名称要完全相同。本节根据以上思路，在Excel中制作资金日记账表单模板，为后续数据计算、统计和分析提供准确的数据源。

8.1.1 创建收支项目名称

如前所述，为了方便后期统计分析资

金收支数据，在制作资金日记账表单之前，应根据企业日常业务情况设置好收入或支出资金应归属的项目类别。简单来讲，就是收到的款项是销售款、借款还是其他收入；支出的款项是采购支出、费用、税金还是其他支出等。本小节将设置二级项目类别，并定义名称，用于后面在资金日记账表单中创建二级下拉列表。操作方法如下。

第1步 打开“素材文件\第8章\资金管理表单.xlsx”文件，在“收支项目管理”工作表中创建9个超级表，每个超级表只占用1列，并在每1列的首行（字段名称）输入名称，同时作为一级项目名称和每个超级表的名称，首行以下的行次设置为二级项目名称。如下图所示。

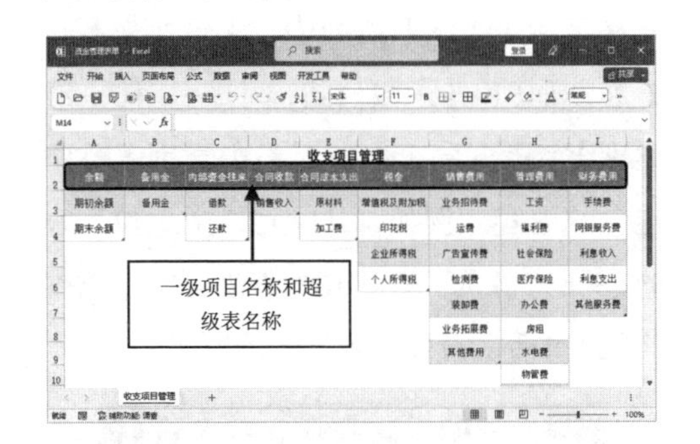

第2步 ❶选中A2:I2单元格区域，❷单击【公式】选项卡，❸单击【定义的名称】组中的【定义名称】按钮。如下图所示。

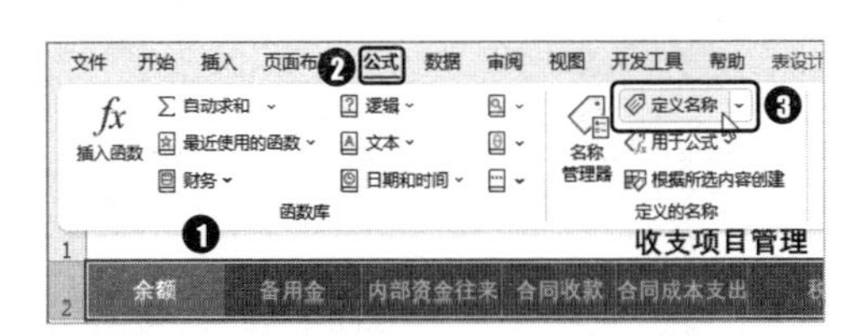

第3步 弹出【新建名称】对话框，❶在【名称】文本框中输入一级项目的名称“总类别”，❷单击【确定】按钮关闭对话框。如下图所示。

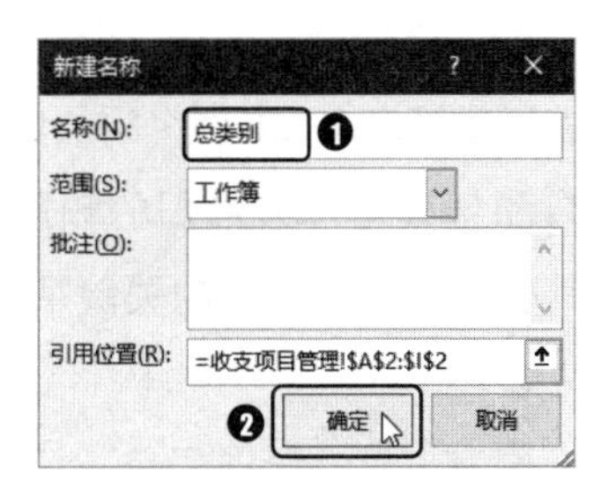

第4步 返回工作表，❶单击【公式】选项卡，❷单击【定义的名称】组中的【名称管理器】按钮。如下图所示。

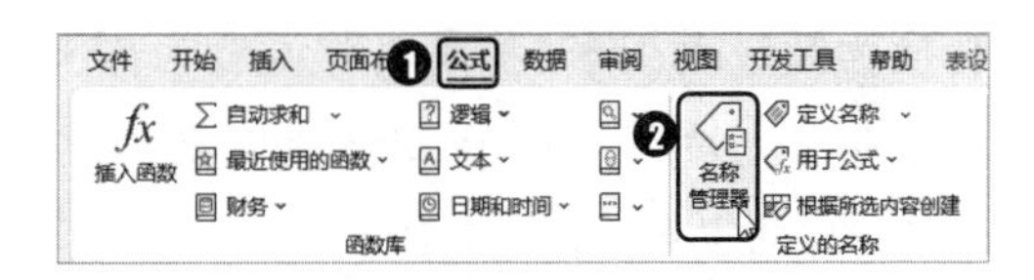

第5步 弹出【名称管理器】对话框，可看到【名称】列表框中列示了9个超级表的名称和1个定义的名称。如下图所示。

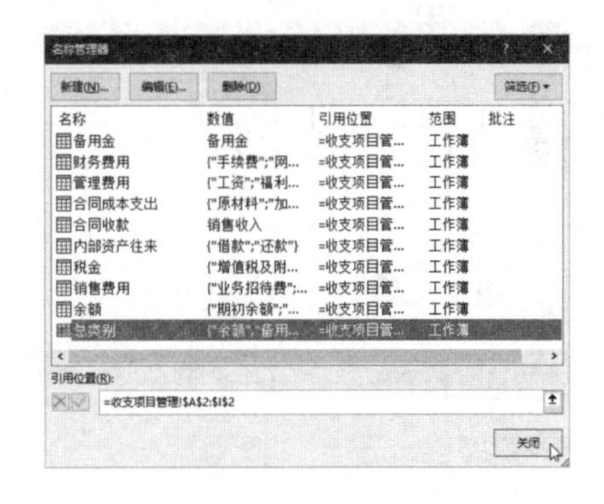

8.1.2 制作资金日记账表单模板

资金日记账表单中的数据是后续进行数据汇总统计的基础。因此，应结合企业自身的业务内容、业务流程、业务特点，以及数据需求来设计表单模板。那么，一份相对完善的资金日记账表单中至少应包括日期、摘要、收入、支出、余额、对方户名、项目类别等关键信息。除此之外，为了方便后面进行数据汇总，本例将添加辅助列，按年份自动生成每一条数据的顺序号码，作为将其引用至汇总表中的关键字。具体操作方法如下。

第1步 ❶在“资金管理表单”工作簿中新建工作表，将其名称重命名为简短的账户名称，如“招行基本户”，❷绘制表格框架，设置好字段名称、基本格式等，并将其转换为超级表，同时将其名称设置为“招行基本户”。如下图所示（填充为浅蓝色背景的字段将设置公式自动计算）。

第2步 为【一级类别】字段（K4:K90单元格区域）创建下拉列表，将序列来源设置为“=总类别”。【数据验证】对话框设置内容如下图所示。

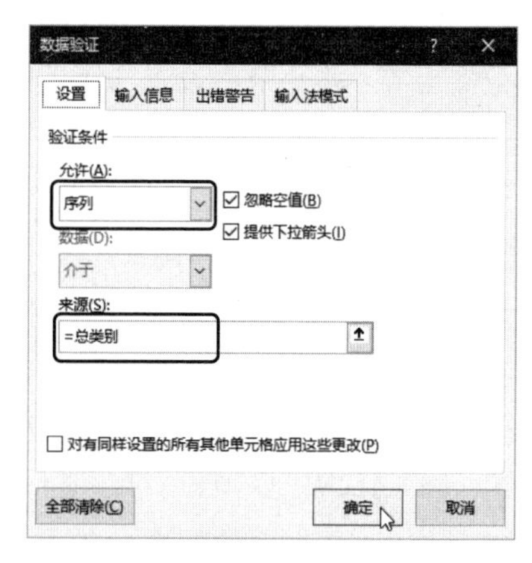

第3步 为【二级类别】字段（L4:L90单元格区域）创建下拉列表，将序列来源设置为INDIRECT函数公式，间接引用【一级类别】字段下同行次单元格中类别名称中包含的内容。例如，L4单元格中下拉列表的序列来源为“=INDIRECT(K4)”。【数据验证】对话框设置内容如下图所示。

第4步 在表格中的非公式字段中填入部

分原始信息，以便后面测试公式效果。如下图所示。

G90 | fx 0

序号	年份	月份	日期	摘要	收入	支出
			××有限公司××银行日记账——基本户			
			开户行:	招商银行××支行 1289 ********* 108		
			2023-1-1	2023年1月期初余额:26588.62元	-	-
			2023-1-2	23.1.2扣12月异地手续费29.6元	-	29.60
			2023-1-2	22.1.2扣12月本地手续费3.95元	-	3.95
			2023-1-2	22.1.2扣12月网银服务费33.6元	-	33.60
			2023-1-4	23.1.4支付修车费2324元	-	2,324.00
			2023-1-4	23.1.4收到货款60000元	60,000.00	-
			2023-1-4	23.1.4提取备用金20000元		20,000.00
			2023-1-4	23.1.4支付货款38640元	-	38,640.00
			2023-1-5	23.1.5支付模具费3360元	-	3,360.00
			2023-1-6	23.1.6收到货款30000元	30,000.00	-
			2023-1-6	23.1.6付款35840元	-	35,840.00
			2023-3-31	23.3.31提取备用金30000元		30,000.00
			2023-3-31	23.3.31支付货款43919.23元	-	43,919.23
			2023-3-31	23.3.31支付安全生产标准化服务费16800元	-	16,800.00
			2023-3-31	2023年3月期末余额:276152.39元	-	-

L90 | fx 期末余额

序号	年份	月份	余额	对方户名	账户名称	一级类别	二级类别	辅助列
				招商银行××支行		余额	期初余额	
				招商银行××支行		财务费用	手续费	
				招商银行××支行		财务费用	手续费	
				招商银行××支行		财务费用	网银服务费	
				××市××汽车服务有限公司		管理费用	汽车费用	
				××商贸部		合同收款	销售收款	
				库存现金		备用金	备用金	
				四川省××金属有限公司		合同成本支出	原材料	
				上海××模具制造有限公司		合同成本支出	原材料	
				贵州省仁怀市××包装制品有限公司		合同收款	销售收款	
				浙江××科技有限公司		合同成本支出	原材料	
				库存现金		备用金	备用金	
				宁波市××包装厂		合同成本支出	原材料	
				宁波市××安全技术服务有限公司		管理费用	服务费	
				招商银行××支行		余额	期末余额	

第5步 ❶在B4单元格中设置公式“=IF(D4="","-",YEAR(D4))”，运用IF函数判断D4单元格中为空时，返回符号“-”，否则运用YEAR函数返回D4单元格中的年份数，并将单元格格式自定义为“0”年，❷在C4单元格中设置公式“=IF(D4="","-",MONTH(D4))”，运用IF函数判断D4单元格中为空时，返回占位符号“-”，否则运用MONTH函数返回D4单元格中日期的月份数，并将单元格格式自定义为“0”月。如下图所示（编辑栏中显示C4单元格公式）。

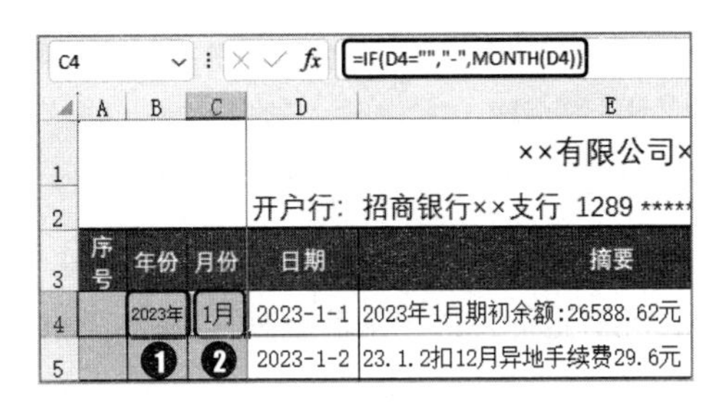

C4 | fx =IF(D4="","-",MONTH(D4))

序号	年份	月份	日期	摘要
				××有限公司×
			开户行:	招商银行××支行 1289 *****
	2023年	1月	2023-1-1	2023年1月期初余额:26588.62元
	❶	❷	2023-1-2	23.1.2扣12月异地手续费29.6元

第6步 在A4单元格中设置公式“=IF(B4="-","-",COUNTIF(B$4:B4,B4))”，运用IF函数判断B4单元格中内容为符号“-”时，即返回符号“-”，否则运用COUNTIF函数统计B4:B4单元格区域中，包含B4单元格中内容的单元格的数量，以此生成当年录入收支数据的序号。如下图所示。

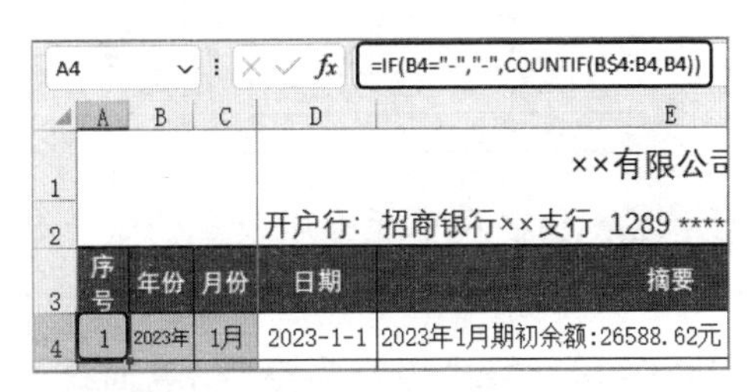

A4 | fx =IF(B4="-","-",COUNTIF(B$4:B4,B4))

序号	年份	月份	日期	摘要
				××有限公司
			开户行:	招商银行××支行 1289 ****
1	2023年	1月	2023-1-1	2023年1月期初余额:26588.62元

第7步 复制A4:C4单元格区域公式并粘贴至A5:C90单元格区域中，即可自动计算得到其他收支数据日期的年份、月份及序号。如下图所示。

C90 | fx =IF(D90="","-",MONTH(D90))

序号	年份	月份	日期	摘要
				××有限公司××银行日记账—
			开户行:	招商银行××支行 1289 ********* 108
1	2023年	1月	2023-1-1	2023年1月期初余额:26588.62元
2	2023年	1月	2023-1-2	23.1.2扣12月异地手续费29.6元
81	2023年	3月	2023-3-22	23.3.21还款100000元给股东1
82	2023年	3月	2023-3-27	23.3.27日支付信息技术服务费30148元
83	2023年	3月	2023-3-27	23.3.27日还款50000元给股东1
84	2023年	3月	2023-3-31	23.3.31提取备用金30000元
85	2023年	3月	2023-3-31	23.3.31支付货款43919.23元
86	2023年	3月	2023-3-31	23.3.31支付安全生产标准化服务费16800元
87	2023年	3月	2023-3-31	2023年3月期末余额:276152.39元

第8步 ❶在H4单元格中输入2023年年初银行账户余额。本例输入数字“26588.62”，❷在H5单元格中设置公式“=H4+F5-G5”，计算发生第1笔收入或支出后的余额，❸复制H5单元格公式并粘贴至H6:H90单元格，即可依次计算得到每一笔收入或支出后的余额。如下图所示（编辑栏中显示H90单元格公式）。

H90 =H89+F90-G90

	A	B	C	F	G	H	
1				——基本户			
2							
3	序号	年份	月份	收入	支出	余额	
4	1	2023年	1月	-	-	26,588.62	❶
5	2	2023年	1月	-	29.60	26,559.02	❷
6	3	2023年	1月	-	3.95	26,555.07	
88	85	2023年	3月	-	43,919.23	292,952.39	❸
89	86	2023年	3月	-	16,800.00	276,152.39	宁波
90	87	2023年	3月	-	-	276,152.39	

第9步 ❶在J4单元格中设置公式“=IF(D4="","-","招行基本户")”，运用IF函数判断D4单元格中内容为空时，返回符号“-”，否则返回文本“招行基本户”，❷复制J4单元格公式并粘贴至J5:J90单元格区域中即可。如下图所示（编辑栏中显示J90单元格公式）。

J90 =IF(D90="","-","招行基本户")

	A	B	C	D	I	J
1						
2				开户行:		
3	序号	年份	月份	日期	对方户名	账户名称
4	1	2023年	1月	2023-1-1	招商银行××支行 ❶	招行基本户
5	2	2023年	1月	2023-1-2	招商银行××支行	招行基本户
84	81	2023年	3月	2023-3-22	股东1	招行基本户
85	82	2023年	3月	2023-3-27	上海××信息技术有限公司	招行基本户
86	83	2023年	3月	2023-3-27	股东1 ❷	招行基本户
87	84	2023年	3月	2023-3-31	库存现金	招行基本户
88	85	2023年	3月	2023-3-31	宁波市××包装厂	招行基本户
89	86	2023年	3月	2023-3-31	宁波市××安全技术服务有限公司	招行基本户
90	87	2023年	3月	2023-3-31	招商银行××支行	招行基本户

第10步 ❶在M4单元格中设置公式“=B4&A4”，将B4单元格中的年份数与A4单元格中的序号组合成一个新的数字，代表2023年第1笔收支记录，❷复制M4单元格公式并粘贴至M5:M90单元格区域中即可。如下图所示（编辑栏中显示M90单元格公式）。

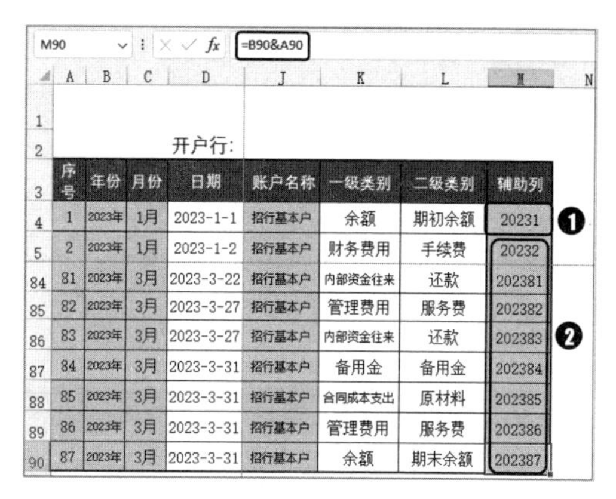

M90 =B90&A90

	A	B	C	D	J	K	L	M	
1									
2				开户行:					
3	序号	年份	月份	日期	账户名称	一级类别	二级类别	辅助列	
4	1	2023年	1月	2023-1-1	招行基本户	余额	期初余额	20231	❶
5	2	2023年	1月	2023-1-2	招行基本户	财务费用	手续费	20232	
84	81	2023年	3月	2023-3-22	招行基本户	内部资金往来	还款	202381	
85	82	2023年	3月	2023-3-27	招行基本户	管理费用	服务费	202382	
86	83	2023年	3月	2023-3-27	招行基本户	内部资金往来	还款	202383	❷
87	84	2023年	3月	2023-3-31	招行基本户	备用金	备用金	202384	
88	85	2023年	3月	2023-3-31	招行基本户	合同成本支出	原材料	202385	
89	86	2023年	3月	2023-3-31	招行基本户	管理费用	服务费	202386	
90	87	2023年	3月	2023-3-31	招行基本户	余额	期末余额	202387	

第11步 表单模板制作完成后，将整个工作表复制粘贴，再填入其他账户的资金收支数据，作为后面制作资金统计汇总表单的数据源。本例添加制作了“建行一般户”和“库存现金”两个资金日记账表单（当前共3个资金日记账表单）。如下图所示。

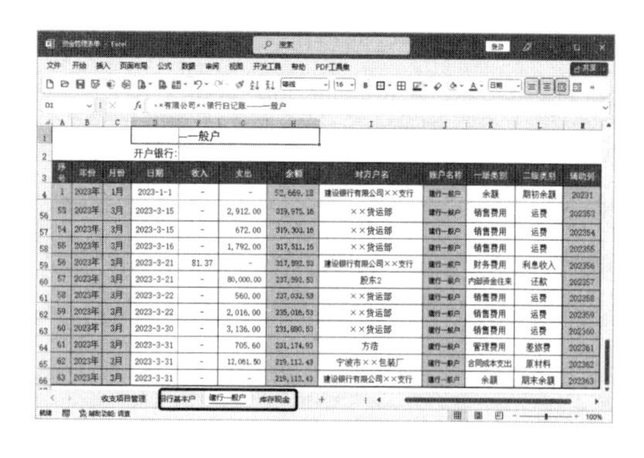

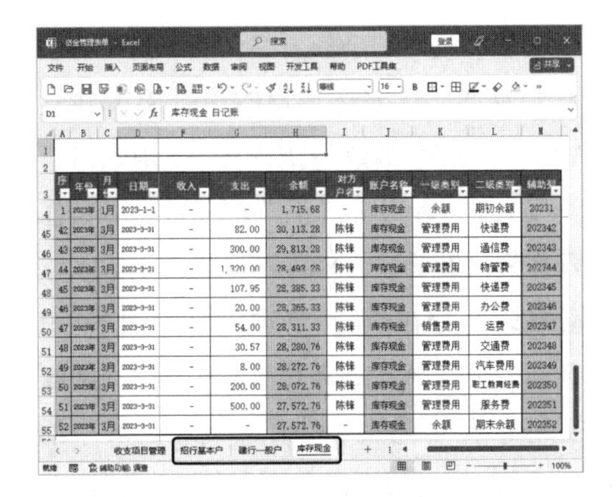

序号	年份	月份	日期	收入	支出	余额	对方户名	账户名称	一级类别	二级类别	辅助列
1	2023年	1月	2023-1-1	-	-	1,715.68	-	库存现金	余额	期初余额	20231
42	2023年	3月	2023-3-31	-	82.00	30,113.28	陈锋	库存现金	管理费用	快递费	202342
43	2023年	3月	2023-3-31	-	300.00	29,813.28	陈锋	库存现金	管理费用	通信费	202343
44	2023年	3月	2023-3-31	-	1,320.00	28,493.28	陈锋	库存现金	管理费用	物管费	202344
45	2023年	3月	2023-3-31	-	107.95	28,385.33	陈锋	库存现金	管理费用	快递费	202345
46	2023年	3月	2023-3-31	-	20.00	28,365.33	陈锋	库存现金	管理费用	办公费	202346
47	2023年	3月	2023-3-31	-	54.00	28,311.33	陈锋	库存现金	销售费用	运费	202347
48	2023年	3月	2023-3-31	-	30.57	28,280.76	陈锋	库存现金	管理费用	交通费	202348
49	2023年	3月	2023-3-31	-	8.00	28,272.76	陈锋	库存现金	管理费用	汽车费用	202349
50	2023年	3月	2023-3-31	-	200.00	28,072.76	陈锋	库存现金	管理费用	职工教育经费	202350
51	2023年	3月	2023-3-31	-	500.00	27,572.76	陈锋	库存现金	管理费用	服务费	202351
52	2023年	3月	2023-3-31	-	-	27,572.76	-	库存现金	余额	期末余额	202352

8.2 制作资金统计汇总表单

财务人员在资金日记账表单中完整记录了每个账户中发生的每笔收入和每笔支出数据后，接下来最重要的工作就是对大量的原始数据从不同维度进行统计、汇总和分析，以便企业管理者及时、全面地了解企业资金状况，改进资金运用的合理性，提高资金管理效率，降低财务风险，确保财务状况稳定，进而为企业创造更多价值。例如，从时间维度汇总每月每个账户的收入、支出和余额数据；从客户和供应商的维度汇总收款和付款数据；从时间维度动态汇总每月收支数据；从项目和对方户名的维度汇总每月收支数据等。下面看看AI工具"ChatGPT"对于汇总资金数据问题会给我们提供什么样的思路和方法。

提问：Excel中，如何从不同角度统计汇总资金的收入和支出数据？

ChatGPT

在Excel中，您可以从不同角度统计汇总资金的收入和支出数据，以下是具体的步骤。

（1）创建数据透视表。

在Excel工作表中，选择您要汇总的数据区域。然后，依次单击【插入】和【数据透视表】，以创建一个新的数据透视表。在【创建数据透视表】对话框中，选择默认选项，并单击【确定】按钮。

（2）添加字段和修改汇总方式。

在数据透视表中，您可以添加多个字段，并根据需要调整它们的布局和汇总方式。例如，您可以添加以下字段。

· 收入和支出字段：这些字段将用于统计资金收入和支出数据。

· 日期字段：如果您想从时间维度分析资金的收入和支出情况，可以添加一个日期字段，并将其拖动到行标签区域。

· 客户或供应商字段：如果您想从客户或供应商的角度分析资金的收入和支出情况，

可以添加一个客户或供应商字段，并将其拖动到行标签区域。

在添加完字段，您可以使用值字段来修改汇总方式。右击值字段，并选择【求和】【平均值】【最大值】【最小值】等汇总方式。

（3）组合日期字段。

如果您想按月份或季度对日期字段进行组合，可以右击行标签区域，选择【创建组】，并选择要组合的时间间隔。

（4）修改字段标题。

在数据透视表中，您还可以修改字段的标题，以便更好地反映数据的含义。右击字段标题，并选择【替换为】。

（5）删除总计。

如果您不需要数据透视表中的总计行，可以右击总计行，并选择【删除】。

通过上述步骤，您可以根据需要从不同角度统计汇总资金的收入和支出数据。

从以上回复可知，要从不同角度汇总、统计和分析资金收支数据，最简单快捷的方法是创建数据透视表，通过添加字段、调整字段布局、组合字段等操作，即可快速完成数据的统计和汇总。本节即参考上述思路，运用Excel中的函数、数据透视表等工具，在8.1小节制作的3个不同账户的资金日记账表单中收支数据的基础上制作资金统计汇总表单。

8.2.1 账户月度收支汇总表单

账户月度收支汇总表单的作用是将每个账户每月的收入、支出和余额数据汇总，方便财务人员及相关管理者及时、全面地了解资金收支和余额数据。表单制作方法非常简单，只需运用MINIFS、SUMIFS、VLOOKUP等函数与INDIRECT函数组合设置公式，即可准确汇总相关数据。具体操作方法如下。

第1步 ❶在“资产管理表单”工作簿中新建一张工作表，将其重命名为“月度收支汇总表”，❷在A3:F17单元格区域中绘制表格，设置好字段名称、基本格式等，并将A4:F17单元格区域转换为超级表，以便后面使用切片器筛选数据。同时将A3:F3单元格区域设置为合计行，方便查看合计数据。如下图所示。

第2步 ❶在A5:A17单元格区域中填入13个相同的账户名称，如“招行基本户”，❷在B5:B17单元格区域中全部填入数字“2023”，并将单元格格式自定义为“0年”，❸在C6:C17单元格区域中依次输入数字1～12，并将单元格格式自定义为“0月”。如下图所示。

C17 | 12

	A	B	C	D	E	F
1						
2	账户月度收支汇总表					
3	❶	合计❷				
4	账户名称	年份	月份	收入	支出	余额
5	招行基本户	2023年				
6	招行基本户	2023年	1月			
7	招行基本户	2023年	2月			
8	招行基本户	2023年	3月			
9	招行基本户	2023年	4月			
10	招行基本户	2023年	5月			
11	招行基本户	2023年	6月	❸		
12	招行基本户	2023年	7月			
13	招行基本户	2023年	8月			
14	招行基本户	2023年	9月			
15	招行基本户	2023年	10月			
16	招行基本户	2023年	11月			
17	招行基本户	2023年	12月			

第3步 在C3单元格中设置公式“=DATE(B5,1,1)”，运用DATE函数将B5单元格中的数字和两个“1”组合成为日期“2023-1-1”，并将单元格格式自定义为“yyyy年年初”。如下图所示。

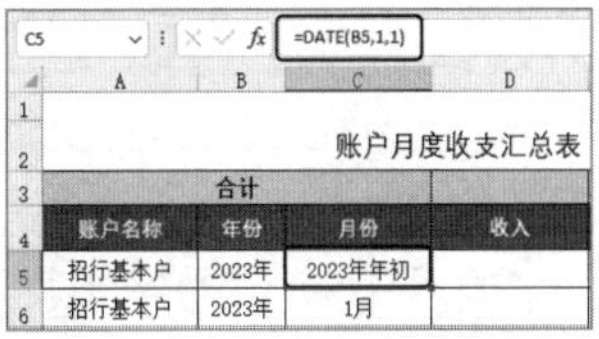

C5 | =DATE(B5,1,1)

	A	B	C	D
1				
2	账户月度收支汇总表			
3	合计			
4	账户名称	年份	月份	收入
5	招行基本户	2023年	2023年年初	
6	招行基本户	2023年	1月	

第4步 在D5单元格中设置公式“=SUMIFS(INDIRECT($A5&"!F:F"),INDIRECT($A5&"!B:B"),$B5,INDIRECT($A5&"!C:C"),$C5)”，运用SUMIFS函数对指定区域中符合条件的数据进行求和。如下图所示。

D5 | =SUMIFS(INDIRECT($A5&"!F:F"),INDIRECT($A5&"!B:B"),$B5,INDIRECT($A5&"!C:C"),$C5)

	A	B	C	D	E	F
1						
2	账户月度收支汇总表					
3	合计					
4	账户名称	年份	月份	收入	支出	余额
5	招行基本户	2023年	2023年年初	-		
6	招行基本户	2023年	1月			
7	招行基本户	2023年	2月			

D5单元格中SUMIFS函数公式原理如下。

（1）第1个参数为求和区域，运用INDIRECT函数引用A5单元格中文本代表的工作表名称与文本“!F:F”组合，即可构成求和区域“招行基本户!F:F”，也就是“招行基本户”工作表中的【收入】字段中的数据。

（2）第2、第3个参数是第1组条件区域和条件，其含义是“招行基本户”工作表B:B区域（【年份】字段）中的数据中的年份数与B5单元格中的数字相同。

（3）第4、第5个参数是第2组条件区域和条件，其含义是“招行基本户”工作表C:C区域（【月份】字段）中的日期与C5单元格中的日期相同。

整条公式含义是：对“招行基本户”中2023年1月1日的收入金额进行求和。

第5步 复制D5单元格公式并粘贴至E5单元格中，并将SUMIFS函数的第1个参数中的“INDIRECT($A5&"!F:F")”修改为“INDIRECT ($A5&"!G:G")”，即可汇总“招行基本户”工作表中2023年1月1日的支出金额。如下图所示。

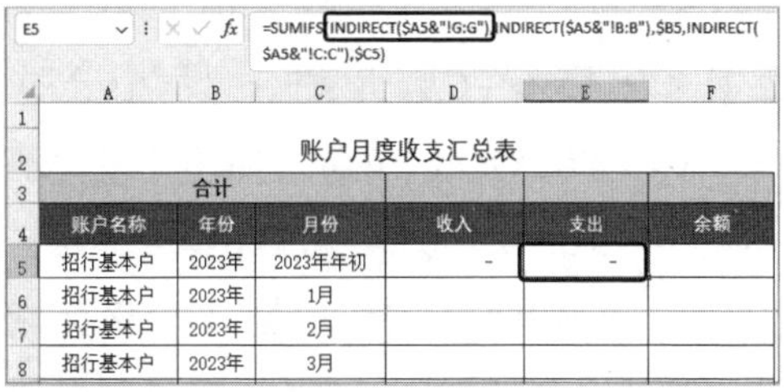

E5 | =SUMIFS(INDIRECT($A5&"!G:G"),INDIRECT($A5&"!B:B"),$B5,INDIRECT($A5&"!C:C"),$C5)

	A	B	C	D	E	F
1						
2	账户月度收支汇总表					
3	合计					
4	账户名称	年份	月份	收入	支出	余额
5	招行基本户	2023年	2023年年初	-	-	
6	招行基本户	2023年	1月			
7	招行基本户	2023年	2月			
8	招行基本户	2023年	3月			

第6步 复制D5:E5单元格区域公式并粘贴至D6:E17单元格区域，即可汇总“招行基本户”工作表中其他月份的收入和支出

金额。如下图所示。

E17 =SUMIFS(INDIRECT($A17&"!G:G"),INDIRECT($A17&"!B:B"),$B17,INDIRECT($A17&"!C:C"),$C17)

	A	B	C	D	E	F
1						
2	账户月度收支汇总表					
3	合计					
4	账户名称	年份	月份	收入	支出	余额
5	招行基本户	2023年	2023年年初	-	-	
6	招行基本户	2023年	1月	1,187,824.24	801,873.30	
8	招行基本户	2023年	3月	37,615.92	567,068.26	
9	招行基本户	2023年	4月	-	-	
10	招行基本户	2023年	5月	-	-	
11	招行基本户	2023年	6月	-	-	
12	招行基本户	2023年	7月	-	-	
13	招行基本户	2023年	8月	-	-	
14	招行基本户	2023年	9月	-	-	
15	招行基本户	2023年	10月	-	-	
16	招行基本户	2023年	11月	-	-	
17	招行基本户	2023年	12月	-	-	

第7步 在F5单元格中设置公式“=IFERROR(VLOOKUP($C5,INDIRECT($A5&"!D:H"),5,0),0)”，运用VLOOKUP函数在“招行基本户”工作表D:H区域中查找与C5单元格中相同的日期，并返回与之匹配的第5列数据（【余额】字段数据），即可引用2023年的年初余额。如下图所示。

F5 =IFERROR(VLOOKUP($C5,INDIRECT($A5&"!D:H"),5,0),0)

	A	B	C	D	E	F
1						
2	账户月度收支汇总表					
3	合计					
4	账户名称	年份	月份	收入	支出	余额
5	招行基本户	2023年	2023年年初	-	-	26,588.62
6	招行基本户	2023年	1月	1,187,824.24	801,873.30	
7	招行基本户	2023年	2月	787,908.40	394,843.23	
8	招行基本户	2023年	3月	37,615.92	567,068.26	

第8步 ❶在F6单元格中设置公式“=IFERROR(F5+D6-E6,0)”，计算“招行基本户”中2023年1月月末的资金余额，❷复制F6单元格并粘贴至F7:F17单元格区域中，即可依次计算得到其他每月月末的资金余额。如下图所示（编辑栏中显示F17单元格公式）。

F17 =F16+D17-E17

	A	B	C	D	E	F
1						
2	账户月度收支汇总表					
3	合计					
4	账户名称	年份	月份	收入	支出	余额
5	招行基本户	2023年	2023年年初	-	-	26,588.62
6	招行基本户	2023年	1月	1,187,824.24	801,873.30	412,539.56 ❶
7	招行基本户	2023年	2月	787,908.40	394,843.23	805,604.73
8	招行基本户	2023年	3月	37,615.92	567,068.26	276,152.39
9	招行基本户	2023年	4月	-	-	276,152.39
10	招行基本户	2023年	5月	-	-	276,152.39
11	招行基本户	2023年	6月	-	-	276,152.39
12	招行基本户	2023年	7月	-	-	276,152.39 ❷
13	招行基本户	2023年	8月	-	-	276,152.39
14	招行基本户	2023年	9月	-	-	276,152.39
15	招行基本户	2023年	10月	-	-	276,152.39
16	招行基本户	2023年	11月	-	-	276,152.39
17	招行基本户	2023年	12月	-	-	276,152.39

第9步 复制A5:F17单元格区域公式并粘贴至A18:F30单元格区域中，将A18:A30单元格区域中的账户名称修改为“建行一般户”，即可自动计算得到“建行一般户”工作表中每月收入、支出和余额数据。如下图所示。

F30 =F29+D30-E30

	A	B	C	D	E	F
1						
2	账户月度收支汇总表					
3	合计					
4	账户名称	年份	月份	收入	支出	余额
5	招行基本户	2023年	2023年年初	-	-	26,588.62
6	招行基本户	2023年	1月	1,187,824.24	801,873.30	412,539.56
18	建行一般户	2023年	2023年年初	-	-	52,669.18
19	建行一般户	2023年	1月	1,407,690.20	1,382,241.82	78,117.56
20	建行一般户	2023年	2月	897,320.64	291,296.18	684,142.02
21	建行一般户	2023年	3月	81.37	465,109.96	219,113.43
22	建行一般户	2023年	4月	-	-	219,113.43
23	建行一般户	2023年	5月	-	-	219,113.43
24	建行一般户	2023年	6月	-	-	219,113.43
25	建行一般户	2023年	7月	-	-	219,113.43
26	建行一般户	2023年	8月	-	-	219,113.43
27	建行一般户	2023年	9月	-	-	219,113.43
28	建行一般户	2023年	10月	-	-	219,113.43
29	建行一般户	2023年	11月	-	-	219,113.43
30	建行一般户	2023年	12月	-	-	219,113.43

第10步 复制A18:F30单元格区域公式并粘贴至A31:F43单元格区域中，将A31:A43单元格区域中的账户名称修改为“库存现金”，即可自动计算得到“库存现金”工作表中每月收入、支出和余额数据。如下图所示。

F43 =F42+D43-E43

	A	B	C	D	E	F
1						
2	账户月度收支汇总表					
3	合计					
4	账户名称	年份	月份	收入	支出	余额
5	招行基本户	2023年	2023年年初	-	-	26,588.62
6	招行基本户	2023年	1月	1,187,824.24	801,873.30	412,539.56
30	建行一般户	2023年	12月	-	-	219,113.43
31	库存现金	2023年	2023年年初	-	-	1,715.68
32	库存现金	2023年	1月	30,000.00	25,525.52	6,190.16
33	库存现金	2023年	2月	-	2,007.38	4,182.78
34	库存现金	2023年	3月	30,000.00	6,610.02	27,572.76
35	库存现金	2023年	4月	-	-	27,572.76
36	库存现金	2023年	5月	-	-	27,572.76
37	库存现金	2023年	6月	-	-	27,572.76
38	库存现金	2023年	7月	-	-	27,572.76
39	库存现金	2023年	8月	-	-	27,572.76
40	库存现金	2023年	9月	-	-	27,572.76
41	库存现金	2023年	10月	-	-	27,572.76
42	库存现金	2023年	11月	-	-	27,572.76
43	库存现金	2023年	12月	-	-	27,572.76

第11步 ❶在D3单元格中设置公式“=SUBTOTAL(9,D5:D360)”，运用SUBTOTAL函数对D5:D360单元格区域中被筛选出来的数组求和。单元格区域范围根据实际账户数量、汇总数据的年数自行确定，❷复制D3单元格公式并粘贴至E3单元格中。如下图所示（编辑栏中显示E3单元格公式）。

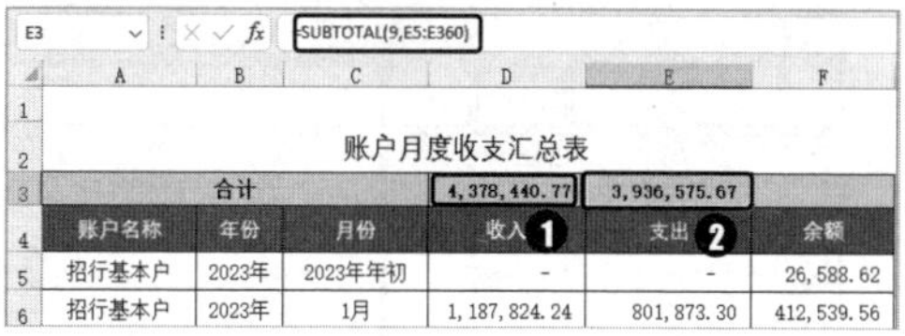

E3 =SUBTOTAL(9,E5:E360)

	A	B	C	D	E	F
1						
2	账户月度收支汇总表					
3	合计			4,378,440.77	3,936,575.67	
4	账户名称	年份	月份	收入 ❶	支出 ❷	余额
5	招行基本户	2023年	2023年年初	-	-	26,588.62
6	招行基本户	2023年	1月	1,187,824.24	801,873.30	412,539.56

第12步 在F3单元格中设置公式“=IF(SUBTOTAL(3,A5:A360)=3,SUBTOTAL(9,F5:F360),"-")”，运用IF函数判断“SUBTOTAL(3,A5:A360)”的值等于“3”时，代表A5:A360单元格区域中当前被筛选出来的是3个不同的账户，即运用SUBTOTAL函数对F5:F360单元格区域中被筛选出来的数组（余额）求和，否则返回符号“-”。如下图所示。

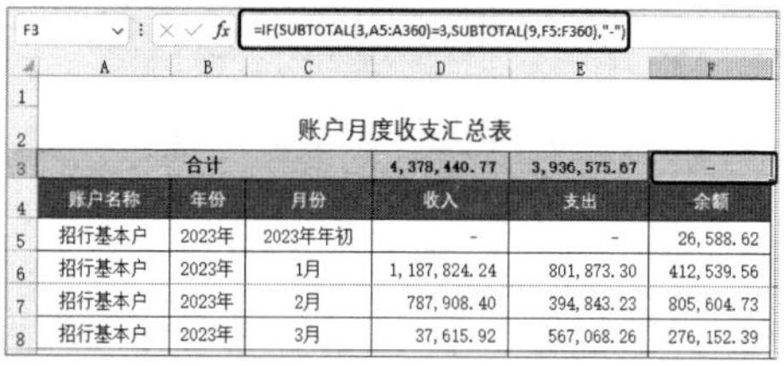

F3 =IF(SUBTOTAL(3,A5:A360)=3,SUBTOTAL(9,F5:F360),"-")

	A	B	C	D	E	F
1						
2	账户月度收支汇总表					
3	合计			4,378,440.77	3,936,575.67	-
4	账户名称	年份	月份	收入	支出	余额
5	招行基本户	2023年	2023年年初	-	-	26,588.62
6	招行基本户	2023年	1月	1,187,824.24	801,873.30	412,539.56
7	招行基本户	2023年	2月	787,908.40	394,843.23	805,604.73
8	招行基本户	2023年	3月	37,615.92	567,068.26	276,152.39

第13步 月度收支汇总表单制作完成后，插入【账户名称】和【月份】两个切片器，即可按账户名称和月份筛选数据。例如，查看“建行一般户”账户数据，单击【账户名称】切片器中的【建行一般户】按钮即可。如下图所示。

F3 =IF(SUBTOTAL(3,A5:A360)=3,SUBTOTAL(9,F5:F360),"-")

账户名称：建行一般户 库存现金 招行基本户
月份：1月 2月 3月 4月 5月 6月 7月 8月 9月 10月 11月 12月

	A	B	C	D	E	F
2	账户月度收支汇总表					
3	合计			2,305,092.21	2,138,647.96	-
4	账户名称	年份	月份	收入	支出	余额
18	建行一般户	2023年	2023年年初	-	-	52,669.18
19	建行一般户	2023年	1月	1,407,690.20	1,382,241.82	78,117.56
20	建行一般户	2023年	2月	897,320.64	291,296.18	684,142.02
21	建行一般户	2023年	3月	81.37	465,109.96	219,113.43
22	建行一般户	2023年	4月	-	-	219,113.43
23	建行一般户	2023年	5月	-	-	219,113.43
24	建行一般户	2023年	6月	-	-	219,113.43
25	建行一般户	2023年	7月	-	-	219,113.43
26	建行一般户	2023年	8月	-	-	219,113.43
27	建行一般户	2023年	9月	-	-	219,113.43
28	建行一般户	2023年	10月	-	-	219,113.43
29	建行一般户	2023年	11月	-	-	219,113.43
30	建行一般户	2023年	12月	-	-	219,113.43

第14步 按月份查看并汇总各账户余额时，只需在【月份】切片器中筛选月份即可。如查看3月余额，单击【月份】切片器中的【3月】按钮即可。如下图所示。

F3 =IF(SUBTOTAL(3,A5:A360)=3,SUBTOTAL(9,F5:F360),"-")

账户名称：建行一般户 库存现金 招行基本户
月份：1月 2月 3月 4月 5月 6月 7月 8月 9月 10月 11月 12月

	A	B	C	D	E	F
2	账户月度收支汇总表					
3	合计			67,697.29	1,038,788.24	522,838.58
4	账户名称	年份	月份	收入	支出	余额
8	招行基本户	2023年	3月	37,615.92	567,068.26	276,152.39
21	建行一般户	2023年	3月	81.37	465,109.96	219,113.43
34	库存现金	2023年	3月	30,000.00	6,610.02	27,572.76

8.2.2 账户收支明细汇总表单

账户收支明细汇总表单是将3个资金日记账表单中的每一条明细收支数据全部汇总列示在一张表单中，以便下一步以此为数据源制作数据透视表，从不同维度汇总统计全部资金账户的收支数据。制作方法非常简单，只需运用XLOOKUP+INDIRECT函数组合将3个工作表中的全部收支数据引用至汇总表单中即可。具体操作方法如下。

第1步 ❶在"资产管理表单"工作簿中新建一张工作表，将其重命名为"账户收支明细汇总表"，❷在A2:F402单元格区域中绘制表格框架，也就是为第1个账户预留400行用于引用资金日记账表单中的收支明细数据。设置好字段名称及基本格式，并将其转换为超级表。如下图所示。

第2步 ❶在B3单元格区域中输入账户名称，如"招行基本户"，❷在C3单元格中输入年份数"2023"，并将单元格格式自定义为"0年"，❸在A3单元格中设置公式"=COUNTIFS(B$3:B3, B3,C$3:C3,C3)"，运用COUNTIFS生成"招行基本户"账户在2023年的第1条收支信息的序号，❹在D3单元格中设置公式"=IFERROR(IF(E3="-","-",MONTH(E3)),"-")"，运用IF函数判断E3单元格为符号"-"时，即返回符号"-"，否则运用MONTH函数计算E3单元格中日期所属月份数，❺复制A3:D3单元格区域公式并粘贴至A4:D402单元格区域中。如下图所示（编辑栏中显示D402单元格公式）。

第3步 在E3单元格中设置公式"=XLOOKUP($C3&$A3,INDIRECT($B3&"!M:M"),INDIRECT($B3&"!D:D"),"-",0)"，运用XLOOKUP函数在B3单元格中文本"招行基本户"所指定的同名工作表中的M:M区域（【辅助列】字段数据）中查找与

“$C3&$A3”相同的数据，并返回“招行基本户”工作表中D:D区域（【日期】字段数据）中与之匹配的数据。其中，XLOOKUP函数的第1个参数由C3单元格中的年份数和A3单元格中的序号组合而成，即可与“招行基本户”工作表中M:M区域中（【辅助列】字段）的数据相匹配。如下图所示。

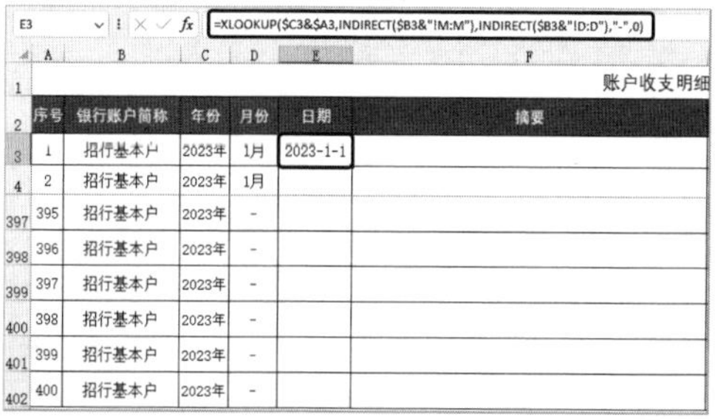

E3 =XLOOKUP($C3&$A3,INDIRECT($B3&"!M:M"),INDIRECT($B3&"!D:D"),"-",0)

	A	B	C	D	E	F
1						账户收支明细
2	序号	银行账户简称	年份	月份	日期	摘要
3	1	招行基本户	2023年	1月	2023-1-1	
4	2	招行基本户	2023年	1月		
397	395	招行基本户	2023年	-		
398	396	招行基本户	2023年	-		
399	397	招行基本户	2023年	-		
400	398	招行基本户	2023年	-		
401	399	招行基本户	2023年	-		
402	400	招行基本户	2023年	-		

第4步 复制E3单元格公式并粘贴至F3:L3单元格区域中，并将F3单元格公式中XLOOKUP函数公式的第3个参数“INDIRECT($B3&"!D:D")”修改为“INDIRECT($B3&"!E:E")，即可引用“招行基本户”工作表中【摘要】字段中的数据。如下图所示。

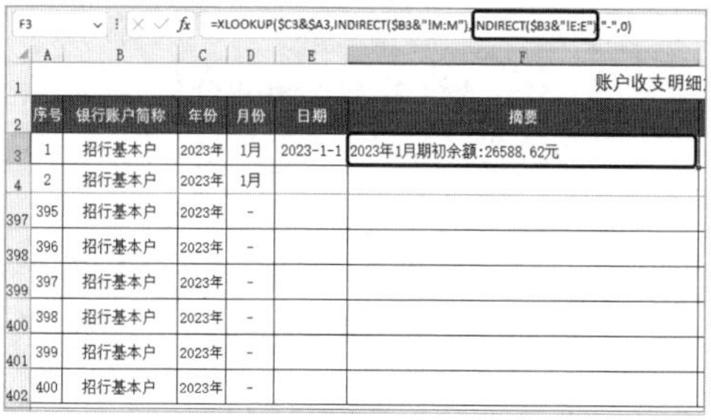

F3 =XLOOKUP($C3&$A3,INDIRECT($B3&"!M:M"),INDIRECT($B3&"!E:E"),"-",0)

	A	B	C	D	E	F
1						账户收支明细
2	序号	银行账户简称	年份	月份	日期	摘要
3	1	招行基本户	2023年	1月	2023-1-1	2023年1月期初余额:26588.62元
4	2	招行基本户	2023年	1月		
397	395	招行基本户	2023年	-		
398	396	招行基本户	2023年	-		
399	397	招行基本户	2023年	-		
400	398	招行基本户	2023年	-		
401	399	招行基本户	2023年	-		
402	400	招行基本户	2023年	-		

第5步 ❶将G3单元格公式中XLOOKUP函数公式的第3个参数“INDIRECT($B3&"!D:D")”修改为“INDIRECT($B3&"!F:F")，❷将H3单元格公式中XLOOKUP函数公式的第3个参数“INDIRECT($B3&"!D:D")”修改为“INDIRECT($B3&"!G:G")，❸将I3单元格公式中XLOOKUP函数公式的第3个参数“INDIRECT ($B3&"!D:D")”修改为“INDIRECT($B3&"!H:H")，❹将J3单元格公式中XLOOKUP函数公式的第3个参数“INDIRECT ($B3&"!D:D")”修改为“INDIRECT($B3&"!I:I")，❺将K3单元格公式中XLOOKUP函数公式的第3个参数“INDIRECT ($B3&"!D:D")”修改为“INDIRECT($B3&"!K:K")，❻将L3单元格公式中XLOOKUP函数公式的第3个参数“INDIRECT ($B3&"!D:D")”修改为“INDIRECT($B3&"!L:L")，即可引用“招行基本户”工作表中其他字段中的数据。如下所示（编辑栏中显示L3单元格公式）。

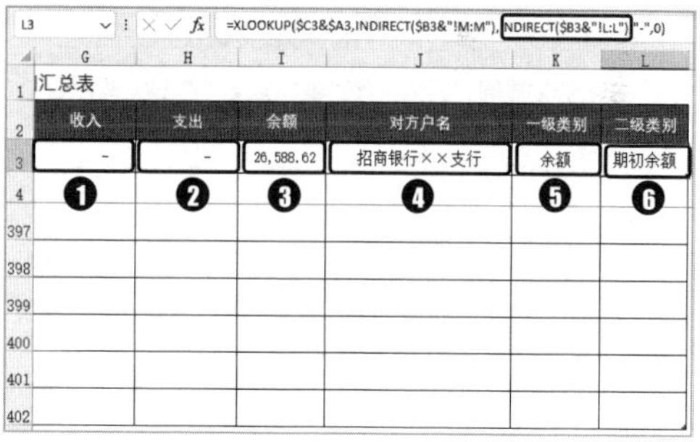

L3 =XLOOKUP($C3&$A3,INDIRECT($B3&"!M:M"),INDIRECT($B3&"!L:L"),"-",0)

	G	H	I	J	K	L
1	汇总表					
2	收入	支出	余额	对方户名	一级类别	二级类别
3	-	-	26,588.62	招商银行××支行	余额	期初余额
4	❶	❷	❸	❹	❺	❻
397						
398						
399						
400						
401						
402						

第6步 复制E3:L3单元格区域公式并粘贴至E4:L402单元格区域，即可引用“招行基本户”工作表中全部收支明细数据。如下图所示。

F402 =XLOOKUP($C402&$A402,INDIRECT($B402&"!M:M"),INDIRECT($B402&"!E:E"),"-",0)

	A	B	C	D	E	F
1						账户收支明细
2	序号	银行账户简称	年份	月份	日期	摘要
3	1	招行基本户	2023年	1月	2023-1-1	2023年1月期初余额:26588.62元
4	2	招行基本户	2023年	1月	2023-1-2	23.1.2扣12月异地手续费29.6元
397	395	招行基本户	2023年	-	-	-
398	396	招行基本户	2023年	-	-	-
399	397	招行基本户	2023年	-	-	-
400	398	招行基本户	2023年	-	-	-
401	399	招行基本户	2023年	-	-	-
402	400	招行基本户	2023年	-	-	-

L402 =XLOOKUP($C402&$A402,INDIRECT($B402&"!M:M"),INDIRECT($B402&"!L:L"),"-",0)

	G	H	I	J	K	L
1	汇总表					
2	收入	支出	余额	对方户名	一级类别	二级类别
3	-	-	26,588.62	招商银行××支行	余额	期初余额
4	-	29.60	26,559.02	招商银行××支行	财务费用	手续费
397	-	-	-	-	-	-
398	-	-	-	-	-	-
399	-	-	-	-	-	-
400	-	-	-	-	-	-
401	-	-	-	-	-	-
402	-	-	-	-	-	-

第7步 复制A3:L402单元格区域公式并粘贴至A403:L410单元格区域，并将B403:B410单元格区域中的文本全部修改为“建行一般户”，即可引用“建行一般户”工作表的收支明细数据。如下图所示。

F410 =XLOOKUP($C410&$A410,INDIRECT($B410&"!M:M"),INDIRECT($B410&"!E:E"),"-",0)

	A	B	C	D	E	F
1						账户收支明细
2	序号	银行账户简称	年份	月份	日期	摘要
401	399	招行基本户	2023年	-	-	-
402	400	招行基本户	2023年	-	-	-
403	1	建行一般户	2023年	1月	2023-1-1	2023年1月期初余额:52669.18元
404	2	建行一般户	2023年	1月	2023-1-3	23.1.3扣12月异地手续费55.26元
405	3	建行一般户	2023年	1月	2023-1-3	23.1.3扣12月网银服务费30元
406	4	建行一般户	2023年	1月	2023-1-5	23.1.5支付运费5376元
407	5	建行一般户	2023年	1月	2023-1-6	23.1.6支付运费1120元
408	6	建行一般户	2023年	1月	2023-1-6	23.1.6支付运费896元
409	7	建行一般户	2023年	1月	2023-1-9	23.1.9收到股东2借款120000元
410	8	建行一般户	2023年	1月	2023-1-9	23.1.9支付2023年1-6月房租54000元

L410 =XLOOKUP($C410&$A410,INDIRECT($B410&"!M:M"),INDIRECT($B410&"!L:L"),"-",0)

	G	H	I	J	K	L
1	汇总表					
2	收入	支出	余额	对方户名	一级类别	二级类别
402	-	-	-	-	-	-
403	-	-	52,669.18	建设银行有限公司××支行	余额	期初余额
404	-	55.26	52,613.92	建设银行有限公司××支行	财务费用	手续费
405	-	30.00	52,583.92	建设银行有限公司××支行	财务费用	网银服务费
406	-	5,376.00	47,207.92	××货运部	销售费用	运费
407	-	1,120.00	46,087.92	××货运部	销售费用	运费
408	-	896.00	45,191.92	××货运部	销售费用	运费
409	120,000.00	-	165,191.92	股东2	内部资金往来	借款
410	-	54,000.00	111,191.92	××市物业管理有限公司	管理费用	房租

第8步 复制A403:L410单元格区域公式并粘贴至A803:L810单元格区域，并将B803:B810单元格区域中的文本全部修改为“库存现金”，即可引用“库存现金”工作表的收支明细数据。如下图所示。

F810 =XLOOKUP($C810&$A810,INDIRECT($B810&"!M:M"),INDIRECT($B810&"!E:E"),"-",0)

	A	B	C	D	E	F
1						账户收支明细
2	序号	银行账户简称	年份	月份	日期	摘要
801	399	建行一般户	2023年	-	-	-
802	400	建行一般户	2023年	-	-	-
803	1	库存现金	2023年	1月	2023-1-1	2023年1月期初余额：1715.68元
804	2	库存现金	2023年	1月	2023-1-4	23.1.4提取备用金20000元
805	3	库存现金	2023年	1月	2023-1-4	23.1.4支付方浩差旅费482.99元(住宿80+交通352.99+餐费50)
806	4	库存现金	2023年	1月	2023-1-4	23.1.4支付陈锋垫付2022年顺丰快递费298元
807	5	库存现金	2023年	1月	2023-1-5	23.1.5支付杨华垫付快递费283.10元
808	6	库存现金	2023年	1月	2023-1-6	23.1.6支付陈锋垫付费用551元，其中水票11张200元
809	7	库存现金	2023年	1月	2023-1-6	23.1.6支付陈锋垫付费用551元，其中快递费51元
810	8	库存现金	2023年	1月	2023-1-6	23.1.6支付陈锋垫付费用551元，其中网费300元

L810 =XLOOKUP($C810&$A810,INDIRECT($B810&"!M:M"),INDIRECT($B810&"!L:L"),"-",0)

	G	H	I	J	K	L
1	汇总表					
2	收入	支出	余额	对方户名	一级类别	二级类别
801	-	-	-	-	-	-
802	-	-	-	-	-	-
803	-	-	1,715.68	-	余额	期初余额
804	20,000.00	-	21,715.68	招行基本户	备用金	备用金
805	-	482.99	21,232.69	方浩	管理费用	差旅费
806	-	298.00	20,934.69	陈锋	管理费用	快递费
807	-	283.10	20,651.59	杨华	管理费用	快递费
808	-	200.00	20,451.59	陈锋	管理费用	办公费
809	-	51.00	20,400.59	陈锋	管理费用	快递费
810	-	300.00	20,100.59	陈锋	管理费用	通讯费

8.2.3 客户收款和供应商付款明细表单

账户收支明细汇总表单制作完成后，即可以此为数据源，创建多个数据透视表，从不同维度统计汇总收支数据。本小节先按客户和供应商汇总收款和付款的明细数据。

1. 制作客户收款明细表单

本章8.1节中，为客户收款定义的一级

类别项目是“合同收款”，因此，创建数据透视表后，只需筛选出此类别的“收入”数据即可。具体操作方法如下。

第1步 ❶在“账户收支明细汇总表”工作表的超级表区域中选中任意一个单元格，❷单击【插入】选项卡，❸单击【数据透视表】按钮。如下图所示。

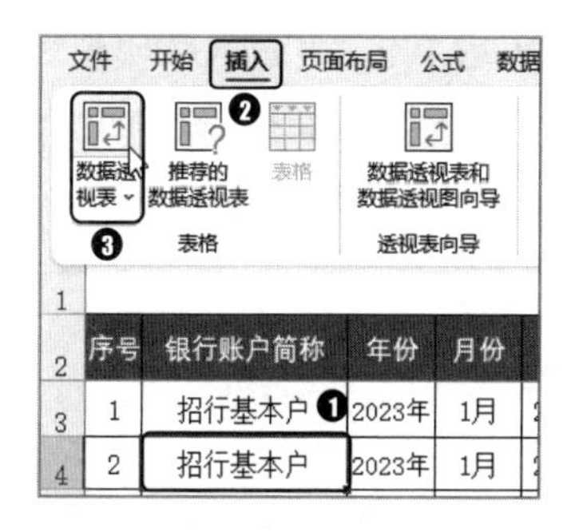

第2步 弹出【来自表格或区域的数据透视表】对话框，直接单击【确定】按钮即可。如下图所示。

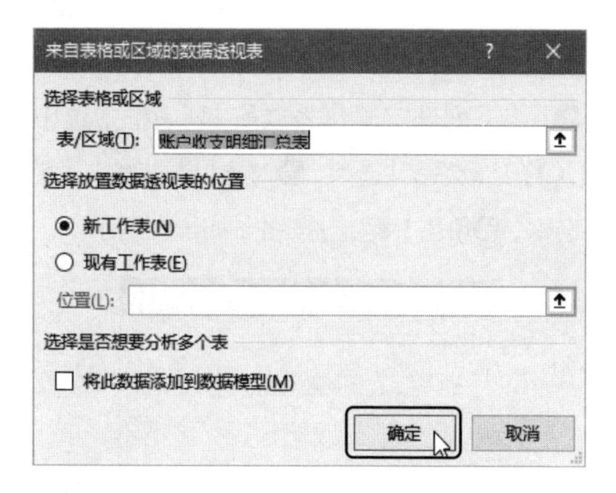

第3步 系统创建新工作表和空白数据透视表后，将二者名称全部修改为“客户收款明细表”。如下图所示。

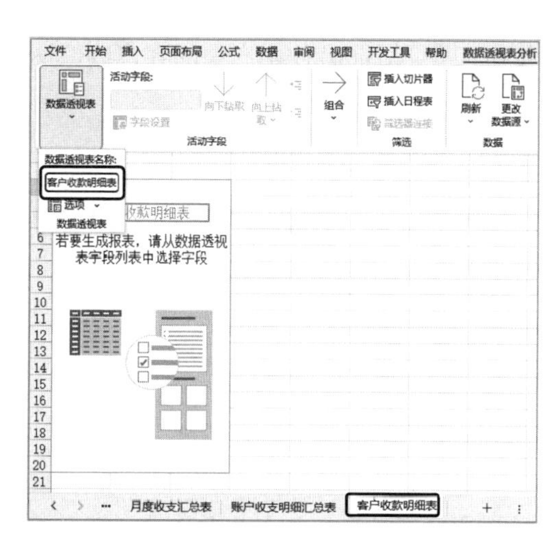

第4步 在【在以下区域间拖动字段】窗格进行布局，❶将【日期】和【对方户名】字段拖放至【行】区域中，❷将【银行账户简称】字段拖放至【列】区域中，❸将【求和项:收入】字段拖放至【值】区域中。如右图所示。

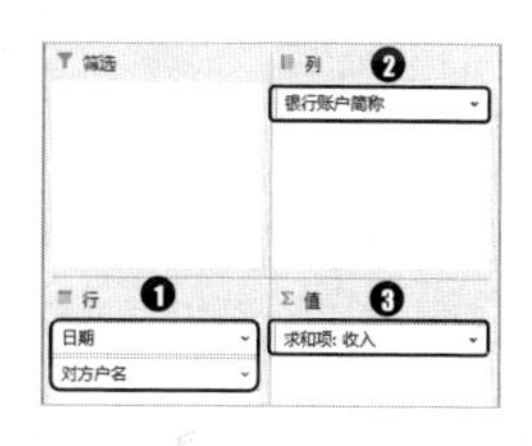

第5步 布局完成后，自行设置数据透视表的格式。效果如下图所示。

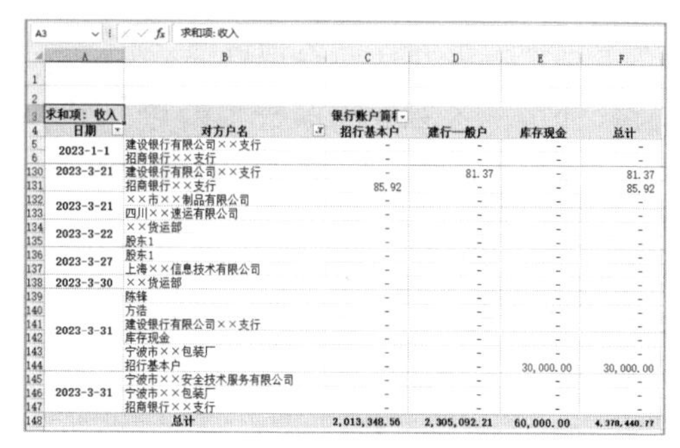

求和项：收入		银行账户简称			
日期	对方户名	招行基本户	建行一般户	库存现金	总计
2023-1-1	建设银行有限公司××支行	-	-	-	-
	招商银行××支行	-	-	-	-
2023-3-21	建设银行有限公司××支行	-	81.37	-	81.37
	招商银行××支行	85.92	-	-	85.92
2023-3-21	××市××制品有限公司	-	-	-	-
	四川××速运有限公司	-	-	-	-
2023-3-22	××货运部	-	-	-	-
	股东1	-	-	-	-
2023-3-27	股东1	-	-	-	-
	上海××信息技术有限公司	-	-	-	-
2023-3-30	××货运部	-	-	-	-
2023-3-31	陈锋	-	-	-	-
	方浩	-	-	-	-
	建设银行有限公司××支行	-	-	-	-
	库存现金	-	-	-	-
	宁波市××包装厂	-	-	-	-
	招行基本户	-	-	30,000.00	30,000.00
2023-3-31	宁波市××安全技术服务有限公司	-	-	-	-
	宁波市××包装厂	-	-	-	-
	招商银行××支行	-	-	-	-
总计		2,013,348.56	2,305,092.21	60,000.00	4,378,440.77

第6步 在数据透视表中插入【月份】和【一级类别】两个切片器，自行设置切片器样式。单击【一级类别】中的【合同收款】

按钮，即可筛选出各账户中的客户收款明细。如下图所示。

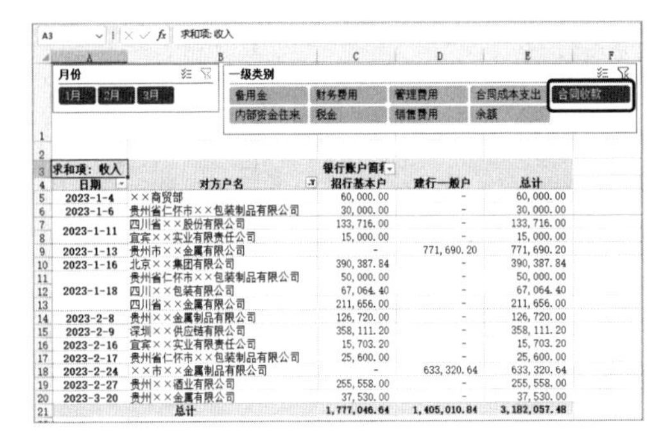

第7步 单击【月份】切片器中的某个按钮，如单击【2月】按钮，即可筛选出各账户中2月的客户收款明细。如下图所示。

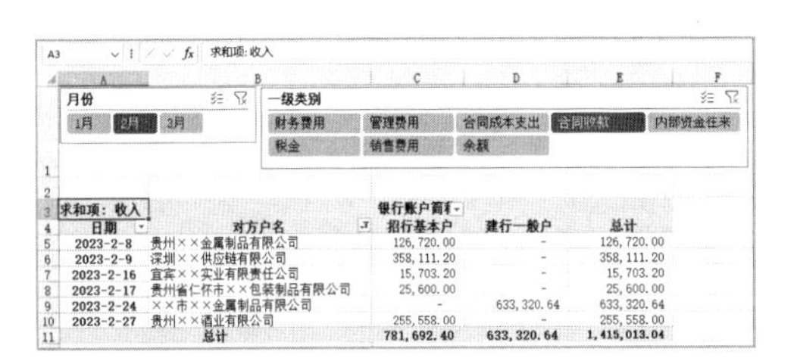

第8步 ❶单击【月份】切片器中的【清除筛选器】按钮"⊠"，清除筛选结果，❷在数据透视表中的【对方户名】字段筛选列表中选择指定的客户名称选项，如【贵州省仁怀市××包装制品有限公司】选项，即可筛选出此客户全部的收款明细数据。效果如下图所示。

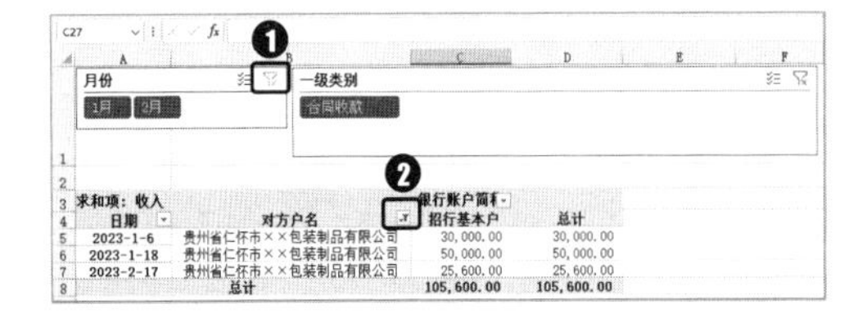

2. 制作供应商支付明细表单

本章8.1节中，为支付给供应商应付款定义的一级类别项目是"合同成本支出"，具体制作原理与客户收款明细表制作完全相同，制作方法则更加简单，只需将"客户收款明细表"工作表整张复制一份，再略作改动即可完成。操作方法如下。

第1步 ❶右击"客户收款明细表"工作表标签，❷在弹出的快捷菜单中单击【移动或复制】命令。如下图所示。

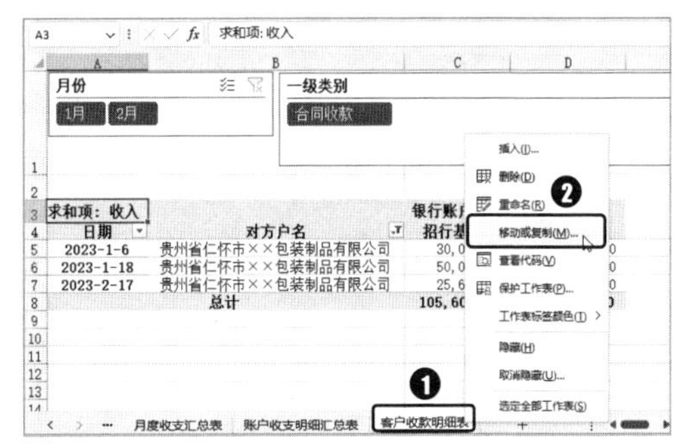

第2步 弹出【移动或复制工作表】对话框，❶在【下列选定工作表之前】列表框中选中【（移至最后）】选项，❷勾选【建立副本】复选框，❸单击【确定】按钮。如下图所示。

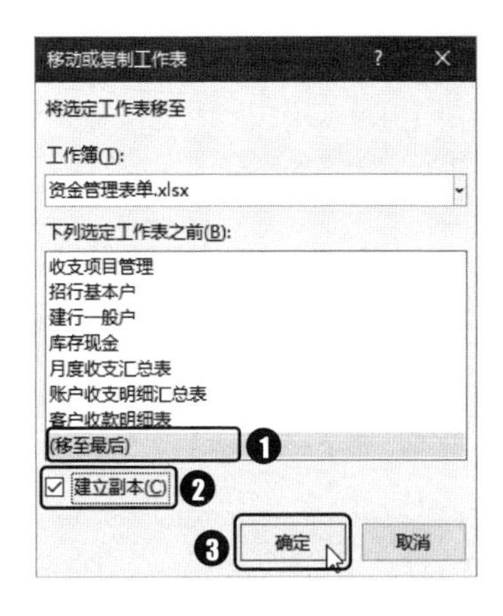

第3步 系统立即创建一张名称为“客户收款明细表(2)”的工作表，并同步复制“客户收款明细表”工作表中的数据透视表和切片器，这里先将工作表名称和数据透视表名称均重命名为“供应商付款明细表”。如下图所示。

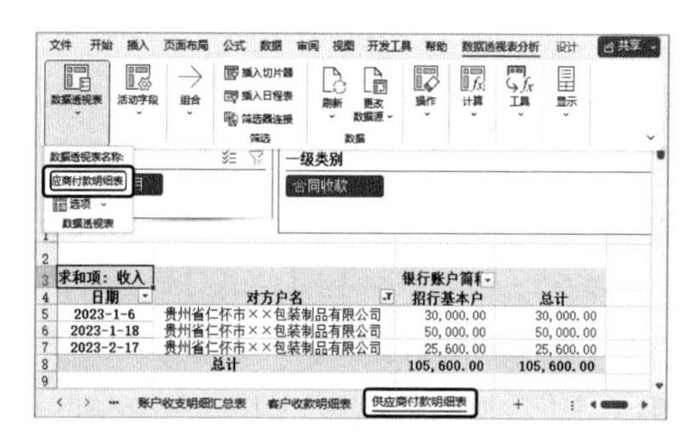

求和项：收入		银行账户简称	
日期	对方户名	招行基本户	总计
2023-1-6	贵州省仁怀市××包装制品有限公司	30,000.00	30,000.00
2023-1-18	贵州省仁怀市××包装制品有限公司	50,000.00	50,000.00
2023-2-17	贵州省仁怀市××包装制品有限公司	25,600.00	25,600.00
总计		105,600.00	105,600.00

第4步 在【在以下区域间拖动字段】窗格中调整字段布局，删除【值】区域中的【求和项:收入】字段，再将【求和项:支出】字段拖放至【值】区域中。如下图所示。

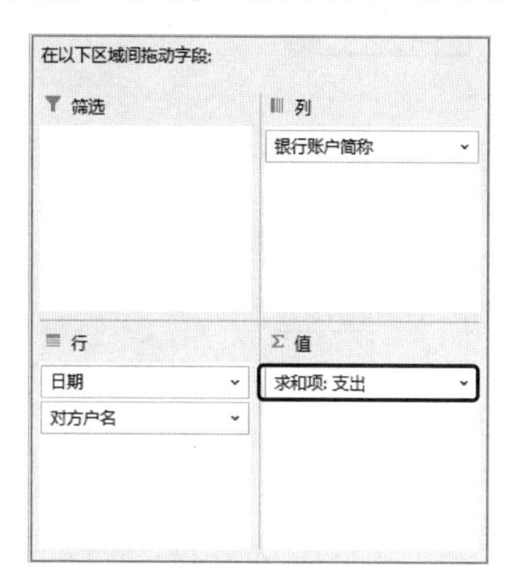

第5步 ❶清除数据透视表中【对方户名】筛选结果，❷单击【一级类别】切片器中的【合同成本支出】按钮即可完成“供应商付款明细表”制作。效果如下图所示。

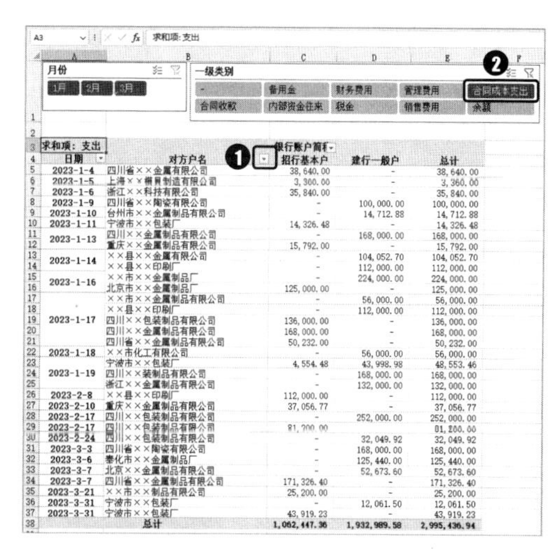

求和项：支出		银行账户简称		
日期	对方户名	招行基本户	建行一般户	总计
2023-1-4	四川省××金属有限公司	38,640.00	-	38,640.00
2023-1-5	上海××模具制造有限公司	3,300.00	-	3,360.00
2023-1-6	浙江××科技有限公司	35,840.00	-	35,840.00
2023-1-9	四川省××陶瓷有限公司	-	100,000.00	100,000.00
2023-1-10	台州市××金属制品有限公司	-	14,712.88	14,712.88
2023-1-11	宁波市××包装厂	14,326.48	-	14,326.48
2023-1-13	四川××金属制品有限公司	-	168,000.00	168,000.00
	重庆××金属制品有限公司	15,792.00	-	15,792.00
2023-1-14	××县××金属有限公司	-	104,052.70	104,052.70
	××县××印刷厂	-	112,000.00	112,000.00
2023-1-16	××市××金属制品厂	-	224,000.00	224,000.00
	北京市××金属制品厂	125,000.00	-	125,000.00
2023-1-17	××市××金属制品有限公司	-	56,000.00	56,000.00
	××县××印刷厂	-	112,000.00	112,000.00
	四川××包装制品有限公司	136,000.00	-	136,000.00
	四川××金属制品有限公司	168,000.00	-	168,000.00
	四川省××金属制品有限公司	50,232.00	-	50,232.00
2023-1-18	××市化工有限公司	-	56,000.00	56,000.00
2023-1-19	宁波市××包装厂	4,554.48	43,998.98	48,553.46
	四川××装制品有限公司	-	168,000.00	168,000.00
	浙江××金属制品有限公司	-	132,000.00	132,000.00
2023-2-8	××县××印刷厂	112,000.00	-	112,000.00
2023-2-10	重庆××金属制品有限公司	37,056.77	-	37,056.77
2023-2-17	四川××包装制品有限公司	-	252,000.00	252,000.00
2023-2-17	四川××包装制品有限公司	81,200.00		81,200.00
2023-2-24	四川××包装制品有限公司	-	32,049.92	32,049.92
2023-3-3	四川省××陶瓷有限公司	-	168,000.00	168,000.00
2023-3-6	奉化市××金属制品厂	-	125,440.00	125,440.00
2023-3-7	北京××金属制品有限公司	-	52,673.60	52,673.60
2023-3-7	四川省××金属制品有限公司	171,326.40	-	171,326.40
2023-3-21	××市××制品有限公司	25,200.00	-	25,200.00
2023-3-31	宁波市××包装厂	-	12,061.50	12,061.50
2023-3-31	宁波市××包装厂	43,919.23	-	43,919.23
总计		1,062,447.36	1,932,989.58	2,995,436.94

8.2.4 项目收支动态汇总表单

本章8.1节中制作表单时即规划了资金项目的归集，财务人员在记录资金收入和支出的同时即可在一级类别和二级类别下拉列表中选择该笔资金的具体项目。因此，本小节主要按项目汇总收支数据，可帮助企业了解资金的各种用途和发生金额。

下面分别从时间维度、项目和对方户名的维度汇总全部账户的收支数据。

1. 分月动态汇总项目和账户收支数据

下面先制作表单，按照一级类别和二级类别项目汇总全部账户的收支数据，并通过切片器按月份动态筛选每个月份的收支汇总数据。由于本例要求同时列示收入和支出数据，为使数据透视表更整洁，可创建一个计算字段，将收入和支出的数据合并。具体操作方法如下。

第1步 使用“账户收支明细汇总表”超级表作为数据源创建一个数据透视表，并将工作表名称和数据透视表名称修改为“项目账户收支明细”。如下图所示。

第2步 在【在以下区域间拖动字段】窗格中进行字段布局，❶将【一级类别】和【二级类别】字段拖放至【行】区域中，❷将【银行账户简称】字段拖放至【列】区域中。如下图所示。

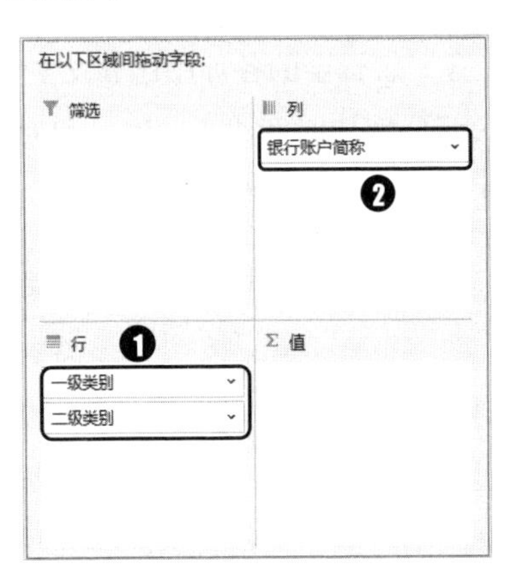

第3步 字段布局完成后，❶单击【数据透视表分析】选项卡，❷单击【计算】组中的【字段、项目和集】下拉按钮，❸单击下拉列表中的【计算字段】命令。如下图所示。

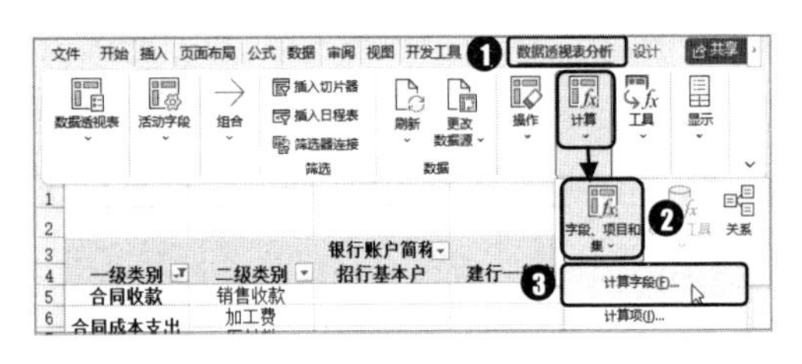

第4步 弹出【插入计算字段】对话框，❶在【名称】文本框中输入字段名称“收入/支出”，❷在【公式】文本框中设置公式“= '收入'-'支出'”（双击【字段】列表中的字段名称即可将其插入【公式】文本框中），❸单击【添加】按钮将【'收入'-'支出'】字段添加至【字段】列表中，❹单击【确定】按钮关闭对话框。如下图所示。

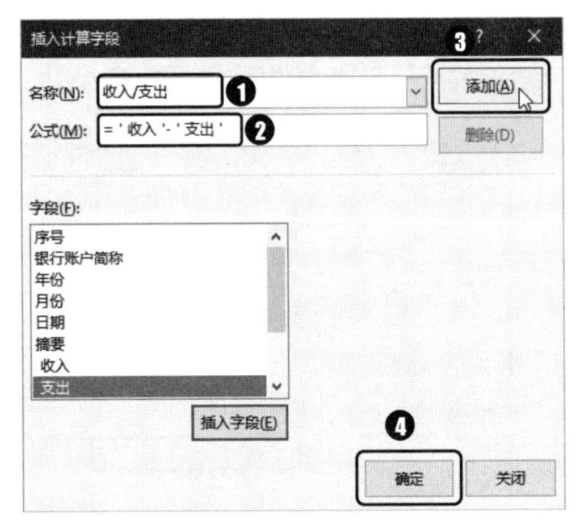

第5步 返回工作表，即可看到【收入/支出】计算字段已被自动添加至【值】区域中，并显示计算结果。其中，正数为收入金额，负数为支出金额。如下图所示。

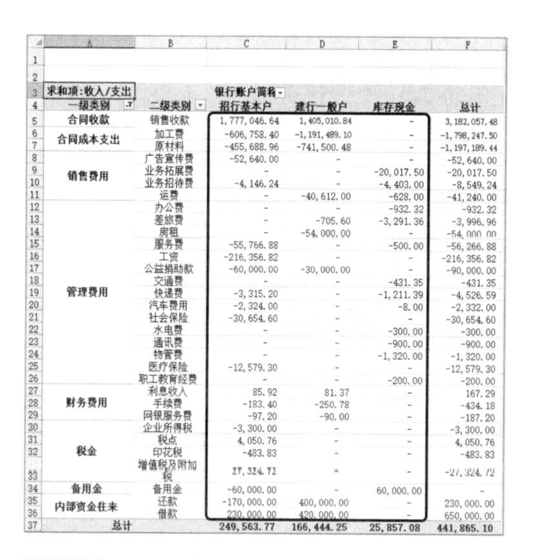

求和项:收入/支出		银行账户简称			
一级类别	二级类别	招行基本户	建行一般户	库存现金	总计
合同收款	销售收款	1,777,046.64	1,405,010.84	-	3,182,057.48
合同成本支出	加工费	-606,758.40	-1,191,489.10	-	-1,798,247.50
	原材料	-455,688.96	-741,500.48	-	-1,197,189.44
销售费用	广告宣传费	-52,640.00	-	-	-52,640.00
	业务拓展费	-	-	-20,017.50	-20,017.50
	业务招待费	-4,146.24	-	-4,403.00	-8,549.24
	运费	-	-40,612.00	-628.00	-41,240.00
管理费用	办公费	-	-	-932.32	-932.32
	差旅费	-	-705.60	-3,291.36	-3,996.96
	房租	-	-54,000.00	-	-54,000.00
	服务费	-55,766.88	-	-500.00	-56,266.88
	工资	-216,356.82	-	-	-216,356.82
	公益捐助款	-60,000.00	-30,000.00	-	-90,000.00
	交通费	-	-	-431.35	-431.35
	快递费	-3,315.20	-	-1,211.39	-4,526.59
	汽车费用	-2,324.00	-	-8.00	-2,332.00
	社会保险	-30,654.60	-	-	-30,654.60
	水电费	-	-	-300.00	-300.00
	通讯费	-	-	-900.00	-900.00
	物管费	-	-	-1,320.00	-1,320.00
	医疗保险	-12,579.30	-	-	-12,579.30
	职工教育经费	-	-	-200.00	-200.00
财务费用	利息收入	85.92	81.37	-	167.29
	手续费	-183.40	-250.78	-	-434.18
	网银服务费	-97.20	-90.00	-	-187.20
税金	企业所得税	-3,300.00	-	-	-3,300.00
	税点	4,050.76	-	-	4,050.76
	印花税	-483.83	-	-	-483.83
	增值税及附加税	27,324.72	-	-	-27,324.72
备用金	备用金	-60,000.00	-	60,000.00	-
内部资金往来	还款	-170,000.00	400,000.00	-	230,000.00
	借款	230,000.00	420,000.00	-	650,000.00
总计		249,563.77	166,444.25	25,857.08	441,865.10

第6步 插入【月份】切片器，单击其中某个按钮，即可筛选出指定月份的项目账户收支汇总数据。如单击【2月】按钮，即可看到2月各项目和账户的收支数据。如下图所示。

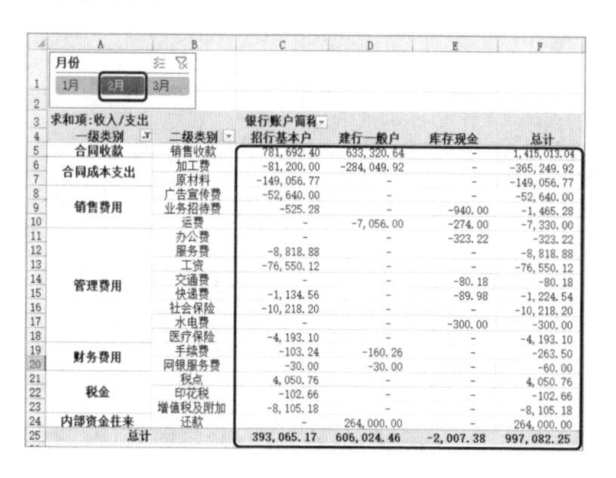

月份：1月 2月 3月

求和项:收入/支出		银行账户简称			
一级类别	二级类别	招行基本户	建行一般户	库存现金	总计
合同收款	销售收款	781,692.40	633,320.64	-	1,415,013.04
合同成本支出	加工费	-81,200.00	-284,049.92	-	-365,249.92
	原材料	-149,056.77	-	-	-149,056.77
销售费用	广告宣传费	-52,640.00	-	-	-52,640.00
	业务招待费	-525.28	-	-940.00	-1,465.28
	运费	-	-7,056.00	-274.00	-7,330.00
管理费用	办公费	-	-	-323.22	-323.22
	服务费	-8,818.88	-	-	-8,818.88
	工资	-76,550.12	-	-	-76,550.12
	交通费	-	-	-80.18	-80.18
	快递费	-1,134.56	-	-89.98	-1,224.54
	社会保险	-10,218.20	-	-	-10,218.20
	水电费	-	-	-300.00	-300.00
	医疗保险	-4,193.10	-	-	-4,193.10
财务费用	手续费	-103.24	-160.26	-	-263.50
	网银服务费	-30.00	-30.00	-	-60.00
税金	税点	4,050.76	-	-	4,050.76
	印花税	-102.66	-	-	-102.66
	增值税及附加	-8,105.18	-	-	-8,105.18
内部资金往来	还款	-	264,000.00	-	264,000.00
总计		393,065.17	606,024.46	-2,007.38	997,082.25

2. 按项目和户名汇总每月收支数据

下面制作表单，按项目和户名汇总每个月份的收支数据，即将每月收支数据全部列示，再汇总全部月份数据。具体方法非常简单，只需复制一份“项目账户收支明细”工作表，再对其中被同步复制的数据透视表布局略作调整即可。具体操作方法如下。

第1步 参照制作供应商付款明细表中的第1～2步操作复制一份“项目账户收支明细”工作表，将“项目账户收支明细(2)”工作表名称及其中的数据透视表名称均修改为“项目户名收支明细”。如下图所示。

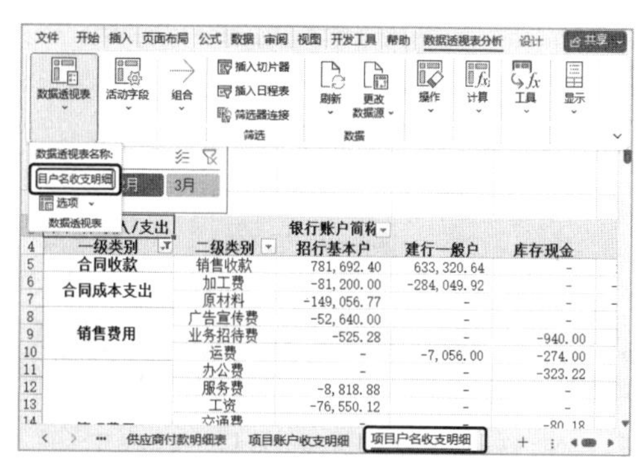

第2步 在【在以下区域间拖动字段】窗格中调整布局，❶将【对方户名】拖放至【行】区域中，❷将【银行账户简称】字段从【列】区域中删除，再将【月份】字段拖放至【列】区域。如下图所示。

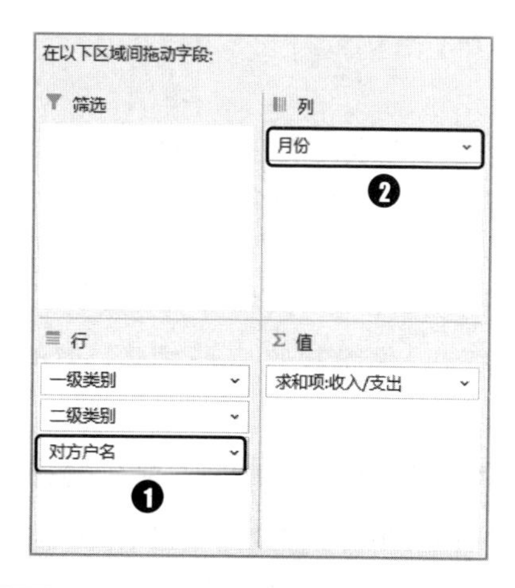

第3步 清除【月份】切片器中的筛选结

果后删除切片器，再插入一个【一级类别】切片器，即可单项或多项筛选指定项目中每个户名每月的收支数据。例如，按住【Ctrl】键后单击【销售费用】和【管理费用】按钮，即可筛选出两项费用的每个户名在每月的支出数据。效果下图所示。

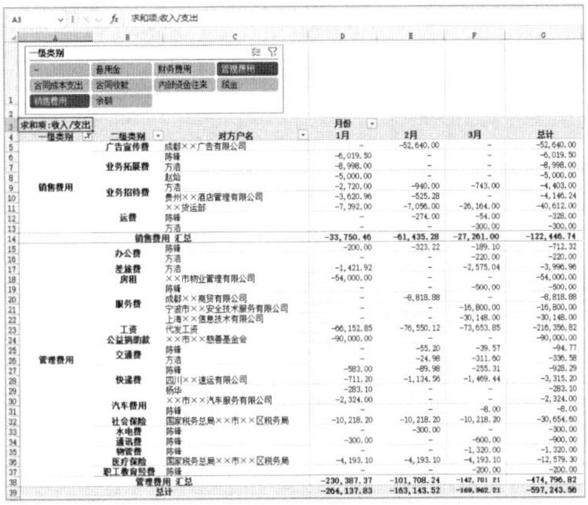

A3 求和项:收入/支出

一级类别
- 备用金 财务费用 管理费用
合同成本支出 合同收款 内部资金往来 税金
销售费用 余额

求和项:收入/支出			月份			
一级类别	二级类别	对方户名	1月	2月	3月	总计
销售费用	广告宣传费	成都××广告有限公司	-	-52,640.00	-	-52,640.00
	业务拓展费	陈锋	-6,019.50	-	-	-6,019.50
		方浩	-8,998.00	-	-	-8,998.00
		赵灿	-5,000.00	-	-	-5,000.00
	业务招待费	方浩	-2,720.00	-940.00	-743.00	-4,403.00
		贵州××酒店管理有限公司	-3,620.96	-525.28	-	-4,146.24
	运费	××货运部	-7,392.00	-7,056.00	-26,164.00	-40,612.00
		陈锋	-	-274.00	-54.00	-328.00
		方浩	-	-	-300.00	-300.00
销售费用 汇总			-33,750.46	-61,435.28	-27,261.00	-122,446.74
管理费用	办公费	陈锋	-200.00	-323.22	-189.10	-712.32
		方浩	-	-	-220.00	-220.00
	差旅费	方浩	-1,421.92	-	-2,575.04	-3,996.96
	房租	××市物业管理有限公司	-54,000.00	-	-	-54,000.00
	服务费	陈锋	-	-	-500.00	-500.00
		成都××商贸有限公司	-	-8,818.88	-	-8,818.88
		宁波市××安全技术服务有限公司	-	-	-16,800.00	-16,800.00
		上海××信息技术有限公司	-	-	-30,148.00	-30,148.00
	工资	代发工资	-66,152.85	-76,550.12	-73,653.85	-216,356.82
	公益捐助款	××市××慈善基金会	-90,000.00	-	-	-90,000.00
	交通费	陈锋	-	-55.20	-39.57	-94.77
		方浩	-	-24.98	-311.60	-336.58
	快递费	陈锋	-583.00	-89.98	-255.31	-928.29
		四川××速运有限公司	-711.20	-1,134.56	-1,469.44	-3,315.20
		杨华	-283.10	-	-	-283.10
	汽车费用	××市××汽车服务有限公司	-2,324.00	-	-	-2,324.00
		陈锋	-	-	-8.00	-8.00
	社会保险	国家税务总局××市××区税务局	-10,218.20	-10,218.20	-10,218.20	-30,654.60
	水电费	陈锋	-	-300.00	-	-300.00
	通讯费	陈锋	-300.00	-	-600.00	-900.00
	物管费	陈锋	-	-	-1,320.00	-1,320.00
	医疗保险	国家税务总局××市××区税务局	-4,193.10	-4,193.10	-4,193.10	-12,579.30
	职工教育经费	陈锋	-	-	-200.00	-200.00
管理费用 汇总			-230,387.37	-101,708.24	-142,701.21	-474,796.82
总计			-264,137.83	-163,143.52	-169,962.21	-597,243.56

8.1节至8.2节示例结果见“结果文件\第8章\资金管理表单.xlsx”文件。

AI智能答疑与技巧点拨

本章结合财务实操内容，讲解了如何综合运用Excel制作资金管理表单。下面利用AI工具“ChatGPT”和“文心一言”的学习引导，结合本章主题内容及实际工作中运用Excel时的常见问题，介绍两个实用技巧，帮助财务人员进一步完善工作细节并提升工作效率。

01 统计预留行数、当前实际信息数和剩余行数

本章制作的“资金管理表单”工作簿中，在“项目账户收支明细表”中的“账户收支明细汇总表”表单中为“招行基本户”“建行一般户”和“库存现金”3个资金账户预留400行，并全部设置了XLOOKUP函数公式分别引用3个资金日记账表单中的每条收支记录。但是，当资金日记账表单中的实际收支信息数量大于预留行数时，“账户收支明细汇总表”表单中就无法引用400条以上的收支数据，那么数据汇总统计就失去了准确性。下面先来问问AI 工具“ChatGPT”如何解决这个问题。

提问： Excel中，可以使用查找引用函数将数据表中的信息引用到统计表中，但是如果数据表中的信息比统计表中的预留行数多，会导致统计数据不全，如何解决这个问题？

ChatGPT

如果在使用查找引用函数将数据表中的信息引用到统计表时，数据表中的信息比统计表中的预留行数多，导致统计数据不全，可以采取以下方法解决。

（1）调整统计表的行数。

在统计表中，将预留的行数增加到足够的数量，以适应数据表中的信息。这样，您可以使用查找引用函数将数据表中的信息完整地引用到统计表中。

（2）使用动态范围。

使用动态范围来引用数据表中的信息。这样，您可以确保统计表始终可以引用完整的数据。

（3）使用数据透视表。

数据透视表可以自动适应数据的变化，并生成准确的统计结果。

通过上述方法，您可以解决在使用查找引用函数将数据表中的信息引用到统计表时，数据表中的信息比统计表中的预留行数多导致统计数据不全的问题。

在ChatGPT提供的3个方法中，本章案例适用第1种方法，即调整统计表的行数。对此，可以制作一个小巧的表格，设置COUNTIF函数公式分别统计“账户收支明细汇总表”表单中预留行数、资金日记账表单中的实际收支信息数量，并计算二者的差异，即可提醒操作人员及时添加总行次，从而有效避免遗漏汇总数据。操作方法如下。

第1步 打开“素材文件\第8章\资金管理表单1.xlsx”文件，在“账户收支明细汇总表”工作表中空白区域，如N2:Q5单元格区域中绘制表格框架，设置好字段名称和基本格式。如下图所示。

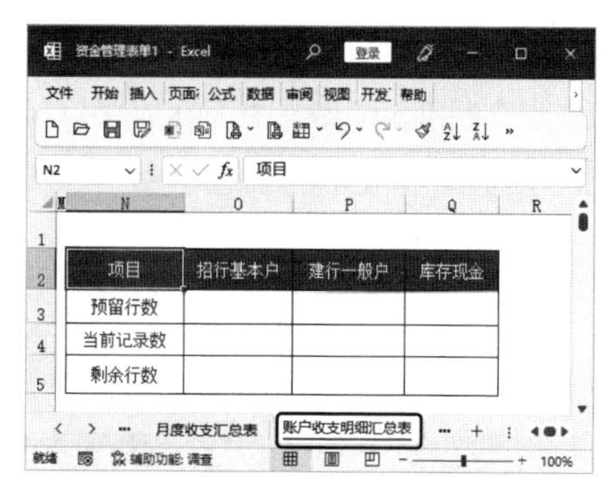

第2步 ❶在O3单元格中设置公式“=COUNTIF($B:$B,O$2)”，运用COUNTIF函数统计B:B区域中包含O2单元格中的文本“招行基本户”的单元格的数量，即可得到为引用“招行基本户”工作表中的收支信息预留的行数，❷在O4单元格中设置公式“=COUNTIF (INDIRECT(O$2&"!J:J"),O$2)”，运用COUNTIF函数统计O2单元格中文本代表的工作表中J:J区域中，包含O2单元格中文本“招行基本户”的数量，即可得到当前“招行基本户”工作表中所记录的收支信息的数量，❸在O5单元格中设置公式“=O3-O4”，并将O3:O5单元格区域的单元格格式自定义为“0行”。如下图所示（编辑栏中显示O4单元格公式）。

O4 =COUNTIF(INDIRECT(O$2&"!J:J"),O$2)

项目	招行基本户	建行一般户	库存现金
预留行数	400行 ❶		
当前记录数	87行 ❷		
剩余行数	313行 ❸		

第3步 复制D3:D5单元格区域公式并粘

贴至P3:Q5单元格区域中，即可统计得到“账户收支明细汇总表”中为其他账户预留行次、其他工作表中当前记录数，以及剩余行数。如下图所示。

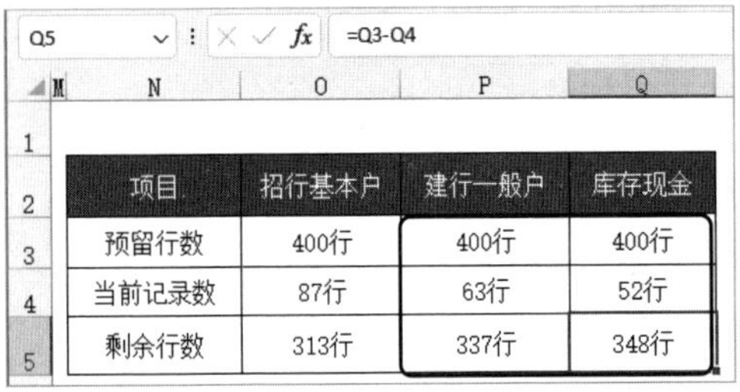

Q5 =Q3-Q4

项目	招行基本户	建行一般户	库存现金
预留行数	400行	400行	400行
当前记录数	87行	63行	52行
剩余行数	313行	337行	348行

示例结果见“结果文件\第8章\资金管理表单1.xlsx”文件。

温馨提示

如果实务中的账户较多，可以在新建工作表中制作示例表格进行统计。

02 手动刷新数据透视表容易忘？设置打开文件时自动刷新

本章在“资金管理表单”工作簿中账户收支明细汇总表单为数据源创建了多个数据透视表。当数据源中的数据更新时，需要手动刷新数据透视表，才能使其中数据与数据源同步更新。而实务中，财务人员难免会忘记手动刷新全部数据透视表。那么，数据透视表是否可以设置为自动刷新呢？具体如何操作呢？下面让AI工具“文心一言”告诉我们答案。

提问： Excel数据透视表是否可以设置为自动刷新？具体如何操作？

文心一言

是的，Excel数据透视表可以设置为自动刷新，具体操作如下。

（1）选中数据透视表中的任意单元格，右击并选择【刷新】命令，或者在【分析】选项卡下的【数据】选项组中单击【刷新】按钮。

（2）在【数据透视表选项】对话框中，勾选【打开文件时刷新数据】复选框，然后单击【确定】按钮即可。

（3）设置完成后，每当打开该数据透视表时，系统都会自动刷新相关数据信息。

另外，如果您想实现动态刷新数据透视表，可以尝试以下方法。

（1）选中数据透视表，在【分析】选项卡下单击【更改数据源】按钮。

（2）在弹出的【更改数据透视表数据源】窗口中，重新选择数据区域，确保新添加的数据也在其中。

（3）单击【确定】按钮后，数据透视表将自动刷新并显示新的数据信息。

需要注意的是，如果数据源区域发生了改变，您需要重新设置数据透视表的行、列、筛选字段等，以确保数据透视表的正确性和准确性。

文心一言提供的方法是设置数据透视表在每次打开文件时自动刷新，并列出了详细的操作步骤。下面即参照上述步骤进行实战演练。

第1步 打开“素材文件\第8章\资金管理表单2.xlsx”文件，❶选中任意一个数据透视表中的任意一个单元格（如“客户收款明细表”数据透视表）激活数据透视表工具，❷单击【数据透视表分析】选项卡，❸单击【数据透视表】组中的【选项】按钮。如下图所示。

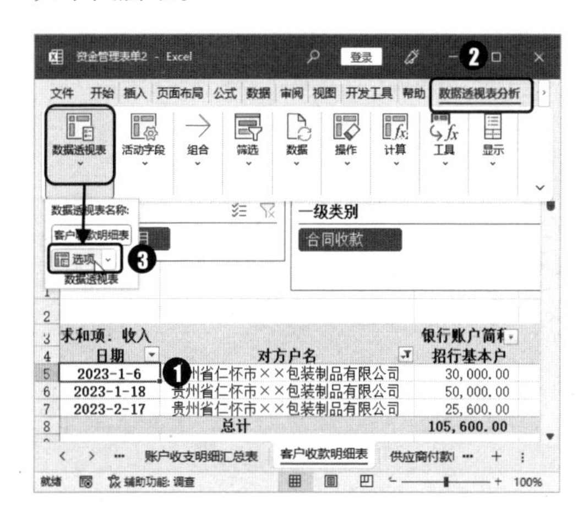

第2步 弹出【数据透视表选项】对话框，❶单击切换至【数据】选项卡，❷勾选【数据透视表数据】选项组中的【打开文件时刷新数据】复选框，❸单击【确定】按钮关闭对话框。如下图所示。

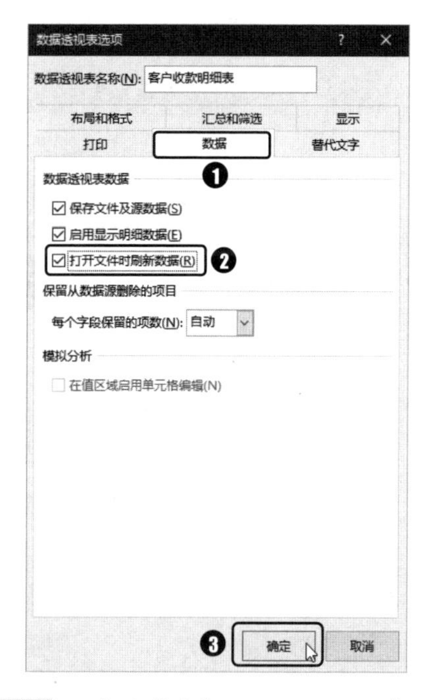

第3步 随后弹出【Microsoft Excel】对话框，提示相关信息，直接单击【确定】按钮即可。如下图所示。

示例结果见“结果文件\第8章\资金管理表单2.xlsx”文件。

Excel

第9章

实战：制作工资管理表单

本章导读

工资是企业员工通过劳动从企业获取的主要经济来源之一，相关数据计算是否准确、管理是否规范等对企业能否长期稳定发展有着至关重要的影响。所以，财务人员做好工资计算和管理工作，才能从这一层面促进企业长期稳定健康发展。

本章将先通过讯飞星火、ChatGPT和文心一言等AI工具为财务人员提供设计和制作工资表单的方法和思路，并介绍充分运用Excel准确计算和管理工资数据的方法和技巧，帮助财务人员高效率、高质量地完成相关工作任务。

9.1 设计制作固定工资数据表单

固定工资数据是指组成工资的一系列数据中，在一定期间之内相对稳定、不会每期发生变化的数据。例如，基本工资、岗位津贴、工龄工资及企业为员工代扣代缴的保险费用等。对于这类固定薪酬数据，可单独制表计算，既方便统计和管理，在计算月度工资时也可以查找引用。下面问一问AI工具“ChatGPT”工资项目中，哪些项目的数据是相对固定。

提问： 工资项目中哪些项目数据是相对固定的?

ChatGPT

在工资项目中，以下项目数据相对固定。

（1）基本工资：基本工资是员工的固定薪资，通常由员工的职位、级别和工作经验决定。

（2）职务津贴：职务津贴是根据员工的职位或担任特定职务而支付的额外津贴，通常是固定金额。

（3）工龄工资：工龄工资是指根据员工在公司工作的年限或工龄而确定的工资水平。随着员工在公司工作时间的增长，工龄工资会逐步增加，以鼓励员工的忠诚度和稳定性。

（4）通信津贴：通信津贴是为员工提供通信设备和服务而支付的津贴，通常是固定金额。

（5）交通津贴：交通津贴是为员工提供交通费用补贴而支付的津贴，根据员工的通勤距离和通勤方式计算得出，通常是固定金额。

需要注意的是，虽然这些项目的金额可能是固定的，但是具体的标准和政策可能会根据公司的规定和员工的变动而有所调整。

看来ChatGPT与我们所见略同，固定工资项目中必不可缺的项目包括基本工资、岗位（职务）津贴、工龄工资。本节即在示例表单中设置这些项目。另外，为更贴近实际，本节将增设保险及公积金项目，同时介绍在固定工资数据表单中计算员工工龄及工龄工资的方法。

9.1.1 设计固定工资数据表单

固定工资数据表单作为基础数据表单，为方便后续计算月度工资时用，至少应设置以下字段：员工基本信息，如出生日期、入职时间，以及固定工资数据等。

打开“素材文件\第9章\工资管理表单.xlsx”文件，如下图所示。在“固定薪酬”工作表内的“××有限公司员工固定薪酬计算表”中，已预先填入部分原始数据。另外，【出生月份】字段中已运用MONTH函数设置公式计算得到每位员工的出生月份。【实际工龄】和【工龄工资】将在后面小节中设置公式计算。

××有限公司员工固定薪酬计算表

序号	员工编号	员工姓名	所属部门	岗位	性别	出生日期	出生月份
1	HT001	李琳琳	销售部	销售总监	女	1980-7-26	7月
2	HT002	陈锋	行政部	总经理	男	1976-1-22	1月
3	HT003	赵熙西	销售部	销售经理	女	1985-1-22	1月
4	HT004	周文韵	财务部	财务总监	男	1975-5-16	5月
5	HT005	刘海	销售部	销售代表	男	1985-11-21	11月
6	HT006	郑安	市场部	市场主管	女	1979-8-25	8月
7	HT007	牛丽	财务部	财务主管	女	1977-4-8	4月
8	HT008	杨华	后勤部	后勤主管	男	1973-12-15	12月
9	HT009	朱文文	财务部	总账会计	男	1978-2-23	2月
10	HT010	方浩	销售部	销售代表	女	1980-6-4	6月

固定薪酬计算表

入职时间	实际工龄	基本工资	岗位津贴	工龄工资	代扣保险和住房公积金
2012-8-9		12000	1200		1,800.00
2012-11-12		15000	1500		1,776.00
2016-3-6		10000	1000		1,350.00
2016-6-15		10000	1000		1,350.00
2016-8-20		7000	800		1,085.00
2016-11-3		7000	800		1,085.00
2016-12-20		8000	850		1,220.00
2017-11-25		8000	800		1,220.00
2018-5-5		7000	800		1,085.00
2020-10-8		7000	800		1,085.00

9.1.2 自动计算员工工龄

工龄是指员工自与单位建立劳动关系以来，以工资收入为主要来源或全部来源的工作时间。具体来说，就是员工入职日期起至当前日期之间的年数。计算方法非常简单，只需运用DATEDIF函数设置公式计算两个日期间隔数即可。操作方法如下。

第1步 ❶在P1单元格中输入一个日期（假定为当前日期），如2023年4月30日"，作为计算工龄的参数之一，❷在J3单元格中设置公式"=ROUND(DATEDIF(I3,$P$1,"M")/12,1)"，运用DATEDIF函数计算P1单元格中当前日期与I3单元格中入职时间之间的月份，再除以12，计算得到年数。同时将J3单元格格式自定义为"0.0年"。如下图所示。

=ROUND(DATEDIF(I3,$P$1,"M")/12,1)

P1：2023年4月30日

固定薪酬计算表

序号	员工编号	员工姓名	入职时间	实际工龄	基本工资	岗位津贴	工龄工资	代扣保险和住房公积金
1	HT001	李琳琳	2012-8-9	10.7年	12000	1200		1,800.00
2	HT002	陈锋	2012-11-12		15000	1500		1,776.00
3	HT003	赵熙西	2016-3-6		10000	1000		1,350.00
4	HT004	周文韵	2016-6-15		10000	1000		1,350.00
5	HT005	刘海	2016-8-20		7000	800		1,085.00
6	HT006	郑安	2016-11-3		7000	800		1,085.00
7	HT007	牛丽	2016-12-20		8000	850		1,220.00
8	HT008	杨华	2017-11-25		8000	800		1,220.00
9	HT009	朱文文	2018-5-5		7000	800		1,085.00
10	HT010	方浩	2020-10-8		7000	800		1,085.00

第2步 复制J3单元格公式并粘贴至J4:J12单元格区域中，即可计算出全部员工的工龄。如下图所示。

=ROUND(DATEDIF(I12,$P$1,"M")/12,1)

固定薪酬计算表

序号	员工编号	员工姓名	入职时间	实际工龄	基本工资	岗位津贴	工龄工资	代扣保险和住房公积金
1	HT001	李琳琳	2012-8-9	10.7年	12000	1200		1,800.00
2	HT002	陈锋	2012-11-12	10.4年	15000	1500		1,776.00
3	HT003	赵熙西	2016-3-6	7.1年	10000	1000		1,350.00
4	HT004	周文韵	2016-6-15	6.8年	10000	1000		1,350.00
5	HT005	刘海	2016-8-20	6.7年	7000	800		1,085.00
6	HT006	郑安	2016-11-3	6.4年	7000	800		1,085.00
7	HT007	牛丽	2016-12-20	6.3年	8000	850		1,220.00
8	HT008	杨华	2017-11-25	5.4年	8000	800		1,220.00
9	HT009	朱文文	2018-5-5	4.9年	7000	800		1,085.00
10	HT010	方浩	2020-10-8	2.5年	7000	800		1,085.00

温馨提示

实务中，计算工龄时，应将DATEDIF函数的第2个参数设置为"TODAY()"，即"今天"的日期。

9.1.3 计算员工工龄工资

工龄工资是企业按照员工的工作年数，即员工的劳动贡献积累和工作经验给予员工的经济补偿。实务中，企业一般采用阶梯式多级标准计算工龄工资，但每个企业具体的工龄工资标准都不尽相同。本例按照以下标准计算工龄工资。

（1）工龄≤1年：0元。

（2）工龄>1年且≤3年：50元/月。

（3）工龄>3年且≤5年：100元/月。

（4）工龄>5年且≤10年：150元/月。

（5）工龄>10年：200元/月。

具体计算方法如下。

第1步 在M3单元格中设置公式“=IFS(J3<=1,0,AND(J3>1,J3<=3),50,AND(J3>3,J3<=5),100,AND(J3>5,J3<=10),150,J3>10,200)”，运用IFS嵌套AND函数判断J3单元格中的数字符合工龄工资标准的哪一项，然后返回对应的工龄工资数据。如下图所示。

M3 =IFS(J3<=1,0,AND(J3>1,J3<=3),50,AND(J3>3,J3<=5),100,AND(J3>5,J3<=10),150,J3>10,200)

固定薪酬计算表

序号	员工编号	员工姓名	入职时间	实际工龄	基本工资	岗位津贴	工龄工资	代扣保险和住房公积金
1	HT001	李琳琳	2012-8-9	10.7年	12000	1200	200元/月	1,800.00
2	HT002	陈锋	2012-11-12	10.4年	15000	1500		1,776.00
3	HT003	赵熙西	2016-3-6	7.1年	10000	1000		1,350.00
4	HT004	周文韵	2016-6-15	6.8年	10000	1000		1,350.00
5	HT005	刘海	2016-8-20	6.7年	7000	800		1,085.00
6	HT006	郑安	2016-11-3	6.4年	7000	800		1,085.00
7	HT007	牛丽	2016-12-20	6.3年	8000	850		1,220.00
8	HT008	杨华	2017-11-25	5.4年	8000	800		1,220.00
9	HT009	朱文文	2018-5-5	4.9年	7000	800		1,085.00
10	HT010	方浩	2020-10-8	2.5年	7000	800		1,085.00

第2步 复制M3单元格公式并粘贴至M4:M12单元格区域中，即可计算得到全部员工的工龄工资。如下图所示。

M12 =IFS(J12<=1,0,AND(J12>1,J12<=3),50,AND(J12>3,J12<=5),100,AND(J12>5,J12<=10),150,J12>10,200)

固定薪酬计算表

序号	员工编号	员工姓名	入职时间	实际工龄	基本工资	岗位津贴	工龄工资	代扣保险和住房公积金
1	HT001	李琳琳	2012-8-9	10.7年	12000	1200	200元/月	1,800.00
2	HT002	陈锋	2012-11-12	10.4年	15000	1500	200元/月	1,776.00
3	HT003	赵熙西	2016-3-6	7.1年	10000	1000	150元/月	1,350.00
4	HT004	周文韵	2016-6-15	6.8年	10000	1000	150元/月	1,350.00
5	HT005	刘海	2016-8-20	6.7年	7000	800	150元/月	1,085.00
6	HT006	郑安	2016-11-3	6.4年	7000	800	150元/月	1,085.00
7	HT007	牛丽	2016-12-20	6.3年	8000	850	150元/月	1,220.00
8	HT008	杨华	2017-11-25	5.4年	8000	800	150元/月	1,220.00
9	HT009	朱文文	2018-5-5	4.9年	7000	800	100元/月	1,085.00
10	HT010	方浩	2020-10-8	2.5年	7000	800	50元/月	1,085.00

9.2 设计制作月度工资计算表单

实际工作中，大部分企业是以“月”为单位计算和支付员工工资，因此每月都需要制作一张工资表。那么，月度工资计算表单中应该设置哪些项目？下面还是先来问问AI工具“讯飞星火”的意见。

提问： 月度工资计算表单应该设置哪些项目？

讯飞星火

月度工资计算表单的设置需要根据公司的实际情况而定，但一般来说，主要包含以下几个项目。

（1）基本工资：员工的基本月薪。

（2）岗位工资：根据员工的岗位性质和职责所设定的工资。

（3）绩效工资：根据员工的工作表现和完成任务的效果来设定。

（4）加班工资：员工加班所得的额外工资。

（5）福利工资：公司提供的各种福利对应的工资部分。

（6）绩效奖金：根据员工的工作表现发放的奖金。

（7）餐费补助：提供给员工的餐食补贴。

（8）通信补助：为员工的电话费、网络费等提供的补贴。

（9）交通补助：为员工通勤提供的交通费用补贴。

（10）应发工资：上述所有工资项的总和。

（11）代扣款项：如社会保险费、个人所得税等需要从员工工资中扣除的部分。

（12）代扣税金：根据国家税法规定，由企业代为扣除并上缴的税款部分。

（13）实发工资：实际发放给员工的工资，即应发工资减去代扣款项和代扣税金。

讯飞星火给出的工资项目非常全面，本节即参照上述内容，继续在“工资管理表单”工作簿中运用Excel的各种功能、函数和技巧制作一份月度工资计算表单，自动计算相关工资数据，并同步计算个人所得税，提高财务人员工资计算的效率。

9.2.1 设计月度工资计算表单

月度工资计算表单是工资计算和发放的凭证，其准确性和完善性十分重要，所以月度工资计算表单要结合企业的工资标准进行设计，它同样应当包括员工基础信息、固定工资数据，以及变量数据，如绩效奖金、福利（如生日礼金）、个人所得税和其他相关数据。

如下图所示，“工资管理表单”工作簿“2013年1月工资”工作表中，即设置了如上所述字段。其中，灰色背景字段均设置公式自动计算，仅有少量字段中的数据通过手动填入（实际工作中也可以另制表格预先计算后再引用至工资表中）。

9.2.2 计算月度工资数据

计算月度工资非常简单，固定工资数据设置公式引用即可，其他数据的计算一般根据算术公式即可计算。

1. 自动生成工资表单序号

在各类财务表单中，序号都是非常重要的数据，月度工资计算表单也不例外。本例设计序号根据每月人数自动生成。操作方法如下。

第1步 ❶在A1单元格中输入2023年1月最后一天的日期“2023-1-31”，并将单元格格式自定义为“××有限公司yyyy年m月工资表”，生成表单标题，❷在A2单元格中输入文本“本月员工人数”，❸ 在D2单元格中设置公式“=MAXIFS(固定薪酬!A:A,固定薪酬!I:I, "<="&$A$1)”，运用MAXIFS函数根据“固定薪酬”工作表I:I区域中的日期小于或等于A1单元格中的日期时，返回A:A区域中序号的最大数字，即可得到当月员工人数。同时，将单元格格式自定义为“0人”。如下图所示。

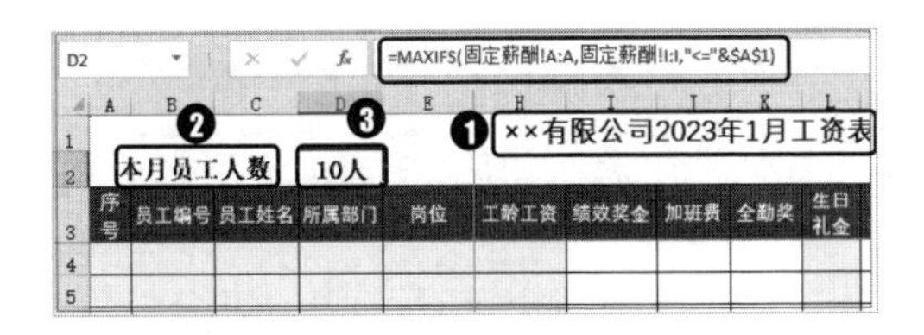

第2步 ❶在A4单元格中设置公式“=IF(ROW(A4) -3<=$D$2,ROW(A4)-3,0)”，运用IF函数判断“ROW (A4)-3”小于或等于D2单元格中的人数，即返回这个值，否则返回数字“0”，❷复制A4单元格公式并粘贴至A5:A13单元格区域中，即可返回全部序号。如下图所示（编辑栏中显示A13单元格公式）。

A13　=IF(ROW(A13)-3<=$D$2,ROW(A13)-3,0)

	A	B	C	D	E	H	I	J
1						××有限公司2023年		
2	本月员工人数			10人				
3	序号	员工编号	员工姓名	所属部门	岗位	工龄工资	绩效奖金	加班费
4	1 ❶							
5	2							
6	3							
7	4							
8	5 ❷							
9	6							
10	7							
11	8							
12	9							
13	10							
14			合计			-	-	-

2. 引用员工基础信息和固定工资数据

引用数据依然使用经典函数组合VLOOKUP+ MATCH设置公式即可。操作方法如下。

第1步 在B4单元格中设置公式“=VLOOKUP($A4,固定薪酬!$A:$M,MATCH($B3,固定薪酬!$2: $2,0),0)”，运用VLOOKUP函数在“固定薪酬”工作表A:M区域中查找与A4单元格中相同的序号，并返回n列中与之匹配的员工编号。其中，VLOOKUP函数的第3个参数运用MATCH函数在“固定薪酬”的2:2区域中自动定位C3单元格中字段名称的列数。如下图所示。

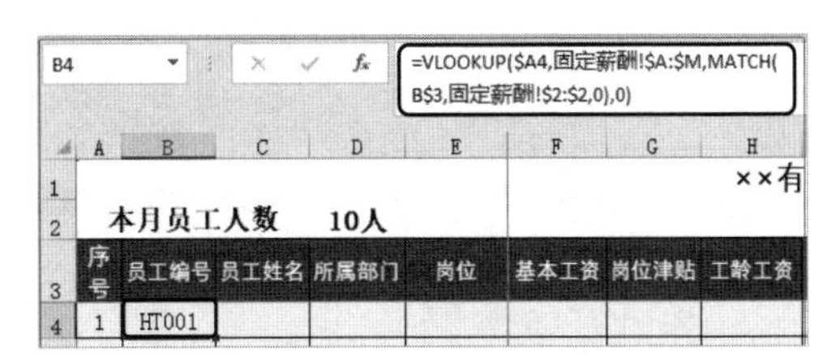

第2步 复制B4单元格公式并粘贴至B5:H13单元格区域和O4:O13单元格区域中，即可引用其他固定工资数据。如下图所示。

O13　=VLOOKUP($A13,固定薪酬!$A:$N,MATCH(O$3,固定薪酬!$2:$2,0),0)

××有

本月员工人数　10人

序号	员工编号	员工姓名	所属部门	岗位	基本工资	岗位津贴	工龄工资	代扣保险和住房公积金
1	HT001	李琳琳	销售部	销售总监	12000	1200	200	1800
2	HT002	陈锋	行政部	总经理	15000	1500	200	1776
3	HT003	赵熙西	销售部	销售经理	10000	1000	150	1350
4	HT004	周文韵	财务部	财务总监	10000	1000	150	1350
5	HT005	刘海	销售部	销售代表	7000	800	150	1085
6	HT006	郑安	市场部	市场主管	7000	800	150	1085
7	HT007	牛丽	财务部	财务主管	8000	850	150	1220
8	HT008	杨华	后勤部	后勤主管	8000	800	150	1220
9	HT009	朱文文	财务部	总账会计	7000	800	100	1085
10	HT010	方浩	销售部	销售代表	7000	800	50	1085
合计					91,000.00	9,550.00	1,450.00	13,056.00

3. 自动添加生日礼金

实际工作中，很多企业会为员工提供各种福利，如生日礼金。一般是在制作工作表时，为当月出生的员工额外增加一项“生日礼金”，并将金额包含在工资内一同支付。下面运用IF+ VLOOKUP函数组合设置公式，自动为当月出生的员工添加生日礼金100元。操作方法如下。

第1步 在L4单元格中设置公式“=IF(VLOOKUP($A4,固定薪酬!$A:$N,8,0)=MONTH($A$1),100,0)”，运用IF函数判断VLOOKUP表达式的结果是否与A1单元格中的日期所属月份相同，若是，即返回数字“100”，否则返回“-”。如下图所示。

L4　=IF(VLOOKUP($A4,固定薪酬!$A:$N,8,0)=MONTH($A$1),100,0)

有限公司2023年1月工资表

本月员工人数　10人

序号	员工编号	员工姓名	所属部门	岗位	绩效奖金	加班费	全勤奖	生日礼金	其他补贴
1	HT001	李琳琳	销售部	销售总监				-	
2	HT002	陈锋	行政部	总经理					
3	HT003	赵熙西	销售部	销售经理					
4	HT004	周文韵	财务部	财务总监					
5	HT005	刘海	销售部	销售代表					
6	HT006	郑安	市场部	市场主管					
7	HT007	牛丽	财务部	财务主管					
8	HT008	杨华	后勤部	后勤主管					
9	HT009	朱文文	财务部	总账会计					
10	HT010	方浩	销售部	销售代表					
合计					-	-	-	-	-

第2步 复制L4单元格公式并粘贴至L5:L13单元格区域中，即可根据A1单元格中的日期为生日在当月的员工自动添加100元。如下图所示。

L13　=IF(VLOOKUP($A13,固定薪酬!$A:$N,8,0)=MONTH($A$1),100,0)

有限公司2023年1月工资表

本月员工人数　10人

序号	员工编号	员工姓名	所属部门	岗位	绩效奖金	加班费	全勤奖	生日礼金	其他补贴
1	HT001	李琳琳	销售部	销售总监				-	
2	HT002	陈锋	行政部	总经理				100	
3	HT003	赵熙西	销售部	销售经理				100	
4	HT004	周文韵	财务部	财务总监				-	
5	HT005	刘海	销售部	销售代表				-	
6	HT006	郑安	市场部	市场主管				-	
7	HT007	牛丽	财务部	财务主管				-	
8	HT008	杨华	后勤部	后勤主管				-	
9	HT009	朱文文	财务部	总账会计				-	
10	HT010	方浩	销售部	销售代表				-	
合计					-	-	-	200.00	-

第3步 在A1单元格中输入其他月份中的日期，如“2023-2-28”，可看到L4:L13单元格区域中的数据动态变化效果。如下图所示。

A1　2023-2-28

本月员工人数　10人

序号	员工编号	员工姓名	所属部门	岗位	生日礼金	其他补贴	应发工资
1	HT001	李琳琳	销售部	销售总监	-		
2	HT002	陈锋	行政部	总经理	-		
3	HT003	赵熙西	销售部	销售经理	-		
4	HT004	周文韵	财务部	财务总监	-		
5	HT005	刘海	销售部	销售代表	-		
6	HT006	郑安	市场部	市场主管	-		
7	HT007	牛丽	财务部	财务主管	-		
8	HT008	杨华	后勤部	后勤主管	-		
9	HT009	朱文文	财务部	总账会计	100		
10	HT010	方浩	销售部	销售代表	-		
合计					100.00	-	-

4. 计算应发工资和实发工资

计算应发工资和实发工资非常简单，分别将各项工资求和，以及用应发各项工资的合计数减掉全部应扣数据即可。本例中，绩效奖金、加班费、全勤奖、其他补贴、考勤扣款、其他扣款等项目数据直接手动填入（实际工作中可另外制表计算后引用至工资表单中）。而个人所得税由于其本身计算较为复杂，本例将在9.2.3小节中单独制作辅助表进行计算，然后引用至工资表单【个人所得税】字段中。操作方法如下。

第1步 填入工资项目数据。如下图所示。

R11 | 50

	I	J	K	L	M	Q	R	S
1	有限公司2023年1月工资表							
2								
3	绩效奖金	加班费	全勤奖	生日礼金	其他补贴	考勤扣款	其他扣款	实发工资
4	1321.36	-	200	-	150	-		
5	1117.15	300	200	100	150	-	100	
6	951.67	-	-	100	150	30		
7	890.85	200	200	-	150	-		
8	935.38	-	-	-	150	20	30	
9	897.29	-	-	-	150	30		
10	988.55	120	-	-	150	20		
11	790.08	-	200	-	150	-	50	
12	773.62	240	-	-	150	30		
13	733.54	-	200	-	150	-		
14	9,399.49	860.00	1,000.00	200.00	[illegible]	[illegible]	180.00	-

第2步 ❶在N4单元格中设置公式“=ROUND(SUM(F4:M4),2)”，将F4:M4单元格中的数据求和，即为应发工资，❷复制N4单元格公式并粘贴至N5:N13单元格区域中即可得到其他员工的应发工资。如下图所示（编辑栏中显示N13单元格公式）。

N13 | =ROUND(SUM(F13:M13),2)

	A	B	C	D	E	K	L	M	N
1						年1月工资表			
2	本月员工人数			10人					
3	序号	员工编号	员工姓名	所属部门	岗位	全勤奖	生日礼金	其他补贴	应发工资
4	1	HT001	李琳琳	销售部	销售总监	200	-	❶	15071.36
5	2	HT002	陈锋	行政部	总经理	200	100	150	18567.15
6	3	HT003	赵熙西	销售部	销售经理	-	100	150	12351.67
7	4	HT004	周文韵	财务部	财务总监	200	-	150	12590.85
8	5	HT005	刘海	销售部	销售代表	-	-	150	9035.38
9	6	HT006	郑安	市场部	市场主管	-	-	❷	8997.29
10	7	HT007	牛丽	财务部	财务主管	-	-	150	10258.55
11	8	HT008	杨华	后勤部	后勤主管	200	-	150	10090.08
12	9	HT009	朱文文	财务部	总账会计	-	-	150	9063.62
13	10	HT010	方浩	销售部	销售代表	200	-	150	8933.54
14	合计					1,000.00	200.00	[illegible]	114,959.49

第3步 ❶在S4单元格中设置公式“=ROUND(N4-SUM(O4:R4),2)”，用N4单元格中应发工资减掉O4:R4单元格区域中数据的合计数，即可得到实发工资（暂未减个人所得税），❷复制S4单元格公式并粘贴至S5:S13单元格区域中即可。如下图所示（编辑栏中显示S13单元格公式）。

S13 | =ROUND(N13-SUM(O13:R13),2)

	A	B	C	N	O	P	Q	R	S
1									
2	本月员工人数								
3	序号	员工编号	员工姓名	应发工资	代扣保险和住房公积金	代扣个税	考勤扣款	其他扣款	实发工资
4	1	HT001	李琳琳	15071.36	1800		-	❶	13,271.36
5	2	HT002	陈锋	18567.15	1776		-	100	16,691.15
6	3	HT003	赵熙西	12351.67	1350		30		10,971.67
7	4	HT004	周文韵	12590.85	1350		-		11,240.85
8	5	HT005	刘海	9035.38	1085		20	30	7,900.38
9	6	HT006	郑安	8997.29	1085		30	❷	7,882.29
10	7	HT007	牛丽	10258.55	1220		20		9,018.55
11	8	HT008	杨华	10090.08	1220		-	50	8,820.08
12	9	HT009	朱文文	9063.62	1085		30		7,948.62
13	10	HT010	方浩	8933.54	1085		-		7,848.54
14	合计			114,959.49	13,056.00	-	[illegible]	180.00	101,593.49

9.2.3 制作个人所得税计算表单

目前我国个人所得税的征收方式是每月按累计数据预扣预缴，年度终了汇算清缴。企业作为扣缴义务人，在计算工资薪金时，应当同步计算个人所得税，并在发放工资前代为扣缴应纳税金后向税务机关申报缴纳。

个人所得税以当年1月至当月的累计应纳税所得额作为计税基础，按照7级超额累进税率标准，计算累计应纳税额后再减去前期已缴纳税额，即可计算得到当月应实际缴纳的税金。个人所得税的7级超额累进税率标准如下表所示。

个人所得税税率表
（综合所得适用）

级数	全年应纳税所得额	税率	速算扣除数
1	不超过36000元的部分	3%	0
2	超过36000元至144000元部分	10%	2520
3	超过144000元至300000元的部分	20%	16920
4	超过300000元至420000元的部分	25%	31920
5	超过420000元至660000元的部分	30%	52920
6	超过660000元至960000元的部分	35%	85920
7	超过960000元的部分	45%	181920

预扣预缴个人所得税的计算公式如下。

（1）每月预扣预缴个人所得税=全年应纳税所得额×适用税率-速算扣除数-累计已预缴税金。

（2）全年应纳税所得额=全年累计应税收入-全年累计扣除费用（每月扣除5000元）-全年累计附加扣除金额-其他累计扣除额。

其中，附加扣除金额包括企业为员工个人代扣代缴的保险费用和允许每月累计五项专项附加扣除（子女教育、继续教育、住房贷款利息或住房租金、赡养老人和3岁以下婴幼儿照护）。

下面按照上述标准和计算公式在工资表单中创建辅助表单，同步计算每月预扣预缴的个人所得税税金。

1. 设计个人所得税计算表单

由于计算个人所得税所涉及的项目较多，同时，其计税基础是当月工资收入总额扣除代扣代缴的保险、每月5000元费用及专项附加扣除后余额，因此最简便的方法是在每月工资表单中创建辅助表单计算个人所得税，再将应缴税金引用至工资表单中。

如下图所示，本例已预先在“2023年1月工资”工作表工资表单右侧绘制个人所得税计算表，并预先在部分字段中填入数据，包括【其他应税收入】（指不定期发放的现金福利或礼品的现金价值）、【前期累计应税收入】（1月均为0）、【每月专项附加扣除】（一个自然年度内不得变更）和【前期累计已缴税金】（1月均为0）。其他灰色背景字段均设置公式自动计算。

Y13 | 0

	U	V	W	X	Y	Z
2						
3	其他应税收入	前期累计应收入	本月累计应税收入	本月累计保险和公积金	每月专项附加扣除	本月累计专项附加扣除
4	200.00	-			1,000.00	
5	200.00	-			500.00	
6	200.00	-			500.00	
7	200.00	-			-	
8	200.00	-			-	
9	200.00	-			-	
10	200.00	-			500.00	
11	200.00	-			-	
12	200.00	-			600.00	
13	200.00	-			-	
14	2,000.00	-	-	-	3,100.00	-

AF13 | fx | 0

	AA	AB	AC	AD	AE	AF	AG
2							
3	本月累计扣除费用	本月累计应纳税所得额	税率	速算扣除数	本月累计应缴税金	前期累计已缴税金	本月应补缴税金
4						-	
5						-	
6						-	
7						-	
8						-	
9						-	
10						-	
11						-	
12						-	
13						-	
14	-	-	-	-	-	-	-

2. 计算累计收入和累计扣除数据

计算累计收入非常简单，将本月应税收入与前期累计应税收入相加即可。而累计扣除数据则更为简便，只需按月数计算即可。操作方法如下。

第1步 ❶在U1单元格中输入公式“=A1”，直接引用A1单元格中的日期，并将单元格格式自定义为“yyyy年m月个人所得税计算表”，❷在W4单元格中设置公式“=ROUND(N4-O4+V4,2)”，计算“本月累计应税收入”数据，❸在X4单元格中设置公式“=MONTH($U$1)*O4”，用U1单元格中日期所属月份数乘以O4单元格中的“代扣保险和住房公积金”数据，计算累计扣除金额。如下图所示（编辑栏中显示X4单元格公式）。

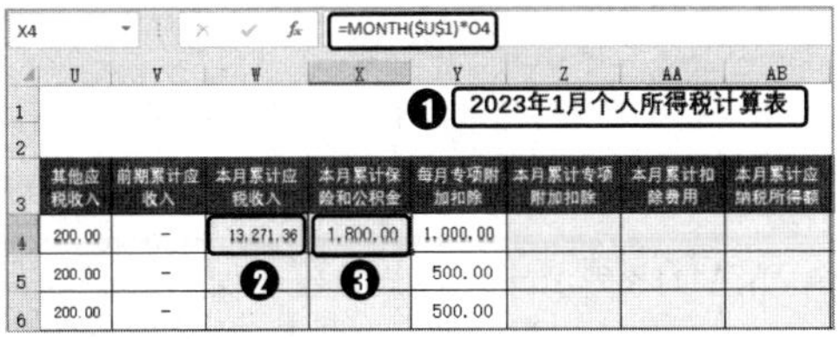

X4 | fx | =MONTH($U$1)*O4

	U	V	W	X	Y	Z	AA	AB
1					❶ 2023年1月个人所得税计算表			
2								
3	其他应税收入	前期累计应收入	本月累计应税收入	本月累计保险和公积金	每月专项附加扣除	本月累计专项附加扣除	本月累计扣除费用	本月累计应纳税所得额
4	200.00	-	13,271.36	1,800.00	1,000.00			
5	200.00	-	❷	❸	500.00			
6	200.00	-			500.00			

第2步 复制W4:X4单元格区域公式并粘贴至W5:X13单元格区域中。如下图所示。

X13 | fx | =MONTH($U$1)*O13

	U	V	W	X	Y	Z
1						2023年1月个人
2						
3	其他应税收入	前期累计应收入	本月累计应税收入	本月累计保险和公积金	每月专项附加扣除	本月累计专项附加扣除
4	200.00	-	13,271.36	1,800.00	1,000.00	
5	200.00	-	16,791.15	1,776.00	500.00	
6	200.00	-	11,001.67	1,350.00	500.00	
7	200.00	-	11,240.85	1,350.00	-	
8	200.00	-	7,950.38	1,085.00	-	
9	200.00	-	7,912.29	1,085.00	-	
10	200.00	-	9,038.55	1,220.00	500.00	
11	200.00	-	8,870.08	1,220.00	-	
12	200.00	-	7,978.62	1,085.00	600.00	
13	200.00	-	7,848.54	1,085.00	-	
14	[illegible]	-	101,903.49	13,056.00	3,100.00	-

第3步 ❶ 在Z4单元格中设置公式“=MONTH($U$1)*Y4”，用U1单元格中的月份数乘以Y4单元格中的“每月专项附加扣除”金额，计算得到“本月累计专项附加扣除”金额，❷在AA4单元格中设置公式“=MONTH($U$1)*5000”，用U1单元格中的月份数乘以每月费用5000，计算得到“本月累计扣除费用”金额，❸复制Z4:AA4单元格区域公式并粘贴至Z5:AA13单元格区域中。如下图所示（编辑栏中显示AA13单元格公式。

AA13 | fx | =MONTH($A$1)*5000

	U	V	W	X	Y	Z	AA
1						2023年1月个人所得税计算表	
2							
3	其他应税收入	前期累计应收入	本月累计应税收入	本月累计保险和公积金	每月专项附加扣除	本月累计专项附加扣除	本月累计扣除费用
4	200.00	-	13,271.36	1,800.00	1,000 ❶	1,000.00	5,000.00 ❷
5	200.00	-	16,791.15	1,776.00	500.00	500.00	5,000.00
6	200.00	-	11,001.67	1,350.00	500.00	500.00	5,000.00
7	200.00	-	11,240.85	1,350.00	-	-	5,000.00
8	200.00	-	7,950.38	1,085.00	-	-	5,000.00 ❸
9	200.00	-	7,912.29	1,085.00	-	-	5,000.00
10	200.00	-	9,038.55	1,220.00	500.00	500.00	5,000.00
11	200.00	-	8,870.08	1,220.00	-	-	5,000.00
12	200.00	-	7,978.62	1,085.00	600.00	600.00	5,000.00
13	200.00	-	7,848.54	1,085.00	-	-	5,000.00
14	[illegible]	-	101,903.49	13,056.00	3,100.00	3,100.00	50,000.00

3. 计算个人所得税税金

计算个人所得税税金最重要的数据是累计应纳税所得额、税率和速算扣除数，只要将这3个数据计算准确，那么个人所得税税金的计算就非常简单。操作方法如下。

第1步 ❶在AB4单元格中设置公式“=IF(W4-SUM(X4,Z4:AA4)>0,W4-SUM(X4,Z4:AA4),0)”，运用IF函数判断表达式“W4-SUM(X4,Z4:AA4)”的值大于0时，即返回这个值，否则返回数字“0”。其中，表达式“W4-SUM(X4,Z4:AA4)”的作用正是计算累计应纳税所得额，即用W4单元格中的“本月累计应税收入”金额减X4、Z4和AA4单元格中可扣除项目的合计数，❷复制AB4单元格公式并粘贴至AB5:AB13单元格区域中，即可计算得到全部员工的“本月累计应纳税所得额”数据。如下图所示（编辑栏中显示AB4单元格公式）。

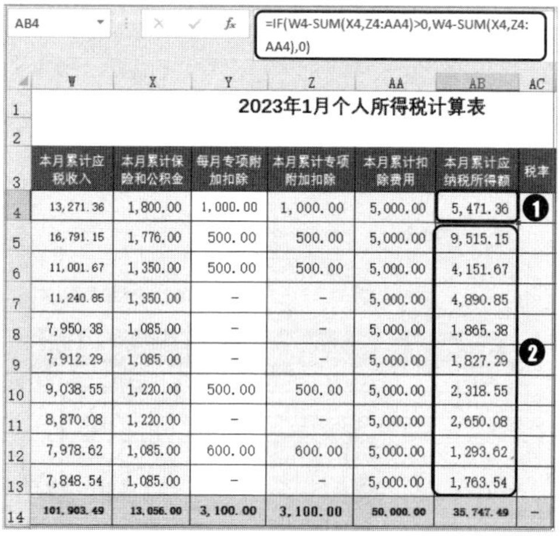

AB4　=IF(W4-SUM(X4,Z4:AA4)>0,W4-SUM(X4,Z4:AA4),0)

2023年1月个人所得税计算表

	W	X	Y	Z	AA	AB	AC
3	本月累计应税收入	本月累计保险和公积金	每月专项附加扣除	本月累计专项附加扣除	本月累计扣除费用	本月累计应纳税所得额	税率
4	13,271.36	1,800.00	1,000.00	1,000.00	5,000.00	5,471.36 ❶	
5	16,791.15	1,776.00	500.00	500.00	5,000.00	9,515.15	
6	11,001.67	1,350.00	500.00	500.00	5,000.00	4,151.67	
7	11,240.85	1,350.00	-	-	5,000.00	4,890.85	
8	7,950.38	1,085.00	-	-	5,000.00	1,865.38	
9	7,912.29	1,085.00	-	-	5,000.00	1,827.29 ❷	
10	9,038.55	1,220.00	500.00	500.00	5,000.00	2,318.55	
11	8,870.08	1,220.00	-	-	5,000.00	2,650.08	
12	7,978.62	1,085.00	600.00	600.00	5,000.00	1,293.62	
13	7,848.54	1,085.00	-	-	5,000.00	1,763.54	
14	101,903.49	13,056.00	3,100.00	3,100.00	50,000.00	35,747.49	-

第2步 ❶在AC4单元格中设置公式“=IF(AB4=0,0,LOOKUP(AB4,{0,36000.01,144000.01,300000.01,420000.01,660000.01,960000.01},{0.03, 0.1,0.2,0.25,0.3,0.35,0.45}))”，运用IF函数判断AB4单元格中“本月累计应纳税所得额”为0时，即返回数字“0”，否则运用LOOKUP函数根据AB4单元格中的数字在第1个数组中查找其所在的数字区间并返回第2个数组中与之匹配的税率，❷复制AC4单元格公式并粘贴至AC5:AC13单元格区域中即可。如下图所示（编辑栏中显示AC13单元格公式）。

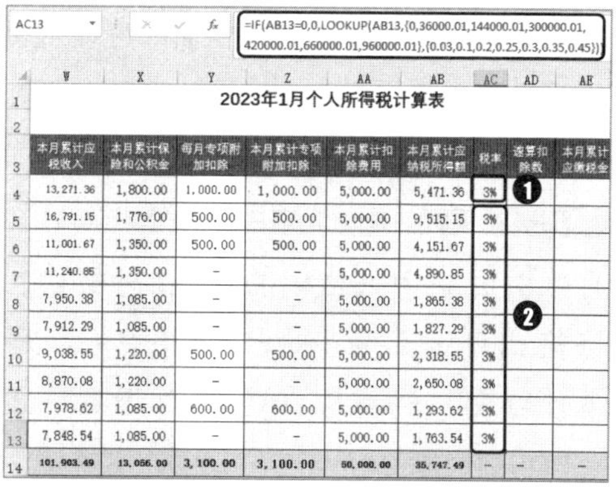

AC13　=IF(AB13=0,0,LOOKUP(AB13,{0,36000.01,144000.01,300000.01,420000.01,660000.01,960000.01},{0.03,0.1,0.2,0.25,0.3,0.35,0.45}))

2023年1月个人所得税计算表

	W	X	Y	Z	AA	AB	AC	AD	AE
3	本月累计应税收入	本月累计保险和公积金	每月专项附加扣除	本月累计专项附加扣除	本月累计扣除费用	本月累计应纳税所得额	税率	速算扣除数	本月累计应缴税金
4	13,271.36	1,800.00	1,000.00	1,000.00	5,000.00	5,471.36	3% ❶		
5	16,791.15	1,776.00	500.00	500.00	5,000.00	9,515.15	3%		
6	11,001.67	1,350.00	500.00	500.00	5,000.00	4,151.67	3%		
7	11,240.85	1,350.00	-	-	5,000.00	4,890.85	3%		
8	7,950.38	1,085.00	-	-	5,000.00	1,865.38	3%		
9	7,912.29	1,085.00	-	-	5,000.00	1,827.29	3% ❷		
10	9,038.55	1,220.00	500.00	500.00	5,000.00	2,318.55	3%		
11	8,870.08	1,220.00	-	-	5,000.00	2,650.08	3%		
12	7,978.62	1,085.00	600.00	600.00	5,000.00	1,293.62	3%		
13	7,848.54	1,085.00	-	-	5,000.00	1,763.54	3%		
14	101,903.49	13,056.00	3,100.00	3,100.00	50,000.00	35,747.49	-	-	-

第3步 ❶在AD4单元格中设置公式“=IF(AC4=0,0,LOOKUP(AC4,{0.03,0.1,0.2,0.25,0.3, 0.35,0.45}, {0,2520,16920,31920,52920,85920,181920}))”，运用IF函数判断AC4单元格中的税率为0时，即返回0，否则运用LOOKUP函数根据AB4单元格中的数字在第1个数组中查找其所在的数字区间并返回第2个数组中与之匹配的速算扣除数，❷复制AD4单元格公式并粘贴至AD5:AD13单元格区域即可。如下图所示（编辑栏中显示AD13单元格公式）。

AD13　=IF(AC13=0,0,LOOKUP(AC13,{0.03,0.1,0.2,0.25,0.3,0.35,0.45},{0,2520,16920,31920,52920,85920,181920}))

	W	X	Y	Z	AA	AB	AC	AD	AE
1	2023年1月个人所得税计算表								
2									
3	本月累计应税收入	本月累计保险和公积金	每月专项附加扣除	本月累计专项附加扣除	本月累计扣除费用	本月累计应纳税所得额	税率	速算扣除数	本月累计应缴税金
4	13,271.36	1,800.00	1,000.00	1,000.00	5,000.00	5,471.36	3%	- ❶	
5	16,791.15	1,776.00	500.00	500.00	5,000.00	9,515.15	3%	-	
6	11,001.67	1,350.00	500.00	500.00	5,000.00	4,151.67	3%	-	
7	11,240.85	1,350.00	-	-	5,000.00	4,890.85	3%	-	
8	7,950.38	1,085.00	-	-	5,000.00	1,865.38	3%	- ❷	
9	7,912.29	1,085.00	-	-	5,000.00	1,827.29	3%	-	
10	9,038.55	1,220.00	500.00	500.00	5,000.00	2,318.55	3%	-	
11	8,870.08	1,220.00	-	-	5,000.00	2,650.08	3%	-	
12	7,978.62	1,085.00	600.00	600.00	5,000.00	1,293.62	3%	-	
13	7,848.54	1,085.00	-	-	5,000.00	1,763.54	3%	-	
14	101,903.49	13,056.00	3,100.00	3,100.00	50,000.00	35,747.49	-	-	-

第4步 ❶在AE4单元格中设置公式“=ROUND (AB4*AC4-AD4,2)”，用AB4和AC4单元格中的乘积减AD4单元格中的速算扣除数，即可计算得到“本月累计应缴税金”数据，❷复制AE4单元格公式并粘贴至AE5:AE13单元格区域中即可。如下图所示（编辑栏中显示AE13单元格公式）。

AE13　=ROUND(AB13*AC13-AD13,2)

	W	X	Y	Z	AA	AB	AC	AD	AE
1	2023年1月个人所得税计算表								
2									
3	本月累计应税收入	本月累计保险和公积金	每月专项附加扣除	本月累计专项附加扣除	本月累计扣除费用	本月累计应纳税所得额	税率	速算扣除数	本月累计应缴税金
4	13,271.36	1,800.00	1,000.00	1,000.00	5,000.00	5,471.36	3%	❶	164.14
5	16,791.15	1,776.00	500.00	500.00	5,000.00	9,515.15	3%	-	285.45
6	11,001.67	1,350.00	500.00	500.00	5,000.00	4,151.67	3%	-	124.55
7	11,240.85	1,350.00	-	-	5,000.00	4,890.85	3%	-	146.73
8	7,950.38	1,085.00	-	-	5,000.00	1,865.38	3%	❷	55.96
9	7,912.29	1,085.00	-	-	5,000.00	1,827.29	3%	-	54.82
10	9,038.55	1,220.00	500.00	500.00	5,000.00	2,318.55	3%	-	69.56
11	8,870.08	1,220.00	-	-	5,000.00	2,650.08	3%	-	79.50
12	7,978.62	1,085.00	600.00	600.00	5,000.00	1,293.62	3%	-	38.81
13	7,848.54	1,085.00	-	-	5,000.00	1,763.54	3%	-	52.91
14	101,903.49	13,056.00	3,100.00	3,100.00	50,000.00	35,747.49	-	-	1,072.43

第5步 ❶在AG4单元格中设置公式“=ROUND(AE4-AF4,2)”，用AE4单元格中的“本月累计应缴税金”数据减AF4单元格中的“前期累计已缴税金”数据，即可计算得到“本月应补缴税金”数据，❷复制AG4单元格公式并粘贴至AG5:AG13单元格区域中即可。如下图所示（编辑栏中显示AG13单元格公式）。

AG13　=ROUND(AE13-AF13,2)

	Z	AA	AB	AC	AD	AE	AF	AG
1	3年1月个人所得税计算表							
2								
3	本月累计专项附加扣除	本月累计扣除费用	本月累计应纳税所得额	税率	速算扣除数	本月累计应缴税金	前期累计已缴税金	本月应补缴税金
4	1,000.00	5,000.00	5,471.36	3%	-	164.14	❶	164.14
5	500.00	5,000.00	9,515.15	3%	-	285.45	-	285.45
6	500.00	5,000.00	4,151.67	3%	-	124.55	-	124.55
7	-	5,000.00	4,890.85	3%	-	146.73	-	146.73
8	-	5,000.00	1,865.38	3%	-	55.96	- ❷	55.96
9	-	5,000.00	1,827.29	3%	-	54.82	-	54.82
10	500.00	5,000.00	2,318.55	3%	-	69.56	-	69.56
11	-	5,000.00	2,650.08	3%	-	79.50	-	79.50
12	600.00	5,000.00	1,293.62	3%	-	38.81	-	38.81
13	-	5,000.00	1,763.54	3%	-	52.91	-	52.91
14	3,100.00	50,000.00	35,747.49	-	-	1,072.43	-	1,072.43

第6步 ❶在P4单元格中设置公式“=AG4”，直接引用AG4单元格中的“本月应补缴税金”数据，❷复制P4单元格公式并粘贴至P5:P13单元格区域中即可。如下图所示（编辑栏中显示P13单元格公式）。

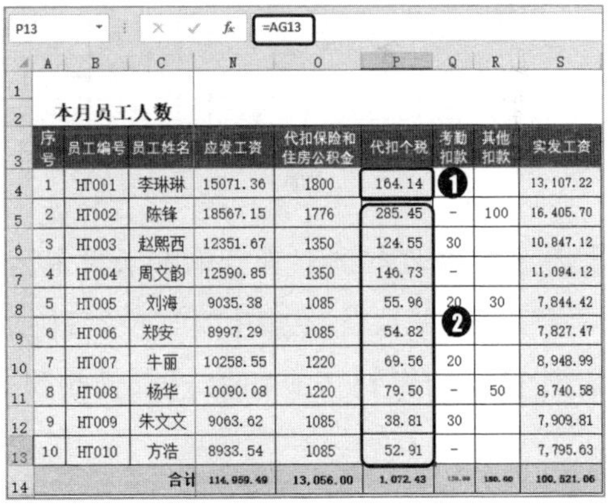

P13　=AG13

	A	B	C	N	O	P	Q	R	S
1									
2	本月员工人数								
3	序号	员工编号	员工姓名	应发工资	代扣保险和住房公积金	代扣个税	考勤扣款	其他扣款	实发工资
4	1	HT001	李琳琳	15071.36	1800	164.14	❶		13,107.22
5	2	HT002	陈锋	18567.15	1776	285.45	-	100	16,405.70
6	3	HT003	赵熙西	12351.67	1350	124.55	30		10,847.12
7	4	HT004	周文韵	12590.85	1350	146.73	-		11,094.12
8	5	HT005	刘海	9035.38	1085	55.96	20	30	7,844.42
9	6	HT006	郑安	8997.29	1085	54.82	❷		7,827.47
10	7	HT007	牛丽	10258.55	1220	69.56	20		8,948.99
11	8	HT008	杨华	10090.08	1220	79.50	-	50	8,740.58
12	9	HT009	朱文文	9063.62	1085	38.81	30		7,909.81
13	10	HT010	方浩	8933.54	1085	52.91	-		7,795.63
14			合计	114,959.49	13,056.00	1,072.43	[illegible]	180.00	100,521.06

9.2.4 快速生成其他月份工资表单数据

月度工资计算表单制作完成后，在计算后面月份的工资时，即可复制粘贴使用。

生成新的工资表单后，只需修改日期、部分未设置公式的工资项目数据，并复制粘贴（或设置公式引用）上月工资表单内个人所得税项目中的“前期累计应税收入”和“前期累计已缴税金”数据，即可快速完成工资计算工作。

第1步 ❶在“工资管理表单”工作簿中新建一张工作表，将其重命名为“2023年2月工资”，❷将“2023年1月工资”工作表整张复制粘贴至“2023年2月工资”工作表中，将A1单元格中的日期修改为“2023-2-28”，如下图所示。

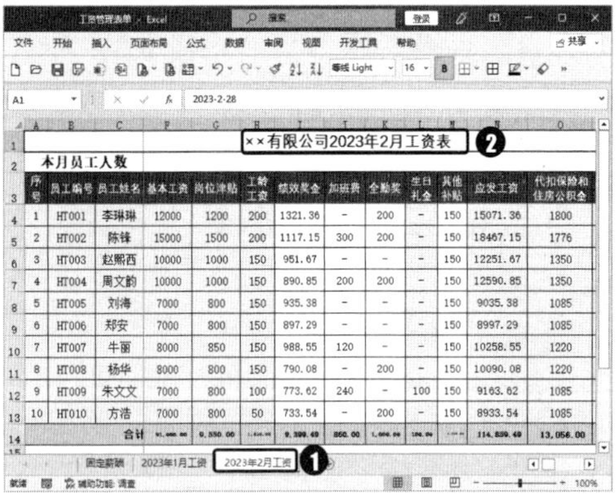

A1 2023-2-28

××有限公司2023年2月工资表 ❷

本月员工人数

序号	员工编号	员工姓名	基本工资	岗位津贴	工龄工资	绩效奖金	加班费	全勤奖	生日礼金	其他补贴	应发工资	代扣保险和住房公积金
1	HT001	李琳琳	12000	1200	200	1321.36	-	200	-	150	15071.36	1800
2	HT002	陈锋	15000	1500	200	1117.15	300	200	-	150	18467.15	1776
3	HT003	赵熙西	10000	1000	150	951.67	-	-	-	150	12251.67	1350
4	HT004	周文韵	10000	1000	150	890.85	200	200	-	150	12590.85	1350
5	HT005	刘海	7000	800	150	935.38	-	-	-	150	9035.38	1085
6	HT006	郑安	7000	800	150	897.29	-	-	-	150	8997.29	1085
7	HT007	牛丽	8000	850	150	988.55	120	-	-	150	10258.55	1220
8	HT008	杨华	8000	800	150	790.08	-	200	-	150	10090.08	1220
9	HT009	朱文文	7000	800	100	773.62	240	-	100	150	9163.62	1085
10	HT010	方浩	7000	800	50	733.54	-	200	-	150	8933.54	1085
		合计	[illegible]	9,550.00	[illegible]	9,399.49	860.00	[illegible]	[illegible]	[illegible]	114,839.49	13,056.00

固定薪酬　2023年1月工资　2023年2月工资 ❶

第2步 修改本例工资表单中未设置公式的字段中的数据，包括【绩效奖金】【加班费】【全勤奖】【考勤扣款】【其他扣款】【其他应税收入】字段。如下图所示。

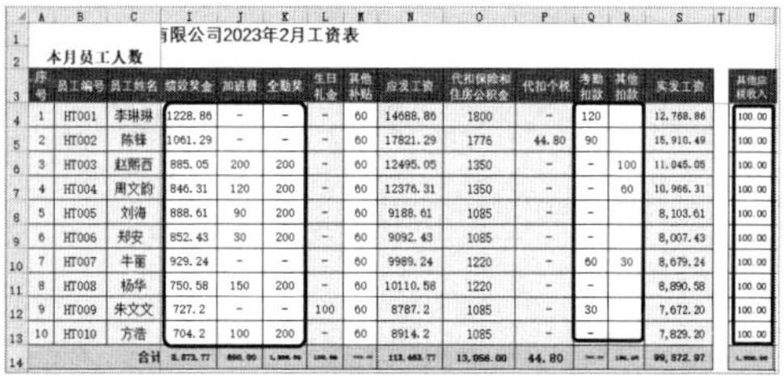

有限公司2023年2月工资表

本月员工人数

序号	员工编号	员工姓名	绩效奖金	加班费	全勤奖	生日礼金	其他补贴	应发工资	代扣保险和住房公积金	代扣个税	考勤扣款	其他扣款	实发工资	其他应税收入
1	HT001	李琳琳	1228.86	-	-	-	60	14688.86	1800	-	120		12,768.86	100.00
2	HT002	陈锋	1061.29	-	-	-	60	17821.29	1776	44.80	90		15,910.49	100.00
3	HT003	赵熙西	885.05	200	200	-	60	12495.05	1350	-	-	100	11,045.05	100.00
4	HT004	周文韵	846.31	120	200	-	60	12376.31	1350	-	-	60	10,966.31	100.00
5	HT005	刘海	888.61	90	200	-	60	9188.61	1085	-	-		8,103.61	100.00
6	HT006	郑安	852.43	30	200	-	60	9092.43	1085	-	-		8,007.43	100.00
7	HT007	牛丽	929.24	-	-	-	60	9989.24	1220	-	60	30	8,679.24	100.00
8	HT008	杨华	750.58	150	200	-	60	10110.58	1220	-	-		8,890.58	100.00
9	HT009	朱文文	727.2	-	-	100	60	8787.2	1085	-	30		7,672.20	100.00
10	HT010	方浩	704.2	100	200	-	60	8914.2	1085	-	-		7,829.20	100.00
		合计	8,873.77	[illegible]	[illegible]	[illegible]	[illegible]	113,463.77	13,056.00	44.80	[illegible]	[illegible]	99,872.97	[illegible]

第3步 ❶复制“2023年1月工资”工作表W4: W13单元格区域（【本月累计应税收入】字段）并选择性粘贴数值至“2023年2月工资”工作表V4:V13单元格区域中（【前期累计应税收入】字段），❷参照第❶步复制粘贴1月应缴个人所得税金至“2023年2月工资”工作表AF4:AF13单元格区域中（【前期累计已缴税金】字段），即可完成2月工资计算工作。如下图所示。

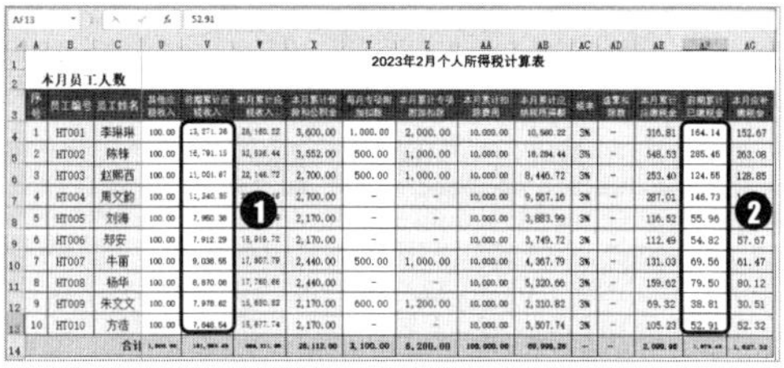

AF13 52.91

2023年2月个人所得税计算表

本月员工人数

序号	员工编号	员工姓名	其他应税收入	前期累计应税收入	本月累计应税收入	本月累计保险和公积金	每月专项附加扣除	本月累计专项附加扣除	本月累计扣除费用	本月累计应纳税所得额	税率	速算扣除数	本月累计应缴税金	前期累计已缴税金	本月应补缴税金
1	HT001	李琳琳	100.00	13,271.36	28,160.22	3,600.00	1,000.00	2,000.00	10,000.00	10,560.22	3%	-	316.81	164.14	152.67
2	HT002	陈锋	100.00	16,791.15	32,536.44	3,552.00	500.00	1,000.00	10,000.00	18,284.44	3%	-	548.53	285.45	263.08
3	HT003	赵熙西	100.00	11,001.67	22,146.72	2,700.00	500.00	1,000.00	10,000.00	8,446.72	3%	-	253.40	124.55	128.85
4	HT004	周文韵	100.00	11,340.85	[illegible]	2,700.00	-	-	10,000.00	9,567.16	3%	-	287.01	146.73	[illegible]
5	HT005	刘海	100.00	7,950.38	[illegible]	2,170.00	-	-	10,000.00	3,883.99	3%	-	116.52	55.96	[illegible]
6	HT006	郑安	100.00	7,912.29	15,919.72	2,170.00	-	-	10,000.00	3,749.72	3%	-	112.49	54.82	57.67
7	HT007	牛丽	100.00	9,038.55	17,807.79	2,440.00	500.00	1,000.00	10,000.00	4,367.79	3%	-	131.03	69.56	61.47
8	HT008	杨华	100.00	8,870.08	17,760.66	2,440.00	-	-	10,000.00	5,320.66	3%	-	159.62	79.50	80.12
9	HT009	朱文文	100.00	7,978.62	15,680.82	2,170.00	600.00	1,200.00	10,000.00	2,310.82	3%	-	69.32	38.81	30.51
10	HT010	方浩	100.00	7,848.54	15,677.74	2,170.00	-	-	10,000.00	3,507.74	3%	-	105.23	52.91	52.32
		合计	[illegible]	[illegible]	[illegible]	25,112.00	3,100.00	6,200.00	100,000.00	[illegible]	--	--	[illegible]	[illegible]	[illegible]

示例结果见“结果文件\第9章\工资管理表单.xlsx”文件。

AI智能答疑与技巧点拨

本章结合财务实操内容，讲解了如何运用Excel制作工资管理表单。下面利用AI工具“ChatGPT”“文心一言”的学习引导，并结合本章主题内容及实际工作中运用Excel时的常见问题，介绍两个实用技巧——制作个人工资查询表单和工资条。其中，个人工资查询表单中按照指定员工编号查询其个人的全年工资数据。而工资条则按照指定月份动态查询当月员工的工资数据，表单样式设置为可单独发送给每位员工的小型表格（工资条）。

01 制作个人工资查询表单

个人工资查询表单的作用是根据指定的员工编号查找引用员工相关信息及全年每月的工资数据并进行汇总。下面看看AI工具“文心一言”可以给我们提供哪些方法。

提问： Excel中有哪些方法可以快速查询个人工资数据?

文心一言

在Excel中，有几种方法可以快速查询个人工资数据。

（1）使用公式函数：如果工资数据是存储在一个或多个工作表中，并且每个工作表的表头都是相同的，那么可以使用VLOOKUP函数来查找特定员工的工资数据。VLOOKUP函数可以在一个区域中查找特定的值，并返回同一行的其他列的值。通过使用VLOOKUP函数，可以在不同的工作表之间快速查找和匹配员工的工资数据。

（2）使用数据透视表：数据透视表是一种用于数据分析和汇总的工具，它可以对数据进行排序、筛选和分组，以及计算各种统计指标。通过创建数据透视表，可以根据需要快速查询和比较不同员工的工资数据。在数据透视表中，可以将员工姓名或员工编号作为行标签，将工资数据作为值进行汇总和分析。

（3）使用监视点功能：Excel中的监视点功能可以用于跟踪和监视单元格中的值的变化。通过在公式标签面板中设置监视点，可以快速跟踪和监视特定单元格中的工资数据的变化。当单元格中的值发生变化时，监视点会自动更新并显示新的值。

（4）使用筛选器：如果工资数据是存储在一个或多个工作表中，那么可以使用筛选器来快速查找和比较特定员工的工资数据。在Excel中，每个工作簿都有一个筛选器，可以用于筛选和查找数据。通过使用筛选器，可以根据需要快速查找和比较不同员工的工资数据。

需要注意的是，为了确保能够快速查询个人工资数据，需要将工资数据存储在同一个工作簿中的不同工作表上，并使用相同的表头和列名。同时，需要确保每个工作表的名称是唯一的，以便能够快速识别和查找每个工作表中的数据。

文心一言提供了4种快速查询个人工资数据的方法，下面展示第1种方法，运用VLOOKUP嵌套INDIRECT与MATCH函数设置公式来实现自动查询。操作方法如下。

第1步 ❶打开“素材文件\第9章\工资管理表单1.xlsx”文件，新建一张工作表，将其重命名为“个人工资查询表”，❷绘制查询表单框架，并设置好字段名称，填入基础数据。注意工资项目字段名称必须与工资表完全相同（可直接复制粘贴工资表中的字段名称）。如下图所示。

第2步 在B2单元格中创建下拉列表，将其序列来源设置为公式“=OFFSET(固定薪酬!$B$1,2,,COUNTA(固定薪酬!$B:$B)-1)”，运用OFFSET函数以“固定薪酬”工作表中B1单元格为起点，向下偏移2行，向右偏移0列，运用COUNTA函数统计B:B区域(【员工编号】字段)中文本数量，并减掉B1和B2单元格中的2个文本。【数据验证】对话框设置内容如下图所示。

第3步 ❶在B2单元格中选择任意一个员工编号，如“HT006”，❷在D2单元格中设置公式“=VLOOKUP($B2,固定薪酬!$B:$N,MATCH(C2,固定薪酬!2:2,0)-1,0)”，运用VLOOKUP函数在“固定薪酬”工作表B:N区域中查找与B2单元格中相同的员工编号，并返回*n*列中与之匹配的员工姓名。其中，VLOOKUP函数的第3个参数运用MATCH函数定位C2单元格中的字段名称在“固定薪酬”工作表2:2区域中的列数，并减掉A列所占用的1列，❸复制D2单元格并选择性粘贴公式至F2、I2与L2单元格中。如下图示（编辑栏中分别显示F2与L2单元格公式）。

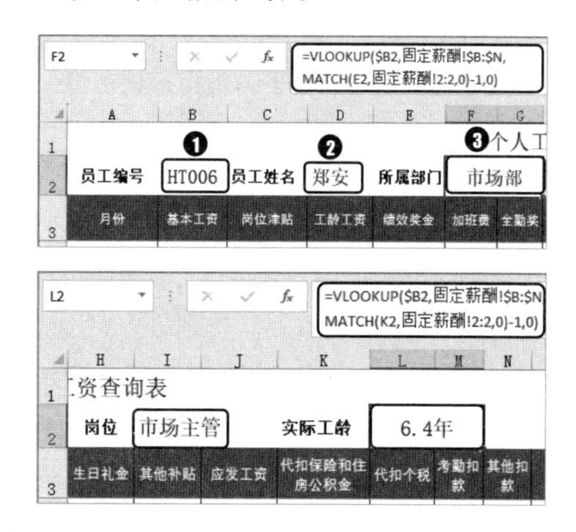

第4步 在B4单元格中设置公式“=IFERROR(VLOOKUP($B$2,INDIRECT($A4&"!$B:$S"),MATCH(B$3,INDIRECT($A4&"!$3:$3"),0)-1,0),"-")”，运用VLOOKUP函数在指定工作表的B:S区域查找与B2单元格中相同的员工编号，并返回*n*列中与之匹配的数据。其中，VLOOKUP函数的第2个参数运用INDIRECT引用A4单元格中的文本与固定文本“!$B:$S”组合而成的查找区域。第3个参数运用MATCH函数定位B3单元格在指定工作表中的3:3区域中的列数，并减掉A列所占用的1列。如下图所示。

B4 | =IFERROR(VLOOKUP($B$2,INDIRECT($A4&"!$B:$S"),MATCH(B$3,INDIRECT($A4&"!$3:$3"),0)-1,0),"-")

	A	B	C	D	E	F	G	H	I
1	个人工资查询表								
2	员工编号	HT006	员工姓名	郑安	所属部门	市场部		岗位	市场
3	月份	基本工资	岗位津贴	工龄工资	绩效奖金	加班费	全勤奖	生日礼金	其他
4	2023年1月工资	7,000.00							
5	2023年2月工资								

第5步 复制B4单元格并选择性粘贴公式至B4:O15单元格区域中，即可查询该名员工全部工资数据。如下图所示。

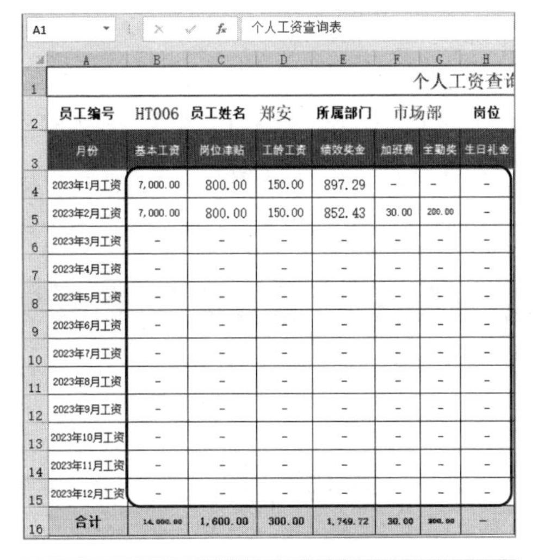

A1 | 个人工资查询表

	A	B	C	D	E	F	G	H
1	个人工资查询							
2	员工编号	HT006	员工姓名	郑安	所属部门	市场部		岗位
3	月份	基本工资	岗位津贴	工龄工资	绩效奖金	加班费	全勤奖	生日礼金
4	2023年1月工资	7,000.00	800.00	150.00	897.29	-	-	-
5	2023年2月工资	7,000.00	800.00	150.00	852.43	30.00	200.00	-
6	2023年3月工资	-	-	-	-	-	-	-
7	2023年4月工资	-	-	-	-	-	-	-
8	2023年5月工资	-	-	-	-	-	-	-
9	2023年6月工资	-	-	-	-	-	-	-
10	2023年7月工资	-	-	-	-	-	-	-
11	2023年8月工资	-	-	-	-	-	-	-
12	2023年9月工资	-	-	-	-	-	-	-
13	2023年10月工资	-	-	-	-	-	-	-
14	2023年11月工资	-	-	-	-	-	-	-
15	2023年12月工资	-	-	-	-	-	-	-
16	合计	14,000.00	1,600.00	300.00	1,749.72	30.00	200.00	-

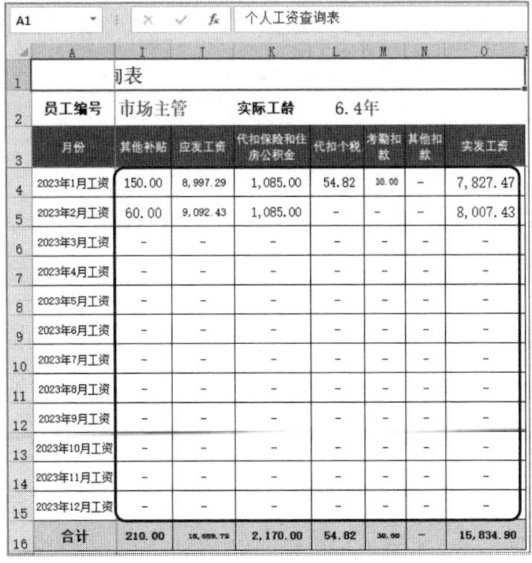

A1 | 个人工资查询表

	A	I	J	K	L	M	N	O
1	询表							
2	员工编号	市场主管		实际工龄	6.4年			
3	月份	其他补贴	应发工资	代扣保险和住房公积金	代扣个税	考勤扣款	其他扣款	实发工资
4	2023年1月工资	150.00	8,997.29	1,085.00	54.82	30.00	-	7,827.47
5	2023年2月工资	60.00	9,092.43	1,085.00	-	-	-	8,007.43
6	2023年3月工资	-	-	-	-	-	-	-
7	2023年4月工资	-	-	-	-	-	-	-
8	2023年5月工资	-	-	-	-	-	-	-
9	2023年6月工资	-	-	-	-	-	-	-
10	2023年7月工资	-	-	-	-	-	-	-
11	2023年8月工资	-	-	-	-	-	-	-
12	2023年9月工资	-	-	-	-	-	-	-
13	2023年10月工资	-	-	-	-	-	-	-
14	2023年11月工资	-	-	-	-	-	-	-
15	2023年12月工资	-	-	-	-	-	-	-
16	合计	210.00	18,089.72	2,170.00	54.82	30.00	-	15,834.90

第6步 在B2单元格下拉列表中选择其他员工编号，如“HT008”，可看到员工信息及工资数据变化效果。如下图所示。

B2 | HT008

	A	B	C	D	E	F	G	H	I	J	K	L	M	N	O
1	个人工资查询表														
2	员工编号	HT008	员工姓名	杨华	所属部门	后勤部		岗位	后勤主管		实际工龄	5.4年			
3	月份	基本工资	岗位津贴	工龄工资	绩效奖金	加班费	全勤奖	生日礼金	其他补贴	应发工资	代扣保险和住房公积金	代扣个税	考勤扣款	其他扣款	实发工资
4	2023年1月工资	8,000.00	800.00	150.00	790.08	-	[illegible]	-	150.00	[illegible]	1,220.00	79.50	-	[illegible]	8,740.58
5	2023年2月工资	8,000.00	800.00	150.00	750.58	[illegible]	[illegible]	-	60.00	[illegible]	1,220.00	-	-	-	8,890.58
6	2023年3月工资	-	-	-	-	-	-	-	-	-	-	-	-	-	-
7	2023年4月工资	-	-	-	-	-	-	-	-	-	-	-	-	-	-
8	2023年5月工资	-	-	-	-	-	-	-	-	-	-	-	-	-	-
9	2023年6月工资	-	-	-	-	-	-	-	-	-	-	-	-	-	-
10	2023年7月工资	-	-	-	-	-	-	-	-	-	-	-	-	-	-
11	2023年8月工资	-	-	-	-	-	-	-	-	-	-	-	-	-	-
12	2023年9月工资	-	-	-	-	-	-	-	-	-	-	-	-	-	-
13	2023年10月工资	-	-	-	-	-	-	-	-	-	-	-	-	-	-
14	2023年11月工资	-	-	-	-	-	-	-	-	-	-	-	-	-	-
15	2023年12月工资	-	-	-	-	-	-	-	-	-	-	-	-	-	-
16	合计	[illegible]	1,600.00	300.00	[illegible]	[illegible]	[illegible]	-	210.00	[illegible]	[illegible]	79.50	[illegible]	[illegible]	[illegible]

02 按月份动态生成工资条

按指定月份生成工资条，其本质就是动态查询。下面让AI工具“ChatGPT”为我们提供参考思路和方法。

提问： Excel如何按指定月份动态生成工资条？

ChatGPT

要在Excel中按指定月份动态生成全部员工的工资条，可以使用Excel中的公式和函数来实现。具体可按照以下步骤进行操作。

（1）准备员工的工资数据。在Excel中，可以创建一个工资表，每一行代表一个员工，每一列代表一个月份。在工资表中，可以输入每个员工每个月的工资数据。

（2）创建一个日期列表。在Excel中，可以创建一个日期列表，用于表示每个月份的日期。可以选择一个起始日期，然后使用Excel的自动填充功能生成一整列的日期。

（3）使用VLOOKUP函数获取每个员

工每个月份的工资数据。在工资表中，可以使用VLOOKUP函数来查找每个员工每个月份的工资数据。VLOOKUP函数的参数包括查找值（员工姓名）、查找范围（员工姓名列）、返回值范围（工资数据列）等。

（4）将VLOOKUP函数拖动或复制到其他单元格。完成第（3）步后，可以将包含VLOOKUP函数的单元格拖动或复制到其他单元格，以便将函数应用到所有员工和所有月份。

（5）自动填充日期列表。将日期列表的单元格拖动或复制到与员工工资数据对应的列上，以确保每个员工的工资数据与正确的月份对应。

完成上述步骤后，Excel将根据员工工资数据和日期列表自动计算并生成每个员工每个月份的工资条。

从以上回复可知，ChatGPT提供的思路和方法就是使用查找引用函数VLOOKUP设置公式。下面再将上述方法加以优化，制作一份可按指定月份动态生成的工资条表单。同时，再另制一份工资条统计表，用于统计工资条的数量、实发工资总额，并与该月工资表中的工资总额核对，以检测公式正确性。

1. 制作动态工资条

制作动态工资条依然运用VLOOKUP嵌套INDIRECT与MATCH函数即可完成。操作方法如下。

第1步 ❶在“工资管理表单1”工作簿中新建一张工作表，将其重命名为“工资条”，❷复制“2023年1月工资”工作表中A3:S4单元格区域（字段名称及部分表格框架）并粘贴至“工资条”工作表中A2:S3单元格区域中，并将A4:S4单元格区域的下边框设置为虚线，作为工资条的裁剪线。如下图所示。

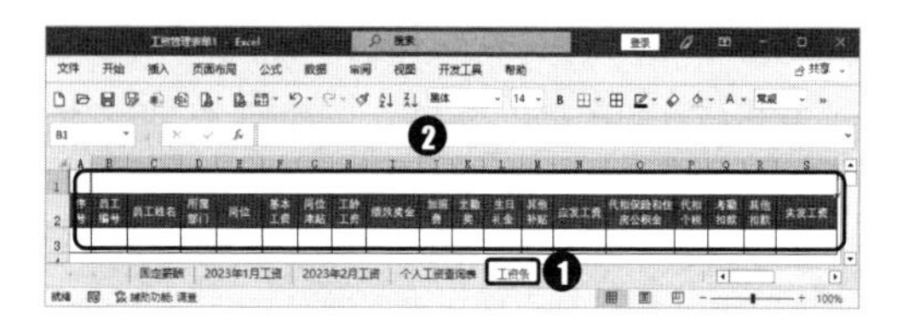

第2步 在B1单元格中创建下拉列表，将其序列来源设置为“=个人工资查询表!$A$4:$A$15”。【数据验证】对话框设置内容如下图所示。

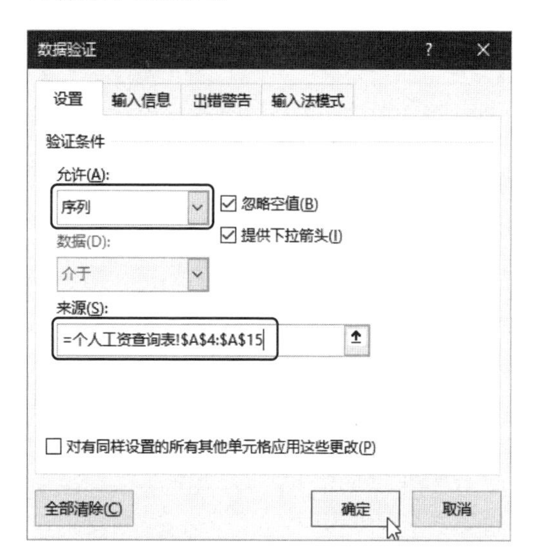

第3步 ❶在B1单元格下拉列表中选择一个选项，如“2023年1月工资”，❷在A3单元格中设置公式“=COUNT(A$2:A2)+1”，自动生成第1个序号。如下图所示。

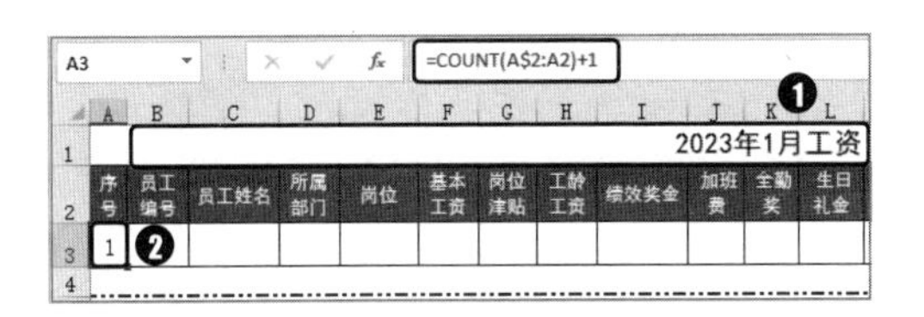

第4步 ❶在B3单元格中设置公式“=IFERROR(VLOOKUP($A3,INDIRECT($B1&"!$A:$S"),MATCH(B2,INDIRECT($B1&"!$3:$3"),0),0),"-")”，运用VLOOKUP+INDIRECT+MATCH函数组合根据A3单元格中的序号引用指定工作表中与之匹配的员工编号，❷复制B3单元格并选择性粘贴公式至C3:S3单元格区域中，即可引用其他工资项目数据。如下图所示（编辑栏中分别显示J3和S3单元格公式）。

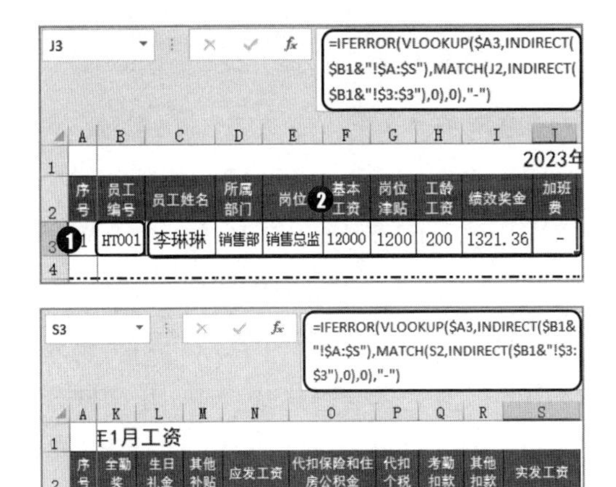

第5步 复制A1:S4单元格区域公式并粘贴至A5:S8单元格区域，即可自动生成第2份工资条。如下图所示。

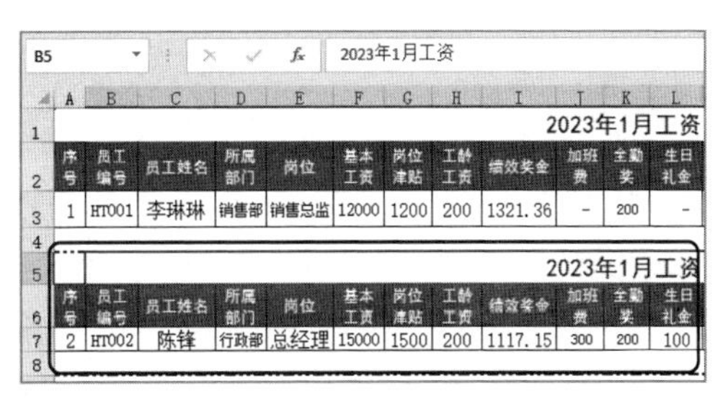

第6步 清除B5单元格中的数据验证，并在其中设置公式“=$B$1”，直接引用B1单元格中的内容。如下图所示。

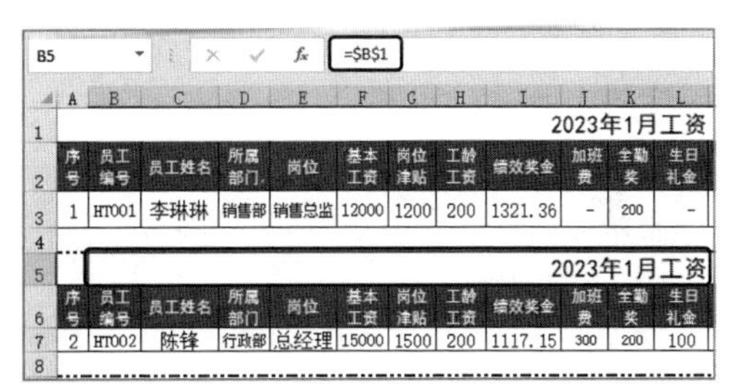

第7步 复制A5:S8单元格区域，以当前员工人数为参考，向下粘贴数份工资条（本例员工人数共10人，向下粘贴10份，共12份工资条）。如下图所示。

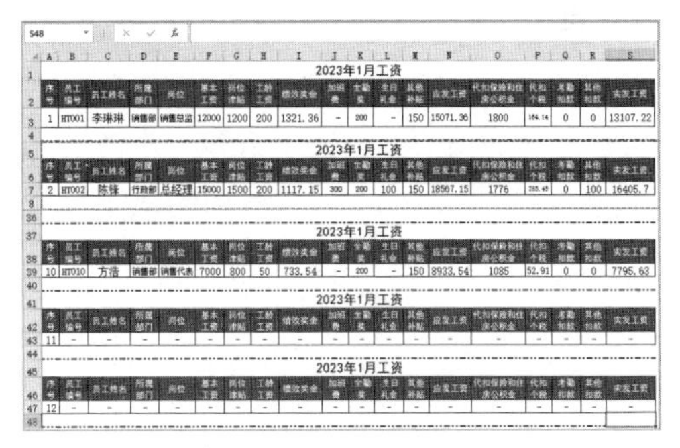

2. 制作工资条统计表单

下面制作一份小巧的表单，用于统计工资条的数量、实发工资总额，并与工资表中的实发工资总额核对，以检测公式是否正确。若数据不符，代表工资条中的公式有误，可提醒操作人员及时检查并更正。操作方法如下。

第1步 在空白区域，如U2:X3单元格区域绘制表格，并设置好字段名称和基本格式。如下图所示。

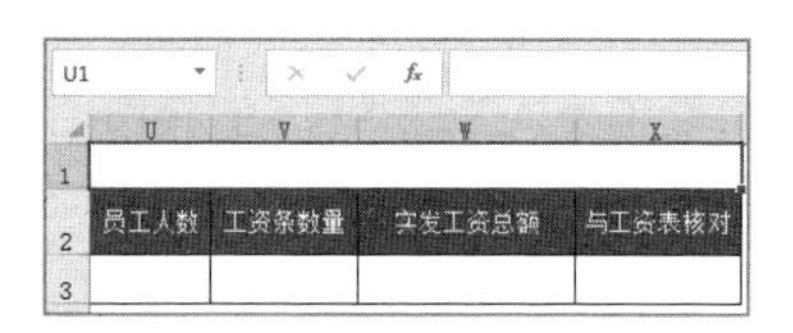

第2步 在U1单元格中设置公式“=B1&"条统计表"”，引用B1单元格中的内容并与固定文本“条统计表”组合，构成表格标题。如下图所示。

第3步 在U3单元格中设置公式“=IFERROR(INDIRECT(B1&"!D2"),"-")”，运用INDIRECT函数统计指定工作表中D2单元格中的内容，即员工人数，并将单元格格式自定义为“0人”。如下图所示。

第4步 在V3单元格中设置公式“=COUNT(A:A)”，统计A:A区域中数字的数量，即可得到当前工资条的数量，同时将单元格格式自定义为“0份”。如下图所示。

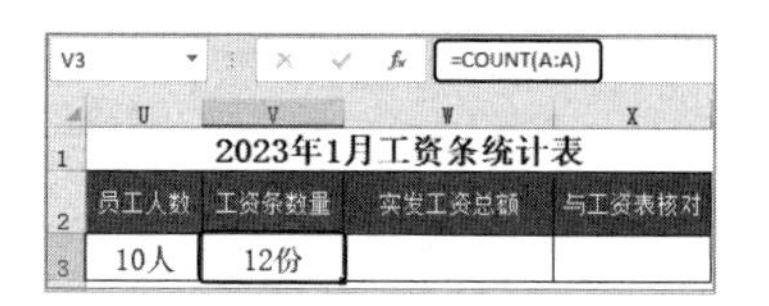

温馨提示

U3和V3单元格里设置公式引用员工人数和统计工资条数量的作用是将二者进行比较。当员工人数大于工资条数量时，操作人员就应当再复制粘贴工资条，保证其数量至少与员工人数相等。

第5步 在W3单元格中设置公式“=SUM(S:S)”，汇总S:S区域中的“实发工资总额”数据。如下图所示。

第6步 在X3单元格中设置公式“=IFERROR(IF(W3=VLOOKUP("合计",INDIRECT(B1&"!A:S"),19,0),"√",W3-VLOOKUP("合计",INDIRECT (B1&"!A:S"),19,0)),"-")”，运用IF函数判断W3单元格中的数值是否与表达式“VLOOKUP("合计",INDIRECT (B1&"!A:S"),19,0)”相等，若是，即返回符号“√”，否则返回二者之间的差额。其中，VLOOKUP函数表达式的作用是引用指定工作表中实发工资的合计数。如下图所示。

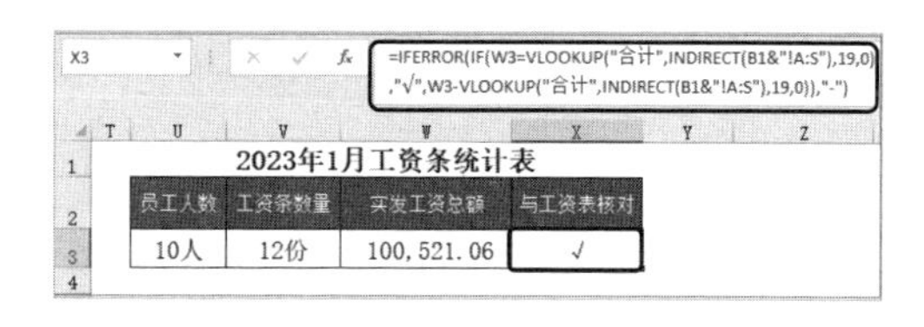

第7步 工资条制作完成后，在B1单元格下拉列表中选择另一个选项，如“2023年2月工资”，可看到工资条与工资条统计表中数据的动态变化效果。如下图所示。

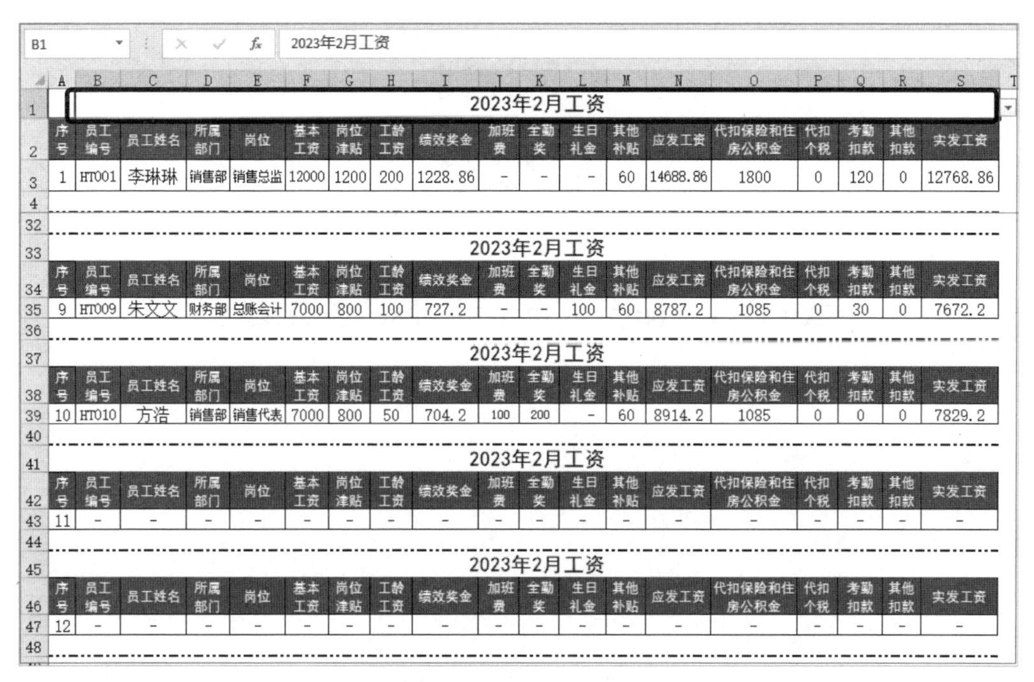

B1　2023年2月工资

2023年2月工资

序号	员工编号	员工姓名	所属部门	岗位	基本工资	岗位津贴	工龄工资	绩效奖金	加班费	全勤奖	生日礼金	其他补贴	应发工资	代扣保险和住房公积金	代扣个税	考勤扣款	其他扣款	实发工资
1	HT001	李琳琳	销售部	销售总监	12000	1200	200	1228.86	-	-	-	60	14688.86	1800	0	120	0	12768.86

2023年2月工资

序号	员工编号	员工姓名	所属部门	岗位	基本工资	岗位津贴	工龄工资	绩效奖金	加班费	全勤奖	生日礼金	其他补贴	应发工资	代扣保险和住房公积金	代扣个税	考勤扣款	其他扣款	实发工资
9	HT009	朱文文	财务部	总账会计	7000	800	100	727.2	-	-	100	60	8787.2	1085	0	30	0	7672.2

2023年2月工资

序号	员工编号	员工姓名	所属部门	岗位	基本工资	岗位津贴	工龄工资	绩效奖金	加班费	全勤奖	生日礼金	其他补贴	应发工资	代扣保险和住房公积金	代扣个税	考勤扣款	其他扣款	实发工资
10	HT010	方浩	销售部	销售代表	7000	800	50	704.2	100	200	-	60	8914.2	1085	0	0	0	7829.2

2023年2月工资

序号	员工编号	员工姓名	所属部门	岗位	基本工资	岗位津贴	工龄工资	绩效奖金	加班费	全勤奖	生日礼金	其他补贴	应发工资	代扣保险和住房公积金	代扣个税	考勤扣款	其他扣款	实发工资
11	-	-	-	-	-	-	-	-	-	-	-	-	-	-	-	-	-	-

2023年2月工资

序号	员工编号	员工姓名	所属部门	岗位	基本工资	岗位津贴	工龄工资	绩效奖金	加班费	全勤奖	生日礼金	其他补贴	应发工资	代扣保险和住房公积金	代扣个税	考勤扣款	其他扣款	实发工资
12	-	-	-	-	-	-	-	-	-	-	-	-	-	-	-	-	-	-

B1　2023年2月工资

2023年2月工资条统计表

员工人数	工资条数量	实发工资总额	与工资表核对
10人	12份	99,872.97	√

示例结果见“结果文件\第9章\工资管理表单1.xlsx”文件。

Excel

第10章

实战：制作税金管理表单

本章导读

关于税款征收，我国目前对于大部分企业是按照“查账征收”的方式进行管理。“查账征收”是指由纳税义务人依据账簿记载，自行计算并申报缴纳税金，税务机关抽查核实。若存在多缴或少缴，则应多退少补。但如果税款多缴、少缴或延迟缴纳是企业自身管理不够规范，计算税金不够准确等因素而导致的，那么企业将被依法处以罚款、缴纳滞纳金，同时也会影响纳税信用评级，甚至有可能涉及更大的税收风险，给企业造成难以挽回的名誉和经济损失。因此，企业财务人员应高度重视纳税数据的管理，并确保税金计算的准确性及申报缴纳的及时性。

本章将通过讯飞星火、ChatGPT和文心一言等AI工具让财务人员学习设计税金管理表单的方法和思路，并以我国最重要和最常见的几个税种为例，讲解如何具体运用Excel表格规范管理税金数据，并准确计算各种税金。同时分享管理思路，帮助财务人员提高技能，提高工作效率，同时确保数据准确无误。

10.1 设计制作增值税管理统计表单

增值税是我国主要的税种之一，也是我国税务的重点监管对象。所以，管理增值税发票数据是财务人员工作中的“重中之重”。我国目前对增值税的征收管理方法为“以票控税”，那么纳税人单位对增值税的计算和管理也应当从发票管理入手。下面看看AI工具“ChatGPT”对于在Excel中设计制作增值税管理统计表单有什么样的思路和方法。

提问： 我需要在Excel中制作一份增值税管理统计表单，请提供设计思路和操作方法

ChatGPT

以下是一个在Excel中制作增值税管理统计表单的设计思路和操作方法。

（1）打开Excel软件，创建一个新的工作簿。

（2）在工作簿中创建一个名为“增值税管理统计”的工作表。

（3）在工作表中创建表头，包括以下列：日期、开票日期、发票号码、客户名称、销售额、税率和税金。

（4）在第一行下方的单元格中输入各个数据项的具体数值或公式。

（5）在第一列（日期）中输入日期的数值或公式，如2023年3月1日。

（6）在第二列（开票日期）中输入开票日期的数值或公式，如2023年3月5日。

（7）在第三列（发票号码）中输入发票号码的数值或公式，如12345678。

（8）在第四列（客户或供应商名称）中输入客户或供应商名称的数值或公式，如客户A或供应商A。

（9）在第五列（销售额或购进额）中输入销售额或购进额的数值或公式，如10000元。

（10）在第六列（税率）中输入税率的数值或公式，如13%或6%。

（11）在第七列（税金）中输入税金的计算公式——销售额(或购进额)÷(1+税率)× 税率。

（12）可以根据需要添加更多的数据行和列，以便更好地管理增值税数据。

（13）调整列宽和字体大小，以使表格易于阅读。

（14）最后保存并关闭工作簿，即可使用该表格来管理增值税数据。

通过以上步骤，你可以使用Excel表格来管理增值税数据，并可以根据需要添加或修改数据项和公式。

以上是ChatGPT提供的非常详细的增值税管理统计表单的设计思路和操作方法。本节将在此基础上对表单进行优化，从日常开具、收受、记录增值税发票信息等工作细节方面介绍如何运用Excel规范管理增值税发票，准确计算增值税税金、税负率等，以及如何运用数据透视表从不同角度分类汇总增值税相关数据（本节示例设定增值税纳税人类型为一般纳税人，税率为13%）。

10.1.1 制作增值税发票登记表单

要管理好增值税发票数据，必须详细且准确地记录发票的原始数据。本小节将制作较为完善的发票记录表，记录发票票面原始数据，按照不同的分类标准对发票进行分类，以便后面进行分类汇总，并计算和统计与之相关的其他重要数据。

打开“素材文件\第10章\税金管理表单.xlsx”工作簿，如下图所示。在“发票登记表单”工作表内的“××有限公司增值税发票登记表单”中，已预先制作好超级表，名称为“发票登记”，并已设置好所需字段名称和基本格式。其中，填充为灰色背景的单元格区域，其中数据将设置公式自动计算。

1. 字段设计用途说明

本例参考ChatGPT提供的方法，结合实务设计增值税发票登记表单，其中各字段都有存在的必要性。下面介绍用途和填写方式。

（1）【序号】字段：所有财务表单中都应设置这一字段。本例将在后面设置公式自动生成。

（2）【开票月份】字段：用于后面设置公式或在数据透视表中分月汇总开票数据。后面设置公式自动计算。

（3）【发票种类】字段：登记发票的介质和类型，通过下拉列表填入，其中包括4个选项，即“纸质专票”“纸质普票”“电子专票”和“电子普票”。如左下图所示。

（4）【进销项】字段：登记发票的来源，通过下拉列表填入，其中包括2个选项：“进项”和“销项”。如右下图所示。

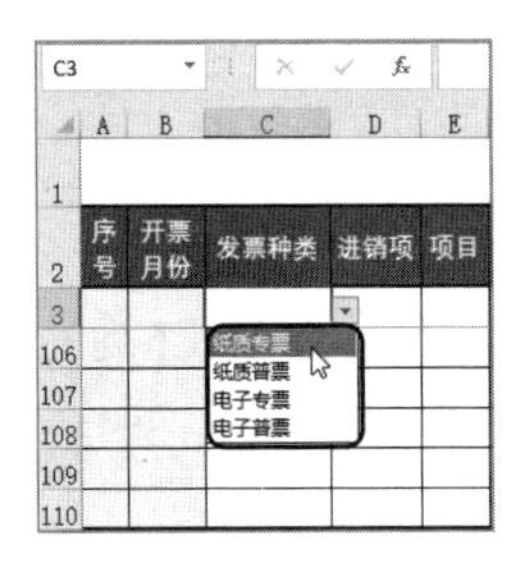

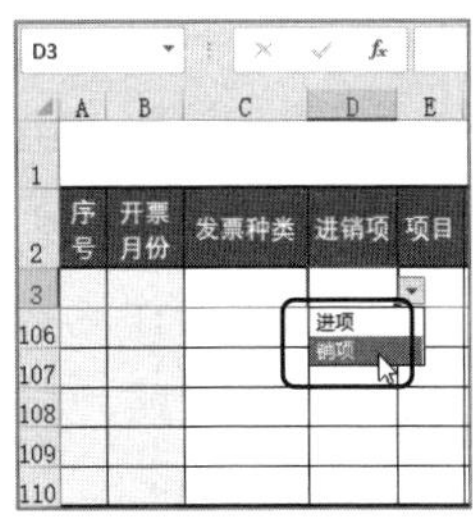

（5）【项目】字段：登记发票开具的项目，通过下拉列表填入，其中包括3个选项，即“产品”“劳务”和“费用”。如右图所示。

（6）【开票日期】字段：填入发票票面记载的开票日期。

（7）【公司名称】字段：填入发票票面记载的对方单位名称。

（8）【发票号码】字段：填入发票票面记载的8位发票号码。单元格格式自定义为“00000000”，当发票数字不足8位时，自动在其前面添0补足8位。

（9）【未税额】和【税额】字段：直接填入发票票面记载的“金额”和“税额”的合计数。

（10）【价税合计】字段：用于计算和汇总发票含税金额。后面设置公式自动计算。操作人员只需与票面税率核对一致即可，无须手动输入。

（11）【税率】字段：主要用于记载不同项目的进项发票税率（销项发票税率统一为13%），方便后面根据不同税率统计发票数据。后面设置公式自动计算，操作人员只需与票面税率核对一致即可，无须手动输入。

（12）【发票状态】字段：动态记录发票踪迹和发票是否作废。下拉列表中包括5个选项，即“未收到”“已收到”（记录进项发票踪迹）、“已签收”（记录纸质销项发票踪迹）、“已交付”（记录电子销项发票踪迹）、“作废”（记录已开具但又作废的发票）。如右图所示。

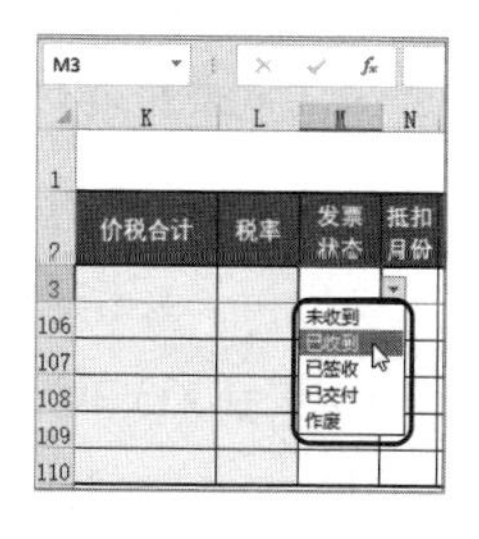

（13）【抵扣月份】字段：主要用于记录进项发票的抵扣月份。下拉列表中包括2个选项，即符号“-”和“留置”。填写方式如下。

①当进项发票种类为“纸质普票”或“电子普票”时，不能抵扣，在下拉列表中选择符号“-”。

②当进项发票种类为“纸质专票”或“电子专票”时，填入代表抵扣月份的数字。例如，4月抵扣，填入“4”即可。如果暂时不抵扣，则在下拉列表中选择“留置”。

③为方便后面通过同一字段统一分类汇总数据，当月开具的销项发票，也全部填入代表当月月份的数字。例如，4月开具的销项发票，全部填入“4”即可。单元格格式自定义为“0月”。

【抵扣月份】字段下拉列表选项如下图所示。

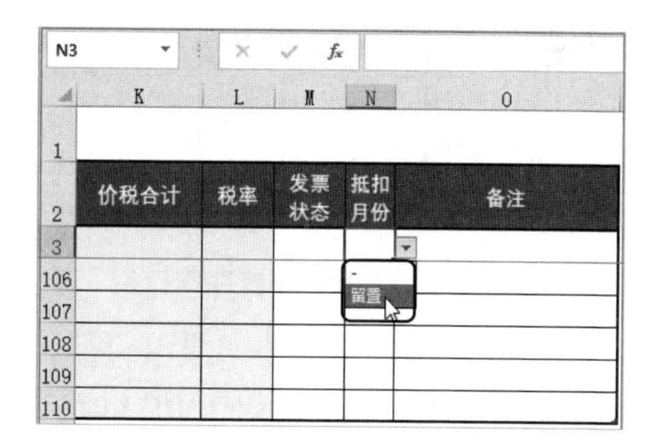

教您一招

如果要在单元格中填入下拉列表中未预先设置选项的内容，只需取消勾选【数据验证】对话框【出错警告】选项卡中的【输入无效数据时显示出错警告】复选框即可。

2. 填入发票原始信息

下面在非公式字段中填入部分发票原始信息，以便展示制作效果。本例填入2023年1～4月发票信息。如下图所示。

A1 ×××有限公司增值税发票登记表单

	A	B	C	D	E	F	G	H
1	××有限公司增值税							
2	序号	开票月份	发票种类	进销项	项目	开票日期	公司名称	发票号码
3			电子专票	销项	劳务	2023-1-7	客户001	227****7
97			电子专票	销项	产品	2023-4-28	客户007	112****1
98			电子专票	销项	产品	2023-4-29	客户012	112****2
99			电子专票	进项	费用	2023-4-6	供应商004	227****3
100			电子专票	进项	费用	2023-4-8	供应商005	232****0
101			纸质专票	进项	费用	2023-4-14	供应商007	255****9
102			电子普票	进项	费用	2023-4-28	供应商005	303****9
103			纸质专票	进项	费用	2023-4-28	供应商007	116****8
104			电子专票	进项	产品	2023-4-29	供应商009	310****5
105			电子普票	进项	运费	2023-4-9	供应商005	238****7
106			电子普票	进项	费用	2023-4-3	供应商007	374****4
107			纸质普票	进项	费用	2023-4-20	供应商007	133****4
108								
109								
110								

A1 ××有限公司增值税发票登记表单

	I	J	K	L	M	N	O
1	税发票登记表单						
2	未税额	税额	价税合计	税率	发票状态	抵扣月份	备注
3	35,610.37	4,629.35			已交付	1月	
97	84,784.99	11,022.05			在途	4月	
98	2,626.55	341.45			已签收	4月	
99	12,000.00	720.00			已收到	4月	
100	62,655.45	626.55			已收到	留置	
101	1,180.00	70.80			已收到	留置	
102	2,413.86	24.14			已收到	-	
103	1,200.00	72.00			已收到	留置	
104	980.27	127.43			已收到	留置	
105	22,354.46	223.54			已收到	-	
106	575.22	74.78			在途	-	
107	1,179.24	70.66			已收到	-	
108	-	-					
109	-	-					
110	-	-					

3. 自动生成序号、计算开票月份

自动生成序号和计算开票月份都非常简单，分别运用IF+COUNT函数组合与IF+TEXT+ MONTH函数组合设置公式即可。操作方法如下。

第1步 ❶在A3单元格中设置公式“=IF(F3="","-",COUNT(A$1:A2)+1)”，运用IF函数判断F3单元格中内容为空时，返回符号“-”，否则运用COUNT函数统计A1:A2单元格区域中数值的数量，并加上“1”，即可生成第1个序号，❷在B3单元格中设置公式“=IF(F3="","-",TEXT (MONTH(F3),"00月"))”，运用IF函数判断F3单元格内容为空时，返回符号“-”，否则运用MONTH函数计算F3单元格日期的所属月份，再运用TEXT函数将结果转换为“00月”格式。如下图所示（编辑栏中显示B3单元格公式）。

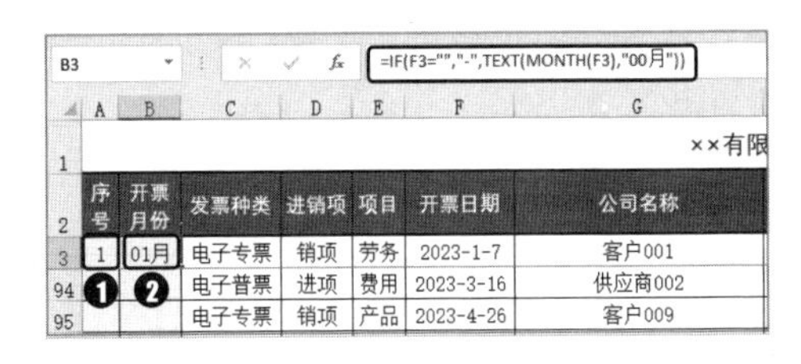
B3 =IF(F3="","-",TEXT(MONTH(F3),"00月"))

	A	B	C	D	E	F	G
1	××有限						
2	序号	开票月份	发票种类	进销项	项目	开票日期	公司名称
3	1	01月	电子专票	销项	劳务	2023-1-7	客户001
94	❶	❷	电子普票	进项	费用	2023-3-16	供应商002
95			电子专票	销项	产品	2023-4-26	客户009

第2步 复制A3:B3单元格区域公式并粘贴至A4:B110单元格区域中，即可生成其他序号和开票月份，如下图所示。

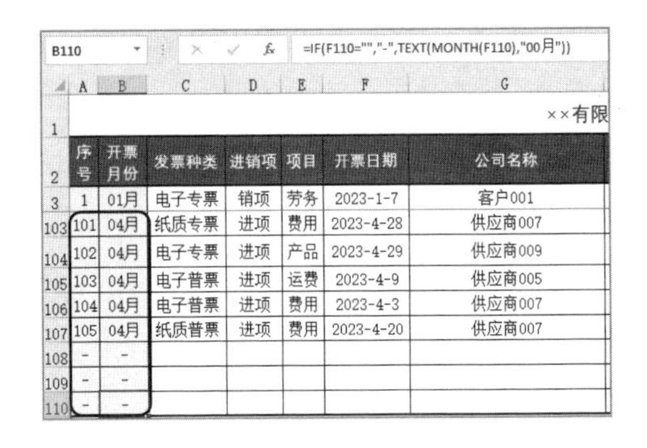
B110 =IF(F110="","-",TEXT(MONTH(F110),"00月"))

	A	B	C	D	E	F	G
1	××有限						
2	序号	开票月份	发票种类	进销项	项目	开票日期	公司名称
3	1	01月	电子专票	销项	劳务	2023-1-7	客户001
103	101	04月	纸质专票	进项	费用	2023-4-28	供应商007
104	102	04月	电子专票	进项	产品	2023-4-29	供应商009
105	103	04月	电子普票	进项	运费	2023-4-9	供应商005
106	104	04月	电子普票	进项	费用	2023-4-3	供应商007
107	105	04月	纸质普票	进项	费用	2023-4-20	供应商007
108	-	-					
109	-	-					
110	-	-					

4. 计算价税合计与税率

计算价税合计与税率只需根据常规会计公式，运用ROUND+SUM函数组合设置公式即可。操作方法如下。

❶ 在K3单元格中设置公式“=ROUND (SUM(I3:J3),2)”，对I3和J3单

元格中数值求和，即得到“价税合计”数值，❷在L3单元格中设公式“=IFERROR(ROUND(J3/I3,4),"-")”，用J3单元格中的“税额”除以I3单元格中的未税额，即可计算得到“税率”，❸复制K3:L3单元格区域公式并粘贴至K4:L110单元格区域，即可计算得到其他发票的“价税合计”和“税率”数据。如下图所示（编辑栏中显示L110单元格公式）。

L110 =IFERROR(ROUND(J110/I110,4),"-")

	I	J	K	L	M	N
1	税发票登记表单					
2	未税额	税额	❶ 价税合计	税率 ❷	发票状态	抵扣月份
3	35,610.37	4,629.35	40,239.72	13%	已交付	1月
103	1,200.00	72.00	1,272.00	6%	已收到	留置
104	980.27	127.43	1,107.70	13%	已收到	留置
105	22,354.46	223.[illegible] ❸	22,578.00	1%	已收到	-
106	575.22	74.78	650.00	13%	在途	-
107	1,179.24	70.66	1,249.90	6%	已收到	-
108	-	-	-	-		
109	-	-	-	-		
110	-	-	-	-		

10.1.2 计算增值税动态税负

“税负”包括税负额、税负率及税负变动率三项数据。

增值税税负额是指每月实际发生的销项税额减去每月抵扣的进项税额之后的余额，即企业在当月实际应缴纳的增值税税金。

增值税税负率是税负额占当月收入（销项“未税额”）的比例。

税负变动率是当期税负率与上期税负率之间的差额占上期税负率的比例。一般来说，税负变动率应控制在±30%以内。

税负率和税负变动率是税务机关根据行业平均税监控企业纳税情况和评估企业纳税征信的重要参考依据。所以，财务人员要随时掌握税负变动，并计算实际税负与平均税负之间的差异，以便在抵扣当月进项税额之前对进项数据作出正常的调整，可有效避免实际税负率过低或过高，从而规避涉税风险。本小节根据发票登记表中填入的发票原始信息计算税负及其相关数据。

如下图所示，本例在“税金管理表单”工作簿“税负计算”工作表中已预先绘制好表单框架并设置好字段名称、基础格式和基本求和公式。其中，A4:A15单元格中实际内容为数字1～12，代表1～12月。由于将在后面被分类汇总公式引用，为简化公式，因此将单元格格式自定义为“0月”。B4:B16与F4:F16单元格区域分别用于统计销项和进项发票份数，因此单元格格式自定义为“0份”。

A1 ××有限公司增值税税负计算表

月份	销项				进项			
	份数	未税金额	税额	价税合计	份数	未税金额	税额	价税合计
1月								
2月								
3月								
4月								
5月								
6月								
7月								
8月								
9月								
10月								
11月								
12月								
合计	0份	-	-	-	0份	-	-	-

发票登记表 税负计算

增值税税计算表

月份	实际税负计算			税负差异计算		应抵扣进项数据计算			
	实际税负额	实际税负率	税负变动率	税负额差异	税负率差异	应抵扣进项税额	共需进项含税金额	尚需抵扣进项税额	尚需进项含税金额
1月									
2月									
3月									
4月									
5月									
6月									
7月									
8月									
9月									
10月									
11月									
12月									
合计	-	-	-	-	-	-	-	-	-

下面设置公式分别计算动态税负及相关数据。

1. 分类汇总销项和进项数据

计算税负先要汇总“增值税发票登记表单”中的销项和进项发票的各项数据，运用COUNTIFS函数和SUMIFS函数分别按照“开票月份”和“进销项”两个条件设置函数公式即可。操作方法如下。

第1步 ❶在B4单元格中设置公式“=COUNTIFS (发票登记表!$N:$N,$A4,发票登记表!$D:D, B2)”，运用COUNTIFS函数统计“发票登记表”工作表中1月销项税票的份数，❷在C4单元格中设置公式“=SUMIFS(发票登记表!I:I,发票登记表!$N:$N,$A4,发票登记表!$D:$D,$B$2)”，运用SUMIFS函数汇总“发票登记表”工作表中1月销项发票的“未税额”数据，❸复制C4单元格并选择性粘贴公式至D4:E4单元格区域中，即可汇总1月销项发票的“税额”和“价税合计“数据。如下图所示（编辑栏中显示E4单元格公式）。

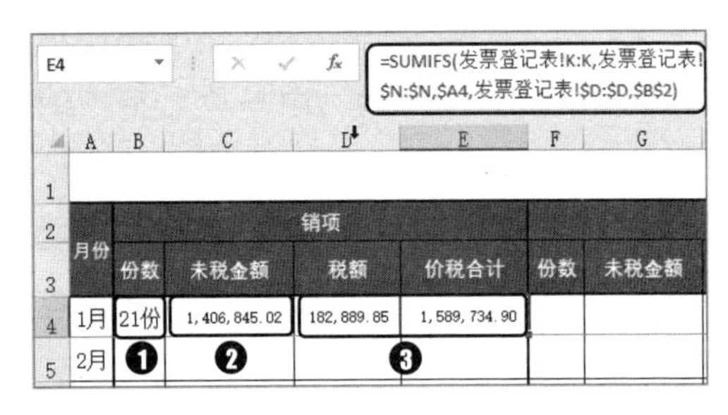

第2步 ❶复制B4:E4单元格区域公式并粘贴至F4:I4单元格区域中，并将G4单元格公式表达式中的“发票登记表!M:M”修改为“发票登记表!I:I”，❷再将G4单元格公式表达式中的“$B$2”修改为“$F$2”，即可汇总1月进项发票的“未税金额”数据。如下图所示。

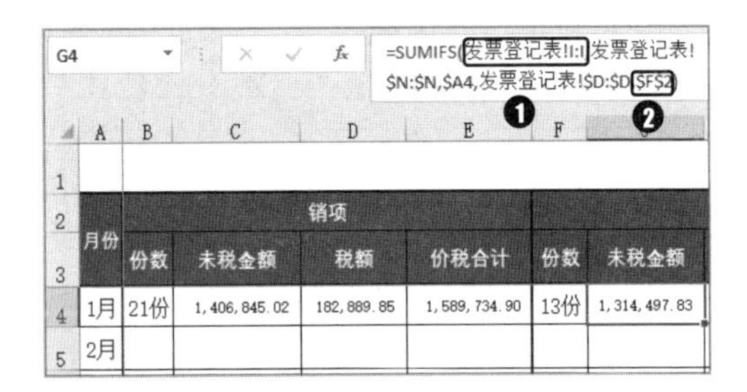

第3步 复制G4单元格并选择性粘贴公式至H4:I4单元格区域中，即可汇总1月进项发票的“税额”与“价税合计”数据。如下图所示。

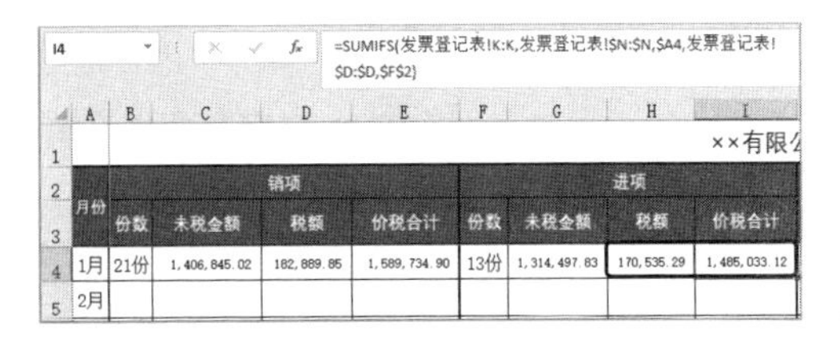

第4步 复制C4:I4单元格区域并选择性

粘贴公式至C5:I15单元格区域中，即可汇总全部月份的销项和进项发票的数据。如下图所示。

I15 =SUMIFS(发票登记表!K:K,发票登记表!$N:$N,$A15,发票登记表!$D:$D,$F$2)

月份	销项				进项			
	份数	未税金额	税额	价税合计	份数	未税金额	税额	价税合计
1月	21份	1,406,845.02	182,889.85	1,589,734.90	13份	1,314,497.83	170,535.29	1,485,033.12
2月	11份	955,867.01	124,262.71	1,080,129.72	12份	881,426.27	114,585.43	996,011.70
3月	9份	569,877.76	74,084.11	643,961.85	9份	546,400.98	69,131.15	615,532.13
4月	4份	231,074.38	30,039.67	261,114.04	7份	220,728.47	27,774.14	248,502.61
5月	0份	-	-	-	0份	-	-	-
6月	0份	-	-	-	0份	-	-	-
7月	0份	-	-	-	0份	-	-	-
8月	0份	-	-	-	0份	-	-	-
9月	0份	-	-	-	0份	-	-	-
10月	0份	-	-	-	0份	-	-	-
11月	0份	-	-	-	0份	-	-	-
12月	0份	-	-	-	0份	-	-	-
合计	45份	3,163,664.17	411,276.34	3,574,940.51	41份	2,963,053.55	382,026.02	3,3

2. 计算实际税负数据

实际税负的计算非常简单，只需根据会计公式设置函数公式即可。操作方法如下。

第1步 ❶在J4单元格中设置公式“=ROUND(D4-H4,2)”，用D4单元格中的销项“税额”减H4单元格中的进项“税额”，即可计算得到1月“实际税负额”数据，❷在K4单元格中设置公式“=IFERROR (ROUND(J4/C4,4),"-")”，用J4单元格中的“实际税负额”除以C4单元格中的销项“未税金额”，即可计算得到1月“实际税负率”数据，❸因1月为年初，无上月税负率作为基数计算税负变动率，因此直接在L4单元格中填入“0”。如下图所示（编辑栏中显示K4单元格公式）。

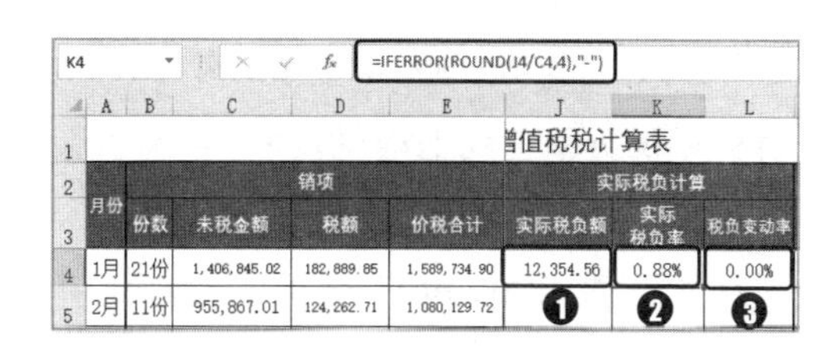

K4 =IFERROR(ROUND(J4/C4,4),"-")

月份	销项				实际税负计算		
	份数	未税金额	税额	价税合计	实际税负额	实际税负率	税负变动率
1月	21份	1,406,845.02	182,889.85	1,589,734.90	12,354.56	0.88%	0.00%
2月	11份	955,867.01	124,262.71	1,080,129.72	❶	❷	❸

第2步 复制J4:K4单元格区域并选择性粘贴公式至J5:K15单元格区域中，即可计算得到其他月份的“实际税负额”数据，复制L15单元格并选择性粘贴公式至L16单元格中，即可计算得到全年合计税负率，在L5单元格中置公式“=IFERROR (ROUND((K5-K4)/K4,4),"-")”，计算2月税负变动率，复制L5单元格并选择性粘贴公式至L6:L15单元格区域中，即可计算得到3～12月的“税负变动率”数据。如下图所示（编辑栏中显示L15单元格公式）。

L15 =IFERROR(ROUND((K15-K14)/K14,4),"-")

月份	销项				实际税负计算		
	份数	未税金额	税额	价税合计	实际税负额	实际税负率	税负变动率
1月	21份	1,406,845.02	182,889.85	1,589,734.90	12,354.56	0.88%	0.00%
2月	11份	955,867.01	124,262.71	1,080,129.72	9,677.28	1.01%	14.77%
3月	9份	569,877.76	74,084.11	643,961.85	4,952.96	0.87%	-13.86%
4月	4份	231,074.38	30,039.67	261,114.04	2,265.53	0.98%	12.64%
5月	0份	-	-	-	-	-	-
6月	0份	-	-	-	-	-	-
7月	0份	-	-	-	-	-	-
8月	0份	-	-	-	-	-	-
9月	0份	-	-	-	-	-	-
10月	0份	-	-	-	-	-	-
11月	0份	-	-	-	-	-	-
12月	0份	-	-	-	-	-	-
合计	45份	3,163,664.17	411,276.34	3,574,940.51	29,250.33	0.92%	-

3. 计算实际税负与平均税负之间的差异

计算实际税负与平均税负之间的差异

是财务人员抵扣进项发票金额的参考数据。当实际税负率达到平均税负率，可将其余进项发票留至下月抵扣。操作方法如下。

第1步 ❶在M4单元格中设置公式“=ROUND(J4-C4*0.01,2)”，用J4单元格中的“实际税负额”数据减C4单元格中的“未税金额”乘以行业平均税负率“1%”，即可得到“税负额差异”数据，❷在N4单元格中设置公式“=IFERROR(K4-0.01,"-")”，用K4单元格中的“实际税负率”减平均税负率“1%”，即可得到“税负率差异”数据。如下图所示（编辑栏显示N4单元格公式）。

N4　=IFERROR(K4-0.01,"-")

	A	B	C	J	K	L	M	N
1	增值税税计算表							
2	月份	实际税负计算					税负差异计算	
3		份数	未税金额	实际税负额	实际税负率	税负变动率	税负额差异	税负率差异
4	1月	21份	1,406,845.02	12,354.56	0.88%	0.00%	-1,713.89	-0.12%
5	2月	11份	955,867.01	9,677.28	1.01%	14.77%	❶	❷

第2步 复制M4:N4单元格区域并选择性粘贴公式至M5:N15单元格区域中，即可计算得到其他月份的税负差异数据。如下图所示。

N15　=IFERROR(K15-0.01,"-")

	A	B	C	J	K	L	M	N
1	增值税税计算表							
2	月份	实际税负计算					税负差异计算	
3		份数	未税金额	实际税负额	实际税负率	税负变动率	税负额差异	税负率差异
4	1月	21份	1,406,845.02	12,354.56	0.88%	0.00%	-1,713.89	-0.12%
5	2月	11份	955,867.01	9,677.28	1.01%	14.77%	118.61	0.01%
6	3月	9份	569,877.76	4,952.96	0.87%	-13.86%	-745.82	-0.13%
7	4月	4份	231,074.38	2,265.53	0.98%	12.64%	-45.21	-0.02%
8	5月	0份	-	-	-	-	-	-
9	6月	0份	-	-	-	-	-	-
10	7月	0份	-	-	-	-	-	-
11	8月	0份	-	-	-	-	-	-
12	9月	0份	-	-	-	-	-	-
13	10月	0份	-	-	-	-	-	-
14	11月	0份	-	-	-	-	-	-
15	12月	0份	-	-	-	-	-	-
16	合计	45份	3,163,664.17	29,250.33	0.92%	-	[illegible]	-0.08%

4. 计算应抵扣进项数据

应抵扣进项数据是根据每月陆续开具的销项发票金额、陆续获取的进项发票金额，以平均税负率为标准，实时计算出本月应当抵扣的进项数据，这些数据可以让财务人员和企业管理者随时知悉本月需要的进项发票金额，从而正确指导后期的增值税筹划工作。计算方法同样简单，按照会计公式设置函数公式即可。操作方法如下。

第1步 ❶在O4单元格中设置公式“=ROUND(D4-C4*0.01,2)”，用D4单元格中的销项“税额”减C4单元格中的“未税金额”乘以行业平均税负率“1%”，即可得到按照当前已开具销项发票金额缴纳1%的增值税后，应当抵扣的进项税额，❷在P4单元格中设置公式“=ROUND(O4/0.13*1.13,2)”，用O4单元格中的“应抵扣进项税额”除以0.13再乘以1.13，即可计算得到需要抵扣的进项发票的含税金额。如下图所示（编辑栏中显示P4单元格公式）。

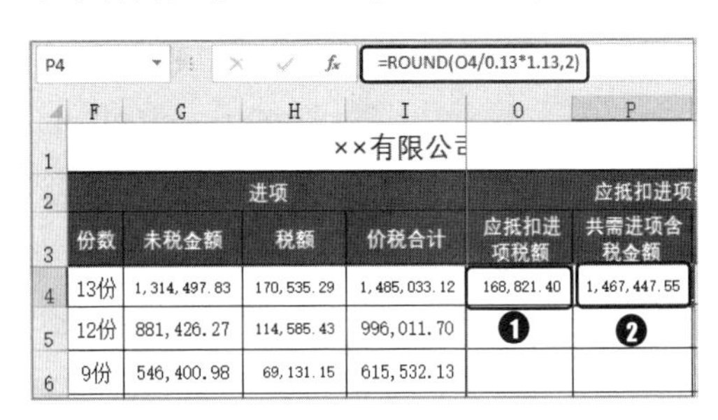

P4　=ROUND(O4/0.13*1.13,2)

	F	G	H	I	O	P
1	××有限公司					
2	进项				应抵扣进项	
3	份数	未税金额	税额	价税合计	应抵扣进项税额	共需进项含税金额
4	13份	1,314,497.83	170,535.29	1,485,033.12	168,821.40	1,467,447.55
5	12份	881,426.27	114,585.43	996,011.70	❶	❷
6	9份	546,400.98	69,131.15	615,532.13		

第2步 ❶在Q4单元格中设置公式“=ROUND(O4-H4,2)”，用O4单元格中的“应抵扣进项税额”减H4单元格中的进项“税额”，即可计算得到当前还应抵扣多少进项税额，才

能与平均税负额一致，❷在R4单元格中设置公式“=ROUND(Q4/0.13*1.13,2)”，用Q4单元格中的税额除以0.13再乘以1.13，即可计算得到当前还需要抵扣的进项含税金额。如下图所示（编辑栏中显示R4单元格公式）。

R4 =ROUND(Q4/0.13*1.13,2)

	F	G	H	I	O	P	Q	R
1	××有限公司							
2	进项				应抵扣进项数据计算			
3	份数	未税金额	税额	价税合计	应抵扣进项税额	共需进项含税金额	尚需抵扣进项税额	尚需进项含税金额
4	13份	1,314,497.83	170,535.29	1,485,033.12	168,821.40	1,467,447.55	-1,713.89 ❶	-14,897.66 ❷
5	12份	881,426.27	114,585.43	996,011.70				
6	9份	546,400.98	69,131.15	615,532.13				

第3步 复制O4:R4单元格区域并选择性粘贴公式至O5:R15单元格区域中，即可得到其他月份的应抵扣进项数据。如下图所示。

R15 =ROUND(Q15/0.13*1.13,2)

	F	G	H	I	O	P	Q	R
1	××有限公司							
2	进项				应抵扣进项数据计算			
3	份数	未税金额	税额	价税合计	应抵扣进项税额	共需进项含税金额	尚需抵扣进项税额	尚需进项含税金额
4	13份	1,314,497.83	170,535.29	1,485,033.12	168,821.40	1,467,447.55	-1,713.89	-14,897.66
5	12份	881,426.27	114,585.43	996,011.70	114,704.04	997,042.81	118.61	1,030.99
6	9份	546,400.98	69,131.15	615,532.13	68,385.33	594,426.33	-745.82	-6,482.90
7	7份	220,728.47	27,774.14	248,502.61	27,728.93	241,028.39	-45.21	-392.98
8	0份	-	-	-	-	-	-	-
9	0份	-	-	-	-	-	-	-
10	0份	-	-	-	-	-	-	-
11	0份	-	-	-	-	-	-	-
12	0份	-	-	-	-	-	-	-
13	0份	-	-	-	-	-	-	-
14	0份	-	-	-	-	-	-	-
15	0份	-	-	-	-	-	-	-
16	41份	2,963,053.55	382,026.02	3,345,079.56	379,639.70	3,299,945.08	-2,386.31	-20,742.55

温馨提示

本例根据“尚需抵扣进项税额”倒推“尚需进项含税金额”数据，是以增值税税率13%为基数进行计算的。实务中应综合其他应税项目的税率（如“××服务费”的增值税率为6%）的发票金额进行计算。如果企业从事的主营业务适用其他增值税率，则应以该税率为基数计算需要抵扣的进项税额与含税金额。

10.1.3 按公司名称动态汇总每月发票数据

按照公司名称汇总每月发票数据，可以帮助财务人员更直观地获取为客户开具的销项发票和供应商为本企业开具的进项发票数据，进而为财务人员核算和分析应收、应付账款数据及结算进度，以及为销售、成本及费用等数据提供极其重要的参考依据。下面运用数据透视表汇总数据。

1. 创建数据透视表

以“税金管理表单”工作簿中的超级表“发票登记”为数据源创建数据透视表。操作方法如下。

第1步 ❶选中“发票登记表”工作表中的超级表“发票登记”中的任意一个单元格后单击【插入】选项卡，❷单击【表格】组中的【数据透视表】按钮。如下图所示。

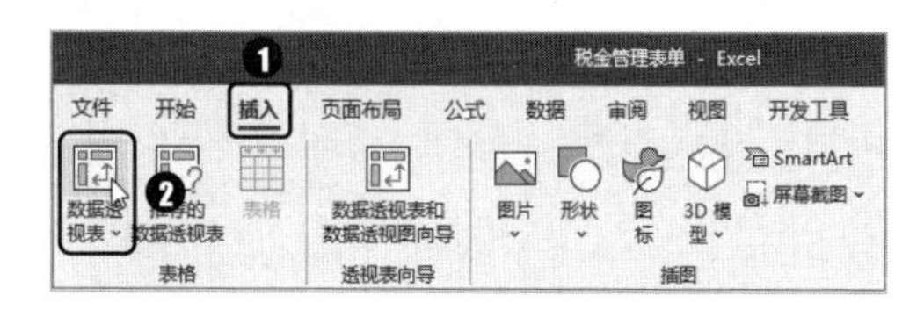

第2步 弹出【来自表格或区域的数据透视表】对话框，可看到在【表/区域】文本框中已自动填入超级表名称“发票登记”，这里直接单击【确定】按钮即可。如下图所示。

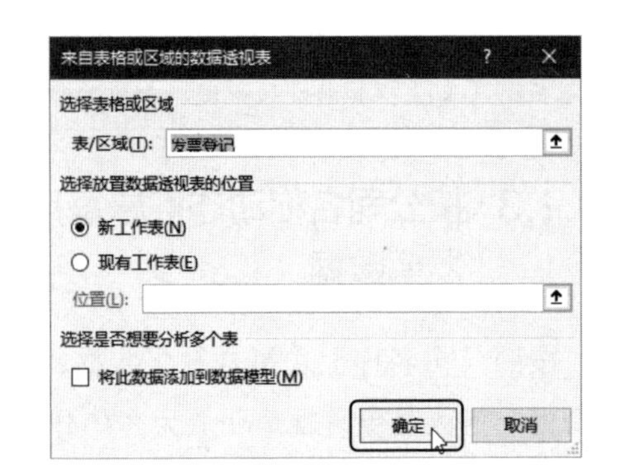

第3步 上一步操作完成后，系统将生成新的工作表并在其中创建空白数据透视表，❶将工作表名称重命名为“公司发票汇总”，以便记忆和管理，❷选中空白数据透视表区域中的任意一个单元格激活数据透视表工具后单击【数据透视表分析】选项卡，❸在【数据透视表】组【数据透视表名称】对话框中将其名称修改为“公司发票汇总”。如下图所示。

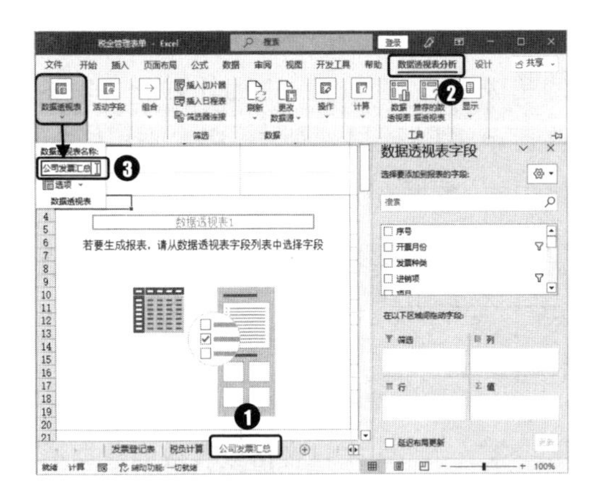

2. 布局数据透视表

从【在以下区域间拖动字段】窗格中选择目标字段，将其拖放至目标区域中即可完成数据透视表布局设置。操作方法如下。

第1步 在【在以下区域间拖动字段】窗格中进行字段布局，❶将【公司名称】字段拖放至【行】区域中，❷将【开票月份】字段拖放至【列】区域中，❸将【求和项:价税合计】字段拖放至【值】区域中。如下图所示。

第2步 布局完成后，自行设置数据透视表样式、数值格式等。效果如下图所示。

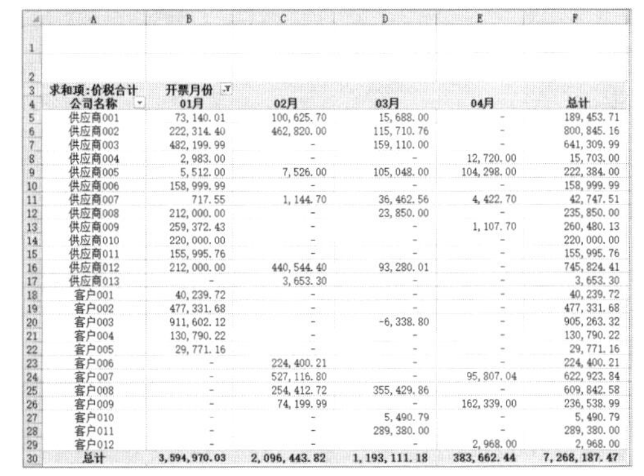

求和项:价税合计	开票月份				
公司名称	01月	02月	03月	04月	总计
供应商001	73,140.01	100,625.70	15,688.00	-	189,453.71
供应商002	222,314.40	462,820.00	115,710.76	-	800,845.16
供应商003	482,199.99	-	159,110.00	-	641,309.99
供应商004	2,983.00	-	-	12,720.00	15,703.00
供应商005	5,512.00	7,526.00	105,048.00	104,298.00	222,384.00
供应商006	158,999.99	-	-	-	158,999.99
供应商007	717.55	1,144.70	36,462.56	4,422.70	42,747.51
供应商008	212,000.00	-	23,850.00	-	235,850.00
供应商009	259,372.43	-	-	1,107.70	260,480.13
供应商010	220,000.00	-	-	-	220,000.00
供应商011	155,995.76	-	-	-	155,995.76
供应商012	212,000.00	440,544.40	93,280.01	-	745,824.41
供应商013	-	3,653.30	-	-	3,653.30
客户001	40,239.72	-	-	-	40,239.72
客户002	477,331.68	-	-	-	477,331.68
客户003	911,602.12	-	-6,338.80	-	905,263.32
客户004	130,790.22	-	-	-	130,790.22
客户005	29,771.16	-	-	-	29,771.16
客户006	-	224,400.21	-	-	224,400.21
客户007	-	527,116.80	-	95,807.04	622,923.84
客户008	-	254,412.72	355,429.86	-	609,842.58
客户009	-	74,199.99	-	162,339.00	236,538.99
客户010	-	-	5,490.79	-	5,490.79
客户011	-	-	289,380.00	-	289,380.00
客户012	-	-	-	2,968.00	2,968.00
总计	3,594,970.03	2,096,443.82	1,193,111.18	383,662.44	7,268,187.47

3. 插入切片器筛选进项和销项

布局完成后，数据透视表中同时列示出供应商和客户的开票数据，可以通过筛选操作分别列示和汇总开票数据。那么最简便的方法就是插入切片器进行筛选。操作方法如下。

第1步 ❶单击【数据透视表分析】选项卡，❷单击【筛选】组中的【插入切片器】按钮。如下图所示。

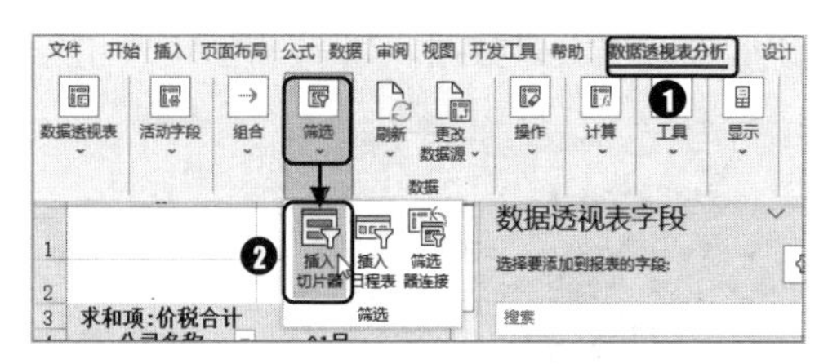

第2步 弹出【插入切片器】对话框，❶勾选【进销项】复选框，❷单击【确定】按钮关闭对话框。如右图所示。

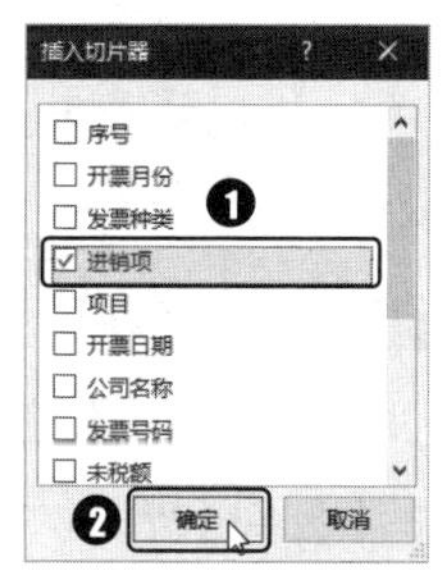

第3步 返回工作表，即可看到【进销项】切片器已插入工作表中。调整切片器样式、列数和大小。调整完成后，效果如下图所示。

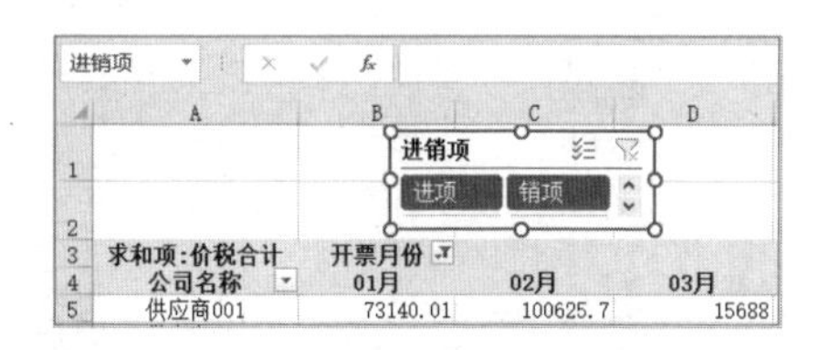

第4步 ❶单击切片器中的【进项】按钮，即可列示并汇总供应商的发票数据，❷单击切片器中的【销项】按钮，即可动态列示并汇总统计客户的发票数据。如下图所示。

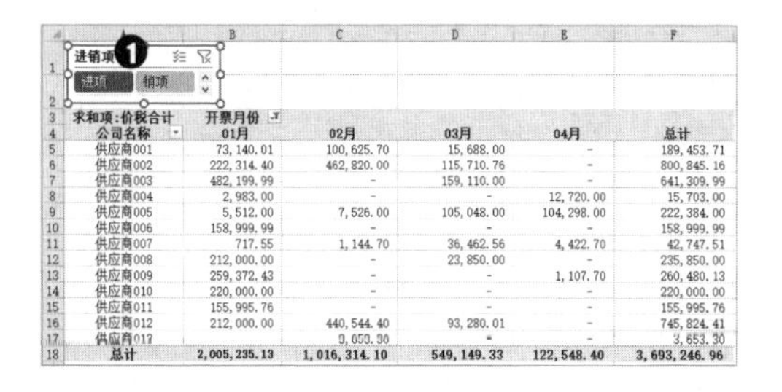

求和项:价税合计	开票月份				
公司名称	01月	02月	03月	04月	总计
供应商001	73,140.01	100,625.70	15,688.00	-	189,453.71
供应商002	222,314.40	462,820.00	115,710.76	-	800,845.16
供应商003	482,199.99	-	159,110.00	-	641,309.99
供应商004	2,983.00	-	-	12,720.00	15,703.00
供应商005	5,512.00	7,526.00	105,048.00	104,298.00	222,384.00
供应商006	158,999.99	-	-	-	158,999.99
供应商007	717.55	1,144.70	36,462.56	4,422.70	42,747.51
供应商008	212,000.00	-	23,850.00	-	235,850.00
供应商009	259,372.43	-	-	1,107.70	260,480.13
供应商010	220,000.00	-	-	-	220,000.00
供应商011	155,995.76	-	-	-	155,995.76
供应商012	212,000.00	440,544.40	93,280.01	-	745,824.41
供应商013		3,653.30	-	-	3,653.30
总计	2,005,235.13	1,016,314.10	549,149.33	122,548.40	3,693,246.96

求和项:价税合计	开票月份				
公司名称	01月	02月	03月	04月	总计
客户001	40,239.72	-	-	-	40,239.72
客户002	477,331.68	-	-	-	477,331.68
客户003	911,602.12	-	-6,338.80	-	905,263.32
客户004	130,790.22	-	-	-	130,790.22
客户005	29,771.16	-	-	-	29,771.16
客户006	-	224,400.21	-	-	224,400.21
客户007	-	527,116.80	-	95,807.04	622,923.84
客户008	-	254,412.72	355,429.86	-	609,842.58
客户009	-	74,199.99	-	162,339.00	236,538.99
客户010	-	-	5,490.79	-	5,490.79
客户011	-	-	289,380.00	-	289,380.00
客户012	-	-	-	2,968.00	2,968.00
总计	1,589,734.90	1,080,129.72	643,961.85	261,114.04	3,574,940.51

10.1.4 按月份和发票类型统计进销项发票数据

按照月份和发票类型分类汇总和统计进销项发票数据，可以方便财务人员与电子税务局系统中统计的进销项发票数据进行核对，并为填报纳税申报表做好准备。下面依然运用数据透视表汇总数据。

第1步 参照10.1.3小节第1条，以超级表“发票登记”为数据源创建两个数据透视表，并放置于同一张工作表中，❶将工作表“Sheet1”重命名为“每月发票汇总”，❷将两个数据透视表的名称分别修改为“销项发票汇总”和“进项发票汇总”。如下图所示。

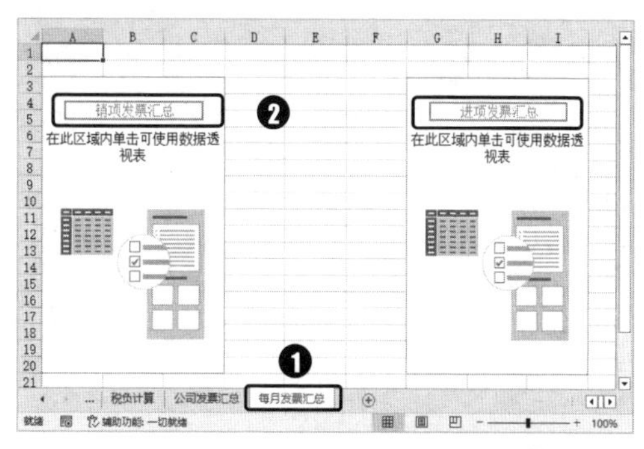

第2步 分别在两个数据透视表的【在以下区域间拖动字段】窗格中进行字段布局。注意两个数据透视表的字段布局相同。❶将

【开票月份】和【发票种类】字段拖放至【行】区域中，❷将【求和项:未税额】【求和项:税额】和【求和项:价税合计】字段拖放至【值】区域中。如下图所示。

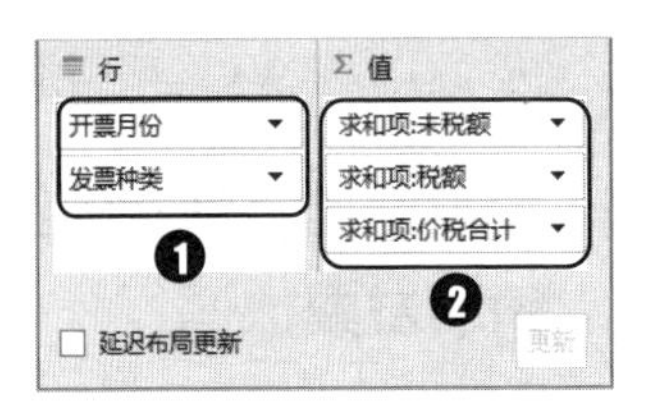

第3步 第2步操作完成后，可看到两个数据透视表中呈现的明细和汇总数据完全相同。如下图所示。

开票月份	发票种类	求和项:未税额	求和项:税额	求和项:价税合计
01月	电子普票	5,457.43	54.57	5,512.00
	电子专票	1,871,548.40	243,104.31	2,114,652.70
	纸质专票	1,305,272.33	169,532.97	1,474,805.33
01月 汇总		3,182,278.16	412,691.84	3,594,970.03
02月	电子普票	7,451.48	74.52	7,526.00
	电子专票	941,719.21	122,423.50	1,064,142.71
	纸质专票	906,880.61	117,894.50	1,024,775.11
02月 汇总		1,856,051.30	240,392.52	2,096,443.82
03月	电子普票	13,928.58	475.42	14,404.00
	电子专票	263,574.45	34,184.11	297,758.55
	纸质专票	779,629.63	101,319.02	880,948.63
03月 汇总		1,057,132.66	135,978.55	1,193,111.18
04月	电子普票	25,343.54	322.46	25,666.00
	电子专票	322,551.68	31,672.07	354,223.74
	纸质普票	1,179.24	70.66	1,249.90
	纸质专票	2,380.00	142.80	2,522.80
04月 汇总		351,454.46	32,207.99	383,662.44
总计		6,446,916.58	821,270.90	7,268,187.47

开票月份	发票种类	求和项:未税额	求和项:税额	求和项:价税合计
01月	电子普票	5,457.43	54.57	5,512.00
	电子专票	1,871,548.40	243,104.31	2,114,652.70
	纸质专票	1,305,272.33	169,532.97	1,474,805.33
01月 汇总		3,182,278.16	412,691.84	3,594,970.03
02月	电子普票	7,451.48	74.52	7,526.00
	电子专票	941,719.21	122,423.50	1,064,142.71
	纸质专票	906,880.61	117,894.50	1,024,775.11
02月 汇总		1,856,051.30	240,392.52	2,096,443.82
03月	电子普票	13,928.58	475.42	14,404.00
	电子专票	263,574.45	34,184.11	297,758.55
	纸质专票	779,629.63	101,319.02	880,948.63
03月 汇总		1,057,132.66	135,978.55	1,193,111.18
04月	电子普票	25,343.54	322.46	25,666.00
	电子专票	322,551.68	31,672.07	354,223.74
	纸质普票	1,179.24	70.66	1,249.90
	纸质专票	2,380.00	142.80	2,522.80
04月 汇总		351,454.46	32,207.99	383,662.44
总计		6,446,916.58	821,270.90	7,268,187.47

第4步 在【销项发票汇总】数据透视表中插入一个【进销项】切片器，单击其中的【销项】按钮，可看到数据透视表中仅列示和汇总销项发票数据。如下图所示。

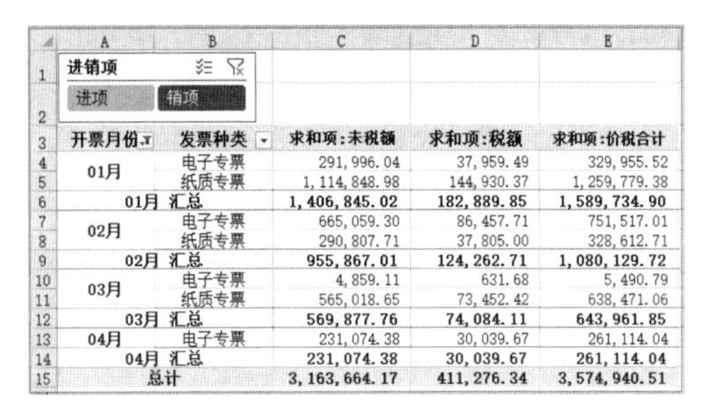

开票月份	发票种类	求和项:未税额	求和项:税额	求和项:价税合计
01月	电子专票	291,996.04	37,959.49	329,955.52
	纸质专票	1,114,848.98	144,930.37	1,259,779.38
01月 汇总		1,406,845.02	182,889.85	1,589,734.90
02月	电子专票	665,059.30	86,457.71	751,517.01
	纸质专票	290,807.71	37,805.00	328,612.71
02月 汇总		955,867.01	124,262.71	1,080,129.72
03月	电子专票	4,859.11	631.68	5,490.79
	纸质专票	565,018.65	73,452.42	638,471.06
03月 汇总		569,877.76	74,084.11	643,961.85
04月	电子专票	231,074.38	30,039.67	261,114.04
04月 汇总		231,074.38	30,039.67	261,114.04
总计		3,163,664.17	411,276.34	3,574,940.51

第5步 再在【进项发票汇总】数据透视表中插入一个【进销项】切片器，单击其中的【进项】按钮，可看到数据透视表中仅列示和汇总进项发票数据。如下图所示。

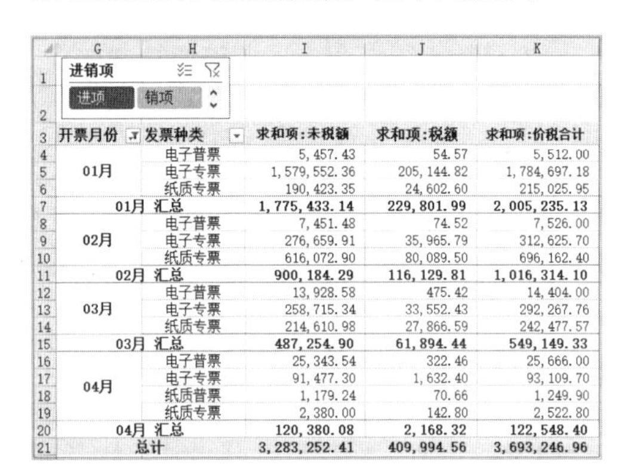

开票月份	发票种类	求和项:未税额	求和项:税额	求和项:价税合计
01月	电子普票	5,457.43	54.57	5,512.00
	电子专票	1,579,552.36	205,144.82	1,784,697.18
	纸质专票	190,423.35	24,602.60	215,025.95
01月 汇总		1,775,433.14	229,801.99	2,005,235.13
02月	电子普票	7,451.48	74.52	7,526.00
	电子专票	276,659.91	35,965.79	312,625.70
	纸质专票	616,072.90	80,089.50	696,162.40
02月 汇总		900,184.29	116,129.81	1,016,314.10
03月	电子普票	13,928.58	475.42	14,404.00
	电子专票	258,715.34	33,552.43	292,267.76
	纸质专票	214,610.98	27,866.59	242,477.57
03月 汇总		487,254.90	61,894.44	549,149.33
04月	电子普票	25,343.54	322.46	25,666.00
	电子专票	91,477.30	1,632.40	93,109.70
	纸质普票	1,179.24	70.66	1,249.90
	纸质专票	2,380.00	142.80	2,522.80
04月 汇总		120,380.08	2,168.32	122,548.40
总计		3,283,252.41	409,994.56	3,693,246.96

第6步 ❶再在【销项发票汇总】数据透视表中插入一个【开票月份】切片器，❷单击【切片器】选项卡，❸单击【切片器】组中的【报表连接】按钮。如下图所示。

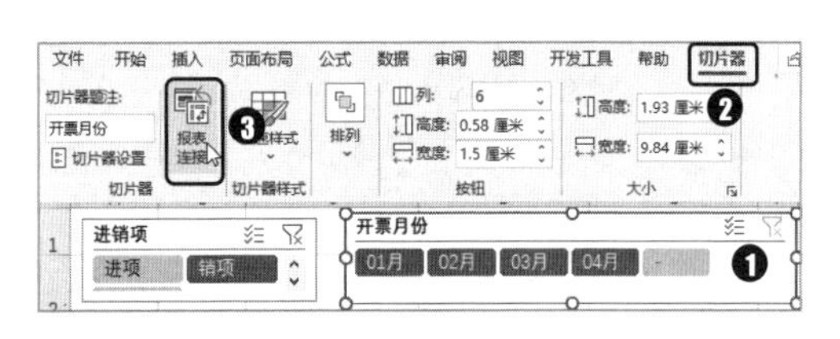

第7步 弹出【数据透视表连接（开票月份）】对话框，❶勾选【进项发票汇总】选

项复选框，❷单击【确定】按钮关闭对话框。如下图所示。

第8步 以上操作完成后，可通过【开票月份】切片器同时按月份筛选【销项发票汇总】和【进项发票汇总】两个数据透视表的数据。例如，在切片器中选中【01月】【02月】和【03月】3个按钮，可看到两个数据透视表皆列示1～3月发票数据。如下图所示。

进销项：进项 销项

开票月份：01月 02月 03月 04月

开票月份	发票种类	求和项:未税额	求和项:税额	求和项:价税合计
01月	电子专票	291, 996. 04	37, 959. 49	329, 955. 52
	纸质专票	1, 114, 848. 98	144, 930. 37	1, 259, 779. 38
01月 汇总		1, 406, 845. 02	182, 889. 85	1, 589, 734. 90
02月	电子专票	665, 059. 30	86, 457. 71	751, 517. 01
	纸质专票	290, 807. 71	37, 805. 00	328, 612. 71
02月 汇总		955, 867. 01	124, 262. 71	1, 080, 129. 72
03月	电子专票	4, 859. 11	631. 68	5, 490. 79
	纸质专票	565, 018. 65	73, 452. 42	638, 471. 06
03月 汇总		569, 877. 76	74, 084. 11	643, 961. 85
总计		2, 932, 589. 79	381, 236. 67	3, 313, 826. 47

进销项：进项 销项

开票月份	发票种类	求和项:未税额	求和项:税额	求和项:价税合计
01月	电子普票	5, 457. 43	54. 57	5, 512. 00
	电子专票	1, 579, 552. 36	205, 144. 82	1, 784, 697. 18
	纸质专票	190, 423. 35	24, 602. 60	215, 025. 95
01月 汇总		1, 775, 433. 14	229, 801. 99	2, 005, 235. 13
02月	电子普票	7, 451. 48	74. 52	7, 526. 00
	电子专票	276, 659. 91	35, 965. 79	312, 625. 70
	纸质专票	616, 072. 90	80, 089. 50	696, 162. 40
02月 汇总		900, 184. 29	116, 129. 81	1, 016, 314. 10
03月	电子普票	13, 928. 58	475. 42	14, 404. 00
	电子专票	258, 715. 34	33, 552. 43	292, 267. 76
	纸质专票	214, 610. 98	27, 866. 59	242, 477. 57
03月 汇总		487, 254. 90	61, 894. 44	549, 149. 33
总计		3, 162, 872. 33	407, 826. 24	3, 570, 698. 56

10.1.5 按月统计抵扣和留置的进项发票数据

实务中，企业每月计算当月应抵扣的进项税额时，如果进项税额高于销项税额，一般是将部分进项发票暂时留置，用于后期（360日之内）抵扣。为了方便月末整理和统计当月抵扣和留置进项发票数据，本小节继续运用数据透视表进行统计。操作方法如下。

第1步 参照10.1.3小节第1条，以超级表“发票登记”为数据源创建一个数据透视表，并将工作表和数据透视表名称重命名为相同的名称“进项抵扣和留置统计”。如下图所示。

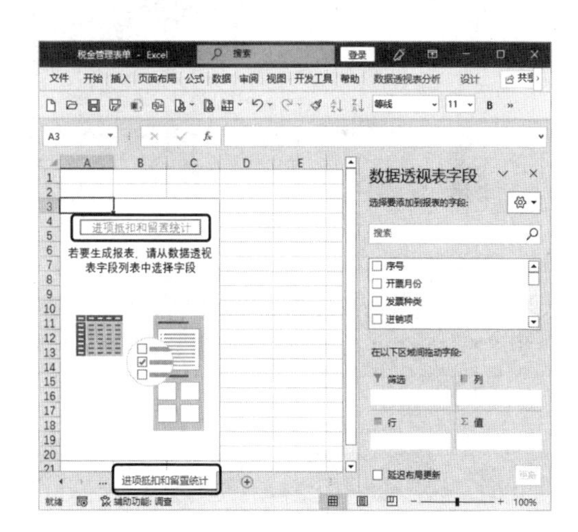

第2步 在【在以下区域间拖动字段】窗格中进行字段布局，❶将【抵扣月份】【开票月份】【发票种类】【开票日期】【发票号码】【公司名称】【税率】7个字段拖放至【行】区域中，❷将【求和项：

未税额】【求和项:税额】和【求和项:价税合计】字段拖放至【值】区域中。如下图所示。

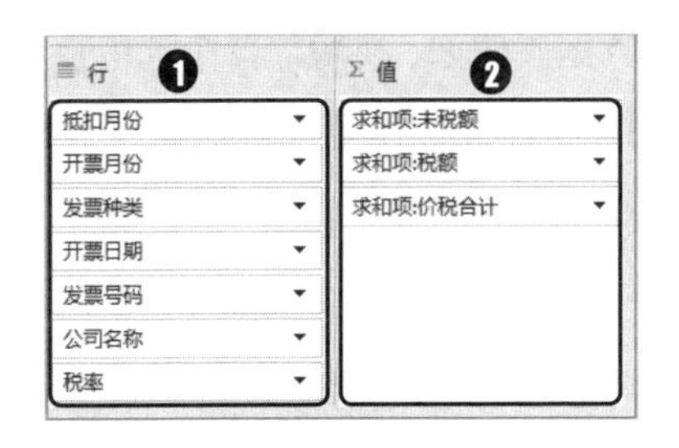

第3步 ❶插入一个【进销项】切片器，单击【进项】按钮，筛选出进项发票明细，❷再插入一个【抵扣月份】切片器，单击代表当月月份的按钮和【留置】按钮。本例假设当月为2023年4月，因此单击【4月】和【留置】按钮，即可筛选出当月抵扣和留置的进项发票数据，❸将A6单元格中的文本修改为"4月抵扣"，【抵扣月份】切片器中按钮名称也自动同步修改。如下图所示。

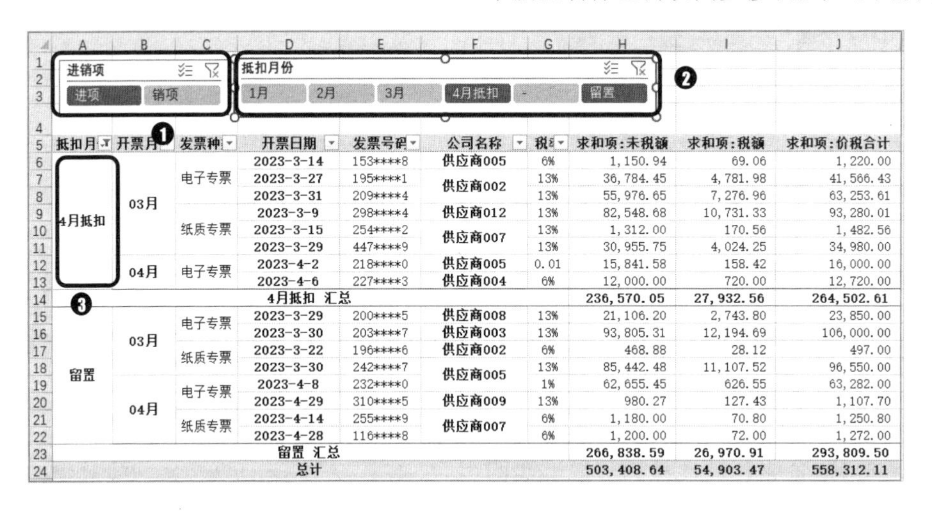

抵扣月	开票月	发票种	开票日期	发票号码	公司名称	税	求和项:未税额	求和项:税额	求和项:价税合计
4月抵扣	03月	电子专票	2023-3-14	153****8	供应商005	6%	1,150.94	69.06	1,220.00
			2023-3-27	195****1	供应商002	13%	36,784.45	4,781.98	41,566.43
			2023-3-31	209****4		13%	55,976.65	7,276.96	63,253.61
		纸质专票	2023-3-9	298****4	供应商012	13%	82,548.68	10,731.33	93,280.01
			2023-3-15	254****2	供应商007	13%	1,312.00	170.56	1,482.56
			2023-3-29	447****9		13%	30,955.75	4,024.25	34,980.00
	04月	电子专票	2023-4-2	218****0	供应商005	0.01	15,841.58	158.42	16,000.00
			2023-4-6	227****3	供应商004	6%	12,000.00	720.00	12,720.00
4月抵扣 汇总							236,570.05	27,932.56	264,502.61
留置	03月	电子专票	2023-3-29	200****5	供应商008	13%	21,106.20	2,743.80	23,850.00
			2023-3-30	203****7	供应商003	13%	93,805.31	12,194.69	106,000.00
		纸质专票	2023-3-22	196****6	供应商002	6%	468.88	28.12	497.00
			2023-3-30	242****7	供应商005	13%	85,442.48	11,107.52	96,550.00
	04月	电子专票	2023-4-8	232****0		1%	62,655.45	626.55	63,282.00
			2023-4-29	310****5	供应商009	13%	980.27	127.43	1,107.70
		纸质专票	2023-4-14	255****9	供应商007	6%	1,180.00	70.80	1,250.80
			2023-4-28	116****8		6%	1,200.00	72.00	1,272.00
留置 汇总							266,838.59	26,970.91	293,809.50
总计							503,408.64	54,903.47	558,312.11

> **温馨提示**
>
> 由于进项发票的抵扣月份和留置状态是动态变化的，因此建议每月末在数据透视表中筛选出当月抵扣和留置的进项发票数据后，将报表另存为一份静态的普通表格，以备查询。

10.2 设计制作"税金及附加"计算管理表单

"税金及附加"是会计实务中用于核算企业经营活动中应当负担的相关税费的一个一级损益类会计科目，其中具体包括哪些税（费）种？税（费）率各是多少？如何计算？先让我们看看AI工具"ChatGPT"的介绍。

> **提问：** 会计实务中"税金及附加"科目中一般包括哪些常见的税(费)种？税(费)率各是多少？如何计算？2023年有哪些优惠政策？

ChatGPT

税金及附加是指企业在经营过程中，根据国家规定缴纳的除增值税以外的各种税费。以下是一些常见的税金及附加税(费)种、税(费)率及计算方法的简要介绍。

(1)城市维护建设税(以下简称“城建税”)：以增值税为计税依据，根据纳税人所在地的不同，按以下比例征收：纳税人所在地为市区，税率为7%；纳税人所在地为县城、镇，税率为5%；纳税人所在地不在市区、县城或镇，税率为1%。

(2)教育费附加：以增值税为计税依据，按照3%的税率征收。

(3)地方教育费附加：以增值税为计税依据，按照2%的税率征收。

(4)印花税：根据不同的合同类型和金额大小，按照不同的税率征收。常见的合同类型包括销售合同、采购合同、借款合同等。

(5)土地增值税：以土地转让增值额为计税依据，按照四级超率累进税率征收，税率为30%到60%。

(6)房产税：根据企业持有的房产类型和用途不同，采用不同的计税方法和税率。

计算方法如下。

(1)城建税：应纳税额=增值税金额×适用税率。

(2)教育费附加：应纳费额=增值税金额×适用税率。

(3)地方教育费附加：应纳费额=增值税金额×适用税率。

(4)印花税：应纳税额=合同金额×适用税率。

(5)土地增值税：应纳税额=土地转让增值额×适用税率。

(6)房产税：应纳税额=房产原值×适用税率或租金收入×适用税率。

需要注意的是，以上税金及附加的计算方法可能会因国家政策和地区差异而略有不同，具体以相关税收政策和法规为准。同时，企业在缴纳各种税费时还应遵守国家税收法律和法规，合法合规地缴纳相关税费。

ChatGPT列出的实务中“税金及附加”科目下常见的税(费)种比较全面。其中，城建税、教育费附加和地方教育费附加合称为“附加税费”，与印花税一样，是日常经营中常涉及的税(费)种。本节即以这两种税(费)种为示例，同时结合相关税收优惠政策及实际纳税申报要求，运用Excel设计制作“税金及附加”的计算和管理表单，帮助财务人员提高工作效率。

10.2.1 设计制作附加税费全自动计算表单

附加税费包括一税两费，即城建税、教育费附加和地方教育费附加。三种税费均以增值税和消费税的实缴税金之和为基数，乘以不同的税(费)率进行计算。本小节以一般纳税人所在地为市区的附加税费的税(费)率7%、3%、2%为例，以实缴增值税税金为计算依据(本例未列举消费税)，以及附加税费减半征收和“按月纳税的销售额或营业额不超过10万元(按季不超过30万元)的纳税义务人，免征教育费附加、地方教育费附加”的相关税收优惠政策规定，制作增值税附加税费的全自动计算表单。

1. 设计表单框架、字段和基本格式

附加税费计算表单框架其实非常简单，根据其计算要求和特点设计即可。具体思路如下。

首先，计算附加税费必须有两个数据作为依据，即每月收入和增值税实缴税金。其中，增值税实缴税金数据用于计算附加税费的具体税金，而每月收入数据用于判断是否减免教育费附加和地方教育费附加。对于这两项数据，只需设置函数公式引用前文制作的增值税税负计算表中的数据即可。

其次，附加税费中的一税两费的税（费）率都不相同，因此，为方便复制粘贴公式，应预先设置好每种税（费）率，不必在公式中直接输入。

最后，根据实务申报表的特点，应在表单中分别对附加税费与增值税及附加税费进行求和，方便核对。

根据上述思路，下面在“税金管理表单”中新建一张工作表，并将其重命名为“附加税费”，同时在其中绘制了表单框架，并设置字段、基础格式和基本求和公式。其中，【月份】字段的A4:A15单元格区域中依次输入数字1～12，以便下一步以此作为关键字引用“收入”和“实缴增值税”数据。同时，A4:A15单元格区域中的单元格格式自定义为“0月”，便于阅读。如下图所示。

2. 引用“收入”和“实缴增值税”数据

“收入”和“实缴增值税”数据均从“税负计算”工作表中的表单中引用。注意“收入”对应销项“未税额”数据，而“实缴增值税”对应“实际税负”数据。引用方法非常简单，运用VLOOKUP+INDIRECT函数组合设置公式即可。操作方法如下。

第1步 ❶ 在B4单元格中设置公式“=VLOOKUP($A4,INDIRECT("税负计算!A:R"),3,0)”，运用VLOOKUP函数在“税负计算”工作表中A:R区域中查找与A4单元格中相同的数字，并返回第3列中与之匹配的“未税额”数据，即可得到“收入”数据，❷复制B4单元格公式并粘贴至C4单元格中，将C4单元格中VLOOKUP函数中的第3个参数修改为“10”，即可引用“实缴增值税”数据。如下图所示（编辑栏中显示C4单元格公式）。

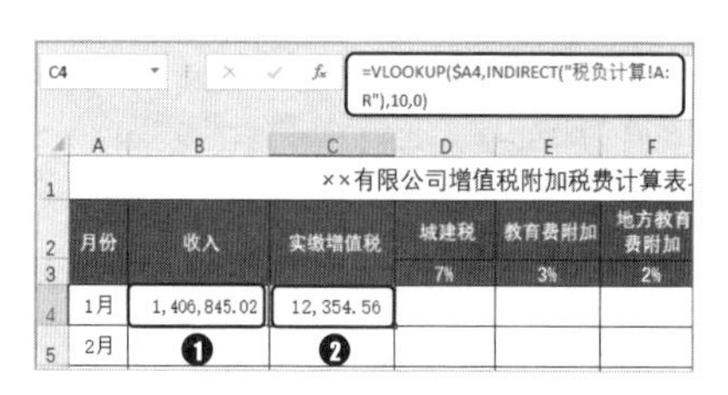

第2步 复制B4:C4单元格区域公式并粘贴至B5: C15单元格区域中，即可引用其他月份的“收入”和“实缴增值税”数据。如下图所示。

C15 =VLOOKUP($A15,INDIRECT("税负计算!A:R"),10,0)

××有限公司增值税附加税费计算表单					
月份	收入	实缴增值税	城建税	教育费附加	地方教育费附加
			7%	3%	2%
1月	1,406,845.02	12,354.56			
2月	955,867.01	9,677.28			
3月	569,877.76	5,111.38			
4月	231,074.38	2,107.11			
5月	-	-			
6月	-	-			
7月	-	-			
8月	-	-			
9月	-	-			
10月	-	-			
11月	-	-			
12月	-	-			
合计	3,163,664.17	29,250.33	-	-	-

第3步 在D4单元格中设置公式“=ROUND($C4*D$3*50%,2)”，计算城建税税金（乘以50%是税收优惠政策）。如下图所示。

D4 =ROUND($C4*D$3*50%,2)

××有限公司增值税附加税费				
月份	收入	实缴增值税	城建税	教育费附加
			7%	3%
1月	1,406,845.02	12,354.56	432.41	
2月	955,867.01	9,677.28		

第4步 ❶在E4单元格中设置公式“=IF($B4<100000,0,$C4*E$3*50%)”，运用IF函数判断B4单元格中的“收入”数据小于100000时，可免征，即返回数字“0”，否则计算教育费附加的费额，❷复制E4单元格公式并粘贴至F4单元格中，即可计算得到地方教育费附加费额。如下图所示（编辑栏中显示F4单元格公式）。

F4 =IF($B4<100000,0,$C4*F$3*50%)

××有限公司增值税附加税费计算表单					
月份	收入	实缴增值税	城建税	教育费附加	地方教育费附加
			7%	3%	2%
1月	1,406,845.02	12,354.56	432.41	185.32	123.55
2月	955,867.01	9,677.28		❶	❷

第5步 ❶在G4单元格中设置公式“=ROUND(SUM(D4:F4),2)”，计算附加税费的合计数，❷在H4单元格中设置公式“=ROUND(C4+G4,2)”，计算增值税与附加税费的合计数据。如下图所示（编辑栏中显示G4单元格公式）。

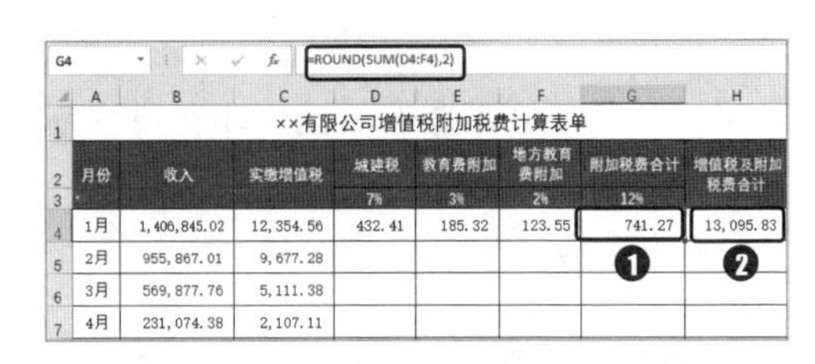

G4 =ROUND(SUM(D4:F4),2)

××有限公司增值税附加税费计算表单							
月份	收入	实缴增值税	城建税	教育费附加	地方教育费附加	附加税费合计	增值税及附加税费合计
			7%	3%	2%	12%	
1月	1,406,845.02	12,354.56	432.41	185.32	123.55	741.27	13,095.83
2月	955,867.01	9,677.28				❶	❷
3月	569,877.76	5,111.38					
4月	231,074.38	2,107.11					

第6步 复制D4:H4单元格区域公式并粘贴至D5:H15单元格区域中，即可计算得到其他月份的各项数据。如下图所示。

H15 =ROUND(C15+G15,2)

××有限公司增值税附加税费计算表单							
月份	收入	实缴增值税	城建税	教育费附加	地方教育费附加	附加税费合计	增值税及附加税费合计
			7%	3%	2%	12%	
1月	1,406,845.02	12,354.56	432.41	185.32	123.55	741.27	13,095.83
2月	955,867.01	9,677.28	338.70	145.16	96.77	580.63	10,257.91
3月	569,877.76	5,111.38	178.90	76.67	51.11	306.68	5,418.06
4月	231,074.38	2,107.11	73.75	31.61	21.07	126.43	2,233.54
5月	-	-	-	-	-	-	-
6月	-	-	-	-	-	-	-
7月	-	-	-	-	-	-	-
8月	-	-	-	-	-	-	-
9月	-	-	-	-	-	-	-
10月	-	-	-	-	-	-	-
11月	-	-	-	-	-	-	-
12月	-	-	-	-	-	-	-
合计	3,163,664.17	29,250.33	1,023.76	438.75	292.50	1,755.01	31,005.34

10.2.2 设计制作印花税计算表单

印花税是对经济活动和经济交往中书立、领受具有法律效力的凭证的行为所征收的一个税种。原则上是按次申报，而实务中，许多企业在一个月内通常会发生多种、多次应税行为。因此，为了便于统一管理，大部分企业对于印花税的计算和申报，通常是将当月内产生的所有应纳印花税税额汇总计算之后一次申报。本小节将制作印花税计算表单，根据不同的税目及税率计算印花税税金。

1. 印花税的税目和税率

我国现行印花税的税目主要包括17种，各种税目的税率都略有不同。印花税税率表如下图所示，其中列示了每种税目、计税依据及税率。

印花税税率表

序号	税目	计税依据	税率	纳税人	备注
1	买卖合同	价款	0.0003	立合同人	
2	承揽合同	承揽报酬	0.0003	立合同人	
3	技术合同	价款、报酬或使用费	0.0005	立合同人	
4	建设工程合同	价款	0.0003	立合同人	
5	借款合同	借款金额	0.00005	立合同人	
6	运输合同	运输费用	0.0003	立合同人	
7	保管合同	保管费	0.001	立合同人	
8	仓储合同	仓储费	0.001	立合同人	
9	租赁合同	租金	0.001	立合同人	
10	融资租赁合同	租金	0.00005	立合同人	
11	财产保险合同	保险费	0.001	立合同人	
12	产权转移书据-土地使用权出让书据	价款	0.0005	立据人	
13	产权转移书据-土地使用权、房屋等建筑物和构筑物所有权转让书据	价款	0.0005	立据人	不包括土地承包经营权和土地经营权转移
14	产权转移书据-股权转让书据	价款	0.0005	立据人	不包括应缴纳证券交易印花税的
15	产权转移书据-商标专用权、著作权、专利权、专用技术使用权转让书据	价款	0.0003	立据人	
16	营业账簿	实收资本(股本)与资本公积的合计金额	0.00025	立账簿人	
17	证券交易	成交金额	0.001	交易人	

2. 按项目统计汇总发票金额

实务中，印花税的计税一般根据发票的不含税金额进行统计。本例在10.1.1小节中制作增值税发票登记表单时，设置了【项目】字段，项目内容包括“产品”“劳务”“运费”和“费用”。其中，前三项分别对应印花税税目中的“买卖合同”“承揽合同”与“运输合同”，税率均为万分之三（0.0003）。而“费用”主要是指企业日常经营费用，一般不属于印花税的税目。因此，本例将创建数据透视表，根据“产品”“劳务”“运费”这三种项目的发票金额进行统计和汇总，并以此作为计税依据，添加计算字段计算印花税税金。操作方法如下。

第1步 以“税金管理表单”工作簿“发票登记表”工作表中的超级表“发票登记”为数据源创建一个数据透视表，将新工作表名称和数据透视表名称均重命名为“印花税”。如下图所示。

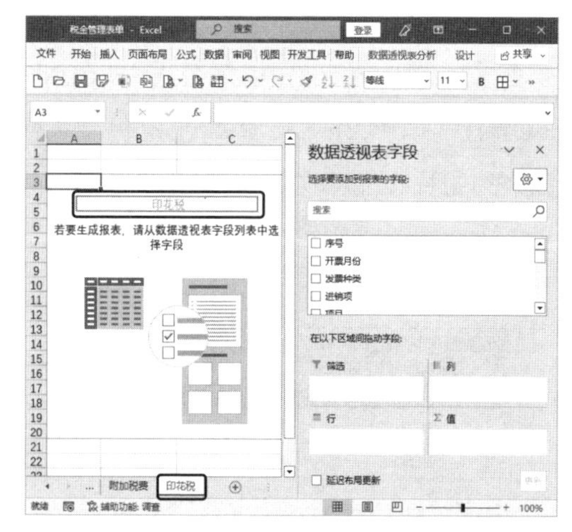

第2步 在【在以下区域间拖动字段】窗格中进行字段布局，将【开票月份】和【项目】字段拖放至【行】区域中，将【求和项：未税额】拖放至【值】区域中。如下图所示。

第3步 ❶在数据透视表中插入一个【开票月份】切片器，选中除【-】按钮外的其他代表月份的按钮，❷再插入一个【项目】切片器，选中【产品】【劳务】【运费】这三个字段。如下图所示。

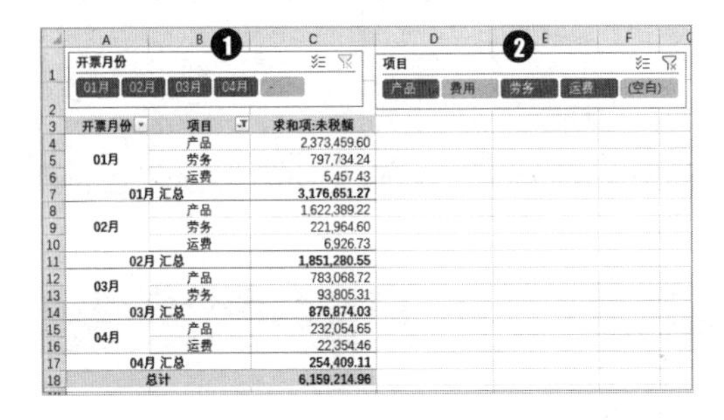

开票月份	项目	求和项:未税额
01月	产品	2,373,459.60
	劳务	797,734.24
	运费	5,457.43
01月 汇总		3,176,651.27
02月	产品	1,622,389.22
	劳务	221,964.60
	运费	6,926.73
02月 汇总		1,851,280.55
03月	产品	783,068.72
	劳务	93,805.31
03月 汇总		876,874.03
04月	产品	232,054.65
	运费	22,354.46
04月 汇总		254,409.11
总计		6,159,214.96

第4步 激活数据透视表工具，❶单击【数据透视表分析】选项卡，❷单击【计算】组中的【字段、项目和集】下拉按钮，❸单击【计算字段】命令。如下图所示。

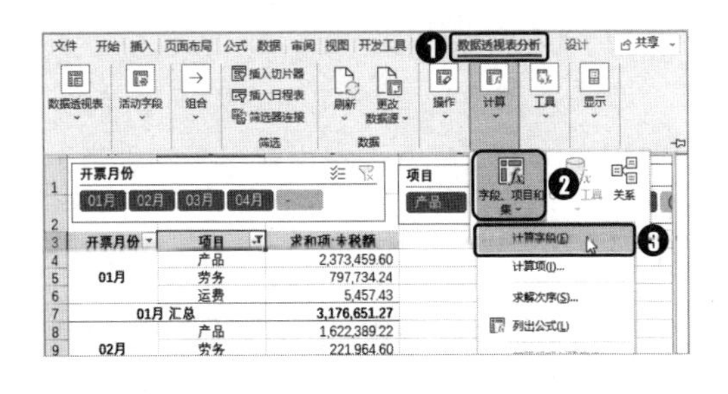

第5步 弹出【插入计算字段】对话框，❶在【名称】文本框中输入计算字段的名称“应交税金”，❷在【公式】文本框中输入公式表达式“=ROUND(未税额*0.0003,2)”，用“未税额”金额乘以印花税税率“0.0003”（万分之三），❸单击【添加】按钮。如下图所示。

第6步 上一步操作完成后，可看到【插入计算字段】对话框中，【应交税金】字段已被添加至【字段】列表框中。此时单击【确定】按钮。如下图所示。

第7步 参照第5步操作再次添加一个计算字段，将其名称命名为“减免50%”，根据税收政策计算减免税金。【插入计算字段】对话框中设置内容如下图所示。

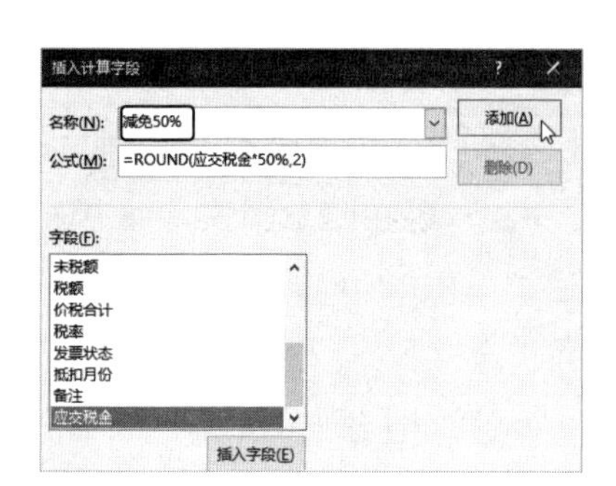

第8步 参照第5步操作再次添加一个计算字段，将名称设置为“实交税金”，用【应交税金】字段的数据减【减免50%】字段的数据，即可得到实际应交印花税税金。【插入计算字段】对话框中设置内容如下图所示。

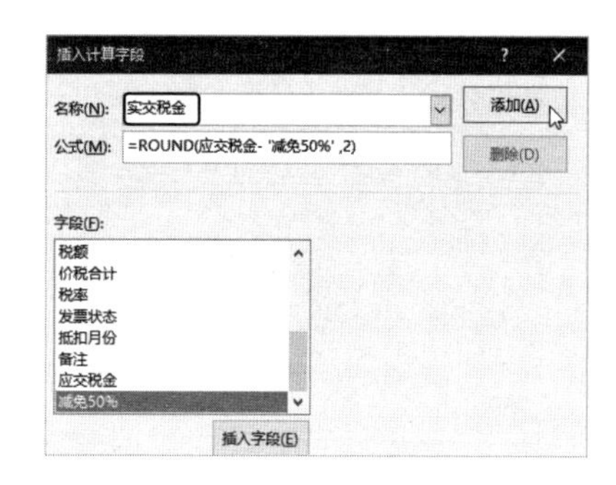

第9步 以上操作完成后，返回工作表，即可看到数据透视表的值区域中已添加了三个计算字段，并按照公式计算出结果。如下图所示。

开票月份：01月 02月 03月 04月
项目：产品 费用 劳务 运费

开票月份	项目	求和项:未税额	求和项:应交税金	求和项:减免50%	求和项:实交税金
01月	产品	2,373,459.60	712.04	356.02	356.02
	劳务	797,734.24	239.32	119.66	119.66
	运费	5,457.43	1.64	0.82	0.82
01月 汇总		3,176,651.27	953.00	476.50	476.50
02月	产品	1,622,389.22	486.72	243.36	243.36
	劳务	221,964.60	66.59	33.30	33.29
	运费	6,926.73	2.08	1.04	1.04
02月 汇总		1,851,280.55	555.38	277.69	277.69
03月	产品	783,068.72	234.92	117.46	117.46
	劳务	93,805.31	28.14	14.07	14.07
03月 汇总		876,874.03	263.06	131.53	131.53
04月	产品	232,054.65	69.62	34.81	34.81
	运费	22,354.46	6.71	3.36	3.35
04月 汇总		254,409.11	76.32	38.16	38.16
总计		6,159,214.96	1,847.76	923.88	923.88

10.3 设计制作“企业所得税”计算管理表单

企业所得税是我国对境内的企业与其他取得收入的组织的生产经营所得和其他所得征收的一种所得税，也是我国重要的税种之一。为了更高效地管理企业所得税税金，下面先通过AI工具“讯飞星火”来了解一下企业所得税的征收时间及2023年的税收减免政策。

提问： 目前我国对于企业所得税的征收时间是如何规定的？2023年有哪些税收减免政策？

讯飞星火

我国的企业所得税通常在每个会计年度结束后的5个月内进行征收，具体日期由税务机关根据实际情况确定。

针对2023年的税收减免政策，我为您找到了以下一些重要信息。

（1）《财政部 税务总局：关于小微企业和个体工商户所得税优惠政策的公告》（2023年第6号）规定，小型微利企业的税收政策如下：对于年应纳税所得额不超过100万元的部分，减按25%计入应纳税所得额，并按20%的税率缴纳企业所得税。此外，对于年应纳税所得额超过100万元但不超过300万元的部分，也将减按25%计入应纳税所得额，按20%的税率缴纳企业所得税。以上政策的享受主体是从事国家非限制和禁止行业，且同时符合年度应纳税所得额不超过300万元、从业人数不超过300人、资产总额不超过5000万元这三个条件的企业。

（2）CPA注册会计师资格证持证人指出，小微企业在2023年和2024年的企业所得税将统一按照5%的税率交税，不区分0万～100万元、100万～300万元部分。

（3）另外值得注意的是，从2023年1月起，有5项企业所得税的优惠即将过期，包括高新技术企业新购进设备的一次性扣除和100%加计扣除等。

（4）同时，个体工商户也能享受到一些税收优惠。如自2023年1月1日至2027年12月31日，对个体工商户年应纳税所得额不超过200万元的部分，将会减半征收个人所得税。

以上信息仅供参考，如有任何变动，请以国家税务总局的最新通知为准。

从以上回复可知，讯飞星火提供的企业所得税征收时间和2023年的税收减免政策是比较准确的。实务中，绝大部分企业是按季度预缴企业所得税，即在每一个季度终了之后的15日内进行一次预缴申报，计税基础为本年1月1日至本季度末的所有应纳税所得额。本节即按照企业所得税征收规定，并以“小型微利企业”的税收减免政策为例，制作企业所得税计算表单，按月计算“利润”相关数据（净利润、净利率和税负率），按季汇总利润总额及应纳税所得额，进而得到季度预缴税额。同时，将自动生成企业所得税季度预缴明细表，作为企业所得税的动态查询表和记账凭证附件。

10.3.1 设计制作企业所得税预缴税金计算表单

我国企业所得税基本税率为年应纳税所得额的25%。根据2023年最新税收减免政策规定，对小型微利企业年应纳税所得额不超过300万元的部分，减按25%计入应纳税所得额，按20%的税率缴纳企业所得税。本小节按照企业所得税计算方法和上述减免政策设计制作企业所得税预缴税金管理表单。

1. 设计表单框架、字段和基本格式

企业所得税计算表单的制作非常简单，根据其计算方式和实际税率设置公式自动计算。具体思路如下。

（1）根据以上减免政策，可将应纳税所得额划分为两个级别，即小于或等于300万元、大于300万元。同时计算出各级应纳税所得额对应的实际税率，以便简化应纳税额的计算。具体应纳税额级别及对应的实际税率如下。

应纳税所得额≤300万元，税率为5%（25%×20%）。

应纳税所得额>300万元，税率为25%。

（2）“营业收入”“利润总额”数据是计算企业所得税税金的关键要素。其中“营

业收入”是计算利润率的依据，因计算过程较为烦琐，实务中一般在财务软件中计算，本例不作介绍，直接在表单中填入数据。

（3）制作两个联动表单：利润计算表和企业所得税计算表。其中，利润计算表中填入“营业收入”“利润总额”数据。“已预缴所得税额”数据从“企业所得税”计算表中引用。同时，企业所得税计算表中的“利润总额”数据从利润计算表中引用。

按照上述思路，本例已预先在“税金管理表单”工作簿中新建“企业所得税”工作表并在其中绘制两个表单，同时已设置好字段名称、基本格式，并填入部分基础数据。其中，C2单元格中填入代表年度的数字“2023”，单元格格式自定义为“0年”。B4:B15单元格区域中依次填入代表月份的数字“1～12”，单元格格式自定义为“0月”。如下图所示。

××有限公司利润计算表

会计年度 2023年

季度	月份	营业收入	利润总额	所得税费用	净利润额	净利润率	税负率
	1月	102,658.96	14,457.66				
	2月	102,032.86	18,432.03				
	3月	177,405.87	23,197.65				
	4月	152,355.99	27,576.10				
	5月	152,155.78	22,961.29				
	6月	169,154.67	25,434.24				
	7月	163,062.62	18,024.28				
	8月	149,637.29	15,020.02				
	9月	117,249.98	19,951.90				
	10月	87,830.96	9,715.09				
	11月	96,363.60	10,669.41				
	12月	115,965.31	20,979.42				
全年合计		1,585,873.89	226,419.09	-	-		

企业所得税计算表

弥补以前年度亏损 21,635.36

季度	利润总额	调增/调减	累计应纳税所得额	实际税率	累计应预缴所得税	已预缴所得税	应补(退)税额	实补(退)税额	缴税日期
第1季度		1,500.00							
第2季度		-							
第3季度		-							
第4季度		-							
合计	-	1,500.00	-			-	-	-	-

2. 计算利润及相关数据

下面在“××有限公司利润计算表”中设置公式，计算利润及相关数据。“所得税费用”和“税负率”数据后面在“企业所得税计算表”中计算完成后再引用至此表单中。操作方法如下。

第1步 在A4单元格中设置公式“=TEXT(MIN(IF(12/B4>={4,2,1.33,1},{1,2,3,4})),"第0季度")”，根据B4单元格中的月份数字自动判断并返回其所属季度。如下图所示。

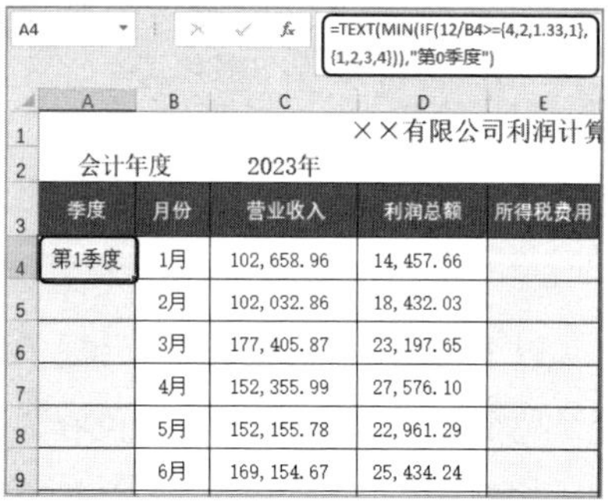

A4 =TEXT(MIN(IF(12/B4>={4,2,1.33,1},{1,2,3,4})),"第0季度")

××有限公司利润计

会计年度 2023年

季度	月份	营业收入	利润总额	所得税费用
第1季度	1月	102,658.96	14,457.66	
	2月	102,032.86	18,432.03	
	3月	177,405.87	23,197.65	
	4月	152,355.99	27,576.10	
	5月	152,155.78	22,961.29	
	6月	169,154.67	25,434.24	

公式原理如下。

（1）运用IF函数判断“12/B4”的计算结果分别大于或等于“4”“2”“1.33”和“1”时，即返回数组中“{1,2,3,4}”符合条件的数字。

（2）再运用MIN函数统计其中最小的数字。

（3）最后运用TEXT函数将数字转换

为指定格式，使之显示为文本“第n（1、2、3、4）季度”。

（4）表达式“12/B4>={4,2,1.33,1}”的计算原理是：用代表全年最大月份的数字“12”除以B4单元格中数字的结果与数组“{4,2,1.33,1}”中的数字进行比较。这一数组中的每一个数字皆是用12除以每一个季度末所属月份的数字而来，即12÷3=4，12÷6=2，12÷9=1.33，12÷12=1。因此，如果B4单元格中的数字为1，那么12÷1=12，大于4，因此返回数组“{1,2,3,4}”中最小的数字“1”，以此类推。

第2步 复制A4单元格公式并粘贴至A5:A15单元格区域中，即可计算得到其他月份所属季度。如下图所示。

A15 =TEXT(MIN(IF(12/B15>={4,2,1.33,1},{1,2,3,4})),"第0季度")

	A	B	C	D	E
1				××有限公司利润计算	
2	会计年度	2023年			
3	季度	月份	营业收入	利润总额	所得税费用
4	第1季度	1月	102,658.96	14,457.66	
5	第1季度	2月	102,032.86	18,432.03	
6	第1季度	3月	177,405.87	23,197.65	
7	第2季度	4月	152,355.99	27,576.10	
8	第2季度	5月	152,155.78	22,961.29	
9	第2季度	6月	169,154.67	25,434.24	
10	第3季度	7月	163,062.62	18,024.28	
11	第3季度	8月	149,637.29	15,020.02	
12	第3季度	9月	117,249.98	19,951.90	
13	第4季度	10月	87,830.96	9,715.09	
14	第4季度	11月	96,363.60	10,669.41	
15	第4季度	12月	115,965.31	20,979.42	

第3步 ❶在F4单元格中设置公式“=ROUND(D4-E4,2)”，用D4单元格中的利润总额减E4单元格中的所得税费用，即可计算得到净利润额，❷在G4单元格中设置公式“=IFERROR (ROUND(F4/C4,4),0)”，用F4单元格中的净利润额除以C4单元格中的营业收入，即可计算得到净利润率。如下图所示（编辑栏中显示G4单元格公式）。

G4 =IFERROR(ROUND(F4/C4,4),0)

	A	B	C	D	E	F	G
1				××有限公司利润计算表			
2	会计年度	2023年					
3	季度	月份	营业收入	利润总额	所得税费用	净利润额	净利润率
4	第1季度	1月	102,658.96	14,457.66		14,457.66	14.08%
5	第1季度	2月	102,032.86	18,432.03		❶	❷
6	第1季度	3月	177,405.87	23,197.65			
7	第2季度	4月	152,355.99	27,576.10			

第4步 ❶复制F4:G4单元格区域公式并粘贴至F5:G15单元格区域中，即可计算得到其他月份的净利润额和净利润率，❷复制G15单元格并选择性粘贴公式至G16单元格中，即可得到全年净利润率。如下图所示。

G16 =IFERROR(ROUND(F16/C16,4),0)

	A	B	C	D	E	F	G
1				××有限公司利润计算表			
2	会计年度	2023年					
3	季度	月份	营业收入	利润总额	所得税费用	净利润额	净利润率
4	第1季度	1月	102,658.96	14,457.66		14,457.66	14.08%
5	第1季度	2月	102,032.86	18,432.03		18,432.03	18.06%
6	第1季度	3月	177,405.87	23,197.65		23,197.65	13.08%
7	第2季度	4月	152,355.99	27,576.10		27,576.10	18.10%
8	第2季度	5月	152,155.78	22,961.29		22,961.29	15.09%
9	第2季度	6月	169,154.67	25,434.24	❶	25,434.24	15.04%
10	第3季度	7月	163,062.62	18,024.28		18,024.28	11.05%
11	第3季度	8月	149,637.29	15,020.02		15,020.02	10.04%
12	第3季度	9月	117,249.98	19,951.90		19,951.90	17.02%
13	第4季度	10月	87,830.96	9,715.09		9,715.09	11.06%
14	第4季度	11月	96,363.60	10,669.41		10,669.41	11.07%
15	第4季度	12月	115,965.31	20,979.42		20,979.42	18.09%
16	全年合计		1,585,873.89	226,419.09	-	226,419❷	14.28%

温馨提示

由于此时尚未计算所得税费用，所以利润总额与净利润额相同。

3. 计算企业所得税税金

下面在“企业所得税计算表”中设置公式，计算企业所得税税金及相关数据。操作方法如下。

第1步 ❶在K4单元格中设置公式“=SUMIF(A:A,J4,D:D)”，运用SUMIF函数进行条件求和，即当A:A区域与J:J区域中的内容相同时，对D:D区域中与之匹配的数字求和，❷复制K4单元格并选择性粘贴公式至K5:K7单元格区域中，即可汇总得到其他季度的利润总额。如下图所示（编辑栏中显示K7单元格公式）。

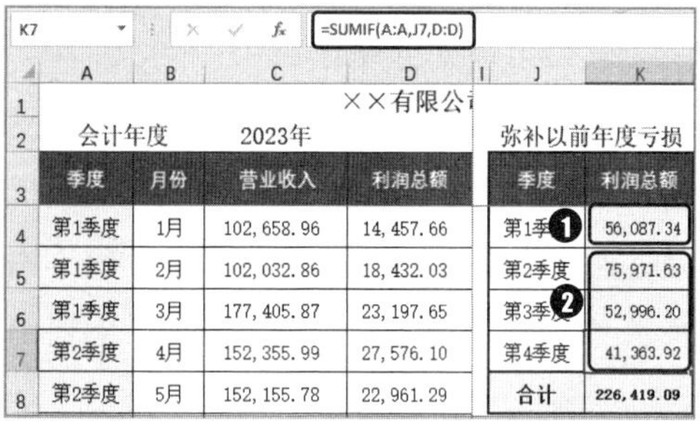

K7 =SUMIF(A:A,J7,D:D)

	A	B	C	D	J	K
1			××有限公			
2	会计年度	2023年			弥补以前年度亏损	
3	季度	月份	营业收入	利润总额	季度	利润总额
4	第1季度	1月	102, 658. 96	14, 457. 66	第1季❶	56, 087. 34
5	第1季度	2月	102, 032. 86	18, 432. 03	第2季度	75, 971. 63
6	第1季度	3月	177, 405. 87	23, 197. 65	第3季❷	52, 996. 20
7	第2季度	4月	152, 355. 99	27, 576. 10	第4季度	41, 363. 92
8	第2季度	5月	152, 155. 78	22, 961. 29	合计	226, 419. 09

第2步 ❶在M4单元格中设置公式“=ROUND(SUM(K$3:L4)-$L$2,2)”，用K3:L4单元格区域中的合计数减L2单元格的“弥补以前年度亏损”数据，即可计算得到第1季度的“累计应纳税所得额”数据，❷复制M4单元格并选择性粘贴公式至M5:M7单元格区域中，即可得到每一季度末时，第1季度至本季度的“累计应纳税所得额”数据，❸在M8单元格中设置公式“=M7”，直接引用M7单元格中的“累计应纳税所得额”数据（累计至第4季度末与全年累计数相同）。如下图所示（编辑栏中显示M7单元格公式）。

M7 =ROUND(SUM(K$3:L7)-$L$2,2)

	J	K	L	M	N	O
1					企业所得税计算表	
2	弥补以前年度亏损		21, 635. 36			
3	季度	利润总额	调增/调减	累计应纳税所得额	实际税率	累计应预缴所得税
4	第1季度	56, 087. 34	1, 500. 00	35, 951. 98	❶	
5	第2季度	75, 971. 63	-	111, 923. 61		
6	第3季度	52, 996. 20		164, 919. 81	❷	
7	第4季度	41, 363. 92		206, 283. 73		
8	合计	226, 419. 09	1, 500. 00	206, 283. 73	❸	-

第3步 ❶在N4单元格中设置公式“=IF(M4<=0,0,IF(M4<=3000000,0.05,0.25))”，运用IF函数判断M4单元格中数字小于或等于0时，代表暂不用缴税，因此返回数字“0”。否则，再运用第2层IF函数判断M4单元格中数字小于或等于300万元时，代表可享受企业所得税减免政策，因此返回税率“0.05”，否则返回税率“0.25”，❷复制N4单元格并选择性粘贴公式至N5:N8单元格区域中，即可得到每个季度末及全年的实际税率。如下图所示（编辑栏中显示N8单元格公式）。

N8 =IF(M8<=0,0,IF(M8<=3000000,0.05,0.25))

	J	K	L	M	N	O
1					企业所得税计算表	
2	弥补以前年度亏损		21, 635. 36			
3	季度	利润总额	调增/调减	累计应纳税所得额	实际税率	累计应预缴所得税
4	第1季度	56, 087. 34	1, 500. 00	35, 951. 98	5. 00% ❶	
5	第2季度	75, 971. 63	-	111, 923. 61	5. 00%	
6	第3季度	52, 996. 20		164, 919. 81	5. 00% ❷	
7	第4季度	41, 363. 92		206, 283. 73	5. 00%	
8	合计	226, 419. 09	1, 500. 00	206, 283. 73	5. 00%	-

第4步 ❶在O4单元格中设置公式“=ROUND

(M4*N4,2)”，用M4单元格中的“累计应纳税所得额”乘以N4单元格中的“实际税率”，即可计算得到“累计应预缴所得税”数据，❷复制O4单元格公式并粘贴至O5:O8单元格区域中，即可得到其他季度及全年的“累计应预缴所得税”数据。如下图所示（编辑栏中显示O8单元格公式）。

O8 =ROUND(M8*N8,2)

企业所得税计算表

弥补以前年度亏损 21,635.36

季度	利润总额	调增/调减	累计应纳税所得额	实际税率	累计应预缴所得税	已预缴所得税
第1季度	56,087.34	1,500.00	35,951.98	5.00%	1,797.60 ❶	
第2季度	75,971.63	-	111,923.61	5.00%	5,596.18	
第3季度	52,996.20	-	164,919.81	5.00%	8,245.99 ❷	
第4季度	41,363.92	-	206,283.73	5.00%	10,314.19	
合计	226,419.09	1,500.00	206,283.73	5.00%	10,314.19	-

第5步 ❶在Q4单元格中设置公式“=ROUND(O4-SUM(P$3:P4),2)”，用O4单元格中的“累计应预缴所得税”减P3:P4单元格区域中“已预缴所得税”的合计数，即可计算得到“应补（退）税额”数据，❷复制Q4单元格并选择性粘贴公式至Q5:Q7单元格区域中，即可计算得到其他季度的应补（退）税额”数据。如下图所示（编辑栏中显示Q7单元格公式）。

Q7 =ROUND(O7-SUM(P$3:P7),2)

企业所得税计算表

弥补以前年度亏损 21,635.36

季度	利润总额	调增/调减	累计应纳税所得额	实际税率	累计应预缴所得税	已预缴所得税	应补(退)税额
第1季度	56,087.34	1,500.00	35,951.98	5.00%	1,797.60	❶	1,797.60
第2季度	75,971.63	-	111,923.61	5.00%	5,596.18		5,596.18
第3季度	52,996.20	-	164,919.81	5.00%	8,245.99	❷	8,245.99
第4季度	41,363.92	-	206,283.73	5.00%	10,314.19		10,314.19
合计	226,419.09	1,500.00	206,283.73	5.00%	10,314.19	-	25,953.96

温馨提示

因计算“已预缴所得税”需要引用“实补（退）税额”和“缴税日期”数据，所以此步暂不作计算。

第6步 假设当前日期为2023年12月，那么目前已预缴前三个季度的企业所得税，因此在S4:S6单元格区域中分别输入一个日期，作为实际缴纳企业所得税的日期。如下图所示。

企业所得税计算表

弥补以前年度亏损 21,635.36

季度	利润总额	调增/调减	累计应纳税所得额	实际税率	累计应预缴所得税	已预缴所得税	应补(退)税额	实补(退)税额	缴税日期
第1季度	56,087.34	1,500.00	35,951.98	5.00%	1,797.60		1,797.60		2023-2-10
第2季度	75,971.63	-	111,923.61	5.00%	5,596.18		5,596.18		2023-7-10
第3季度	52,996.20	-	164,919.81	5.00%	8,245.99		8,245.99		2023-10-12
第4季度	41,363.92	-	206,283.73	5.00%	10,314.19		10,314.19		
合计	226,419.09	1,500.00	206,283.73	5.00%	10,314.19	-	25,953.96	-	-

第7步 在R4单元格中设置公式“=ROUND(IF(S4="",0,O4-SUM(P$3:P4)),2)”，运用IF函数判断S4单元格中内容为空时，代表未缴纳企业所得税，即返回数字“0”，否则用O4单元格中的“累计应预缴所得税”减P3:P4单元格区域中“已预缴所得税”合计数，即可得到“实补(退)税额”，复制R4单元格并选择性粘贴公式至R5:R7单元格区域中，即可计算得到其他季度的“实补(退)税额”。如下图所示（编辑栏中显示R7单元格公式）。

R7 =ROUND(IF(S7="",0,O7-SUM(P$3:P7)),2)

企业所得税计算表

弥补以前年度亏损 21,635.36

季度	利润总额	调增/调减	累计应纳税所得额	实际税率	累计应预缴所得税	已预缴所得税	应补(退)税额	实补(退)税额	缴税日期
第1季度	56,087.34	1,500.00	35,951.98	5.00%	1,797.60		1,797.60	1,797.60	2023-2-10
第2季度	75,971.63	-	111,923.61	5.00%	5,596.18		5,596.18	5,596.18	2023-7-10
第3季度	52,996.20	-	164,919.81	5.00%	8,245.99		8,245.99	8,245.99	2023-10-12
第4季度	41,363.92	-	206,283.73	5.00%	10,314.19		10,314.19	-	
合计	226,419.09	1,500.00	206,283.73	5.00%	10,314.19	-	25,953.96	15,639.77	-

温馨提示

实务中，实际预缴的税金可能因公式计算结果存在尾数上的差异，此时可按照缴税凭证中的数字直接在单元格中输入。如果差异较大，注意检测公式设置的正确性，或者核对纳税申报表中的数据是否填写正确。

第8步 在P4单元格中设置公式“=IF(OR(S3="",ISTEXT(S3)=TRUE),0,R3)”，运用IF函数判断S3单元格中为空，或者表达式“ISTEXT(S3)”的值为“TRUE”时，即返回数字“0”，否则返回R3单元格中的内容。如下图所示。

P4 =IF(OR(S3="",ISTEXT(S3)=TRUE),0,R3)

企业所得税计算表

弥补以前年度亏损 21, 635. 36

季度	利润总额	调增/调减	累计应纳税所得额	实际税率	累计应预缴所得税	已预缴所得税	应补(退)税额	实补(退)税额	缴税日期
第1季度	56, 087. 34	1, 500. 00	35, 951. 98	5. 00%	1, 797. 60	-	1, 797. 60	1, 797. 60	2023-2-10
第2季度	75, 971. 63	-	111, 923. 61	5. 00%	5, 596. 18		5, 596. 18	5, 596. 18	2023-7-10
第3季度	52, 996. 20	-	164, 919. 81	5. 00%	8, 245. 99		8, 245. 99	8, 245. 99	2023-10-12
第4季度	41, 363. 92	-	206, 283. 73	5. 00%	10, 314. 19		10, 314. 19	-	
合计	226, 419. 09	1, 500. 00	206, 283. 73	5. 00%	10, 314. 19	-	25, 953. 96	15, 639. 77	-

这里嵌套ISTEXT函数公式的原理如下。

ISTEXT函数用于判断单元格中的内容是否为文本，分别返回“TRUE”或“FALSE”。本例中，因为S3单元格中内容为文本，因此返回数字“0”，这是符合第1季度无预缴税金、第4季度预缴1～3季度税金这一实际情况的。后面向下复制粘贴公式后，P5:P7单元格中将会依次自动填入第1、第2、第3季度的“已预缴所得税”数据。

第9步 复制P4单元格并选择性粘贴公式至P5:P7单元格区域中，即可计算得到正确数据。如下图所示。

企业所得税计算表

弥补以前年度亏损 21, 635. 36

季度	利润总额	调增/调减	累计应纳税所得额	实际税率	累计应预缴所得税	已预缴所得税	应补(退)税额	实补(退)税额	缴税日期
第1季度	56, 087. 34	1, 500. 00	35, 951. 98	5. 00%	1, 797. 60	-	1, 797. 60	1, 797. 60	2023-2-10
第2季度	75, 971. 63	-	111, 923. 61	5. 00%	5, 596. 18	1, 797. 60	3, 798. 58	3, 798. 58	2023-7-10
第3季度	52, 996. 20	-	164, 919. 81	5. 00%	8, 245. 99	3, 798. 58	2, 649. 81	2, 649. 81	2023-10-12
第4季度	41, 363. 92	-	206, 283. 73	5. 00%	10, 314. 19	2, 649. 81	2, 068. 20	-	
合计	226, 419. 09	1, 500. 00	206, 283. 73	5. 00%	10, 314. 19	8, 245. 99	10, 314. 19	8, 245. 99	-

4. 计算企业所得税税负率

最后将“企业所得税计算表”中的“应补（退）税额”数据引用至“××有限公司利润计算表”中，用于计算企业所得税税负率。操作方法如下。

第1步 在E4单元格中设置公式“=IF(OR(B4={3,6,9,12}),VLOOKUP(A4,J:Q,8,0),0)”，运用IF函数判断B4单元格中的数字等于3、6、9或12时，即运用VLOOKUP函数在J:Q区域中查找与A4单元格中相同的内容，并返回与之匹配的第8列中的“应补(退)税额”数据。实务中，一般在每个季度末计算并计提本季度的企业所得税税金，由于B4单元格中的数字为“1”，不等于3、6、9或12中的任何一个数字，因此返回数字“0”，设置单元格格式后显示为“-”。如下图所示。

E4 =IF(OR(B4={3,6,9,12}),VLOOKUP(A4,J:Q,8,0),0)

××有限公司利润计算表

会计年度 2023年

季度	月份	营业收入	利润总额	所得税费用	净利润额
第1季度	1月	102, 658. 96	14, 457. 66	-	14, 457. 66
第1季度	2月	102, 032. 86	18, 432. 03		18, 432. 03
第1季度	3月	177, 405. 87	23, 197. 65		23, 197. 65

第2步 复制E4单元格公式并粘贴至E5:E15单元格区域中，即可引用其他季度的“应补(退)税额”数据。如下图所示。

E15 =IF(OR(B15={3,6,9,12}),VLOOKUP(A15,J:Q,8,0),0)

××有限公司利润计算表

会计年度 2023年

季度	月份	营业收入	利润总额	所得税费用	净利润额
第1季度	1月	102,658.96	14,457.66	-	14,457.66
第1季度	2月	102,032.86	18,432.03	-	18,432.03
第1季度	3月	177,405.87	23,197.65	1,797.60	21,400.05
第2季度	4月	152,355.99	27,576.10	-	27,576.10
第2季度	5月	152,155.78	22,961.29	-	22,961.29
第2季度	6月	169,154.67	25,434.24	3,798.58	21,635.66
第3季度	7月	163,062.62	18,024.28	-	18,024.28
第3季度	8月	149,637.29	15,020.02	-	15,020.02
第3季度	9月	117,249.98	19,951.90	2,649.81	17,302.09
第4季度	10月	87,830.96	9,715.09	-	9,715.09
第4季度	11月	96,363.60	10,669.41	-	10,669.41
第4季度	12月	115,965.31	20,979.42	2,068.20	18,911.22
全年合计		1,585,873.89	226,419.09	10,314.19	216,104.90

第3步 ❶在H4单元格中设置公式“=ROUND(E4/SUM(C$4:C4),4)”，用E4单元格中的“所得税费用”除以C列中“营业收入”的合计数，得到截至1月的“税负率”数据。公式结果为“0.00%”。再将单元格格式自定义为“[=0]"-";0.00%”，使其显示为符号“-”，可使表格清爽、整洁。❷复制H4单元格公式并粘贴至H5:H15单元格区域，即可计算得到其他月份的“税负率”数据。❸在H16单元格中设置公式“=ROUND(E16/C16,4)”，计算全年的“税负率”数据。如下图所示（编辑栏中显示H15单元格公式）。

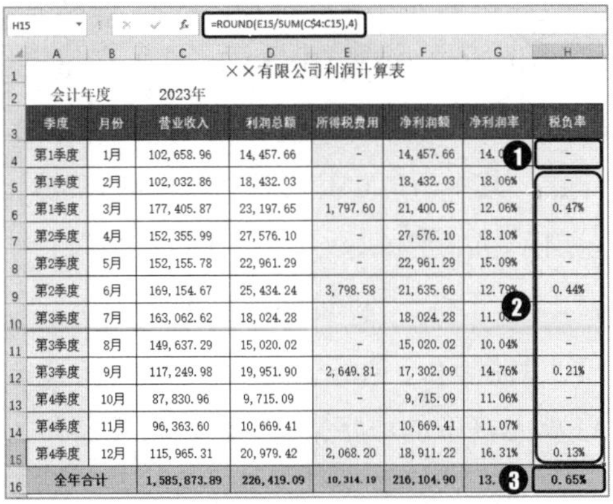

H15 =ROUND(E15/SUM(C$4:C15),4)

××有限公司利润计算表

会计年度 2023年

季度	月份	营业收入	利润总额	所得税费用	净利润额	净利润率	税负率
第1季度	1月	102,658.96	14,457.66	-	14,457.66	14.0	-
第1季度	2月	102,032.86	18,432.03	-	18,432.03	18.06%	-
第1季度	3月	177,405.87	23,197.65	1,797.60	21,400.05	12.06%	0.47%
第2季度	4月	152,355.99	27,576.10	-	27,576.10	18.10%	-
第2季度	5月	152,155.78	22,961.29	-	22,961.29	15.09%	-
第2季度	6月	169,154.67	25,434.24	3,798.58	21,635.66	12.7	0.44%
第3季度	7月	163,062.62	18,024.28	-	18,024.28	11.0	-
第3季度	8月	149,637.29	15,020.02	-	15,020.02	10.04%	-
第3季度	9月	117,249.98	19,951.90	2,649.81	17,302.09	14.76%	0.21%
第4季度	10月	87,830.96	9,715.09	-	9,715.09	11.06%	-
第4季度	11月	96,363.60	10,669.41	-	10,669.41	11.07%	-
第4季度	12月	115,965.31	20,979.42	2,068.20	18,911.22	16.31%	0.13%
全年合计		1,585,873.89	226,419.09	10,314.19	216,104.90	13.	0.65%

10.3.2 制作动态的企业所得税记账凭证附件

财务人员每月计算出各种税金后，还需要填制记账凭证以作计提，同时也需要制作一个小巧的表格，简要列明当月税金明细，并打印出纸质文件作为记账凭证附件粘贴在下面。本小节以企业所得税为例，制作“企业所得税预缴明细表”模板，既可根据指定季度快速查询税金的计算方法、具体金额等内容，也能直接打印（其他税金的记账凭证附件可参照制作）。

1. 设计表单框架、字段和基本格式

记账凭证附件是非常重要的备查文件，应当按照相关优惠政策设计表格，详细列示出计算企业所得税的全部相关数据和计算过程。具体制作表单时，仅设置一处手动操作，即通过下拉列表选择不同季度，其他数据全部设置公式动态计算。

按照上述思路，本例已预先在“税金管理表单”工作簿中新建“企业所得税凭证附件”工作表并在其中绘制表单，并设置好字段名称、基本格式。如下图所示。

利润总额	调增/减额	弥补以前年度亏损	应纳税所得额	应交所得税额(25%)

应纳税所得额(A)减免政策	可享受减免的部分应纳税所得额	实际计税金额	优惠税率	实际应交所得税	计算过程
A≤300万元部分减按50%					
A>300万元全额计税					
合计	-	-	0.00%	-	-
已享受减免所得税额					
本年已预缴所得税额					
本季度应补缴所得税额					

企业所得税凭证附件

就绪 辅助功能: 调查 100%

2. 自动计算税款所属期间

下面在A1单元格中创建4个季度的下拉列表，并将其作为表单副标题。同时在A2单元格中设置公式，根据A1单元格中的季度数，自动计算税款所属期间。操作方法如下。

第1步 在A1单元格中创建下拉列表，将其序列来源设置为数字“1,2,3,4”，代表4个季度，并在其中选择任意一个选项，如“1”。同时将单元格格式自定义为“2023年第#季度企业所得税预缴明细表”，作为表单标题。如下图所示。

第2步 在A2单元格中设置公式“=IFERROR(EOMONTH(1,MAX(IF(A1={1,2,3,4},{3,6,9,12}))-1),"-")”，并将单元格格式自定义为“"税款所属期间：2023.1.1—"m.d”。如下图所示。

A2单元格公式原理如下。

（1）表达式“MAX(IF(A1={1,2,3,4},{3,6,9,12}))-1”的作用是根据A1单元格中代表季度的数字，返回与之对应的代表各季度最末月份的数字“3,6,9,12”。例如，当前A1单元格中的数字为“1”，那么MAX+IF函数组合表达式返回数字是“3”，减掉1返回数字“2”。

（2）EOMONTH表达式中，函数的第1个参数为“1”，代表1月1日。由于税款所属期的起始日期是固定不变的1月1日，因此这里也设置为固定不变的数字“1”。第2个参数代表月数，是指与1月1日间隔*n*月后所属月份的最后一天的日期。那么表达式“EOMONTH(1,2)”即返回3月（间隔2个月，即1+2）的最后一天日期“31”。在“常规”单元格格式下显示数字“91”，自定义单元格格式后即可显示为指定格式。

3. 计算常规企业所得税税金

前面讲过，记账凭证附件中应当详细列示企业所得税的相关数据。那么，根据企业所得税的基础税率25%计算在不享受税收减免政策时应当缴纳的税金，才能让财务人员或其他查账人员更明确税金的计算过程。操作方法如下。

第1步 ❶ 在A4单元格中设置公式“=IFERROR(SUM(OFFSET(企业所得税!K$4,,,$A$1)),0)”，计算第1季度利润总额累计数。其中，SUM函数的参数（求和范围）运用了OFFSET函数从“企业所得税”工作表K4单元格（“利润总额”字段）为起点，向下偏移0行，向右偏移0列，偏移高度由A1单元格中的数字指定，以此构成求和区域，即“企业所得税”工作表中的K4:K4单元格区域，也就是第1季度总额数据，❷复制A4单元格公式并粘贴至B4单元格中，即可引用“企业所得税”工作表中的“调增/减额”数据。如下图所示（编辑栏中显示A4单元格公式）。

第2步 在C4单元格中设置公式“=VLOOKUP(C3,企业所得税!J:S,3,0)”，运用VLOOKUP函数在“企业所得税”工作表J:S区域中查找与C3单元格中的相同内容，并返回第3列中与之匹配的数据。如下图所示。

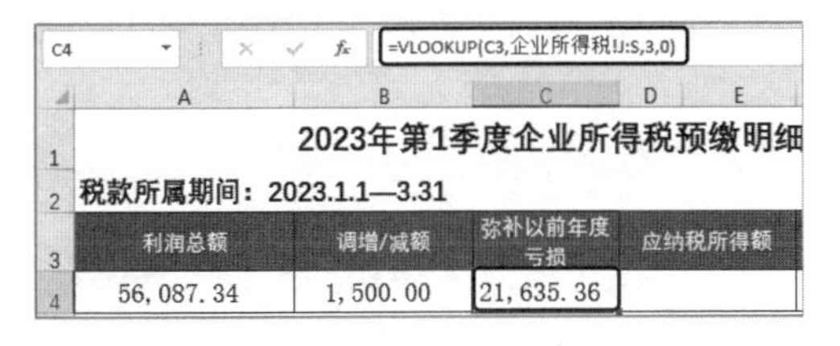

第3步 ❶在D4单元格中设置公式“=ROUND(IF(A4+B4-C4<=0,0,A4+B4-C4),2)”，运用IF函数判断表达式“A4+B4-C4”（“利润总额+调增/减额-弥补以前年度亏损”）的结果小于或等于0时，代表“应纳税所得额”为负数或0，不必缴税，因此返回数字“0”，否则返回表达式“A4+B4-C4”的结果，❷在F4单元格中设置公式“=ROUND(D4*0.25,2)”，用D4单元格中的“应纳税所得额”乘以企业所得税的基础税率25%，即可得到常规情况下应缴纳的企业所得税税额。如下图所示（编辑栏中显示D4单元格公式）。

4. 计算实际应预缴的企业所得税税金

下面计算当前季度实际应预缴的企业所得税税金。操作方法如下。

第1步 ❶在B7单元格中设置公式“=IF(D$4> 3000000,0,D$4)”，运用IF函数判断D4单元格中的“应纳税所得额”数据大于300万元时，代表不能享受所得税减免政策，即返回数字“0”，否则返回D4单元格中的数字，也就是“可享受减免的部分应纳税所得额”数据，❷在C7单元格中设置公式“=ROUND(B7*0.5,2)”，根据税收减免政策，用B7单元格中的数据乘以50%，即可得到“实际计税金额”数据。如下图所示（编辑栏中显示B7单元格公式）。

第2步 ❶在D7单元格中设置公式“=IF(B7= 0,0,10%)”，运用IF函数判断B7单

元格中的数字为0时，代表不能享受税收减免政策，即返回数字“0”，否则返回优惠税率“10%”，❷ 在E7单元格中设置公式“=ROUND(C7*D7,2)”，用C7单元格中的“实际计税金额”乘以D7单元格中的优惠税率，即可得到“实际应交所得税”数据，❸在F7单元格中设置公式“=IF(C7=0,"-",C7&"×"&TEXT(D7,"0%"))”，运用IF函数判断C7单元格中的“实际计税金额”为0时，即返回符号“-”，否则将C7单元格中的数字与符号“×”，以及用TEXT函数转换D7单元格中数字的格式后的结果组合为文本。如下图所示（编辑栏中显示F7单元格公式）。

F7 =IF(C7=0,"-",C7&"×"&TEXT(D7,"0%"))

2023年第1季度企业所得税预缴明细表					
税款所属期间：2023.1.1—3.31					
利润总额	调增/减额	弥补以前年度亏损	应纳税所得额		应交所得税额(25%)
56,087.34	1,500.00	21,635.36	35,951.98		8,988.00
应纳税所得额(A)减免政策	可享受减免的部分应纳税所得额	实际计税金额	优惠税率	实际应交所得税	计算过程
A≤300万元部分减按50%	35,951.98	17,975.99	10%	1,797.60	17975.99×10%

第3步 ❶在B8单元格中设置公式“=IF(D$4> 3000000,D$4,0)”，运用IF函数判断D4单元格中的“应纳税所得额”数据大于300万元时，代表全额计税，即返回这个数据，否则返回数字“0”，❷在C8单元格中设置公式“=B8”，直接引用B8单元格中的数据，❸在D8单元格中设置公式“=IF(B8=0,0,25%)”，运用IF函数判断B8单元格中的数据为0时，即返回数字“0”，否则返回税率“25%”。如下图所示（编辑栏中显示B8单元格公式）。

B8 =IF(D$4>3000000,D$4,0)

2023年第1季度企业所得税预缴明细				
税款所属期间：2023.1.1—3.31				
利润总额	调增/减额	弥补以前年度亏损	应纳税所得额	
56,087.34	1,500.00	21,635.36	35,951.98	
应纳税所得额(A)减免政策	可享受减免的部分应纳税所得额	实际计税金额	优惠税率	实际应交所得税
A≤300万元部分减按50%	35,951.98	17,975.99	10%	1,797.60
A>300万元全额计税	-	-	0%	
合计	35,951.98	17,975.99	5.00%	1,797.60

第4步 复制E7:F7单元格区域公式并粘贴至E8:F8单元格区域中，即可得到应纳税所得额大于300万元时的“实际应交所得税”数据和“计算过程”文本。如下图所示。

F8 =IF(C8=0,"-",C8&"×"&TEXT(D8,"0%"))

2023年第1季度企业所得税预缴明细表					
税款所属期间：2023.1.1—3.31					
利润总额	调增/减额	弥补以前年度亏损	应纳税所得额		应交所得税额(25%)
56,087.34	1,500.00	21,635.36	35,951.98		8,988.00
应纳税所得额(A)减免政策	可享受减免的部分应纳税所得额	实际计税金额	优惠税率	实际应交所得税	计算过程
A≤300万元部分减按50%	35,951.98	17,975.99	10%	1,797.60	17975.99×10%
A>300万元全额计税	-	-	0%	-	-
合计	35,951.98	17,975.99	5.00%	1,797.60	-

第5步 ❶在E10单元格中设置公式“=ROUND(F4-E9,2)”，用F4单元格中按25%计算所得税额减E9单元格中的“实际应交所得税”的合计数，计算得到享受减免所得税额。❷在E11单元格中设置公式“=IFERROR(SUM(OFFSET(企业所得税!P$4,,,$A$1)),0)”，计算截至第1季度已预缴所得税的累计数。其中，SUM函数的参

数（求和范围）运用了OFFSET函数以“企业所得税”工作表P4单元格为起点，向下偏移0行，向右偏移0列，偏移高度由A1单元格中的数字指定。❸在E12单元格中设置公式“=ROUND(E9-E11,2)”，用E9单元格中的“实际应交所得税”的合计数减E11单元格中的“本年已预缴所得税额”，即可得到“本季度应补缴所得税额”数据。如下图所示（编辑栏中显示E11单元格公式）。

E11 =IFERROR(SUM(OFFSET(企业所得税!P$4,,,$A$1)),0)

2023年第1季度企业所得税预缴明细表					
税款所属期间：2023.1.1—3.31					
利润总额	调增/减额	弥补以前年度亏损	应纳税所得额	应交所得税额(25%)	
56,087.34	1,500.00	21,635.36	35,951.98	8,988.00	
应纳税所得额(A)减免政策	可享受减免的部分应纳税所得额	实际计税金额	优惠税率	实际应交所得税	计算过程
A≤300万元部分减按50%	35,951.98	17,975.99	10%	1,797.60	17975.99×10%
A>300万元全额计税	-	-	0%	-	-
合计	35,951.98	17,975.99	5.00%	1,797.60	-
已享受减免所得税额				7,190.40	❶
本年已预缴所得税额				-	❷
本季度应补缴所得税额				1,797.60	❸

第6步 在A1单元格下拉列表中选择另一个数字，如“3”（代表第3季度），测试公式正确性，可看到数据动态变化效果。如下图所示。

A1 3

2023年第3季度企业所得税预缴明细表					
税款所属期间：2023.1.1—9.30					
利润总额	调增/减额	弥补以前年度亏损	应纳税所得额	应交所得税额(25%)	
185,055.17	1,500.00	21,635.36	164,919.81	41,229.95	
应纳税所得额(A)减免政策	可享受减免的部分应纳税所得额	实际计税金额	优惠税率	实际应交所得税	计算过程
A≤300万元部分减按50%	164,919.81	82,459.91	10%	8,245.99	82459.91×10%
A>300万元全额计税	-	-	0%	-	-
合计	164,919.81	82,459.91	5.00%	8,245.99	-
已享受减免所得税额				32,983.96	
本年已预缴所得税额				5,596.18	
本季度应补缴所得税额				2,649.81	

第7步 ❶在A1单元格下拉列表中重新选择数字“1”（代表第1季度），❷在A4单元格中直接输入一个大于300万元的数字，如“3,100,000”，以测试公式正确性，可看到数据动态变化效果。如下图所示（测试完毕后注意恢复A4单元格中的数据）。

A4 3100000

❶ 2023年第1季度企业所得税预缴明细表					
税款所属期间：2023.1.1—3.31					
利润总额 ❷	调增/减额	弥补以前年度亏损	应纳税所得额	应交所得税额(25%)	
3,100,000.00	1,500.00	21,635.36	3,079,864.64	769,966.16	
应纳税所得额(A)减免政策	可享受减免的部分应纳税所得额	实际计税金额	优惠税率	实际应交所得税	计算过程
A≤300万元部分减按50%	-	-	0%	-	-
A>300万元全额计税	3,079,864.64	3,079,864.64	25%	769,966.16	3079864.64×25%
合计	3,079,864.64	3,079,864.64	25.00%	769,966.16	-
已享受减免所得税额				-	
本年已预缴所得税额				-	
本季度应补缴所得税额				769,966.16	

10.1节至10.3节示例结果见“结果文件\第10章\税金管理表单.xlsx”文件。

AI智能答疑与技巧点拨

本章结合财务实操内容，讲解了如何运用Excel设计制作税金管理表单。下面利用AI工具“讯飞星火”“文心一言”的学习引导，结合本章主题内容以及实际工作中运用Excel时的常见问题，介绍两个实用技巧，帮助财务人员进一步提高工作效率。

01 插入“列表框”表单控件快速查询税金数据

关于Excel表单控件的使用方法，本书曾在第5章的“AI智能答疑与技巧点拨”栏目“插入‘数值调节钮’表单控件快速切换凭证号码”中介绍过“数值调节钮”的插入和使用方法。通过“数值调节钮”快速切换数字更适用于数字较多时。如果在数字较少的情况下，使用“列表框”表单控件更方便操作。下面让AI工具“讯飞星火”介绍Excel中的“列表框”控件的作用。

提问：Excel中的列表框控件有什么作用？请举例说明。

讯飞星火

列表框控件在Excel中的主要作用是提供一种选择数据的方式，它可以显示一个有预定义选项的列表，用户可以从中选择一个或多个项目。

例如，如果你正在收集员工的反馈，你可以创建一个包含各种选项（如“非常满意”“满意”“一般”“不满意”“非常不满意”）的列表框，然后让用户从中选择他们的反馈。此外，列表框控件还可以实现多选功能，这样用户就可以一次性选择多个项目。

从以上回复可知，使用列表框控件可以提高数据输入的效率和准确性，简化数据处理过程。

下面以本章制作的企业所得税凭证附件表单为例，介绍列表框表单控件的插入方法和使用方法。操作方法如下。

第1步 打开“素材文件\第10章\税金管理表单1.xlsx”文件，❶在“企业所得税凭证附件”工作表空白区域的同一列次中，如I1:I4单元格区域中依次输入文本“第1季度”至“第4季度”，❷单击【开发工具】选项卡，❸单击【控件】组中的【插入】下拉按钮，❹单击【表单控件】组中的【列表框】控件按钮“▤”。如下图所示。

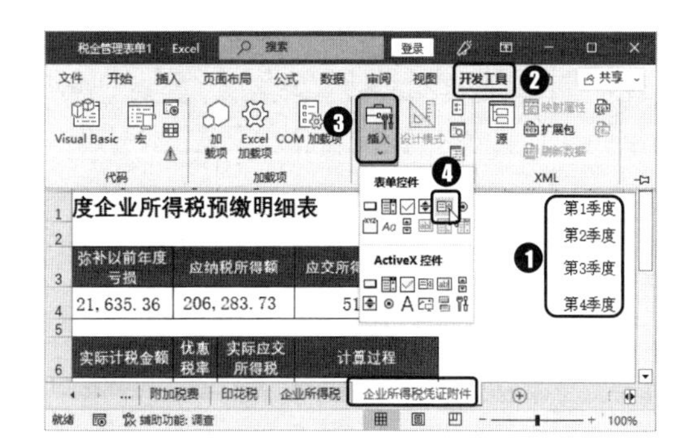

第2步 ❶鼠标指针变为十字形后，在空白处绘制一个【列表框】控件，❷右击控件后在弹出的快捷菜单中单击【设置控件格式】命令。如下图所示。

第3步 弹出【设置对象格式】对话框，

❶单击【数据源区域】文本框，选中工作表中的I1:I4单元格区域，❷单击【单元格链接】文本框，选中A1单元格，❸勾选【三维阴影】复选框，❹单击【确定】按钮关闭对话框。如下图所示。

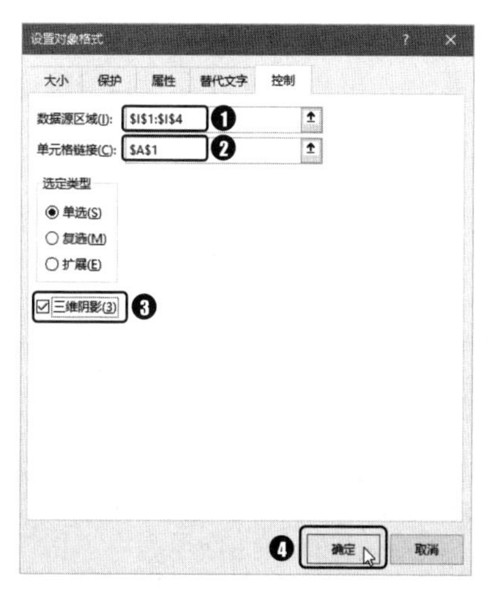

第4步 设置完成后，返回工作表，即可看到【列表框】控件列示出I1:I4单元格区域中的内容，单击其中一个选项，即可控制A1单元格中的数字变化。如下图所示。

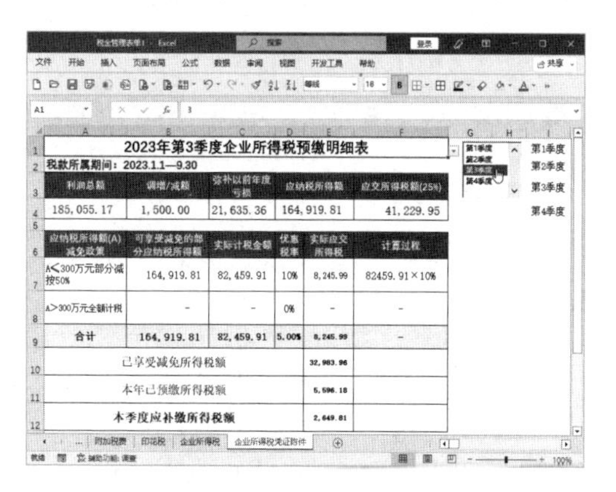

示例结果见“结果文件\第10章\税金管理表单1.xlsx”文件。

02 运用VBA在“税金管理表单”中自动创建工作表目录

实际工作中，财务人员为了方便管理同类数据，通常会在一个Excel工作簿中建立多个工作表。例如，本章设计制作的“税金管理表单”工作簿中包含9个工作表。为了方便查阅各个工作表中的数据，就需要在各个工作表之间快速切换。本书介绍过运用HYPERLINK函数设置公式为每个工作表创建一个链接，单击链接即可立即切换至指定的工作表中。这里再介绍另一种更简便的方法，即运用内置于Excel中的VBA程序编辑一段宏代码，运行后即可自动获取当前工作簿中所有工作表名称并创建超链接，同时在每个工作表中批量创建“返回目录”工作表。下面先看看AI工具“文心一言”是如何操作的。

提问：Excel中如何使用VBA创建工作表目录？

文心一言

在Excel中，您可以使用VBA（Visual Basic for Applications）创建一个工作表目录。以下是一个简单的例子。

（1）打开Excel并按下【Alt+F11】组合键，打开VBA编辑器。

（2）在VBA编辑器中，选择【插入】→

【模块】，在新模块中输入代码。

（3）关闭VBA编辑器并返回Excel。在Excel中，选择【开发工具】→【宏】→【创建宏】（或按【Alt+F8】组合键），选择您刚才创建的“创建工作表目录”宏，然后单击运行。这将在“Sheet1”工作表中创建工作表目录。每个工作表名称将按列A中的顺序列出。

从以上回复可知，在Excel中使用VBA创建工作表目录在操作上非常简单，而核心是代码的编写。下面即展示具体操作方法及代码内容。

第1步 打开“素材文件\第10章\税金管理表单2.xlsx”文件，选定全部工作表后在第一行之上插入一行，为后面在每个工作表中批量生成“返回目录”链接预留位置。如下图所示。

第2步 ❶新增一张工作表，重命名为“工作表目录”，❷右击工作表标签后在弹出的快捷菜单中单击【查看代码】命令。如下图所示。

第3步 弹出VBA窗口及代码编辑窗口，输入以下宏代码后关闭窗口。

```
Sub 目录()
Dim ws As Worksheet, n%
For Each ws In Worksheets
If ws.Name <> "工作表目录" Then
n = n + 1
Cells(n + 1, 2) =
ws.NameWorksheets("工作表目录").
Hyperlinks.Add Cells(n + 1, 2),
"", ws.Name & "!B1"
ws.[b1].Value = "返回目录"
ws.Hyperlinks.Add ws.[b1], "",
"工作表目录!B2"
End If
Next
End Sub
```

如下图所示。

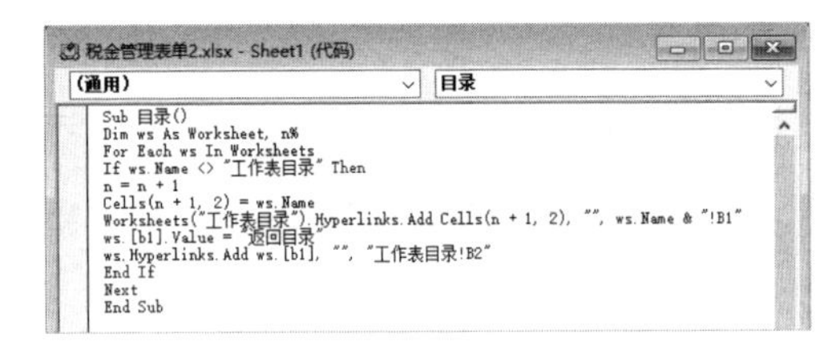

以上代码的大概含义如下。

（1）将宏的名称定义为“目录”。

（2）从“工作表目录”工作表中的B2单元格起依次创建当前工作簿中其他工作

表的超链接。

（3）在其他工作表的B1单元格中创建超链接，名称为“返回目录”。

第4步 返回工作表，❶单击【开发工具】选项卡，❷单击【控件】组中的【插入】下拉按钮，❸单击下拉列表中的【按钮】控件按钮“□”。如下图所示。

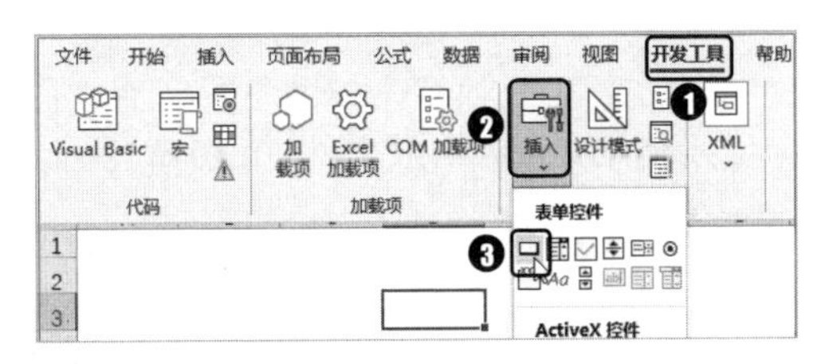

第5步 在工作表中绘制一个【按钮】控件后自动弹出【指定宏】对话框，❶选中【宏名】列表框中的【Sheet1.目录】选项，❷单击【确定】按钮关闭对话框。如下图所示。

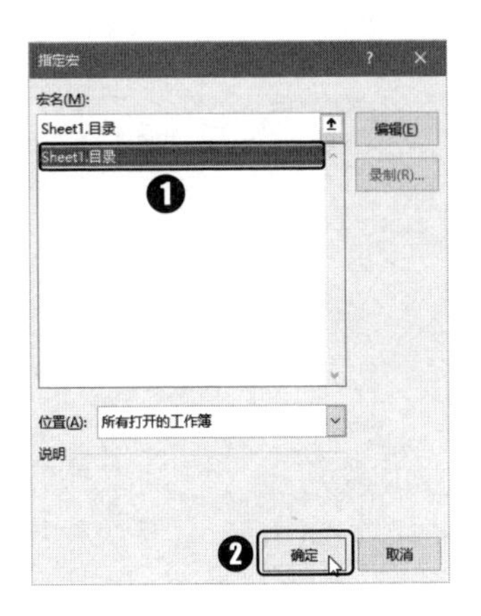

第6步 返回工作表，可看到其中生成一个【按钮】控件，其名称为“按钮1”。右击控件，在弹出的快捷菜单中单击【编辑文字】命令。如下图所示。

第7步 将控件名称修改为“创建目录”后单击控件，即可在工作表中自动创建其他工作表的超链接。如下图所示。

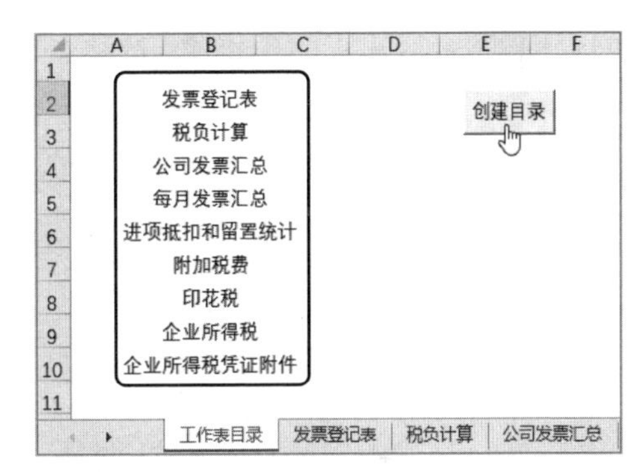

第8步 单击其中一个超链接，如“税负计算”切换至同名工作表中，可看到B1单元格中也已自动创建“返回目录”超链接。如下图所示。

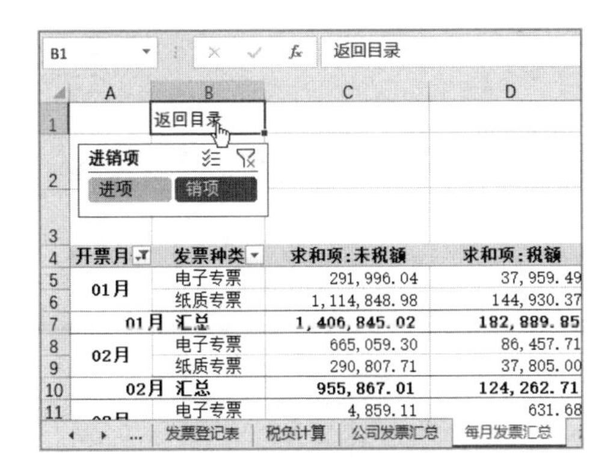

第9步 按快捷组合键【Ctrl+S】保存工作簿，弹出【Microsoft Excel】对话框，提示保存为启用宏的工作簿才能使用宏等信息。这里单击【否】按钮。如下图所示。

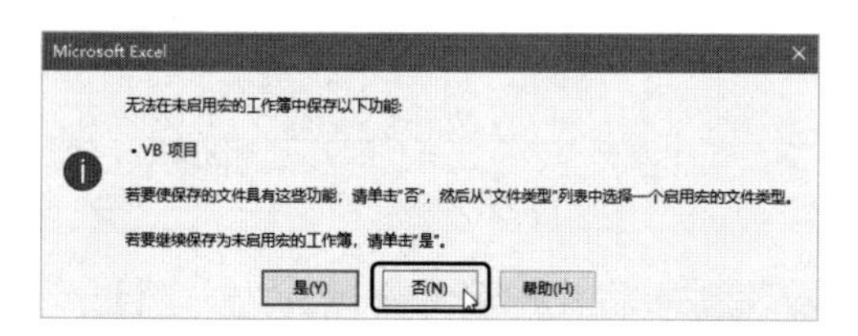

第10步 弹出【另存为】对话框，选择存放文件的文件夹，在【保存类型】下拉列表中选择【Excel启用宏的工作簿】选项，单击【保存】按钮即可。如下图所示。

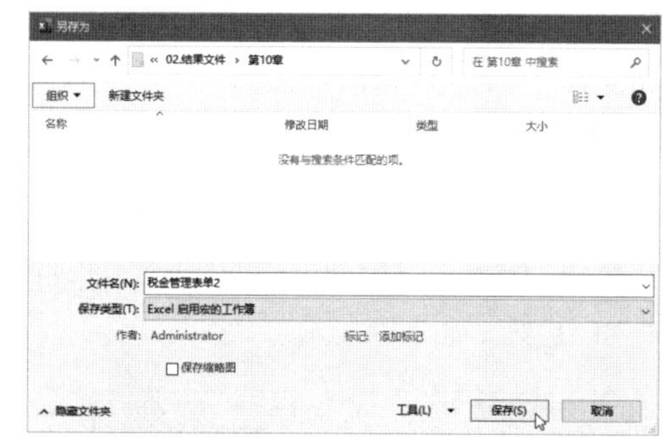

示例结果见"结果文件\第10章\税金管理表单2.xlsm"文件。

Excel

第11章

实战：成本和利润数据分析

本章导读

成本和利润数据可反映企业付出成本可以获取多少利润，该指标越大，说明企业付出的成本的回报率越大，说明企业经营业务的盈利能力越强。因此，对成本和利润数据进行分析也是财务重要工作之一。本章先通过讯飞星火、ChatGPT和文心一言等AI工具为财务人员分析数据提示思路和方法，再讲解运用Excel高效准确地分析财务数据，并创建图表动态展示分析结果的具体操作方法和步骤。

11.1 成本利润占比分析

成本利润占比是指利润占销售收入的比例，也就是“利润率”。下面先来了解一下AI工具“ChatGPT”为成本利润占比分析提供的思路和方法。

提问： 成本利润占比分析的思路和方法有哪些？

ChatGPT

成本利润占比分析是一种用于评估公司经营状况的方法，通过分析成本和利润的比例，可以帮助企业确定成本控制和利润增长的策略。以下是进行成本利润占比分析的思路和方法。

（1）确定成本和利润的分类：将企业的成本和利润进行分类，常见的成本分类包括直接成本（如原材料、人工成本）、间接成本（如租金、水电费）等，利润分类包括毛利润、净利润等。

（2）收集数据：收集企业的财务数据，包括成本和利润的具体金额，通常可以从财务报表中获取这些数据。

（3）计算成本利润占比：将成本和利润的金额进行计算，得到各自的占比。例如，计算直接成本占销售额的比例，可以将直接成本金额除以销售额并乘以100%。

（4）对比历史数据和行业平均水平：将当前的成本利润占比与历史数据进行对比，以了解企业的成本和利润状况的变化趋势。同时，还可以将成本利润占比与行业平均水平进行比较，以评估企业的竞争力和盈利能力。

（5）分析成本和利润的关系：根据成本利润占比的分析结果，分析成本和利润之间的关系。例如，如果成本占比较高，可能需要考虑降低成本的措施；如果利润占比较低，可能需要考虑提高销售额或降低成本来增加利润。

（6）制定改进措施：根据分析结果，制定相应的改进措施。例如，如果发现某项成本占比较高，可以考虑寻找替代原材料或优化生产流程来降低成本；如果利润占比较低，可以考虑提高产品定价或开展市场推广活动来增加销售额。

总之，成本利润占比分析可以帮助企业了解成本和利润的状况，找出问题所在，并制定相应的改进措施，以提高企业的盈利能力和竞争力。

从以上回复可知，对成本利润占比数据进行分析可以帮助企业决策者衡量企业盈利能力，评估企业风险，并对经营决策作出正确的指导，对企业的发展有着重要意义。本节即参考以上思路和方法，介绍如何具体运用Excel对成本利润进行快速高效的占比分析。

11.1.1 动态汇总成本和利润数据

在对成本和利润数据进行占比分析之前，依然要先对相关数据进行汇总。

如下图所示，“成本利润分析”工作簿

中的原始数据表中列示了2023年每月各地区各类商品的销售额、销售成本和销售利润数据。下面分别按照月份、地区、商品类别动态汇总销售额、销售成本和销售利润数据，并创建堆积柱形图表，动态展示数据。

	A	B	C	D	E	F
1	××公司2023年每月地区销售成本利润明细表					
2	月份	地区	商品类别	销售额	销售成本	销售利润
3	1月	华北	冰箱	25,298.44	19,467.87	5,830.58
330	12月	华南	微波炉	26,605.71	17,283.92	9,321.79
331	12月	华南	洗衣机	25,150.10	16,327.34	8,822.76
332	12月	西南	冰箱	54,539.58	40,900.63	13,638.94
333	12月	西南	吸尘器	45,850.43	32,536.96	13,313.47
334	12月	西南	电烤箱	29,755.35	20,819.61	8,935.74
335	12月	西南	空调	41,380.41	28,524.90	12,855.51
336	12月	西南	扫地机器人	47,531.20	31,830.40	15,700.81
337	12月	西南	微波炉	53,060.68	34,438.21	18,622.47
338	12月	西南	洗衣机	53,239.48	35,648.08	17,591.40

1. 动态汇总销售额、销售成本和销售利润数据

由于原始数据表中列示的是每月、各个地区和各个商品类别的明细数据，那么应按照月份、地区和商品类别三个维度分别汇总三项数据。操作方法如下。

第1步 打开“素材文件\第11章\成本利润分析.xlsx”文件，在“利润明细表”工作表空白区域中绘制数据汇总表框架，并设置字段名称、基础格式及基本求和公式。如下图所示。

	H	I	J	K	L
1	2023年销售成本利润汇总				
2			销售额	销售成本	销售利润
15		全年合计	-	-	-

第2步 在I2单元格中创建下拉列表，将序列来源设置为A2:C2单元格区域（【月份】【地区】和【商品类别】字段标题名称所在区域）。【数据验证】对话框设置内容如下图所示。

第3步 ❶在I2单元格下拉列表中选择一个选项，如【月份】选项，❷在I3单元格中设置公式“=UNIQUE(IFS(I2=A2,A3:A338,I2=B2,B3:B338, I2=C2,C3:C338))”，运用UNIQUE函数自动生成不同区域中的唯一

值。系统自动将公式填充至I4:I14单元格区域中。如下图所示（编辑栏中显示I3单元格公式）。

I3 =UNIQUE(IFS(I2=A2,A3:A338,I2=B2,B3:B338,I2=C2,C3:C338))

	G	H	I	J	K	L
1			2023年销售成本利润汇总			
2			❶ 月份	销售额	销售成本	销售利润
3			1月			
4			2月			
5			3月			
6			4月			
7			5月			
8			6月	❷		
9			7月			
10			8月			
11			9月			
12			10月			
13			11月			
14			12月			

第4步 在H2单元格中设置公式“=COUNTA(I3:I14)”，运用COUNTA函数统计I3:I14单元格区域中文本数量。如下图所示。

第5步 ❶在H3单元格中设置公式“=IF(ROW()- 2<=$H$2,ROW()-2,"")”，运用IF函数判断“ROW()-2”的值小于或等于H2单元格中的数字时，即返回这个值，否则返回空值。公式作用是根据I4:I14单元格区域中的内容自动生成序号，而序号可方便后面设置公式时引用。❷复制H3单元格公式并粘贴至H4:H14单元格区域中即可依次自动生成其他序号。❸在H15单元格中设置公式“=H2+1”，用H2单元格中的数字加1，自动生成I15单元格中固定文本的序号。如下图所示（编辑栏中显示H3单元格公式）。

H14 =IF(ROW()-2<=$H$2,ROW()-2,"")

	G	H	I	J	K	L
1			2023年销售成本利润汇总			
2		12	月份	销售额	销售成本	销售利润
3		1	❶ 1月			
4		2	2月			
5		3	3月			
6		4	4月			
7		5	5月			
8		6	❷ 6月			
9		7	7月			
10		8	8月			
11		9	9月			
12		10	10月			
13		11	11月			
14		12	12月			
15		13	❸年合计	-	-	-

第6步 在J3单元格中设置公式“=SUMIF(IFS($I$2=$A$2,$A$3:$A$338,$I$2=$B$2,$B$3:$B$338,$I$2=$C$2,$C$3:$C$338),$I3,D$3: D$338)/10000”，运用SUMIF函数根据指定条件对D3:D338单元格区域中的数据求和，并除以10000，将其换算为万元，方便阅读。其中，SUMIF函数的第1个参数，即运用IFS函数根据I2单元格中的内容返回不同的单元格区域。如下图所示（编辑栏中显示J3单元格公式）。

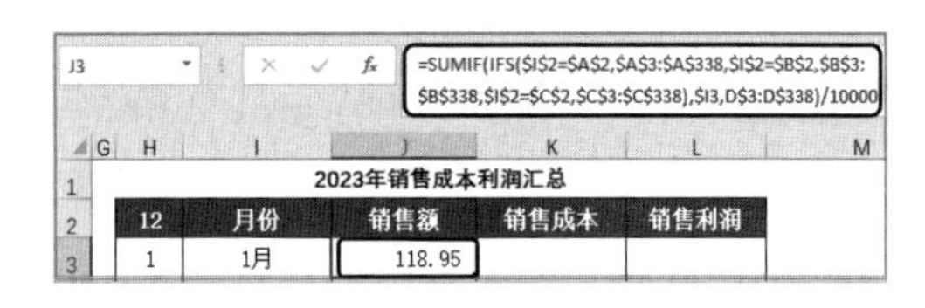

第7步 复制J3单元格公式并粘贴至J3:L15单元格区域，即可汇总其他月份和全年的销售数据。如下图所示。

L14 =SUMIF(IFS($I$2=$A$2,$A$3:$A$338,$I$2=$B$2,$B$3:$B$338,$I$2=$C$2,$C$3:$C$338),$I14,F$3:F$338)/10000

2023年销售成本利润汇总

12	月份	销售额	销售成本	销售利润
1	1月	118.95	83.81	35.14
2	2月	109.58	78.19	31.39
3	3月	113.97	82.13	31.84
4	4月	117.34	85.96	31.37
5	5月	114.75	82.45	32.30
6	6月	113.70	83.76	29.94
7	7月	107.96	77.83	30.13
8	8月	118.45	85.70	32.75
9	9月	105.39	76.23	29.16
10	10月	110.96	81.16	29.80
11	11月	113.85	82.25	31.61
12	12月	112.62	78.62	34.00
13	全年合计	1,357.51	978.08	379.43

2. 制作动态堆积柱形图

堆积柱形图是将数据叠加至一根柱条上，既可对比不同数据系列之间的高低大小，又可以通过柱条叠加的总高度，判断一段时期内数据系列的总值对比。本例中，销售额=销售成本+销售利润，所以非常适合使用堆积柱形图展示。操作方法如下。

第1步 创建两个动态名称，分别命名为“销售成本”和“销售利润”。其中，【销售成本】名称的引用位置为公式“=OFFSET(利润明细表!$K$2,1,0,利润明细表!$H$2)”。【销售利润】名称的引用位置为公式“=OFFSET(利润明细表!$L$2,1,0,利润明细表!$H$2)”。名称及引用位置设置如下图所示。

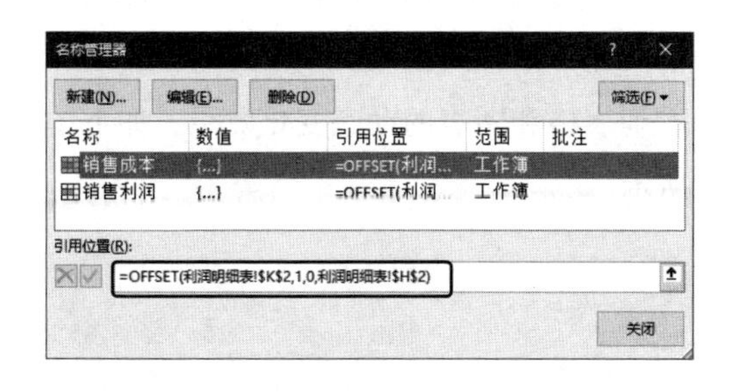

名称引用位置的公式原理如下。

以【销售成本】名称为例，公式运用OFFSET函数以K2单元格（【销售成本】字段名称所在单元格）为起点，向下偏移1行，向右偏移0列，偏移的高度为H2单元格中COUNTA函数公式统计得到的I2:I14单元格区域中文本数据，即可构建销售成本的数据区域。

第2步 ❶选中I2:I14和K2:L14单元格区域，❷单击【插入】选项卡，❸单击【图表】组中的【柱形图】下拉按钮“”，❹单击下拉列表中【二维柱形图】组中的【堆积柱形图】按钮“”，即可创建一张基础堆积柱形图图表。如下图所示。

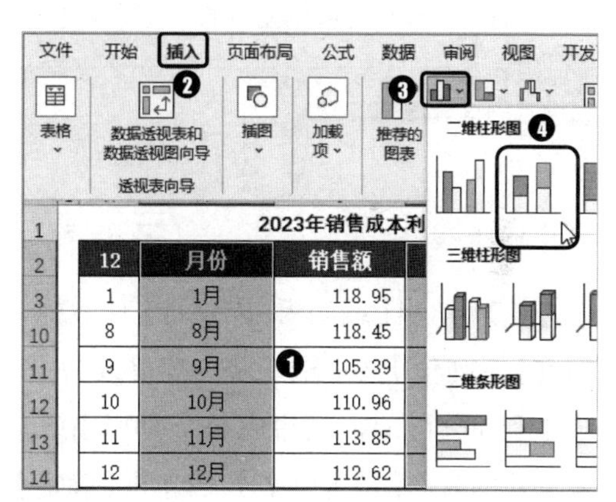

第3步 ❶选中图表激活图表工具，❷单击图表工具中的【图表设计】选项卡，❸单击【数据】组中的【选择数据】按钮。如下图所示。

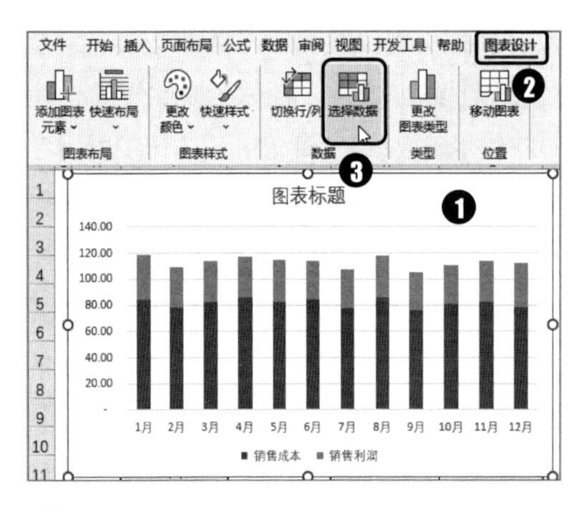

第4步 弹出【选择数据源】对话框，❶选中【图例项(示例)】列表框中的【销售成本】选项，❷单击【编辑】按钮。如下图所示。

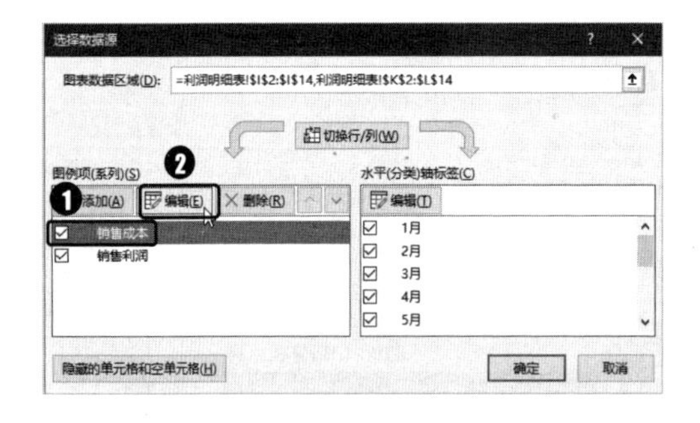

第5步 弹出【编辑数据系列】对话框，❶在【系列值】文本框中将内容修改为“=成本利润分析.xlsx!销售成本”，即引用第1步创建的名称【销售成本】，❷单击【确定】按钮关闭对话框。如下图所示。

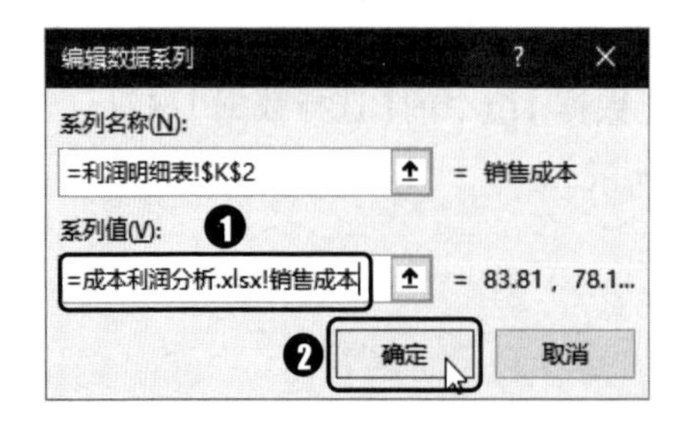

第6步 返回【选择数据源】对话框后，重复第4～第5步操作，将【销售利润】的系列值修改为“=成本利润分析.xlsx!销售利润”。【编辑数据系列】对话框设置内容如下图所示。

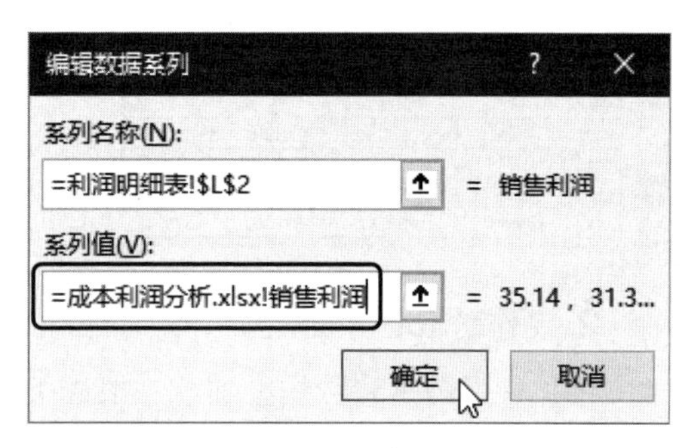

第7步 操作完成后，返回工作表，自行设置图表样式。例如，添加数据标签，设置数据标签中字体颜色，调整数据系列的颜色，设置图表标题等。设置完成后，效果如下图所示。

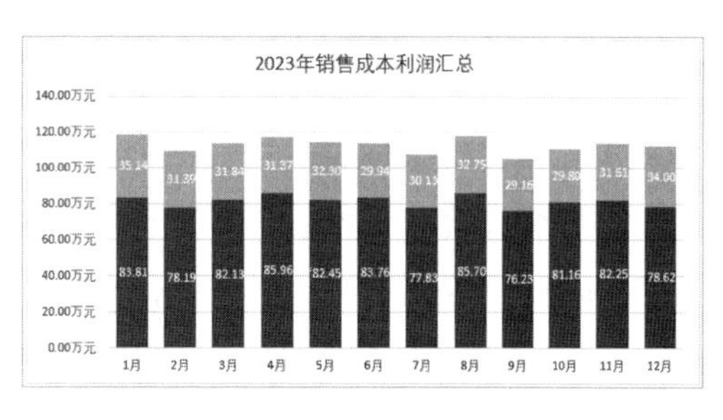

第8步 ❶将H2单元格格式自定义为“序号”，使其始终显示文本“序号”，❷在I2单元格下拉列表中选择【地区】选项，可看到表格和图表的动态变化效果。如下图所示。

2023年销售成本利润汇总

序号	地区	销售额	销售成本	销售利润
1	华北	326.90	237.14	89.77
2	华东	349.26	251.73	97.53
3	华南	332.93	239.12	93.80
4	西南	348.42	250.10	98.32

第9步 在I2单元格下拉列表中选择【商品类别】选项，可看到表格中数据和图表中图形的动态变化效果。如下图所示。

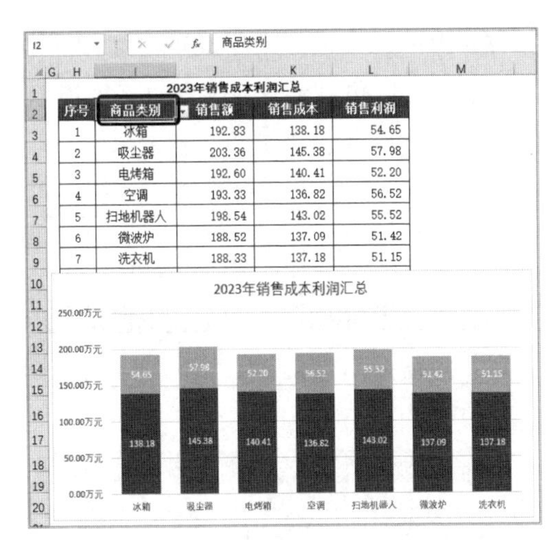

2023年销售成本利润汇总

序号	商品类别	销售额	销售成本	销售利润
1	冰箱	192.83	138.18	54.65
2	吸尘器	203.36	145.38	57.98
3	电烤箱	192.60	140.41	52.20
4	空调	193.33	136.82	56.52
5	扫地机器人	198.54	143.02	55.52
6	微波炉	188.52	137.09	51.42
7	洗衣机	188.33	137.18	51.15

11.1.2 成本和利润动态占比分析

完成销售、成本利润数据的分类汇总后，即可以此为数据源，计算成本和利润占比数据。本小节继续在11.1.1小节制作的“2023年销售成本利润汇总”表格中数据的基础上另制表格，按照月份、地区和商品分类维度，动态计算分析销售成本和销售利润的占比数据，并制作饼图，配合表单控件动态展示每个明细项目的占比情况。

1. 动态计算成本和利润占比

下面动态计算成本、利润分别占销售额的百分比数据。操作方法如下。

第1步 在空白区域H18:L31单元格区域中绘制表格框架，设置好字段名称、基本格式等。如下图所示。

2023年销售成本利润汇总

序号	商品类别	销售额	销售成本	销售利润
1	冰箱	192.83	138.18	54.65
8	全年合计	1,357.51	978.08	379.43

		销售额	销售成本	销售利润

第2步 ❶在I18单元格中设置公式“=I2”，直接引用I2单元格中的字段名称，❷在H19单元格中设置公式“=IF(ROW()-18<=$H$15, ROW()-18,"")”，运用IF+ROW函数组合自动生成序号，❸复制H19单元格公式并粘贴至H20:H31单元格区域中。如下图所示（编辑栏中显示H31单元格公式）。

H31 =IF(ROW()-18<=$H$15,ROW()-18,"")

2023年销售成本利润汇总				
序号	商品类别	销售额	销售成本	销售利润
1	冰箱	192.83	138.18	54.65
8	全年合计	1,357.51	978.08	379.43

	商品类别	销售额	销售成本	销售利润
1				
2				
3				
4				
5				
6				
7				
8				

第3步 ❶在I19单元格中设置公式“=IF(H19="","",VLOOKUP(H19,$H$3:$I$15,2,0))”，运用IF函数判断H19单元格中内容为空时，即返回空值，否则运用VLOOKUP函数在H3:I15单元格区域中查找与H19单元格中相同的数字，并返回与之匹配的第2列中的数据，❷复制I19单元格公式并粘贴至I20:I31单元格区域中。如下图所示（编辑栏中显示I31单元格公式）。

I31 =IF(H31="","",VLOOKUP(H31,$H$3:$I$15,2,0))

2023年销售成本利润汇总				
序号	商品类别	销售额	销售成本	销售利润
1	冰箱	192.83	138.18	54.65
8	全年合计	1,357.51	978.08	379.43

	商品类别	销售额	销售成本	销售利润
1	冰箱			
2	吸尘器			
3	电烤箱			
4	空调			
5	扫地机器人			
6	微波炉			
7	洗衣机			
8	全年合计			

第4步 ❶在J19单元格中设置公式“=IF(H19= "","",1)”，运用IF函数判断H19单元格中内容为空时，即返回空值，否则返回数字“1”（“100%”），❷在K19单元格中设置公式“=IFERROR(VLOOKUP($H19,$H$3:$L$15,4,0)/VLOOKUP($H19,$H$3:$L$15,3,0),"")”，分别用VLOOKUP函数引用H3:L15单元格中的“销售额”和“销售成本”数据，再用“销售成本”除以“销售额”数据，即可计算得到销售成本的占比，❸在L19单元格中设置公式“=IFERROR(J19-K19,"")”，用J19单元格中的“100%”减掉K19单元格中的销售成本占比，即可计算得到“销售利润”占比。如下图所示（编辑栏中显示K19单元格公式）。

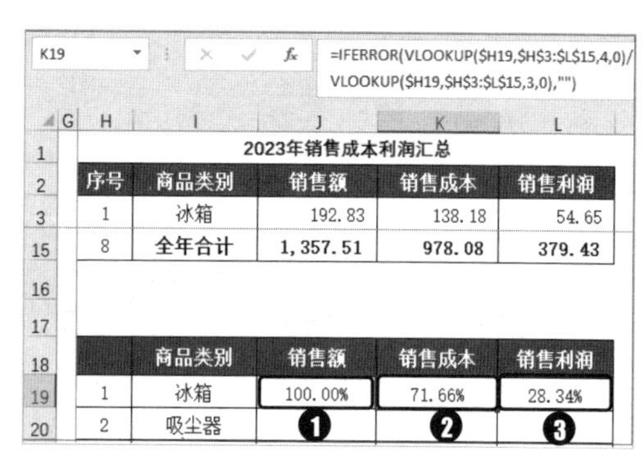
K19 =IFERROR(VLOOKUP($H19,$H$3:$L$15,4,0)/VLOOKUP($H19,$H$3:$L$15,3,0),"")

2023年销售成本利润汇总				
序号	商品类别	销售额	销售成本	销售利润
1	冰箱	192.83	138.18	54.65
8	全年合计	1,357.51	978.08	379.43

	商品类别	销售额	销售成本	销售利润
1	冰箱	100.00%	71.66%	28.34%
2	吸尘器			

第5步 复制J19:L19单元格区域公式并粘贴至J20:L31单元格区域中，即可计算得到全部占比数据。如下图所示。

L31 =IFERROR(J31-K31,"")

2023年销售成本利润汇总

序号	商品类别	销售额	销售成本	销售利润
1	冰箱	192.83	138.18	54.65
8	全年合计	1,357.51	978.08	379.43

	商品类别	销售额	销售成本	销售利润
1	冰箱	100.00%	71.66%	28.34%
2	吸尘器	100.00%	71.49%	28.51%
3	电烤箱	100.00%	72.90%	27.10%
4	空调	100.00%	70.77%	29.23%
5	扫地机器人	100.00%	72.04%	27.96%
6	微波炉	100.00%	72.72%	27.28%
7	洗衣机	100.00%	72.84%	27.16%
8	全年合计	100.00%	72.05%	27.95%

2. 制作动态饼图展示成本和利润占比

饼图能够十分形象地展示一个数据系列中各项目本身大小及占合计数据的份额大小，如本例中成本、利润分别占销售额的比例。下面创建饼图，并使用表单控件控制数据和饼图动态展示占比成本和利润占比。操作方法如下。

第1步 在工作表空白区域中插入一个【列表框】表单控件，将其数据源区域设置为I19:I31单元格区域；将单元格链接设置为H18单元格。【设置控件格式】对话框设置内容如下图所示。

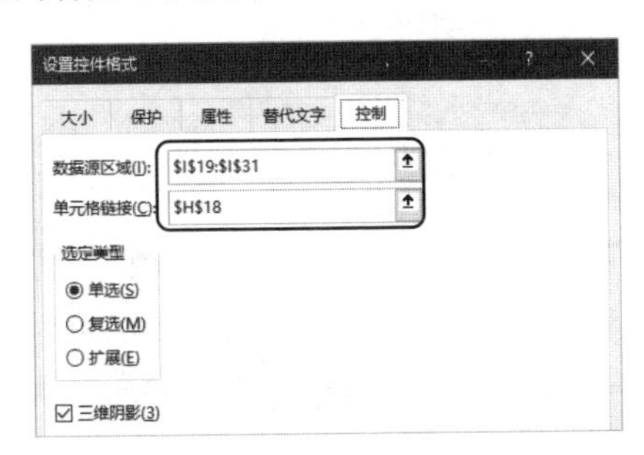

第2步 创建一个动态名称，将其命名为“动态占比”，设置引用位置为公式“=OFFSET(利润明细表!$K$18,利润明细表!$H$18,0,1,2)”。名称及引用位置设置如下图所示。

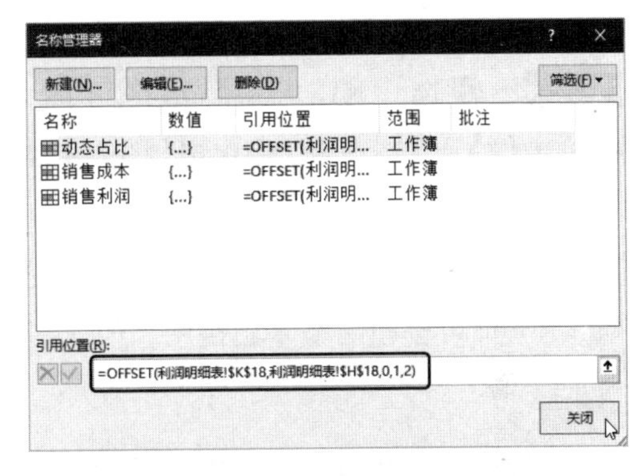

名称引用位置的公式原理如下。

运用OFFSET函数以K18单元格（【销售成本】字段名称所在单元格）为起点，向下偏移H18单元格中数字代表的行数，向右偏移0列，偏移高度为1，宽度为2（【销售成本】和【销售利润】两列字段中的数据），即可构建饼图的数据源。

第3步 在H17单元格中设置公式“="2023年成本利润占比分析——"&VLOOKUP (H18,H19:L31,2,0)”，运用VLOOKUP函数在H19:L31单元格区域中查找与H18单元格中相同的数字，并返回与之匹配的第2列数据（I19:I31单元格区域中的项目名称），并与固定文本“2023年成本利润占比分析　　”组合，构成动态标题。如下图所示。

H17　fx　="2023年成本利润占比分析—"&VLOOKUP(H18,H19:L31,2,0)

	H	I	J	K	L	M
17	2023年成本利润占比分析——冰箱					
18	1	商品类别	销售额	销售成本	销售利润	冰箱
19	1	冰箱	100.00%	71.66%	28.34%	吸尘器
20	2	吸尘器	100.00%	71.49%	28.51%	电烤箱
21	3	电烤箱	100.00%	72.90%	27.10%	空调
22	4	空调	100.00%	70.77%	29.23%	扫地机器人
23	5	扫地机器人	100.00%	72.04%	27.96%	微波炉
24	6	微波炉	100.00%	72.72%	27.28%	洗衣机
25	7	洗衣机	100.00%	72.84%	27.16%	全年合计
26	8	全年合计	100.00%	72.05%	27.95%	

第4步 ❶选中K18:L19单元格区域，❷单击【插入】选项卡，❸单击【图表】组中的【饼图】下拉按钮“◕⌄”，❹单击下拉列表【二维饼图】选项组中的【饼图】按钮“◔”，即可创建一个基础饼图。如下图所示。

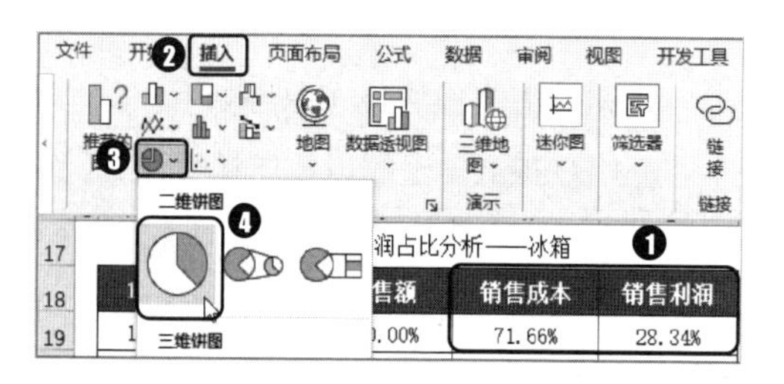

第5步 创建饼图后，打开【选择数据源】的【编辑数据系列】对话框，❶将“系列名称”设置为H17单元格，❷将“系列值”设置为第2步创建的名称“动态占比”。如下图所示。

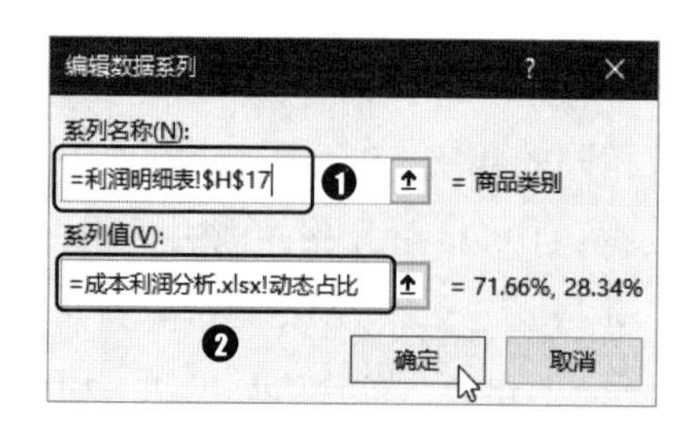

第6步 操作完成后，返回工作表，自行设置图表样式。例如，添加数据标签，设置数据标签位置、字体颜色，调整数据系列的颜色，设置图表标题等。设置完成后，效果如下图所示。

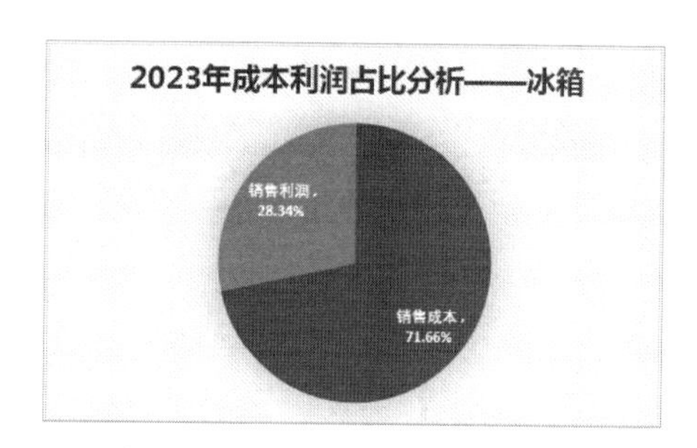

第7步 为H19:L26单元格区域设置条件格式，❶打开【新建格式规则】对话框，在【选择规则类型】列表框中选择【使用公式确定要设置格式的单元格】选项，❷在【为符合此公式的值设置格式】文本框中输入公式表达式“=$H19=$H$18”，❸单击【格式】按钮打开【设置单元格格式】对话框，设置单元格格式，❹返回【新建格式规则】对话框后可看到【预览】框中呈现的格式效果，此时单击【确定】按钮关闭对话框。如下图所示。

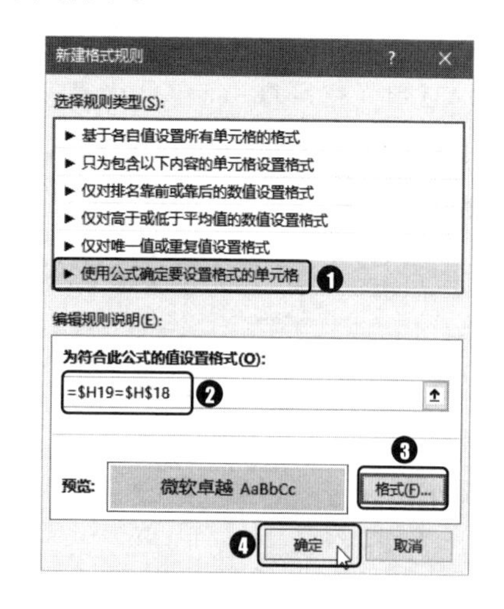

第8步 ❶将H18单元格格式自定义为“序号”，❷在【列表框】表单控件中选择一个其他选项，如【微波炉】选项，即可看到条件格式效果与图表动态变化效果。如下图所示。

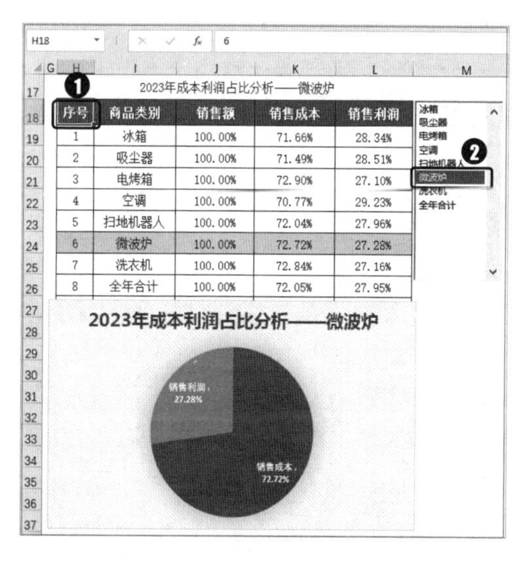

2023年成本利润占比分析——微波炉

序号	商品类别	销售额	销售成本	销售利润
1	冰箱	100.00%	71.66%	28.34%
2	吸尘器	100.00%	71.49%	28.51%
3	电烤箱	100.00%	72.90%	27.10%
4	空调	100.00%	70.77%	29.23%
5	扫地机器人	100.00%	72.04%	27.96%
6	微波炉	100.00%	72.72%	27.28%
7	洗衣机	100.00%	72.84%	27.16%
8	全年合计	100.00%	72.05%	27.95%

第9步 ❶在I2单元格下拉列表中选择其他选项，如【月份】选项，❷在【列表框】表单控件中选择其他选项，如【全年合计】选项，即可看到占比分析数据与图表的动态变化效果。如下图所示。

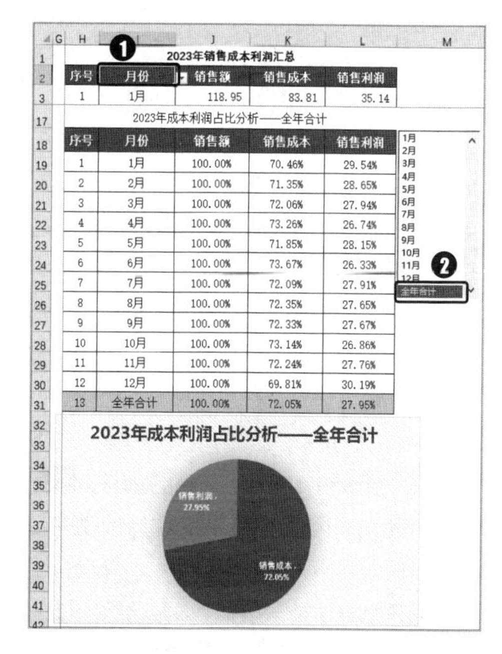

2023年销售成本利润汇总

序号	月份	销售额	销售成本	销售利润
1	1月	118.95	83.81	35.14

2023年成本利润占比分析——全年合计

序号	月份	销售额	销售成本	销售利润
1	1月	100.00%	70.46%	29.54%
2	2月	100.00%	71.35%	28.65%
3	3月	100.00%	72.06%	27.94%
4	4月	100.00%	73.26%	26.74%
5	5月	100.00%	71.85%	28.15%
6	6月	100.00%	73.67%	26.33%
7	7月	100.00%	72.09%	27.91%
8	8月	100.00%	72.35%	27.65%
9	9月	100.00%	72.33%	27.67%
10	10月	100.00%	73.14%	26.86%
11	11月	100.00%	72.24%	27.76%
12	12月	100.00%	69.81%	30.19%
13	全年合计	100.00%	72.05%	27.95%

本节示例结果见“结果文件\第11章\成本利润分析.xlsx”文件。

11.2 利润指标达成和总指标进度分析

指标达成分析对企业具有重要的作用，可以帮助企业评估业绩、发现问题、制定目标、监控绩效和提高决策质量，从而提高企业的竞争力和运营效率。在运用Excel计算指标达成率之前，下面通过AI工具“ChatGPT”深入了解一下什么是指标达成分析，具体分析时有哪些思路和方法。

提问： 什么是指标达成分析？指标达成分析的思路和方法有哪些？

ChatGPT

指标达成分析是指对某个指标的实际达成情况进行分析和评估的过程。它通过对指标的实际值与预期值进行比较，来判断目标是否达成，并对达成情况进行解释和评估。

指标达成分析的思路和方法可以包括以下几个方面。

（1）确定指标的定义和目标：需要明确指标的定义和目标，即指标应该衡量什么，并设定合理的目标值。

（2）收集数据：收集相关的数据，包括指标的实际值和预期值。可以通过问卷调查、统计数据、实地调研等方式获取数据。

（3）比较实际值与预期值：将实际值与预期值进行比较，可以计算出达成率或差距率等指标，用于评估目标的达成情况。

（4）解释和评估：对达成情况进行解释和评估，分析达成情况和影响因素。可以采用统计分析、趋势分析、因果分析等方法进行深入研究。

（5）提出改进措施：根据分析结果，提出相应的改进措施，以提高指标的达成率。这些措施可以包括调整目标设定、改进工作流程、加强培训等。

（6）监测和反馈：对改进措施进行监测，及时调整和优化，以确保指标的持续改进和达成。

通过指标达成分析，可以帮助组织或个人了解目标的达成情况，及时发现问题并采取相应措施，提高工作效率和绩效。

从以上回复可知指标达成分析即将实际值与预期值进行比较，具体指标达成一般是通过“达成率”体现。“达成率”是指实际值对比目标值的符合程度，也就是达成目标的程度。下面参考以上思路，以利润指标和总指标为例，介绍如何运用Excel对指标达成进行分析和展示。

11.2.1 利润达成率分析

利润达成率即实际完成的利润占目标利润的百分比。

如下图所示，“利润指标达成分析”工作簿中的两张原始数据表中分别列示了2023年各类商品在各个地区的利润指标和实际利润数据。下面在Excel中制作表格，分别按照地区、商品类别维度动态计算利润指标的达成率。

2023年利润指标分解　　金额单位：万元

序号	地区 / 商品类别	华北	华东	华南	西南	合计
1	冰箱	18.00	16.00	18.00	18.00	70.00
2	吸尘器	15.00	17.00	20.00	18.00	70.00
3	电烤箱	15.00	20.00	15.00	16.00	66.00
4	空调	16.00	18.00	18.00	18.00	70.00
5	扫地机器人	15.00	17.00	20.00	18.00	70.00
6	微波炉	18.00	15.00	15.00	18.00	66.00
7	洗衣机	20.00	15.00	18.00	15.00	68.00
8	**合计**	**117.00**	**118.00**	**124.00**	**121.00**	**480.00**

2023年利润统计汇总表　　金额单位：万元

序号	项目	华北	华东	华南	西南	合计
1	冰箱	12.92	14.68	14.40	12.64	54.64
2	吸尘器	14.42	16.17	13.43	13.96	57.98
3	电烤箱	12.18	13.74	12.46	13.82	52.20
4	空调	12.02	13.45	15.10	15.95	56.52
5	扫地机器人	13.75	14.74	13.62	13.41	55.52
6	微波炉	12.88	11.89	12.46	14.20	51.43
7	洗衣机	11.60	12.87	12.33	14.36	51.16
8	**合计**	**89.77**	**97.54**	**93.80**	**98.34**	**379.45**

利润指标和汇总

1. 按不同维度动态计算利润指标达成率

制作数据表，分别按照地区和商品类别两个不同维度计算利润指标达成率。操作方法如下。

第1步 打开“素材文件\第11章\利润指标达成分析.xlsx”文件，创建两个名称，即“地区”和“商品类别”，便于后面在公式中引用。其中，“地区”名称的引用位置为“=利润指标和汇总!$C$2:$F$2”；“商品类别”名称的引用位置为“=利润指标和汇总!$A$3:$A$9”。【名称管理器】对话框中的名称信息如下图所示（【引用位置】文本框中显示名称“地区”的引用位置）。

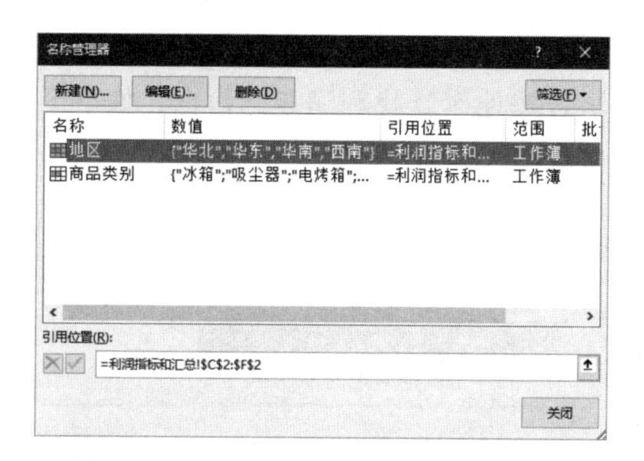

第2步 在工作表空白区域，如H2:L10单元格区域中绘制表格，设置好基本格式、字段名称、序号及基础求和公式。如下图所示。

第3步 插入两个【选项按钮】表单控件，分别命名为“地区”和“商品类别”，并将链接单元格设置为H2单元格。选中【地区】表单控件时，H2单元格中数字为“1”（选中【商品类别】表单控件时则变化为“2”）。如下图所示（当前选中【地区】表单控件）。

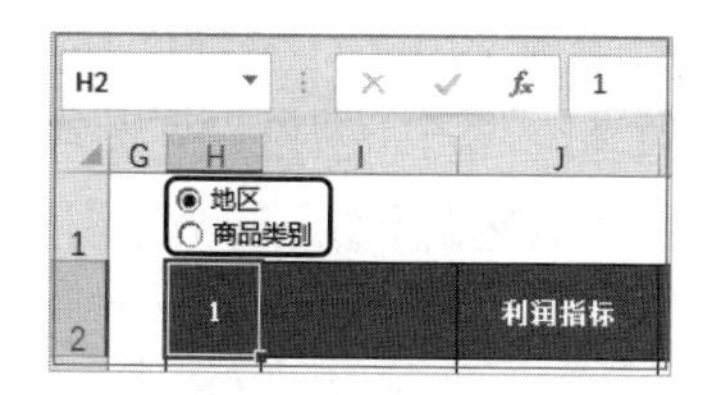

第4步 在I1单元格中创建下拉列表，将序列来源设置为公式“=IF(H2=1,地区,商品类别)”，运用IF函数判断H2单元格中数字为“1”时，即返回名称“地区”的引用位置作为下拉列表的序列，否则返回名称“商品类别”的引用位置。【数据验证】对话框设置内容如下图所示。

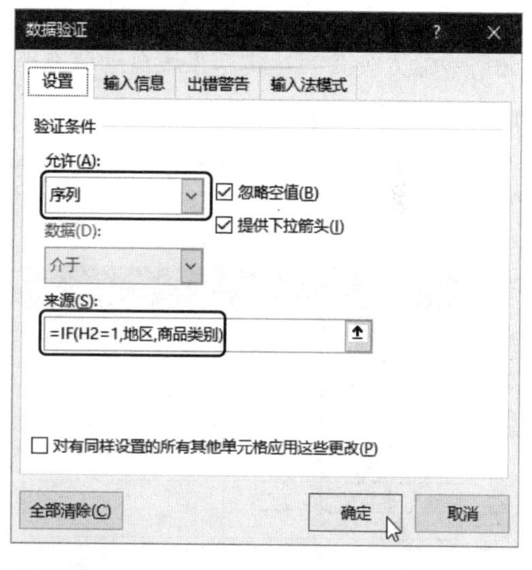

第5步 ❶在I1单元格下拉列表中选择一个选项，如“华东”，并将单元格格式自定义为“"2023年指标达成分析——"@”，❷在I2单元格中设置公式“=IF(H2=1,"商品类别","地区")”，运用IF函数判断H2单元格中数字为“1”时，即返回文本“商品类别”，否则返回文本“地区”作为字段名称。如下图所示。

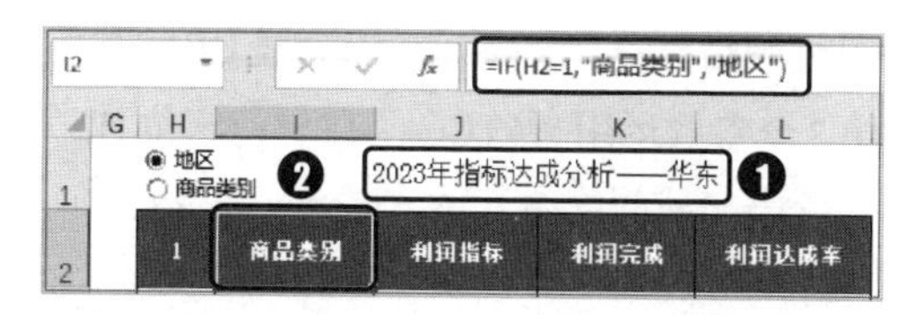

第6步 在I2单元格中设置公式“=IF(H2=1,商品类别,TRANSPOSE(地区))”，运用IF函数判断H2单元格中数为“1”时，代表I2单元格中的下拉列表中的序列为“地区”的引用位置，因此返回名称“商品类别”的序列内容；反之，则运用转置函数TRANSPOSE将名称“地区”的序列内容由横向排列转换为纵向排列后列示（在I2单元格中输入公式表达式后系统自动填充至I4:I9单元格区域中）。如下图所示。

I3 =IF(H2=1,商品类别,TRANSPOSE(地区))

◉ 地区 ○ 商品类别　　2023年指标达成分析——华东

1	商品类别	利润指标	利润完成	利润达成率
1	冰箱			
2	吸尘器			
3	电烤箱			
4	空调			
5	扫地机器人			
6	微波炉			
7	洗衣机			
合计		-	-	-

第7步 在J2单元格中设置公式“=IFERROR(IF($H$2=1,VLOOKUP($I3,$A$3:$F$9,MATCH ($I$1,地区,0)+1,0),HLOOKUP($I3,$B$2:$E$9,MATCH($I$1,商品类别,0)+1,0)),"-")”，运用IF函数判断H2单元格中的数字为“1”，即运用VLOOKUP函数在A3:F9单元格区域中查找与I3单元格中相同的商品类别名称，并返回*n*列中与之匹配的利润指标数据。其中，VLOOKUP函数的第3个参数运用MATCH函数自动定位I1单元格中的地区名称在第1步定义的名称“地区”序列中的行数，否则，运用HLOOKUP函数按地区查找利润指标数据。如下图所示。

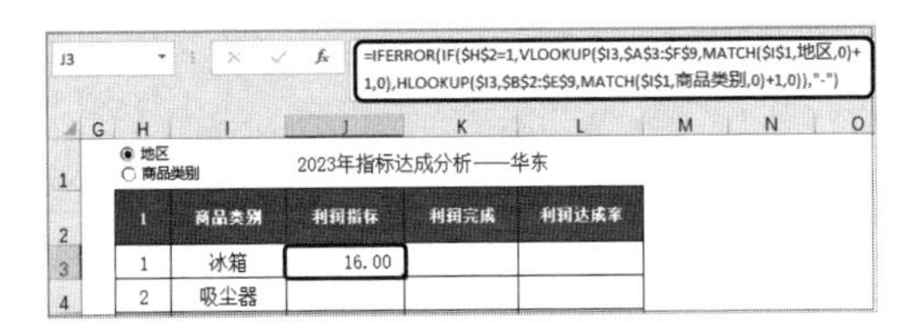

第8步 ❶复制J2单元格公式并粘贴至K2单元格中，将VLOOKUP函数的第2个参数修改为“$A$13:$F$19”，❷将HLOOKUP函数的第2个参数修改为“$B$12:$E$19”，即可查找引用利润完成数据。如下图所示。

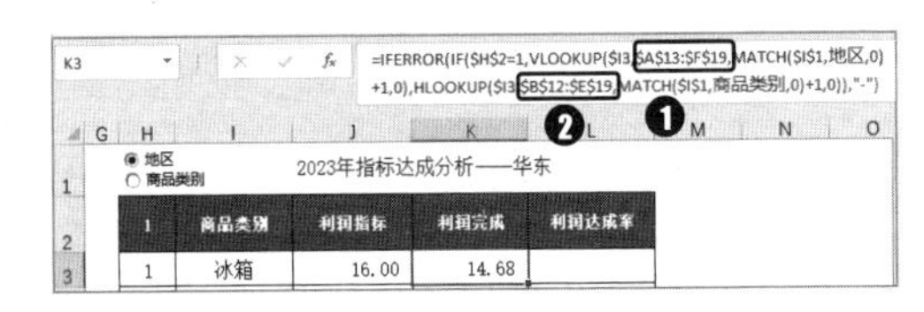

第9步 在L2单元格中设置公式“=IFERROR(K3/J3,"-")”，用K3单元格中的“利润完成”数据除以J3单元格中的“利润指标”数据，即可计算得到“利润达成率”数据。如下图所示。

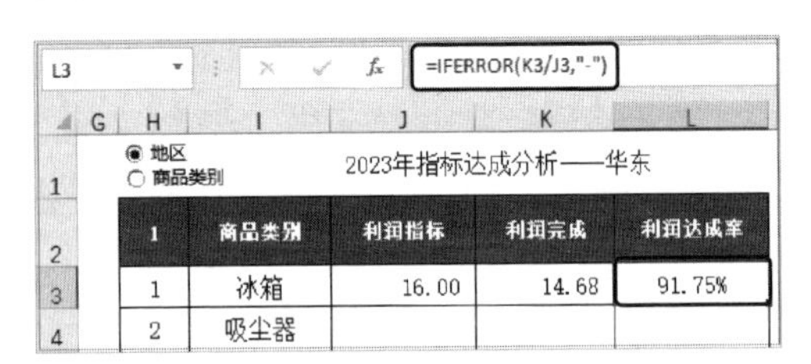

第10步 复制J3:L3单元格区域公式至J4:L9单元格区域中，即可计算得到其他商品类别的利润达成率数据。如下图所示。

L9　=IFERROR(K9/J9,"-")

◉ 地区　○ 商品类别

2023年指标达成分析——华东

1	商品类别	利润指标	利润完成	利润达成率
1	冰箱	16.00	14.68	91.75%
2	吸尘器	17.00	16.17	95.12%
3	电烤箱	20.00	13.74	68.70%
4	空调	18.00	13.45	74.72%
5	扫地机器人	17.00	14.74	86.71%
6	微波炉	15.00	11.89	79.27%
7	洗衣机	15.00	12.87	85.80%
合计		118.00	97.54	82.66%

第11步 ❶选中【商品类别】表单控件，❷在I1单元格下拉列表中任意选择一个选项，如【电烤箱】选项，可看到数据动态变化。如下图所示。

I1　电烤箱

❶ ○ 地区　◉ 商品类别

2023年指标达成分析——电烤箱 ❷

2	地区	利润指标	利润完成	利润达成率
1	华北	15.00	12.18	81.20%
2	华东	20.00	13.74	68.70%
3	华南	15.00	12.46	83.07%
4	西南	16.00	13.82	86.38%
5		-	-	-
6		-	-	-
7		-	-	-
合计		66.00	52.20	79.09%

2. 制作动态柱形图展示指标达成率

动态利润指标达成分析表制作完成后，即可在此基础上创建柱形图，动态展示指标达成率。具体操作方法如下。

第1步 选中I2:K9单元格区域后插入一个基础的二维簇状柱形图。如下图所示。

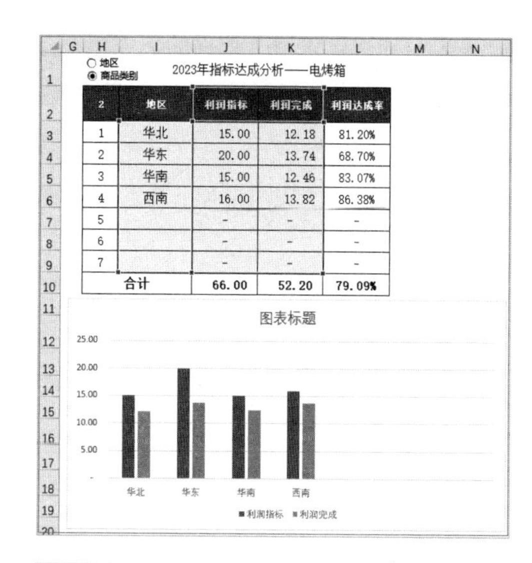

第2步 ❶右击图表中的【利润指标】数据系列（深色），❷在弹出的快捷菜单中单击【设置数据系列格式】命令。如下图所示。

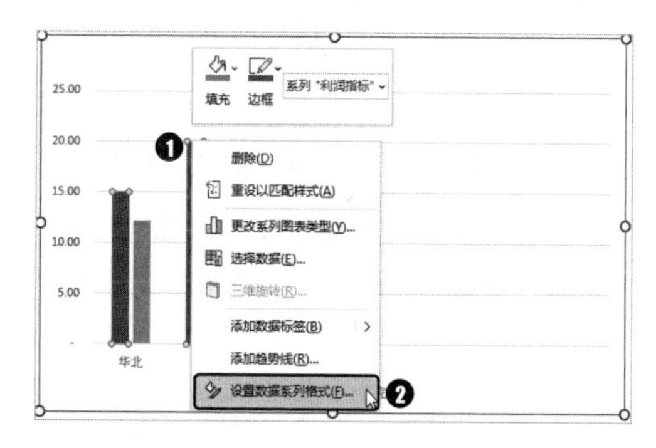

第3步 窗口右侧弹出【设置数据系列格式】任务窗格，在【系列选项】选项组【系列重叠】文本框中输入“100%”，即可将两个数据系列重叠。如下图所示。

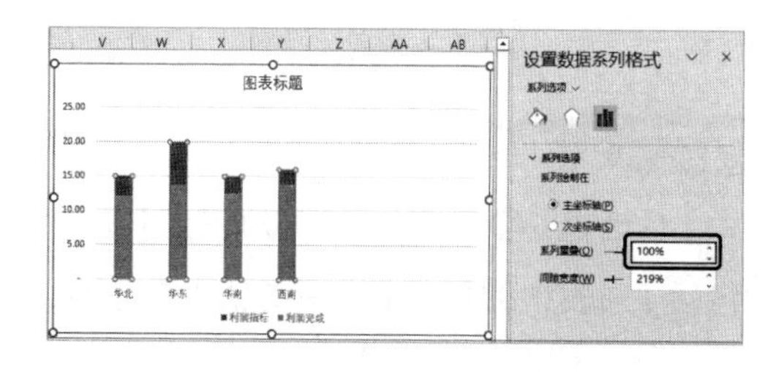

第4步 分别设置两个数据的填充色、边框颜色等（注意色调一致），并为两个数据系列添加数据标签，同时将图表标题链接至I1单元格。操作完成后，效果如下图所示。

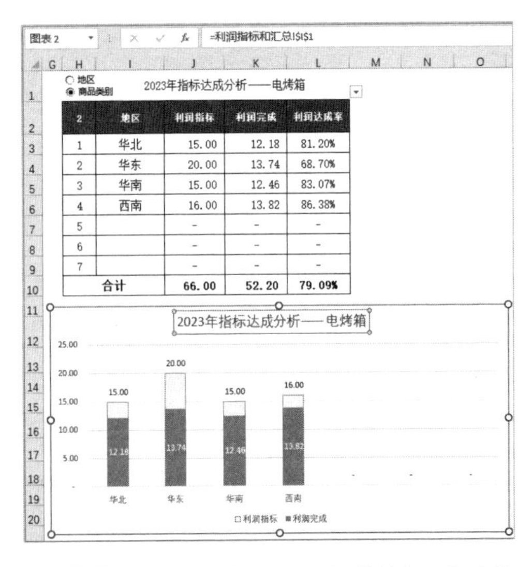

第5步 ❶右击【利润指标】数据系列的任意一个数据标签，❷在弹出的快捷菜单中单击【设置数据标签格式】命令。如下图所示。

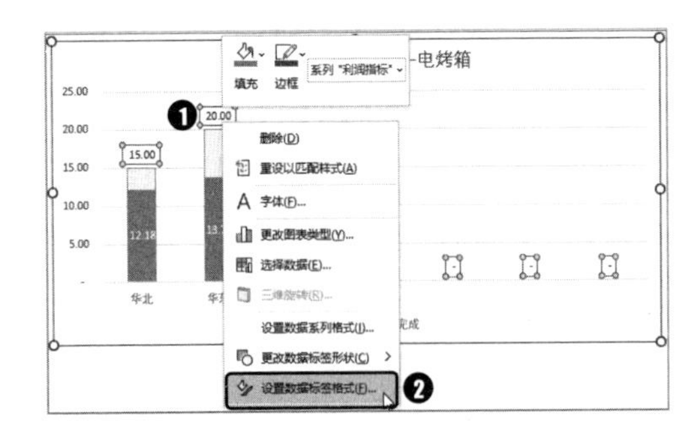

第6步 窗口右侧弹出【设置数据标签格式】对话框，❶勾选【标签选项】组【标签包括】列表中的【单元格中的值】复选框，❷弹出【数据标签区域】对话框，单击【选择数据标签区域】文本框后选中L3:L9单元格区域，❸单击【确定】按钮关闭对话框。如下图所示。

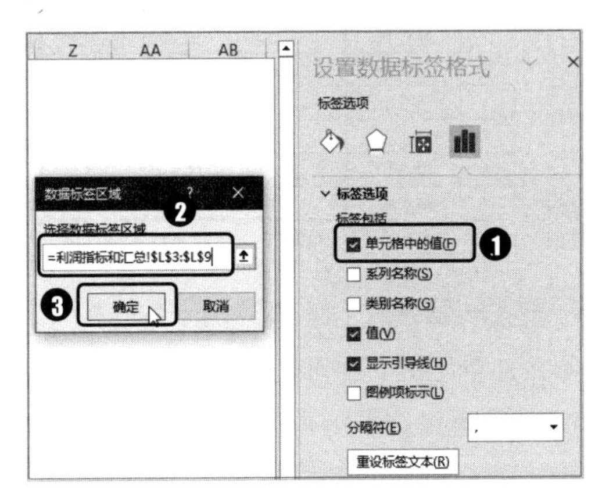

第7步 返回【设置数据标签格式】窗格后，在【分隔符】下拉列表中选择【（新文本行）】选项。如下图所示。

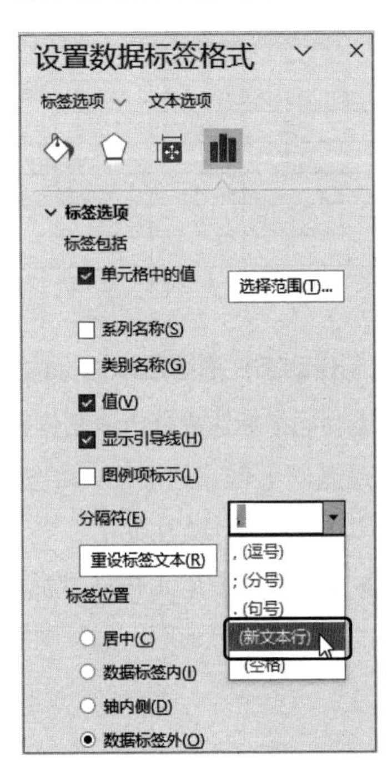

第8步 以上操作完成后，图表效果如下图所示。

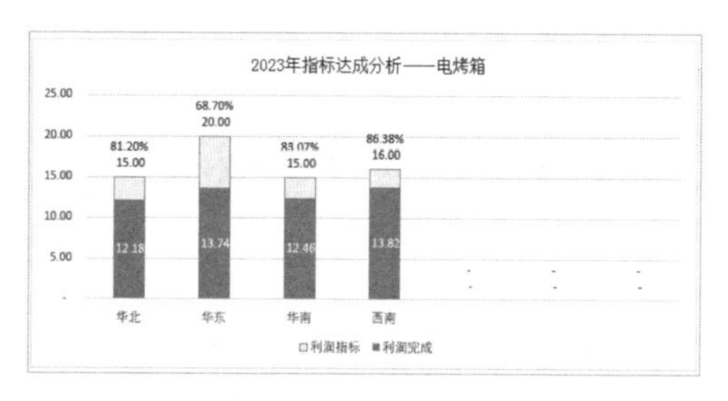

第9步 ❶将H2单元格格式自定义为“序号”，❷I1单元格下拉列表中选择一个其他选项，如【洗衣机】选项，可看到数据表和图表动态变化效果。如下图所示。

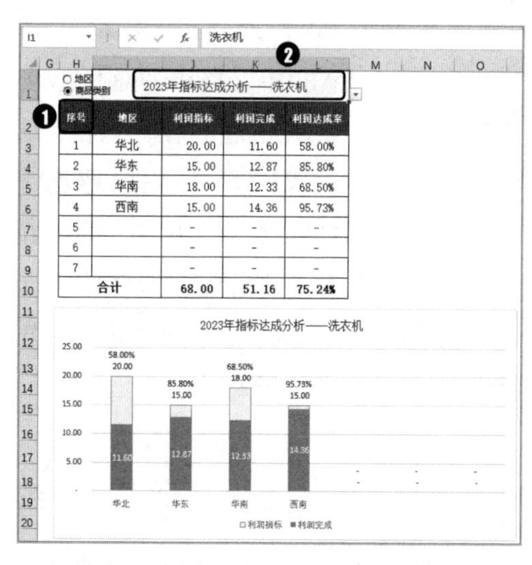

序号	地区	利润指标	利润完成	利润达成率
1	华北	20.00	11.60	58.00%
2	华东	15.00	12.87	85.80%
3	华南	18.00	12.33	68.50%
4	西南	15.00	14.36	95.73%
5		-	-	-
6		-	-	-
7		-	-	-
合计		68.00	51.16	75.24%

第10步 ❶选中【地区】表单控件，❷在I1单元格下拉列表中选择一个选项，如【华南】选项，可看到数据表和图表再次发生动态变化。如下图所示。

序号	商品类别	利润指标	利润完成	利润达成率
1	冰箱	18.00	14.40	80.00%
2	吸尘器	20.00	13.43	67.15%
3	电烤箱	15.00	12.46	83.07%
4	空调	18.00	15.10	83.89%
5	扫地机器人	20.00	13.62	68.10%
6	微波炉	15.00	12.46	83.07%
7	洗衣机	18.00	12.33	68.50%
合计		124.00	93.80	75.65%

示例结果见“结果文件\第11章\利润指标达成分析.xlsx”文件。

11.2.2 制作圆环图展示总指标进度

圆环图是普通饼图的升级版图表，其作用同样是展示各数据项目的份额大小，特别适用于展示少量数据。如本例，展示总指标进度只需两项数据，即已完成和未完成指标数据。

如下图所示，“利润总指标达成进度”工作簿中的“2023年年度利润完成进度”表中，已填入1～7月已完成利润数据（假设当前为2023年7月）。下面计算总指标累计达成率，并创建圆环图展示总指标达成进度。

B1 | fx 2023年年度利润完成进度

2023年年度利润完成进度

金额单位：万元

月份	完成利润额	累计完成利润额	累计未完成利润额	累计达成率
1月	35.14			
2月	31.39			
3月	31.84			
4月	31.37			
5月	32.30			
6月	29.94			
7月	30.13			
8月				
9月				
10月				
11月				
12月				
合计	222.11			

1. 计算利润总指标累计达成率

计算总指标累计达成率及其相关数据。操作方法如下。

第1步 打开“素材文件\第11章\利润总指标达成进度.xlsx”文件，在B2单元格中输入总指标数字“480”，并将单元格格式自定义为“"利润指标额："0万元”。如下图所示。

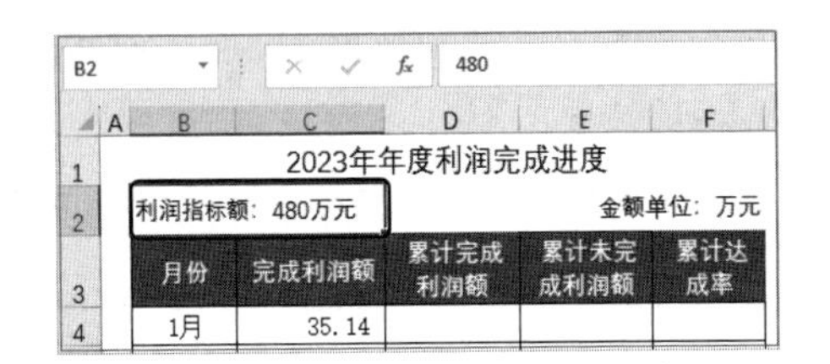
B2 | fx 480

2023年年度利润完成进度

利润指标额：480万元　　金额单位：万元

月份	完成利润额	累计完成利润额	累计未完成利润额	累计达成率
1月	35.14			

第2步 ❶在D4单元格中设置公式“=SUM(C$4:C4)”，计算截至1月的“累计完成利润额”数据，❷复制D4单元格公式并粘贴至D5:D15单元格区域中，即可依次计算得到截至其他月份的“累计完成利润额”数据，❸在D16单元格中设置公式“=D15”，直接引用截至12月的累计数据。如下图所示（编辑栏中显示D15单元格公式）。

D15 | fx =SUM(C$4:C15)

2023年年度利润完成进度

利润指标额：480万元　　金额单位：万元

月份	完成利润额	累计完成利润额	累计未完成利润额	累计达成率
1月	35.14	35.14 ❶		
2月	31.39	66.53		
3月	31.84	98.38		
4月	31.37	129.75		
5月	32.30	162.05		
6月	29.94	191.98		
7月	30.13	222.11 ❷		
8月		222.11		
9月		222.11		
10月		222.11		
11月		222.11		
12月		222.11		
合计	222.11	222.11 ❸		

第3步 ❶在E4单元格中设置公式“=$B$2-D4”，用B2单元格中的总指标减掉截至1月的“累计完成利润额”数据，即可得到“累计未完成利润额”数据，❷复制E4单元格公式并粘贴至E5:E16单元格区域中，即可依次计算得到截至其他月份的“累计未完成利润额”数据。如下图所示（编辑栏中显示E16单元格公式）。

E16 | fx =$B$2-D16

2023年年度利润完成进度

利润指标额：480万元　　金额单位：万元

月份	完成利润额	累计完成利润额	累计未完成利润额	累计达成率
1月	35.14	35.14	444.86 ❶	
2月	31.39	66.53	413.47	
3月	31.84	98.38	381.62	
4月	31.37	129.75	350.25	
5月	32.30	162.05	317.95	
6月	29.94	191.98	288.02	
7月	30.13	222.11	257.89 ❷	
8月		222.11	257.89	
9月		222.11	257.89	
10月		222.11	257.89	
11月		222.11	257.89	
12月		222.11	257.89	
合计	222.11	222.11	257.89	

第4步 ❶在F4单元格中设置公式“=D4/$B$2”，用D4单元格中的“累计完成利润额”数据除以B2单元格中的总指标，即可计算得到截至1月的“累计达成率”数据，❷复制F4单元格公式并粘贴至F5:F16单元格区域中，即可依次计算得到截至其他月份的“累计达成率”数据。如下图所示（编辑栏中显示F16单元格公式）。

F16 =D16/$B$2

2023年年度利润完成进度

利润指标额：480万元　　金额单位：万元

月份	完成利润额	累计完成利润额	累计未完成利润额	累计达成率
1月	35.14	35.14	444.86	7.32%
2月	31.39	66.53	413.47	13.86%
3月	31.84	98.38	381.62	20.49%
4月	31.37	129.75	350.25	27.03%
5月	32.30	162.05	317.95	33.76%
6月	29.94	191.98	288.02	40.00%
7月	30.13	222.11	257.89	46.27%
8月		222.11	257.89	46.27%
9月		222.11	257.89	46.27%
10月		222.11	257.89	46.27%
11月		222.11	257.89	46.27%
12月		222.11	257.89	46.27%
合计	222.11	222.11	257.89	46.27%

2. 创建圆环图展示利润总指标完成进度

累计达成率计算完成后，即可以此为数据源创建圆环图展示完成进度。操作方法如下。

第1步 ❶选中D16:E16单元格区域，❷单击【插入】选项卡，❸单击【图表】组中的【饼图】下拉按钮“◔⌄”，❹在下拉列表中单击【圆环图】选项组的【圆环图】按钮“◎”，如下图所示，即可创建一张基础圆环图图表。

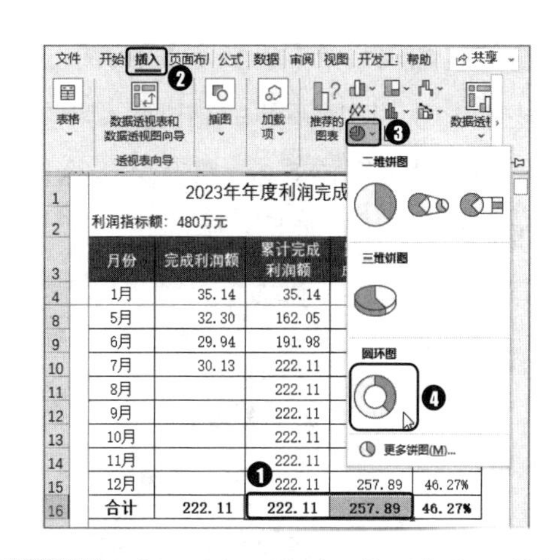

第2步 插入圆环图后，激活【设置数据系列格式】任务窗格，将【系列选项】选项卡【圆环图圆环大小】文本框中的数值修改为“80%”，如下图所示。

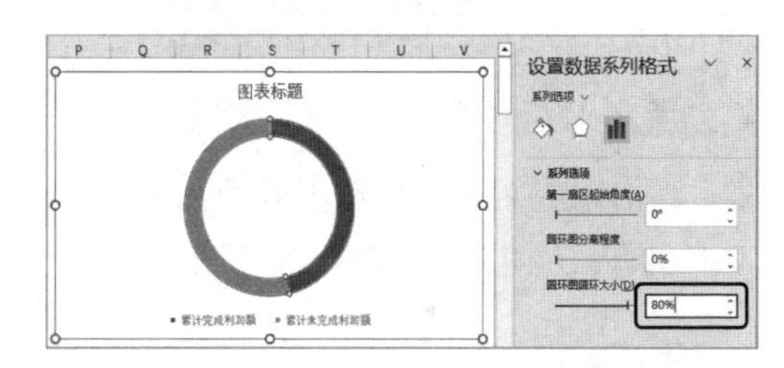

第3步 分别将【累计完成利润额】和【累计未完成利润额】两数据点设置为色调一致、深浅不一的颜色，并自行设置其效果。如下图所示。

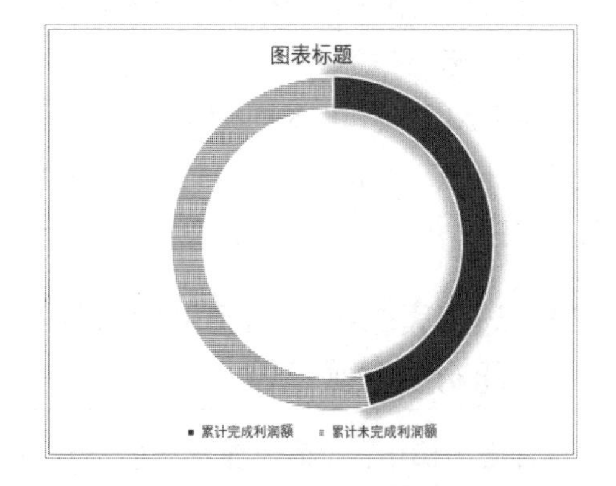

第4步 插入一个【艺术字】文本框，将其放置于圆环图圆环的中心位置，调整字体大小并设置字体效果，将其链接至F16单元格区域。效果如下图所示。

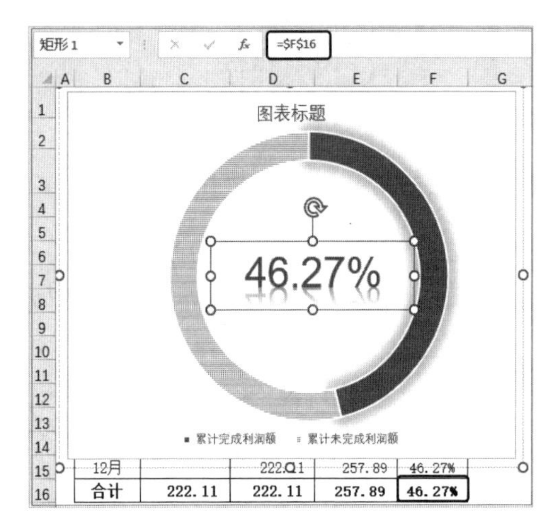

第5步 最后可删除图表标题和图例等元素，取消图表边框，并将图表与艺术字文本框组合，方便移动。效果如下图所示。

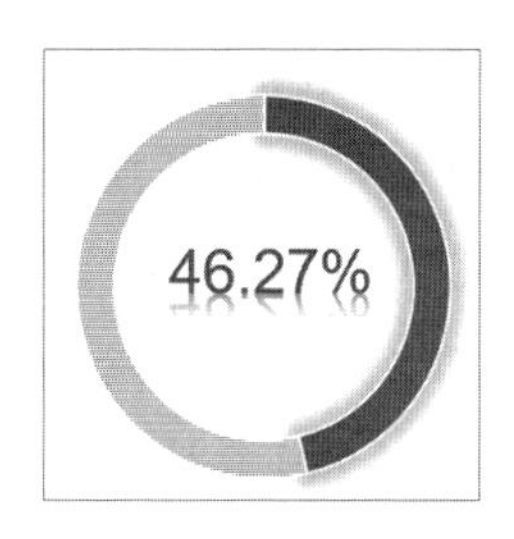

第6步 在C11和C12单元格中分别输入8月和9月的完成利润额，即可看到圆环图的动态变化效果。如下图所示。

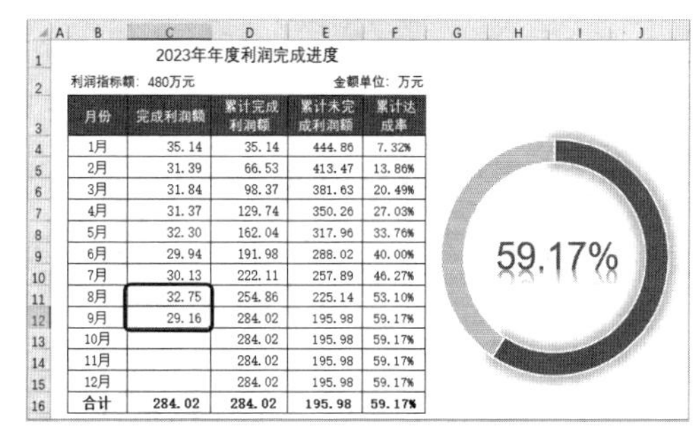

2023年年度利润完成进度

利润指标额：480万元　　金额单位：万元

月份	完成利润额	累计完成利润额	累计未完成利润额	累计达成率
1月	35.14	35.14	444.86	7.32%
2月	31.39	66.53	413.47	13.86%
3月	31.84	98.37	381.63	20.49%
4月	31.37	129.74	350.26	27.03%
5月	32.30	162.04	317.96	33.76%
6月	29.94	191.98	288.02	40.00%
7月	30.13	222.11	257.89	46.27%
8月	32.75	254.86	225.14	53.10%
9月	29.16	284.02	195.98	59.17%
10月		284.02	195.98	59.17%
11月		284.02	195.98	59.17%
12月		284.02	195.98	59.17%
合计	284.02	284.02	195.98	59.17%

示例结果见“结果文件\第11章\利润总指标达成进度.xlsx”文件。

AI智能答疑与技巧点拨

本章结合财务实操内容，讲解了如何运用Excel分析成本和利润数据，以及创建动态图表的操作方法。下面结合本章主题内容及实际工作中运用Excel时的常见问题，利用AI工具“讯飞星火”“文心一言”的学习引导，介绍两个实用技巧，帮助财务人员进一步提高工作效率。

01 巧用表单控件与条件格式快速切换金额单位

日常工作中，如果财务数据的金额较大，数字位数较多，那么在阅读时可能会存在一些不便，对此，可以将金额单位换算为“万元”，方便阅读。

那么，在Excel中如何快速切换金额单位呢？下面先来看看AI工具“讯飞星火”推荐的几种方法。

提问： Excel中如何快速切换金额单位？

讯飞星火

在Excel中，你可以轻松切换金额单位。例如，如果你想将金额单位由元转换为千元或万元，你可以按照以下步骤操作。

（1）打开Excel表格并选中需要转换的数据区域，例如B2:B12。

（2）对选中的数据进行格式化。右击选中的数据，然后选择【设置单元格格式】选项。

（3）在弹出的界面中，选择你满意的数字格式，单击【数值】选项，设置小数点位数为0。

（4）再单击【自定义】选项，在类型中输入“#,##0_”，逗号及后面的字符“,##0_”去掉，只保留#,然后再输入"K"字（注意：是英文半角双引号），按确定即可。这样你就会看到B列已经转化为以千为单位了。

（5）若要将金额单位转换为万元，只需在类型中输入0"."0,"万"，单击【确定】即可。

（6）或者，你还可以使用复制粘贴的方法来快速转换单位。例如，在一个单元格中输入“10000”，选中并复制它，然后选中要转换的数据区域，右击选择【选择性粘贴】，在弹出来的窗口中选择【除】，单击【确定】即可完成单位转换。

从以上回复可知，Excel中有多种方法可以快速切换金额单位。下面结合本章示例，在“条件格式”中设置自定义格式，并与表单控件配合操作，快速切换金额单位。具体操作方法如下。

第1步 打开“素材文件\第11章\成本利润分析1.xlsx”文件，在“利润明细表1”工作表中插入两个选项按钮表单控件，分别命名为“元”和“万元”，并将单元格链接设置为L1单元格。L1单元格中的数字在选中【元】表单控件后为“1”，选中【万元】表单控件时变化为“2”。如下图所示（当前选中【万元】表单控件）。

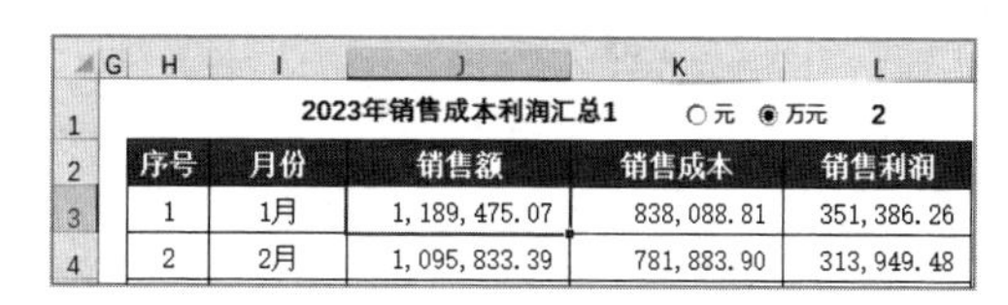

	G	H	I	J	K	L
1		2023年销售成本利润汇总1			○元 ◉万元	2
2		序号	月份	销售额	销售成本	销售利润
3		1	1月	1, 189, 475. 07	838, 088. 81	351, 386. 26
4		2	2月	1, 095, 833. 39	781, 883. 90	313, 949. 48

第2步 选中J4:L15单元格区域后打开【新建格式规则】对话框，❶选中【选择规则类型】列表框中的【使用公式确定要设置格式的单元格】选项，❷在【编辑规则说明】文本框中输入公式“=$L$1=2”，❸单击【格式】按钮。如下图所示。

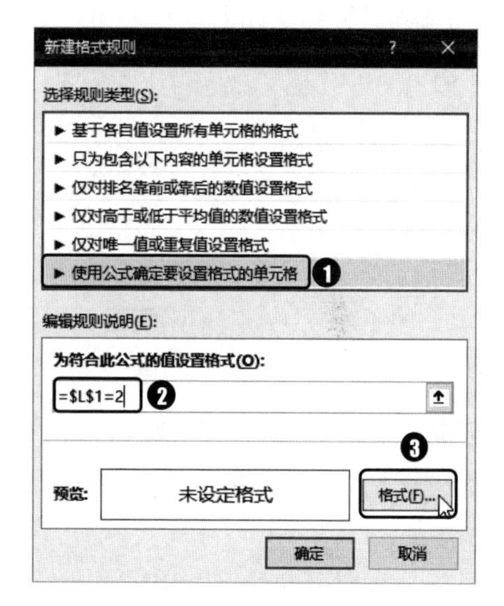

第3步 弹出【设置单元格格式】对话框，❶在【数字】选项卡【分类】列表框【自定义】选项中的【类型】文本框中输入自定义格式代码“0!.0000”，❷单击【确定】按钮关闭对话框。如下图所示。

第4步 返回【新建格式规则】对话框，单击【确定】按钮关闭对话框即可。如下图所示。

第5步 返回工作表，即可看到J3:L15单元格区域中的数字以万元为单位显示。如下图所示。

2023年销售成本利润汇总1　○元 ◉万元　2

序号	月份	销售额	销售成本	销售利润
1	1月	118.9475	83.8089	35.1386
2	2月	109.5833	78.1884	31.3949
3	3月	113.9740	82.1322	31.8419
4	4月	117.3351	85.9645	31.3706
5	5月	114.7484	82.4478	32.3007
6	6月	113.6991	83.7623	29.9368
7	7月	107.9606	77.8305	30.1301
8	8月	118.4460	85.6968	32.7491
9	9月	105.3904	76.2284	29.1620
10	10月	110.9558	81.1570	29.7988
11	11月	113.8535	82.2468	31.6067
12	12月	112.6178	78.6207	33.9971
13	合计	1357.5115	978.0843	379.4272

第6步 选中【元】表单控件，J3:L15单元格区域中的数字恢复显示为“元”单位。如下图所示。

2023年销售成本利润汇总1　◉元 ○万元　1

序号	月份	销售额	销售成本	销售利润
1	1月	1,189,475.07	838,088.81	351,386.26
2	2月	1,095,833.39	781,883.90	313,949.48
3	3月	1,139,740.44	821,321.92	318,418.52
4	4月	1,173,351.13	859,645.39	313,705.74
5	5月	1,147,484.26	824,477.57	323,006.69
6	6月	1,136,990.67	837,622.53	299,368.14
7	7月	1,079,606.43	778,305.20	301,301.22
8	8月	1,184,459.53	856,968.45	327,491.08
9	9月	1,053,903.74	762,283.62	291,620.13
10	10月	1,109,557.81	811,570.17	297,987.64
11	11月	1,138,534.67	822,468.13	316,066.54
12	12月	1,126,178.09	786,207.23	339,970.86
13	合计	13,575,115.23	9,780,842.92	3,794,272.31

示例结果见“结果文件\第11章\成本利润分析1.xlsx”文件。

02 为图表中的数字添加金额单位

为图表中的数字添加金额单位，可以更直观地展示数据，同时也能方便图表使用者阅读。下面先来看看AI工具“文心一言”对此是如何操作的。

提问： 如何为Excel图表中的数字添加金额单位？

文心一言

为Excel图表中的数字添加金额单位，可以通过以下步骤实现。

（1）选中需要添加单位的数字。

（2）在功能按钮中选择【数字格式】，或者使用快捷组合键【Ctrl+1】调出【设置单元格格式】窗口。

（3）在【设置单元格格式】窗口中，选择【自定义】，并在文本框中输入所需的单位，如“元”。

（4）单击【确定】按钮，完成添加单位。

对于一些特定的金额单位，如“万元”，可以通过以下步骤实现。

（1）选中需要添加单位的数字。

（2）右击选中区域，在弹出的菜单中选择【设置单元格格式】。

（3）在【设置单元格格式】窗口中，选择【数字】页面下的【自定义】。

（4）在右侧类型下面的文本框中输入："万元"，最后单击【确定】，完成添加单位。

另外，如果需要快速为表格中的多列数据添加相同的单位，可以选中这些数据列，然后使用上述方法一次性添加单位。

从上述回复可知，要为数字添加金额单位，可通过两种方法实现：第一种是运用常规设置法为数字添加货币符号，第二种是通过设置自定义格式代码，在数字后面显示金额单位。下面参考第二种方法，以图表中的坐标轴元素为例，为其中的数字添加金额单位。操作方法如下。

第1步 打开“素材文件\第 11 章\利润指标达成分析 1.xlsx”文件，右击“利润指标和汇总 1”工作表中柱形图图表中的【纵坐标轴】元素，在弹出的快捷菜单中单击【设置坐标轴格式】命令。如下图所示。

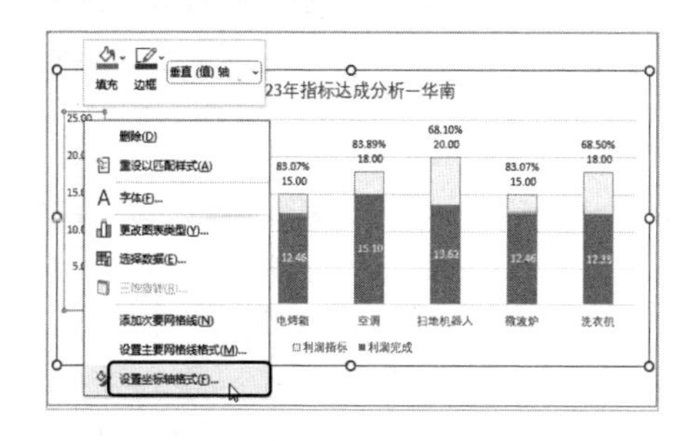

第2步 激活【设置坐标轴格式】任务窗格后，❶在【坐标轴选项】选项卡【数字】选项组的【类别】下拉列表中选择【自定义】选项，❷在【格式代码】文本框中输入格式代码“0万元”，❸单击【添加】按钮。如下图所示。

第3步 操作完成后，即可看到格式代码已被添加至【类型】下拉列表中，同时图表中【纵坐标轴】元素中数字单位显示为万元。如下图所示。

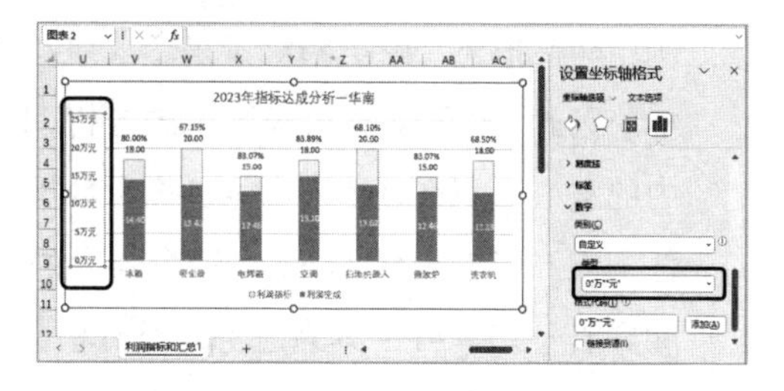

示例结果见“结果文件\第 11 章\利润指标达成分析 1.xlsx”文件。

Excel

第12章

实战：财务报表和财务指标分析

本章导读

财务报表是反映企业或预算单位一定时期的财务状况、经营成果和现金流量的会计报表，为企业提供最重要的财务信息，是对企业财务状况、经营成果和现金流量的结构性描述。财务指标则是企业对财务状况和经营成果进行总结和评价的重要指标。因此，对于财务报表数据的分析，以及财务指标的计算与分析是财务人员工作中的重心。那么，如何才能在确保数据质量的前提下，高效地完成如此重要的工作任务呢？仍然要借助Excel这个强大的数据工具。本章先通过讯飞星火、ChatGPT和文心一言等AI工具为财务人员分析数据提示思路和方法，并介绍财务报表及财务指标的基本概念、计算相关指标的会计公式，再讲解运用Excel高效准确地分析财务数据的具体操作方法和步骤。

12.1 财务报表数据分析

财务报表是反映企业或预算单位一定时期的财务状况、经营成果和现金流量的会计报表，为企业提供最重要的财务信息。财务报表包括资产负债表、利润表、现金流量表、所有者权益变动表。实务中，大部分企业需要定期编制前三项报表，以便通过分析报表数据及时获取财务信息，掌握企业财务状况，为后期经营决策提供重要依据。那么，财务报表数据可从哪些方面进行分析呢？下面先来看看AI工具“讯飞星火”提供的思路。

提问： 财务报表数据可从哪些方面进行分析？

讯飞星火

财务报表数据的分析可以从多个角度进行，这有助于更全面地了解企业的经营状况和财务状况。以下是一些常用的分析方法。

（1）垂直分析：第一步是计算财务报表中各项目占总额的比重或百分比。然后，通过各项目的占比，分析其在企业经营中的重要性。一般项目占比越大，其重要程度越高，对公司总体的影响程度越大。

（2）水平分析：这是对同一公司在不同期间的财务数据进行比较，以便了解其经营状况和财务状况的变化趋势。

（3）比率分析：这涉及计算各种财务比率，如流动比率、速动比率、资产负债率等，以评估企业的偿债能力、营运能力和盈利能力。

（4）杜邦分析法：这是一种经典的财务指标分析方法，用于评价企业的盈利能力和股东权益回报水平。杜邦分析法的框架逻辑是ROE（净资产收益率）=销售净利率×资产周转率×权益乘数。

（5）现金流量表分析：通过对现金流量表的分析，可以了解企业的现金流入和流出情况，以及现金的来源和用途。

（6）关键项目分析：这是通过分析财务报表中的关键项目（如营业收入、费用构成、利润构成等），来了解企业的经营状况和财务状况。

总的来说，通过对财务报表数据的深入分析，可以更好地理解企业的经济状况，为决策提供有力的支持。

财务人员可按照讯飞星火提供的以上内容对财务报表数据进行分析以帮助投资者、管理者和其他利益相关者更好地了解企业的财务状况和经营情况。本节将以财务报表中的资产负债表和利润表数据为示例，介绍如何运用Excel分析财务报表，帮助财务人员在确保数据质量的前提下，更高效地完成财务报表分析这项重要的工作任务。

12.1.1 资产负债表数据变动分析

资产负债表是反映企业在某一特定日期，如月末、季末、年末的全部资产、负债和所有者权益情况的会计报表，是企业经营活动的静态体现。资产负债表揭示了企业在某一特定日期所拥有或控制的经济资源、所承担的现有义务和所有者对净资产的要求权。

对资产负债表分析一般可从数据的变动入手，主要包括资产负债表各项目变动额、变动率及对总额的影响程度。企业管理层可从中分析数据，了解财务状况的变动情况及变动原因，以正确指导后期经营政策的制定。

本例已预先准备一张资产负债表，其中各项数据如下图所示。

资产负债表

单位名称：××有限公司　　2023年12月31日　　单位：元

资　产	年初数	期末数	负债及所有者权益（或股东权益）	年初数	期末数
流动资产：			流动负债：		
货币资金	1,026,908.96	846,574.49	短期借款		
交易性金融资产			交易性金融负债		
应收账款	816,669.28	1,093,282.68	应付账款	1,289,878.89	1,174,715.63
预付款项			预收款项		
其他应收款	65,600.00	49,200.00	应付职工薪酬		
存货	500,048.96	446,571.89	应交税费	8,985.13	10,551.02
一年内到期的非流动资产			其他应付款	24,600.00	100,000.00
待摊费用			一年内到期的非流动负债		
流动资产合计	2,409,227.20	2,435,629.06	其他流动负债		
非流动资产：			流动负债合计	1,323,464.02	1,285,266.65
可供出售金融资产			非流动负债：		
持有至到期投资			长期借款		
长期应收款			应付债券		
长期股权投资			长期应付款		
投资性房地产			专项应付款		
固定资产	260,000.00	260,000.00	预计负债		
累计折旧	110,700.00	123,700.00	递延所得税负债		
固定资产净值	149,300.00	136,300.00	其他非流动负债		
生产性生物资产			非流动负债合计	-	-
油气资产			负债合计	1,323,464.02	1,285,266.65
无形资产			所有者权益（或股东权益）：		
开发支出			实收资本（或股本）	1,000,000.00	1,000,000.00
商誉			资本公积		
长期待摊费用			减：库存股		
递延所得税资产			盈余公积		
其他非流动资产			未分配利润	235,063.18	286,662.41
非流动资产合计	149,300.00	136,300.00	所有者权益（或股东权益）合计	1,235,063.18	1,286,662.41
资产总计	2,558,527.20	2,571,929.06	负债和所有者权益（或股东权益）总计	2,558,527.20	2,571,929.06

下面计算分析资产负债表数据变动情况，并制作动态条形图按科目展示变动情况。

1. 计算资产负债表数据变动情况

资产负债表中数据变动情况的计算方法和公式都非常简单，具体操作方法如下。

第1步 打开“素材文件\第12章\资产负债表分析.xlsx”文件，在“Sheet1”工作表中资产负债表右侧的空白区域H2:M32单元格区域中绘制表格，并设置好标题、字段名称、基础格式等。如下图所示。

资产负债表数据变动分析

资产			负债及所有者权益		
变动额	变动率	影响程度	变动额	变动率	影响程度

第2步 在H4单元格中设置公式“=IFERROR(ROUND(C5-B5,2),0)”，用C5单元格中的“期末数”数据减B5单元格中的“年初数”数据，即可计算得到“货币资金”科目的变动额。如下图所示。

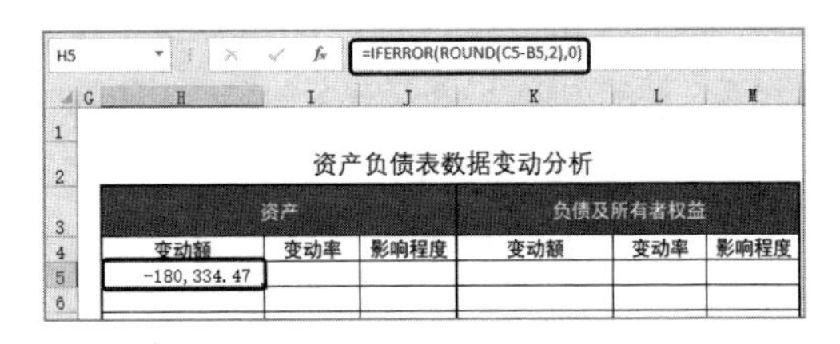

第3步 在I5单元格中设置公式“=IFERROR(ROUND(H5/B5,4),0)”，用H5单元格中的“变动额”数据除以B5单元格中的“年初数”数据，即可计算得到“货币资金”科目的“变动率”数据。如下图所示。

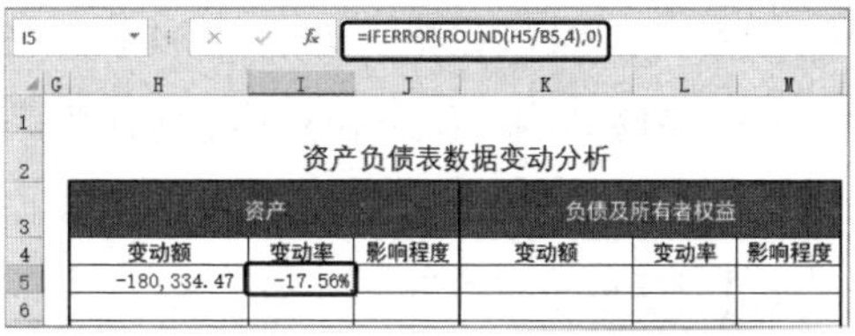

I5 =IFERROR(ROUND(H5/B5,4),0)

资产负债表数据变动分析

资产			负债及所有者权益		
变动额	变动率	影响程度	变动额	变动率	影响程度
-180, 334. 47	-17. 56%				

第4步 在J5单元格中设置公式“=IFERROR(ROUND(H5/B$32,4),0)”，用H5单元格中的“变动额”数据除以B32单元格中的“资产总计”数据，即可计算得到“货币资金”科目的变动对资产总额的影响程度。如下图所示。

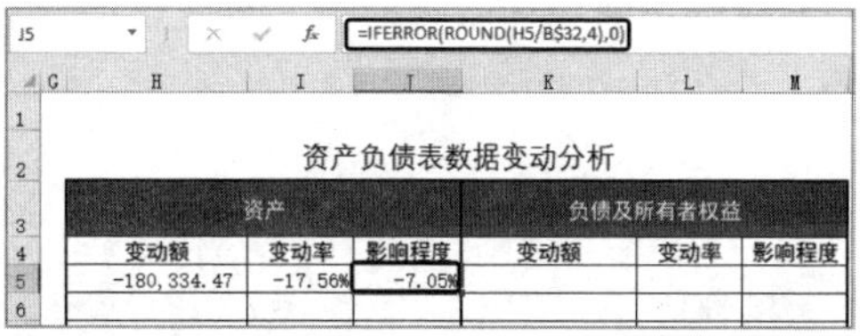

J5 =IFERROR(ROUND(H5/B$32,4),0)

资产负债表数据变动分析

资产			负债及所有者权益		
变动额	变动率	影响程度	变动额	变动率	影响程度
-180, 334. 47	-17. 56%	-7. 05%			

第5步 复制H5:J5单元格区域公式并粘贴至K5:M5单元格区域中，即可计算得到“短期借款”科目的“变动额”“变动率”和“影响程度”数据。如下图所示。

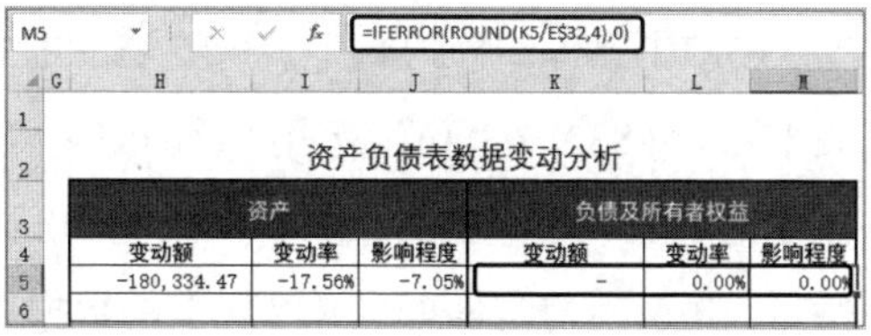

M5 =IFERROR(ROUND(K5/E$32,4),0)

资产负债表数据变动分析

资产			负债及所有者权益		
变动额	变动率	影响程度	变动额	变动率	影响程度
-180, 334. 47	-17. 56%	-7. 05%	-	0. 00%	0. 00%

第6步 复制H5:M5单元格区域公式并粘贴至H6:M32单元格即可计算得到全部科目的变动数据。如下图所示。

M32 =IFERROR(ROUND(K32/E$32,4),0)

资产负债表数据变动分析

行	资产			负债及所有者权益		
4	变动额	变动率	影响程度	变动额	变动率	影响程度
5	-180, 334. 47	-17. 56%	-7. 05%	-	0. 00%	0. 00%
6	-	0. 00%	0. 00%	-	0. 00%	0. 00%
7	276, 613. 40	33. 87%	10. 81%	-115, 163. 26	-8. 93%	-4. 50%
8	-	0. 00%	0. 00%	-	0. 00%	0. 00%
9	-16, 400. 00	-25. 00%	-0. 64%	-	0. 00%	0. 00%
10	-53, 477. 07	-10. 69%	-2. 09%	1, 565. 89	17. 43%	0. 06%
11	-	0. 00%	0. 00%	75, 400. 00	306. 50%	2. 95%
12	-	0. 00%	0. 00%	-	0. 00%	0. 00%
13	26, 401. 86	1. 10%	1. 03%	-	0. 00%	0. 00%
14	-	0. 00%	0. 00%	-38, 197. 37	-2. 89%	-1. 49%
15	-	0. 00%	0. 00%	-	0. 00%	0. 00%
16	-	0. 00%	0. 00%	-	0. 00%	0. 00%
17	-	0. 00%	0. 00%	-	0. 00%	0. 00%
18	-	0. 00%	0. 00%	-	0. 00%	0. 00%
19	-	0. 00%	0. 00%	-	0. 00%	0. 00%
20	-	0. 00%	0. 00%	-	0. 00%	0. 00%
21	13, 000. 00	11. 74%	0. 51%	-	0. 00%	0. 00%
22	-13, 000. 00	-8. 71%	-0. 51%	-	0. 00%	0. 00%
23	-	0. 00%	0. 00%	-	0. 00%	0. 00%
24	-	0. 00%	0. 00%	-38, 197. 37	-2. 89%	-1. 49%
25	-	0. 00%	0. 00%	-	0. 00%	0. 00%
26	-	0. 00%	0. 00%	-	0. 00%	0. 00%
27	-	0. 00%	0. 00%	-	0. 00%	0. 00%
28	-	0. 00%	0. 00%	-	0. 00%	0. 00%
29	-	0. 00%	0. 00%	-	0. 00%	0. 00%
30	-	0. 00%	0. 00%	51, 599. 23	21. 95%	2. 02%
31	-13, 000. 00	-8. 71%	-0. 51%	51, 599. 23	4. 18%	2. 02%
32	13, 401. 86	0. 52%	0. 52%	13, 401. 86	0. 52%	0. 52%

2. 制作动态条形图展示变动情况

条形图主要用于表达项目之间的大小比较。它的形态实际就是横置的柱形图，本例用于表示资产负债表中各个科目的年初数和年末数，通过横条的长短不同也可以形象地展示数据的增加或减少。下面继续在“资产负债表分析”工作簿中制作动态条形图。操作方法如下。

第1步 在“资产负债表分析”工作簿中创建两个名称，分别命名为“资产”和“负债及所有者权益”。其中，名称【资产】的引用位置为“=Sheet1!$A$5:$A$32”（“资产”类全部科目名称所在单元格区域）。名称【负债及所有者权益】的引用位置为“=Sheet1!$D$5:$D$32”（“负债及所有者权益”类全部科目名称所在单元格区域）。【名称管理器】对话框如下图所示（【引用位置】文本框中显示【负债及所有者权益】名称的位置）。

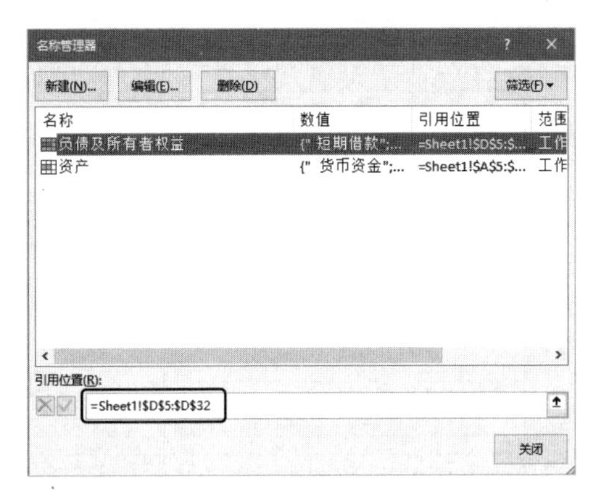

第2步 在空白区域，如O3:T4单元格区域中绘制动态数据源的表格框架，设置好字段名称和基本格式。如下图所示。

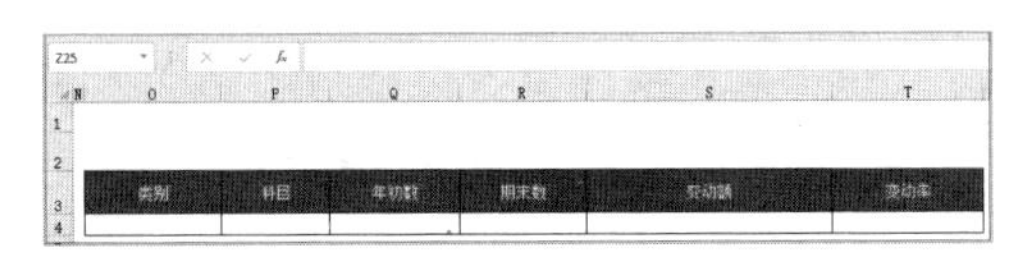

第3步 在O4单元格中创建下拉列表，将序列来源设置为文本“资产,负债及所有者权益”。【数据验证】对话框设置内容如下图所示。

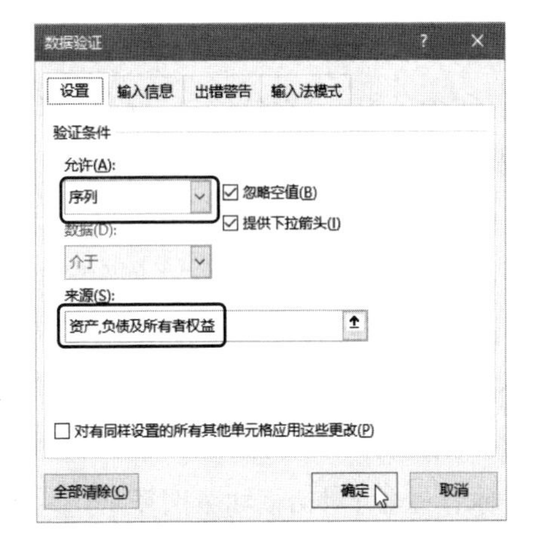

第4步 在P4单元格中创建与O4单元格下拉列表联动的二级下拉列表，将序列来源设置为公式“=INDIRECT(O4)”。【数据验证】对话框设置内容如下图所示。

第5步 ❶在O4单元格下拉列表中选择【资产】选项，❷在P4单元格下拉列表中任意选择一个选项，如【货币资金】选项，❸在Q4单元格中设置公式“=IFERROR(VLOOKUP ($P4, IF($O4="资产",$A$3:$C$32,$D$3:$F$32),2,0),0)”，运用VLOOKUP函数在指定区域里查找与P4单元格中相同的科目，并返回与之匹配的第2列中的数据。其中，VLOOKUP函数的第2个参数运用IF函数判断O4单元格中内容为“资产”或“负债及所有者权益”，分别返回A3:C32或D3:D32单元格区域。如下图所示。

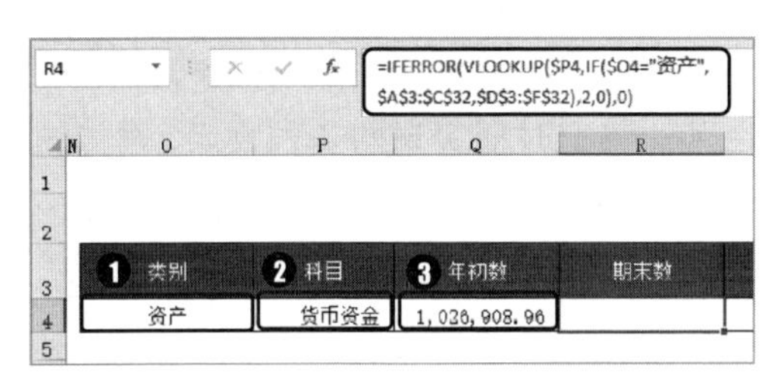

第6步 复制Q4单元格并粘贴至R4单元格中，将VLOOKUP函数的第3个参数修改为“3”即可。如下图所示。

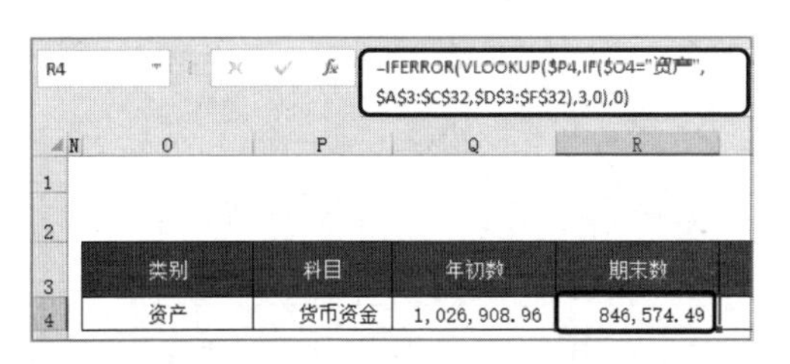

第7步 ❶在S4单元格中设置公式“=P4&IF(R4-Q4>0,"增加：","减少：")&TEXT(R4-Q4,"#,##0.00")”，计算科目变动额，同时运用TEXT函数将计算结果转换为指定格式，并与由IF函数返回的不同文本组合，❷在T4单元格中设置公式“="变动率："&TEXT((R4-Q4)/Q4,"0.00%")”，计算变动率，同时运用TEXT函数将计算结果转换为指定格式，并与文本“变动率：”组合，❸在O2单元格中设置公式“=S4&"；"&T4”，将S4单元格内容、字符“；”与T4单元格内容组合，构成图表中的动态标题。如下图所示（编辑栏中显示S4单元格公式）。

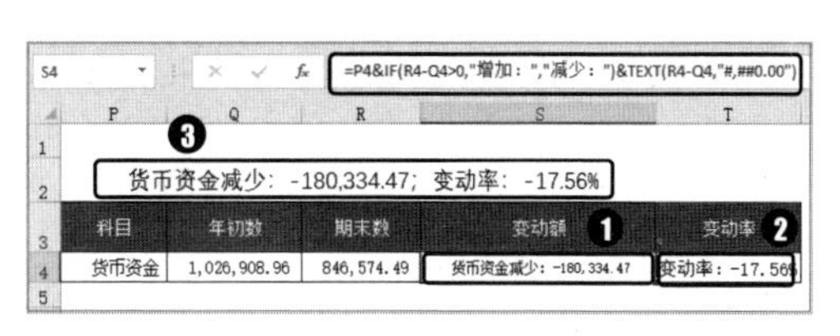

第8步 ❶选中P3:R4单元格区域，❷单击【插入】选项卡，❸单击【图表】组中的【柱形图】下拉按钮，❹单击下拉列表【二维条形图】选项组中的【簇状条形图】按钮。如下图所示。

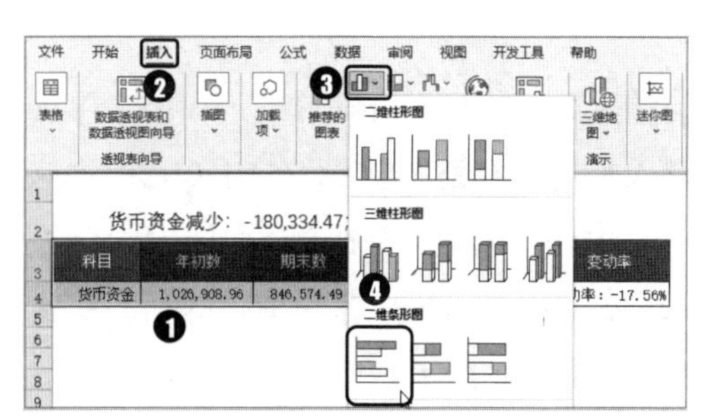

第9步 插入基础条形图后，自行对其进行一系列布局调整，如将图表标题链接至O2单元格；添加数据标签；设置数据系列的填充色等。操作完成后，效果如下图所示。

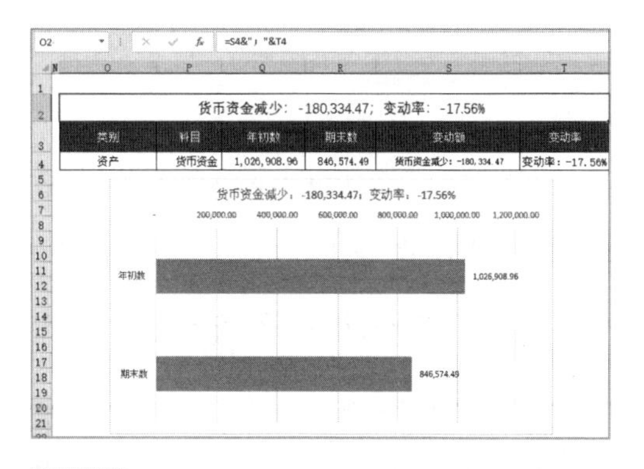

第10步 在P4单元格下拉列表中任意选择另一个选项，如【应收账款】选项，即可

看到数据源和图表的动态变化效果。如下图所示。

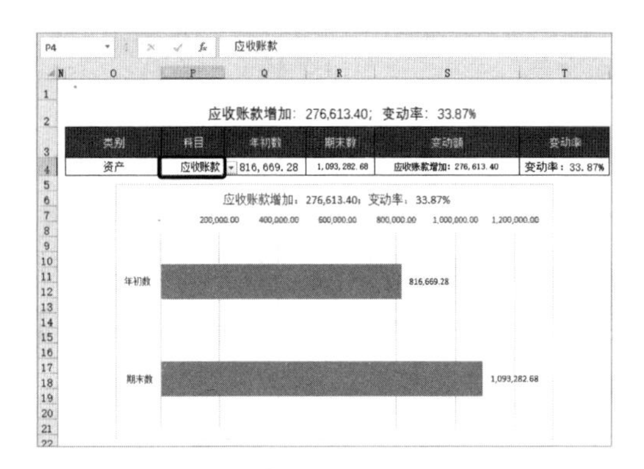

第11步 在O4单元格下拉列表中选择【负债及所有者权益】选项，在P4单元格下拉列表中任意选择一个选项，如【应付账款】选项，即可看到数据源和图表的动态变化效果。如下图所示。

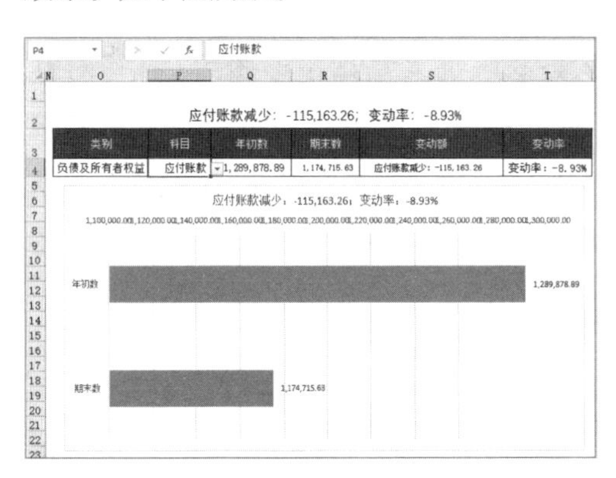

示例结果见“结果文件\第12章\资产负债表分析.xlsx”文件。

12.1.2 利润表数据对比分析

利润表也被称为“损益表”，是反映企业一定会计期间（如月度、季度、半年度或年度）生产经营成果的会计报表，是企业经营活动的动态体现。利润表揭示了企业在某一特定时期实现的各种收入，发生的各种费用、成本或支出，以及企业实现的利润或发生的亏损情况。

如下图所示，“利润表”工作簿中包含6张工作表，分别存储2023年1月至6月的利润数据。

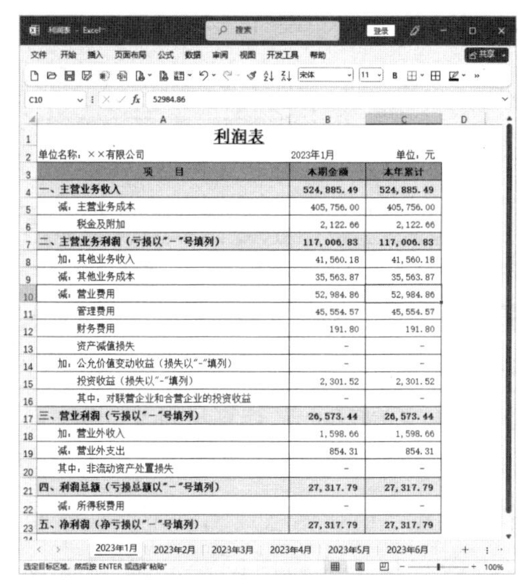

利润表

单位名称：××有限公司　　2023年1月　　单位：元

项　目	本期金额	本年累计
一、主营业务收入	524,885.49	524,885.49
减：主营业务成本	405,756.00	405,756.00
税金及附加	2,122.66	2,122.66
二、主营业务利润（亏损以“-”号填列）	117,006.83	117,006.83
加：其他业务收入	41,560.18	41,560.18
减：其他业务成本	35,563.87	35,563.87
减：营业费用	52,984.86	52,984.86
管理费用	45,554.57	45,554.57
财务费用	191.80	191.80
资产减值损失	-	-
加：公允价值变动收益（损失以“-”填列）	-	-
投资收益（损失以“-”填列）	2,301.52	2,301.52
其中：对联营企业和合营企业的投资收益	-	-
三、营业利润（亏损以“-”号填列）	26,573.44	26,573.44
加：营业外收入	1,598.66	1,598.66
减：营业外支出	854.31	854.31
其中：非流动资产处置损失	-	-
四、利润总额（亏损总额以“-”号填列）	27,317.79	27,317.79
减：所得税费用	-	-
五、净利润（净亏损以“-”号填列）	27,317.79	27,317.79

下面合并利润表数据，并制作动态数据透视图表按各项目对比每月数据。

1. 创建多重合并计算区域的数据透视表

如果要将不在同一工作表中的同类数据合并列示在一张表格中，最简便的方法就是将多个数据区域合并创建数据透视表。操作方法如下。

第1步 打开“素材文件\第12章\利润表分析.xlsx”文件，❶单击【插入】选项卡，❷单击【透视表向导】组中的【数据透视表和数据透视图向导】按钮。如下图所示。

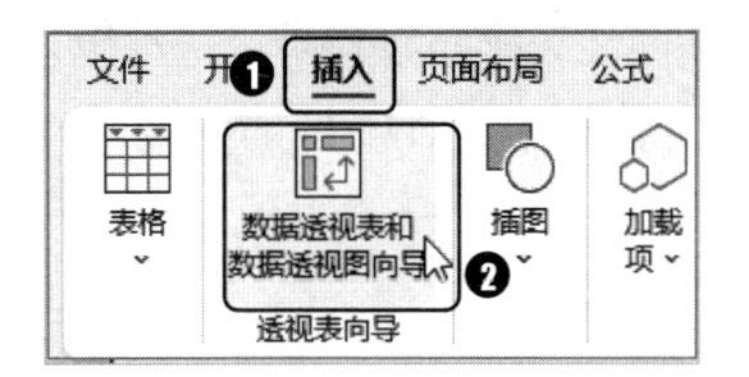

第2步 弹出【数据透视表和数据透视图向导】对话框，❶在【步骤1（共3步）】页面中选中【多重合并计算数据区域】选项按钮，❷单击【下 步】按钮。如下图所示。

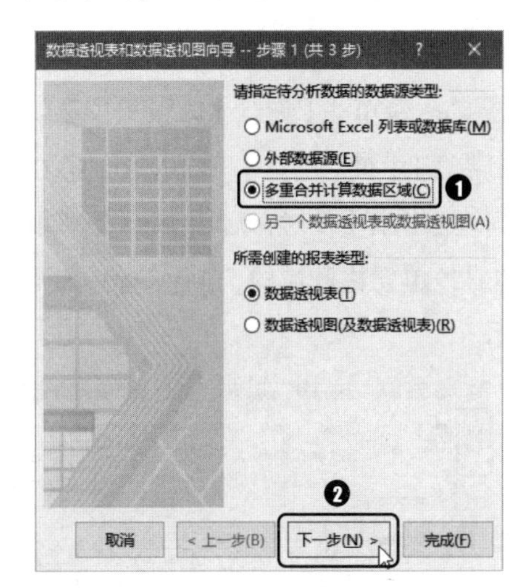

第3步 切换至【步骤2a（共3步）】页面后，直接单击【下一步】按钮即可。如下图所示。

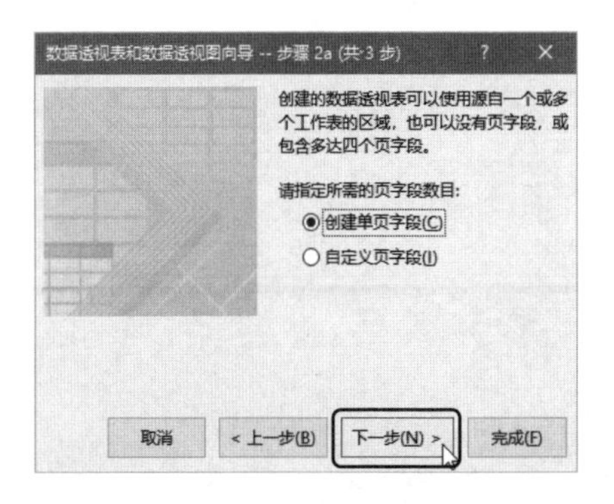

第4步 切换至【第2b步,共…】页面，❶依次将6个工作表中的相同数据区域A3:B23单元格区域添加至【所有区域】列表框中，❷单击【下一步】按钮。如下图所示。

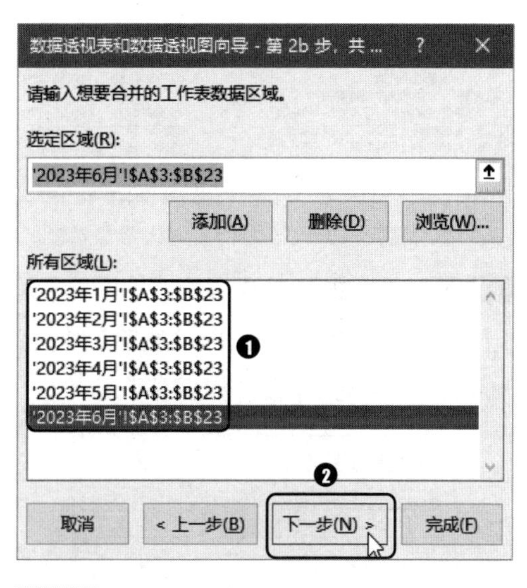

第5步 切换至【步骤3（共3步）】页面后，直接单击【完成】按钮即可。如下图所示。

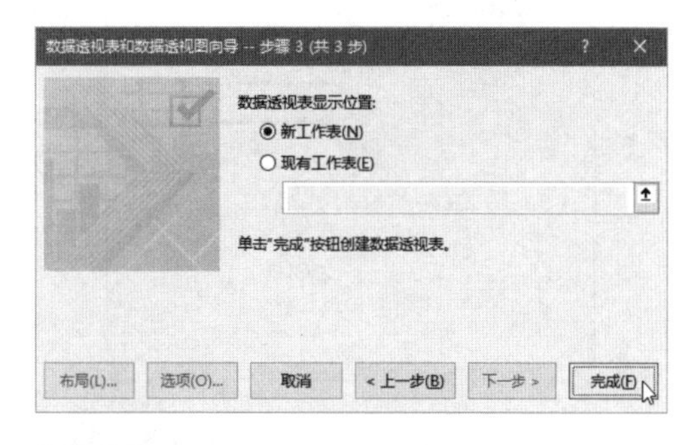

第6步 以上操作完成后，系统自动生成新工作表，同时在其中创建数据透视表，其初始布局如下图所示。

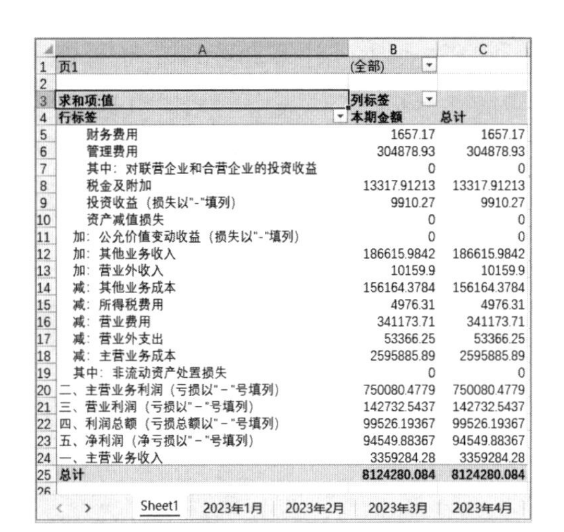

	A	B	C
1	页1	(全部)	
2			
3	求和项:值	列标签	
4	行标签	本期金额	总计
5	财务费用	1657.17	1657.17
6	管理费用	304878.93	304878.93
7	其中：对联营企业和合营企业的投资收益	0	0
8	税金及附加	13317.91213	13317.91213
9	投资收益（损失以"-"填列）	9910.27	9910.27
10	资产减值损失	0	0
11	加：公允价值变动收益（损失以"-"填列）	0	0
12	加：其他业务收入	186615.9842	186615.9842
13	加：营业外收入	10159.9	10159.9
14	减：其他业务成本	156164.3784	156164.3784
15	减：所得税费用	4976.31	4976.31
16	减：营业费用	341173.71	341173.71
17	减：营业外支出	53366.25	53366.25
18	减：主营业务成本	2595885.89	2595885.89
19	其中：非流动资产处置损失	0	0
20	二、主营业务利润（亏损以"-"号填列）	750080.4779	750080.4779
21	三、营业利润（亏损以"-"号填列）	142732.5437	142732.5437
22	四、利润总额（亏损总额以"-"号填列）	99526.19367	99526.19367
23	五、净利润（净亏损以"-"号填列）	94549.88367	94549.88367
24	一、主营业务收入	3359284.28	3359284.28
25	总计	8124280.084	8124280.084

第7步 在【数据透视表字段】中将【页1】字段拖至【列】区域中，并删除【列】区域中原有的【列】字段。如下图所示。

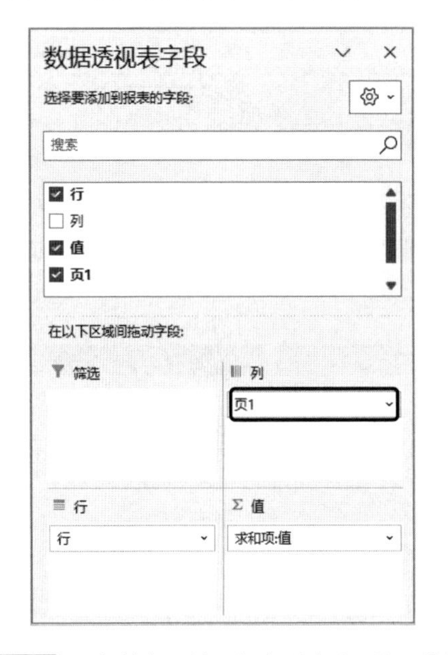

第8步 在数据透视表中进行调整，❶按照利润表中项目排列顺序手动调整【行】区域中每个项目的排序，❷将【行】区域中的行标签名称修改为“项目”，❸将【列】区域中【页1】字段名称修改为“月份”，❹将【月份】字段中6个项目的名称依次修改为“1月”“2月”“3月”“4月”“5月”“6月”。如下图所示。

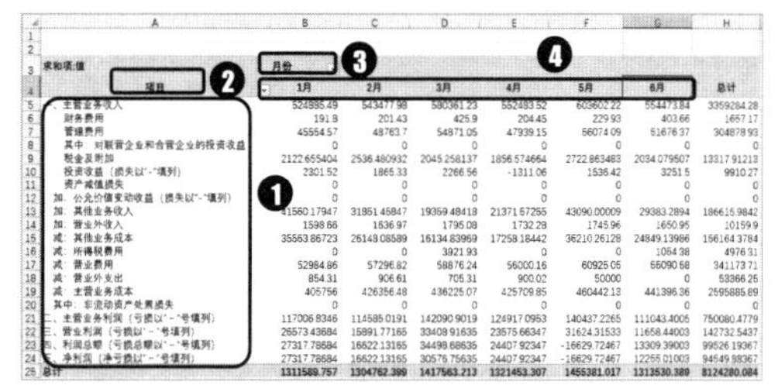

第9步 ❶单击【设计】选项卡，❷单击【布局】组中的【总计】下拉按钮，❸在下拉列表中选择【仅对行启用】命令，可取消A29:H29单元格区域的“总计”行。如下图所示。

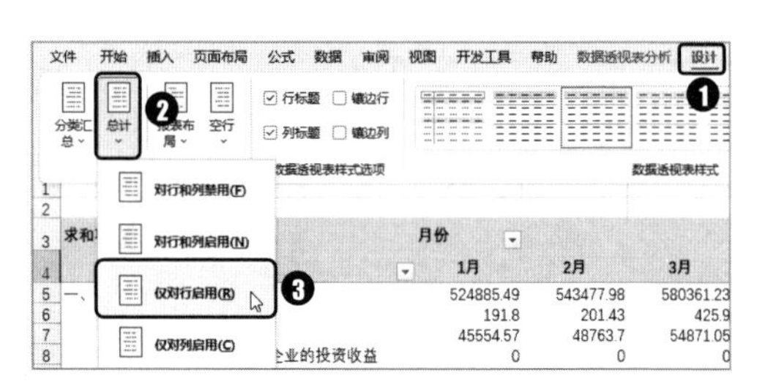

第10步 最后自行设置数字格式。操作完成后，数据透视表如下图所示。

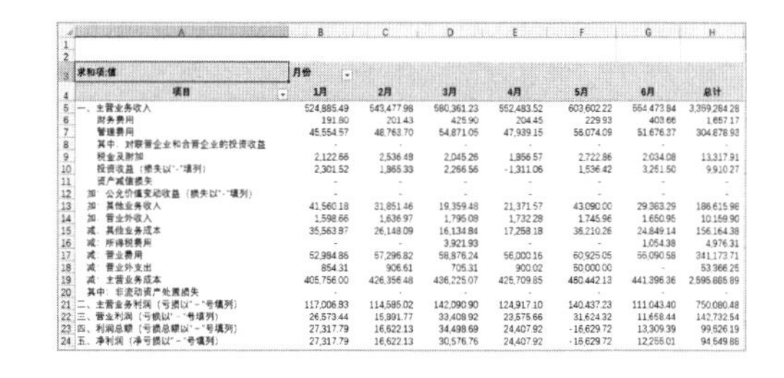

2. 创建数据透视图柱形图表按月对比利润表各项目

数据透视图是基于数据透视表创建的动态图表。和普通图表不同的是，由于数据透视表本身就是一种具备动态布局的交互式报表，那么在其基础上创建的图表也就自然成为动态图表，无须再另外构建动态数据源。因此，使用数据透视图展示数据的操作也更加快捷方便。具体操作方法如下。

第1步 ❶单击【数据透视表分析】选项，❷单击【工具】组中的【数据透视图】按钮。如下图所示。

第2步 弹出【插入图表】对话框，❶单击【所有图表】列表中的【柱形图】选项卡，❷系统默认选中【簇状柱形图】按钮"📊"，单击【确定】按钮关闭对话框即可。如下图所示。

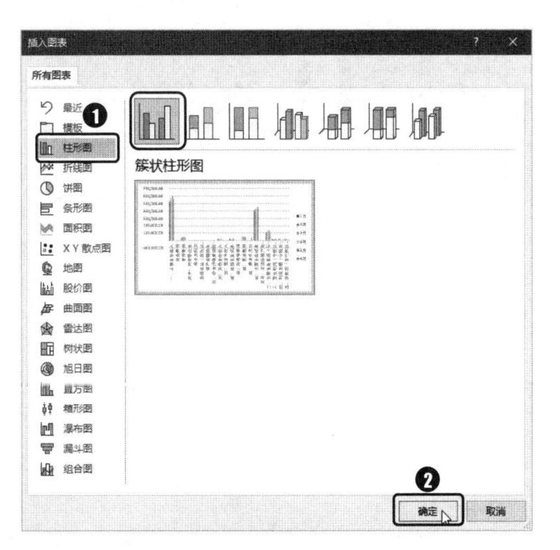

第3步 返回工作表，❶单击数据透视图中左下角的【行】字段下拉按钮，❷在展开的下拉列表中取消勾选【全选】复选框，并勾选【一、主营业务收入】复选框，❸单击【确定】按钮关闭对话框。如下图所示。

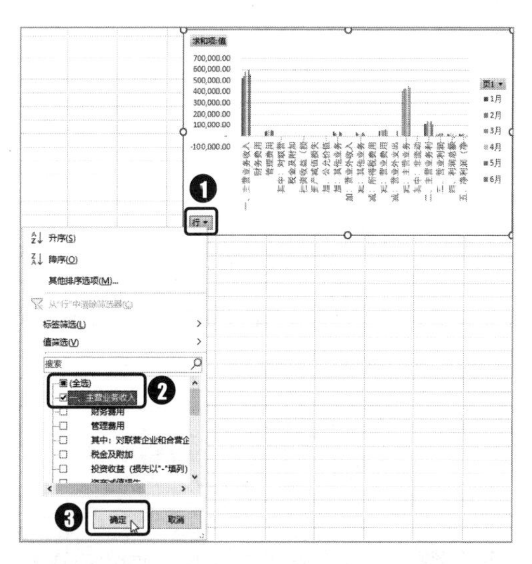

第4步 上一步操作完成后，数据透视图即呈现"主营业务收入"数据对比结果（自行添加数据标签）。同时数据透视表也同步被筛选出"主营业务收入"的数据。效果如下图所示。

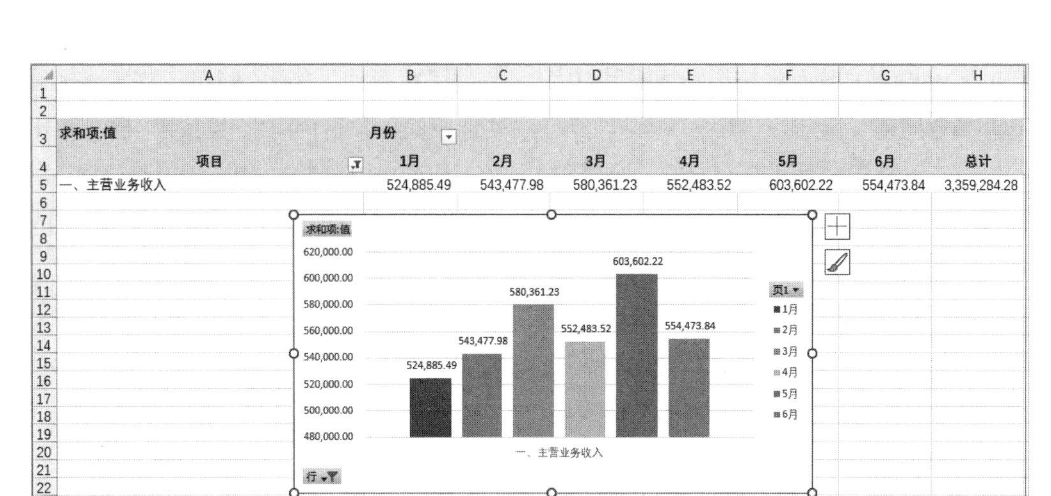

第5步 选中数据透视图，❶单击【设计】选项卡，❷单击【数据】组中的【切换行/列】按钮。如下图所示。

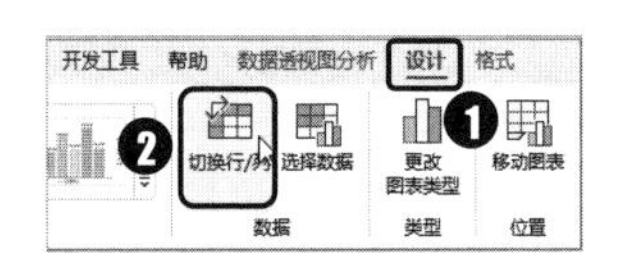

第6步 上一步操作完成后，即可看到数据透视表和数据透视图中行列数据同步互换。动态变化效果如下图所示。

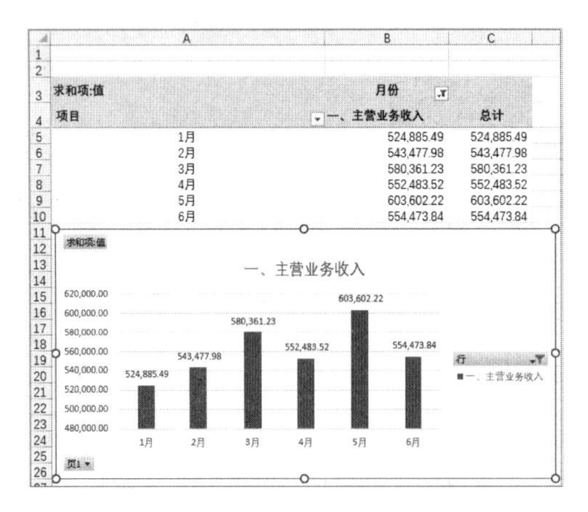

第7步 在数据透视图右侧的【行】字段筛选列表中选择另一个选项，如【五、净利润（净亏损以“-”号填列）】，即可使数据透视表和数据透视图同步呈现“净利润”的数据对比效果，效果如下图所示。

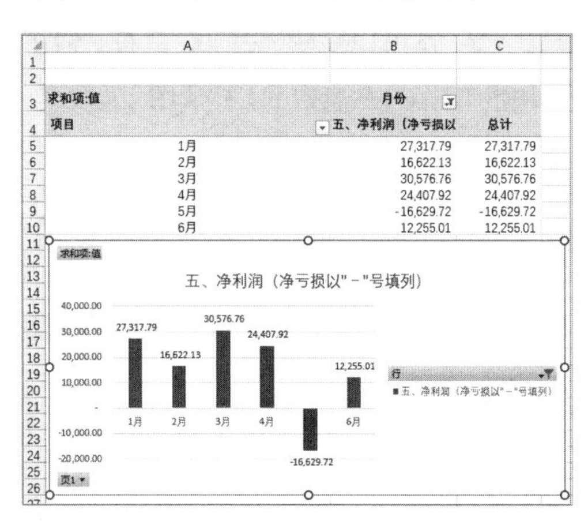

示例结果见“结果文件\第12章\利润表分析.xlsx”文件。

12.2 财务指标分析

财务指标是企业对财务状况和经营成果进行总结和评价的重要指标，可以帮助经营者了解企业的经营状况、财务成果、财务稳定性等方面的情况，并且也是投资者选择投资标的的主要依据之一。下面依然先让AI工具“讯飞星火”来简要介绍一下财务指标的相关知识。

提问：请简要介绍一下财务指标。

讯飞星火

财务指标是用来评估公司财务状况和经营成果的重要工具，它们可以提供关于企业经济状况的详细信息。这些指标通常可以分为四类：偿债能力指标、营运能力指标、盈利能力指标和发展能力指标。

（1）偿债能力指标：这类指标主要关注企业偿还债务的能力，常见的有资产负债率（负债总额与资产总额之比）、流动比率（流动资产与流动负债之比）和速动比率[（流动资产-存货）与流动负债之比]等。

（2）营运能力指标：这类指标主要反映企业资产的运营效率，如应收账款周转率（销售收入除以平均应收账款余额），存货周转率（销售成本除以平均存货余额）等。

（3）盈利能力指标：这类指标主要关注企业赚取利润的能力，常见的有毛利率[（销售收入-销售成本）/销售收入]、净利率（净利润/销售收入）等。

（4）发展能力指标：这类指标主要关注企业未来发展潜力，如营业收入增长率、总资产增长率等。

以上讯飞星火对财务指标的介绍大部分正确但不够全面。从财务专业角度来讲，财务指标包括但不仅限于四大类指标，即偿债能力指标、营运能力指标、盈利能力指标和发展能力指标。而每一大类指标中更包含了多个具体的财务指标，发挥不同的评价作用。财务人员学习财务指标分析的重点是掌握指标本身的基本概念、评价作用，并牢记计算指标值的会计公式。在运用Excel计算财务指标值时，操作上相对简单，只需根据各指标的会计公式设置函数公式即可。本节即重点介绍各财务指标的相关知识点，并在Excel中计算指标值。

12.2.1 偿债能力指标分析

偿债能力是指企业对债务清偿的保证程度或承受能力，是企业经济效益持续增长的稳健性保障，也是评价综合财务能力的重要指标之一。由于企业的偿债能力直接受企业的负债内容和偿债所需资产内容的影响，而企业负债又分为流动负债和长期负债，资产分为流动资产和长期资产，因此，偿债能力也同样分为短期偿债能力和长期偿债能力。

1. 短期偿债能力指标

短期偿债能力是指企业以流动资产偿还流动负债的能力，实际反映企业偿付日常到期债务的能力。具体指标包括营运资本、流动比率、速动比率、现金比率。会计公式如下。

（1）营运资本=流动资产－流动负债。

（2）流动比率=流动资产 ÷ 流动负债 ×100%。

（3）速动比率=速动资产 ÷ 流动负债 ×100%。

速动资产=货币资金+应收票据+应收账款+其他应收款。

（4）现金比率=（货币资金+交易性金融资产）÷ 流动负债 ×100%。

2. 长期偿债能力指标

长期偿债能力是指企业对长期债务的承担能力和对偿还债务的保障能力。长期债务是指偿还期在一年及一年以上、一般数额较大的债务，主要包括长期借款、应付债券、长期应付款等，具体指标包括资产负债率、股权比率、产权比率、权益乘数。会计公式如下。

（1）资产负债率=负债总额 ÷ 资产总额 ×100%。

（2）股权比率=所有者权益总额 ÷ 资产总额 ×100%。

（3）产权比率=负债总额 ÷ 所有者权益总额 ×100%。

（4）权益乘数=资产总额 ÷ 所有者权益总额。

权益乘数=1 ÷ 股权比率。

3. 计算分析偿债能力指标

计算分析偿债能力指标的原始数据均来源于资产负债表。

本例在“偿债能力指标分析”工作簿“资产负债表”工作表中已准备一份资产负债表。数据如下图所示。

资产负债表

单位名称：××有限公司　　2023年12月31日　　单位：元

资　　产	年初数	期末数	负债及所有者权益（或股东权益）	年初数	期末数
流动资产：			流动负债：		
货币资金	1,026,908.96	846,574.49	短期借款		
交易性金融资产			交易性金融负债		
应收账款	816,669.28	1,093,282.68	应付账款	1,289,878.89	1,174,715.63
预付款项			预收款项		
其他应收款	65,600.00	49,200.00	应付职工薪酬		
存货	500,048.96	446,571.89	应交税费	8,985.13	10,551.02
一年内到期的非流动资产			其他应付款	24,600.00	100,000.00
待摊费用			一年内到期的非流动负债		
流动资产合计	2,409,227.20	2,435,629.06	其他流动负债		
非流动资产：			流动负债合计	1,323,464.02	1,285,266.65
可供出售金融资产			非流动负债：	-	-
持有至到期投资			长期借款		
长期应收款			应付债券		
长期股权投资			长期应付款		
投资性房地产			专项应付款		
固定资产	260,000.00	260,000.00	预计负债		
累计折旧	110,700.00	123,700.00	递延所得税负债		
固定资产净值	149,300.00	136,300.00	其他非流动负债		
生产性生物资产			非流动负债合计	-	-
油气资产			负债合计	1,323,464.02	1,285,266.65
无形资产			所有者权益（或股东权益）：		
开发支出			实收资本（或股本）	1,000,000.00	1,000,000.00
商誉			资本公积		
长期待摊费用			减：库存股		
递延所得税资产			盈余公积		
其他非流动资产			未分配利润	235,063.18	286,662.41
非流动资产合计	149,300.00	136,300.00	所有者权益（或股东权益）合计	1,235,063.18	1,286,662.41
资产总计	2,558,527.20	2,571,929.06	负债和所有者权益（或股东权益）总计	2,558,527.20	2,571,929.06

下面计算财务指标值。操作方法如下。

第1步 打开“素材文件\第12章\偿债能力指标分析.xlsx”文件，切换至“偿债能力指标”工作表，绘制表格框架，设置好字段名称、基本格式，并填入指标名称和会计公式，方便后面对照设置函数公式。如下图所示。

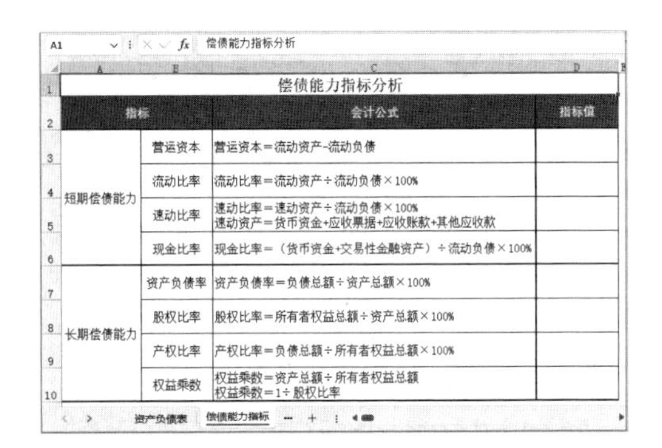

偿债能力指标分析

指标		会计公式	指标值
短期偿债能力	营运资本	营运资本=流动资产-流动负债	
	流动比率	流动比率=流动资产÷流动负债×100%	
	速动比率	速动比率=速动资产÷流动负债×100% 速动资产=货币资金+应收票据+应收账款+其他应收款	
	现金比率	现金比率=（货币资金+交易性金融资产）÷流动负债×100%	
长期偿债能力	资产负债率	资产负债率=负债总额÷资产总额×100%	
	股权比率	股权比率=所有者权益总额÷资产总额×100%	
	产权比率	产权比率=负债总额÷所有者权益总额×100%	
	权益乘数	权益乘数=资产总额÷所有者权益总额 权益乘数=1÷股权比率	

第2步 为简化公式，在空白区域如F2:I9单元格区域中绘制辅助表格，设置好基本

格式、字段名称、计算指标值所需的资产负债表科目名称。此表格将用于引用“资产负债表”工作表中的相关数据。如下图所示。

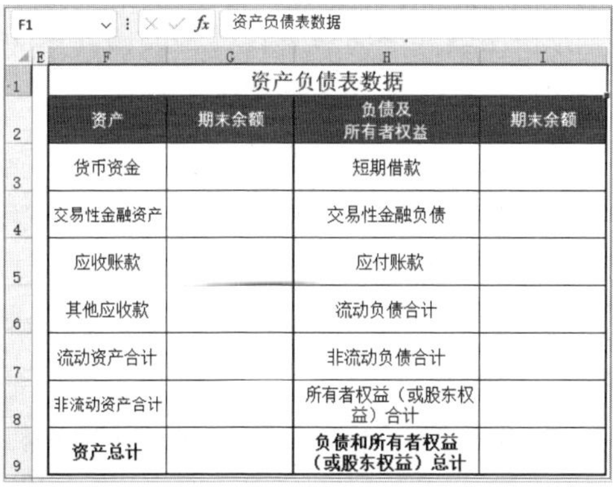

F1 　f_x 资产负债表数据

资产负债表数据			
资产	期末余额	负债及所有者权益	期末余额
货币资金		短期借款	
交易性金融资产		交易性金融负债	
应收账款		应付账款	
其他应收款		流动负债合计	
流动资产合计		非流动负债合计	
非流动资产合计		所有者权益（或股东权益）合计	
资产总计		**负债和所有者权益（或股东权益）总计**	

第3步 在G3单元格中设置公式“=VLOOKUP("*"&F3&"*",资产负债表!A:C,3,0)”，运用VLOOKUP函数在“资产负债表”工作表A:C区域中查找包含F3单元格中的科目名称，并返回与之匹配的第3列数据（期末余额）。其中，VLOOKUP函数的第1个参数“"*"&F3&"*"”，在引用F3单元格中的科目名称时为其前后添加通配符，其原因是“资产负债表”中的科目名称中包含空格。公式效果如下图所示。

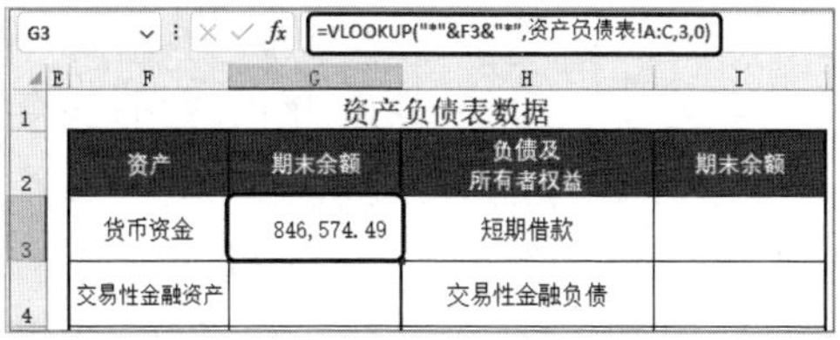

G3 　f_x =VLOOKUP("*"&F3&"*",资产负债表!A:C,3,0)

资产负债表数据			
资产	期末余额	负债及所有者权益	期末余额
货币资金	846, 574. 49	短期借款	
交易性金融资产		交易性金融负债	

第4步 复制G3单元格并选择性粘贴公式至G4:G9单元格区域中，即可引用其他资产类科目数据。如下图所示。

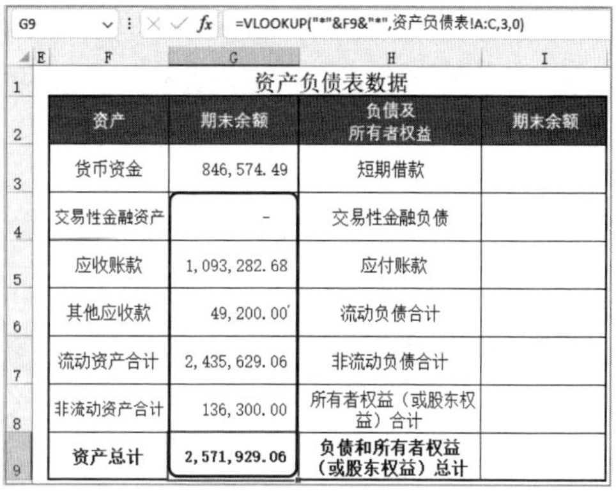

G9 　f_x =VLOOKUP("*"&F9&"*",资产负债表!A:C,3,0)

资产负债表数据			
资产	期末余额	负债及所有者权益	期末余额
货币资金	846, 574. 49	短期借款	
交易性金融资产	-	交易性金融负债	
应收账款	1, 093, 282. 68	应付账款	
其他应收款	49, 200. 00	流动负债合计	
流动资产合计	2, 435, 629. 06	非流动负债合计	
非流动资产合计	136, 300. 00	所有者权益（或股东权益）合计	
资产总计	**2, 571, 929. 06**	**负债和所有者权益（或股东权益）总计**	

第5步 ❶复制G3单元格公式并粘贴至I3单元格中，并将VLOOKUP函数中的第2个参数改为“资产负债表!D:F”，即可引用“短期借款”科目数据，❷复制I3单元格并选择性粘贴公式至I4:I9单元格区域中，即可引用其他负债类科目数据。如下图所示（编辑栏中显示I9单元格公式）。

I9 　f_x =VLOOKUP("*"&H9&"*",资产负债表!D:F,3,0)

资产负债表数据			
资产	期末余额	负债及所有者权益	期末余额
货币资金	846, 574. 49	短期借款 ❶	-
交易性金融资产	-	交易性金融负债	-
应收账款	1, 093, 282. 68	应付账款	1, 174, 715. 63
其他应收款	49, 200. 00	流动负债合计	1, 285, 266. 65
流动资产合计	2, 435, 629. 06	非流动负债合计 ❷	-
非流动资产合计	136, 300. 00	所有者权益（或股东权益）合计	1, 286, 662. 41
资产总计	**2, 571, 929. 06**	**负债和所有者权益（或股东权益）总计**	**2571929. 06**

第6步 ❶在D3单元格中设置公式“=ROUND(G7-I6,2)”，计算得到“营运资本”指标值，❷在D4单元格中设置公式“=ROUND(G7/I6,4)”，计算“流动比率”指标值，❸在D5单元格中设置公式“=ROUND(SUM(G3:G6)/I6,4)”，计算“速动比率”指标值，❹在D6

单元格中设置公式“=ROUND((G3+G4)/I6,4)”，计算“现金比率”指标值。“短期偿债能力”各项指标值计算结果如下图所示（编辑栏中显示D6单元格公式）。

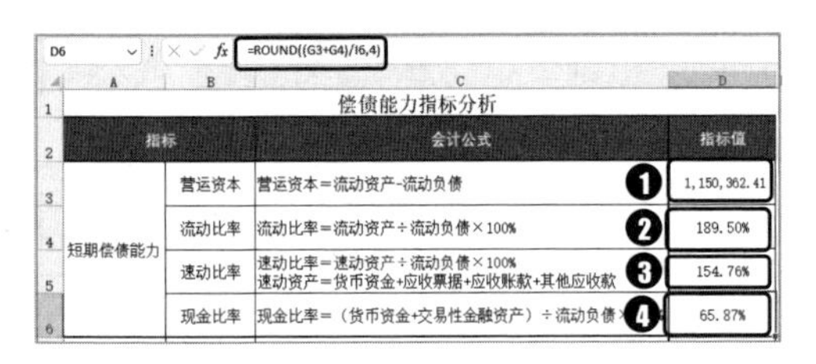
D6 =ROUND((G3+G4)/I6,4)

偿债能力指标分析			
指标		会计公式	指标值
短期偿债能力	营运资本	营运资本＝流动资产-流动负债 ❶	1,150,362.41
	流动比率	流动比率＝流动资产÷流动负债×100% ❷	189.50%
	速动比率	速动比率＝速动资产÷流动负债×100% 速动资产＝货币资金+应收票据+应收账款+其他应收款 ❸	154.76%
	现金比率	现金比率＝（货币资金+交易性金融资产）÷流动负债 ❹	65.87%

第7步 ❶在D7单元格中设置公式“=ROUND((I6+I7)/G9,4)”，计算“资产负债率”指标值，❷在D8单元格中设置公式“=ROUND(I8/G9,4)”，计算“股权比率”指标值，❸在D9单元格中设置公式“=ROUND((I6+I7)/I8,4)”，计算“产权比率”指标值，❹在D10单元格中设置公式“=ROUND(1/D8,2)”，计算“权益乘数”指标值。“长期偿债能力”各项指标值计算结果如下图所示（编辑栏中显示D10单元格公式）。

D10 =ROUND(1/D8,2)

偿债能力指标分析			
指标		会计公式	指标值
短期偿债能力	营运资本	营运资本＝流动资产-流动负债	1,150,362.41
	流动比率	流动比率＝流动资产÷流动负债×100%	189.50%
	速动比率	速动比率＝速动资产÷流动负债×100% 速动资产＝货币资金+应收票据+应收账款+其他应收款	154.76%
	现金比率	现金比率＝（货币资金+交易性金融资产）÷流动负债×100%	65.87%
长期偿债能力	资产负债率	资产负债率＝负债总额÷资产总额×100% ❶	49.97%
	股权比率	股权比率＝所有者权益总额÷资产总额×100% ❷	50.03%
	产权比率	产权比率＝负债总额÷所有者权益总额×100% ❸	99.89%
	权益乘数	权益乘数＝资产总额÷所有者权益总额 权益乘数＝1÷股权比率 ❹	2

示例结果见“结果文件\第12章\偿债能力指标分析.xlsx”文件。

12.2.2 营运能力指标分析

营运能力是指企业运营资产的效率与效益，即企业运用各项资产赚取利润的能力。

营运资产的效率是指资产的周转率或周转期，运营资产的效益则是指企业的产出量与资产占用量之间的比率。因此，对企业营运能力分析实质是对资产的周转速度（周转率和周转期）进行分析。其中，周转率也称为周转次数，代表一定时期内资产完成的循环次数。周转期又称为周转天数，代表资产完成一次循环所需要的天数。

营运能力指标中，主要包括三类指标：流动资产营运能力、固定资产营运能力及总资产营运能力。计算三个指标时，需要频繁使用的数据有两个：“周转天数”与“平均余额”，二者通用计算公式如下。

周转天数=360÷周转率

平均余额=（期初余额+期末余额）÷2

下面分别介绍各类指标包含的具体指标和会计公式，并计算指标值。

1. 流动资产营运能力指标

流动资产营运能力是指企业对流动资产的利用率，即运用流动资金的能力。

流动资产是指可在1年内或超过1年的一个营业周期内变现或运用的资产，主要包括货币资金、存货、应收款项、预付款项、短期投资等，具体指标包括应收账款周转率及周转天数、存货周转率及周转天数、营业周期、现金周期、营运资本周转率、流动资产周转率。各指标计算公式如下。

（1）应收账款周转率=赊销收入净额 ÷ 应收账款平均余额。

（2）存货周转率=主营业务成本 ÷ 存货平均余额。

（3）营业周期=存货周转天数+应收账款周转天数。

（4）现金周期=营业周期-应付账款周转天数。

应付账款周转率=赊购净额 ÷ 应付账款平均余额。

赊购净额=销货成本+期末存货-期初存货。

（5）营运资本周转率=销售净额 ÷ 平均营运资本。

（6）流动资产周转率=主营业务收入 ÷ 流动资产平均余额。

2. 固定资产营运能力指标

固定资产营运能力指标是指企业对固定资产的利用率与企业运用固定资产获取利润的能力。具体指标即固定资产周转率。会计公式如下。

固定资产周转率=主营业务收入 ÷ 固定资产平均余额。

3. 总资产营运能力指标

总资产营运能力指标是指企业对全部资产的利用率，以及企业运用全部资产获取利润的能力，具体指标为总资产周转率。会计公式如下。

总资产周转率=主营业务收入 ÷ 平均资产总额。

4. 计算营运能力指标

计算营运能力指标的大部分原始数据依然来源于资产负债表。“主营业务收入”和“主营业务成本”数据来源于利润表。

为方便计算指标值，本例已预先在“营运能力指标分析”工作簿“资产负债表”工作表中已准备一份资产负债表。数据如下图所示。

资产负债表

单位名称：××有限公司　　2023年12月31日　　单位：元

资　产	年初数	期末数	负债及所有者权益（或股东权益）	年初数	期末数
流动资产：			流动负债：		
货币资金	1,026,908.96	846,574.49	短期借款		
交易性金融资产			交易性金融负债		
应收账款	816,669.28	1,093,282.68	应付账款	1,289,878.89	1,314,715.63
预付款项			预收款项		
其他应收款	65,600.00	49,200.00	应付职工薪酬		
存货	500,048.96	586,571.89	应交税费	8,985.13	10,551.02
一年内到期的非流动资产			其他应付款	24,600.00	100,000.00
待摊费用			一年内到期的非流动负债		
流动资产合计	2,409,227.20	2,575,629.06	其他流动负债		
非流动资产：			流动负债合计	1,323,464.02	1,425,266.65
可供出售金融资产			非流动负债：	-	-
持有至到期投资			长期借款		
长期应收款			应付债券		
长期股权投资			长期应付款		
投资性房地产			专项应付款		
固定资产	260,000.00	260,000.00	预计负债		
累计折旧	110,700.00	123,700.00	递延所得税负债		
固定资产净值	149,300.00	136,300.00	其他非流动负债		
生产性生物资产			非流动负债合计	-	-
油气资产			负债合计	1,323,464.02	1,425,266.65
无形资产			所有者权益（或股东权益）：		
开发支出			实收资本（或股本）	1,000,000.00	1,000,000.00
商誉			资本公积		
长期待摊费用			减：库存股		
递延所得税资产			盈余公积		
其他非流动资产			未分配利润	235,063.18	286,662.41
非流动资产合计	149,300.00	136,300.00	所有者权益（或股东权益）合计	1,235,063.18	1,286,662.41
资产总计	2,558,527.20	2,711,929.06	负债和所有者权益（或股东权益）总计	2,558,527.20	2,711,929.06

下面计算营运能力指标值。操作方法如下。

第1步 打开“素材文件\第12章\营运能力指标分析.xlsx”文件，切换至“营运能力指标”工作表，绘制表格框架，设置好字段名称、基本格式，并填入指标名称和会计公式，方便后面对照设置函数公式。如下图所示。

营运能力指标分析			
指标名称		会计公式	指标值
流动资产营运能力	应收账款周转率/天数	应收账款周转率＝赊销收入净额÷应收账款平均余额	
	存货周转率/天数	存货周转率＝主营业务成本÷存货平均余额	
	营业周期	营业周期＝存货周转天数+应收账款周转天数	
	现金周期	现金周期＝营业周期－应付账款周转天数 应付账款周转率＝赊购净额÷应付账款平均余额 赊购净额＝销货成本+期末存货－期初存货	
	营运资本周转率	营运资本周转率＝销售净额÷平均营运资本	
	流动资产周转率	流动资产周转率＝主营业务收入÷流动资产平均余额	
固定资产营运能力	固定资产周转率/天数	固定资产周转率＝主营业务收入÷固定资产平均余额	
总资产营运能力	总资产周转率/天数	总资产周转率＝主营业务收入÷平均资产总额	

第2步 在工作表空白区域，如F2:K10单元格区域中绘制表格，设置好基本格式、字段名称和计算营运能力指标值所需要的资产负债表项目名称及基础求和公式。“主营业务收入”和“主营业务成本”为利润表中的项目，可直接填入数据，或者在工作簿中事先准备好利润表，将这两个项目的数据引用至此表格中。本例直接填入数据。如下图所示。

营运能力指标分析项目					
资产负债表项目	年初数	期末数	平均余额	利润表项目	全年累计数
应收账款				主营业务收入	3,359,284.28
存货				主营业务成本	2,595,885.89
固定资产净值					
流动资产合计					
资产总计					
应付账款					
流动负债合计					
营运资本					

第3步 ❶在G3单元格中设置公式“=VLOOKUP("*"&$F3&"*",资产负债表!$A:$C,2,0)”，运用VLOOKUP函数在“资产负债表A:C区域中查找包含F3单元格中的项目名称，并返回与之匹配的第2列中的“年初数”数据，❷复制G3单元格公式并粘贴至H3单元格中，并将公式中VLOOKUP函数的第3个参数改为“3”，即可引用“期末数”数据。如下图所示（编辑栏中显示H3单元格公式）。

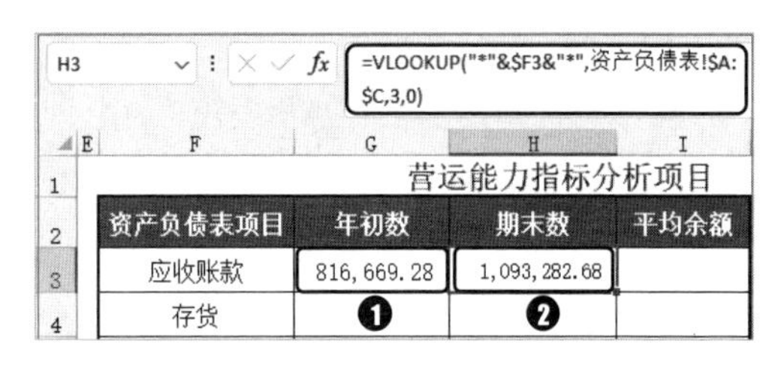
=VLOOKUP("*"&$F3&"*",资产负债表!$A:$C,3,0)

营运能力指标分析项目			
资产负债表项目	年初数	期末数	平均余额
应收账款	816,669.28	1,093,282.68	
存货	❶	❷	

第4步 ❶复制G3:H3单元格区域公式并粘贴至G4:H7单元格区域中，即可引用资产负债表中资产类项目的“年初数”和“期末数”，❷复制G7:H7单元格区域公式并粘贴至G8:H8单元格区域中，并分别将G8和H8单元格公式中的VLOOKUP函数的第2个参数修改为“资产负债表!$D:$F”，❸复制G8:H8单元格区域并选择性粘贴公式至G9:H9单元格区域中，即可引用资产负债表中负债类项目的“年初数”和“期末数”数据。如下图所示。

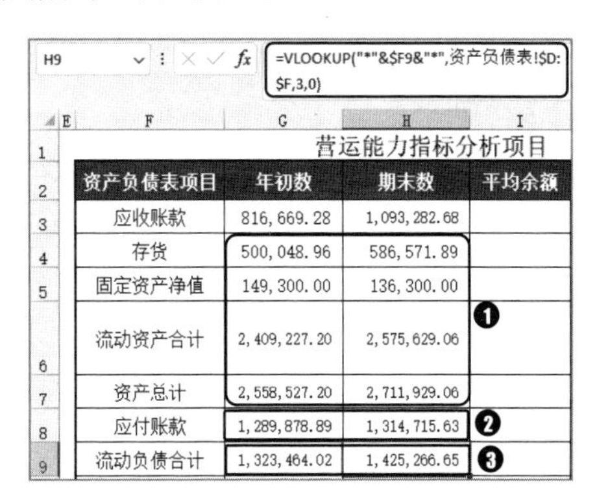
=VLOOKUP("*"&$F9&"*",资产负债表!$D:$F,3,0)

营运能力指标分析项目			
资产负债表项目	年初数	期末数	平均余额
应收账款	816,669.28	1,093,282.68	
存货	500,048.96	586,571.89	
固定资产净值	149,300.00	136,300.00	
流动资产合计	2,409,227.20	2,575,629.06	❶
资产总计	2,558,527.20	2,711,929.06	
应付账款	1,289,878.89	1,314,715.63	❷
流动负债合计	1,323,464.02	1,425,266.65	❸

第5步 ❶在G10单元格中设置公式“=ROUND (G6-G9,2)”，计算“营运资本”的“年初数”数据，❷将G10单元格公式复

制粘贴至H10单元格中，即可计算营运资本的“期末数”数据。如下图所示（编辑栏中显示H10单元格公式）。

H10 =ROUND(H6-H9,2)

	营运能力指标分析项目		
资产负债表项目	年初数	期末数	平均余额
应收账款	816,669.28	1,093,282.68	
存货	500,048.96	586,571.89	
固定资产净值	149,300.00	136,300.00	
流动资产合计	2,409,227.20	2,575,629.06	
资产总计	2,558,527.20	2,711,929.06	
应付账款	1,289,878.89	1,314,715.63	
流动负债合计	1,323,464.02	1,425,266.65	
营运资本 ❶	1,085,763.18	1,150,362.41 ❷	

第6步 ❶在I3单元格中设置公式“=ROUND (AVERAGE(G3:H3),2)”，运用AVERAGE函数计算“应收账款”的“平均余额”数据，❷复制I3单元格并选择性粘贴公式至I4:I10单元格区域中，即可计算资产负债表其他项目的“平均余额”数据。如下图所示（编辑栏中显示I10单元格公式）。

I10 =ROUND(AVERAGE(G10:H10),2)

	营运能力指标分析项目			
资产负债表项目	年初数	期末数	平均余额	利润
应收账款	816,669.28	1,093,282.68	954,975.98	❶
存货	500,048.96	586,571.89	543,310.43	主营
固定资产净值	149,300.00	136,300.00	142,800.00	
流动资产合计	2,409,227.20	2,575,629.06	2,492,428.13	
资产总计	2,558,527.20	2,711,929.06	2,635,228.13	❷
应付账款	1,289,878.89	1,314,715.63	1,302,297.26	
流动负债合计	1,323,464.02	1,425,266.65	1,374,365.34	
营运资本	1,085,763.18	1,150,362.41	1,118,062.80	

第7步 ❶在D3单元格中设置公式“=ROUND (K3/I3,2)&"/"&ROUND(360/(K3/I3),0)&"天"”，按照会计公式计算“应收账款”的周转率和周转天数，❷复制D3单元格并选择性粘贴公式至D4单元格中，即可计算到得“存货”的周转率和周转天数。如下图所示（编辑栏中显示D4单元格公式）。

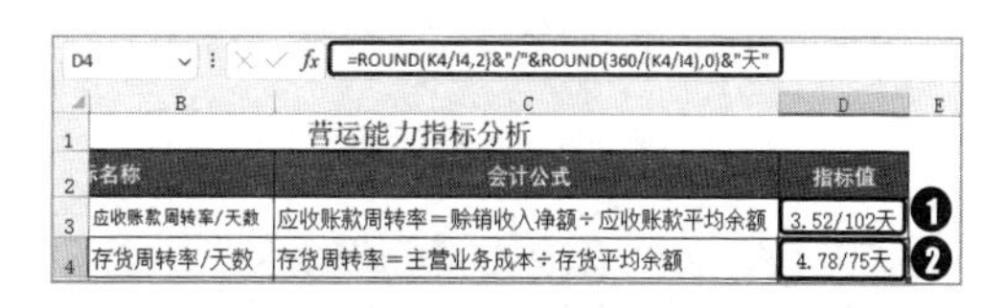
D4 =ROUND(K4/I4,2)&"/"&ROUND(360/(K4/I4),0)&"天"

营运能力指标分析		
标名称	会计公式	指标值
应收账款周转率/天数	应收账款周转率＝赊销收入净额÷应收账款平均余额	3.52/102天 ❶
存货周转率/天数	存货周转率＝主营业务成本÷存货平均余额	4.78/75天 ❷

第8步 ❶在D5单元格中设置公式“=ROUND (360/(K3/I3),0)+ROUND(360/(K4/I4),0)”，并将单元格格式自定义为“0天”。公式分别计算应收账款和存货的周转天数后相加，即可计算得到“营业周期”数据，❷在D6单元格中设置公式“=ROUND(D5-(360/((K4+H4-G4)/I8)),0)”，并将单元格格式自定义为“0天”，根据会计公式计算得到“现金周期”数据。如下图所示（编辑栏中显示D6单元格公式）。

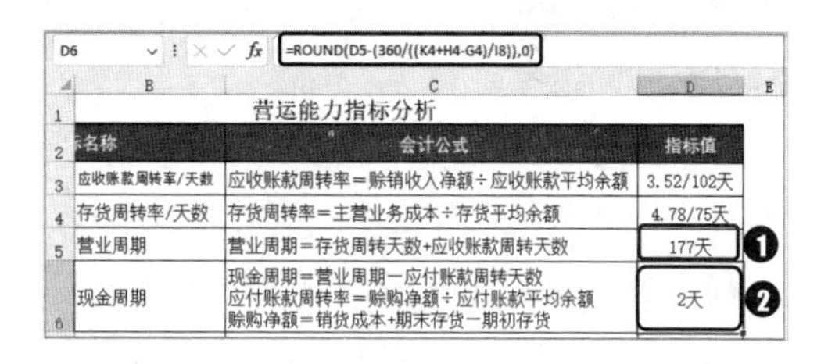
D6 =ROUND(D5-(360/((K4+H4-G4)/I8)),0)

营运能力指标分析		
标名称	会计公式	指标值
应收账款周转率/天数	应收账款周转率＝赊销收入净额÷应收账款平均余额	3.52/102天
存货周转率/天数	存货周转率＝主营业务成本÷存货平均余额	4.78/75天
营业周期	营业周期＝存货周转天数+应收账款周转天数	177天 ❶
现金周期	现金周期＝营业周期－应付账款周转天数 应付账款周转率＝赊购净额÷应付账款平均余额 赊购净额＝销货成本+期末存货－期初存货	2天 ❷

第9步 ❶在D7单元格中设置公式“=ROUND (K3/I10,2)”，按照会计公式计算“营运资本周转率”数据，❷在D8单元格中设置公式“=ROUND(K3/I6,2)”，按照会计公式计算“流动资产周转率”数据，❸在D9单元格中设置公式“=ROUND(K$3/I5,2)&"/"&ROUND(360/(K3/I5),0)&"天"”，按照会计公式计算“固定资产”的周转率

和周转天数，❹在D10单元格中设置公式“=ROUND($K3/I7,2)&"/"&ROUND(360/(K4/I7),0)&"天"”，按照会计公式计算“总资产”的周转率和周转天数。如下图所示（编辑栏中显示D10单元格公式）。

D10 　=ROUND($K3/I7,2)&"/"&ROUND(360/(K4/I7),0)&"天"

	B	C	D
1	营运能力指标分析		
2	名称	会计公式	指标值
3	应收账款周转率/天数	应收账款周转率＝赊销收入净额÷应收账款平均余额	3.52/102天
4	存货周转率/天数	存货周转率＝主营业务成本÷存货平均余额	4.78/75天
5	营业周期	营业周期＝存货周转天数+应收账款周转天数	177天
6	现金周期	现金周期＝营业周期－应付账款周转天数 应付账款周转率＝赊购净额÷应付账款平均余额 赊购净额＝销货成本+期末存货－期初存货	2天
7	营运资本周转率	营运资本周转率＝销售净额÷平均营运资本	3.00 ❶
8	流动资产周转率	流动资产周转率＝主营业务收入÷流动资产平均余额	1.35 ❷
9	固定资产周转率/天数	固定资产周转率＝主营业务收入÷固定资产平均余额	23.52/15天 ❸
10	总资产周转率/天数	总资产周转率＝主营业务收入÷平均资产总额	1.27/365天 ❹

示例结果见“结果文件\第12章\营运能力指标分析.xlsx”文件。

12.2.3 盈利能力指标分析

盈利能力也称为资本增值能力，是指企业获取利润的能力，是企业持续经营和长足发展的保障。

盈利能力指标主要包括4个：流动资产收益率、固定资产收益率、总资产收益率、净资产收益率。在分析净资产收益率指标时，可按照不同的计算方式将其进一步细分为全面摊薄净资产收益率与加权平均净资产收益率。

下面分别介绍各类指标包含的具体指标和会计公式，并计算指标值。

1. 流动资产收益率

流动资产收益率是指企业净利润与流动资产平均余额的比率，反映企业在生产经营过程中利用流动资产获取利润的能力。会计公式如下。

流动资产收益率=净利润 ÷ 流动资产平均余额 ×100%。

2. 固定资产收益率

固定资产收益率是企业净利润与固定资产平均净额的比率。这一指标既可反映企业在生产经营过程中利用固定资产获取利润的能力，也能反映固定资产的实际价值。会计公式如下。

固定资产收益率=净利润 ÷ 固定资产平均净值 ×100%。

3. 总资产收益率

总资产收益率也称为资产利润率，是指企业净利润与总资产平均余额的比率，反映企业全部资产的收益率。会计公式如下。

总资产收益率=净利润 ÷ 总资产平均余额 ×100%

4. 净资产收益率

净资产收益率也称为所有者权益收益率或股东权益收益率，是指企业净利润与平均净资产之间的比率。它反映股东投入的资金所获取的收益率。这一指标包含两层含义：一是“全面摊薄净资产收益率”，重点强调年末数据，反映期末净资产对经营净利润的分摊情况；二是“加权平均净资产收益率”，重点强调经营期间净资产的收益率。

会计公式如下。

（1）全面摊薄净资产收益率=净利润 ÷ 期末净资产 ×100%。

（2）加权平均净资产收益率=净利润 ÷ 净资产平均余额 ×100%。

5. 计算盈利能力指标

计算盈利能力指标的大部分原始数据依然来源于资产负债表。其中，“主营业务收入”“主营业务成本”和“净利润”数据来源于利润表。

为方便计算指标值，本例已预先在“盈利能力指标分析”工作簿“资产负债表”工作表中准备一份资产负债表。数据如下图所示。

资产负债表

单位名称：××有限公司　　2023年12月31日　　单位：元

资　产	年初数	期末数	负债及所有者权益（或股东权益）	年初数	期末数
流动资产：			流动负债：		
货币资金	1,026,908.96	846,574.49	短期借款		
交易性金融资产			交易性金融负债		
应收账款	816,669.28	1,093,282.68	应付账款	1,289,878.89	1,314,715.63
预付款项			预收款项		
其他应收款	65,600.00	49,200.00	应付职工薪酬		
存货	500,048.96	586,571.89	应交税费	8,985.13	10,551.02
一年内到期的非流动资产			其他应付款	24,600.00	100,000.00
待摊费用			一年内到期的非流动负债		
流动资产合计	2,409,227.20	2,575,629.06	其他流动负债		
非流动资产：			流动负债合计	1,323,464.02	1,425,266.65
可供出售金融资产			非流动负债：	-	-
持有至到期投资			长期借款		
长期应收款			应付债券		
长期股权投资			长期应付款		
投资性房地产			专项应付款		
固定资产	260,000.00	260,000.00	预计负债		
累计折旧	110,700.00	123,700.00	递延所得税负债		
固定资产净值	149,300.00	136,300.00	其他非流动负债		
生产性生物资产			非流动负债合计	-	-
油气资产			负债合计	1,323,464.02	1,425,266.65
无形资产			所有者权益（或股东权益）：		
开发支出			实收资本（或股本）	1,000,000.00	1,000,000.00
商誉			资本公积		
长期待摊费用			减：库存股		
递延所得税资产			盈余公积		
其他非流动资产			未分配利润	235,063.18	286,662.41
非流动资产合计	149,300.00	136,300.00	所有者权益（或股东权益）合计	1,235,063.18	1,286,662.41
资产总计	2,558,527.20	2,711,929.06	负债和所有者权益（或股东权益）总计	2,558,527.20	2,711,929.06

下面计算盈利能力指标值。操作方法如下。

第1步 打开“素材文件\第12章\盈利能力指标分析.xlsx”文件，切换至“盈利能力指标”工作表，绘制表格框架，设置好字段名称、基本格式，并填入指标名称和会计公式，方便后面对照设置函数公式。如下图所示。

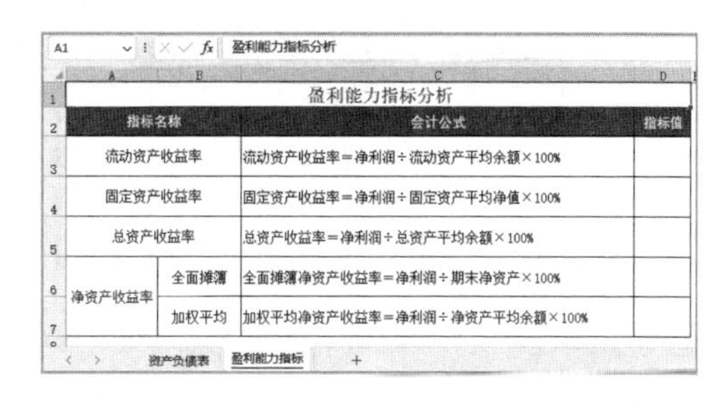

盈利能力指标分析

指标名称		会计公式	指标值
流动资产收益率		流动资产收益率=净利润÷流动资产平均余额×100%	
固定资产收益率		固定资产收益率=净利润÷固定资产平均净值×100%	
总资产收益率		总资产收益率=净利润÷总资产平均余额×100%	
净资产收益率	全面摊薄	全面摊薄净资产收益率=净利润÷期末净资产×100%	
	加权平均	加权平均净资产收益率=净利润÷净资产平均余额×100%	

第2步 在工作表空白区域，如F2:K6单元格区域中绘制表格，设置好基本格式、字段名称和计算盈利能力指标值所需要的资产负债表和利润表项目名称，以及基础求和公式。如下图所示。

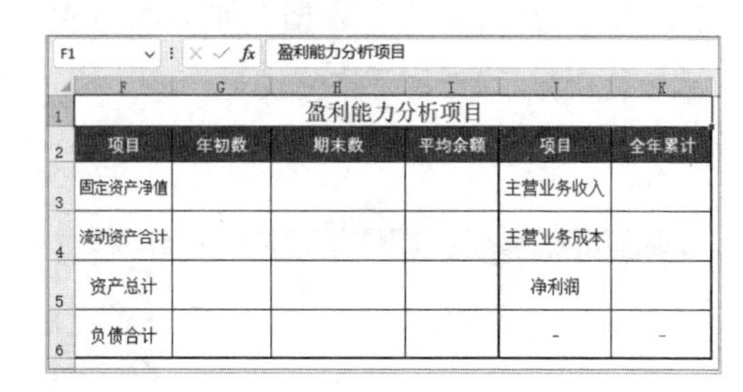

盈利能力分析项目

项目	年初数	期末数	平均余额	项目	全年累计
固定资产净值				主营业务收入	
流动资产合计				主营业务成本	
资产总计				净利润	
负债合计				-	-

第3步 ❶参照12.2.2小节第4条“计算营运能力指标”中的操作，运用VLOOKUP函数将“固定资产净值”“流动资产合计”“资产总计”和“负债合计”等项目的年初数和期末数从“资产负债表”工作表中引用至G3:H6单元格区域中，❷运用AVERAGE函数在I3:I6单元格区域计算各单元格中各项目的“平均余额”数据，❸在K3:K5单元格区域计算各单元格中依次直接填入“主营业务收入”“主营业务成本”和“净利润”

数据。如下图所示（编辑栏中显示H6单元格公式）。

H6 =VLOOKUP("*"&$F6&"*",资产负债表!$D:$F,3,0)

盈利能力分析项目

项目	年初数	期末数	平均余额	项目	全年累计
固定资产净值	149,300.00	136,300.00	142,800.00	主营业务收入	3,359,284.28
流动资产合计	2,409,227.20	2,575,629.06	2,492,428.13	主营业务成本	2,595,885.89
资产总计	2,558,527.20	2,711,929.06	2,635,228.13	净利润	108,053.03
负债合计	1,323,464.02	1,425,266.65	1,374,365.34	-	-

第4步 ❶在D3单元格中设置公式“=ROUND(K5/I4,4)”，按照会计公式计算“流动资产收益率”数据，❷在D4单元格中设置公式“=ROUND(K5/I3,4)”，按照会计公式计算“固定资产收益率”数据，❸在D5单元格中设置公式“=ROUND(K5/I5,4)”，按照会计公式计算“总资产收益率”数据。如下图所示（编辑栏中显示D5单元格公式）。

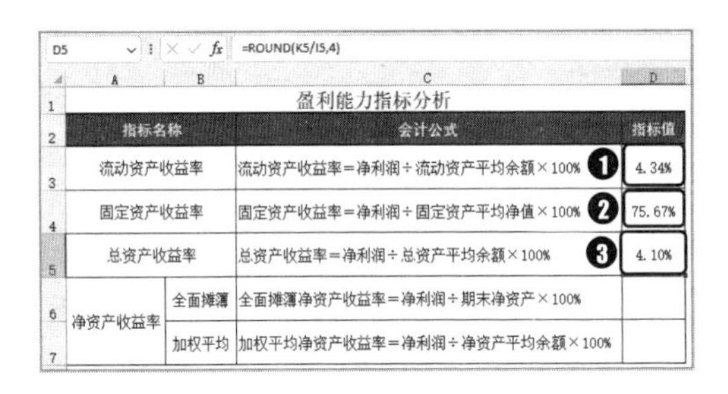

D5 =ROUND(K5/I5,4)

盈利能力指标分析

指标名称		会计公式	指标值
流动资产收益率		流动资产收益率=净利润÷流动资产平均余额×100%	4.34%
固定资产收益率		固定资产收益率=净利润÷固定资产平均净值×100%	75.67%
总资产收益率		总资产收益率=净利润÷总资产平均余额×100%	4.10%
净资产收益率	全面摊薄	全面摊薄净资产收益率=净利润÷期末净资产×100%	
	加权平均	加权平均净资产收益率=净利润÷净资产平均余额×100%	

第5步 ❶在D6单元格中设置公式“=ROUND(K5/(H5-H6),4)”，按照会计公式计算“全面摊薄净资产收益率”数据，❷在D7单元格中设置公式“=ROUND(K5/(I5-I6),4)”，按照会计公式计算“加权平均净资产收益率”数据。如下图所示（编辑栏中显示D7单元格公式）。

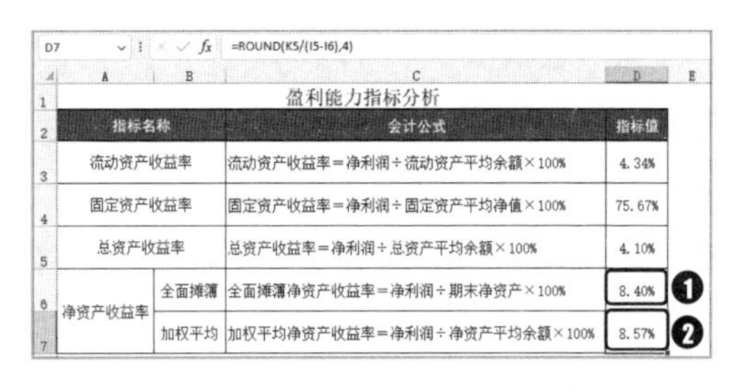

D7 =ROUND(K5/(I5-I6),4)

盈利能力指标分析

指标名称		会计公式	指标值
流动资产收益率		流动资产收益率=净利润÷流动资产平均余额×100%	4.34%
固定资产收益率		固定资产收益率=净利润÷固定资产平均净值×100%	75.67%
总资产收益率		总资产收益率=净利润÷总资产平均余额×100%	4.10%
净资产收益率	全面摊薄	全面摊薄净资产收益率=净利润÷期末净资产×100%	8.40%
	加权平均	加权平均净资产收益率=净利润÷净资产平均余额×100%	8.57%

示例结果见“结果文件\第12章\盈利能力指标分析.xlsx”文件。

12.2.4 发展能力指标分析

发展能力是指企业通过自身的生产经营活动，不断成长、扩大积累而形成的发展潜能。企业的发展能力是直接影响企业财务管理目标实现的一个重要因素，其衡量的核心是企业价值的增长率。

同时，企业发展能力受到政策环境、行业环境、主营业务、经营能力、财务状况等多方面因素影响。其中，以经营能力为主的因素是影响企业未来财务状况的动因，而财务状态是由企业过去的经营活动产生的结果。因此，对于企业发展能力主要是从动因与结果两方面进行分析，即经营发展能力与财务发展能力。

下面分别介绍各类指标包含的具体指标和会计公式，并计算指标值。

1. 经营发展能力指标

经营发展能力指标主要包括两大类：销售增长指标与资产增长指标，通过销售增长和资产增长两类指标来衡量企业的经营发展能力。

（1）销售增长指标。包括销售增长率和三年销售平均增长率。

①销售增长率：销售增长率是评价企业发展状况和发展能力的重要指标。具体是指企业当年销售（营业）收入增长额与上年销售（营业）收入总额的比率，以此反映企业销售（营业）收入的增减变动情况。会计公式如下。

销售增长率=本年销售增长额 ÷ 上年销售额×100%。

②三年销售平均增长率：三年销售平均增长率是指当年年末销售（营业）收入总额与三年前年末销售（营业）收入总额比率的平均值。反映企业销售（营业）收入连续三年的增长趋势和稳定程度。会计公式如下。

$$\text{三年销售平均增长率}=\left(\sqrt[3]{\text{年末销售收入总额}:\text{3年前年末销售收入总额}}-1\right)\times 100\%$$

（2）资产增长指标。

该指标包括资产规模增长指标与固定资产成新率。其中，资产规模增长指标中包括总资产增长率和三年总资产平均增长率。

①资产规模增长指标：包括总资产增长率和三年总资产平均增长率。

总资产增长率是指当年总资产增长额与当年年初（上年年末）资产总额的比率，是从企业资产总额扩张方面衡量企业的发展能力，体现企业规模增长水平对企业发展的影响程度。

三年总资产平均增长率是指当年年末资产总额与三年前年末资产总额的比率的平均值，反映企业总资产连续三年的增长趋势与稳定程度。

会计公式如下。

$$\text{总资产增长率}=\text{本年总资产增长额}\div\text{年初资产总额}\times 100\%$$

$$\text{三年总资产平均增长率}=\left(\sqrt[3]{\text{年末资产总额}\div\text{3年前年末资产总额}}-1\right)\times 100\%$$

②固定资产成新率：固定资产成新率是指企业当期平均固定资产净值与平均固定资产原值的比率，反映企业拥有的固定资产的新旧程度，体现固定资产更新速度和持续发展能力。会计公式如下。

固定资产成新率=平均固定资产净值 ÷ 平均固定资产原值×100%

下面计算经营发展能力各项指标值。

第1步 打开“素材文件\第12章\发展能力指标分析.xlsx”文件，在“发展能力指标”工作表中绘制表格框，设置好字段名称、基本格式，并填入指标名称和会计公式，方便后面对照设置函数公式。如下图所示。

2023年经营发展能力指标分析

经营发展能力指标			会计公式	指标值
一、销售增长指标	1. 销售增长率		销售增长率＝本年销售增长额÷上年销售额×100%	
	2. 三年销售平均增长率		三年销售平均增长率＝$\left(\sqrt[3]{年末销售收入总额÷3年前年末销售收入总额}-1\right)\times 100\%$	
二、资产增长指标	1. 资产规模增长指标	①总资产增长率	总资产增长率＝本年总资产增长额÷年初资产总额×100%	
		②三年总资产平均增长率	三年总资产平均增长率＝$\left(\sqrt[3]{年末资产总额÷3年前年末资产总额}-1\right)\times 100\%$	
	2. 固定资产成新率		固定资产成新率＝平均固定资产净值÷平均固定资产原值×100%	

第2步 在G2:K7单元格区域绘制表格，填入2020—2023年年末的销售收入和总资产数据，并按照“增长率=（本年数据-上年数据）÷上年数据”这一会计公式设置函数公式计算增长率。如下图所示（编辑栏中显示K7单元格公式）。

K7　=ROUND((J7-J6)/J6,4)

2020—2023年销售及总资产明细表

年份	销售收入		总资产	
	收入额	增长率	总额	增长率
2020年末	3,088,307.56	-	2,480,446.72	-
2021年末	3,195,697.65	3.48%	2,518,156.21	1.52%
2022年末	3,292,732.88	3.04%	2,558,527.20	1.60%
2023年末	3,359,284.28	2.02%	2,571,929.06	0.52%

第3步 在M2:O6单元格区域中绘制表格，填入2023年固定资产原值和固定资产净值的年初数和年末数，并运用AVERAGE函数计算平均值。如下图所示（编辑栏中显示O6单元格公式）。

O6　=AVERAGE(O4:O5)

2023年固定资产原值和净值

项目	固定资产原值	固定资产净值
年初数	260,000.00	149,300.00
年末数	260,000.00	136,300.00
平均值	260,000.00	142,800.00

第4步 ❶在E4单元格中设置公式“=I7”，直接引用I7单元格中2023年的销售增长率数据，❷在E5单元格中设置公式“=ROUND(POWER(H7/H4, 1/3)-1,4)”，按照会计公式计算“三年销售平均增长率”数据。如下图所示（编辑栏中显示E5单元格公式）。

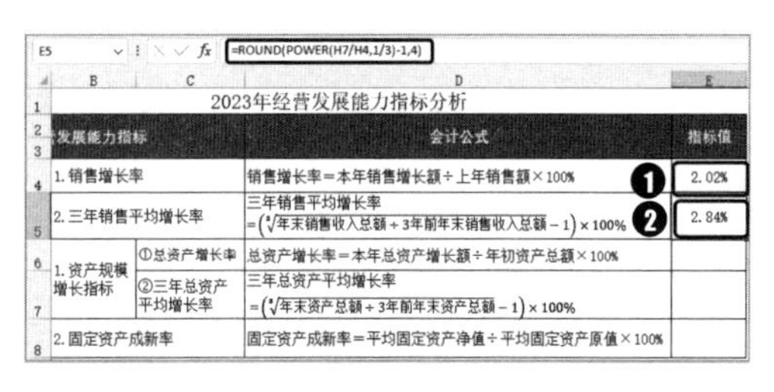

E5　=ROUND(POWER(H7/H4,1/3)-1,4)

2023年经营发展能力指标分析

发展能力指标		会计公式	指标值
1. 销售增长率		销售增长率＝本年销售增长额÷上年销售额×100% ❶	2.02%
2. 三年销售平均增长率		三年销售平均增长率＝$\left(\sqrt[3]{年末销售收入总额÷3年前年末销售收入总额}-1\right)\times 100\%$ ❷	2.84%
1. 资产规模增长指标	①总资产增长率	总资产增长率＝本年总资产增长额÷年初资产总额×100%	
	②三年总资产平均增长率	三年总资产平均增长率＝$\left(\sqrt[3]{年末资产总额÷3年前年末资产总额}-1\right)\times 100\%$	
2. 固定资产成新率		固定资产成新率＝平均固定资产净值÷平均固定资产原值×100%	

第5步 ❶在E6单元格中设置公式“=K7”，直接引用K7单元格中2023年的总资产增长率数据，❷在E7单元格中设置公式“=ROUND (POWER(J7/J4,1/3)-1,4)”，按照会计公式计算“三年总资产平均增长率”。

E7　=ROUND(POWER(J7/J4,1/3)-1,4)

2023年经营发展能力指标分析

发展能力指标		会计公式	指标值
1. 销售增长率		销售增长率＝本年销售增长额÷上年销售额×100%	2.02%
2. 三年销售平均增长率		三年销售平均增长率＝$\left(\sqrt[3]{年末销售收入总额÷3年前年末销售收入总额}-1\right)\times 100\%$	2.84%
1. 资产规模增长指标	①总资产增长率	总资产增长率＝本年总资产增长额÷年初资产总额×100% ❶	0.52%
	②三年总资产平均增长率	三年总资产平均增长率＝$\left(\sqrt[3]{年末资产总额÷3年前年末资产总额}-1\right)\times 100\%$ ❷	1.21%

第6步 在E8单元格中设置公式“=ROUND(O6/N6,4)”，按照会计公式计算“固定资产成新率”数据。如下图所示。

E8　=ROUND(O6/N6,4)

2023年经营发展能力指标分析

发展能力指标		会计公式	指标值
1. 销售增长率		销售增长率＝本年销售增长额÷上年销售额×100%	2.02%
2. 三年销售平均增长率		三年销售平均增长率＝$\left(\sqrt[3]{年末销售收入总额÷3年前年末销售收入总额}-1\right)\times 100\%$	2.84%
1. 资产规模增长指标	①总资产增长率	总资产增长率＝本年总资产增长额÷年初资产总额×100%	0.52%
	②三年总资产平均增长率	三年总资产平均增长率＝$\left(\sqrt[3]{年末资产总额÷3年前年末资产总额}-1\right)\times 100\%$	1.21%
2. 固定资产成新率		固定资产成新率＝平均固定资产净值÷平均固定资产原值×100%	54.92%

2. 财务发展能力指标

财务发展能力指标同样包括两大类：资本扩张指标和股利增长指标，是企业发展结果的具体体现和预测未来发展趋势的依据。

（1）资本扩张指标。

该指标包括资本积累率与三年资本平均增长率。

①资本积累率：资本积累率是指企业当年的所有者权益增长额与当年年初所有者权益的比率，反映企业当年所有者权益的变动水平，体现企业资本的积累程度。会计公式如下。

资本积累率=本年所有者权益增长额÷年初所有者权益×100%

②三年资本平均增长率：三年资本平均增长率是指企业资本连续三年的积累情况，反映企业资本保值增值的历史发展状况与企业稳步发展趋势。会计公式如下。

$$三年资本平均增长率=\left(\sqrt[3]{年末所有者权益总额\div 3年前所有者权益总额}-1\right)\times 100\%$$

（2）股利增长指标。

它包括股利增长率与三年股利平均增长率。

①股利增长率：股利增长率是指企业当年发放股利增长额与上年发放的每股股利的比率，反映企业发放股利的增长情况。会计公式如下。

股利增长率=本年每股股利增长额÷上年每股股利×100%

②三年股利平均增长率：三年股利平均增长率是指企业股利连续三年的增长情况，反映企业的历史发展状况和发展趋势。会计公式如下。

$$三年股利平均增长率=\left(\sqrt[3]{本年每股股利\div 3年前每股股利}-1\right)\times 100\%$$

下面继续在“发展能力指标分析”工作簿“发展能力指标”工作表中计算分析财务发展能力指标值。操作方法如下。

第1步 在“发展能力指标”工作表空白区域，如A12:E17单元格区域中绘制表格框，设置好字段名称、基本格式，并填入指标名称和会计公式，方便后面对照设置函数公式。如下图所示。

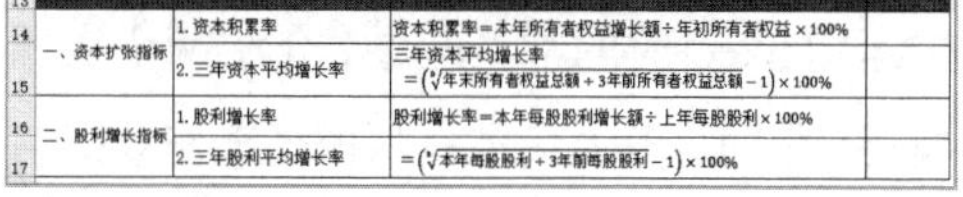

A11　2023年财务发展能力指标分析

2023年财务发展能力指标分析			
财务发展能力指标		会计公式	指标值
一、资本扩张指标	1. 资本积累率	资本积累率=本年所有者权益增长额÷年初所有者权益×100%	
	2. 三年资本平均增长率	三年资本平均增长率 $=\left(\sqrt[3]{年末所有者权益总额\div 3年前所有者权益总额}-1\right)\times 100\%$	
二、股利增长指标	1. 股利增长率	股利增长率=本年每股股利增长额÷上年每股股利×100%	
	2. 三年股利平均增长率	$=\left(\sqrt[3]{本年每股股利\div 3年前每股股利}-1\right)\times 100\%$	

第2步 在G12:K17单元格区域绘制表格，填入2020—2023年年末的所有者权益和每股股利数据，并按照“增长率=（本年数据-上年数据）÷上年数据”这一会计公式设

置函数公式计算增长率。如下图所示（编辑栏中显示K17单元格公式）。

K17 =ROUND((J17-J16)/J16,4)

2020-2023年所有者权益及股利明细表

年份	所有者权益		股利	
	总额	增长率	每股股利(元)	增长率
2020年末	1225393.53	-	0.30	-
2021年末	1250732.08	2.07%	0.32	6.67%
2022年末	1269841.55	1.53%	0.33	3.13%
2023年末	1286662.41	1.32%	0.35	6.06%

第3步 ❶在E14单元格中设置公式“=I17”，直接引用I17单元格中的2023年年末的所有者权益数据，❷在E15单元格中设置公式“=ROUND (POWER(H17/H14,1/3)−1,4)”，按照会计公式计算“三年资本平均增长率”数据。如下图所示（编辑栏中显示E15单元格公式。

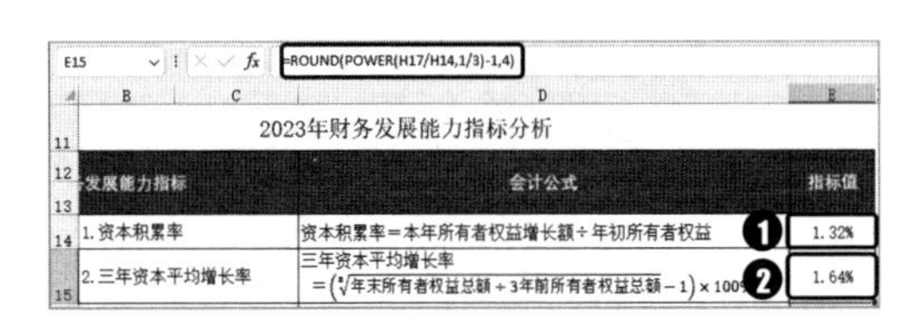

E15 =ROUND(POWER(H17/H14,1/3)-1,4)

2023年财务发展能力指标分析

发展能力指标	会计公式	指标值
1.资本积累率	资本积累率＝本年所有者权益增长额÷年初所有者权益	1.32%
2.三年资本平均增长率	三年资本平均增长率 ＝($\sqrt[3]{年末所有者权益总额÷3年前所有者权益总额}$－1)×100%	1.64%

第4步 ❶在E16单元格中设置公式“=ROUND (J17/J16−1,4)”，按照会计公式计算“股利增长率”数据，❷在E17单元格中设置公式“=ROUND (POWER(J17/J14,1/3)−1,4)”，按照会计公式计算“三年股利平均增长率”数据。如下图所示（编辑栏中显示E17单元格公式）。

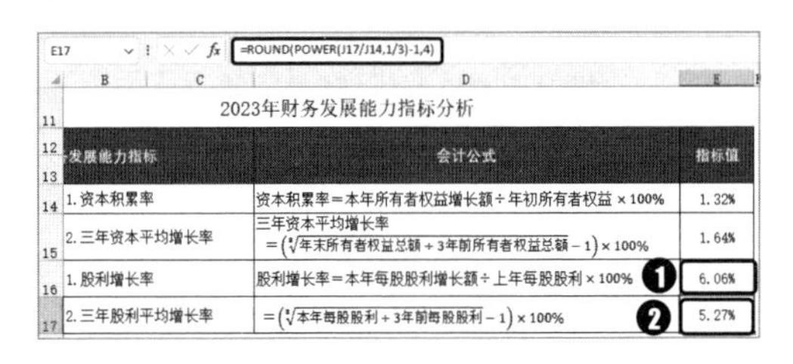

E17 =ROUND(POWER(J17/J14,1/3)-1,4)

2023年财务发展能力指标分析

发展能力指标	会计公式	指标值
1.资本积累率	资本积累率＝本年所有者权益增长额÷年初所有者权益×100%	1.32%
2.三年资本平均增长率	三年资本平均增长率 ＝($\sqrt[3]{年末所有者权益总额÷3年前所有者权益总额}$－1)×100%	1.64%
1.股利增长率	股利增长率＝本年每股股利增长额÷上年每股股利×100%	6.06%
2.三年股利平均增长率	＝($\sqrt[3]{本年每股股利÷3年前每股股利}$－1)×100%	5.27%

示例结果见“结果文件\第12章\发展能力指标分析.xlsx”文件。

AI智能答疑与技巧点拨

本章结合财务实操内容，讲解了运用Excel计算分析各项财务指标的方法。下面利用AI工具“ChatGPT”“文心一言”的学习引导，结合本章主题内容以及实际工作中运用Excel时的常见问题，介绍两个实用技巧，帮助财务人员进一步提高工作效率。

01 如何查看指标计算公式？一键让公式现“真身”

本章介绍了多个计算财务指标值的会计公式和函数公式。虽然公式本身较为简单，但是每个公式中所引用的原始数据都有所不同。那么，如何才能清晰地了解每个指标值的来龙去脉呢？让AI工具“ChatGPT”告诉我们答案。

提问： Excel中如何查看全部公式内容？

ChatGPT

在Excel中，可以使用以下几种方法来查看全部公式内容。

（1）公式编辑栏：在Excel的公式编辑栏中，可以看到当前单元格中的公式内容。可以直接在编辑栏中编辑和修改公式。

（2）公式选项卡：通过Excel的“公式审核”功能，可以查看当前工作表中的所有公式内容。

（3）快捷键：按下组合键【Ctrl+~】，可以在单元格中显示或隐藏公式内容。

需要注意的是，如果单元格中包含函数或公式，Excel会自动将其显示为公式内容。但如果单元格中只包含数字或文本等静态数据，Excel不会将其显示为公式内容。

下面运用ChatGPT提供的第2种方法，使用“公式审核”功能，查看工作表中计算指标值的公式内容。操作方法如下。

第1步 打开“素材文件\第12章\偿债能力指标分析1.xlsx”文件，❶切换至“偿债能力指标”工作表，❷单击【公式】选项卡，❸单击【公式审核】组中的【显示公式】按钮。如下图所示。

第2步 操作完成后，即可看到工作表中所有包含公式的单元格中显示了公式内容。如下图所示。

D3 =ROUND(G7-I6,2)

偿债能力指标分析

指标		会计公式	指标值
短期偿债能力	营运资本	营运资本＝流动资产-流动负债	=ROUND(G7-I6,2)
	流动比率	流动比率＝流动资产÷流动负债×100%	=ROUND(G7/I6,4)
	速动比率	速动比率＝速动资产÷流动负债×100% 速动资产＝货币资金+应收票据+应收账款+其他应收款	=ROUND(SUM(G3:G6)/I6,4)
	现金比率	现金比率＝（货币资金+交易性金融资产）÷流动负债×100%	=ROUND((G3+G4)/I6,4)
长期偿债能力	资产负债率	资产负债率＝负债总额÷资产总额×100%	=ROUND((I6+I7)/G9,4)
	股权比率	股权比率＝所有者权益总额÷资产总额×100%	=ROUND(I8/G9,4)
	产权比率	产权比率＝负债总额÷所有者权益总额×100%	=ROUND((I6+I7)/I8,4)
	权益乘数	权益乘数＝资产总额÷所有者权益总额×100% 权益乘数＝1÷股权比率	=ROUND(1/D8,2)

G3 =VLOOKUP("*"&F3&"*",资产负债表!A:C,3,0)

资产负债表数据

资产	期末余额	负债及所有者权益	期末余额
货币资金	=VLOOKUP("*"&F3&"*",资产负债表!A:C,3,0)	短期借款	=VLOOKUP("*"&H3&"*",资产负债表!D:F,3,0)
交易性金融资产	=VLOOKUP("*"&F4&"*",资产负债表!A:C,3,0)	交易性金融负债	=VLOOKUP("*"&H4&"*",资产负债表!D:F,3,0)
应收账款	=VLOOKUP("*"&F5&"*",资产负债表!A:C,3,0)	应付账款	=VLOOKUP("*"&H5&"*",资产负债表!D:F,3,0)
其他应收款	=VLOOKUP("*"&F6&"*",资产负债表!A:C,3,0)	流动负债合计	=VLOOKUP("*"&H6&"*",资产负债表!D:F,3,0)
流动资产合计	=VLOOKUP("*"&F7&"*",资产负债表!A:C,3,0)	非流动负债合计	=VLOOKUP("*"&H7&"*",资产负债表!D:F,3,0)
非流动资产合计	=VLOOKUP("*"&F8&"*",资产负债表!A:C,3,0)	所有者权益（或股东权益）合计	=VLOOKUP("*"&H8&"*",资产负债表!D:F,3,0)
资产总计	=VLOOKUP("*"&F9&"*",资产负债表!A:C,3,0)	负债和所有者权益（或股东权益）总计	=VLOOKUP("*"&H9&"*",资产负债表!D:F,3,0)

示例结果见“结果文件\第12章\偿债能力指标分析1.xlsx”文件。

温馨提示

将单元格中显示的公式结果切换为公式内容后，再次单击【公式】选项卡【公式审核】组中的【显示公式】按钮，即可恢复显示公式结果。

02 如何核对计算指标的函数公式和会计公式？使用FORMULATEXT函数显示公式内容

前面介绍的运用“公式审核”功能查看公式内容的方法是直接将单元格中的公式结果切换为公式内容，也就是说，在显示公式内容后，就无法查看公式的计算结果，不方便财务人员核对函数公式和会计公式。那么，如何能够二者兼顾，同时查看公式结果和公式内容呢？对此，可在辅助列中运用FORMULATEXT函数设置公式，将目标单元格中的公式内容显示出来即可。在设置公式之前先让AI工具“文心一言”介绍一下FORMULATEXT函数的作用和语法。

提问： FORMULATEXT函数的作用和语法是什么？

文心一言

FORMULATEXT函数的作用是返回公式的文本形式，也就是将公式转换为文本格式。这个函数通常用于在某些特定场景下，比如显示表格内所有公式，或者快速查看某一列的公式时，将公式以文本的形式呈现。

至于语法，FORMULATEXT函数的语法结构比较简单，只有一个参数，即需要引用的单元格或单元格区域。它的表达式为：

=FORMULATEXT(单元格地址)

这个参数的内容必须是对公式的引用，如果引用的单元格没有公式，那么它会返回一个错误的结果。

从以上回复可知，FORMULATEXT函数只有一个参数，设置公式非常简单，只需引用需要显示公式内容的一个单元格即可。下面即运用FORMULATEXT函数在指标计算表中设置公式显示指标计算公式的内容。操作方法如下。

第1步 打开“素材文件\第12章\营运能力指标分析1.xlsx”文件，在“营运能力指标”工作表的E3单元格中设置公式“=FORMULATEXT(D3)”，即可返回D3单元格中“应收账款周转率/天数”指标的函数公式内容。如下图所示。

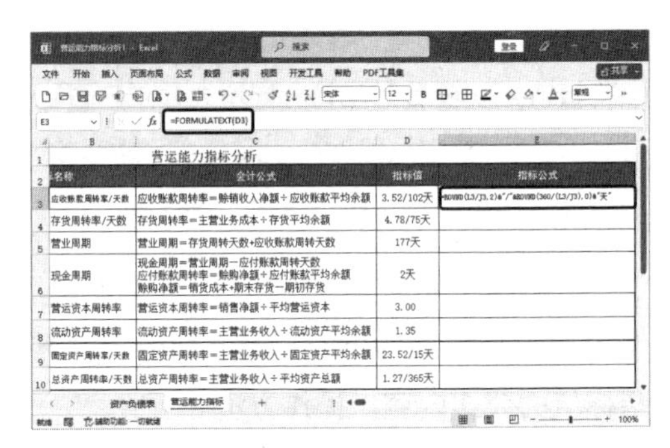

E3 =FORMULATEXT(D3)

营运能力指标分析

名称	会计公式	指标值	指标公式
应收账款周转率/天数	应收账款周转率=赊销收入净额÷应收账款平均余额	3.52/102天	=ROUND(L3/J3,2)&"/"&ROUND(360/(L3/J3),0)&"天"
存货周转率/天数	存货周转率=主营业务成本÷存货平均余额	4.78/75天	
营业周期	营业周期=存货周转天数+应收账款周转天数	177天	
现金周期	现金周期=营业周期－应付账款周转天数 应付账款周转率=赊购净额÷应付账款平均余额 赊购净额=销货成本+期末存货－期初存货	2天	
营运资本周转率	营运资本周转率=销售净额÷平均营运资本	3.00	
流动资产周转率	流动资产周转率=主营业务收入÷流动资产平均余额	1.35	
固定资产周转率/天数	固定资产周转率=主营业务收入÷固定资产平均余额	23.52/15天	
总资产周转率/天数	总资产周转率=主营业务收入÷平均资产总额	1.27/365天	

第2步 复制E3单元格并选择性粘贴公式至E4:E10单元格区域，即可显示其他营运能力指标的函数公式内容。如下图所示。

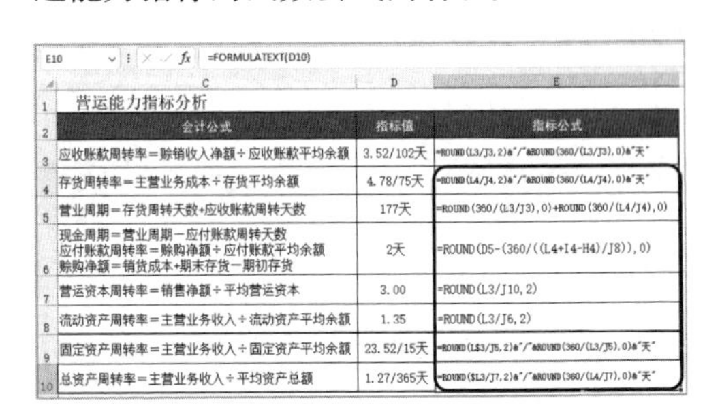

E10 =FORMULATEXT(D10)

营运能力指标分析

会计公式	指标值	指标公式
应收账款周转率=赊销收入净额÷应收账款平均余额	3.52/102天	=ROUND(L3/J3,2)&"/"&ROUND(360/(L3/J3),0)&"天"
存货周转率=主营业务成本÷存货平均余额	4.78/75天	=ROUND(L4/J4,2)&"/"&ROUND(360/(L4/J4),0)&"天"
营业周期=存货周转天数+应收账款周转天数	177天	=ROUND(360/(L3/J3),0)+ROUND(360/(L4/J4),0)
现金周期=营业周期－应付账款周转天数 应付账款周转率=赊购净额÷应付账款平均余额 赊购净额=销货成本+期末存货－期初存货	2天	=ROUND(D5-(360/((L4+I4-H4)/J8)),0)
营运资本周转率=销售净额÷平均营运资本	3.00	=ROUND(L3/J10,2)
流动资产周转率=主营业务收入÷流动资产平均余额	1.35	=ROUND(L3/J6,2)
固定资产周转率=主营业务收入÷固定资产平均余额	23.52/15天	=ROUND(L$3/J5,2)&"/"&ROUND(360/(L3/J5),0)&"天"
总资产周转率=主营业务收入÷平均资产总额	1.27/365天	=ROUND($L3/J7,2)&"/"&ROUND(360/(L4/J7),0)&"天"

示例结果见“结果文件\第12章\营运能力指标分析1.xlsx”文件。